20대기업
인적성검사
핵심통합서

시대에듀

2026 최신판 시대에듀 20대기업 인적성검사 핵심통합서

Always **with you**

사람의 인연은 길에서 우연하게 만나거나 함께 살아가는 것만을 의미하지는 않습니다.
책을 펴내는 출판사와 그 책을 읽는 독자의 만남도 소중한 인연입니다.
시대에듀는 항상 독자의 마음을 헤아리기 위해 노력하고 있습니다. 늘 독자와 함께하겠습니다.

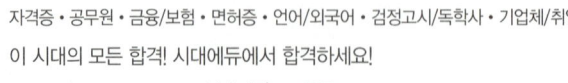

머리말

기업별 인적성검사의 기출문제를 보면 유형이 획일화된 문제도 있지만, 다양한 유형으로 출제되는 문제가 더 많음을 확인할 수 있다. 난도 또한 단순 계산문제부터 여러 방면으로 풀이방법을 고민해야 하는 문제 등 다양하게 출제된다. 그렇기 때문에 입사경쟁률이 점점 높아지는 현재 상황에서 인적성검사에 대한 철저한 대비 없이 취업시장에 뛰어든다는 것은 총 없이 맨몸으로 전쟁터에 나가는 것과 같다. 하지만 인적성검사 대비 외에 다른 스펙을 쌓기에도 바쁘고, 기업별로 다르게 출제되는 문제를 다 풀어볼 수 없는 것도 사실이다.

이에 시대에듀는 수험생들이 2026년 취업시장에서 좋은 성적을 거둘 수 있도록 다음과 같은 도서를 구성하였다.

도서의 특징

❶ 한 권으로 인적성검사에 충분히 대비할 수 있도록 20대기업별 가이드와 2025년 주요 기업 기출복원문제를 수록하였다.

❷ 영역별 출제기업과 출제 세부 유형을 수록하여 최근 어떤 유형의 문제가 출제되고 있는지 확인할 수 있도록 하였다.

❸ 적성검사에 대한 4개 영역을 분석 · 연구한 뒤 수록하여 체계적으로 학습할 수 있도록 하였다.

❹ 영역별 대표유형 및 유형완전정복으로 다양한 문제유형을 익혀 실제 시험에 대비할 수 있도록 하였다.

❺ 최종점검 모의고사와 도서 동형 온라인 실전연습 서비스를 제공하여 실전과 같은 연습이 가능하도록 하였다.

❻ 인성검사를 4가지 유형으로 나누어 수록하여 인성검사의 유형별 특징을 미리 확인해 볼 수 있도록 하였다.

끝으로 본서를 통해 대기업 채용을 준비하는 수험생 모두에게 합격의 기쁨이 있기를 진심으로 바란다.

SDC(Sidae Data Center) 씀

01 삼성

SAMSUNG	경영철학	인재와 기술을 바탕으로 최고의 제품과 서비스를 창출하여 인류사회에 공헌한다.
	핵심가치	인재제일, 최고지향, 변화선도, 정도경영, 상생추구

1 삼성 온라인 직무적성검사(GSAT), 그것이 알고 싶다!

① GSAT(Global Samsung Aptitude Test)는 2018년 상반기부터 언어논리, 수리논리, 추리, 시각적사고 총 4개 영역으로 구성되어 있었으나, 2020년 상반기부터는 수리논리, 추리 총 2개 영역으로 시험이 치러지고 있다.
② 2020년 상반기부터 온라인으로 직무적성검사를 시행했다.
③ 단순한 지식 암기보다는 폭넓은 지식과 논리력, 사고력 등을 필요로 하는 문제들이 출제된다.

2025 주요 기업 기출복원문제

※ 정답 및 해설은 기출복원문제 바로 위 p.080에 있습니다.

1 언어

| KT그룹

01 다음 밑줄 친 부분의 띄어쓰기가 모두 옳은 것은?
① 최선의 세계를 만들기 위해서 <u>무엇 보다</u> 이 세계에 있는 모든 대상이 지닌 성질을 정확하게 <u>인식 해야 만</u> 한다.
② 일과 여가 <u>두가지를</u> 어떻게 <u>조화시키느냐하는</u> 문제는 항상 인류의 관심 대상이 되어 왔다.
③ <u>내로라하는</u> 영화배우 중 내 고향 출신도 상당수 된다. 그래서 자연스럽게 영화배우를 꿈꿨고, <u>그러다 보니</u> 영화는 내 생활의 일부가 되었다.
④ 실기시험은 까다롭게 <u>심사하는만큼</u> 준비를 철저히 해야 한다. <u>한 달 간</u> 실전처럼 연습하면서 시험에 대비하자.
⑤ 우주의 <u>삼라 만상은</u> 우리에게 온갖 경험을 제공하지만 많은 경험의 결과들이 서로 <u>모순 되는</u>

기업별 출제 세부 유형

구분	어휘			어법		
	유의어 / 반의어	다의어	어휘선택	관용적 표현	표준어	맞춤법
삼성						
LG						
SK						
CJ						
롯데						
포스코	○					
KT						○
이랜드						
두산	○	○	○	○	○	○
현대자동차						
삼양						
GS						
오뚜기	○	○	○	○	○	○
효성	○	○				
LX						
KCC						
S-OIL						
샘표식품						
엔씨소프트						
현대백화점						

STEP 01

20대기업별 가이드

2025년에 시행된 대기업 인적성검사의 출제경향을 분석하여, 이를 토대로 기업별 시험특징 및 시험경향, 시험정보 등을 수록하였다.

STEP 02

주요 기업 기출복원문제

삼성, LG, SK, CJ, 롯데, KT 등 기업에서 출제된 최신 기출복원문제를 영역별로 구분·수록하여, 기업들이 해당 영역에서 어떤 유형의 문제들을 출제하였는지 확인할 수 있도록 하였다.

STEP 03

영역별 분석 및 세부 정보 제공

기업별 출제경향을 바탕으로 적성검사 영역을 4개로 나눠 영역별로 핵심유형을 수록하였다. 또한 구성된 각각의 유형을 분석하고 특징을 정리하였으며, 기업별 출제 세부 유형을 담아 더욱 자세한 정보를 알 수 있도록 하였다.

유형
01 경우의 수 / 확률

1 유형특징

동일한 조건과 환경에서 여러 가지 결과를 관측할 수 있을 때, 그 가짓수 또는 발생 빈도를 계산하는 유형이다.

2 학습전략

- 경우의 수 / 확률은 응용수리 영역에서 출제 비중과 난이도가 가장 크게 증가하고 있는 유형이다. 고려해야 하는 조건이 많고, 함정에 빠지기 쉬우므로 철저한 학습이 필요하다.
- 경우의 수가 제대로 정리되어 있지 않으면 확률 계산이 되지 않으므로 연습을 충분히 해둔다. 또한 '적어도' 라는 표현이 문제에 포함되어 있는 경우 여사건의 확률을 사용하여 시간을 단축한다.
- 경우의 수 : 어떤 사건이 일어날 수 있는 모든 가짓수

CHAPTER
01 유형완전정복

정답 및 해설 p.014

01 다음 식을 계산한 값은?

$$(4,513 + 8,779) \div 4 - 523$$

① 2,600 ② 2,700
③ 2,800 ④ 2,900
⑤ 3,000

02 가로, 세로, 높이가 각각 39cm, 65cm, 91cm인 직육면체 모양의 벽이 있다. 최소한의 정육면체 타일로 이 벽을 채우고자 할 때, 정육면체 타일의 한 변의 길이는?

① 13cm ② 14cm

최종점검 모의고사

⏱ 응시시간 : 120분 📋 문항 수 : 80문항

정답 및 해설 p.064

01 언어

01 다음 중 제시된 단어와 같거나 유사한 의미를 가진 것은?

실팍하다

① 충실하다 ② 사무리다
③ 암만하다 ④ 노회하다
⑤ 빈약하다

STEP 04

유형별 분석

유형별 출제경향을 토대로 세부유형을 분석한 뒤, 학습전략과 실전전략을 제시하였다. 또한 대표유형과 함께 해설과 오답분석 그리고 실전전략과 연계한 실전 노하우를 통해 수험생 혼자서도 충분히 다양한 유형을 익힐 수 있도록 구성하였다.

STEP 05

유형완전정복

대표유형을 토대로 기업에서 출제되었던 유형을 응용한 기출 예상문제 그리고 심화문제를 수록하여 수험생이 해당 유형과 관련된 다양한 문제를 직접 풀어볼 수 있도록 하였다.

STEP 06

최종점검 모의고사

실제 시험과 유사하게 구성된 최종점검 모의고사를 통해 최종 마무리를 할 수 있도록 하였다. 또한 도서 동형 온라인 실전연습 서비스로 실제 시험처럼 연습해 볼 수 있도록 하였다.

학습 가이드 STUDY GUIDE

STEP 01 지원 기업별 출제영역 확인하기

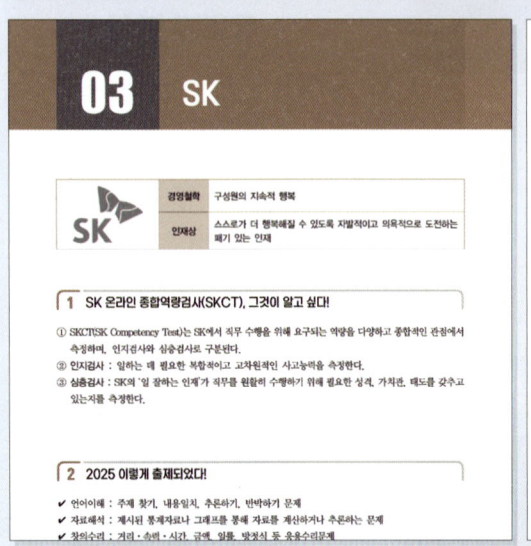

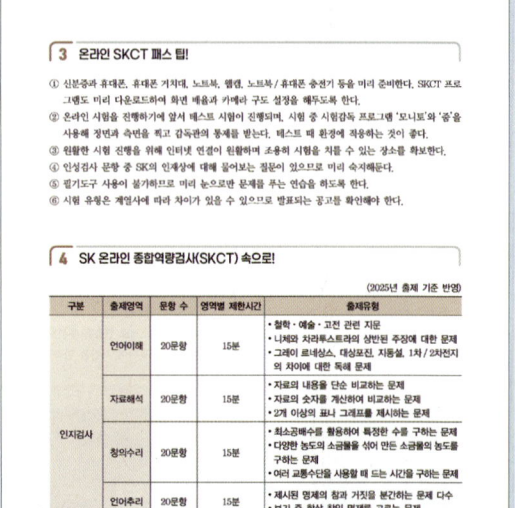

▶ 본서에 수록된 20대기업별 가이드 및 영역별 출제기업 분석표를 통해 지원하고자 하는 기업의 최신 시험경향과 출제유형을 완벽히 파악할 수 있다.

STEP 02 영역별 대표유형 학습하기

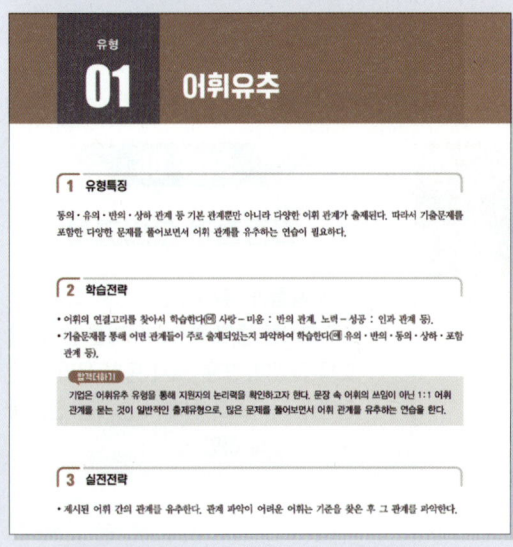

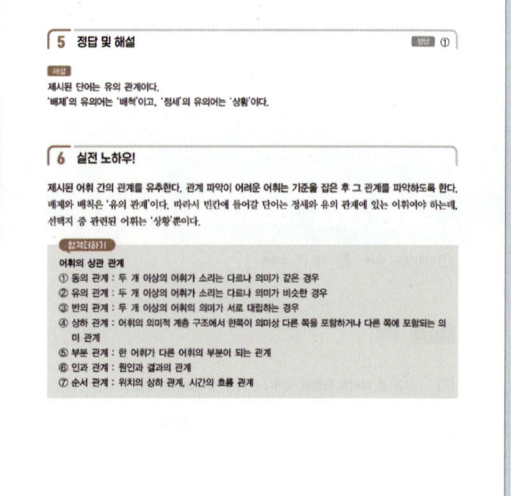

▶ 각 영역을 세분화하여 대표유형 학습을 구성하였다.

▶ 유형특징을 확인하고 학습전략, 실전전략의 도움을 받아 대표유형을 해결하여 실전 노하우까지 확인하면 문제를 푸는 요령을 터득할 수 있다.

STEP 03 영역별 유형완전정복 연습하기

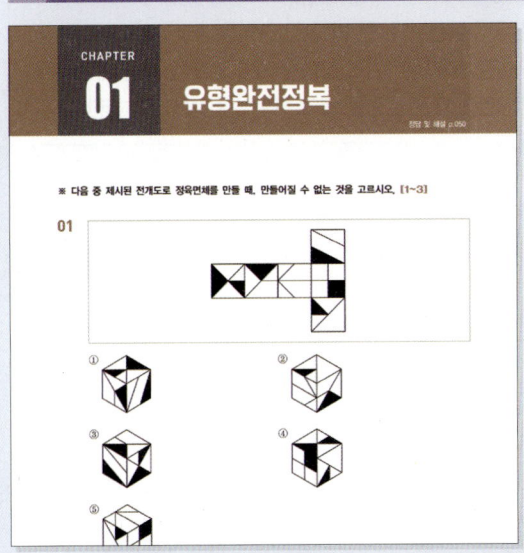

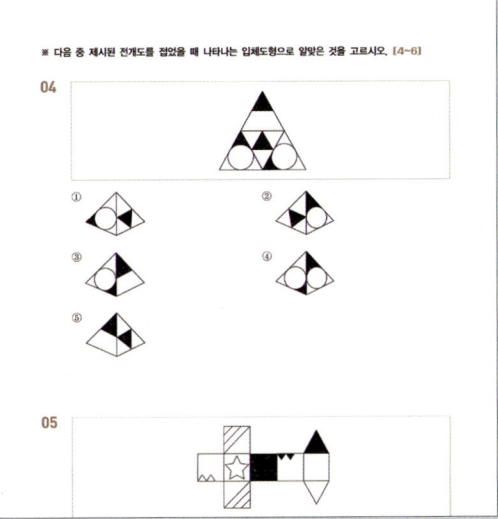

▶ 유형완전정복에 수록된 제시문, 자료, 도형 등은 기업별 인적성검사에서 출제되었거나 이와 유사한 예상문제 및 심화문제로 구성되어 있다.

▶ STEP 02에서 익힌 문제풀이 요령을 바탕으로 문제를 풀어볼 수 있다.

STEP 04 최종점검 모의고사로 마무리하기

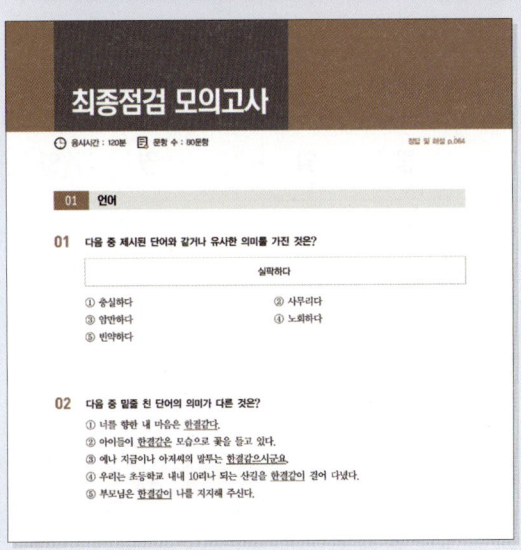

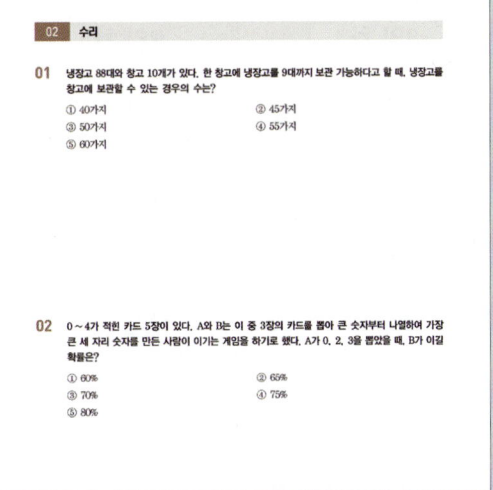

▶ 언어/수리/추리/공간지각 영역으로 구성한 최종점검 모의고사를 통해 시험 직전 자신의 실력을 최종적으로 점검할 수 있다.

학습플랜 STUDY PLAN

2주 완성 학습플랜

본서에 수록된 전 영역을 단기간에 끝낼 수 있도록 구성한 학습플랜이다. 한 번에 전 영역을 공부하지 않고, 한 영역을 집중적으로 공부할 수 있도록 하였다. 인성검사 및 적성검사에 대한 기초 학습은 되어 있으나, 학습 계획 세우기에 자신이 없는 분들이나 미리 시험에 대비하지 못해 단시간에 많은 분량을 봐야 하는 수험생에게 추천한다.

TWO WEEKS STUDY PLAN

Start!	1일 차 ☐	2일 차 ☐	3일 차 ☐
	_____월_____일	_____월_____일	_____월_____일
	언어 CHAPTER 01 어휘/어법	CHAPTER 02 글의 구조	CHAPTER 03 독해

4일 차 ☐	5일 차 ☐	6일 차 ☐	7일 차 ☐
_____월_____일	_____월_____일	_____월_____일	_____월_____일
수리 CHAPTER 01 응용수리	CHAPTER 02 자료해석	인성검사	1주 차 복습

8일 차 ☐	9일 차 ☐	10일 차 ☐	11일 차 ☐
_____월_____일	_____월_____일	_____월_____일	_____월_____일
추리 CHAPTER 01 어휘추리 CHAPTER 02 명제추리	CHAPTER 03 논리추리 CHAPTER 04 수/문자추리	CHAPTER 05 도식추리 CHAPTER 06 도형추리	공간지각 CHAPTER 01 전개도 CHAPTER 02 종이접기

12일 차 ☐	13일 차 ☐	14일 차 ☐	Finish!
_____월_____일	_____월_____일	_____월_____일	
CHAPTER 03 평면도형 CHAPTER 04 입체도형	최종점검 모의고사	2주 차 복습	

나만의 학습플랜

인적성검사를 처음 준비하는 수험생이나 장기간에 걸쳐 꾸준히 학습하기를 원하는 수험생은 나만의 학습플랜을 구성하여 목표한 만큼은 꼭 공부할 수 있도록 하자. 이 책의 목차를 바탕으로 자신의 시간과 능력에 맞게 계획을 제대로 세웠다면, 합격으로 반 이상 간 것이나 다름없다.

FOUR WEEKS STUDY PLAN

	SUN	MON	TUE	WED	THU	FRI	SAT
1주 차 ☐	☐	☐	☐	☐	☐	☐	☐

	SUN	MON	TUE	WED	THU	FRI	SAT
2주 차 ☐	☐	☐	☐	☐	☐	☐	☐

	SUN	MON	TUE	WED	THU	FRI	SAT
3주 차 ☐	☐	☐	☐	☐	☐	☐	☐

	SUN	MON	TUE	WED	THU	FRI	SAT
4주 차 ☐	☐	☐	☐	☐	☐	☐	☐

이 책의 차례 CONTENTS

이 책의 차례 CONTENTS

Add+

20대기업별 가이드

01 삼성

SAMSUNG	경영철학	인재와 기술을 바탕으로 최고의 제품과 서비스를 창출하여 인류사회에 공헌한다.
	핵심가치	인재제일, 최고지향, 변화선도, 정도경영, 상생추구

1 삼성 온라인 직무적성검사(GSAT), 그것이 알고 싶다!

① GSAT(Global Samsung Aptitude Test)는 2018년 상반기부터 언어논리, 수리논리, 추리, 시각적사고 총 4개 영역으로 구성되어 있었으나, 2020년 상반기부터는 수리, 추리 총 2개 영역으로 시험이 치러지고 있다.

② 2020년 상반기부터 온라인으로 직무적성검사를 시행했다.

③ 단순한 지식 암기보다는 폭넓은 지식과 논리력, 사고력 등을 필요로 하는 문제들이 출제된다.

④ 오답 감점제가 있으므로 모르는 문제는 비워두는 것이 좋다.

2 2025 이렇게 출제되었다!

✔ 수리 : 연립방정식, 확률, 경우의 수, 수추리 등 일반적인 응용수리 문제와 주어진 자료를 해석하거나 계산하는 자료해석 문제

✔ 추리 : 명제, 조건추리(인원수 구하기, 자리 배치, 토너먼트 등), 도형추리(시계 / 반시계 회전 등), 도식추리, 논리추리(문단나열, 추론하기, 반도체, 흑연 및 음극재 배터리 관련 지문과 관련된 독해 등)

합격더하기

기존에 출제되었던 유형 및 영역별 유형의 비율 또한 기존 GSAT 시험과 비슷했으나, 2024년에 비해 2025년 시험의 난도가 전반적으로 높았다. 수리는 자료해석의 경우 표의 지문 길이는 길었던 반면 깔끔하게 계산되고 답이 바로 보이는 문제들로 구성되었지만, 추리는 명제와 도형추리를 제외한 유형들이 까다롭게 출제되었다. 다양한 유형 중에서도 특히 조건추리가 까다로웠으므로 유형별 해결 방법 및 접근 공략을 충분히 연습하지 못한 수험생들은 시간을 많이 소요하였을 것이라고 예상된다.

3 온라인 GSAT 패스 팁!

① 시험 시작 전 주변 환경과 웹캠 위치 등을 잘 준비한다.
② 문제풀이 용지는 제출해야 하며 부정행위가 없었는지 확인하는 데에 사용된다. 따라서 독서대에 책을 펼쳐 놓고 눈으로만 보면서 연습장에 풀이를 쓰는 연습이 필요하다.
③ 시스템상 화면 크기에 상관없이 한 화면에 문제 전체를 보이도록 해주나, 화면이 작으면 가독성이 떨어지므로 모니터 화면이 큰 경우가 유리하다.
④ 문제풀이 용지에 풀이를 작성하고 정답을 화면에 바로바로 체크하는 연습이 필요하다.
⑤ 필기도구가 떨어지는 것을 대비하여 여러 개의 필기도구를 준비한다.
⑥ 오답은 감점 처리된다. 따라서 확실하게 푼 문제만 답을 체크하고 나머지는 그냥 비워두는 것이 좋다.
⑦ 남은 시간을 따로 알려주지 않으므로 시간 관리하는 연습을 한다.

4 삼성 온라인 직무적성검사(GSAT) 속으로!

(2025년 출제기준 반영)

구분	출제영역	문항 수	시간	출제유형
직무적성검사	수리	20문항	30분	• 응용수리 : 방정식, 확률, 경우의 수, 증감률, 수추리 등 • 자료해석 : 도표·그래프 등의 자료에 대한 계산 및 분석 등의 문제, 주어진 자료를 다른 형태의 자료로 변환하는 문제, 표 형태로 주어진 자료를 보고 미래의 값을 추리하는 문제 응용수리 2 / 자료해석 18
	추리	30문항	30분	• 명제 : 삼단논법을 이용하는 문제와 '어떤'을 포함하여 벤 다이어그램으로 접근하는 문제 • 조건추리 : 주어진 조건을 보고 논리추리/추론을 요하는 문제 • 도형추리 : 도형의 단계적 변화를 보고 그 규칙을 찾아내는 문제 • 도식추리 : 문자의 변화 과정에 숨어 있는 규칙을 찾는 문제 • 문단나열 : 문단의 전체적인 흐름을 파악하고 이에 맞춰 순서대로 나열하는 문제 • 논리추리 : 참·거짓인 내용을 고르는 문제, 비판 / 반박 / 반론하는 내용을 고르는 문제, 지문을 바탕으로 〈보기〉를 추론하는 문제 명제 3 / 조건추리 11 / 도형추리 3 / 도식추리 4 / 문단나열 2 / 논리추리 7

02 LG

	비전	일등LG는 LG의 궁극적인 지향점으로 시장에서 인정받으며 시장을 리드하는 선도기업이 되는 것을 의미한다.
⊙LG	인재상	LG Way에 대한 신념과 실행력을 겸비한 LG인
		※ LG 에너지솔루션 기준

1 LG 온라인 인적성검사, 그것이 알고 싶다!

① LG 인적성검사는 적성검사와 LG Way Fit Test라는 인성검사로 구성되어 있다.
② 2020년 하반기부터 온라인 인적성검사를 시행하며 영역을 언어이해, 언어추리, 자료해석, 창의수리로 구성하였으며, 매번 새로운 유형이 출제되었던 도형추리와 도식적추리 영역은 폐지되었다.

2 2025 이렇게 출제되었다!

✔ 언어이해 : 글의 주제·제목 찾기, 지문의 내용과 일치하는 것을 고르는 문제 출제
✔ 언어추리 : 명제, 언어논리, 진실게임 유형으로 구성되며, 난이도는 평이하게 출제
✔ 자료해석 : 표와 그래프를 이용하여 자료를 해석하고 계산하는 문제 출제
✔ 창의수리 : 응용수리에서 확률, 방정식, 농도, 거리·속력·시간 등이 출제되었으며, 수추리 중 수열 규칙 찾기는 대분수 및 소수 등 난도 높게 다수 출제

합격더하기

LG 인적성검사는 매년 언어이해, 언어추리, 자료해석, 창의수리 4개의 영역 15문항을 10분 동안 평가하였다. 그러나 2024년 하반기 인적성검사부터는 20문항 20분으로 늘어났으며 그동안 평이하게 출제되었던 자료해석과 창의수리 영역의 난도가 높아졌다. 언어이해 영역에서는 지문의 길이가 이전 시험보다 꽤 길어져 이해하는 데 시간이 소요될 수 있으므로 시간 계산 연습이 필요하며 언어추리 영역은 참·거짓 문제가 다수 출제되었다. 자료해석의 경우, 계산기가 제공되지만 온라인 시험 특성상 눈으로 간단히 계산할 수 있는 문제들이 출제됐었는데 2024년 하반기 시험부터는 자료의 정보량도 많아지고 계산기가 없이는 풀 수 없는 문제들이 다수 출제되었으며 2025년 시험도 동일하였다. 창의수리의 경우, 응용수리 문제는 평이하였으나 간단한 수로 출제되었던 수열문제가 대분수와 소수 수열로 난도가 높게 출제되었다. 또한 LG Way Fit Test 인성검사도 중요하기 때문에 미리 LG그룹 인재상에 맞추어 일관성 있는 답변을 준비해 가는 것이 좋다.

3 LG 온라인 인적성검사 패스 팁!

① 20문항 / 20분으로 변화하면서 짧은 시간 내에 실수 없이 많은 문제를 푸는 연습을 해야 한다.

② 평소에도 문제를 풀 때 눈으로 확인하고 메모장 및 계산기 프로그램을 이용해 봐야 실전에서 당황하지 않을 수 있다. 이때 영역별로 20분씩 시간을 재면서 학습하면 더욱 도움이 된다.

③ 실제 시험에서는 문제마다 계산기와 메모장을 제공하고, 개인적으로 연필이나 펜, 연습장 등을 사용할 수 없도록 감독관이 1 : 1로 확인한다.

④ 시험 전에 LG그룹에서 제공하는 인적성검사 프로그램을 다운로드하고, 사전검사를 한다(사전검사 미응시 시 인적성검사 응시 불가).

⑤ 영역이 넘어갈 때마다 연습용으로 해당 영역의 예시 문제와 함께 1 ~ 3분의 준비 시간이 주어진다.

4 LG 온라인 인적성검사 속으로!

(2025년 출제기준 반영)

구분	출제영역	문항 수	시간	출제유형
적성검사	언어이해	20문항	20분	• 독해 철학·과학·기술·민속 등 다양한 분야의 지문 활용 주제 찾기, 내용일치, 나열하기, 반박하기, 추론하기 등의 유형
	언어추리	20문항	20분	• 명제추리 자리배치, 순위나열 등의 문제 • 조건추리, 진실게임 참·거짓을 활용하여 풀이하는 문제의 비중이 높아짐
	자료해석	20문항	20분	• 자료해석 기본적인 증감폭, 증감 추이, 증감률을 구하는 문제 • 자료변환 제시된 자료를 그래프로 올바르게 변환한 것을 찾는 문제
	창의수리	20문항	20분	• 수추리 정수·대분수·소수가 나열된 규칙을 찾아 빈칸의 값을 구하는 문제 • 응용수리 거리·속력·시간, 농도, 금액, 일률, 최댓값과 최솟값, 경우의 수를 구하는 문제
인성검사		183문항	20분	• 3문항씩 61세트로 구성됨. 자신의 성향과 가까운 정도에 따라 1점부터 7점까지 점수를 부여한 후 하나의 세트에서 가장 가까운 것과 먼 것에 체크하는 문제

03 SK

	경영철학	구성원의 지속적 행복
SK	인재상	스스로가 더 행복해질 수 있도록 자발적이고 의욕적으로 도전하는 패기 있는 인재

1 SK 온라인 종합역량검사(SKCT), 그것이 알고 싶다!

① SKCT(SK Competency Test)는 SK에서 직무 수행을 위해 요구되는 역량을 다양하고 종합적인 관점에서 측정하며, 인지검사와 심층검사로 구분된다.
② 인지검사 : 일하는 데 필요한 복합적이고 고차원적인 사고능력을 측정한다.
③ 심층검사 : SK의 '일 잘하는 인재'가 직무를 원활히 수행하기 위해 필요한 성격, 가치관, 태도를 갖추고 있는지를 측정한다.

2 2025 이렇게 출제되었다!

✔ 언어이해 : 주제 찾기, 내용일치, 추론하기, 반박하기 문제
✔ 자료해석 : 제시된 통계자료나 그래프를 통해 자료를 계산하거나 추론하는 문제
✔ 창의수리 : 거리·속력·시간, 금액, 일률, 방정식 등 응용수리 문제
✔ 언어추리 : 명제, 참·거짓, 자리 배치를 추리하는 문제
✔ 수열추리 : 나열된 수를 분석하여 그 안의 규칙을 찾고 적용하는 문제

합격더하기

2025년 SKCT는 직전 시험과 유사하게 출제되었으며 체감 난도가 높았다. 영역별로 출제수준이 상이했는데 언어이해가 가장 고난도로 출제되었다. 지문은 길지 않았으나 철학·인문학을 다루는 난해한 내용과 까다로운 선택지가 난도를 높였다. 이어 수열추리도 체감 난도를 상승시켰다. 소수, 분수, 군수열, 피보나치 수열 등 문제 형태가 다양하였다. 자료해석은 비교적 어렵지 않았으나 한 문제당 2개 이상의 자료를 해석해야 하는 경우도 있었다. 창의수리는 기존 유형의 풀이 방법을 융합한 형태의 신유형이 추가되었다. 종이 및 필기구 사용이 불가능한 온라인 시험 특성상 계산기와 메모장 사용에 익숙해지는 연습이 필요하다.

3 온라인 SKCT 패스 팁!

① 신분증과 휴대폰, 휴대폰 거치대, 노트북, 웹캠, 노트북 / 휴대폰 충전기 등을 미리 준비한다. SKCT 프로그램도 미리 다운로드하여 화면 배율과 카메라 구도 설정을 해두도록 한다.

② 온라인 시험을 진행하기에 앞서 테스트 시험이 진행되며, 시험 중 시험감독 프로그램 '모니토'와 '줌'을 사용해 정면과 측면을 찍고 감독관의 통제를 받는다. 테스트 때 환경에 적응하는 것이 좋다.

③ 원활한 시험 진행을 위해 인터넷 연결이 원활하며 조용히 시험을 치를 수 있는 장소를 확보한다.

④ 인성검사 문항 중 SK의 인재상에 대해 물어보는 질문이 있으므로 미리 숙지해둔다.

⑤ 필기도구 사용이 불가하므로 미리 눈으로만 문제를 푸는 연습을 하도록 한다.

⑥ 시험 유형은 계열사에 따라 차이가 있을 수 있으므로 발표되는 공고를 확인해야 한다.

4 SK 온라인 종합역량검사(SKCT) 속으로!

(2025년 출제기준 반영)

구분	출제영역	문항 수	영역별 제한시간	출제유형
인지검사	언어이해	20문항	15분	• 철학 · 예술 · 고전 관련 지문 • 니체와 차라투스트라의 상반된 주장에 대한 문제 • 그레이 르네상스, 대상포진, 지동설, 1차 / 2차전지의 차이에 대한 독해 문제
	자료해석	20문항	15분	• 자료의 내용을 단순 비교하는 문제 • 자료의 숫자를 계산하여 비교하는 문제 • 2개 이상의 표나 그래프를 제시하는 문제
	창의수리	20문항	15분	• 최소공배수를 활용하여 특정한 수를 구하는 문제 • 다양한 농도의 소금물을 섞어 만든 소금물의 농도를 구하는 문제 • 여러 교통수단을 사용할 때 드는 시간을 구하는 문제
	언어추리	20문항	15분	• 제시된 명제의 참과 거짓을 분간하는 문제 다수 • 보기 중 항상 참인 명제를 고르는 문제
	수열추리	20문항	15분	• 분모에 소수가 나열된 수열 문제 • 소수(2, 3, 5, 7, …)가 반복되어 나오는 수열 문제
심층검사	PART I	240문항	45분	• 자신이 성향과 가까운 정도에 따라 ① 전혀 그렇지 않다, ② 그렇지 않다, ③ 조금 그렇지 않다, ④ 조금 그렇다, ⑤ 그렇다, ⑥ 매우 그렇다를 선택하고, 3개의 문장 중 자신의 성향과 가장 먼 것(멀다)과 가까운 것(가깝다)을 선택하는 문제
	PART II	150문항	25분	• 제시된 두 문장에 대해 자신이 동의하는 정도에 따라 ① 전혀 그렇지 않다, ② 그렇지 않다, ③ 그렇다, ④ 매우 그렇다로 응답하는 문제

04 CJ

	비전	건강, 즐거움, 편리를 창조하는 글로벌 생활문화 기업
	미션	ONLYONE 제품과 서비스로 최고의 가치를 창출하여 국가사회에 기여한다.

1 CJ 온라인 인적성검사(CAT/CFT), 그것이 알고 싶다!

① CJ TEST는 크게 적성검사(CAT; CJ Cognitive Ability Test)와 인성검사(CFT; CJ Culture Fit Test)의 두 영역으로 구분된다.

② 2020년부터 CIT, 논술시험 등 계열사별로 별도의 시험을 치르기 시작했으며, 나아가 2021년 상반기에는 새로운 유형이 반영된 온라인 CAT를 선보였다.

2 2025 이렇게 출제되었다!

✔ 언어이해 : 일반적인 독해(주제·제목 찾기, 내용일치, 문단나열 등) 문제

✔ 언어추리 : 일반적인 명제, 참·거짓, 진실게임, 논리추리, 비판·반박하기 문제

✔ 자료해석 : 제시된 자료를 바탕으로 수치를 계산하거나 자료를 올바르게 분석할 수 있는지 평가하는 문제, 증감률·이익률 등을 계산하는 문제

✔ 창의수리 : 수추리와 일반적인 응용수리(거리·속력·시간, 경우의 수, 확률, 농도, 비율, 작업량 등) 문제

합격더하기

2025년 CJ그룹 CAT 온라인 인적성검사는 2024년과 동일한 문항 수, 영역으로 출제되었으며, 언어이해·언어추리·자료해석·창의수리 4가지 영역 모두 난이도가 평이했다는 후기가 많았다. 한편, 일부 계열사의 창의수리 영역에서는 수열 문제가 출제되지 않았다. 제한시간에 비해 풀어야 하는 문제가 많으므로 모든 문제를 풀기보다는 정확하게 풀 수 있는 문제에 집중하는 것이 효율적이다. CJ그룹이 온라인 환경에서 제공하는 메모장, 그림판, 계산기만 사용할 수 있으므로 평소에 실제 시험 환경을 최대한 비슷하게 조성하여 연습했다면 좋은 결과를 얻을 것이라 생각된다.

3 CJ 온라인 인적성검사(CAT/CFT) 패스 팁!

① 같은 계열사라도 직군에 따라 문제 유형이나 시험 방식에 차이가 있을 수 있다.

② 지원한 직무에 대한 지식과 CJ TEST 유형에 대해 미리 공부를 해두는 것이 좋다.

③ 신분증, 휴대폰, 휴대폰 거치대, 노트북, 웹캠, 충전기를 미리 준비하고, 원활한 시험 진행을 위해 책상을 미리 정리해 둔다.

④ 타인과 접촉이 없으며 원활한 네트워크 환경이 조성된 장소에서 응시하도록 한다.

⑤ 페이지를 넘길 때 오버클릭 되지 않도록 주의한다.

⑥ 노트북 웹캠과 스마트폰으로 시험 감독이 진행되므로 행동에 유의하도록 하며, 감독관의 지시에 따르지 않으면 불이익을 받을 수 있으므로 주의한다.

⑦ 실제 시험시간 이외에도 별도의 점검 시간이 소요되므로 시간 관리에 유의한다.

4 CJ 온라인 인적성검사(CAT/CFT) 속으로!

(2025년 출제기준 반영)

구분	출제영역	문항 수	시간	출제유형
적성검사 (CAT)	언어이해	20문항	15분	• 지문의 주제를 찾는 문제 • 지문과 일치하는 내용을 찾는 문제 • 문단 순서를 바르게 나열하는 문제
	언어추리	20문항	15분	• 제시된 명제를 통해 참 / 거짓을 추론하는 문제 • 제시된 결론의 옳고 그름을 판단하는 문제 • 지문의 주장을 반박하는 내용을 찾는 문제
	자료해석	20문항	15분	• 표에 제시된 수치를 해석하는 문제 • 증감률, 이익률 등을 계산하는 문제
	창의수리	20문항	15분	• 거리 · 속력 · 시간, 농도 등 일차방정식을 활용하는 문제 • 직원 비율을 이용해 직원 수를 구하는 문제
인성검사 (CFT)	PART I	275문항	45분	• 160문항으로 이루어져 있으며, 제시된 4문항에 ① 가장 거리가 멂, ② 약간 거리가 멂, ③ 보통, ④ 약간 가까움, ⑤ 가장 가까움으로 각각 체크해야 하며, 4문항 중 나와 가장 가까운 것과 가장 먼 것을 한 문항씩 별도로 골라야 한다.
	PART II	90문항	15분	

05 롯데

	비전	Lifetime Value Creator 새로운 50년을 향한 다짐
LOTTE	인재상	실패를 두려워하지 않는 인재 실력을 키우기 위해 끊임없이 노력하는 인재 협력과 상생을 아는 인재

1 롯데 온라인 조직 · 직무적합진단(L-TAB), 그것이 알고 싶다!

① L-TAB 진행 시, 반기 1회 응시 결과를 해당 반기 내 활용한다(상반기 6/30, 하반기 12/31까지 유효).
② 2021년 상반기부터 변화된 온라인 직무적합진단을 통해 언어적 사고, 수리적 사고, 문제해결 영역을 평가한다. 기존 공통(인문계), 비공통(이공계)으로 구분되던 직무별 유형이 사라졌다.
③ 신입사원으로서 실제 업무 상황에서 경험할 수 있는 다양한 과제를 해결하는 방식으로, 가상의 과제 및 상황이 프로그램 내 메일 혹은 메신저로 부여되며, 해당 프로그램 내에서 계산기와 메모장을 제공한다. 답변은 이메일의 회신이나 메신저 답장으로 등록하며 객관식, 주관식, 특정 자료 첨부 등 다양한 형태의 답변이 가능하다.

2 2025 이렇게 출제되었다!

✔ 언어적 사고 : 실무 관련 지문을 읽고 내용과 일치하는 것을 찾는 문제
✔ 수리적 사고 : 실무 관련 자료를 해석하여 순위, 비율, 증감률 등을 구하는 문제
✔ 문제해결 : 회의실을 예약하기 위해 스케줄을 확인하고 특정 매뉴얼을 참고하여 해결하는 문제

합격더하기

2025년 롯데그룹 온라인 L-TAB은 이전 출제경향과 유사한 유형으로 출제되었다. 특별히 난도가 높은 것은 아니었지만, 주어진 시간 안에 모든 문제를 해결해야 하기에 적절한 시간 분배가 필수적이었다. 또한 L-TAB만의 독특한 시험 방식을 사전점검을 통해 익히고, 사용법을 숙지하여 실제 시험에서 당황하지 않는 것이 중요했으리라 본다. 이번 시험 역시 실무와 가까운 형식의 문제가 출제되었으므로 유연한 풀이로 대처하는 태도가 필요했을 것이다. 시간에 쫓기지 않도록 전략을 세우는 것이 합격과 가까워지는 방법으로 볼 수 있다.

3 온라인 L-TAB 패스 팁!

① 사전검사 미실시 시 본 진단에 참여할 수 없으므로 반드시 실시해야 한다.
② 시험 전날 롯데그룹에서 제공하는 직무적합진단 응시자 매뉴얼과 보안규정을 숙지한다.
③ 준비 물품만 책상 위에 두고, 문제풀이 외의 행동은 삼가도록 한다.
④ 문제를 푼 후 저장 버튼을 반드시 눌러야 한다.
⑤ 난이도가 전반적으로 쉬워졌으나 시간 분배가 중요하므로 집중력을 잃지 않도록 한다.
⑥ 시험 도중 화장실에 갈 수 없으므로 주의한다.

4 롯데 온라인 조직·직무적합진단(L-TAB) 속으로!

(2025년 출제기준 반영)

구분	출제영역	시간	출제유형
직무적합진단	언어적 사고	3시간 (사전준비 1시간 포함)	• 실제 업무 상황처럼 구현된 Outlook 메일함 / 자료실 환경에서 이메일 및 메신저 등으로 전달된 다수의 과제 수행 • 문항에 따라 객관식, 주관식, 자료 첨부 등 다양한 답변 가능 • 문항 수 구분은 없으나 대략적으로 문제당 3 ~ 4문제가 주어짐 • 독해, 문장구조, 언어추리, 응용수리, 자료해석, 수추리, 상황판단, 문제해결 등 기존 직무적합진단 영역을 이용한 문제
	수리적 사고		
	문제해결		
조직적합진단		1시간	• 롯데그룹의 인재상에 부합하는 인재인지 평가 • 지원자 개인 성향 및 인성 위주의 질문 구성

06 포스코

	경영비전	미래를 여는 소재, 초일류를 위한 혁신
POSCO	인재상	실천의식과 배려의 마인드를 갖춘 창의적 인재

1 포스코 인적성검사(PAT), 그것이 알고 싶다!

① PAT(POSCO Aptitude Test)는 적성검사와 인성검사로 구성되어 있다.
② PAT는 객관적이고 공정한 채용 평가를 지향하며, 지원자의 직무기초역량과 창의력, 인성검사를 목적으로 언어이해, 자료해석, 문제해결, 추리 영역으로 구분되어 있다.
③ 찍은 문제 감점 여부에 대해서는 알려진 바가 없었으나, 2022년 하반기부터는 오답 감점제가 적용되지 않는다고 안내하였다.

2 2024 이렇게 출제되었다!

✔ **언어이해** : 어휘력 및 독해력, 언어적 추론 능력, 논리적 사고력을 요구하는 문제
✔ **자료해석** : 제시된 자료나 그래프를 바탕으로 자료를 계산하거나 추론하는 문제
✔ **문제해결** : NCS 문제해결 및 자원관리능력 유형으로 주어진 상황에서 최선의 해결 방법을 구하는 문제와 규칙을 추론하거나 적용하는 문제
✔ **추리** : 제시된 도형이나 수열에 적용되는 규칙을 파악하고 빈칸에 들어갈 것을 추리하는 문제

> **합격더하기**
>
> 2024년 PAT는 전년과 동일한 영역으로 출제되었으며 온라인으로 시행됐다. 언어이해의 경우 맞춤법, 동의어·유의어 문제가 새롭게 출제되었으며 하나의 지문에 2개의 문제가 연결된 형태로 다수 출제되었다. 자료해석 영역은 계산기 사용이 불가하므로 눈으로 푸는 연습이 필요하다. 또한 문제해결 영역에서는 신유형 2개가 출제되었으며 추리 영역은 어휘추리 유형이 새롭게 출제되었다. PAT는 매번 다양한 유형의 난해하고 생소한 문제가 출제되어 당황스럽다는 의견이 많다. 따라서 신유형이 계속해서 출제되고 있는 만큼 최대한 다양한 유형의 문제를 접한다면 도움이 될 것이다.

3　시험장 패스 팁!

① 신분증, 휴대폰, 휴대폰 거치대, 노트북, 웹캠, 노트북 / 휴대폰 충전기를 미리 준비하고, 원활한 시험 진행을 위해 책상을 미리 정리해 둔다.

② 시험 시작 최소 30분 전까지 온라인 시험장에 입실하여야 한다.

③ 사이트 내에서 제공하는 메모장 외에 필기도구는 일절 사용이 불가하며 눈으로만 풀어야 한다.

4　포스코 인적성검사(PAT) 속으로!

(2024년 출제기준 반영)

구분	출제영역	문항 수	시간	출제유형
적성 검사	언어이해	15문항	60분	• 독해 : 철학·과학·기술·민속 등 다양한 분야의 지문을 활용한 주제 찾기, 나열하기, 비판·반박하기, 추론하기 등의 유형 • 언어추리 : 제시된 단어의 유의어 또는 반의어를 고르는 문제
	자료해석	15문항		• 자료해석 : 자료에 대한 해석의 옳고 그름을 파악하는 문제 • 수리적 자료 작성 : 제시된 자료를 그래프로 바르게 변환한 것을 찾는 문제
	문제해결	15문항		• 대안 탐색 및 선택 : 문제 해결에 필요한 사고력을 평가하며 주어진 상황과 정보를 활용하는 문제 • 자원관리 : 시간·물적·인적자원과 관련된 다양한 정보를 활용하여 풀어나가는 문제 • 규칙 추론 : 좌표평면 문제, 코드 맞추기, 시계 규칙 찾기 유형의 문제와 같이 제시된 규칙을 파악하여 적용하는 문제
	추리	15문항		• 도형추리 : 도형의 좌우 반전, 회전 문제 등 도형의 단계적 변화를 보고 그 규칙을 찾는 문제 • 수추리 : 수 또는 구조형 모양에 따라 나열된 수의 규칙을 찾는 문제
인성검사		450문항	50분	• 각 문장에 대하여 '예', '아니요'로 대답하는 유형

07 KT

kt	비전	고객의 보다 나은 미래를 만드는 AI 혁신 파트너
	인재상	기본과 원칙에 충실하고 고객 가치 실현을 위해 끊임없이 소통하며 근성을 가지고 도전하는 KT인!

1 KT 온라인 종합인적성검사, 그것이 알고 싶다!

① KT 종합인적성검사는 업무에 필요한 역량을 갖추고 있는지를 평가하며, 크게 적성검사와 인성검사의 두 영역으로 구분된다.

② 2020년 하반기부터 인문계와 이공계가 통합되어 4개의 공통영역(언어, 언어·수추리, 수리, 도형)으로 변경되었고, 판단력은 일부 언어능력으로 흡수되어 단어연상력과 지각정확력, 실제업무력 영역이 폐지되었다. 2022년 상반기부터는 온라인 적성검사로 전환되어 시행되고 있다.

2 2025 이렇게 출제되었다!

✔ 언어 : 띄어쓰기, 주제·제목 찾기, 내용일치 유형
✔ 언어·수추리 : 주어진 명제 사이의 관계와 참·거짓 판단, 추론할 수 있는 내용을 찾는 문제
✔ 수리 : 거리·속력·시간, 농도, 확률, 자료해석 유형
✔ 도형 : 제시된 도형의 규칙을 찾아 외·내부도형의 변화를 추론하는 유형

> **합격더하기**
>
> 2025년 KT그룹 온라인 적성검사는 도형 영역을 제외하고는 타 기업의 적성검사와 출제수준이 유사하거나 더욱 쉬웠다는 평이다. 언어, 언어·수추리, 수리 영역은 평소 꾸준히 학습했다면 충분히 풀 수 있었지만, 도형 영역은 대다수의 수험생들이 어려웠다고 했을 만큼 고난도로 출제되었다. 따라서 네 개의 영역을 고루 학습하되 KT그룹만의 특징을 보이는 도형 영역에 집중하였다면 원하는 결과를 얻을 것이다.

3 KT 온라인 종합인적성검사 패스 팁!

① 신분증, 휴대폰, 휴대폰 거치대, 노트북(터치스크린 노트북 사용 불가), 웹캠, 노트북 / 휴대폰 충전기를
　미리 준비하고, 원활한 시험 진행을 위해 책상을 미리 정리해둔다.
② 지정된 기한 내에 사전점검을 실시한다.
③ 필기도구는 일절 사용이 불가하다(프로그램 내 메모장 및 계산기 사용 가능).
④ KT그룹의 인성검사를 위해 평소 KT의 인재상에 대해 숙지해둔다.
⑤ 틀리면 감점이 있으므로 모르는 문제는 찍지 말고 놔두는 것이 좋다.

4 KT 온라인 종합인적성검사 속으로!

(2025년 출제기준 반영)

구분	출제영역	문항 수	시간	출제유형
적성검사	언어	20문항	20분	• 글의 구조 　어법 · 맞춤법, 나열하기 • 독해 　주제 · 제목 찾기, 내용일치, 개요 수정 글의 구조 10 독해 10
	언어 · 수추리	20문항	25분	• 언어추리 　명제, 조건추리, 진실게임 • 수추리 　등차 · 등비 · 계차 · 군수열 등 난도 　가 크게 높지 않은 수열 문제 언어추리 10 수추리 10
	수리	20문항	25분	• 응용수리 　거리 · 속력 · 시간, 농도, 금액, 확률 　등 일반적인 응용수리 문제 • 자료해석 　도표와 그래프를 보고 자료를 해석하 　거나 특정 값을 계산하는 문제 응용수리 7 자료해석 13
	도형	15문항	20분	• 도형추리 　주어진 자료의 변화관계를 통해 규칙을 추론하여 문제에 제시된 도형 　에 대입하는 문제
인성검사		493문항	60분	• 제시된 4개의 문장 중 자신의 성향과 가까운 정도에 따라 ① ~ ⑤ 중 　선택하는 유형 • 제시된 문항에 대해 '예', '아니요'를 선택하는 유형

08 이랜드

	경영이념	나눔 SHARING	바름 RIGHTNESS
E·LAND		자람 GROWTH	섬김 SERVING
	소개	성숙한 인격과 탁월한 능력으로 고객을 섬길 전문가, 열정과 책임감을 갖춘 글로벌 인재	

1 이랜드 종합역량검사(ESAT), 그것이 알고 싶다!

① ESAT(E-Land Strength Aptitude Test)는 직무적성검사와 인재유형검사로 구성되어 있다.
② 직무적성검사는 언어비평검사 1, 2와 수리비평검사로 이루어져 있으며, 이를 통해 직무수행에 적합한 잠재역량을 보유하였는지를 측정한다.
③ 타 회사에 비해 난이도가 높지 않은 편이며, 영역 또한 적은 편에 속한다.
④ 적성보다는 인성을 중시하기 때문에 여러 차례 진행되는 인성검사에서 일관성 있는 답변을 해야 한다.

2 2024 이렇게 출제되었다!

✔ 언어비평검사 1 : 명제 문제와 삼단논법 문제, 논리적 오류를 구별하는 문제 , 명제의 경우 벤 다이어그램을 활용하여 풀이하는 난도가 높은 문제
✔ 언어비평검사 2 : 중·장문 독해 문제로 2~3문제가 있는 세트 문제 출제비중이 높아짐
✔ 수리비평검사 : 표와 그래프를 이용한 자료해석 및 자료계산 문제 출제

> **합격더하기**
>
> ESAT는 예년과 비슷한 유형과 수준으로 출제되었다. 전반적인 난이도는 평이하지만, 짧은 응시시간 내에 문제를 풀어야 하므로 시간이 촉박했다는 의견이 지배적이었다. ESAT는 타기업 적성검사 대비 난이도는 낮지만, 짧은 응시시간과 더 많은 문제를 풀어내야 하는 구조이다. 따라서 주어진 시간을 잘 활용하는 것이 중요하다. 또한 빠르게 정답을 짚어내는 것이 중요한 시험이므로 영역별로 접근하는 것이 필요하며 자주 출제되는 유형을 익히는 연습이 도움이 될 것으로 보인다. 그리고 기초인재검사, 상황판단검사, 인재유형검사의 경우, 시간 내에 많은 문항에 답변해야 하므로 시간 안배가 중요하다.

3 시험장 패스 팁!

① 신분증을 필수로 지참해야 하며 컴퓨터용 사인펜, 볼펜, 수정 테이프는 미리 준비하는 것이 좋다. 그러나 계산기는 지참할 수 없다.

② 도착 순서대로 시험에 응시할 자리를 배정받기 때문에 여유 있게 도착하면 원하는 자리에 착석하는 것이 가능하다.

③ 시험지에 필기가 금지되어 있다. 단, 직무적성검사 시 사전에 제공된 종이에 메모할 수 있으며, 시험이 끝난 후 걷어간다.

④ 적성검사 후 15분간 휴식이 주어진다.

4 이랜드 종합역량검사(ESAT) 속으로!

(2024년 출제기준 반영)

구분	출제영역	문항 수	시간	출제유형
기초인재검사		140문항	40분	• 사회 현안에 대한 지원자의 생각 • 성격, 성향에 대한 질문
직무적성검사	언어비평	20문항	10분	• 언어추론 사고가 진행되는 과정을 오류 없이 전개하기 위한 규칙과 형식을 측정하는 문제
		25문항	22분	• 독해 경제·사회·예술·과학 등 다양한 분야를 주제로 하는 지문의 길이가 긴 문제, 연결어 및 단어쓰임 문제
	수리비평	25문항	24분	• 자료해석 제시된 통계자료나 그래프 등을 해석 및 계산하는 문제
상황판단		32문항	45분	• 조직 내 질서에 대한 존중, 팀원 간의 배려 등 평가 • 상황별 적절한 행동과 부적절한 행동 각각 선택
인재유형검사		462문항	60분	• 점수 척도형 • 특정 계열사는 인적성검사 시행일 이후 지원자가 각자 '강점혁명'이라는 명칭의 인성검사를 온라인으로 실시함

09 두산

DOOSAN	경영철학	두산 Credo
	핵심가치	인화, 인재, 사회적 책임, Passion for Excellence, 정직과 투명성

1 두산 온라인 종합적성검사(DCAT), 그것이 알고 싶다!

① DCAT(Doosan Comprehensive Aptitude Test)는 적성검사와 인성검사로 구성되어 있다.
② 2022년 상반기에 두산종합적성검사(DCAT) 영역이 변경되었다. 인문계 / 이공계 구분이 사라지고 공통 문항을 적용했으며, 기존의 어휘유창성이 폐지되고, 도형추리와 언어표현 영역이 추가되었다.
③ 적성검사의 난도가 매우 높은 편에 속하며, 문항당 소요 시간은 짧은 편이다.
④ 오답감점이 존재하기 때문에 모르는 문제는 넘어가는 것이 좋다.

2 2025 이렇게 출제되었다!

✔ 언어논리 : 조건추리, 명제, 참·거짓 유형 등 논리추리 문제, 주제·제목 찾기, 내용일치, 문단나열 문제
✔ 언어표현 : 한자성어, 맞춤법, 단어의 관용적 표현을 파악하는 문제
✔ 수리자료분석 : 응용수리, 수추리, 알고리즘, 자료추론, 자료계산 등 다양한 유형
✔ 공간추리 : 블록 개수, 전개도 문제 등
✔ 도형추리 : 9개의 도형이 주어지고 하나는 비어 있어 규칙을 찾는 추리 문제

> **합격더하기**
>
> 두산그룹 DCAT는 2025년에도 여전히 어려웠다는 평이 지배적이었다. 난도가 무난했던 수리자료분석을 제외한 모든 영역이 어려웠다는 후기가 많았다. 다른 영역보다 특히 신유형이 자주 출제되는 공간추리와 도형추리 영역의 문제를 풀기 위한 시간을 확보하기 위해서 나머지 영역들에서 시간을 줄인다면 고득점을 받는 데 유리할 것이다.

3 두산 온라인 종합적성검사(DCAT) 패스 팁!

① 신분증, 휴대폰, 휴대폰 거치대, 노트북, 웹캠, 노트북 / 휴대폰 충전기를 미리 준비하고, 원활한 시험 진행을 위해 책상을 미리 정리해 둔다.
② 온라인시험 매뉴얼이 제공되므로 미리 숙지해야 하며, 사전점검일에 점검을 마쳐야 이후 시험에 응시할 수 있다.
③ 시험 직전 웹캠을 통해 주변 환경 점검이 한 시간가량 시행되며 물이나 간식 등은 섭취할 수 없다.
④ 온라인시험 중 필기구 사용이 불가하며 프로그램 내부에 메모장과 계산기가 탑재되어 있으나 사용 시 시간이 지체될 수 있으므로 짧은 시간 내에 풀기 위해서는 되도록 계산기 또는 메모장을 사용하지 않고 풀어보는 연습이 필요하다(단, 공간추리와 도형추리 영역에서는 사용이 불가하다).

4 두산 온라인 종합적성검사(DCAT) 속으로!

시험시간 : 총 3시간(사전준비 1시간, 본시험 2시간)　　　　　　　　(2025년 출제기준 반영)

구분	출제영역	문항 수	시간	출제유형
기초적성검사	언어논리	20문항	20분	• 조건추리, 명제, 참·거짓 유형 등 일반적인 논리추리 문제 • 주제 찾기, 내용일치, 문단 나열 문제 추리/논리 10　의사소통능력 10
	언어표현	15문항	10분	• 단어의 관용적 표현을 파악하는 문제 • 맞춤법, 한자성어 등 기존 '언어유창성' 영역과 비슷한 유형
	수리자료분석	20문항	20분	• 거리·속력·시간, 농도를 구하는 응용수리, 알고리즘 문제 • 자료추론, 자료계산 문제
	공간추리	10문항	7분 30초	• 블록 문제, 전개도 문제
	도형추리	10문항	7분 30초	• 도형의 규칙을 찾아 적용하는 추리 문제
	인성검사	272문제	55분	• 두산에서 가장 중요하게 생각하는 가치를 지원자가 얼마나 지니고 있는가를 측정하나, 인재상에 억지로 맞추기보다는 자기 성향에 일관성을 가지고 답변하는 것이 좋으며, 인성검사는 적성검사만큼이나 중요함 • 질문에 대하여 '① 전혀 그렇지 않다, ② 그렇지 않다, ③ 보통이다, ④ 그렇다, ⑤ 매우 그렇다' 중 한 개를 각각 선택 후 각 문항을 비교하여 상대적으로 자신의 성격과 가장 가까운 문항 하나와 가장 거리가 먼 문항 하나를 선택하는 유형

10 현대자동차

	비전	Progress for Humanity 휴머니티를 향한 진보
HYUNDAI	핵심가치	고객 최우선, 도전적 실행, 소통과 협력, 인재 존중, 글로벌 지향

1 현대자동차그룹 인적성검사(HMAT), 그것이 알고 싶다!

① HMAT(Hyundai Motors group Aptitude Test)는 적성검사와 인성검사로 구성되어 있다.
② 현대자동차그룹은 2019년 보도자료를 통해 공채를 폐지하고 수시채용 체제로 전환하면서 HMAT 역시 인성검사만 시행될 것이라고 발표했다.
③ 현대엔지니어링의 경우 2019년 하반기 ~ 2021년 하반기에는 인성검사만 실시하였으나, 2022년 하반기에는 인적성검사를 실시한다고 공고하였다. 그리고 2023년 상반기에는 다시 인성검사만 실시하였으나, 추후 계열사별로 HMAT을 다시 복원할 수도 있으므로, 서류 접수 시 공고에 따라 어떤 유형의 검사를 치르는지 미리 잘 알아보고 대비해야 한다.

> **합격더하기**
>
> HMAT 공간지각은 매년 출제유형이 변경되는 경향이 있었다. 하지만 현대자동차의 공채 폐지로 HMAT가 축소 시행됨에 따라 문항 수와 시간을 대폭 줄이고 예전 기출 유형을 약간만 변형하여 출제하는 움직임이 보이므로 공간지각 영역은 2019년에 출제된 기출은 물론 지난 여러 해의 기출 또한 풀어보는 것이 대비책이다. 나머지 영역은 매년 비슷하게 출제되므로 반복 학습을 통해 실수하지 않는 연습을 해야 한다. 특히, HMAT 5교시 시험은 공간지각, 도식이해 영역이 번갈아가며 출제되었으므로 공간지각과 도식이해 영역을 모두 학습해두는 것이 좋다.

2 현대자동차그룹 실무면접(인성검사), 그것이 알고 싶다! 현대엔지니어링 기준

① 인성검사는 인성검사와 AI역량검사를 포함한다.
② 인성검사는 기존 HMAT의 인성검사 유형과 동일하다.
③ AI역량검사에도 인성검사가 포함되어 있어, 인성검사를 총 두 번 실시하는 것과 같다. 주의할 점은 두 검사에서 일관성을 유지해야 한다는 것이다. 그룹과 계열사별 인재상을 미리 체크해두고, 일관성 있게 답할 수 있도록 사전에 전략을 짜 두고 준비할 필요가 있다.
④ AI역량검사를 위해 웹캠과 마이크, 스피커 등을 사전에 준비하고 체크하도록 한다.
⑤ AI역량검사는 자기소개, 지원 동기, 성향 파악(인성검사), 상황 대처, 보상 선호, 전략게임, 심층대화(인성검사 기반) 순서로 한 시간 동안 진행된다.

3 시험장 패스 팁!

① 신분증, 수험표, 여분의 필기도구를 미리 준비한다.
② 각 교실의 시험 감독관과 방송에 의해 시험이 진행되므로 안내되는 지시 사항을 잘 준수한다.
③ 틀리면 감점이 있으므로 모르는 문제는 찍지 말고 비워두는 것이 좋다.
④ 영역별로 시험이 진행되므로 한 과목이라도 과락이 생기지 않도록 한다.
⑤ 충분한 시간을 주는 시험이 아니므로 답안지에 바로바로 마킹한다.

4 현대자동차 인적성검사(HMAT) 속으로!

구분	출제영역	문항 수	시간	출제유형
적성검사	언어이해	20문항	25분	• 나열하기, 개요 및 글의 수정, 빈칸추론, 독해 등 유형 • 두 지문을 비교하는 문제도 다수 출제됨
	논리판단	15문항	25분	• 명제추리 : 각 진술의 참·거짓을 파악하는 진실게임 문제 • 논리추리 : 배열하기·묶기·연결하기 문제
	자료해석	20문항	30분	• 자료분석, 자료계산, 간단한 계산을 이용한 퍼즐 등
	정보추론	20문항	25분	• 자료이해 : 전체적인 흐름을 읽고 주어진 자료를 해석 • 자료변환 : 제시된 자료 중 필요한 정보를 선별하여 다른 형태의 자료로 변환 • 자료예측 : 제시된 자료를 통해 추가적인 정보를 유추
	공간지각 / 도식이해	20문항 / 15문항	25분 / 25분	• 전개도 2018년과 2015년에는 전개도를 조건에 적용한 후 결합한 최종 모양을 유추하는 유형이 출제되었으며, 2016년에는 주어진 전개도를 접어서 3차원 공간에서 이동시켰을 때 경로를 찾는 유형이 출제됨 • 투상도 2014년에는 정면도, 평면도, 측면도에 부합되거나 부합되지 않는 입체도형을 찾는 유형으로 비교적 단순하게 출제되었으나, 2017년에는 정면도, 평면도, 측면도로 제시된 입체도형이 X, Y, Z축으로 회전한 최종 모습을 찾는 유형으로 심화됨 • 수 2018년에는 각 칸에 위치하는 숫자가 규칙에 따라 이동하는 유형이 출제됨
	인성검사 Ⅰ	3문항 1세트 (112세트) / 총 336문항	40분	• 문항별 자신의 성향과 가까운 정도에 따라 1점부터 6점까지 부여한 뒤, 한 세트 안에서 3개의 문항 중 가장 가까운 문항 1개, 가장 먼 문항 1개를 선택하는 문제
	인성검사 Ⅱ	335문항	40분	• 문항별 자신의 성향과 가까운 정도에 따라 1점부터 4점을 부여함

11 삼양

SAMYANG	목표	생활의 잠재력을 깨운다. 인류의 미래를 바꾼다.
	비전	스페셜티 소재와 솔루션을 통해 인류의 미래를 바꾸는 글로벌 파트너

1 삼양 온라인 인적성검사, 그것이 알고 싶다!

① 삼양 온라인 인적성검사는 적성검사와 인성검사로 구성되어 있다.

② 전공계열에 따라 인문계와 이공계로 나뉘어 시행되며, 적성검사는 중간 정도의 난이도를 보이고 있다. 다만 도식적 추론과 연역적 판단 영역의 경우 빠른 시간 안에 많은 문제를 풀어야 하므로 자칫하면 시간 안에 문제를 다 풀지 못할 수 있다.

③ 실제 시험시간 이외에도 별도의 점검 시간이 소요되므로 시간 관리에 유의한다.

2 2024 이렇게 출제되었다!

✔ **언어비평** : 직무 수행에 필요한 문장 독해력, 이해 능력, 사실 정보에 근거한 논리적 판단 및 추론 문제로, 참·거짓·알 수 없음의 선지가 주어지며 알 수 없음을 구분하기가 까다로움

✔ **수리비평** : 직무 수행 시 많이 접할 수 있는 다양한 매출, 수익, 추세, 비율 등을 활용한 문제, 은행 금리 문제 등이 출제, 시간이 넉넉하지 않음

✔ **도식적 추론(인문계)** : 문자가 변화하는 과정을 보고 기호의 의미를 파악한 후 제시된 문자가 어떻게 변화하는지 판단하는 문제

✔ **연역적 판단(이공계)** : 제시된 도형이나 기호에 다양한 규칙을 적용하여 도식에 따라 해결하는 문제로, 문제 자체가 어렵지는 않으나 규칙을 찾는 데 시간이 꽤 드는 편이며, 2가지 규칙 추론 문제로 1가지 규칙을 해석하여 40문제에 적용하므로 주어진 시간을 잘 배분하여 규칙을 충분히 파악해두어야 함

3 삼양 온라인 인적성검사 패스 팁!

① 인문계와 이공계로 나눠서 진행되며, 같은 계열사라도 직군에 따라 문제 유형이나 시험 방식에 차이가 있을 수 있으므로 자신이 응시하는 영역을 미리 확인하고 준비한다.

② 신분증, 휴대폰, 휴대폰 거치대, 노트북, 웹캠, 노트북 / 휴대폰 충전기를 미리 준비하고, 원활한 시험 진행을 위해 책상을 미리 정리해 둔다.

③ 계산기 및 문제풀이 용지 / 필기구 사용이 가능하다.

④ 노트북 웹캠과 스마트폰으로 시험 감독이 진행되므로 행동에 유의한다.

4 삼양 온라인 인적성검사 속으로!

(2024년 출제기준 반영)

구분	출제영역	문항 수	시간	출제유형
적성검사	언어비평	30문항	20분	• 명제 삼단논법을 이용하여 주어진 명제의 참·거짓·알 수 없음을 판단하는 문제 • 언어논리 제시문을 읽고 참·거짓·알 수 없음 중 옳은 것을 고르는 문제
	수리비평	20문항	25분	• 자료해석 제시된 자료를 토대로 옳은 또는 옳지 않은 내용을 구분하는 문제 • 자료계산 제시된 자료의 빈칸에 들어갈 수치를 추론하여 계산하는 문제
	도식적 추론 (인문계)	40문항	30분	• 문자 또는 기호가 변화하는 과정에 대한 규칙을 주어진 40문항에 적용하여 해결하는 문제
	연역적 판단 (이공계)	40문항	30분	• 도식 또는 도형에 적용되는 규칙을 제시하고, 이를 활용하여 주어진 40문항을 해결하는 문제
인성검사		총 456문항 (114문항씩 4세트)	40분	• 한 문제당 4개의 문장이 제시되며 자신의 성향과 가까운 정도에 따라 1 ～ 5점을 부여하고, 각 문항을 비교하여 상대적으로 자신과 가장 가까운 것과 먼 것에 체크하는 유형

12 GS

	공유가치	GS그룹은 고객과 함께 내일을 꿈꾸며 새로운 삶의 가치를 창조한다.
	인재상	GSC Way 실천을 통해 비전을 달성하기 위해 도전하는 사람 : 신뢰, 유연, 도전, 탁월

※ GS칼텍스 기준

1 GS 온라인 직무적성검사, 그것이 알고 싶다!

① 2021년 상반기부터 온라인 시험으로 전환되었다.
② 계열사별로 시험유형과 문제가 다르게 출제되며, 같은 계열사라도 직군에 따라 문제 유형이나 시험 방식에 차이가 있을 수 있으므로 반드시 발표되는 채용공고를 확인해야 한다.
③ 일부 계열사에서 자격증 유무에 상관없이 객관식 유형의 한국사 영역을 평가한다.

2 2025 이렇게 출제되었다!

✔ 언어비평 : 직무 수행에 필요한 문장 독해력, 이해 능력, 사실 정보에 근거한 논리적 판단 및 추론 능력을 평가하며, 제시문을 통해 문제의 참·거짓·알 수 없음을 판단하는 문제가 출제됨
✔ 수리비평 : 다양한 형태의 표와 그래프로 제시되는 통계 자료에 대한 이해 및 해석, 계산, 수리적 사고를 통한 효율적 문제 해결 능력 평가
✔ 한국사 : 각 시기의 지배세력을 등장 순서에 따라 나열하는 문제, 주어진 나라를 건국 순서대로 나열하는 문제, 국가와 해당 국가의 건국자를 찾는 문제, 시대별 유물 사진을 제시하고 순서대로 나열하는 문제 등이 출제됨

합격더하기

2025년 GS그룹 온라인 적성검사는 예년과 동일한 영역 및 구성으로 출제되었다. 전반적인 출제수준은 평이했지만 주어진 시간이 짧아 어려움을 겪었다는 의견이 지배적이었다. 이 때문에 평소 시간 안배 연습을 해두는 것이 중요하다. 또한 언어비평의 경우 낯선 개념을 다루는 지문 앞에서 당황하지 않기 위해 다양한 유형의 문제를 접해 보는 것이 도움이 될 것이다. 수리비평의 경우 온라인 시험으로 진행되는 만큼 필기 없이 문제를 푸는 연습이 필요하며, 한국사의 경우 미리 배경 지식을 익혀 두어야 한다.

3 GS 온라인 직무적성검사 패스 팁!

① 같은 계열사라도 직군에 따라 문제 유형이나 시험 방식에 차이가 있을 수 있다.

② 신분증, 휴대폰, 휴대폰 거치대, 권장 사양에 적합한 PC, 웹캠, 마이크, 스피커 등을 사전에 준비하고, 원활한 시험 진행을 위해 책상을 정리해 둔다.

③ 타인과 접촉이 없으며 원활한 네트워크 환경이 조성된 장소에서 응시한다.

④ 노트북 웹캠과 스마트폰으로 시험 감독이 진행되므로 행동에 유의한다.

⑤ 실제 시험시간 이외에도 별도의 점검 시간이 소요되므로 시간 관리에 유의한다.

⑥ 제한시간 내에 최대한 많은 문제를 정확하게 풀고 답안지에 즉시 마킹하는 연습이 필요하다.

4 GS 온라인 직무적성검사 속으로!

(2025년 출제기준 반영, GS칼텍스 기준)

출제영역	문항 수	시간	출제유형
언어비평	40문항	20분	• 명제 삼단논법을 이용하여 주어진 명제를 읽고 참·거짓·알 수 없음 중에 고르는 문제 • 언어논리 제시문을 읽고 참·거짓·알 수 없음 중에 고르는 문제
수리비평	30문항	25분	• 자료해석 도표·그래프 등 다양한 형태의 자료를 해석하거나 추론하는 문제 • 자료변환 주어진 자료를 다른 형태의 자료로 변환하는 문제
한국사	10문항	10분	• 원시시대나 고조선, 삼국, 고려, 조선, 근현대사에 대한 기본 상식을 묻는 문제 • 각 시기의 지배세력을 등장 순서나 주어진 나라의 건국 순서에 따라 나열하는 문제
인성검사	107문항	약 30분	• GS그룹에서 중요하게 생각하는 가치를 지원자가 어느 정도 지니고 있는지 측정함 • 4문 5답 유형으로 문항당 4개의 문장이 나오며 각 문장에 대해 자신이 동의하는 정도에 따라 답안 1에 체크하고, 멀다 / 가깝다 중 하나를 답안 2에 체크하는 유형

※ GS그룹은 계열사별로 다른 채용방법을 채택하고 있기 때문에 채용 공고를 반드시 참고하여 준비해야 한다.

13 오뚜기

	사시	보다 좋은 품질, 보다 높은 영양, 보다 앞선 식품으로 인류식생활 향상에 이바지한다.
	인재상	공경과 배려의 인재, 윤리적으로 행동하는 인재, 마음을 나눌 줄 아는 인재

1 오뚜기 온라인 능력적성검사, 그것이 알고 싶다!

① 오뚜기 온라인 능력적성검사는 능력적성검사(언어, 수리, 추리)와 인성역량검사 Ⅰ, Ⅱ로 구성되어 있다.
② 능력적성검사 : 타 기업의 인적성검사에 비해 난도가 높지는 않지만 많은 문제 수에 비해 응시시간이 매우 짧으므로 시간관리가 중요하다.
③ 인성역량검사 : 인성검사의 유형이 2개로 나뉘어 있는 만큼 오뚜기그룹에서 중요하게 여기는 부분이다. 한 시간 동안 많은 문제를 풀어야 하므로 지치지 않고 일관성 있는 답을 하는 것이 중요하다.

2 2024 이렇게 출제되었다!

✔ 언어 : 어휘의 뜻과 관계, 맞춤법, 한자성어, 명제 추론 등의 문제
✔ 수리 : 수추리와 거리·속력·시간, 일의 양, 정가·원가 등의 응용수리 문제
✔ 추리 : 도형의 규칙, 전개도, 종이접기 등의 다양한 도형 문제 및 도식추리 문제

합격더하기

오뚜기그룹 온라인 능력적성검사는 과년도 시험과 유사하게 출제되었다. 언어 영역의 어휘 문제가 전반적인 시험의 난도를 올렸으며, 평소에 잘 쓰지 않는 단어는 물론, 한자를 잘 알아야 풀 수 있는 문제가 출제되어 어려웠다는 것이 지배적인 의견이었다. 또한 수리 영역은 수의 관계를 파악하는 등 수추리 문제와 응용수리 문제가 출제되었으며 평이한 수준이었고, 추리 영역에서는 다양한 유형의 도형 및 도식추리 문제가 출제되었다.

3 오뚜기 온라인 능력적성검사 패스 팁!

① 원활한 시험 진행을 위해 삼각대와 책상 정리가 필요하다.

② 응시 시간이 매우 짧으므로 직관적으로 문제를 풀어나간다.

③ 계산 문제를 풀기 위한 종이와 펜 그리고 계산기를 준비한다.

④ 인성역량검사를 위해 평소 오뚜기그룹의 인재상에 대해 숙지해둔다.

⑤ 타인이 출입하거나 소음이 감지될 경우 부정행위로 간주될 수 있으니, 본인만 위치한 장소에서 응시한다.

4 오뚜기 온라인 능력적성검사 속으로!

(2024년 출제기준 반영)

구분	출제영역	문항 수	시간	출제유형
능력적성검사	언어	40문항	50분	• 어휘 및 어법 같은 의미 찾기, 유의 / 반의 관계, 한자성어 문제 • 명제 추론 삼단논법을 통해 결론을 찾는 문제
	수리	60문항		• 수추리 수 또는 문자가 나열된 규칙을 찾아 빈칸의 값을 구하는 문제 • 응용수리 거리·속력·시간 , 금액, 일률, 최댓값 / 최솟값을 구하는 문제
	추리	60문항		• 도형추리 주어진 도형의 나열로부터 규칙성을 발견하거나 도형의 변화 관계를 파악하는 문제 • 도식추리 주어진 자료의 변화 관계를 파악하여 제시된 도형에 추론한 변환 규칙과 비교 규칙을 적용하여 해결하는 문제
인성역량검사	인성역량검사 Ⅰ	50문항 세트	40분	• 한 세트당 4개의 문장이 제시되며, 자신의 성향에 가까운 정도에 따라 1 ~ 5점을 부여하고, 각 문항을 비교하여 상대적으로 자신과 가장 가까운 것과 먼 것에 체크하는 문제
	인성역량검사 Ⅱ	93문항	20분	

14 효성

HYOSUNG	핵심가치	최고(Global Excellence), 혁신(Innovation), 책임(Accountability), 신뢰(Integrity)
	인재상	글로벌 경쟁력과 최고의 역량을 갖춘 인재 새로운 가능성에 도전하는 인재 주인의식을 가지고 일하는 인재 동료와 업무에 있어 신뢰를 구축해 나가는 인재

1 효성 인적성검사, 그것이 알고 싶다!

① 효성 인적성검사는 인성검사와 적성검사로 구성되어 있다.
② 적성검사는 지각정확력, 언어유추력, 언어추리력, 공간지각력, 판단력, 응용계산력, 수추리력, 창의력으로 이루어져 있으며 이를 통해 직무수행에 적합한 잠재역량을 보유하였는지를 측정한다.
③ 난이도가 높지 않기 때문에 제한시간 내에 많은 문제를 정확하게 푸는 연습을 해야 한다.
④ 창의력 문제의 경우 정답이 정해져 있지 않기 때문에, 문제의 조건에 따라 다양한 시각으로 접근하여 문제를 풀어야 한다.

2 2024 이렇게 출제되었다!

✔ 언어유추력 : 언어, 단어, 한자성어 등 기본적인 상식을 많이 알고 있다면 유리한 문제들이 출제됨
✔ 공간지각력 : 평면도형 문제, 일반적인 정육면체 전개도 문제뿐만 아니라 생소한 입체도형의 전개도 문제들이 출제되어 난도가 높음
✔ 수추리력 : 난도 상, 규칙 찾기 어려움
✔ 창의력 : 도형 한 개를 제시한 후 그 용도를 40개 쓰기(주관식)

> **합격더하기**
>
> 효성그룹 인적성검사는 이전과 동일한 영역 및 유형으로 출제되었다. 전반적인 시험의 출제 수준도 높지 않았지만, 영역별 주어진 시간에 비해 많은 수의 문제를 풀어야 했으므로 빠르고 정확하게 푸는 것이 중요했다. 특히 창의력 영역은 어떤 가상의 상황이 주어지고 이에 대한 본인의 생각 40가지를 짧은 시간 내에 작성해야 했는데 이는 정해진 답이 없는 문제이므로 당황하지 않고 답변을 작성했다면 충분할 것이다.

3 시험장 패스 팁!

① 손목시계(아날로그 시계 포함) 착용이 금지되어 있으며, 방송 통제로 시험이 진행된다.
② 컴퓨터용 사인펜, 수정 테이프는 반드시 지참한다. 시험을 치를 때 기타 필기도구(샤프 및 볼펜)의 사용이 금지되며, 오직 컴퓨터용 사인펜만 사용할 수 있으므로 실전연습을 할 때 반드시 컴퓨터용 사인펜으로 푸는 연습을 해보도록 한다.
③ 시험지에 직접 풀이가 가능하다.
④ 해당 영역이 끝날 경우 그 영역의 문제는 풀 수 없고 다음 영역으로 넘어가야 한다.

4 효성 인적성검사 속으로!

(2024년 출제기준 반영)

구분		출제영역	문항 수	시간	출제유형
인성검사			350문항	40분	• 자신의 성격에 맞게 '예', '아니요' 선택
적성검사		지각정확력	30문항	6분	• 제시된 문자 또는 기호와 같은 것의 개수를 구하는 문제 • 제시되지 않은 문자 또는 기호를 찾는 문제
		언어유추력	20문항	5분	• 제시된 단어의 대응 관계를 보고 빈칸에 들어갈 단어를 찾는 문제
		언어추리력	20문항	5분	• 제시된 지문을 읽고 참·거짓·알 수 없음 중 옳은 것을 고르는 문제
		공간지각력	20문항	8분	• 입체도형의 전개도를 주고 완성된 도형의 모양을 찾는 문제, 보기와 같은 모양이 몇 개인지 찾는 문제, 평면도형 문제
		판단력	20문항	12분	• 독해 경제·사회·예술·과학 등 다양한 분야를 주제로 한 추론하기 및 일치 / 불일치 문제 • 문장·문단나열 제시된 문장 혹은 문단을 나열하는 문제
		응용계산력	20문항	12분	• 거리·속력·시간, 농도, 금액, 확률, 경우의 수 등을 구하는 문제
		수추리력	20문항	10분	• 일정한 규칙으로 나열된 수를 보고 빈칸에 들어갈 수를 찾는 문제
		창의력	1문항	6분	• 제시된 그림의 용도나 상황에 대한 자신의 생각을 40가지 작성하는 문제

판단력 출제유형 그래프: 독해 15, 문장 배열 5 (단위: 0, 10, 20, 30)

15 LX

	경영철학	Link to a Sustainable Future 지속 가능한 미래로의 연결
LX	행동방식	**정직** 원칙과 기준에 따라 투명하게 일한다. **공정한 대우** 모든 거래 관계에서 공평하게 기회를 제공하고 공정하게 대우한다. **실력을 통한 정당한 경쟁** 정정당당하게 경쟁하여 이길 수 있는 실력을 거둔다.

1 LX 온라인 인적성검사, 그것이 알고 싶다!

① LX그룹은 2021년 5월 LG로부터 분리되어 창립된 기업집단으로, 온라인 인적성검사를 시행하며 적성검사와 인성검사를 실시한다.

② 적성검사는 LG그룹과 동일한 영역인 언어이해, 언어추리, 자료해석, 창의수리를 평가한다.

2 2024 이렇게 출제되었다!

✔ 언어이해 : 짧은 지문과 직관적인 문항이 다수

✔ 언어추리 : 명제와 조건추리 위주로 구성됨

✔ 자료해석 : 표와 그래프 등의 자료 해석

✔ 창의수리 : 수추리 문제와 방정식 등 응용수리 문제 출제

> **합격더하기**
>
> LX 인적성검사는 LG 인적성검사와 큰 틀에서 거의 동일하며, 세부적으로만 약간 차이가 있다. LG 인적성검사에 비해 비교적 평이한 난이도로 출제되며, 합격률도 높은 편으로 알려져 있다. 평소에 컴퓨터 메모장을 이용하여 문제를 풀어보는 연습을 하는 것이 좋다.

3 LX 온라인 인적성검사 패스 팁!

① 10분 내에 15문제를 풀어야 하므로 짧은 시간 내에 실수 없이 많은 문제를 푸는 연습을 해야 한다.
② 시험 전에 LX그룹에서 제공하는 인적성검사 프로그램을 다운로드하고, 사전검사를 한다(사전검사 미응시 시, 인적성검사 응시 불가).
③ 응시 당일 시험 시간에 맞춰 주변 환경 정돈 후 적성검사의 문제가 잘려 보이지 않도록 해상도를 1,920×1,080으로 설정하고 프로그램에 접속한다.
④ 다시 한 번 주의사항을 읽고, 웹캠으로 신분증을 찍어 감독관에게 확인받는다.
⑤ 문제마다 계산기와 메모판을 제공하며, 연필이나 펜, 연습장 등을 사용할 수 없다.

4 LX 온라인 인적성검사 속으로!

(2024년 출제기준 반영)

구분	출제영역	문항 수	시간	출제유형
인성검사		183문항	20분	• 3문항씩 61세트로 구성됨. 자신의 성향과 가까운 정도에 따라 1점부터 7점까지 점수를 부여한 후 하나의 세트에서 가장 가까운 것과 먼 것에 체크하는 문제
적성검사	언어이해	15문항	10분	• 독해 – 다양한 분야의 지문 활용 – 주제 찾기, 내용일치, 나열하기, 반박하기, 추론하기 등의 유형
	언어추리	15문항	10분	• 명제추리 삼단논법을 통해 결론을 찾는 문제 • 조건추리 참·거짓을 활용하여 풀이하는 문제
	자료해석	15문항	10분	• 자료해석 기본적인 증감폭, 증감추이, 증감률을 구하는 문제 • 자료변환 제시된 자료를 그래프로 올바르게 변환한 것을 찾는 문제
	창의수리	15문항	10분	• 수추리 수가 나열된 규칙을 찾아 빈칸의 값을 구하는 문제 • 응용수리 거리·속력·시간, 농도, 금액, 일률, 최댓값과 최솟값, 경우의 수를 구하는 문제

16 | KCC

	비전	글로벌 TOP 수준의 환경친화적 경영과 기술력을 확보한 초일류기업
	인재상	지식과 용기 그리고 도전정신으로 무장한 당신이라면 KCC의 한 사람이 될 수 있습니다.

1 KCC 온라인 인적성검사, 그것이 알고 싶다!

① KCC 온라인 인적성검사는 적성검사와 인성검사로 구성되어 있다.

② KCC의 적성검사는 수리, 언어, 추리, 시각적사고로 이루어져 있으며, 이를 통해 직무수행에 적합한 잠재 역량을 보유하였는지를 측정한다.

③ 전반적으로 난이도는 높지 않지만 시간이 넉넉하지 않아 시간관리가 중요하다.

2 2024 이렇게 출제되었다!

✔ 수리 : 시간이 부족하였으며 거리·속력·시간 등 응용수리, 자료해석 문제가 출제됨

✔ 언어 : 대체로 논리퀴즈, 명제추리의 형식이며 헷갈리는 문제가 다소 있음

✔ 추리 : 어려운 문제는 없었으나 시간이 넉넉하지 않았으며, 역 / 대우 논리 문제 등이 출제됨

✔ 시각적 사고 : 종이접기, 펀칭·자르기, 도형찾기와 같은 평면도형과 전개도, 단면도, 투상도, 블록결합 등의 입체도형 유형의 문제가 출제됨

합격더하기

KCC 온라인 인적성검사는 2021년 하반기부터 출제경향이 크게 바뀌었으며, 이전과 달리 독창적인 유형의 문제는 출제되지 않는 편이지만 계산기와 메모장이 주어지지 않고 암산에 의존하여 문제를 풀어야 하므로 체감 난이도가 높다. 따라서 미리 눈으로만 문제를 푸는 연습을 하는 것이 좋다.

3 KCC 온라인 인적성검사 패스 팁!

① 신분증, 휴대폰, 휴대폰 거치대, 노트북, 웹캠, 노트북 / 휴대폰 충전기를 미리 준비하고, 원활한 시험 진행을 위해 책상을 미리 정리해 둔다.

② 기존 오프라인 시험에 비해 난이도가 높지는 않으나, 필기도구 사용이 불가하므로 미리 눈으로만 문제를 푸는 연습을 하도록 한다.

③ 틀리면 감점이 있으므로 모르는 문제는 찍지 말고 비워두는 것이 좋다.

④ 30초, 60초, 90초 순서로 진행되며 각 문항에 해당하는 제한시간이 종료되면 다음 문제로 넘어간다.

⑤ 시험 내용은 채용 유형, 직무, 시기 등에 따라 변동될 수 있으므로 반드시 발표되는 채용공고를 확인해야 한다.

⑥ 계열사별로 시행 여부에 차이가 있을 수 있으므로 발표된 공고를 확인해야 한다.

4 KCC 온라인 인적성검사 속으로!

(2024년 출제기준 반영)

시험 시간 예시	진행 순서
09:30 ~ 09:40	화상 회의실 입장
09:40 ~ 10:00	신분 확인 및 응시 환경 점검
10:00 ~ 10:10	검사 안내
10:10 ~ 12:00	적성검사 및 인성검사

구분		문항 수	시간	출제유형
적성검사		48문항	50분	수리, 언어, 추리, 시각적 사고 30초 14문항, 60초 16문항, 90초 18문항
인성검사	유형 Ⅰ	340문항	60분	자신이 동의하는 정도에 따라 '① 전혀 아니다, ② 약간 아니다, ③ 보통이다, ④ 약간 그렇다, ⑤ 매우 그렇다'로 응답
	유형 Ⅱ	60문항		제시된 두 문장 (가), (나) 중 자신이 동의하는 정도에 따라 '(가)에 가까울수록 ①에 가깝게, (나)에 가까울수록 ④에 가깝게' 응답

17 S-OIL

	비전 2030	최고의 경쟁력과 창의성을 갖춘 친환경 에너지 화학기업
S-OIL	인재상	회사 VISION 실현에 동참할 진취적인 사람 국제적 감각과 자질을 가진 사람 자율과 팀워크를 중시하는 사람 건전한 가치관과 윤리의식을 가진 사람

1 S-OIL 온라인 인적성검사, 그것이 알고 싶다!

① S-OIL 온라인 인적성검사는 적성검사와 인성검사로 구성되어 있다.
② 적성검사는 언어력, 수리력, 추리력으로 이루어져 있으며, 이를 통해 독해력, 이해력, 해석 능력, 문제접근 및 해결 능력 등 직무수행에 적합한 잠재역량을 보유하였는지를 측정한다.
③ 확정사항은 아니나 오답감점제가 적용될 수 있기에 모르는 문제는 비워둔다.

2 2025 이렇게 출제되었다!

✔ 언어력 : 다양한 주제의 비문학 지문 독해 문제와 문단나열 문제가 대다수 출제
✔ 수리력 : 기본적인 응용수리나 자료해석 영역 외에 수열추리 문제가 출제
✔ 추리력 : 주어진 도형의 나열로부터 규칙성을 발견하거나 주어진 도형의 변화 관계를 통해 도형의 규칙을 추론하는 유형의 문제들이 출제

합격더하기

여러 기업의 인적성검사 중 고난도로 출제되는 편인 S-OIL 온라인 인적성검사는 2025년에도 여전히 난도가 높았다는 의견이 대부분이었다. 먼저 언어력의 경우, 주제 찾기 문제의 비중이 줄어든 반면 문단 순서 나열하기 문제의 비중이 절반 가까이 차지할 정도로 증가하였다. 그리고 수리력은 응용수리보다 자료해석 문제가 평이한 수준으로 출제되었다는 평이 많았다. 또한 추리력의 경우, 주어진 시간 안에 다양한 유형으로 출제된 도형추리 문제를 풀어내기에는 촉박해 세 영역 중 가장 어려웠다는 의견이 지배적이었다. 따라서 주어진 시간을 잘 활용하는 것이 합격에 가까워지는 전략일 것이다.

3 S-OIL 온라인 인적성검사 패스 팁!

① 신분증, 휴대폰, 휴대폰 거치대, 노트북, 웹캠, 노트북 / 휴대폰 충전기를 미리 준비하고, 원활한 시험 진행을 위해 책상을 미리 정리해 둔다.
② 적성검사가 끝나고 인성검사가 실시된다.
③ 온라인시험 중 필기구 사용이 불가하며 프로그램 내부에 메모장과 계산기가 탑재되어 있으나 사용 시 시간이 지체될 수 있으므로 짧은 시간 내에 풀기 위해서는 되도록 계산기 또는 메모장을 사용하지 않고 풀어보는 연습이 필요하다.

4 S-OIL 온라인 인적성검사 속으로!

(2025년 출제기준 반영)

구분	출제영역	문항 수	시간	출제유형
적성검사	언어	15문항	20분	• 내용일치, 주제 찾기, 문단나열 등 – 다양한 분야의 긴 지문을 토대로 하는 여러 문제 유형이 출제 – 한 지문당 한두 문제가 출제되므로 한 번에 지문의 핵심을 파악하는 능력 필요
	수리	20문항	25분	• 자료해석 통계자료나 그래프, 순위, 비율, 증감률 등 해석 및 계산 문제 • 응용수리 기본적인 공식을 활용하는 방정식, 거리·속력·시간, 경우의 수 문제
	추리력	15문항	15분	• 도형추리 주어진 도형의 나열로부터 규칙성을 발견하거나 도형의 변화 관계를 파악하는 유형
인성검사		421문항 세트	60분	• 한 문제당 3개의 문장이 제시되며, 자신의 성향에 가까운 정도에 따라 1~5점을 부여하고, 각 문항을 비교하여 상대적으로 자신과 가장 가까운 것과 먼 것에 체크하는 유형

18 샘표식품

 ◆ 샘표	비전	우리맛으로 세계인을 즐겁게
	인재상	열정 있는 사람, 겸손한 사람, 사심 없는 사람

1 샘표식품 인적성검사, 그것이 알고 싶다!

① 샘표식품 인적성검사는 인성검사와 적성검사로 구분되어 있으며, 지원자의 성장 가능성을 종합적으로 평가한다.

② 적성검사는 언어, 수리, 도형추리로 이루어져 있으며, 이를 통해 직무수행에 적합한 잠재역량을 보유하였는지 측정한다.

③ 영역별로 20문항에 30분이 주어지며, 난이도는 평이한 수준이었으나 최근 지문의 길이가 길어지는 등 난도가 올라갔다는 평이 많다.

2 2025 이렇게 출제되었다!

✔ 언어 : 독해 위주의 문제들이 주로 출제됨
✔ 수리 : 기본적인 응용수리 문제와 자료해석 문제가 출제됨
✔ 도형추리 : 규칙이나 접근 방식이 기존과 다른 신유형의 고난도 문제가 출제됨

> **합격더하기**
> 2025년 샘표식품 인적성검사는 기존의 시험 영역과 제한시간을 유지하였으며, 평이한 수준으로 문제가 출제되었다. 다만 언어 영역의 지문이 길어 시간이 부족했고, 도형추리 영역의 유형이 새로워져 난도가 높다는 평이 있었다. 오프라인으로 치르는 시험인 만큼 까다로운 문제가 출제되었을 가능성이 크다. 또한 아날로그 시계 및 전자시계 모두 사용이 불가하고, 샤프나 볼펜 역시 사용할 수 없었기에 수험생들의 어려움이 컸을 것으로 예상된다.

3 시험장 패스 팁!

① 컴퓨터용 사인펜, 수정 테이프는 반드시 지참한다. 시험을 치를 때 기타 필기도구의 사용이 금지되며 오직 컴퓨터용 사인펜만 사용할 수 있으므로, 실전연습을 할 때 반드시 컴퓨터용 사인펜으로 푸는 연습을 해보도록 한다.

② 한 과목이 끝나면 다 같이 페이지를 넘겨 다음 과목을 풀게 한다. 또한 감독관들이 10분 전, 1분 전마다 직접 시간을 알려주므로 시간 분배에 활용할 수 있도록 한다.

③ 전자제품 사용 및 휴대는 금지이므로 가방에 넣어 시험관에게 제출하도록 한다.

④ 시험 중에는 모자와 손목시계를 착용할 수 없다.

⑤ 정답을 시험지에 표시하고 답안지에 옮겨 적을 만큼 충분한 시간을 주는 시험이 아니므로 답안지에 바로 바로 마킹한다.

4 샘표식품 인적성검사 속으로!

(2025년 출제기준 반영)

구분	출제영역	문항 수	시간	출제유형
적성검사	언어	20문항	30분	• 추론하기, 내용일치, 문단나열 등 비교적 긴 지문, 이해력과 사고력을 동시에 요구하는 문제
	수리	20문항	30분	• 응용수리 거리·속력·시간, 농도, 금액, 일률, 경우의 수, 확률을 구하는 문제 • 자료해석 통계자료나 그래프 등을 제시해주고 해석하는 문제, 순위·비율·증감률 등을 구하는 문제
	도형추리	20문항	30분	• 도형추리 도형 사이의 규칙이나 관계성을 찾는 접근 방식이 기존과 다른 고난도 신유형 문제
인성검사		100문항	50분	• 한 문제당 4개의 문장이 제시되며 자신의 성향과 가까운 정도에 따라 1~5점을 부여하고, 각 문항을 비교하여 상대적으로 자신과 가장 가까운 것과 먼 것에 체크하는 유형

응용수리 12
자료해석 8
0 10 20 30

19 엔씨소프트

	비전	PUSH FOR A BETTER FUTURE PLAY FOR SUSTAINABILITY 엔씨는 세상 모두가 즐거움으로 연결되는 미래를 꿈꾼다. 그 미래를 향해 올바른 방향을 설정하고 진정성 있게 나아간다.
	미션	PUSH, PLAY 뛰어넘다. 상상하다.

1 엔씨소프트 온라인 인적성검사(NC TEST), 그것이 알고 싶다!

① 엔씨소프트 온라인 인적성검사는 직무 수행을 위해 요구되는 역량을 다양하고 종합적인 관점에서 측정하며, 인성검사와 적성검사, 직무능력평가로 구성되어 있다.
② 인성검사는 적성검사를 보기 전에 정해진 날짜 중에 원하는 날을 선택하여 응시할 수 있다.
③ 적성검사의 판단력과 응용수리력을 제외한 나머지 영역의 문제 수준은 평이했으나 시간이 넉넉하지 않아 시간관리가 중요하다.

2 2024 이렇게 출제되었다!

✔ **지각정확력** : 제시된 문자와 같은 것의 개수를 구하거나 주어진 표에 제시되지 않은 문자를 고르는 문제
✔ **언어유추력** : 제시된 단어의 관계를 유추하거나 빈칸에 들어갈 알맞은 단어를 고르는 문제
✔ **언어추리력** : 제시문을 통해 문제의 참·거짓·알 수 없음을 판단하는 문제
✔ **공간지각력** : 제시된 전개도를 접었을 때, 만들어질 수 있거나 없는 입체도형을 고르는 문제
✔ **판단력** : 제시문을 읽고 주제나 내용을 파악하는 문제보다는 주어진 자료를 해석하거나 계산하는 문제의 출제비중이 높음
✔ **응용수리력** : 거리·속력·시간, 경우의 수, 확률 등의 응용수리 문제가 평이하게 출제됨
✔ **수추리력** : 나열된 수를 분석하여 그 안의 규칙을 찾고 적용하는 문제로 어렵게 출제됨
✔ **창의력** : 주어진 그림이나 상황을 보고 다양한 생각을 서술하는 문제

2024년 NC TEST 적성검사는 온라인 시험으로 진행되었으며, 출제영역 및 유형은 전년도와 동일하였다. 전체적으로 평이한 수준이었지만 영역이 다양하고, 상당히 많은 문항 수에 비해 응시 시간이 짧아 수험생들이 어려움을 겪었으리라 본다. 따라서 평소 시간 안배 연습을 해두는 것이 중요하며 온라인 시험이 익숙지 않은 수험생들은 이에 대한 대비가 필요하다.

3 엔씨소프트 온라인 인적성검사 패스 팁!

① 시험 전 모니토 앱을 설치하고, 테스트 서버에 미리 접속해 보아야 한다.
② 본인을 촬영할 휴대폰과 삼각대와 같은 휴대폰 거치대를 준비해야 한다.
③ 엔씨소프트 로고 배경이 있는 문제풀이 전용 용지를 출력하여 시험 시 사용해야 한다.
④ 모니터 화면에 책꽂이, 액자 등의 물품이 비칠 경우 부정행위로 간주되니, 사전에 담요나 천으로 덮어두어야 한다.

4 엔씨소프트 온라인 인적성검사(NC TEST) 속으로!

(2024년 출제기준 반영)

구분	출제영역	문항 수	시간	출제유형
인성검사		300문항	45분	• 제시된 질문에 어떤 것을 선택하는 것이 옳은 건지 고르는 유형
적성검사	지각정확력	30문항	6분	• 제시된 문자와 같거나 다른 것의 개수를 구하는 문제, 주어진 문자표에 제시되지 않은 문자를 고르는 문제
	언어유추력	20문항	5분	• 제시된 단어의 관계 유추, 빈칸에 들어갈 단어를 고르는 문제
	언어추리력	20문항	7분	• 명제, 제시된 추론의 참·거짓·알 수 없음의 여부를 판단하는 문제
	공간지각력	20문항	7분	• 제시된 전개도를 보고 입체도형을 추리하는 문제
	판단력	20문항	12분	• 통계자료나 그래프 등을 보고 자료를 해석하거나 계산하는 문제
	응용수리력	20문항	10분	• 거리·속력·시간, 농도, 금액, 일률, 경우의 수, 확률을 구하는 문제
	수추리력	20문항	8분	• 정수나 분수, 소수 등 다양한 유형의 나열된 수를 분석하여 그 안의 규칙을 찾고 적용하는 문제
	창의력	1문항	6분	• 주어진 그림이나 상황을 보고 자신의 생각을 서술하는 문제

20 현대백화점

HYUNDAI 현대백화점그룹	비전	고객에게 가장 신뢰받는 기업
	인재상	Action 열정과 자부심을 가지고 끊임없이 도전하는 사람 Chance 혁신적 사고와 학습을 통해 변화를 주도하는 사람 Development 소통하고 협업하며 함께 성장하는 사람

1 현대백화점 인적성검사, 그것이 알고 싶다!

① 현대백화점 인적성검사는 적성검사와 인성검사로 구성되어 있으며, 총 3시간 가까이 시험이 진행된다.
② 적성검사는 수리, 추리, 언어로 이루어져 있으며, 이를 통해 직무수행에 적합한 잠재역량을 보유하였는지를 측정한다.
③ 현대백화점그룹은 계열사별로 AI역량검사, 인적성검사 등 다양한 채용과정을 운영하고 있으므로 반드시 각 계열사의 채용공고를 확인하도록 한다.

2 2023 이렇게 출제되었다!

✔ 수리 : 거리·속력·시간, 농도, 금액, 일률, 경우의 수, 확률 등의 방정식을 활용한 응용수리 문제가 출제됨
✔ 추리 : 명제, 언어논리, 진실게임 등 다양한 유형의 문제로 구성되어 출제됨
✔ 언어 : 다양한 분야와 관련된 지문의 독해 문제, 주로 짧은 지문의 문제로 수리와 추리보다 평이하게 출제됨

> **합격더하기**
> 현대백화점의 적성검사의 난이도는 어렵지 않다고 알려져 있으나 언어를 제외하고 수리와 추리가 어려웠다는 후기가 많았다. 특히 수리 영역에서 방정식을 활용한 응용수리보다는 의외로 수열의 규칙을 찾는 부분에서 처음 접하는 유형이 많이 나와서 수험생들이 당황스러움을 느꼈을 것이라고 판단된다. 따라서 정답을 답안지에 바로 바로 마킹하여 문제 풀이 시간을 더 확보하는 것이 합격의 당락을 결정하는 데에 큰 도움이 될 것이다.

3 현대백화점 인적성검사 패스 팁!

① 컴퓨터용 사인펜, 수정 테이프, 연필, 지우개, 볼펜 등 필기도구를 여유롭게 준비한다.
② 영역별로 시험이 진행되므로 한 과목이라도 과락이 생기지 않도록 한다.
③ 정답을 시험지에 표시하고 답안지에 옮겨 적을 만큼 충분한 시간을 주는 시험이 아니므로 답안지에 바로 바로 마킹한다.
④ 각 고사장의 시험 감독관과 방송에 의해 시험이 진행되므로 안내되는 지시 사항을 잘 준수한다.

4 현대백화점 인적성검사 속으로!

(2023년 출제기준 반영)

구분	출제영역	문항 수	시간	출제유형
인성검사		270문항 or 275문항	45분	• 자신이 동의하는 정도에 따라 '① 매우 아니다, ② 약간 아니다, ③ 약간 그렇다, ④ 그렇다'로 응답
적성검사	수리	55문항	60분	• 방정식을 활용한 거리 · 속력 · 시간, 농도, 금액, 일률, 경우의 수, 확률을 구하는 문제 • 나열된 수에 적용된 다양한 규칙을 찾아 빈칸의 값을 구하는 문제
	추리			• 명제, 언어논리, 진실게임, 참 · 거짓 등 다양한 유형의 문제
	언어			• 다양한 분야와 관련된 지문의 독해 문제, 주로 짧은 지문

MEMO

Add+

2025년
주요 기업 기출복원문제

※ 정답 및 해설은 기출복원문제 바로 뒤 p.080에 있습니다.

1 언어

| KT그룹

01 다음 밑줄 친 부분의 띄어쓰기가 모두 옳은 것은?

① 최선의 세계를 만들기 위해서 <u>무엇 보다</u> 이 세계에 있는 모든 대상이 지닌 성질을 정확하게 <u>인식해야 만</u> 한다.

② 일과 여가 <u>두가지를</u> 어떻게 <u>조화시키느냐하는</u> 문제는 항상 인류의 관심 대상이 되어 왔다.

③ <u>내로라하는</u> 영화배우 중 내 고향 출신도 상당수 된다. 그래서 자연스럽게 영화배우를 꿈꿨고, <u>그러다 보니</u> 영화는 내 생활의 일부가 되었다.

④ 실기시험은 까다롭게 <u>심사하는만큼</u> 준비를 철저히 해야 한다. <u>한 달 간</u> 실전처럼 연습하면서 시험에 대비하자.

⑤ 우주의 <u>삼라 만상은</u> 우리에게 온갖 경험을 제공하지만 많은 경험의 결과들이 서로 <u>모순 되는</u> 때가 많다.

02 다음 글의 제목으로 가장 적절한 것은?

> 감시용으로만 사용되는 CCTV가 최근에 개발된 신기술과 융합되면서 그 용도가 점차 확대되고 있
> 다. 대표적인 것이 인공지능(AI)과의 융합이다. CCTV가 지능을 가지게 되면 단순 행동 감지에서
> 벗어나 객체를 추적해 행위를 판단할 수 있게 된다. 단순히 사람의 눈을 대신하던 CCTV가 사람의
> 두뇌를 대신하는 형태로 진화하고 있는 셈이다.
> 인공지능을 장착한 CCTV는 범죄현장에서 이상 행동을 하는 사람을 선별하고, 범인을 추적하거나 도주
> 방향을 예측해 통합관제센터로 통보할 수 있다. 또 수상한 사람의 행동 패턴에 따라 지속적인 추적이나
> 감시를 수행하고, 차량번호 및 사람 얼굴 등을 인식해 관련 정보를 분석해 제공할 수 있다.
> 한국전자통신연구원(ETRI)에서는 CCTV 등의 영상 데이터를 활용해 특정 인물이 어떤 행동을 할지
> 를 사전에 예측하는 영상분석 기술을 연구 중인 것으로 알려져 있다. 인공지능 CCTV는 범인 추적
> 뿐만 아니라 자연재해를 예측하는 데 사용할 수도 있다. 장마철이나 국지성 집중호우 때 홍수로 범
> 람하는 하천의 수위를 감지하는 것은 물론 산이나 도로 등의 붕괴 예측 등 다양한 분야에 적용될
> 수 있기 때문이다.

① AI와 융합한 CCTV의 진화
② 범죄를 예측하는 CCTV
③ 당신을 관찰한다, CCTV의 폐해
④ CCTV와 AI의 현재와 미래
⑤ 인공지능과 사람의 공존

03 다음 글의 중심 내용으로 가장 적절한 것은?

BMO 금속과 광업 관련 연구 보고서에 따르면 최근 가격 강세를 지속해 온 알루미늄, 구리, 니켈 등 산업 금속들의 4분기 중 공급부족 심화와 가격 상승세가 전망된다. 산업 금속이란, 산업에 필수적으로 사용되는 금속들을 말하는데, 앞서 제시한 알루미늄, 구리, 니켈뿐만 아니라 비교적 단단한 금속에 속하는 은이나 금 등도 모두 산업에 많이 사용될 수 있는 금속이므로 산업 금속의 카테고리에 속한다고 할 수 있다. 이러한 산업 금속은 물품을 생산하는 기계의 부품으로써 필요하기도 하고, 전자제품 등의 소재로 쓰이기도 하기 때문에 특정 분야의 산업이 활성화되면 특정 금속의 가격이 뛰거나 심각한 공급난을 겪기도 한다.

금융투자업계에 따르면 최근 전 세계적인 경제 회복 조짐과 함께 탈탄소 추세, 즉 '그린 열풍'에 따른 수요 증가로 산업 금속 가격이 초강세이다. 런던금속거래소에서 발표한 자료에 따르면 올해 들어 지난달까지 알루미늄은 20.7%, 구리가 47.8%, 니켈은 15.9% 각각 가격이 상승했다. 자료에서도 알 수 있듯이 구리 수요를 필두로 알루미늄, 니켈 등 전반적인 산업 금속 섹터의 수요량이 증가하였다. 이는 전기자동차 산업의 확충과 관련이 있다. 전기자동차의 핵심적인 부품인 배터리를 만드는 데에 구리와 니켈이 사용되기 때문이다. 이때, 배터리 소재 중 니켈의 비중을 높이면 배터리의 용량을 키울 수 있으나 배터리의 안정성이 저하된다. 기존의 전기자동차 배터리는 니켈의 사용량이 높았기 때문에 더욱 안정성 문제가 제기되어 왔다. 그래서 연구 끝에 적정량의 구리를 배합하는 것이 배터리 성능과 안정성을 모두 향상하기 위해서 중요하다는 것을 밝혀내었다. 구리가 전기자동차 산업의 핵심 금속인 셈이다.

이처럼 전기자동차와 배터리 등 친환경 산업에 필수적인 금속들의 수요는 증가하는 반면 세계 각국의 환경 규제 강화로 인해 금속의 생산은 오히려 감소하고 있기 때문에 산업 금속에 대한 공급난과 가격 인상이 우려되고 있다.

① 전기자동차의 배터리 성능을 향상하는 기술
② 세계적인 '그린 열풍' 현상 발생의 원인
③ 필수적인 산업 금속 공급난으로 인한 문제
④ 전기자동차 확충에 따른 구리 수요 증가 상황
⑤ 탈탄소 산업의 대표 주자인 전기자동차 산업

04 다음 글의 내용으로 적절하지 않은 것은?

김치는 넓은 의미에서 소금, 초, 장 등에 '절인 채소'를 말한다. 김치의 어원인 '딤채'도 '담근 채소'라는 뜻이다. 그러므로 깍두기, 오이지, 오이소박이, 단무지는 물론 장아찌까지도 김치류에 속한다고 볼 수 있다. 우리나라의 김치는 '지'라고 불렸다. 그래서 짠지, 싱건지, 오이지 등의 김치에는 지금도 '지'가 붙는다. 초기의 김치는 단무지나 장아찌에 가까웠을 것이다.

처음에는 서양의 피클이나 일본의 쓰케모노와 비슷했던 김치가 이들과 전혀 다른 음식이 된 것은 젓갈과 고춧가루를 쓰기 시작하면서부터이다. 하지만 이때에도 김치의 주재료는 무나 오이였다. 우리가 지금 흔히 먹는 배추김치는 18세기 말 중국으로부터 크고 맛이 좋은 배추 품종을 들여온 뒤로 사람들이 널리 담그기 시작하였고, 20세기에 들어와서야 무김치를 능가하게 되었다.

김치와 관련하여 우리나라 향신료의 대명사로 쓰이는 고추는 생각만큼 오랜 역사를 갖고 있지 못하다. 중미 멕시코가 원산지인 고추는 '남만초'나 '왜겨자'라는 이름으로 16세기 말 조선에 들어와 17세기부터 서서히 보급되다가 17세기 말부터 가루로 만들어 비로소 김치에 쓰이게 되었다. 조선 전기까지 주요 향신료는 후추, 천초 등이었고, 이 중 후추는 값이 비싸 쉽게 얻을 수 없었다. 19세기 무렵에 와서 고추는 향신료로서 압도적인 우위를 차지하게 되었다. 그 결과 후추는 더 이상 고가품이 아니게 되었으며, '산초'라고도 불리는 천초의 경우 지금에 와서는 간혹 추어탕에나 쓰일 뿐이다.

우리나라의 고추는 다른 나라의 고추 품종과 달리 매운맛에 비해 단맛 성분이 많고, 색소는 강렬하면서 비타민C 함유량이 매우 많다. 더구나 고추는 소금이나 젓갈과 어우러져 몸에 좋은 효소를 만들어 내고 열이 나게 함으로써 겨울의 추위를 이겨낼 수 있게 한다. 고추를 김장김치에 사용하기 시작한 것도 이 때문이라고 한다.

① 초기의 김치는 서양의 피클이나 일본의 쓰케모노와 크게 다르지 않았다.
② 고추가 들어오기 전까지는 김치에 고추 대신 후추, 천초와 같은 향신료를 사용하였다.
③ 김장김치에 고추를 사용하기 시작한 것은 몸에 열이 나게 하는 효능 때문이다.
④ 배추김치가 김치의 대명사가 된 것은 불과 100여 년밖에 되지 않았다.
⑤ 19세기 이후 후추와 천초는 향신료로서의 우위를 고추에 빼앗겼다.

※ 다음 글의 내용으로 가장 적절한 것을 고르시오. [5~6]

05

우리가 세계지도를 펼쳐보며 익숙하게 느끼는 경도와 위도 그리고 대륙의 윤곽은 수많은 시행착오와 발견의 역사를 거쳐 완성된 것으로, 그 시작점 중 하나가 바로 2세기 그리스 – 로마 시대에 등장한 프톨레마이오스의 세계지도다. 프톨레마이오스의 세계지도는 단순한 상상이 아니라, 프톨레마이오스가 집필한 『지리학』을 바탕으로 천체 관측과 좌표 계산을 통해 체계적으로 만들어진 고대 과학의 산물이었다. 곡선의 경도와 위도선을 처음으로 도입했다는 점에서 당시 지구가 구형임을 인식했다는 점도 눈여겨볼 수 있다.

프톨레마이오스의 세계지도에서는 카나리아 제도가 경도 0도로 설정되어 있고, 동쪽으로 180도, 남북으로는 적도를 기준으로 80도까지의 세계가 펼쳐진다. 지도에는 지중해와 인도양이라는 두 개의 내해가 뚜렷하게 구분되어 있으며, 유럽, 중동, 인도, 실론섬(현재의 스리랑카), 인도차이나반도, 중국 등 다양한 지역이 포함되어 있다. 아프리카 대륙의 남쪽은 동쪽으로 길게 뻗어 동남아시아와 연결된 육지로 그려졌고, 실론섬은 실제보다 훨씬 크게 묘사되었다. 카스피해는 현대와 달리 동서로 길게 표현되었으며, 나일강의 수원지는 '달의 산맥'이라는 이름으로 표기되어 있다. 또한, 인도는 인더스강과 갠지스강 사이에 실제보다 작게 나타나고, 말레이반도는 '황금반도'로 그 너머에는 태국만과 남중국해가 합쳐진 '거대한 만(Magnus Sinus)'이 자리하여 당시의 사람들이 어떤 세계관을 가지고 있었는지 직접적으로 보여준다.

그러나 프톨레마이오스의 세계지도에는 현재와는 다른 부정확한 표현들이 적지 않다. 이러한 오류들은 당시의 과학적 한계와 정보 부족에서 비롯된 것이다. 정밀한 측정 도구가 없어 경도 측정이 부정확했고, 여행자와 상인, 군사 원정대 등으로부터 전해들은 단편적인 지식에 의존하다 보니 실제와 다른 지형이나 크기가 지도에 반영될 수밖에 없었다. 실론섬이 지나치게 크게 그려진 것, 아프리카가 동남아시아와 연결된 육지로 표현된 것 등은 모두 프톨레마이오스가 얻을 수 있었던 제한된 자료와 관측 기술의 한계를 보여준다. 이러한 점들은 프톨레마이오스의 세계지도가 고대의 세계관과 지리 지식을 반영하는 동시에 그 시대의 한계를 고스란히 담고 있음을 시사한다.

그러나 이 지도의 영향력은 고대에 머물지 않았다. 프톨레마이오스의 『지리학』은 9세기 이슬람 세계에서 아랍어로 번역되어 이슬람 학자들에게 큰 영향을 주었고, 15세기 초에는 라틴어로 번역되어 유럽에 다시 소개되었다. 원본 지도는 남아 있지 않지만 13세기 말 비잔틴 수도사들이 좌표 기록을 바탕으로 재구성한 판본이 전해진다. 이후 15세기 인쇄술이 발달하면서 이 지도는 유럽 각지에 널리 보급되었고, 르네상스와 대항해 시대 탐험가들에게도 새로운 영감과 정보를 제공했다. 프톨레마이오스의 세계지도는 고대의 지리 지식과 세계관을 집대성한 결정체로, 이후 지도 제작과 지리학 발전에 중요한 이정표가 되었다.

① 지도에서 곡선의 경도와 위도선은 이슬람 학자들이 처음으로 사용하였다.
② 프톨레마이오스의 세계지도는 그리스 – 로마 시대의 세계관을 보여주는 지도이다.
③ 프톨레마이오스의 세계지도는 객관적인 실측으로만 제작된 최초의 세계지도이다.
④ 프톨레마이오스의 세계지도는 당대의 발전된 인쇄술을 통해 유럽 각지에 널리 보급되었다.
⑤ 프톨레마이오스의 시대에서는 지구의 모습이 구형임을 인식하지 못하고, 평평하다고 생각하였다.

06

2차전지는 충전과 방전을 반복해 사용할 수 있는 배터리로, 최근 전기차, 스마트폰, 태블릿, 에너지 저장장치(ESS) 등 다양한 분야에서 필수적인 역할을 하고 있다. 2차전지는 양극, 음극, 분리막, 전해질이라는 네 가지 핵심 소재로 구성된다. 대표적인 2차전지인 리튬이온 배터리의 경우 양극에 있는 리튬이 충전 시 리튬이온이 전해질을 통해 분리막을 지나 음극으로 이동하며, 방전 시는 반대로 리튬이온이 음극에서 양극으로 이동하여 충전과 방전을 반복하게 된다. 따라서 2차전지를 포함한 배터리의 용량은 주로 양극의 소재(양극재)에 따라 결정되지만, 충전이 가능한 2차전지의 경우 충전 시 리튬이온을 받아 저장할 수 있는 음극의 소재(음극재)에 따라 배터리의 수명과 충전 효율이 결정되므로 최근 음극재가 2차전지의 핵심 요소로 더욱 주목받고 있다.

2차전지에서 음극재는 양극의 리튬이온을 받아 저장하고 방출하는 역할을 담당한다. 음극재를 구조적으로 살펴보면, 집전판 위에 음극활물질, 도전재, 바인더가 함께 쌓여 있는 형태이다. 집전판은 외부 회로와 활물질 사이에서 전자를 전달하는 역할을 하며, 음극활물질은 리튬이온을 저장하는 주체로 작용한다. 도전재는 전기가 잘 흐르도록 돕고, 바인더는 각 재료를 단단하게 고정하는 역할을 한다.

현재 가장 널리 사용되는 음극활물질은 흑연으로, 층상 구조 덕분에 리튬이온이 쉽게 출입할 수 있다. 게다가 가격이 저렴하고 안정적이며, 장기간 사용해도 성능 저하가 크지 않다는 장점이 있다. 반면, 에너지 밀도가 높지 않아 충전 속도를 높이는 데에는 한계가 존재한다.

이러한 한계를 극복하기 위해 최근에는 실리콘 음극재가 주목받고 있다. 흑연은 원자 6개에 1개의 리튬이온을 저장할 수 있지만, 실리콘은 리튬이온과 결합해 원자 5개로 22개의 리튬이온을 저장할 수 있어 흑연에 비해 실질적으로 저장할 수 있는 에너지 밀도가 약 10배가량 높다. 따라서 실리콘 음극재를 사용할수록 더 빠른 충전 속도를 가질 수 있다. 그러나 실리콘은 충전과 방전을 반복할 때 최대 300%까지 부피 팽창이 일어나므로 소재 및 배터리가 쉽게 손상되는 단점이 있어 실리콘 음극재의 상용화에는 아직 기술적 한계가 남아 있다. 이러한 단점을 극복하기 위하여 최근에는 흑연과 실리콘을 혼합해 사용하는 등 다양한 연구가 활발히 이루어지고 있다.

미래 산업의 주요 동력원으로서 2차전지의 중요성은 더욱 커지고 있으며, 2차전지의 성능을 좌우하는 핵심 소재인 음극재 기술의 중요성 또한 더욱 부각되고 있다. 배터리의 충전 속도, 수명 등 다양한 성능을 한 단계 끌어올릴 수 있는 음극재 기술의 발전은 앞으로 실리콘 등 신소재의 상용화가 가속화될 것으로 전망된다.

① 2차전지의 음극에서 리튬이온은 집전판에 저장된다.

② 2차전지의 용량은 주로 음극재의 종류에 따라 달라진다.

③ 같은 면적이라면 흑연이 실리콘보다 더 많은 리튬이온을 저장한다.

④ 음극재로 실리콘을 주로 사용할 경우 배터리의 변형이 일어날 수 있다.

⑤ 충전과 방전을 빠르게 하기 위해서는 리튬 외에 다른 소재를 사용해야 한다.

| KT그룹

07

소비자가 어떤 상품을 구매하기 위하여 지불할 용의가 있는 금액보다 실제로 지불한 가격이 낮아 얻는 이득을 소비자 잉여라고 하고, 생산자가 어떤 상품을 판매하여 얻은 실제 수입이 그 상품을 판매하여 꼭 얻어야겠다고 생각한 금액보다 많아 얻는 이득을 생산자 잉여라고 한다. 그리고 소비자 잉여와 생산자 잉여의 합을 총잉여라고 한다. 시장 가격을 임의의 수준으로 결정할 수 있는 독점적 지위를 가진 생산자는 소비자 잉여를 생산자의 이윤으로 흡수하기 위해 이부가격을 설정하기도 한다.

'이부가격설정'이란 어떤 상품에 대하여 두 차례 가격을 치르도록 하는 방식이다. 즉, 소비자로 하여금 특정한 상품을 이용할 수 있는 권리를 구입하게 한 다음, 상품을 이용하는 양에 비례하여 가격을 부담시키는 방식이다. 놀이공원 입장료와 놀이기구 이용료를 생각해 보자. 독점적 지위에 있는 생산자는 놀이기구 이용료와 별도로 놀이공원 입장료를 받아 두 차례 가격을 치르도록 할 수 있다. 이때 생산자는 놀이공원을 이용할 수 있는 권리인 입장료를 적절한 수준으로 결정해야 자신의 이익을 극대화할 수 있다. 입장료를 지나치게 높은 수준으로 매기면 다수의 소비자들이 이용을 포기할 것이고, 너무 낮은 수준으로 매기면 수입이 줄어들기 때문이다.

놀이공원 입장료를 결정하기 위해 먼저 생산자는 자신의 이익을 극대화하는 수준에서 놀이기구 이용료를 결정한다. 놀이기구를 이용할 소비자가 있다면 이들은 생산자가 정해 놓은 가격 이상을 지불할 용의를 가지고 있는 것이다. 놀이기구를 이용할 소비자의 소비자 잉여는 지불할 용의가 있는 금액에서 실제로 지불하는 가격을 뺀 차이만큼 발생하게 되는데, 생산자는 소비자 잉여의 일부를 놀이공원의 입장료로 결정하여 소비자 잉여를 자신의 이윤으로 흡수할 수 있게 된다.

① 실제 금액보다 소비자의 지불 용의 금액이 크면 소비자 잉여가 발생한다.
② 총잉여에서 소비자 잉여를 제외하면 생산자 잉여를 구할 수 있다.
③ 독점 시장의 생산자는 시장 가격을 마음대로 정할 수 있다.
④ 놀이공원은 시장에서 독점적 지위를 형성하고 있다.
⑤ 이부가격 설정 시 놀이공원 입장료를 높게 책정할수록 수입이 늘어난다.

08

다의어란 두 가지 이상의 의미가 있는 단어로 기본이 되는 핵심 의미를 중심 의미라 하고, 중심 의미에서 확장된 의미를 주변 의미라고 한다. 중심 의미는 일반적으로 주변 의미보다 언어 습득의 시기가 빠르며 사용 빈도가 높다.

다의어가 주변 의미로 사용되었을 때는 문법적 제약이 나타나기도 한다. 예를 들어 '한 살을 먹는다.'는 가능하지만, '한 살이 먹히다.'나 '한 살을 먹이다.'는 어법에 맞지 않는다. 또한 '손'이 '노동력'의 의미로 쓰일 때는 '부족하다, 남다' 등의 용언만 쓸 수 있어 중심 의미로 쓰일 때보다 결합하는 용언의 수가 적다.

다의어의 주변 의미는 기존 의미가 확장되어 생긴 것으로 새로 생긴 의미는 기존 의미보다 추상성이 강화되는 경향이 있다. '손'의 중심 의미가 확장되어 '손이 부족하다.', '손에 넣다.'처럼 각각 '노동력', '권한이나 범위'로 쓰이는 것이 그 예이다.

다의어의 의미들은 서로 관련성을 갖는다. 예를 들어 '줄'의 중심 의미는 '새끼 따위와 같이 무엇을 묶거나 동이는 데에 쓸 수 있는 가늘고 긴 물건'인데 길게, 연결된 모양이 유사하여 '길이로 죽 벌이거나 늘여 있는 것'의 의미를 갖게 되었다. 또한 연결이라는 속성이나 기능이 유사하여 '사회생활에서의 관계나 인연'의 뜻도 지니게 되었다.

그런데 다의어의 의미들이 서로 대립적 관계를 맺는 경우가 있다. 예를 들어 '앞'은 '향하고 있는 쪽이나 곳'이 중심 의미인데 '앞 세대의 입장', '앞으로 다가올 일'에서는 각각 '이미 지나간 시간'과 '장차 올 시간'을 가리킨다. 이것은 시간의 축에서 과거나 미래 중 어느 방향을 바라보는지에 따른 차이로서 이들 사이의 의미적 관련성은 유지된다.

① 동음이의어와 다의어는 단어의 문법적 제약이나 의미의 추상성 및 관련성 등으로 구분할 수 있을 것이다.

② '손에 넣다.'에서 '손'은 '권한이나 범위'의 의미로 사용될 수 있지만, '노동력'의 의미로 사용될 수 없을 것이다.

③ '먹다'가 중심 의미인 '음식 따위를 입을 통하여 배 속에 들여보내다.'로 사용된다면 '먹히다', '먹이다'로 제약 없이 사용될 것이다.

④ 아이들은 '앞'의 '향하고 있는 쪽이나 곳'의 의미를 '장차 올 시간'의 의미보다 먼저 배울 것이다.

⑤ '줄'의 '사회생활에서의 관계나 인연'의 의미는 '길이로 죽 벌이거나 늘여 있는 것'의 의미보다 사용 빈도가 높을 것이다.

09 다음 글을 읽고 추론할 수 있는 내용으로 가장 적절한 것은?

> 한국의 고령화는 세계에서 가장 빠른 속도로 진행되고 있다. 2025년에는 65세 이상 인구 비중이 20%를 넘어서며 본격적인 초고령사회에 진입한다. 이에 따라 과거에는 노년층이 경제의 주변부로 여겨졌지만, 최근에는 '그레이 르네상스'라는 말이 나올 정도로 소비와 사회 변화를 이끄는 주체로 떠오르고 있다. 특히 경제력과 건강을 갖춘 '액티브 시니어', 디지털 환경에 익숙한 '디지털 시니어' 등 다양한 모습의 노년층이 등장하면서 시니어 산업이 새로운 성장 동력으로 주목받고 있다.
>
> 시니어 산업은 매우 다양한 분야로 세분화된다. 먼저, 시니어 하우징 분야에서는 전통적인 실버타운을 넘어 자립 생활이 가능한 시니어 레지던스, 커뮤니티형 주거단지 등 다양한 주거형태가 등장하고 있다. 이들의 주거공간은 단순 거주 기능을 넘어 건강관리, 취미활동, 커뮤니티 형성 등 삶의 질을 높이는 서비스를 결합해 제공한다. 자산관리와 금융 분야도 빠르게 성장 중이다. 은퇴설계, 연금, 자산관리 서비스 등 시니어의 경제적 안정과 맞춤형 금융 상품에 대한 수요가 크게 늘고 있다.
>
> 건강관리와 요양·돌봄 분야 역시 시니어 산업의 핵심이다. 만성질환 관리, 건강식품, 의료기기, 원격진료 등 헬스케어 산업이 빠르게 발전하고 있으며, 방문요양, 돌봄 로봇, 스마트 모니터링 시스템 등 첨단 기술을 접목한 돌봄 서비스도 확산되고 있다. 특히 최근에는 웨어러블 기기를 통해 건강 데이터를 실시간으로 수집·분석하고, 이상 징후를 즉시 의료진이나 가족에게 알리는 시스템 등 인공지능과 사물인터넷을 활용한 스마트 헬스케어 서비스가 주목받고 있다.
>
> 여가와 문화, 교육 분야도 시니어 산업에서 빠질 수 없다. 여행, 평생교육, 취미활동, 문화예술 프로그램 등 시니어의 자기계발과 사회참여를 지원하는 다양한 서비스가 주목받고 있으며 최근에는 시니어 맞춤형 여행상품, 온라인 강좌, 문화예술 동아리 등이 인기를 끌고 있다. 마지막으로 고령층의 사회 참여와 일자리 창출도 중요한 이슈다. 단순한 생계형 일자리에서 벗어나 전문성과 경험을 살리는 것을 주요 목적으로 멘토링, 사회공헌 등의 활동이 각광받고 있다.
>
> 시니어 산업은 앞으로도 시장 규모가 지속적으로 성장할 것으로 전망된다. 고령화가 가져올 사회적 도전과 함께 기술 융합과 서비스 혁신을 통해 새로운 기회가 계속해서 창출될 것이다. 사회적 돌봄 인프라 강화, 디지털 격차 해소 등 해결해야 할 과제도 많지만, 시니어 산업은 결국 한국 사회의 미래를 이끌 중요한 산업이 될 것으로 전망된다.

① 요양원 운영은 대표적인 시니어 하우징 사업이다.
② 갈수록 심해지는 고령화는 시니어 산업의 성장을 이끌어 낼 것이다.
③ 시니어 사업은 디지털 격차로 인해 전통적인 기술이 선호되는 사업이다.
④ 그레이 르네상스는 첨단 기기를 잘 다루는 노년층이 등장하면서 시작되었다.
⑤ 고령층 일자리 창출 사업의 목적은 노인의 자립을 위한 생계형 일자리 제공이다.

10 다음 중 ㉠~㉢에 대한 사례로 적절하지 않은 것은?

4차 산업혁명의 주제는 무엇일까? 제조업 관점에서 4차 산업혁명은 ICT와 제조업의 결합을 의미하며, 여기에서 발생하는 제조업의 변화 양상은 크게 제조업의 서비스화, 제조업의 디지털화, 제조업의 스마트화 등으로 정리할 수 있다.

먼저 ㉠ 제조업의 서비스화에서의 핵심은 '아이디어를 구체화하는 시스템'이다. 제조업체는 제품과 서비스를 통합적으로 제공하고, 이를 통해 제품의 부가가치와 경쟁력을 높여 수익을 증대하고자 한다.

다음으로 ㉡ 제조업의 디지털화는 '디지털 인프라 혁명'이라고도 하며, 가상과 현실, 사람과 사물이 연결되는 초연결(Hyper-connected) 네트워크 통해 언제 어디서나 접속 가능한 환경을 조성하여 재화를 생산하는 것을 의미한다. 제조업체는 맞춤형 생산이 가능한 3D프린팅, 스마트 공장, 증강현실·가상현실 기반 콘텐츠, 클라우드 기반 정보 시스템 등을 생산과정에 활용한다.

마지막으로 ㉢ 제조업의 스마트화는 인공지능(AI), 로봇, 사물인터넷(IoT), 빅데이터, 클라우드, AR, VR, 홀로그램 등 지능 기술의 발달에 따른 '기술적 혁명'을 말한다. 이는 생산성 향상, 생산 공정 최적화 등을 달성하는 데 기여할 것으로 예상된다. 이러한 제조업의 스마트화는 생산인구 감소, 고임금, 자원 고갈(에너지, 인력, 장비, 설비 등) 등에 대비해 노동 생산성과 자원 효율성 제고를 위한 새로운 전략적 대응으로 등장하였다.

---

① ㉠ : 애플은 하드웨어와 소프트웨어뿐만 아니라 콘텐츠 생산자와 소비자를 연결하는 플랫폼인 애플 스토어 서비스를 구축하였다.

② ㉠ : 롤스로이스는 항공기 엔진과 관련 부품의 판매뿐만 아니라 ICT를 이용한 실시간 모니터링을 통해 엔진의 유지·보수 및 관리가 가능한 엔진 점검 서비스를 제공한다.

③ ㉡ : 포드는 'TechShop' 프로젝트를 통해 2,000여 명의 회원들이 자유롭게 자사의 3D프린터 제작 설비를 활용하여 아이디어를 시제품으로 구체화할 수 있도록 지원했다.

④ ㉡ : GE의 제조공장은 제조 주기의 단축을 위한 기술을 축적하고 있으며, 하나의 공장에서 항공, 에너지, 발전 관련 등 다양한 제품군을 제조하는 설비를 갖추고자 노력하고 있다.

⑤ ㉢ : 지멘스의 제조공장은 제품 개발 및 제조·기획을 관장하는 '가상생산' 시스템과 제품 수명 주기 관리를 통한 '공장생산' 시스템을 통합해 생산 효율성의 극대화를 추구한다.

※ 다음 글의 빈칸에 들어갈 내용으로 가장 적절한 것을 고르시오. [11~12]

11

최근 경제·시사 분야에서 빈번하게 등장하는 단어인 탄소배출권(CER; Certified Emission Reduction)에 대한 개념을 이해하기 위해서는 먼저 교토메커니즘(Kyoto Mechanism)과 탄소배출권거래제(Emission Trading)를 알아둘 필요가 있다.

교토메커니즘은 지구 온난화의 규제 및 방지를 위한 국제 협약인 기후변화협약의 수정안인 교토 의정서에서, 온실가스를 보다 효과적이고 경제적으로 줄이기 위해 도입한 세 유연성체제인 '공동이행제도', '청정개발체제', '탄소배출권거래제'를 묶어 부르는 것이다.

이 중 탄소배출권거래제는 교토의정서 6대 온실가스인 이산화탄소, 메테인, 아산화질소, 과불화탄소, 수소불화탄소, 육불화황의 배출량을 줄여야 하는 감축의무국가가 의무감축량을 초과 달성하였을 경우에 그 초과분을 다른 국가와 거래할 수 있는 제도로, _____

결국 탄소배출권이란 현금화가 가능한 일종의 자산이자 가시적인 자연보호성과인 셈이며, 이에 따라 많은 국가 및 기업에서 탄소배출을 줄임과 동시에 탄소감축활동을 통해 탄소배출권을 획득하기 위해 동분서주하고 있다. 특히 기업들은 탄소배출권을 확보하는 주요 수단인 청정개발체제 사업을 확대하는 추세인데, 청정개발체제 사업은 개발도상국에 기술과 자본을 투자해 탄소배출량을 줄였을 경우에 이를 탄소배출량 감축목표달성에 활용할 수 있도록 한 제도이다.

① 6대 온실가스 중에서도 특히 이산화탄소를 줄이기 위해 만들어진 제도이다.
② 교토메커니즘의 세 유연성체제 중에서도 가장 핵심이 되는 제도라고 할 수 있다.
③ 다른 감축의무국가를 도움으로써 획득한 탄소배출권이 사용되는 배경이 되는 제도이다.
④ 의무감축량을 준수하지 못한 경우에도 다른 국가로부터 감축량을 구입할 수 있는 것이 특징이다.
⑤ 다른 국가를 도왔을 때, 그로 인해 줄어든 탄소배출량을 감축목표량에 더할 수 있는 것이 특징이다.

12 중세 이전에는 예술가와 장인의 경계가 분명치 않았다. 화가들도 당시에는 왕족과 귀족의 주문을 받아 제작하는 일종의 장인 취급을 받아왔다. 근대에 접어들면서 예술은 독창적인 창조 활동으로 존중받게 되었고, 아름다움의 가치를 만들어내는 예술가들의 독창성이 인정받게 된 것이다. 그리고 이 가치의 중심에 작가가 있다. 작가가 담으려 했던 의도, 그것이 바로 아름다움을 창조하는 예술의 가치인 셈이다. 예술 작품은 작가의 의도를 담고 있고, 작가의 의도가 없다면 작품은 만들어질 수 없다. 이것이 작품에 포함된 작가의 권위를 인정해야 하는 이유이다.

또한 예술은 예술가가 표현하고자 하는 것을 창작해 내는 그 과정 자체로 완성되는 것이지 독자의 해석으로 완성되는 게 아니다. 설사 작품을 감상하고 해석해 줄 독자가 없어도 예술은 그 자체로 가치 있는 법이다. 예술가는 독자를 위해 작품을 창작하는 것이 아니라 자신의 열정과 열망으로 표현하고자 하는 바를 표현하는 것이다. 물론 예술 작품을 해석하고 이해하는 데에 독자의 역할도 분명 존재하고 필요한 것이 사실이다. 하지만 그렇다고 해도 이는 예술적 가치가 있는 작품에서 파생된 이차적인 활동이지 작품을 새롭게 완성하는 창조적 활동이라고 보기 어렵다. 따라서 독자의 수용과 이해는 _____

① 독자가 가지고 있는 작품에 대한 사전 정보에 따라 다르게 나타날 것이다.

② 작품에 담긴 아름다움의 가치를 독자가 나름대로 해석하는 활동으로 볼 수 있다.

③ 권위가 높은 작가의 작품에서 더욱 다양하게 나타난다.

④ 작가의 의도와 작품을 왜곡하지 않는 범위에서 이루어져야 한다.

⑤ 작품이 만들어진 시대적 배경과 문화적 배경을 고려하여야 한다.

| S-OIL

13

> (가) 킬러 T세포는 혈액이나 림프액을 타고 몸속 곳곳을 순찰하는 일을 담당하는 림프 세포의 일종이다. 킬러 T세포는 감염된 세포를 직접 공격하는데, 세포 하나하나를 점검하여 바이러스에 감염된 세포를 찾아낸다. 이 과정에서 바이러스에 감염된 세포가 킬러 T세포에 발각되면 죽게 된다. 그렇다면 킬러 T세포는 어떤 방법으로 바이러스에 감염된 세포를 파괴할까?
>
> (나) 지금도 우리 몸의 이곳저곳에서는 비정상적인 세포분열이나 바이러스 감염이 계속되고 있다. 하지만 킬러 T세포가 병든 세포를 찾아내 파괴하는 메커니즘이 정상적으로 작동하고 있는 한 우리는 건강한 상태를 유지할 수 있다. 이렇듯 면역 시스템은 우리 몸을 지켜주는 수호신이다. 또한 우리 몸이 유기적으로 잘 짜인 구조임을 보여주는 좋은 예라고 할 수 있다.
>
> (다) 그다음 킬러 T세포가 활동한다. 킬러 T세포는 자기 표면에 있는 TCR(T세포 수용체)을 통해 세포의 밖으로 나온 MHC와 펩타이드 조각이 결합해 이루어진 구조를 인식함으로써 바이러스 감염 여부를 판단한다. 만약 MHC와 결합한 펩타이드가 바이러스 단백질의 것이라면 T세포는 활성화되면서 세포를 공격하는 단백질을 감염된 세포 속으로 보낸다. 이렇게 T세포의 공격을 받은 세포는 곧 죽게 되며 그 안의 바이러스 역시 죽음을 맞이하게 된다.
>
> (라) 우리 몸은 자연적 치유의 기능을 가지고 있다. 자연적 치유는 우리 몸에 바이러스(항원)가 침투하더라도 외부의 도움 없이 이겨낼 수 있는 면역 시스템을 가지고 있다는 것을 의미한다. 그리고 이러한 면역 시스템에 관여하는 세포 중에서 매우 중요한 역할을 하는 세포가 있다. 그것은 바로 바이러스에 감염된 세포를 직접 찾아내 제거하는 킬러 T세포(Killer T Cells)이다.
>
> (마) 면역 시스템에서 가장 먼저 활동을 시작하는 것은 세포 표면에 있는 MHC(주요 조직 적합성 유전자 복합체)이다. MHC는 집게발 모양의 단백질 분자로 세포 안에 있는 단백질 조각을 세포 표면으로 끌고 나오는 역할을 한다. 본래 세포 속에는 자기 단백질이 대부분이지만, 바이러스에 감염되면 원래 없던 바이러스 단백질이 세포 안에 만들어진다. 이렇게 만들어진 자기 단백질과 바이러스 단백질은 단백질 분해효소에 의해 펩타이드 조각으로 분해되어 세포 속을 떠돌아다니다가 MHC와 결합해 세포 표면으로 배달되는 것이다.

① (가) - (나) - (마) - (라) - (다)

② (나) - (다) - (가) - (라) - (마)

③ (다) - (가) - (마) - (나) - (라)

④ (라) - (가) - (마) - (다) - (나)

⑤ (라) - (나) - (가) - (다) - (마)

14

(가) 이러한 특징은 구엘 공원에 잘 나타나 있는데, 산의 원래 모양을 최대한 유지하기 위해 지면을 받치는 돌기둥을 만드는가 하면, 건축물에 식물을 심어 그 뿌리로 하여금 무너지지 않게 했다.

(나) 스페인을 대표하는 천재 건축가 가우디가 만든 건축물의 대표적인 특징을 꼽자면, 먼저 곡선을 들 수 있다. 그의 여러 건축물 중 곡선미가 가장 잘 나타나는 것은 바로 1984년 유네스코 세계 문화유산으로 지정된 '카사 밀라'이다.

(다) 또 다른 특징으로는 자연과의 조화로, 그는 건축 역시 사람들이 살아가는 공간이자 자연의 일부라고 생각하여 가능한 자연을 훼손하지 않고 건축하는 것을 원칙으로 삼았다.

(라) 이 건축물의 겉면에는 일렁이는 파도를 연상시키는 곡선이 보이는데, 이는 당시 기존 건축양식과는 거리가 매우 멀어 처음엔 조롱거리가 되었다. 하지만 훗날 비평가들은 그의 창의성을 인정하게 됐고 현대 건축의 출발점으로 지금까지 평가되고 있다.

① (나) - (가) - (라) - (다)   ② (나) - (다) - (가) - (라)
③ (나) - (다) - (라) - (가)   ④ (나) - (라) - (가) - (다)
⑤ (나) - (라) - (다) - (가)

15

(가) 이 방식을 활용하면 공정의 흐름에 따라 제품이 생산되므로 자재의 운반 거리를 최소화할 수 있어 전체 공정 관리가 쉽다.

(나) 그러나 기계 고장과 같은 문제가 발생하면 전체 공정이 지연될 수 있고, 규격화된 제품 생산에 최적화된 설비 및 배치 방식을 사용하기 때문에 제품의 규격이나 디자인이 변경되면 설비 배치 방식을 재조정해야 한다는 문제가 있다.

(다) 제품을 효율적으로 생산하기 위해서는 생산 설비의 배치가 중요하다. 설비의 효율적인 배치란 자재의 불필요한 운반을 최소화하고, 공간을 최대한 활용하면서 적은 노력으로 빠른 시간에 제품을 생산할 수 있도록 설비를 배치하는 것이다.

(라) 그중에서도 제품별 배치(Product Layout) 방식은 생산하려는 제품의 종류는 적지만 생산량이 많은 경우에 주로 사용된다. 제품별로 완성품이 될 때까지의 공정 순서에 따라 설비를 배열해 부품 및 자재의 흐름을 단순화하는 것이 핵심이다.

① (가) - (다) - (나) - (라)   ② (다) - (가) - (라) - (나)
③ (다) - (라) - (가) - (나)   ④ (라) - (나) - (다) - (가)
⑤ (라) - (다) - (나) - (가)

2 수리

| KT그룹

01 철수와 영희가 둘레가 1.5km인 공원 산책길을 걷고자 한다. 같은 출발점에서 동시에 출발하여 서로 반대 방향으로 걷기 시작하였다. 철수는 60m/min, 영희는 90m/min의 속력으로 걸을 때, 두 사람이 만나는 것은 출발한 지 몇 분 후인가?

① 4분 후   ② 5분 후
③ 6분 후   ④ 8분 후
⑤ 10분 후

| SK그룹

02 A씨는 S산 입구에서 정상으로 향하는 등산로를 이용해 1.8km/h의 속력으로 등산하였고, 정상에서 30분 휴식한 뒤, 올라왔던 등산로를 통해 2.4km/h의 속력으로 하산하였다. 등산에 총 4시간이 소요되었을 때, A씨가 이용한 등산로의 거리는?(단, A씨의 등산 및 하산 속력은 각각 일정하게 유지되었다)

① 3.0km   ② 3.2km
③ 3.4km   ④ 3.6km
⑤ 3.8km

| CJ그룹

03 농도 4%의 소금물이 들어있는 컵에 농도 10%의 소금물을 부었더니, 농도 8%의 소금물 600g이 만들어졌다. 처음 들어있던 농도 4%의 소금물의 양은?

① 160g   ② 180g
③ 200g   ④ 220g
⑤ 240g

04 S사는 작년에 A제품과 B제품을 합쳐 총 3,200개를 생산하였다. 올해는 작년 대비 A제품의 생산량을 25%, B제품의 생산량을 35% 증가시켜 총 4,200개를 생산한다고 할 때, 올해 A, B제품의 생산량 차이는?

① 900개　　　　　　　　　　　② 1,000개
③ 1,100개　　　　　　　　　　② 1,200개
⑤ 1,300개

05 내일은 축구 경기가 있는 날인데 비가 올 확률은 $\dfrac{2}{5}$ 이다. 비가 온다면 이길 확률이 $\dfrac{1}{3}$, 비가 오지 않는다면 이길 확률이 $\dfrac{1}{4}$ 일 때, 이길 확률은?

① $\dfrac{4}{15}$　　　　　　　　　② $\dfrac{17}{60}$

③ $\dfrac{3}{10}$　　　　　　　　　④ $\dfrac{19}{60}$

⑤ $\dfrac{9}{10}$

06 A기차와 B기차가 36m/s의 일정한 속력으로 달리고 있다. 600m 길이의 터널을 완전히 지나는 데 A기차가 25초, B기차가 20초 걸렸다면 각 기차의 길이가 바르게 짝지어진 것은?

	A기차	B기차
①	150m	120m
②	200m	130m
③	200m	150m
④	300m	100m
⑤	300m	120m

07 A가 혼자 하면 4일, B가 혼자 하면 6일 걸리는 일이 있다. A가 먼저 2일 동안 일을 하고 남은 양을 B가 끝마치려 한다. B는 며칠 동안 일을 해야 하는가?

① 2일   ② 3일

③ 4일   ④ 5일

⑤ 6일

08 높이가 각각 8cm, 10cm, 6cm인 벽돌 3종류가 있다. 되도록 적은 벽돌을 사용하여 같은 종류의 벽돌끼리 같은 높이로 쌓아 올리고자 한다. 필요한 벽돌의 개수는 모두 몇 개인가?

① 31개   ② 35개

③ 39개   ④ 43개

⑤ 47개

09 S사의 A제품과 B제품의 판매량이 각각 다음과 같은 규칙을 보일 때, 2031년 A제품과 B제품 판매량의 합은?

〈A, B제품의 판매량〉

(단위 : 개)

구분	2024년	2025년	2026년	2027년	2028년	2029년	2030년
A제품	1,500	1,750	2,000	2,250	2,500	2,750	3,000
B제품	550	650	770	930	1,150	1,450	1,850

① 3,620개   ② 4,000개

③ 4,620개   ④ 5,000개

⑤ 5,620개

10 다음은 S인터넷쇼핑몰의 1 ~ 4월 판매내역에 대한 자료이고, 일부에 잉크가 번져 보이지 않는 상황이다. 이때 총반품금액에 대한 4월 반품금액의 비율에서 총배송비에 대한 1월 배송비의 비율을 뺀 값은?

〈S인터넷쇼핑몰 판매내역〉

(단위 : 원)

구분	판매금액	반품금액	취소금액	배송비	매출
1월	2,400,000	300,000			1,870,000
2월	1,700,000		160,000	30,000	1,360,000
3월	2,200,000	180,000	140,000		1,840,000
4월			180,000	60,000	1,990,000
합계	8,800,000	900,000		160,000	7,040,000

※ (매출)=(판매금액)-(반품금액)-(취소금액)-(배송비)

① 11.25%p
② 11.5%p
③ 11.75%p
④ 12%p
⑤ 12.25%p

11 K회사의 2024년 하반기 신입사원 지원자 수는 7,750명이다. 채용절차는 서류전형 → 면접전형 → 최종합격 순이며 합격자 조건이 다음과 같을 때 서류합격자의 비율은?

〈신입사원 채용절차별 결과〉

서류합격자 비율	면접합격자 비율	최종합격
	30%	93명

① 40%
② 30%
③ 15%
④ 4%
⑤ 3%

12 다음은 연도별 국내 은행대출 현황을 나타낸 표이다. 이에 대한 설명으로 옳지 않은 것은?

〈국내 은행대출 현황〉

(단위 : 조 원)

구분	2016년	2017년	2018년	2019년	2020년	2021년	2022년	2023년	2024년
가계대출	437.1	447.5	459.0	496.4	535.7	583.6	620.0	647.6	655.7
주택담보대출	279.7	300.9	309.3	343.7	382.6	411.5	437.2	448.0	460.1
기업대출	432.7	449.2	462.0	490.1	537.6	546.4	568.4	587.3	610.4
부동산담보대출	156.7	170.9	192.7	211.7	232.8	255.4	284.4	302.4	341.2

※ (은행대출)=(가계대출)+(기업대출)

① 2020년 대비 2024년 부동산담보대출 증가율이 가계대출 증가율보다 높다.

② 주택담보대출이 세 번째로 높은 연도에서 부동산담보대출이 기업대출의 50% 이상이다.

③ 2021 ~ 2024년 동안 가계대출의 전년 대비 증가액은 기업대출보다 매년 높다.

④ 2018년 은행대출은 2021년 은행대출의 80% 이상을 차지한다.

⑤ 2017 ~ 2024년 동안 전년 대비 주택담보대출이 가장 많이 증가한 해는 2020년이다.

13 다음은 연도별 건강보험금 부과액 및 징수액에 대한 자료이다. 직장가입자 건강보험금 징수율이 가장 높은 해와 지역가입자의 건강보험금 징수율이 가장 높은 해를 바르게 짝지은 것은?

〈건강보험금 부과액 및 징수액〉

(단위 : 백만 원)

구분		2021년	2022년	2023년	2024년
직장가입자	부과액	6,706,712	5,087,163	7,763,135	8,376,138
	징수액	6,698,187	4,898,775	7,536,187	8,368,972
지역가입자	부과액	923,663	1,003,637	1,256,137	1,178,572
	징수액	886,396	973,681	1,138,763	1,058,943

※ (징수율)$=\dfrac{(징수액)}{(부과액)}\times100$

	직장가입자	지역가입자
①	2024년	2022년
②	2024년	2021년
③	2023년	2022년
④	2023년	2021년
⑤	2022년	2021년

14 다음은 분기별 모바일 뱅킹 서비스 이용 실적에 대한 자료이다. 이에 대한 설명으로 옳지 않은 것은?

<모바일 뱅킹 서비스 이용 실적>

(단위 : 천 건, %)

구분	2023년				2024년
	1/4분기	2/4분기	3/4분기	4/4분기	1/4분기
조회 서비스	817	849	886	1,081	1,100
자금 이체 서비스	25	16	13	14	25
합계	842(18.6)	865(2.7)	899(3.9)	1,095(21.8)	1,125(2.7)

※ ( )는 전 분기 대비 증가율임

① 조회 서비스 이용 실적은 매 분기 계속 증가하였다.
② 2023년 2/4분기의 조회 서비스 이용 실적은 전 분기보다 3만 2천 건 증가하였다.
③ 자금 이체 서비스 이용 실적은 2023년 2/4분기에 감소하였다가 다시 증가하였다.
④ 2024년 1/4분기의 조회 서비스 이용 실적은 자금 이체 서비스 이용 실적의 40배 이상이다.
⑤ 모바일 뱅킹 서비스 이용 실적의 전 분기 대비 증가율이 가장 높은 분기는 2023년 4/4분기이다.

15 다음은 L중학교 한 학급의 수학 성적을 조사한 자료이다. 이 학급 수학 성적의 평균과 표준편차를 바르게 연결한 것은?

〈L중학교 한 학급의 수학 성적〉

(단위 : 점, 명)

수학 성적	도수
45 이상 55 미만	2
55 이상 65 미만	9
65 이상 75 미만	27
75 이상 85 미만	11
85 이상 95 미만	1

	평균	표준편차		평균	표준편차
①	60점	6명	②	60점	8명
③	70점	6명	④	70점	8명
⑤	70점	10명			

3 추리

※ 다음 명제가 모두 참일 때, 빈칸에 들어갈 명제로 옳은 것을 고르시오. [1~2]

┃ 삼성그룹

01

> 전제1. S사의 메신저는 모두 보안 네트워크를 사용한다.
> 전제2. S사의 신입은 모두 S사의 메신저만 사용한다.
> 결론. _____

① S사의 신입이 아니면 보안 네트워크를 사용하지 않는다.

② 메신저가 보안 네트워크를 사용하면 모두 S사의 메신저이다.

③ S사의 신입이 사용하는 메신저는 모두 보안 네트워크를 사용한다.

④ 메신저가 보안 네트워크를 사용하지 않으면 모두 S사의 메신저이다.

⑤ S사의 메신저를 사용하지 않는 직원은 모두 보안 네트워크를 사용한다.

┃ 삼성그룹

02

> 전제1. S대학의 어떤 신입생은 기숙사에 거주한다.
> 전제2. 기숙사에 거주하는 사람은 모두 도보로 등교한다.
> 결론. _____

① S대학의 어떤 신입생은 도보로 등교한다.

② 도보로 등교하는 사람은 모두 신입생이다.

③ S대학의 신입생이 아니면 도보로 등교하지 않는다.

④ S대학의 기숙사에 거주하는 사람은 모두 신입생이다.

⑤ 어떤 사람이 도보로 등교하면 기숙사에 거주하는 것이다.

※ 다음 명제가 모두 참일 때, 항상 참이 아닌 것을 고르시오. [3~4]

| SK그룹

03

- A가 선발되지 않으면, D가 선발된다.
- A가 선발되면, C는 선발되지 않는다.
- B가 선발되면, C도 선발된다.

① A가 선발되면, B도 선발된다.
② C가 선발되면, D도 선발된다.
③ B가 선발되면, A는 선발되지 않는다.
④ D가 선발되지 않으면, B도 선발되지 않는다.
⑤ D가 선발되지 않으면, C도 선발되지 않는다.

| CJ그룹

04

- 예술가는 조각상을 좋아한다.
- 철학자는 조각상을 좋아하지 않는다.
- 조각상을 좋아하는 사람은 귀족이다.
- 예술가가 아닌 사람은 부유하다.

① 예술가는 철학자가 아니다.　　② 예술가는 귀족이다.
③ 철학자는 부유하다.　　　　　④ 부유하면 귀족이다.
⑤ 부유하지 않으면 예술가이다.

| KT그룹

05 다음 명제가 항상 참이라고 할 때, 바르게 추론한 것은?

- 원숭이는 기린보다 키가 크다.
- 기린은 하마보다 몸무게가 더 나간다.
- 원숭이는 기린보다 몸무게가 더 나간다.

① 원숭이는 하마보다 키가 크다.
② 원숭이는 하마보다 몸무게가 더 나간다.
③ 기린은 하마보다 키가 크다.
④ 하마는 기린보다 몸무게가 더 나간다.
⑤ 기린의 키는 원숭이와 하마의 중간이다.

06 A~D 네 명의 피의자가 경찰에게 다음과 같이 진술하였다. 한 사람의 진술만이 참일 경우의 범인과 한 사람의 진술만이 거짓일 경우의 범인을 순서대로 바르게 나열한 것은?(단, 범인은 한 명이며 범인의 말은 반드시 거짓이다)

> • A : C가 범인이다.
> • B : 나는 범인이 아니다.
> • C : D가 범인이다.
> • D : C는 거짓말을 했다.

① A, B 　　　　　　　　　　　② A, C

③ A, D 　　　　　　　　　　　④ B, C

⑤ B, D

07 민수, 철수, 영희 세 사람이 달리기를 하였고, 결과는 다음과 같았다. 세 사람의 순위를 빠른 순서대로 바르게 나열한 것은?

> • 결승선에 민수가 철수보다 늦게 들어왔다.
> • 결승선에 영희가 민수보다 먼저 들어왔다.
> • 결승선에 영희가 철수보다 늦게 들어왔다.

① 철수 – 영희 – 민수 　　　　　② 영희 – 민수 – 철수

③ 영희 – 철수 – 민수 　　　　　④ 철수 – 민수 – 영희

⑤ 민수 – 영희 – 철수

08 S사의 세탁기는 〈조건〉과 같이 A ~ D 4개의 세탁 과정과 X, Y 2개의 건조 과정을 거쳐 작동한다. 다음 중 S사 세탁기의 세탁 및 건조 과정이 순서대로 바르게 나열된 것은?

> **조건**
> - A, B, C, D는 세탁 과정이고, X, Y는 건조 과정이다.
> - 건조 과정은 세탁 과정이 모두 끝난 뒤에 진행한다.
> - A는 세탁의 가장 마지막에 진행하는 마무리 과정이다.
> - C는 B보다 늦게 진행한다.
> - D와 Y사이에는 2개의 과정이 있다.
> - D과정 직후에는 세탁의 마무리 과정을 할 수 없다.

① B − C − D − A − X − Y
② B − D − C − A − X − Y
③ B − D − C − A − Y − X
④ D − B − C − A − X − Y
⑤ D − C − B − A − Y − X

※ 일정한 규칙으로 수를 나열할 때, 빈칸에 들어갈 수로 옳은 것을 고르시오. [9~10]

| KT그룹

09

1	10	3	4	8	12	7	6	( )	10	4	192

① 8
② 16
③ 18
④ 44
⑤ 48

| KT그룹

10

$\frac{1}{2}$ $\frac{6}{8}$ $\frac{11}{32}$ $\frac{16}{128}$ ( )

① $\frac{20}{128}$
② $\frac{21}{256}$
③ $\frac{21}{512}$
④ $\frac{22}{1,024}$
⑤ $\frac{24}{1,024}$

※ 다음 도식에서 기호들은 일정한 규칙에 따라 문자를 변화시킨다. ?에 들어갈 문자로 옳은 것을 고르시오 (단, 규칙은 가로와 세로 중 한 방향으로만 적용된다). [11~12]

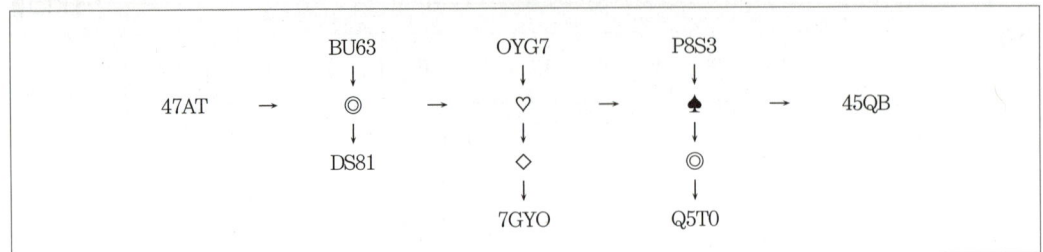

┃ 삼성그룹

11

$$STOP \rightarrow ◎ \rightarrow ♡ \rightarrow ?$$

① NQUR
② QURN
③ RNQU
④ RUNQ
⑤ URQN

┃ 삼성그룹

12

$$18AB \rightarrow ♡ \rightarrow ♠ \rightarrow ?$$

① AZ70
② A7Z0
③ ZA07
④ Z0A7
⑤ 70AZ

※ 다음 도식의 기호들은 일정한 규칙에 따라 도형을 변화시킨다. 〈보기〉의 규칙을 찾고 ?에 들어갈 알맞은 도형을 고르시오(단, 주어진 조건이 두 가지 이상일 때, 모두 일치해야 Yes로 이동한다). **[13~14]**

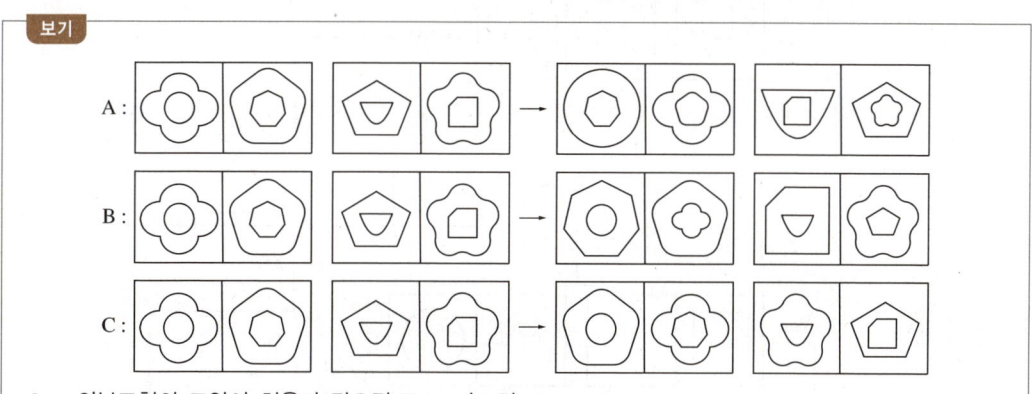

○ : 외부도형의 모양이 처음과 같으면 Yes, 다르면 No
□ : 내부도형의 모양이 처음과 같으면 Yes, 다르면 No
△ : 외부·내부도형의 모양이 처음과 같으면 Yes, 다르면 No

13

①
②
③
④
⑤

14

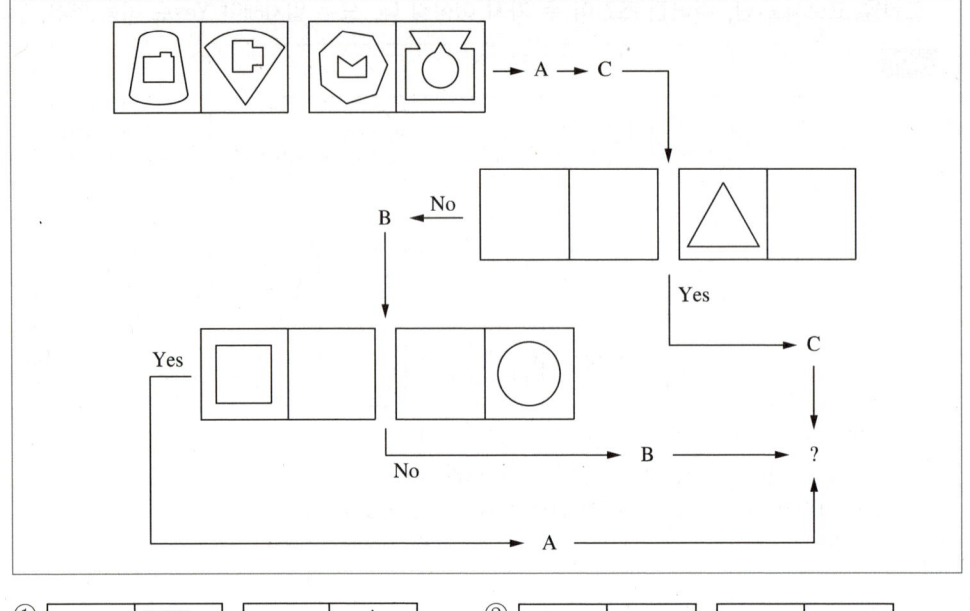

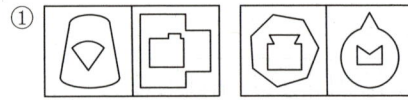 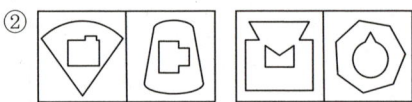

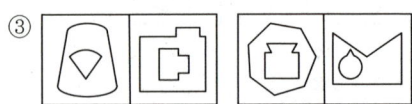 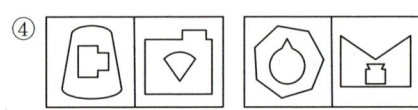

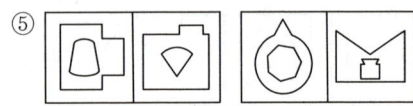

※ 다음 도형의 규칙을 보고 ?에 들어갈 도형으로 적절한 것을 고르시오. **[1~4]**

| S-OIL

01

①

②

③

④

⑤

02

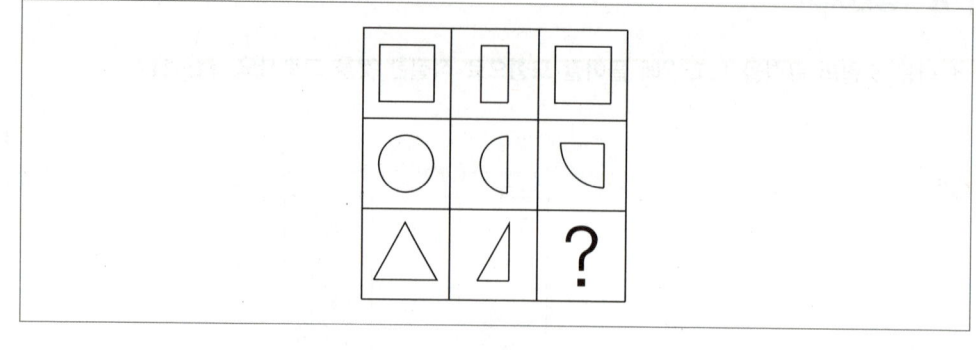

①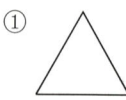

②

③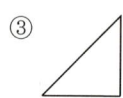

④

⑤

03

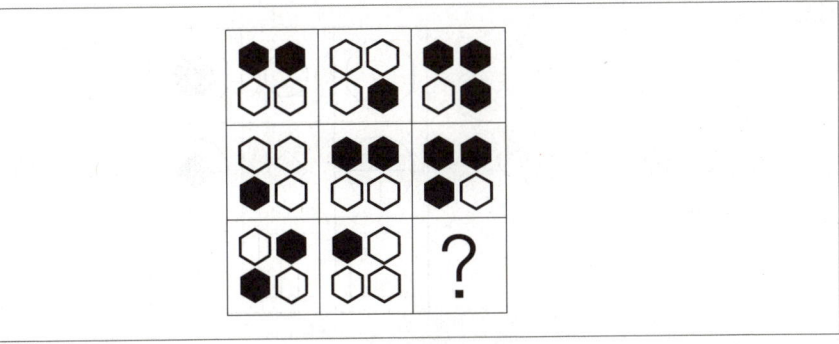

①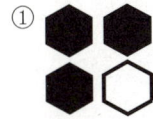

②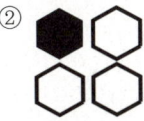

③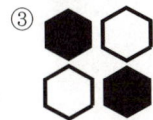

④

⑤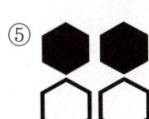

04

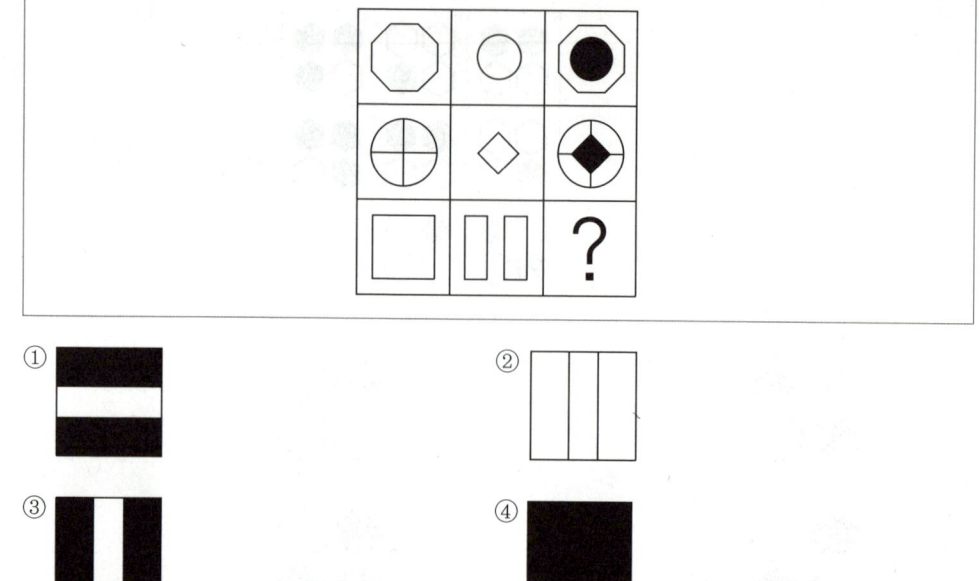

①

②

③

④

⑤

| S-OIL

05

① ② ③ ④

⑤

06

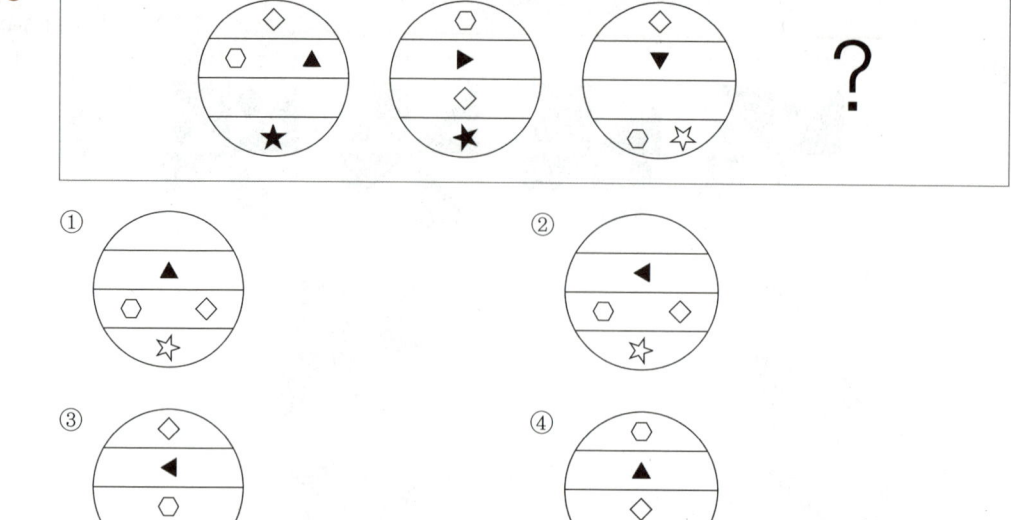

①

②

③

④

⑤

07 다음과 같은 모양을 만드는 데 사용된 블록의 개수는?(단, 보이지 않는 곳의 블록은 있다고 가정한다)

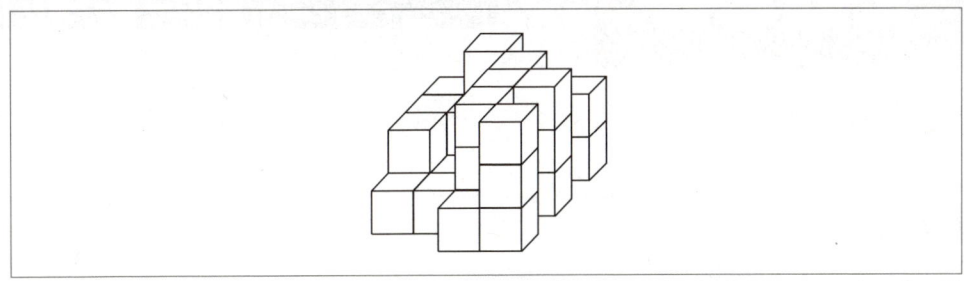

① 34개   ② 35개

③ 36개   ④ 37개

⑤ 38개

08 다음 제시된 단면과 일치하는 입체도형은?

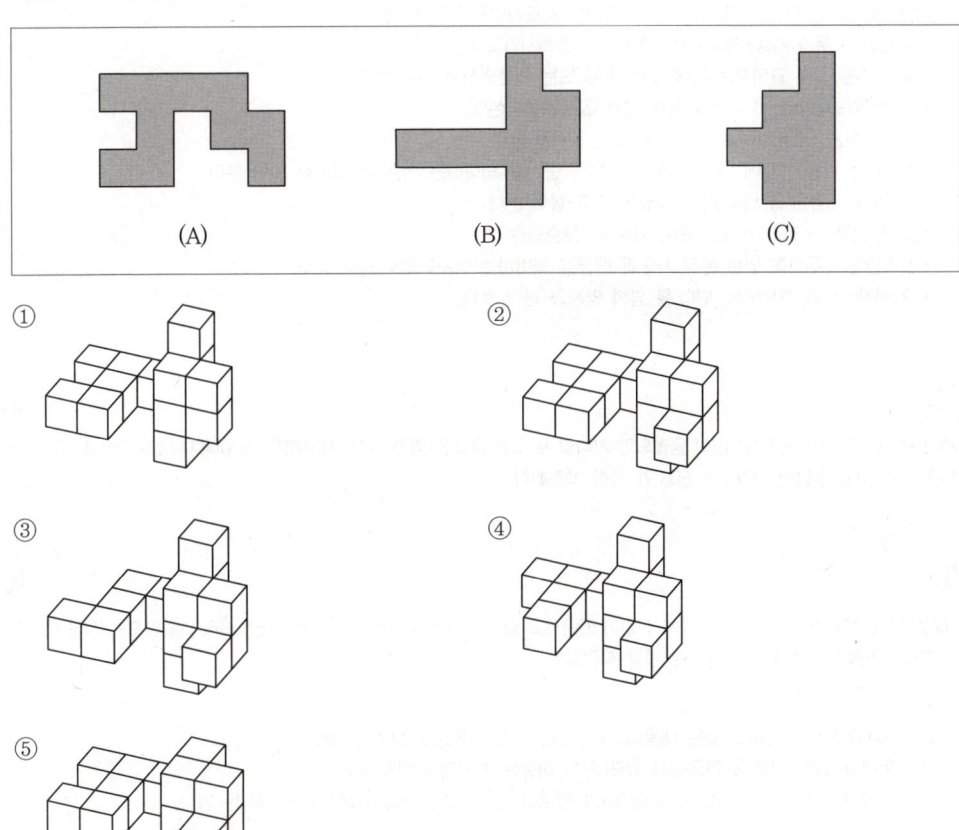

1 언어

01	02	03	04	05	06	07	08	09	10	11	12	13	14	15					
③	①	④	②	②	④	⑤	⑤	②	④	④	④	④	⑤	③					

01

정답 ③

• 내로라하다 : 어떤 분야를 대표할 만하다.
• 그러다 보니 : 보조용언 '보다'가 앞 단어와 연결어미로 이어지는 '−다 보다'의 구성으로 쓰이면 앞말과 띄어 쓴다.

오답분석

① 무엇 보다 → 무엇보다 / 인식해야 만 → 인식해야만
  • 무엇보다 : '보다'는 비교의 대상이 되는 말에 붙어 '~에 비해서'의 뜻을 나타내는 조사이므로, 붙여 쓴다.
  • 인식해야만 : '만'은 한정, 강조를 의미하는 보조사이므로 붙여 쓴다.
② 두가지를 → 두 가지를 / 조화시키느냐하는 → 조화시키느냐 하는
  • 두 가지를 : 수 관형사는 뒤에 오는 명사 또는 의존명사와 띄어 쓴다.
  • 조화시키느냐 하는 : 어미 다음에 오는 말은 띄어 쓴다.
④ 심사하는만큼 → 심사하는 만큼 / 한 달 간 → 한 달간
  • 심사하는 만큼 : 뒤에 나오는 내용의 원인, 근거를 의미하는 의존명사이므로 띄어 쓴다.
  • 한 달간 : '동안'을 의미하는 접미사이므로 붙여 쓴다.
⑤ 삼라 만상은 → 삼라만상은 / 모순 되는 → 모순되는
  • 삼라만상 : 우주에 있는 온갖 사물과 현상을 의미하는 명사이므로 붙여 쓴다.
  • 모순되는 : 이 경우에는 '되다'를 앞의 명사와 붙여 쓴다.

02

정답 ①

제시문은 CCTV가 인공지능(AI)과 융합되면 기대할 수 있는 효과들(범인 추적, 자연재해 예측)에 대해 설명하고 있다. 따라서 글의 제목으로 'AI와 융합한 CCTV의 진화'가 가장 적절하다.

03

정답 ④

제시문의 두 번째 문단에서 전기자동차 산업이 확충되고 있다고 하면서 구리가 전기자동차의 배터리를 만드는 핵심 재료임을 언급하고 있기 때문에 ④가 중심 내용으로 가장 적절하다.

오답분석

① · ⑤ 제시문에서 언급하고 있는 내용이 아니므로, 중심 내용으로 보기는 어렵다.
② 제시문에서 '그린 열풍'을 언급하고 있으나 그 이유는 제시되어 있지 않다.
③ 제시문에서 산업 금속 공급난이 우려된다고 했으나, 그로 인한 문제가 제시되어 있지는 않다.

04

후추나 천초는 고추가 전래되지 않았던 조선 전기까지 주요 향신료였으며, 19세기 이후 고추가 향신료로서 절대적인 우위를 차지하면서 후추나 천초의 지위가 달라졌다고 하였다. 그러나 후추나 천초가 김치에 쓰였다는 언급은 없다.

05

프톨레마이오스의 세계지도는 2세기 그리스 – 로마 시대에 제작된 지도이다. 두 번째 문단의 마지막 문장에서 프톨레마이오스의 세계지도가 당시의 사람들이 가지고 있었던 세계관을 직접적으로 보여준다고 서술하고 있으며, 세 번째 문단의 마지막 문장에서도 프톨레마이오스의 세계지도가 고대의 세계관과 지리 지식을 반영하는 동시에 그 시대의 한계를 고스란히 담고 있다고 하였다.

[오답분석]

① 첫 번째 문단에서 프톨레마이오스의 『지리학』을 바탕으로 제작된 프톨레마이오스 세계지도에서 곡선의 경도와 위도선을 처음으로 도입했다고 서술하고 있다.
③ 프톨레마이오스의 세계지도는 당시 정밀한 측정 도구의 부재 및 여행자와 상인, 군사 원정대 등으로부터 전해들은 단편적인 지식에 의존해 제작되어 실제와 다른 지형이나 크기가 지도에 반영되었다.
④ 프톨레마이오스 세계지도의 제작시기는 2세기 무렵이며, 인쇄술의 발달은 한참 뒤인 15세기에 이루어졌고, 이때 유럽 각지에 널리 보급되었다.
⑤ 첫 번째 문단에서 곡선의 경도와 위도선을 처음으로 도입하여 프톨레마이오스의 시대에 지구가 이미 구형이었음을 인식했다고 서술하고 있다.

06

음극재로 사용하는 실리콘은 충·방전 시 최대 300%까지 부피 팽창이 일어나 소재 및 배터리가 쉽게 손상되는 단점이 있다고 하였으므로 적절한 내용이다.

[오답분석]

① 2차전지의 양극에서 이동한 리튬이온은 음극재의 음극활물질에 저장되며, 집전판은 외부 회로와 활물질 사이에서 전자를 전달하는 역할을 한다.
② 2차전지의 용량은 주로 양극재에 따라 달라진다.
③ 흑연은 원자 6개에 1개의 리튬이온을 저장하지만 실리콘은 원자 5개에 22개의 리튬이온을 저장하므로 같은 면적일 때 흑연보다 실리콘이 더 많은 리튬이온을 저장한다.
⑤ 제시문에서 리튬이온 배터리 이외의 다른 소재의 2차전지에 대한 비교가 없으므로 옳지 않다.

07

제시문의 두 번째 문단에 따르면 낮은 수준으로 입장료를 책정할 시 수입이 줄어들고, 너무 높은 수준으로 매기면 소비자들이 이용을 포기해 수입이 줄어들 수 있다고 설명한다. 따라서 ⑤는 적절하지 않은 추론이다.

[오답분석]

① 소비자가 어떤 상품을 구매하기 위하여 지불할 용의가 있는 금액보다 실제로 지불한 가격이 낮아 얻는 이득을 소비자 잉여라 한다.
② 소비자 잉여와 생산자 잉여의 합을 총잉여라 한다.
③ 독점적 지위를 가진 생산자는 시장 가격을 임의의 수준으로 설정할 수 있다.
④ 독점적 지위를 가진 생산자는 이부가격을 설정할 수 있으며, 놀이공원은 이부가격설정의 예 중 하나이다.

08

제시문에 따르면 일반적으로 다의어의 중심 의미는 주변 의미보다 사용 빈도가 높다. 다만, '사회생활에서의 관계나 인연'의 의미와 '길이로 죽 벌이거나 늘여 있는 것'의 의미는 모두 '줄'의 주변 의미에 해당하므로 이 둘의 사용 빈도는 서로 비교하기 어렵다.

오답분석

① 문법적 제약이나 의미의 추상성·관련성 등은 제시문에서 설명하는 다의어의 특징이므로 이를 통해 동음이의어와 다의어를 구분할 수 있음을 추론할 수 있다.
② '손'이 '노동력'의 의미로 쓰일 때는 '부족하다, 남다' 등의 용언과 쓰이므로 '넣다'와 함께 사용될 수 없다.
③ 다의어의 문법적 제약은 주변 의미로 사용될 때 나타나며, 중심 의미로 사용된다면 '물을 먹이다.' 또는 '물이 먹히다.'와 같이 사용될 수 있다.
④ 첫 번째 문단에서 일반적으로 중심 의미는 주변 의미보다 언어의 습득 시기가 빠르다고 했으므로 아이들은 '앞'의 중심 의미인 '향하고 있는 쪽이나 곳'의 의미를 주변 의미인 '장차 올 시간'보다 먼저 배울 것이다.

09

시니어 산업의 성장은 사회가 고령화됨에 따라 경제력을 갖추고 디지털 환경에 익숙한 구매력을 가진 노년층이 많아지면서 일어난 현상이다. 따라서 고령화사회가 심해질수록 시니어 산업은 오히려 성장할 것으로 전망할 수 있다.

오답분석

① 시니어 하우징은 전통적인 노년층의 단순 거주 기능을 넘어 건강관리, 취미활동, 커뮤니티 형성 등 삶의 질을 높이는 주거 서비스를 의미한다. 따라서 요양원 운영은 시니어 하우징 사업으로 보기 어렵다.
③ 최근에는 인공지능과 사물인터넷 등 첨단 기술이 시니어 사업과 결합하고 있으며, 디지털 환경에 익숙한 디지털 시니어가 등장하고 있으므로 전통적인 기술이 선호되는 사업으로는 볼 수 없다.
④ 그레이 르네상스는 노년층이 소비와 사회 변화를 이끄는 주체로 떠오르면서 생긴 현상이다. 첨단 기기를 잘 다루는 노년층의 등장은 디지털 시니어에 더 가까운 개념이다.
⑤ 고령층 일자리 창출 사업의 주요 목적은 단순한 생계형 일자리에서 벗어나 전문성과 경험을 살리는 것이다.

10

기술을 통한 제조 주기의 단축과 하나의 공장에서 다양한 제품군을 생산하는 것은 '기술적 혁명'을 통한 생산성 향상, 생산 공정 최적화 등과 관련이 있다. 따라서 GE의 제조공장은 ⓒ '제조업의 스마트화 사례'에 해당한다.

11

탄소배출권거래제는 의무감축량을 초과 달성했을 경우 초과분을 거래할 수 있는 제도이다. 그러므로 온실가스의 초과 달성분을 구입 혹은 매매할 수 있음을 추측할 수 있으며, 빈칸 이후 마지막 문단에서도 탄소배출권을 일종의 현금화가 가능한 자산으로 언급함으로써 이러한 추측을 뒷받침하고 있다. 따라서 ④가 빈칸에 들어갈 내용으로 가장 적절하다.

오답분석

① 제시문에서 탄소배출권거래제가 6대 온실가스 중 이산화탄소를 줄이는 것을 특히 중요시한다는 내용은 확인할 수 없다.
② 제시문에 탄소배출권거래제가 가장 핵심적인 유연성체제라고는 언급되어 있지 않다.
③ 탄소배출권거래제가 탄소배출권이 사용되는 배경이라고는 볼 수 있으나, 다른 감축의무국가를 도움으로써 탄소배출권을 얻을 수 있다는 내용은 제시문에서 확인할 수 없다.
⑤ 청정개발체제에 대한 설명이다.

12

빈칸 앞의 내용은 예술 작품에 담겨있는 작가의 의도를 강조하며, 독자가 예술 작품을 해석하고 이해하는 활동은 예술적 가치, 즉 작가의 의도가 담긴 작품에서 파생된 이차적인 활동일 뿐이라고 이야기하고 있다. 따라서 독자의 작품 해석에 있어 작가의 의도와 작품을 왜곡하지 않아야 한다는 내용의 ④가 빈칸에 들어갈 내용으로 가장 적절하다.

오답분석

① · ② 두 번째 문단에 따르면 예술은 독자의 해석으로 완성되는 것이 아니며, 작품을 해석해 줄 독자가 없어도 예술은 그 자체로 가치가 있다.

③ 작품에 포함된 작가의 권위를 인정해야 한다는 것일 뿐, 작가의 권위와 작품 해석의 다양성은 서로 관련이 없다.

⑤ 작품 해석에 있어 작품 제작 당시의 시대적 · 문화적 배경을 고려해야 한다는 내용은 없다.

13

제시문은 우리 몸의 면역 시스템에서 중요한 역할을 하는 킬러 T세포가 있음을 알려주고, 이것의 역할과 작용 과정을 차례로 설명하며 마지막으로 킬러 T세포의 의의에 대해 이야기하는 글이다. 따라서 (라) 우리 몸의 면역 시스템에 중요한 역할을 하는 킬러 T세포 - (가) 킬러 T세포의 역할 - (마) 킬러 T세포가 작용하기 위해 거치는 단계 - (다) 킬러 T세포의 작용 과정 - (나) 킬러 T세포의 의의로 연결되어야 한다

14

제시문은 스페인의 건축가 가우디의 건축물에 대해 설명하는 글이다. 따라서 (나) 가우디 건축물의 특징인 곡선과 대표 건축물인 카사 밀라 - (라) 카사 밀라에 대한 설명 - (다) 가우디 건축의 또 다른 특징인 자연과의 조화 - (가) 이를 뒷받침하는 건축물인 구엘 공원의 순으로 나열하는 것이 적절하다.

15

제시문은 효율적 제품 생산을 위한 한 가지 방법인 제품별 배치 방법의 장단점에 대한 내용이다. 따라서 (다) 효율적 제품 생산을 위해 필요한 생산 설비의 효율적 배치 - (라) 효율적 배치의 한 방법인 제품별 배치 방식 - (가) 제품별 배치 방식의 장점 - (나) 제품별 배치 방식의 단점 순으로 나열하는 것이 적절하다.

01	02	03	04	05	06	07	08	09	10	11	12	13	14	15					
⑤	④	③	④	②	⑤	②	⑤	⑤	①	④	③	①	③	④					

01

정답 ⑤

두 사람이 걸은 시간을 x분이라고 하자.

두 사람이 만날 때 철수가 걸은 거리와 영희가 걸은 거리의 합은 공원의 둘레이다.

$60x + 90x = 1,500$

$\therefore x = 10$

따라서 두 사람은 동시에 출발한 지 10분 후에 만나게 된다.

02

정답 ④

A씨는 S산 정상에서 30분간 휴식하였으므로 이동하는 데 걸린 시간은 3시간 30분(3.5시간)이다.

또한 S산 입구에서 정상까지 등산로의 거리를 $x$km라고 하면 다음의 식이 성립한다.

$3.5 = \dfrac{x}{1.8} + \dfrac{x}{2.4}$

$\rightarrow 3.5 = \dfrac{10x}{18} + \dfrac{10x}{24} = \dfrac{20x + 15x}{36} = \dfrac{35}{36}x$

$\therefore x = 3.5 \times \dfrac{36}{35} = 3.6$

따라서 등산로의 거리는 3.6km이다.

03

정답 ③

농도 4%의 소금물의 양을 xg이라고 하면 농도 10%의 소금물의 양은 $(600-x)$g이므로 식을 세우면 다음과 같다.

$\dfrac{4}{100}x + \dfrac{10}{100}(600-x) = \dfrac{8}{100} \times 600$

$\rightarrow 4x + 10(600-x) = 4,800$

$\rightarrow 6x = 1,200$

$\therefore x = 200$

따라서 처음 컵에 들어있던 농도 4%의 소금물의 양은 200g이다.

04

작년 A제품의 생산량을 a개, B제품의 생산량을 b개라고 하면 다음과 같은 식이 성립한다.

$a+b=3,200 \cdots \bigcirc$

올해 A제품의 생산량을 25%, B제품의 생산량을 35% 증가시켜 총 4,200개를 생산하면 다음과 같은 식이 성립한다.

$(a \times 1.25)+(b \times 1.35)=4,200 \cdots \bigcirc\!\!\!\bigcirc$

$\bigcirc$과 $\bigcirc\!\!\!\bigcirc$을 연립하여 $\bigcirc\!\!\!\bigcirc-\bigcirc$을 정리하면 다음과 같다.

$1.25a+1.35b=4,200 \cdots \bigcirc\!\!\!\bigcirc$

$1.25a+1.25b=4,000 \cdots \bigcirc \times 1.25$

$\rightarrow 0.1b=200$

$\therefore a=1,200, \ b=2,000$

작년 A제품의 생산량이 1,200개, B제품의 생산량이 2,000개이므로 올해 A제품의 생산량은 $1.25 \times 1,200=1,500$개, B제품의 생산량은 $1.35 \times 2,000=2,700$개이다.

따라서 올해 A, B제품의 생산량 차이는 $2,700-1,500=1,200$개이다.

05

• 내일 비가 올 때 이길 확률 : $\dfrac{2}{5} \times \dfrac{1}{3}=\dfrac{2}{15}$

• 내일 비가 오지 않을 때 이길 확률 : $\dfrac{3}{5} \times \dfrac{1}{4}=\dfrac{3}{20}$

따라서 이길 확률은 $\dfrac{2}{15}+\dfrac{3}{20}=\dfrac{17}{60}$이다.

06

A, B기차의 길이를 각각 am, bm라고 가정하고 터널을 지나는 시간에 대한 방정식을 세우면 다음과 같다.

• A기차 : $\dfrac{600+a}{36}=25 \rightarrow 600+a=900 \rightarrow a=300$

• B기차 : $\dfrac{600+b}{36}=20 \rightarrow 600+b=720 \rightarrow b=120$

따라서 A기차의 길이는 300m이며, B기차의 길이는 120m이다.

07

일의 양을 1이라고 하면 A, B가 하루에 할 수 있는 일의 양은 각각 $\dfrac{1}{4}$, $\dfrac{1}{6}$이다.

B가 혼자 일한 기간을 x일이라고 하면 다음 식이 성립한다.

$\dfrac{1}{4} \times 2+\dfrac{1}{6} \times x=1$

$\therefore x=3$

따라서 B는 3일 동안 일을 해야 한다.

08

8, 10, 6 세 수의 최소공배수는 120이므로 세 벽돌의 쌓아 올린 높이는 120cm이다.

따라서 필요한 벽돌의 수는 모두 $\dfrac{120}{8}+\dfrac{120}{10}+\dfrac{120}{6}=15+12+20=47$개이다.

09

정답 ⑤

A제품과 B제품의 판매량 증가 규칙은 다음과 같다.

• A제품 : 매년 250개씩 증가한다.

2024년		2025년		2026년		2027년	
1,500	→	1,750	→	2,000	→	2,250	→
	+250	→	+250	→	+250	→	+250

2028년		2029년		2030년		2031년
2,500	→	2,750	→	3,000	→	3,250
	+250		+250		+250	

그러므로 2031년 A제품의 판매량은 3,250개이다.

• B제품 : 매년 계차의 공차가 20개씩 증가한다.

2024년		2025년		2026년		2027년	
550	→	650	→	770	→	930	→
	+100	→	+120	→	+160	→	+220
		+20		+40		+60	

2028년		2029년		2030년		2031년
1,150	→	1,450	→	1,850	→	2,370
→	+300	→	+400	→	+520	
+80		+100		+120		

그러므로 2031년 B제품의 판매량은 2,370개이다.

따라서 2031년 A, B제품의 판매량의 합은 3,250+2,370=5,620개이다.

10

정답 ①

• 1 ~ 4월까지의 총반품금액에 대한 4월 반품금액의 비율
  – 2월 반품금액 : 1,700,000−(2월 반품금액)−160,000−30,000=1,360,000원
    ∴ (2월 반품금액)=150,000원
  – 4월 반품금액 : 300,000+150,000+180,000+(4월 반품금액)=900,000원
    ∴ (4월 반품금액)=270,000원

그러므로 총반품금액에 대한 4월 반품금액의 비율은 $\frac{270,000}{900,000} \times 100 = 30\%$이다.

• 1 ~ 4월까지의 총배송비에 대한 1월 배송비의 비율
  – 3월 배송비 : 2,200,000−180,000−140,000−(3월 배송비)=1,840,000원
    ∴ (3월 배송비)=40,000원
  – 1월 배송비 : (1월 배송비)+30,000+40,000+60,000=160,000원
    ∴ (1월 배송비)=30,000원

그러므로 총배송비에 대한 1월 배송비의 비율은 $\frac{30,000}{160,000} \times 100 = 18.75\%$이다.

따라서 구하고자 하는 값은 30−18.75=11.25%p이다.

11

정답 ④

서류합격자의 비율을 $x\%$라고 하면 최종합격자를 구하는 식은 다음과 같다.

$7,750 \times x \times 0.3 = 93$명

$\rightarrow 7,750 \times x = 310$

$\therefore x = 4$

따라서 서류합격자의 비율은 4%이다.

12

정답 ③

2021 ~ 2024년 가계대출과 기업대출의 전년 대비 증가액은 다음 표와 같다.

(단위 : 조 원)

구분	2021년	2022년	2023년	2024년
가계대출	583.6-535.7=47.9	620-583.6=36.4	647.6-620=27.6	655.7-647.6=8.1
기업대출	546.4-537.6=8.8	568.4-546.4=22	587.3-568.4=18.9	610.4-587.3=23.1

따라서 2024년 기업대출의 전년 대비 증가액은 가계대출 증가액보다 높다.

13

정답 ①

• 2021년 직장가입자 및 지역가입자 건강보험금 징수율

  − 직장가입자 : $\frac{6,698,187}{6,706,712} \times 100 \fallingdotseq 99.87\%$

  − 지역가입자 : $\frac{886,396}{923,663} \times 100 \fallingdotseq 95.97\%$

• 2023년 직장가입자 및 지역가입자 건강보험금 징수율

  − 직장가입자 : $\frac{7,536,187}{7,763,135} \times 100 \fallingdotseq 97.08\%$

  − 지역가입자 : $\frac{1,138,763}{1,256,137} \times 100 \fallingdotseq 90.66\%$

• 2022년 직장가입자 및 지역가입자 건강보험금 징수율

  − 직장가입자 : $\frac{4,898,775}{5,087,163} \times 100 \fallingdotseq 96.3\%$

  − 지역가입자 : $\frac{973,681}{1,003,637} \times 100 \fallingdotseq 97.02\%$

• 2024년 직장가입자 및 지역가입자 건강보험금 징수율

  − 직장가입자 : $\frac{8,368,972}{8,376,138} \times 100 \fallingdotseq 99.91\%$

  − 지역가입자 : $\frac{1,058,943}{1,178,572} \times 100 \fallingdotseq 89.85\%$

따라서 직장가입자 건강보험금 징수율이 가장 높은 해는 2024년이고, 지역가입자 건강보험금 징수율이 가장 높은 해는 2022년이다.

14

정답 ③

자금 이체 서비스 이용 실적은 2023년 3/4분기에도 감소하였다.

오답분석

① 조회 서비스 이용 실적은 817 → 849 → 886 → 1,081 → 1,100으로 매 분기 계속 증가하였다.

② 2023년 2/4분기 조회 서비스 이용 실적은 849천 건이고, 전 분기의 이용 실적은 817천 건이므로 849-817=32, 즉 3만 2천 건 증가하였다.

④ 2024년 1/4분기의 조회 서비스 이용 실적은 자금 이체 서비스 이용 실적의 $\frac{1,100}{25} = 44$배로 40배 이상이다.

⑤ 모바일 뱅킹 서비스 이용 실적의 전 분기 대비 증가율이 가장 높은 분기는 21.8%인 2023년 4/4분기이다.

15

정답 ④

우선 도수의 총합을 구하면 2+9+27+11+1=50이다.
각 구간의 계급값을 이용하여 평균을 구하면 다음과 같다.

$$\frac{50 \times 2 + 60 \times 9 + 70 \times 27 + 80 \times 11 + 90 \times 1}{50} = 70점$$

(편차)=(계급값)-(평균)이므로 각 구간의 편차는 각각 −20, −10, 0, 10, 20이다.
편차의 제곱을 이용하여 분산을 구하면 다음과 같다.

$$\frac{2 \times (-20)^2 + 9 \times (-10)^2 + 27 \times 0^2 + 11 \times 10^2 + 1 \times 20^2}{50} = 64$$

따라서 평균은 70점이고, 표준편차는 $\sqrt{64}$ =8명이다.

3 추리

01	02	03	04	05	06	07	08	09	10	11	12	13	14					
③	①	①	④	②	④	①	③	⑤	③	④	⑤	②	④					

01

전제2에 따라 S사의 신입이 사용하는 메신저가 모두 S사의 메신저이고, 전제1에 따라 S사의 메신저는 모두 보안 네트워크를 사용한다. 따라서 빈칸에 들어갈 명제는 'S사의 신입이 사용하는 메신저는 모두 보안 네트워크를 사용한다.'이다.

오답분석

① 'S사의 신입이 아니면'이라는 조건은 전제에서 언급되지 않은 범위까지 포함하는 것이다. 또한 S사의 신입이 아닌 사람이 어떤 메신저를 사용하는지, 또는 보안 네트워크를 사용하는지 언급하지 않았다. 따라서 주어진 전제에서 도출되는 결론이 아니다.
② 전제1(S사의 메신저 → 보안 네트워크 사용)의 역에 해당하는 것으로 참인 명제의 역은 항상 참이 아닌 '역의 오류'에 해당한다. 따라서 주어진 전제에서 도출되는 결론이 아니다.
④ 보안 네트워크를 사용하지 않는 메신저에 대한 정보가 전제에 없고, 오히려 전제1에 따라 S사의 메신저는 모두 보안 네트워크를 사용하므로 주어진 전제에서 도출되는 결론이 아니다.
⑤ S사의 메신저를 사용하지 않는 사람이 어떤 메신저를 사용하는지, 그 메신저가 보안 네트워크를 사용하는지에 대한 정보는 전제에 없으므로 주어진 전제에서 도출되는 결론이 아니다.

02

전제2에 따라 기숙사에 거주하는 사람은 모두 도보로 등교하므로 전제1에 따라 빈칸에 들어갈 명제는 'S대학의 어떤 신입생은 도보로 등교한다.'이다.

오답분석

② 도보로 등교하는 학생 중 기숙사에 거주하는 사람은 모두 도보로 등교하지만, 도보로 등교한다고 모두 기숙사에 살고 있는 신입생인 것은 아니므로 주어진 전제에서 도출되는 결론이 아니다.
③ 신입생이 아닌 경우에 대한 전제가 없으므로 주어진 전제에서 도출되는 결론이 아니다.
④ 기숙사의 거주자가 모두 신입생으로 구성되어 있다는 전제가 없으므로 주어진 전제에서 도출되는 결론이 아니다.
⑤ 전제2의 역에 해당하는 것으로 전제2가 참이어도 그 역이 항상 참은 아니다. 따라서 주어진 전제에서 도출되는 결론이 아니다.

03

제시된 명제와 그 대우는 동치관계이므로 모두 참이다. 이를 논리식으로 나타내면 다음과 같다.
• $\sim$A → D ≡ $\sim$D → A
• A → $\sim$C ≡ C → $\sim$A
• B → C ≡ $\sim$C → $\sim$B
A가 선발되면 두 번째 명제에 따라 C는 선발되지 않으며, C가 선발되지 않으면 마지막 명제의 대우에 따라 B도 선발되지 않는다(A → $\sim$C → $\sim$B).

오답분석

② C → $\sim$A → D
③ B → C → $\sim$A
④ $\sim$D → A → $\sim$C → $\sim$B
⑤ $\sim$D → A → $\sim$C

04

정답 ④

'예술가'를 p, '조각상을 좋아한다.'를 q, '철학자'를 r, '귀족'을 s, '부유하다.'를 t라고 했을 때, 제시된 명제는 '$p \rightarrow q$', '$r \rightarrow$ $\sim q$', '$q \rightarrow s$', '$\sim p \rightarrow t$'이다. 이를 정리하면 '$p \rightarrow q \rightarrow \sim r$', '$p \rightarrow q \rightarrow s$'이고, '$r \rightarrow \sim q \rightarrow \sim p \rightarrow t$'임을 알 수 있다. 따라서 부유하면 귀족인지는 알 수 없다.

오답분석
① 첫 번째 명제, 두 번째 명제의 대우를 통해 추론할 수 있다.
② 첫 번째 명제, 세 번째 명제를 통해 추론할 수 있다.
③ 두 번째 명제, 첫 번째 명제의 대우, 네 번째 명제를 통해 추론할 수 있다.
⑤ 네 번째 명제의 대우를 통해 추론할 수 있다.

05

정답 ②

키는 원숭이>기린이고, 몸무게는 원숭이>기린>하마이다. 따라서 원숭이가 가장 무겁다.

오답분석
① 원숭이와 하마의 키 관계는 알 수 없다.
③·⑤ 기린과 하마의 키 관계는 알 수 없다.
④ 하마는 기린보다 가볍다.

06

정답 ④

다음과 같은 네 가지 경우가 가능하다.

구분	A의 진술	B의 진술	C의 진술	D의 진술
A가 범인인 경우	거짓	참	거짓	참
B가 범인인 경우	거짓	거짓	거짓	참
C가 범인인 경우	참	참	거짓	참
D가 범인인 경우	거짓	참	참	거짓

따라서 D 한 사람의 진술만이 참일 경우 범인은 B이고, C 한 사람의 진술만이 거짓일 경우 범인은 C이다.

07

정답 ①

철수가 민수보다, 영희가 민수보다, 철수가 영희보다 결승선에 먼저 들어왔다. 따라서 철수 – 영희 – 민수 순으로 결승선에 들어왔다.

08

정답 ③

세 번째 조건에 따라 세탁의 가장 마지막 과정은 A과정이다. 또한 다섯 번째 조건에 따라 D과정과 Y과정 사이에 2개의 과정이 있으므로 건조 과정의 순서에 따라 경우가 달라진다.
ⅰ) X과정을 Y과정보다 먼저 진행할 경우
　Y과정은 건조의 마지막 과정이며, Y과정 앞에 A과정과 X과정이 있으므로 A과정 직전에는 D과정을 진행하게 된다. 그러나 이 경우 세탁의 마무리 과정인 A과정 직전에 D과정을 진행하므로 여섯 번째 조건에 부합하지 않는다.
ⅱ) Y과정을 X과정보다 먼저 진행할 경우
　Y과정은 건조의 첫 번째 과정이며, D과정은 세탁의 두 번째 과정이 된다. 이 경우 네 번째 조건에 따라 B과정이 C과정보다 더 먼저 시작되므로 세탁 과정은 B – D – C – A이다.
따라서 올바른 세탁 및 건조 과정은 B – D – C – A – Y – X이다.

09

정답 ⑤

첫 번째, 두 번째, 세 번째 항을 기준으로 3칸씩 이동하며 규칙이 적용되는 수열이다.

ⅰ) 1   4   7   10 → +3인 규칙

ⅱ) 10   8   6   4 → −2인 규칙

ⅲ) 3   12   (48)   192 → ×4인 규칙

10

정답 ③

분자는 5씩 더하고, 분모는 4씩 곱하는 수열이다.

따라서 분자는 $16+5=21$이고, 분모는 $128 \times 4 = 512$이므로, ( ) $= \dfrac{21}{512}$ 이다.

[11~12]

- ◎ : 각 자릿수 $+2$, -2, $+2$, -2
- ♡ : 1234 → 2143
- ♠ : 각 자릿수 -1
- ◇ : 1234 → 3412

11

정답 ④

STOP   →   URQN   →   RUNQ
　　　◎　　　　♡

12

정답 ⑤

18AB   →   81BA   →   70AZ
　　　♡　　　　♠

[13~14]

A : 시계 방향으로 한 칸 이동

외부도형	①	②	③	④
내부도형	1	2	3	4

→

1	①	3	③
2	②	4	④

B : 오른쪽 내부도형과 왼쪽 외부도형 위치 변경

외부도형	①	②	③	④
내부도형	1	2	3	4

→

2	②	4	④
1	①	3	③

C : 왼쪽 외부도형과 오른쪽 외부도형 위치 변경

외부도형	①	②	③	④
내부도형	1	2	3	4

→

②	①	④	③
1	2	3	4

13

외부도형	①	②	③	④
내부도형	1	2	3	4

$\xrightarrow{C}$

②	①	④	③
1	2	3	4

$\xrightarrow{NO \atop A}$

1	②	3	④
2	①	4	③

$\xrightarrow{NO \atop C}$

②	1	④	3
2	①	4	③

14

정답 ④

외부도형	①	②	③	④
내부도형	1	2	3	4

$\xrightarrow{A}$

1	①	3	③
2	②	4	④

$\xrightarrow{C}$

①	1	③	3
2	②	4	④

$\xrightarrow{NO \atop B}$

②	1	④	3
2	①	4	③

$\xrightarrow{NO \atop B}$

①	1	③	3
2	②	4	④

01	02	03	04	05	06	07	08		
②	⑤	①	③	③	②	①	②		

01

정답 ②

규칙은 가로로 적용된다.
첫 번째 도형에서 두 번째 도형을 뺀 것이 세 번째 도형이다.

02

정답 ⑤

규칙은 가로로 적용된다.
첫 번째 도형을 수직으로 반 잘랐을 때의 왼쪽 도형이 두 번째 도형이고, 두 번째 도형을 수평으로 반 잘랐을 때의 아래쪽 도형이 세 번째 도형이다.

03

정답 ①

규칙은 가로로 적용된다.
첫 번째 도형과 두 번째 도형을 합치면 세 번째 도형이 된다.

04

정답 ③

규칙은 가로로 적용된다.
첫 번째 도형과 두 번째 도형을 합친 후, 겹치는 부분을 색칠한 도형이 세 번째 도형이다.

05

정답 ③

도형이 오른쪽의 도형으로 변할 때 도형들은 각각의 규칙을 가지고 이동하는데 ⬟은 시계 반대 방향으로 세 칸 이동, ■은 제자리에서 45° 회전, ▷은 시계 방향으로 두 칸 이동을 하며, ○은 시계 방향으로 한 칸 이동한다.
또한 도형과 배경의 색이 같아질 경우 해당 도형을 색 반전하고, 두 도형이 겹칠 경우 꼭짓점의 개수가 적은 쪽이 두 도형 중 내부에 위치한다.

그러므로 주어진 마지막 도형을 기준으로 ?에 들어갈 도형에 ⬟은 시계 반대 방향으로 세 칸 이동 후 색 반전, ■은 제자리에서 45° 회전, ▷은 시계 방향으로 두 칸 이동하게 되고, ○은 시계 방향으로 한 칸 이동 후 색 반전을 하게 된다. 따라서 ③이 된다.

06

정답 ②

도형이 오른쪽의 도형으로 변할 때 도형들은 각각의 규칙을 가지고 이동하는데 ◇은 아래로 두 줄 이동, ○은 위로 한 줄 이동, ▲은 제자리에서 시계 방향으로 90° 회전, ★은 시계 반대 방향으로 90° 회전하며 다른 도형과 같은 줄에 위치하게 될 경우 색 반전한다.
그러므로 주어진 첫 번째 도형을 기준으로 ?에 들어갈 도형에 ◇과 ○은 세 번째 줄, ▲은 시계 방향으로 총 270° 회전, ★은 색 반전이 한 번 발생하며 시계 반대 방향으로 총 270° 회전하게 된다. 따라서 ②가 된다.

07

정답 ①

- 1층 : $4 \times 5 - 4 = 16$개
- 2층 : $20 - 8 = 12$개
- 3층 : $20 - 14 = 6$개
- $\therefore 16 + 12 + 6 = 34$개

08

정답 ②

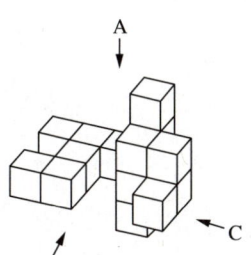

PART 1
언어

20대기업 인적성검사 언어영역 분석

언어영역은 크게 어휘, 독해 두 부분으로 나눌 수 있다. 어휘 유형은 어휘가 가진 자체의 의미보다는 문장이나 지문 속에서 바르게 활용하는 능력을 평가하고자 하며, 독해 유형은 다양한 분야의 지문을 읽고 얼마나 글을 이해하고 분석할 수 있는지를 평가한다. 또한 독해 유형에는 글의 구조 영역이 포함되는데, 이를 통해 기업에서는 지원자의 분석력과 논리력, 이해력을 더불어 평가하고자 한다.

구분	어휘 / 어법	글의 구조	독해
삼성		○	○
LG		○	○
SK		○	○
CJ		○	○
롯데		○	○
포스코	○	○	○
KT	○	○	○
이랜드		○	○
두산	○	○	○
현대자동차		○	○
삼양			
GS			
오뚜기	○		
효성	○	○	○
LX		○	○
KCC		○	○
S-OIL		○	○
샘표식품		○	○
엔씨소프트			
현대백화점		○	○

어휘 / 어법

유형특징

☐ 독해 유형보다 비중은 적지만, 지원자의 어휘 활용 능력 및 우리말 어법에 대한 지식을 판단하기 위한 평가방법으로 몇몇 기업에서 출제되고 있다.

☐ 단순 어휘 / 어법에 대한 지식 암기 내용을 묻는 문제들보다는, 문장 속에서 어휘가 어떻게 사용되며 어떤 의미를 지니는지 판단하는 문제가 출제된다.

☐ 어휘와 독해가 결합된 유형의 문제가 출제되기 때문에, 어휘나 어법에 대한 차이뿐만 아니라 글의 전체적인 내용을 파악하는 연습도 필요하다.

합격 TIP

• 비슷한 유형은 묶어서!
유의어 / 다의어 / 반의어, 관용어 / 속담 / 한자성어, 맞춤법 / 표준어 등 비슷한 세부 유형끼리는 묶어서 학습하면 시간을 절약할 수 있다.

• 사전을 가까이!
평소 모르는 어휘나 헷갈리는 어휘는 사전적 정의를 찾아보는 습관을 들인다. 이때 대표 의미만 찾는 데 그치는 것이 아닌, 유의어 / 반의어 → 혼동하기 쉬운 표현 → 예문 숙지를 생활화한다.

어휘/어법 출제비중

표준어 (4%)
맞춤법 (8%)
유의어/반의어 (23%)
다의어 (20%)
어휘선택 (23%)
관용적 표현 (22%)

기업별 출제 세부 유형

구분	어휘			어법		
	유의어 / 반의어	다의어	어휘선택	맞춤법	표준어	관용적 표현
삼성						
LG						
SK						
CJ						
롯데						
포스코	○					
KT				○		
이랜드						
두산	○	○	○	○	○	○
현대자동차						
삼양						
GS						
오뚜기	○	○	○	○	○	○
효성	○	○	○			
LX						
KCC						
S-OIL						
샘표식품						
엔씨소프트						
현대백화점						

유의어 / 반의어

1 유형특징

제시된 어휘와 의미가 유사하거나 상반된 단어를 고르는 유형이다. 다양한 형태로 출제가 가능하지만, 기본적으로 어휘의 뜻과 용례를 정확하게 알고 있으면 문제를 풀 때 어려움은 없다.

2 학습전략

• 선택지를 차례대로 읽으며 밑줄 친 어휘의 의미를 파악하고 선별하여 학습한다.
  예 잘 아는 어휘 & 모르는 어휘 / 의미가 비슷한 어휘 & 그렇지 않은 어휘
• 연관성이 있는 어휘는 쌍을 이루어 비교하며 학습한다.
  예 발음 & 의미가 비슷한 어휘 / 상반되는 어휘 / 환경에 따라 다르게 사용하는 유의어 & 반의어 등
• 생소한 어휘나 혼동하기 쉬운 어휘는 표시한 후 의미와 용례를 노트에 정리하여 반드시 암기해 두고, 문제 풀이를 통해 순발력도 함께 키운다.

3 대표유형

다음 중 밑줄 친 단어의 의미가 서로 비슷한 것을 모두 고르면?

┌───┐
│ ㉠ 공원 한 편에서 그림을 그리는 화가의 얼굴이 무척 <u>고독해</u> 보인다.
│ ㉡ 그 영화 촬영지는 <u>후미진</u> 곳에 있다.
│ ㉢ 옆집 할아버지는 <u>고혈히</u> 지내고 있어 늘 마음이 쓰인다.
│ ㉣ 계속되는 시험 일정 변경에 지원자들은 <u>혼란스럽다</u>.
│ ㉤ 삼삼오오 짝을 지어 벚꽃 놀이를 즐기는 사람들을 보니 오늘따라 더 <u>외롭다</u>.
│ ㉥ 오늘따라 영 기분이 <u>뒤숭숭하고</u> 일도 잘 안 풀리는 느낌이다.
└───┘

① ㉠, ㉡, ㉤   ② ㉠, ㉢, ㉤
③ ㉠, ㉣, ㉤   ④ ㉡, ㉢, ㉥
⑤ ㉢, ㉤, ㉥

4 정답 및 해설

해설

㉠ 고독하다 : 세상에 홀로 떨어져 있는 듯이 매우 외롭고 쓸쓸하다.

㉢ 고혈하다 : 가족이나 친척이 없어 외롭다.

㉤ 외롭다 : 홀로 되거나 의지할 곳이 없어 쓸쓸하다.

오답분석

㉡ 후미지다 : 아주 구석지고 으슥하다.

㉣ 혼란스럽다 : 보기에 뒤죽박죽이 되어 어지럽고 질서가 없는 데가 있다.

㉥ 뒤숭숭하다 : 느낌이나 마음이 어수선하고 불안하다.

5 실전 노하우!

❶ 서로 비슷한 단어의 의미를 고르는 것이므로, 주어진 어휘 중 명확히 구분되는 어휘들을 분류하여 묶는다.
명확히 분류할 수 있는 어휘의 묶음은 '㉠ 고독하다 · ㉤ 외롭다'와 '㉣ 혼란스럽다 · ㉥ 뒤숭숭하다'이다.

❷ ①~⑤의 선택지에서 명확하게 답이 될 수 없는 것은 제외한다.
다섯 개의 선택지 중 제외해야 할 선택지는 ③, ⑤이다. ③ ㉠, ㉣, ⑤ ㉤, ㉥은 서로 다른 그룹에 속해 있는 어휘들이 묶여있기 때문이다.

❸ 헷갈리는 어휘는 주어진 문장의 맥락을 보고 유추하도록 한다.
㉡은 문맥상 '으슥하다', ㉢은 '쓸쓸한, 외로운'이라는 의미를 유추할 수 있다. 따라서 '외로운'이라는 유사한 의미를 공통으로 가지고 있는 것은 ㉠, ㉢, ㉤이므로 정답은 ②이다.

PART 1

1 유형특징

한 어휘가 가지는 여러 가지 의미를 구분하는 문제 유형으로, 문장 속 활용되는 어휘를 찾는 유형과 다른 어휘를 포함시키는 어휘를 찾는 유형이 출제된다.

2 학습전략

• 문제에 제시된 어휘의 중심의미와 주변의미, 용례 등을 학습하여 어휘력을 향상시켜야 한다.

> 예 어휘 : 먹다
> • 중심의미 : 음식 등을 입을 통해 배 속으로 들여보내다.
> • 주변의미
> ① 연기나 가스 등을 들이마시다.
> ② 어떤 감정이나 마음을 품다.
> ③ 욕이나 핀잔 등을 당하거나 듣다.
> ④ 수익을 차지하여 가지다.
> • 예문
> 먹고 싶은 것을 마음껏 먹었다(중심의미).
> 그녀는 마음을 독하게 먹고 다이어트를 시작했다(주변의미).
> 이유도 모른 채 욕을 먹은 그는 기분이 매우 좋지 않았다(주변의미).

• 학습한 내용을 바탕으로 다양한 어휘의 문제를 풀어본다.
• 어휘력은 언어영역 전체의 풀이 시간을 단축시킬 수 있는 영역이다. 따라서 평소에 신문이나 책 등의 글을 자주 읽고, 모르는 단어가 있다면 사전을 찾아보는 습관을 통해 어휘력을 기르는 연습이 필요하다.

3 대표유형

다음 중 밑줄 친 단어와 같은 의미로 사용된 것은?

> 어제 팩을 했더니 오늘 아침 얼굴에 화장이 잘 <u>먹었어</u>.

① 어제 따 온 사과는 벌레가 많이 <u>먹었네</u>.
② 선물로 받은 김을 잘못 보관했더니 습기를 <u>먹었는지</u> 눅눅해졌어.
③ 옷감에 풀이 잘 <u>먹어야</u> 다림질이 잘 돼.
④ 투자자들은 예상치 못한 어닝쇼크로 충격을 <u>먹었다</u>.
⑤ 마음을 독하게 <u>먹어야</u> 성공할 수 있어.

4 정답 및 해설

정답 ③

해설

밑줄 친 단어와 ③은 '바르는 물질이 배어들거나 고루 퍼지다.'라는 뜻으로 쓰였다. 예 기름 먹은 종이

오답분석

① 벌레, 균 따위가 파 들어가거나 퍼지다.
② 물이나 습기 따위를 빨아들이다.
④ 겁, 충격 따위를 느끼게 되다.
⑤ 어떤 마음이나 감정을 품다.

5 실전 노하우!

❶ 제시된 문장과 선택지 문장을 차례대로 읽으면서, 각각의 밑줄 친 어휘가 수식하는 주어, 목적어 등을
표시한다.

> 어제 팩을 했더니 오늘 아침 얼굴에 화장이 잘 <u>먹었어</u>.

① 어제 따 온 사과는 <mark>벌레가</mark> 많이 <u>먹었네</u>.
② 선물로 받은 김을 잘못 보관했더니 <mark>습기를</mark> <u>먹었는지</u> 눅눅해졌어.
③ 옷감에 <mark>풀이</mark> 잘 <u>먹어야</u> 다림질이 잘 돼.
④ 투자자들은 예상치 못한 어닝쇼크로 <mark>충격을</mark> <u>먹었다</u>.
⑤ <mark>마음을</mark> 독하게 <u>먹어야</u> 성공할 수 있어.

❷ 확실하게 답이 될 수 없는 선택지는 먼저 제외한다.

각 선택지의 문맥을 살펴보면 ①은 벌레 때문에 손상을 입었다는 의미이고, ④ · ⑤는 감정이나 의지와
관련된 의미로 문장 속에서 사용되었기 때문에 답이 될 수 없으므로 제외한다.

❸ 문제를 전체적으로 훑어보며 문장 속의 어휘 의미를 파악한다.

제시문의 '먹다'는 '표면에 바른 물질이 배어들거나 퍼지다.'의 뜻을 지님을 알 수 있다. 따라서 ②와
③ 중 이와 가장 가까운 의미로 활용된 것은 ③이다.

유형 03 어휘선택

1 유형특징

빈칸에 들어갈 적절한 / 부적절한 어휘를 구별할 수 있는지 판단하는 유형으로, 문장 혹은 지문의 빈칸에 들어갈 수 있는 적절한 단어를 골라야 한다. 기업별로 조금씩 다른 형태로 출제되기 때문에 다양한 스타일의 문제를 풀어보는 것이 좋다.

2 학습전략

• 〈보기〉와 선택지의 단어들을 자기만의 기준을 세워 분류한 후 숙지한다.

예 아는 / 모르는 단어, 뜻이 모호한 단어, 형태가 비슷하지만 뜻이 다른 단어 등

〈보기〉 ① 시찰 ② 시위 ③ 파업 ④ 태업 ⑤ 소개			
이해도	×	△	○
	④ 태업	① 시찰	② 시위, ③ 파업, ⑤ 소개

- 시찰 : 두루 돌아다니면서 실지의 사정을 살핌(유의어 – 감찰, 순시, 관광)
- 태업 : 일이나 공부 등을 게을리함. 또는 노동 쟁의 행위 중 하나

– 어휘 유형에서 가장 중요한 것은 단어의 정확한 뜻을 숙지하는 것이다. 시간은 오래 걸리지만, 학습할 때 확실하게 짚고 넘어간다면 시험장에서 시간 단축에 도움이 된다.

• 어휘 추론으로 문장 만들기 연습하기
– 첫 번째 학습법으로 어휘의 범위가 커지면, 선택지 중 빈칸에 들어갈 어휘를 추론하여 완전한 문장을 만드는 연습을 한다. 어휘의 뜻을 일일이 따지지 않고 유추만으로도 답을 선택할 수 있으므로 실전에서 시간을 절약하는 데 도움이 된다.

3 실전전략

• 확실히 답이 아닌 어휘와 문장은 선택지에서 제외시킨다.
• 빈칸 앞뒤를 읽으며 어떤 내용인지 유추한 후, 어휘의 쓰임이나 용례를 고려하여 선택지 중 적절한 어휘를 넣고 문장을 만들어본다.
• 시간적 여유가 있다면, 어울리지 않는 어휘를 빈칸에 넣어 한 번 더 확인해본다.

다음 글의 빈칸에 들어갈 단어를 〈보기〉에서 골라 바르게 짝지은 것은?

> 건축에서 공간이란 건축의 실체로서 가장 중요한 개념이다. 하나의 공간이 존재하기 위해서는 최소한의 물
> 리적 __(가)__ 이/가 필요한데, 이때 이를 결정짓는 것은 벽체 – 바닥 – 천장이라는 3차원 구도를 __(나)__
> 하는 경계요소이다. 1900년대 중반까지 대부분의 서양 건물은 경계요소에 의해 내·외부 공간이 엄격하게
> __(다)__ 되는 형태를 보였다. 공간은 일률적으로 구획되었으며 물리적 구조체와 동일한 것으로 간주되었다.
> 공간은 기능을 위한 도구로서 의미를 가졌다. 이러한 경향성을 보여주는 대표적인 건축물은 '로스하우스'이다.
> 이 건물은 지붕과 본체 그리고 기단의 세 부분으로 이루어진 사각의 단순한 __(라)__ (으)로 지어졌다.

보기

　　㉠ 구성　　㉡ 조성　　㉢ 차폐　　㉣ 구현　　㉤ 구조　　㉥ 설계　　㉦ 구상　　㉧ 구획

	(가)	(나)	(다)	(라)
①	㉤	㉡	㉢	㉦
②	㉤	㉥	㉣	㉦
③	㉧	㉠	㉢	㉤
④	㉧	㉥	㉣	㉤
⑤	㉧	㉠	㉣	㉦

해설

㉧ 구획(區劃) : 토지 따위를 경계를 지어 가름. 또는 그런 구역
㉠ 구성(構成) : 몇 가지 부분이나 요소들을 모아서 일정한 전체를 짜 이룸. 또는 그 이룬 결과
㉢ 차폐(遮蔽) : 가려 막고 덮음
㉤ 구조(構造) : 부분이나 요소가 어떤 전체를 짜 이룸. 또는 그렇게 이루어진 얼개

오답분석

㉡ 조성(造成) : 만들어서 이룸
㉣ 구현(具現) : 어떤 사실을 구체적으로 나타나게 함
㉥ 설계(設計) : 건축·토목·기계 제작 따위에서 그 목적에 따라 실제적인 계획을 세워 도면 등에 명시하는 일
㉦ 구상(構想) : 앞으로 이루려는 일에 대하여 그 일의 내용이나 규모, 실현 방법 따위를 어떻게 정할 것인지 이리
　　저리 생각함. 또는 그 생각

6 실전 노하우!

❶ 빈칸 앞뒤의 내용과 주어, 목적어 등을 파악한다.

> - 하나의 공간이 존재하기 위해서는 최소한의 물리적 __(가)__ 이/가 필요한데
> - 이때 이를 결정짓는 것은 벽체 – 바닥 – 천장이라는 3차원 구도를 __(나)__ 하는 경계요소이다.
> - 1900년대 중반까지 대부분의 서양 건물은 경계요소에 의해 내·외부 공간이 엄격하게 __(다)__ 되는 형태를 보였다.
> - 이 건물은 지붕과 본체 그리고 기단의 세 부분으로 이루어진 사각의 단순한 __(라)__ (으)로 지어졌다.

❷ 빈칸 앞뒤를 읽으며 어떤 내용인지 유추한 후, 어휘의 쓰임이나 용례를 고려하여 적절한 어휘를 넣어 문장을 만들어 본다.

> - 하나의 공간이 존재하기 위해서는 최소한의 물리적 구획이/가 필요한데
>   → '경계나 구분이 필요하다.'라는 내용 유추 가능
> - 이때 이를 결정짓는 것은 벽체 – 바닥 – 천장이라는 3차원 구도를 구성하는 경계요소이다.
>   → '몇 가지의 요소들을 모아 전체를 이룬다.'라는 내용 유추 가능
> - 1900년대 중반까지 대부분의 서양 건물은 경계요소에 의해 내·외부 공간이 엄격하게 차폐되는 형태를 보였다.
>   → '분리되다, 구분되다.'라는 내용 유추 가능
> - 이 건물은 지붕과 본체 그리고 기단의 세 부분으로 이루어진 사각의 단순한 구조(으)로 지어졌다.
>   → '부분이나 요소로 이루어지다.'라는 내용 유추 가능

1 유형특징

평소 맞춤법에 맞는 어휘를 알고 제대로 쓰고 있는지 확인하는 유형이다. 대부분 문장이나 글 중에서 헷갈릴 수 있는 어휘들을 통해 맞춤법을 옳게 사용하고 있는지 확인하는 문제들이 출제된다.

2 학습전략

• 대표유형 및 기업별 출제 유형 문제들을 풀어보며 출제 경향을 확인한다.
  – 다른 영역에 비해 어법 유형은 출제 범위가 한정적이다. 단순 암기를 바탕으로 하는 어법 유형은 줄었지만, 어쨌든 우리말 어법에 대한 지식을 바탕으로 실생활에서 자주 틀리는 표현들이 출제된다.
• 출제 빈도가 높은 어문 규정, 실생활에서 자주 틀리는 어문 규정 등을 정리하여 학습한다. 국립국어원 사이트(www.korean.go.kr)를 활용하면 효과적이다.
  – 어문 규정을 숙지하는 것을 기본으로, 실생활 적용 사례를 많이 보고 또 자신이 예문을 만들어 연습하는 것도 좋은 학습 방법 중 하나이다.

3 대표유형

다음 ㉠～㉤ 중 어법상 옳은 것은?

오늘날 여성들은 지나치게 ㉠ <u>얇은</u> 허리와 팔, 다리를 선호하고 있어, 과도한 다이어트가 사회적 문제로 떠오르고 있다. 심지어 온라인상에서는 특정 식품만 섭취하여 ㉡ <u>몇일</u> 만에 5kg 이상을 뺄 수 있다는 이른바 '원푸드 다이어트'가 유행하고 있으며, 몇몇 여성들은 어떤 제품이 다이어트 효과가 좋다고 소문만 나면 ㉢ <u>서슴치</u> 않고 검증되지 않은 다이어트약을 사서 복용하기도 한다. 그러나 무리한 다이어트는 영양실조 등으로 이어져 건강을 악화시키며, 오히려 요요현상을 부추겨 이전 몸무게로 되돌아가거나 심지어 이전 몸무게보다 체중이 더 불어나게 만들기도 한다. 전문가들은 무리하게 음식 섭취를 줄이는 대신 생활 속에서 운동량을 조금씩 ㉣ <u>늘여</u> 열량을 소모할 것과, 무작정 유행하는 다이어트법을 따라할 것이 아니라 자신의 컨디션과 체질에 ㉤ <u>알맞은</u> 다이어트 방법을 찾을 것을 권하고 있다.

① ㉠

② ㉡

③ ㉢

④ ㉣

⑤ ㉤

4 정답 및 해설

해설

'알맞다'는 '일정한 기준이나 조건, 정도 따위에 넘치거나 모자라지 않다.'라는 의미의 형용사이므로, 어간 '알맞-'에 '-는'이 아닌 '-은'이 붙어야 한다.

오답분석

① 얇은 허리와 팔, 다리 → 가는 허리와 팔, 다리

　　허리 · 다리 · 몸통 등 가늘고 긴 물체의 둘레나 너비, 부피 등과 관련하여서는 '가늘다'가 쓰여야 한다.

② 몇일 → 며칠

　　어원이 분명하지 아니한 것은 원형을 밝히어 적지 아니하므로(한글맞춤법 제27항 붙임 2), '몇일'이 아닌 '며칠'이 되어야 한다.

③ 서슴치 → 서슴지

　　ⓒ의 기본형은 '서슴다'로, 본래 '하'가 없는 말이다. 따라서 어간 '서슴-'에 어미 '-지'가 붙어 '서슴지'가 되어야 한다.

④ 늘여 → 늘려

　　'본래보다 많거나 크게 하다'라는 의미의 동사는 '늘리다'이다.

5 실전 노하우!

❶ 밑줄 친 부분의 오류를 중점으로 주어, 목적어 등을 통해 확인해야 하는 어법을 체크한다.

　　① 얇은 허리와 팔, 다리 / 가는 허리와 팔, 다리 : 의미상의 오류 확인

　　② 몇일 / 며칠 : 어법상의 오류 확인

　　③ 서슴치 / 서슴지 : 어법상의 오류 확인

　　④ 운동량을 늘여 / 운동량을 늘려 : 의미상의 오류 확인

　　⑤ 알맞은 / 알맞는 : 어법상의 오류 확인

❷ 오류에 대해 확인해가며 문제를 해결한다.

　　① 의미상의 오류(○), 허리, 팔, 다리를 주어로 할 때는 '가늘다'를 써야 한다.

　　② 어법상의 오류(○), 한글맞춤법상 '며칠'을 써야 한다.

　　③ 어법상의 오류(○), 기본형 '서슴다'에 '-지'가 붙으면 '서슴지'가 된다.

　　④ 의미상의 오류(○), 운동량을 주어로 할 때는 '본래보다 많이 하다.'는 의미의 '늘려'를 써야 한다 ('늘이다'는 '본래보다 더 길어지게 하다.'라는 의미).

　　⑤ 어법상의 오류 없음(×)

1 유형특징

문법에 어긋난 어휘들을 구별하고 바른 어휘를 쓸 수 있는지 묻는 유형으로, 기업에 따라 맞춤법과 함께 출제되기도 하며, 표준발음, 준말, 순우리말, 한자어 유형 등이 이에 포함된다.

2 학습전략

• 일상에서 자신이 잘못 알고 있었던 어휘나 표현은 지나치지 말고 정리하여 숙지한다.
　예 익숙하지만 틀리기 쉬운 외래어, 혼동하기 쉬운 순우리말&한자어 등
　– 시간을 할애해서 공부하는 학습법보다는, 일상에서 자신이 잘못 알고 있었던 어휘나 표현을 자연스럽게 정리하고 숙지하는 것이 효율적이다.
• 독서와 신문읽기를 꾸준히 한다.
　– 어휘 / 어법의 핵심은 얼마나 많은 어휘를 아느냐이다. 꾸준한 독서와 신문 읽기는 어휘력 향상은 물론, 독해력도 향상시킬 수 있기에 일거양득의 효과를 볼 수 있다.
• 많은 문제를 풀어보며 실전 감각을 익힌다.
　– 많은 어휘를 알고 있다 하더라도, 응용된 문제에서는 당황할 수 있다. 따라서 반드시 실제 시험을 치기 전 문제로써 접하여 실전감각을 익힌다.

3 실전전략

• 눈에 보이는 확실한 오답을 단계별로 제거하는 방식으로 문제를 접근한다.
　– 어휘를 아는 경우 : 선택지를 비교하며 확실한 오답을 찾는다.
　– 어휘를 모르는 경우 : 눈에 보이는 확실한 오답을 체크하며 정답을 찾는다.

4 대표유형

다음 중 표준어인 것을 모두 고르면?

| ㉠ 광우리 | ㉡ 덩쿨 | ㉢ 신기롭다 | ㉣ 우레 |
| ㉤ 또아리 | ㉥ 켸켸묵다 | ㉦ 봉숭아 | ㉧ 애닲다 |

① ㉠, ㉡, ㉤　　　　　　　　　② ㉠, ㉣, ㉧
③ ㉢, ㉣, ㉦　　　　　　　　　④ ㉢, ㉣, ㉧
⑤ ㉤, ㉥, ㉦

PART 1

5 정답 및 해설

정답 ③

해설

㉢ 신기롭다(○) / 신기스럽다(×)
㉣ 우레(○) / 천둥(○) – 복수표준어
㉦ 봉숭아(○) / 봉선화(○) / 봉숭화(×)

오답분석

㉠ 광우리(×) → 광주리(○)
㉡ 덩쿨(×) → 넝쿨 / 덩굴(○)
㉤ 또아리(×) → 똬리(○)
㉥ 켸켸묵다(×) → 케케묵다(○)
㉧ 애닲다(×) → 애달프다(○)

6 실전 노하우!

❶ 제시문의 확실한 오답을 선택지에서 제거하면서 문제를 풀어나간다.
　문제 조건상 선택지의 한 단어라도 표준어가 아니면 정답이 되지 않으므로, 평소 들어본 단어 중 생소한 것을 먼저 제거해 나가며, 아는 표준어를 기준으로 문제를 해결해 나간다.
　㉠ 광우리 → 광주리, ㉤ 또아리 → 똬리, ㉥ 켸켸묵다 → 케케묵다

❷ 남은 선택지(③, ④) 중 헷갈리는 단어를 함께 적으며 확인해 본다.
　㉦ 봉숭아 / 봉선화·봉숭화, ㉧ 애닲다 / 애달프다
　㉦의 '봉숭아'가 표준어인지는 확실히 알지 못하지만, '애닲다'는 고어의 잔재로 활용형이 사용되지 않아 비표준어가 확실하므로 정답은 ③이 된다.

CHAPTER 01 어휘 / 어법 · **15**

1 유형특징

관용어, 속담, 한자성어 등 관용적 표현의 의미를 정확하게 알고, 이를 적절하게 활용할 수 있는지를 평가하기 위한 유형이다. 다른 영역과 결합하여 출제되는 기업과 단독 유형으로 출제되는 기업이 있다.

2 학습전략

- 관용어는 문장이나 상황 속에서 의미를 유추하는 연습을 한다.
  - 관용어는 사전적 의미와 관계없이 두 단어의 결합으로 새로운 의미를 형성한다. 따라서 정확한 뜻을 아는 것도 중요하지만, 모르는 관용어라도 문장이나 상황 속에서 유추하는 연습을 해야 한다.
- 속담은 뜻, 유래, 상황별 적용 등으로 나누어 학습한다.
  - 속담 유형은 표면적인 뜻을 묻는 유형이 아닌, 사고력을 요하는 문제가 나온다. 따라서 상황과 성격에 맞는 속담 등을 복합적으로 학습해야 한다.
- 한자성어는 한 번 이상 출제된 한자어ㆍ한자성어를 적극 활용한다.
  - 높은 난도의 한자를 요구하는 문제가 아니기 때문에 출제빈도가 높은 한자성어나 틀리기 쉬운 한자성어 등을 정리하여 학습하는 것이 더 효과적이다. 또한 최근에는 기본형을 응용하여 출제하기 때문에 뜻과 음만 암기하는 것보다는 관용어, 속담과 함께 공부하는 것이 더 효과적이다.

합격더하기

- 응용 유형을 위해 관용어ㆍ속담ㆍ한자성어를 따로 또 함께 공부할 것
- 채용 홈페이지의 자료를 적극 활용할 것
  - 채용 홈페이지에 한자와 예제 문제를 올려놓은 경우도 있다.
    영역을 따로 빼놓은 기업들이 출제하는 한자 문제 유형에는 조금 차이가 있을 수 있지만, 단계별 한자는 한자에 대한 지식이 전혀 없는 지원자들이 기초다지기로 활용하기에 좋다.

3 실전전략

- 대부분의 속담 문제는 제시된 지문에 적합한 문제를 찾는 유형으로 출제된다.
  - 속담의 뜻을 아는 것도 중요하지만, 지문의 주제가 무엇을 말하고 있는지 파악하는 것도 중요하다. 우선 선택지의 속담 뜻을 확인한 다음, 지문의 주제와 유사한 것을 빠르게 찾아내도록 한다.

PART 1

4 대표유형

다음 글의 내용에 어울리는 속담으로 가장 적절한 것은?

> 최근 러시아에서는 공무원들의 근무 태만을 감시하기 위해 공무원들에게 감지기를 부착시켜 놓고 인공위성 추적 시스템을 도입하는 방안을 둘러싸고 논란이 일고 있다. 전자 감시 기술은 인간의 신체 속에까지 파고 들어갈 만반의 준비를 하고 있다. 어린아이의 몸에 감시 장치를 내장하면 아이의 안전을 염려할 필요는 없겠 지만, 그게 과연 좋기만 한 것인지, 또 그 기술이 다른 좋지 않은 목적에 사용될 위험은 없는 것인지 따져볼 일이다. 감시를 위한 것이 아니라 하더라도 전자 기술에 의한 정보의 집적은 언제든 개인의 프라이버시를 위협할 수 있다.

① 사공이 많으면 배가 산으로 간다.
② 새가 오래 머물면 반드시 화살을 맞는다.
③ 쇠뿔은 단김에 빼랬다.
④ 일곱 번 재고 천을 째라.
⑤ 달걀에도 뼈가 있다.

5 정답 및 해설

정답 ④

해설

제시문은 모든 일에는 신중해야 한다는 주제를 담은 글이다. 이를 가장 잘 설명하는 속담은 무슨 일이든 낭패를 보지 않기 위해서는 신중하게 생각하여 행동해야 함을 이르는 말인 '일곱 번 재고 천을 째라.'이다.

오답분석
① 사공이 많으면 배가 산으로 간다. : 주관하는 사람 없이 여러 사람이 자기주장만 내세우면 일이 제대로 되기 어려움을 이르는 말
② 새가 오래 머물면 반드시 화살을 맞는다. : 편하고 이로운 곳에 오래 머물며 안일함에 빠지면 반드시 화를 당함을 이르는 말
③ 쇠뿔은 단김에 빼랬다. : 어떤 일이든지 하려고 생각했으면 한창 열이 올랐을 때 망설이지 말고 곧 행동으로 옮겨야 함을 이르는 말
⑤ 달걀에도 뼈가 있다. : 늘 일이 잘 안 되던 사람이 모처럼 좋은 기회를 만났지만, 그 일마저 역시 잘 되지 않음을 이르는 말

6 실전 노하우!

❶ 먼저 선택지를 확인하여 어떤 속담이 있는지와 그 의미를 간략하게 확인한다.

① 사공이 많으면 배가 산으로 간다. : 너무 많은 사람이 함께 뭔가를 하려 하면 일이 엉망이 됨

② 새가 오래 머물면 반드시 화살을 맞는다. : 안일하게 오래 있으면 화를 당함

③ 쇠뿔은 단김에 빼랬다. : 하려고 했을 때 곧바로 실행해야 함

④ 일곱 번 재고 천을 째라. : 신중하게 행동해야 함

⑤ 달걀에도 뼈가 있다. : 좋은 기회를 만났지만 그마저도 잘 안 됨

❷ 제시된 지문을 읽으면서 중심 내용을 확인하여, 이에 적절한 속담을 찾는다.

• 중심 내용 : 전자 감시 기술에 따른 장단점 등을 잘 파악하여야 한다. → 전자 감시 기술에 대한 신중한 고려가 필요 → '일곱 번 재고 천을 째라.'와 의미가 일치

합격더하기

관용어 중에는 신체와 관련된 표현이 많다. 신체 어휘가 다양한 내포적 의미를 가지면서 은유적 활용의 모습으로 쉽게 나타날 수 있기 때문이다.

01 다음 중 〈보기〉의 단어를 모두 포괄할 수 있는 단어는?

> **보기**
>
> 극복하다   승리하다   이기다   억누르다   반죽하다

① 억누르다   ② 승리하다
③ 반죽하다   ④ 이기다
⑤ 극복하다

02 다음 중 밑줄 친 부분의 의미가 다른 것은?

① 고혈압 환자는 우유나 곡류, 야채류 등으로 식단을 <u>짜는</u> 것이 좋다.
② 외삼촌은 학교에서 책상 <u>짜는</u> 법을 배웠다고 한다.
③ 친구들이 여행 계획을 <u>짜는</u> 동안 나는 장을 보러 갔다.
④ 그는 이번 사업에서 예산을 <u>짜는</u> 등 자금 관리를 맡고 있다.
⑤ 감독은 대표팀을 우승으로 이끌기 위해 새로운 전략을 <u>짰다</u>.

03 다음 중 밑줄 친 단어와 반대되는 의미를 가진 것은?

> 세계는 사물의 <u>총체</u>가 아니라 사건의 총체이다.

① 전체(全體)   ② 개체(個體)
③ 별개(別個)   ④ 유별(有別)
⑤ 일반(一般)

04 다음 중 밑줄 친 단어와 같거나 유사한 의미를 가진 것은?

> 말들은 떠다닌다, 모든 틈새로, <u>간극</u>으로, 미끄러지듯, 유영하며, 떠다니는 말꼬리를 붙잡고.

① 간헐   ② 극간

③ 간조   ④ 간섭

⑤ 간과

05 다음 단어와 반대되는 의미를 가진 것은?

> 취약하다

① 유약하다   ② 유연하다

③ 취합하다   ④ 강인하다

⑤ 촉진하다

06 다음 단어와 같거나 유사한 의미를 가진 것은?

> 한둔

① 하숙   ② 숙박

③ 투숙   ④ 노숙

⑤ 야영

07 다음 중 밑줄 친 단어와 같은 의미로 사용된 것은?

> 음악가는 언어라는 매개를 **통하지** 않고 작곡을 하여 어떤 생각이나 사상을 표현하며, 조각가는 언어 없이 조형을 한다.

① 그의 주장은 앞뒤가 잘 **통하지** 않는다.
② 바람이 잘 **통하는** 곳에 빨래를 널어야 잘 마른다.
③ 그 시상식은 텔레비전을 **통해** 전국에 중계되었다.
④ 청소년들은 기성세대와 말이 **통하지** 않는다고 말한다.
⑤ 부부는 어떤 일을 하든 서로 뜻이 잘 **통해야** 한다.

08 다음 중 밑줄 친 부분이 어법상 옳은 것은?

① 요즈음 <u>어떻게</u> 공부하고 있어?
② 저작권 문제에 대해 <u>어떡해</u> 생각하니?
③ 오늘밤 집에 혼자 있는데 <u>어떻게</u>.
④ 이 일을 <u>어떡해</u> 처리하지?
⑤ 숙소까지 <u>어떡해</u> 찾아갈까?

09 다음 중 밑줄 친 부분의 띄어쓰기가 모두 옳은 것은?

① 그를 <u>만난지도</u> 꽤 오래됐다. 대학 때 만났으니 올해로 <u>3년 째다.</u>
② 그녀는 <u>공부 밖에</u> 모르는 사람이지만 <u>한 번</u> 놀 때는 누구보다도 열심히 논다.
③ 편지글에 <u>나타 난</u> 선생님의 견해는 암기 위주의 공부 방법은 <u>안된다는</u> 것이다.
④ 이제 남은 것은 오직 배신뿐이라는 내 말에 그는 <u>어찌할 바를</u> 모르고 쩔쩔맸다.
⑤ 드실 수 <u>있는만큼만</u> 가져가 주십시오. 음식을 남기지 않고 드신 <u>고객님 께는</u> 저희 매장에서 마련한 타월을 드리겠습니다.

10 다음 중 밑줄 친 단어의 의미가 서로 비슷한 것을 모두 고르면?

ㄱ. 다른 사람을 배려하는 윤아의 모습이 참 <u>예뻐</u> 보였다.
ㄴ. 여기저기 눈치를 살피는 그의 모습이 도무지 <u>미쁘게</u> 보이지 않는다.
ㄷ. 주어진 모든 일에 성실한 민우는 정말 <u>믿음직해</u> 보인다.
ㄹ. 크게 숨을 들이마시고, 마음을 <u>굳세게</u> 먹은 채 시험장으로 들어섰다.
ㅁ. 그런 <u>실답지</u> 않은 말 그만두고 들어가서 공부나 해라.
ㅂ. 얼핏 보기에 <u>미약해</u> 보이는 힘도 모이면 세상을 바꿀 수 있다.

① ㄱ, ㄴ, ㄷ   ② ㄱ, ㄷ, ㄹ
③ ㄴ, ㄷ, ㅁ   ④ ㄷ, ㅁ, ㅂ
⑤ ㄹ, ㅁ, ㅂ

11 다음 중 제시된 문장에서 사용되지 않는 단어는?

• 그녀의 _____은 언제나 기발하고 참신했다.
• 조직 개편안은 _____ 단계일 뿐 그 실현 여부는 아직 불투명하다.
• 항상 대책을 _____하는 덕분에 문제가 발생해도 막힘없이 해결해 왔다.
• 컴퓨터는 계산기의 필요성에 대한 _____에서 발전되었다.

① 착상   ② 입안
③ 고안   ④ 구상
⑤ 발상

12 다음 중 빈칸에 공통으로 들어갈 단어로 가장 적절한 것은?

• 돼지를 _____   • 도랑을 _____
• 사군자를 _____   • 술을 _____

① 잡다   ② 놓다
③ 치다   ④ 붓다
⑤ 입다

13 다음 중 빈칸 ㉠∼㉣에 들어갈 단어를 순서대로 바르게 나열한 것은?

> 대중이 급부상한 두 번째 이유는 문명의 ___㉠___ 에 있다. 정치사상에 대한 것이든, 과학기술에 대한 것이든 지금껏 문명은 꾸준히 발달해왔다. 자유, 평등의 이념을 바탕으로 ___㉡___ 한 사유를 전개하여 만들어 낸 근대 정치사상과 자연에 대한 치밀한 탐구를 통해 발견해낸 자연과학적 원리들은 대중의 삶에 ___㉢___ 영향을 미쳤다. 그런데 여기서 문제는 대중이 자신들의 삶이 ___㉣___ 누리게 된 생활 편의를 아주 당연한 것으로 여기게 되었다는 데 있다.

① 퇴보 – 치열 – 긍정적인 – 갑자기
② 퇴보 – 안일 – 긍정적인 – 서서히
③ 퇴보 – 치열 – 부정적인 – 서서히
④ 발달 – 치열 – 긍정적인 – 갑자기
⑤ 발달 – 안일 – 부정적인 – 갑자기

14 다음 글의 빈칸에 들어갈 단어를 〈보기〉에서 골라 바르게 짝지은 것은?

> 인플루엔자는 흔히 고열, 오한, 두통, 근육통 또는 피로감과 같은 전신증상과 함께 기침, 인후통과 같은 호흡기 증상의 갑작스러운 시작을 특징으로 하는 급성 열성 호흡기질환이다. 특히 겨울철에 흔한 여러 가지 호흡기 바이러스에 의한 일반적인 감기와 증상이 매우 유사하기 때문에 ___(가)___ 진단이 어렵다. 하지만 인플루엔자와 감기는 다른 질환이고, 감기와 달리 치명적인 합병증을 ___(나)___ 할 수 있으며, 항바이러스 치료제와 효과적인 백신 사용이 가능하기 때문에 진단이 필요하다. 임상적으로 중요한 점은 감기와 달리 인플루엔자는 갑작스럽게 시작되기 때문에 고열이 시작된 시점을 정확하게 기억할 수 있다는 것이다. 이에 비해 감기는 미열이 서서히 시작되기 때문에 정확하게 증상이 시작된 시각을 잘 기억하지 못한다. 또한 인플루엔자는 두통, 피로감, 근육통 및 관절통 등 ___(다)___ 심한 몸살이라고 표현하는 전신 ___(라)___ 이/가 뚜렷하여 일상생활이 불가능할 정도이다.

보기

| ㉠ 감별 | ㉡ 변별 | ㉢ 유추 | ㉣ 유발 | ㉤ 소위 | ㉥ 특히 | ㉦ 증상 | ㉧ 상징 |

	(가)	(나)	(다)	(라)
①	㉠	㉢	㉤	㉦
②	㉠	㉢	㉤	㉧
③	㉠	㉣	㉤	㉦
④	㉡	㉣	㉥	㉦
⑤	㉡	㉣	㉥	㉧

15 〈보기〉는 표준어 규정 중의 일부이다. 다음 중 ㄱ ~ ㅁ에 대한 구체적 예시 자료로 적절하지 않은 것은?

> **보기**
>
> ㄱ. 기술자에게는 '-장이', 그 외에는 '-쟁이'가 붙는 형태를 표준어로 삼는다.
> ㄴ. 준말이 널리 쓰이고 본말이 잘 쓰이지 않는 경우에는, 준말만을 표준어로 삼는다.
> ㄷ. 어원에서 멀어진 형태로 굳어져서 널리 쓰이는 단어는, 그것을 표준어로 삼는다.
> ㄹ. 양성 모음이 음성 모음으로 바뀌어 굳어진 단어는 음성 모음 형태를 표준어로 삼는다.
> ㅁ. '웃-' 및 '윗-'은 명사 '위'에 맞추어 '윗-'으로 통일하지만, '아래, 위'의 대립이 없는 단어는 '웃-'으로 발음되는 형태를 표준어로 삼는다.

① ㄱ : '소금쟁이'를 표준어로 삼고, '소금장이'를 버림
② ㄴ : '솔개'를 표준어로 삼고, '소리개'를 버림
③ ㄷ : '사글세'를 표준어로 삼고, '삭월세'를 버림
④ ㄹ : '깡충깡충'을 표준어로 삼고, '깡총깡총'을 버림
⑤ ㅁ : '웃도리'를 표준어로 삼고, '윗도리'를 버림

16 〈보기〉는 '꽃나무'의 음운 변동과 관련된 설명이다. 다음 중 제시된 단어의 발음 표기가 잘못된 것은?

> **보기**
>
> 자음과 자음이 만나면, 서로 영향을 주고받아 한쪽이나 양쪽 모두 비슷한 소리로 바뀌는 경우가 있다. 이를 가리켜 자음동화(子音同化)라 한다. 가령, 꽃나무에서 '꽃'의 받침인 'ㅊ' 소리가 다음에 이어지는 '나무'의 'ㄴ' 앞에서 / ㄴ / 소리로 변하여 [꼰나무]로 발음되는 경우가 이러한 예에 해당한다.

① 칼날 → [칼랄]
② 부엌문 → [부엉문]
③ 건강 → [겅강]
④ 왕십리 → [왕심니]
⑤ 빗면 → [빈면]

17 다음 글의 내용에 어울리는 한자성어로 가장 적절한 것은?

> 부채위기를 해결하겠다고 나선 유럽 국가들의 움직임이 당장 눈앞에 닥친 위기 상황을 모면하려는 미봉책이라서 안타깝다. 유럽중앙은행(ECB)의 대차대조표에서 명백한 정황이 드러난다. ECB에 따르면 지난해 말 대차대조표가 2조 730억 유로를 기록해 사상 최고치를 기록했다. 3개월 전에 비해 5,530억 유로 늘어난 수치이다. 문제는 ECB의 장부가 대폭 부풀어 오른 배경이다. 유로존 주변국의 중앙은행은 채권을 발행해 이를 담보로 ECB에서 자금을 조달한다. 이렇게 ECB의 자금을 손에 넣은 중앙은행은 정부가 발행한 국채를 사들인다. 금융시장에서 '팔기 힘든' 국채를 소화하기 위한 임기응변인 셈이다.

① 피발영관(被髮纓冠) ② 탄주지어(呑舟之魚)
③ 양상군자(梁上君子) ④ 배반낭자(杯盤狼藉)
⑤ 하석상대(下石上臺)

18 다음 중 단어의 발음이 바르게 표기된 것은?

① 공권력[공꿘녁] ② 입원료[입원뇨]
③ 물난리[물난리] ④ 광한루[광 : 한누]
⑤ 이원론[이 : 월론]

19 다음 중 밑줄 친 말의 쓰임이 적절하지 않은 것은?

① 큰일이 닥쳤을 때 침착한 사람과 <u>겅둥겅둥</u>하는 사람이 있다.
② 여름이 되자 포도나무에 포도가 <u>알음알음</u> 열렸다.
③ 빨랫줄에 널어놓은 차렵이불이 <u>너붓너붓</u> 펄럭인다.
④ 작은 것까지 <u>옴니암니</u> 따지는 사람은 약간 피곤하다.
⑤ 주머니에서 꺼낸 지폐가 <u>고깃고깃</u> 구겨져 있다.

20 다음 중 빈칸에 들어갈 단어로 가장 적절한 것은?

법률의 _____은/는 법률안의 제안, 의결, 공포의 절차를 밟아서 이루어진다.

① 제시
② 제정
③ 재직
④ 재고
⑤ 제청

21 다음 중 ㉠~㉢에 들어갈 단어의 표기가 옳은 것끼리 연결한 것은?

- 성준이는 수업 시간에 ㉠ 딴생각 / 딴 생각을 많이 하는 편이다.
- 그는 내가 ㉡ 사사받은 / 사사한 교수님이다.
- 궂은 날씨로 인해 기대했던 약속이 ㉢ 파토 / 파투 났다.

	㉠	㉡	㉢
①	딴생각	사사받은	파토
②	딴생각	사사한	파투
③	딴 생각	사사받은	파토
④	딴 생각	사사받은	파투
⑤	딴 생각	사사한	파투

22 다음 중 밑줄 친 단어의 의미와 유사한 것은?

흑사병은 페스트균에 의해 발생하는 급성 열성 감염병으로, 쥐에 기생하는 벼룩에 의해 사람에게 전파된다. 국가위생건강위원회와 자료에 따르면 중국에서는 최근에도 간헐적으로 흑사병 확진 판정이 나온 바 있다. 지난 2014년에는 중국 북서부에서 38살의 남성이 흑사병으로 목숨을 잃었으며, 2016년과 2017년에도 각각 1건씩 발병 사례가 확인됐다.

① 근근이
② 자못
③ 이따금
④ 빈번히
⑤ 흔히

23 다음 글의 밑줄 친 단어와 같은 의미로 쓰인 것은?

> ○○공사에서 근무하는 김과장은 올해 60세가 되어 정년퇴직을 준비하고 있다. 김과장은 인생의 전환점을 <u>맞이하여</u> 은퇴 후에 아내와 함께 귀농할 수 있도록 농사와 관련된 전문 서적을 찾아 읽거나 귀농인들을 위한 사이트에 가입하여 여러 정보를 모으고 있다.

① 그들은 우리를 반갑게 <u>맞아</u> 주었다.
② 그들은 자신의 목숨이 다하도록 적군을 <u>맞아</u> 싸웠다.
③ 그 신문은 창간 7주년을 <u>맞아</u> 푸짐한 사은품을 준비했다.
④ 이번 학기에도 학사 경고를 <u>맞으면</u> 퇴학이다.
⑤ 갑자기 쏟아진 우박을 <u>맞아</u> 배추들이 모조리 주저앉아 있었다.

※ 다음 중 밑줄 친 말의 뜻풀이로 가장 적절한 것을 고르시오. **[24~25]**

24

> 김대리는 그동안 아무에게도 말하지 못했던 불우한 어린 시절을 떠올리며 어렵게 <u>입을 열었다</u>.

① 밥을 먹다.   ② 마음을 열다.
③ 숨을 쉬다.   ④ 이야기를 하다.
⑤ 말을 퍼뜨리다.

25

> 전쟁 직후 국가가 나아갈 방향에 대해 다양한 사상과 이념이 <u>각축하고</u> 있었다.

① 이리저리 관련이 되다.
② 요구하거나 반항하느라 맞서서 달려들다.
③ 좁은 공간에 많은 사람이나 자동차 따위가 들끓다.
④ 남에게 돈을 주거나 일을 도와주어서 혜택을 받게 하다.
⑤ 서로 이기려고 다투며 덤벼들다.

CHAPTER 02

글의 구조

유형특징

❑ 글의 구조는 크게 두 유형으로 나눠진다.
  – 개요 작성 유형 : 내용수정 / 개요수정
  – 논리에 맞게 배치하는 유형 : 나열하기 / 빈칸추론 / 문장삽입 / 도식화하기
❑ 유형 속에서 세부 유형별 문제 형태는 다르지만, 지원자가 문제를 풀기 위해 요구되는 문제해결능력
  (단락의 유기적 연관성 파악, 글의 전체적인 흐름 파악 등)은 유사하다.

합격 TIP

• 일상생활 속 글도 그냥 지나치지 말 것!
  '개요수정' 소재는 기획안, 보고서 등의 실용문이 있고, 일상생활 속 공고문, 광고문, 쉽게는 채용
  공고문 등도 '개요수정' 유형의 글의 소재가 될 수 있다. 따라서 일상생활 속에서 접하는 글도
  그냥 지나치지 말고, 주제, 핵심어 등을 생각하며 읽어본다.

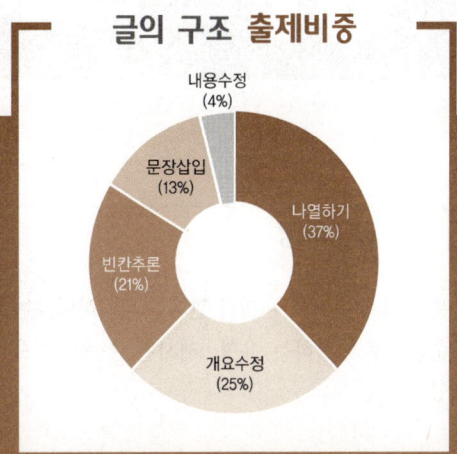

글의 구조 출제비중

- 나열하기 (37%)
- 개요수정 (25%)
- 빈칸추론 (21%)
- 문장삽입 (13%)
- 내용수정 (4%)

기업별 출제 세부 유형

구분	나열하기	문장삽입	도식화하기	빈칸추론	개요수정	내용수정
삼성	○					
LG	○			○		
SK	○	○		○		
CJ	○	○		○		
롯데	○	○		○	○	○
포스코	○	○		○		
KT	○				○	
이랜드	○	○		○		
두산	○	○		○	○	○
현대자동차	○	○		○		
삼양						
GS						
오뚜기						
효성	○			○		
LX	○			○		
KCC	○	○		○		
S-OIL	○			○		
샘표식품	○	○		○		
엔씨소프트						
현대백화점	○	○		○		

1 유형특징

문단 혹은 문장의 논리적 관계를 파악하여, 순서에 따라 일관된 흐름으로 나열하는 유형이다. 주어진 문장을 순서대로 나열하는 유형, 제시된 글 뒷부분을 나열하는 유형, 지문의 본론 가운데를 나열하는 유형 등이 있다.

2 학습전략

• 단락별 핵심어와 중심 문장을 정리한 후, 이를 바탕으로 문단을 논리적으로 나열한다.
• 자신이 나열한 순서대로 글을 전체적으로 한 번 읽어보며 글의 유기적인 흐름을 정리한다. 이때, 자신이 생각한 흐름과 글 전체의 흐름이 일치하는지 반드시 확인해야 한다.

> **합격더하기**
> 문제의 정답과 오답을 확인하고 그치는 것이 아니라, 핵심어 찾기 → 문단별 중심 문장 찾기 → 전체 주제 찾기 순서로 글을 전체적으로 한 번 더 읽으면서 사고력을 키운다.

3 실전전략

• 선택지를 통해 첫 번째로 오는 것을 확인하고 문맥상 적절한 것을 추려낸다.
• 접속어, 지시대명사, 순서를 가리키는 단어 등이 포함된 문단이 있는지 체크한다. 접속어가 없는 경우, 각 문단의 첫 문장이나 핵심어를 통해 문단 순서를 유추한다.

> **합격더하기**
> 일반적으로 지문의 핵심적인 내용은 맨 앞 또는 맨 뒤에 나온다. 따라서 각 문단의 앞부분과 뒷부분을 통해 문단의 핵심 내용과 위치를 유추한다.

4 대표유형

다음 문단을 논리적 순서대로 바르게 나열한 것은?

> (가) 논리 실증주의자와 포퍼는 지식을 수학 지식이나 논리학 지식처럼 경험과 무관한 것과 과학적 지식처럼 경험에 의존하는 것으로 구분한다. 그 과학적 지식은 과학적 방법에 의해 누적된다고 주장하며, 가설이 과학적 지식의 후보가 된다고 보았다.
>
> (나) 하지만 콰인은 가설만 가지고서 예측을 논리적으로 도출할 수 없다고 본다. 예를 들어 '새로 발견된 금속 M은 열을 받으면 팽창한다'는 가설만 가지고는 열을 받은 M이 팽창할 것이라는 예측을 이끌어낼 수 없다. 먼저 지금까지 관찰한 모든 금속은 열을 받으면 팽창한다는 기존의 지식과 M에 열을 가했다는 조건 등이 필요하다는 것이다.
>
> (다) 그들은 가설로부터 논리적으로 도출된 예측을 관찰이나 실험 등의 경험을 통해 맞는지 틀리는지 판단함으로써 그 가설을 시험하는 과학적 방법을 제시한다. 논리 실증주의자는 예측이 맞을 경우에, 포퍼는 예측이 틀리지 않는 한, 그 예측을 도출한 가설이 하나씩 새로운 지식으로 추가된다고 주장한다.
>
> (라) 이렇게 예측은 가설, 기존의 지식, 여러 조건 등을 모두 합쳐야만 논리적으로 도출된다는 것이다. 그러므로 예측이 거짓으로 밝혀지면 정확히 무엇 때문에 예측에 실패한 것인지 알 수 없다는 것이다. 이로부터 콰인은 개별 가설뿐만 아니라 기존의 지식과 여러 조건 등을 모두 포함하는 전체 지식이 경험을 통한 시험의 대상이 된다는 총체주의를 제안한다.

① (가) – (나) – (라) – (다)
② (가) – (다) – (나) – (라)
③ (나) – (다) – (라) – (가)
④ (나) – (라) – (다) – (가)
⑤ (다) – (라) – (가) – (나)

5 정답 및 해설

정답 ②

해설

먼저 지식에 대한 논리 실증주의자와 포퍼의 의견을 제시하는 (가) 문단이 오는 것이 적절하며, 이들의 가설을 판단하는 과학적 방법에 대한 (다) 문단이 그 뒤에 와야 한다. 이어서 논리 실증주의자와 포퍼와 달리 가설만 가지고는 예측을 도출할 수 없다는 콰인의 주장에 대해 설명하는 (나) 문단이 오는 것이 이어지고, 마지막으로는 이를 통한 콰인의 총체주의적 입장을 정리한 (라) 문단이 오는 것이 적절하다.

❶ 선택지를 통해 첫 문단을 확인하고 해당하는 것을 추려낸다.

선택지를 통해 (가), (나), (다) 중에 첫 문단이 있음을 알 수 있다. 이 중 (나)는 '하지만'이라는 접속어가, (다)는 문두에 '그들'이라는 지시어가 각각 문두에 존재하므로 첫 문단이 될 수 없다. 따라서 첫 문단은 (가)이다.

❷ 접속어, 지시대명사, 순서를 가리키는 단어 등이 포함된 문단이 있는지 체크한다. 접속어가 없는 경우, 각 문단의 첫 문장이나 핵심어 등을 통해 문단 순서를 유추해 나간다.

위의 1을 통해 (가)로 글이 시작되는 것을 알 수 있으므로, ①과 ②의 순서를 확인해 본다. (라)는 '이렇게'라는 지시어로 앞 문단의 내용을 잇고 있는데, 내용상 콰인의 총체주의적 입장을 설명하고 있으므로 이와 상반되는 내용인 (가)의 뒤에 위치할 수 없다. 따라서 논리적 실증주의자와 포퍼의 입장을 보충 설명하는 (다), 역접 기능의 접속어 '하지만'으로 이어지면서 가설만으로 예측을 논리적으로 도출할 수 있다는 논리적 실증주의자 및 포퍼에 반박한 콰인의 주장인 (나), 콰인의 총체주의적 입장에 대한 설명인 (라)가 순서대로 이어져야 한다.

1 유형특징

논리에 맞게 배치하는 유형으로 〈보기〉의 문장이 제시문에 들어갈 적당한 위치를 찾는 문제이다. 접속어나 특정 어휘를 통해 쉽게 찾을 수 있는 문제에서부터, 각 문단의 주제를 파악하면서 글의 흐름을 고려해야 하는 어려운 문제까지 다양한 유형으로 출제된다.

2 학습전략

- 문단별로 글의 요지를 찾아 읽는 연습을 한다.
- 자신이 유추한 위치와 실제의 위치가 맞는지 확인하고, 틀렸다면 왜 틀렸는지 오답 분석을 한다.

3 실전전략

- 주어진 〈보기〉를 분석하여 적절한 위치를 유추해본다.
  예 서론에 들어갈 문장, 결론 문장, 본문 내용 중 예문, 반론 등
- 각 문단의 요지를 파악한 후, 주어진 〈보기〉가 들어갈 곳을 찾는다.

다음 중 〈보기〉의 문장이 들어갈 위치로 가장 적절한 곳은?

탄수화물은 사람을 비롯한 동물이 생존하는 데 필수적인 에너지원이다. (가) 탄수화물은 섬유소와 비섬유소로 구분된다. 사람은 체내에서 합성한 효소를 이용하여 곡류의 녹말과 같은 비섬유소를 포도당으로 분해하고 이를 소장에서 흡수하여 에너지원으로 이용한다. (나) 소, 양, 사슴과 같은 반추동물도 섬유소를 분해하는 효소를 합성하지 못하는 것은 마찬가지이지만, 비섬유소와 섬유소를 모두 에너지원으로 이용하며 살아간다. (다) 위(胃)가 넷으로 나누어진 반추동물의 첫째 위인 반추위에는 여러 종류의 미생물이 서식하고 있다. 반추동물의 반추위에는 산소가 없는데, 이 환경에서 왕성하게 생장하는 반추위 미생물들은 다양한 생리적 특성이 있다. (라) 식물체에서 셀룰로스는 그것을 둘러싼 다른 물질과 복잡하게 얽혀 있는데, F가 가진 효소 복합체는 이 구조를 끊어 셀룰로스를 노출시킨 후 이를 포도당으로 분해한다. F는 이 포도당을 자신의 세포 내에서 대사 과정을 거쳐 에너지원으로 이용하여 생존을 유지하고 개체 수를 늘림으로써 생장한다. (마) 이런 대사 과정에서 아세트산, 숙신산 등이 대사 산물로 발생하고 이를 자신의 포 외부로 배출한다. 반추위에서 미생물들이 생성한 아세트산은 반추동물의 세포로 직접 흡수되어 생존에 필요한 에너지를 생성하는 데 주로 이용되고 체지방을 합성하는 데에도 쓰인다. (바)

보기

㉠ 반면, 사람은 풀이나 채소의 주성분인 셀룰로스와 같은 섬유소를 포도당으로 분해하는 효소를 합성하지 못하므로 섬유소를 소장에서 이용하지 못한다.
㉡ 그중 피브로박터 숙시노젠(F)은 섬유소를 분해하는 대표적인 미생물이다.

	㉠	㉡
①	(가)	(라)
②	(가)	(마)
③	(나)	(라)
④	(나)	(마)
⑤	(다)	(바)

---

5 정답 및 해설   정답 ③

해설

• ㉠의 '사람은 섬유소를 분해하는 효소를 합성하지 못한다.'라는 내용과 (나) 바로 뒤의 문장의 '반추동물도 섬유소를 분해하는 효소를 합성하지 못하는 것은 마찬가지'라는 내용으로 보아 ㉠의 적절한 위치는 (나)임을 알 수 있다.
• ㉡은 대표적인 섬유소 분해 미생물인 피브로박터 숙시노젠(F)을 소개하고 있으므로 피브로박터 숙시노젠을 설명하는 문장의 앞인 (라)에 위치해야 한다.

❶ 주어진 〈보기〉에서 중심이 되는 단어를 찾는다.
　㉠ 반면, 사람은 풀이나 채소의 주성분인 셀룰로스와 같은 섬유소를 포도당으로 분해하는 효소를 합성하
　　지 못하므로 섬유소를 소장에서 이용하지 못한다.
　㉡ 그중 피브로박터 숙시노젠(F)은 섬유소를 분해하는 대표적인 미생물이다.

❷ 〈보기〉의 중심 단어와 연결되는 내용을 제시문에서 찾는다.

> 탄수화물은 사람을 비롯한 동물이 생존하는 데 필수적인 에너지원이다. (가) 탄수화물은 섬유소와 비섬
> 유소로 구분된다. 사람은 체내에서 합성한 효소를 이용하여 곡류의 녹말과 같은 비섬유소를 포도당으로
> 분해하고 이를 소장에서 흡수하여 에너지원으로 이용한다. (나) 소, 양, 사슴과 같은 반추동물도 섬유소
> 를 분해하는 효소를 합성하지 못하는 것은 마찬가지이지만, 비섬유소와 섬유소를 모두 에너지원으로 이
> 용하며 살아간다. (다) 위(胃)가 넷으로 나누어진 반추동물의 첫째 위인 반추위에는 여러 종류의 미생물
> 이 서식하고 있다. 반추동물의 반추위에는 산소가 없는데, 이 환경에서 왕성하게 생장하는 반추위 미생
> 물들은 다양한 생리적 특성이 있다. (라) 식물체에서 셀룰로스는 그것을 둘러싼 다른 물질과 복잡하게
> 얽혀 있는데, F가 가진 효소 복합체는 이 구조를 끊어 셀룰로스를 노출시킨 후 이를 포도당으로 분해한
> 다. F는 이 포도당을 자신의 세포 내에서 대사 과정을 거쳐 에너지원으로 이용하여 생존을 유지하고
> 개체 수를 늘림으로써 생장한다. (마) 이런 대사 과정에서 아세트산, 숙신산 등이 대사 산물로 발생하고
> 이를 자신의 포 외부로 배출한다. 반추위에서 미생물들이 생성한 아세트산은 반추동물의 세포로 직접
> 흡수되어 생존에 필요한 에너지를 생성하는 데 주로 이용되고 체지방을 합성하는 데에도 쓰인다. (바)

이에 따라, ㉠의 적절한 위치는 (나), ㉡의 적절한 위치는 (라)임을 알 수 있다.

1 유형특징

나열하기와 함께 '논리에 맞게 배치하는 유형'이다. 나열하기가 글의 문맥에 맞게 단순히 나열하는 유형이라면, 도식화하기는 자연스러운 문맥의 흐름은 물론 글의 구조까지 파악해야 하기 때문에, 나열하기를 응용한 유형이라고 할 수 있다.

2 학습전략

• 글을 읽은 후 구조를 직접 그려가면서 제시문 전체의 구조에 대해 이해하는 연습을 한다.

> **합격더하기**
> 쉽게 말해 단락별 주제를 선정해 연결하며 읽는 연습이다. 글의 전체적인 흐름은 물론 논리 구조를 한눈에 파악하기 쉽다. 또한 제시문에서 찾아낸 개념도 잊어버리지 않기 때문에 정해진 시간 내에 독해 문제를 풀어야 하는 지원자들은 반드시 연습을 해야 한다.

3 실전전략

• 각 문단의 중심 화제 및 주제를 파악한다. 문단의 구분이 없는 글이라면, 글에서 자주 등장하는 핵심어를 파악하여 글을 구조화시킨다.

> **합격더하기**
> 도식화하기 유형은 서론 – 본론 – 결론의 형태로 글을 구조화하는 유형부터, 전체 문단을 세 부분으로 나누는 유형, 핵심어를 통해 글의 구조를 분석하는 유형 등 다양한 형태로 출제된다. 따라서 어떠한 형태가 나오더라도 당황하지 않도록 평소에 다양하게 글을 구조화하는 연습을 해야 한다.

4 대표유형

다음 글의 구조를 바르게 분석한 것은?

> ⊙ 역사 속에서 사건들이 진행해 나가는 거대한 도식 또는 규칙성을 인간이 발견할 수 있다는 생각은 분류, 연관, 예측의 측면에서 자연과학이 이룩한 성공에 깊은 인상을 받은 사람들을 자연스럽게 매혹시켰다.
>
> ⓛ 따라서 그들은 과학적 방법, 즉 형이상학적 또는 경험적 체계를 적용하여, 자기들이 보유하고 있는 확실한 사실 또는 사실상 확실한 지식의 섬을 기반으로 발진하였다. 이를 통해 과거 안에 있는 빈틈들을 메울 수 있도록 역사적 지식을 확장할 길을 구하였다.
>
> ⓒ 그들은 알려진 바에서 출발하여 알지 못했던 것을 주장하거나, 조금 아는 것을 기반으로 그보다 더 조금밖에 몰랐던 것에 대하여 주장하였다. 이 과정에서 여타 분야에서나 역사의 분야에서 많은 성취가 있었고 앞으로도 있으리라는 점에는 의문의 여지가 없다.
>
> ⓔ 그런데 어떤 전체적인 도식이나 규칙성의 발견이, 과거나 미래에 대한 특정 가설들의 탄생이나 증명에 얼마나 도움을 주는지 상관없이, 그 발상은 우리 시대의 관점을 결정하는 데에도 일정한 역할을 해왔고, 그 역할을 점점 더 강화해 나가고 있다.
>
> ⓜ 그 발상은 인간 존재들의 활동과 성격을 관찰하고 서술하는 방법에만 영향을 미친 것이 아니라, 그들을 대하는 도덕적·정치적·종교적 자세에도 영향을 미쳐왔다.
>
> ⓗ 왜냐하면 사람들이 '왜' 그리고 '어떻게' 그처럼 행동하고 사는 것인지를 고려하다 보면 떠오를 수밖에 없는 질문에는 '인간의 동기와 책임'에 관한 질문들이 있기 때문이다.

① ⊙ - ⓛ - ⓒ
　　ⓔ - ⓜ - ⓗ

② 　　ⓛ - ⓒ
　⊙ ⓔ - ⓜ
　　ⓗ

③ ⊙ - ⓔ - ⓜ
　ⓛ
　ⓒ - ⓗ

④ ⊙ 　ⓒ
　　 ⓔ
　ⓛ 　ⓜ
　　 ⓗ

⑤ 　　ⓛ - ⓒ
　⊙ ⓔ
　　ⓜ - ⓗ

5 정답 및 해설

정답 ①

[해설]

ⓛ은 ⊙의 결론, ⓒ은 ⓛ의 부연이고, ⓔ은 전환되는 부분, ⓜ은 ⓔ에 대한 부연, ⓗ은 ⓜ에 대한 이유이다.

[오답분석]

②·⑤와 같은 구조가 되기 위해서는, ⊙이 서론으로 전체 글을 포괄적으로 품어야 한다. 하지만 ⓔ의 접속어 '그런데'를 통한 내용 전환을 통해 ⊙이 전체 글을 아우르는 서론이 될 수 없으므로, ②·⑤는 답이 될 수 없다.

6 실전 노하우!

❶ 각 문단의 중심 화제 및 주제를 파악한다. 접속어를 통해서 전환되는 부분을 파악하는 것도 전략이다.

> ㉠ 역사에서 과학적 방법의 발견은 많은 사람들을 매혹시켰다.
> ㉡ 과학적 방법을 통해 역사적 지식을 확장할 방법을 구축하였다.
> ㉢ 이 과정에서 많은 성취가 있었고, 앞으로도 있을 전망이다.
> ㉣ 하지만 도식이나 규칙성의 발견은 특정 가설들에 끼친 영향의 정도에 상관없이, 우리시대의 관점을 결정하는 데에도 이미 일정한 역할을 해왔다.
> ㉤ 과학적 방법은 인간 존재의 관찰, 서술뿐만 아니라 도덕적·정치적·종교적 자세 등에도 영향을 미쳤다.
> ㉥ 궁극적으로 사람들은 '인간의 동기와 책임'에 관한 질문들을 떠올릴 수밖에 없기 때문이다.

위의 지문은 내용상 크게 두 부분으로 나눌 수 있다. 첫 번째 내용은 자연과학에서 발견한 규칙성을 역사에 적용함을 통해, 많은 성취가 있었고 앞으로의 성취도 기대된다는 점이다. 두 번째는 과학적 규칙성의 발견은 그 도움을 주는 영향의 크기를 떠나, 인간 존재들의 활동과 성격을 관찰하고 서술하는 방법뿐만 아니라, 우리 시대의 관점을 결정하는 데도 역할을 해왔다는 내용이다.

❷ 문단별 요지를 바탕으로 글을 구조화한다.

㉣의 '그런데'라는 접속어를 통해 내용이 전환됨을 알 수 있으며, ㉠·㉡·㉢은 첫 번째 내용을, ㉣·㉤·㉥은 두 번째 내용을 다루고 있다. 따라서 크게 ㉠, ㉡, ㉢ / ㉣, ㉤, ㉥으로 분류된다. 각각 살펴보면, ㉢은 ㉡을 부연설명하고 있으며, ㉡은 ㉠에 대한 결론이다. 따라서 ㉠ - ㉡ - ㉢이다. 마찬가지로 ㉥은 ㉤의 이유이고, ㉤은 ㉣에 대한 부연이므로 ㉣ - ㉤ - ㉥이다. 그러므로 윗글을 도식화하면, $\left[\begin{array}{l} ㉠ - ㉡ - ㉢ \\ ㉣ - ㉤ - ㉥ \end{array} \right.$ 이 된다.

유형 04 빈칸추론

1 유형특징

문맥을 고려하여 빈칸을 추론하는 유형으로, 빈칸에 알맞은 어휘 및 접속어를 추론하는 유형과 문장 및 문단을 추론하는 유형이 있다.

2 학습전략

- 제시문 전체를 읽으며 내용을 파악하고 빈칸에 들어갈 말을 유추한다.
- 선택지를 읽으며 빈칸에 들어갈 답을 고른 후, 해설과 비교한다.
  - 확실하게 답을 선택한 경우를 제외하고, 왜 틀렸는지 파악하고 놓친 부분을 반드시 체크한다.

> **합격더하기**
>
> **빈칸 앞뒤 문장이 아닌 글 전체를 파악하며 학습하기**
> 시험장에서는 빈칸 앞뒤를 읽고 핵심어를 파악하여 문제를 푸는 것이 시간을 절약하는 방법이지만, 두세 문장만으로도 답을 알아채지 못하면 당황하여 문제를 해결하지도 못한 채 시간만 소요할 수 있다. 그러나 제시문을 전체적으로 보는 습관을 들이면, 당장은 문제 풀이에 시간이 더 걸리는 것 같더라도 익숙해지면 비교적 쉽게 답을 찾을 수 있다. 따라서 전체적인 글을 파악하며 학습하는 습관을 길러두는 것이 좋다.

3 실전전략

- 빈칸이 있는 문단을 읽으며 내용을 대략적으로 유추한다.
- 빈칸 앞뒤 한두 문장을 통해 빈칸과 어떤 관계로 연결되고 있는지 파악한다.
- 선택지 중 확실한 오답을 제외한 후, 남은 선택지를 넣어보며 내용이 자연스럽게 이어지는 것을 찾는다.

다음 글의 빈칸에 들어갈 내용으로 가장 적절한 것은?

오늘날 인류가 왼손보다 오른손을 선호하는 경향은 어디서 비롯되었을까? 오른손을 귀하게 여기고 왼손을 천대하는 현상은 어쩌면 산업화 이전 사회에서 배변 후 사용할 휴지가 없었다는 사실과 관련이 있을 법하다. 맨손으로 배변 뒤처리를 하는 것은 불쾌할 뿐더러 병균을 옮길 위험을 수반하는 일이었다. 이런 위험성을 낮추는 간단한 방법은 음식을 먹거나 인사할 때 다른 손을 사용하는 것이었다. 기술 발달 이전의 사회는 대개 왼손을 배변 뒤처리에, 오른손을 먹고 인사하는 일에 사용했다.

나는 이런 배경이 인간 사회에 널리 나타나는 '오른쪽'에 대한 긍정과 '왼쪽'에 대한 반감을 어느 정도 설명해 줄 수 있으리라고 생각한다. 그러나 이 설명은 왜 애초에 오른손이 먹는 일에, 그리고 왼손이 배변 처리에 사용되었는지 설명해 주지 못한다. _____ 따라서 근본적인 설명은 다른 곳에서 찾아야 할 것 같다.

한쪽 손을 주로 쓰는 경향은 뇌의 좌우반구 기능 분화와 관련되어 있는 것으로 보인다. 보고된 증거에 따르면, 왼손잡이는 읽기와 쓰기, 개념적·논리적 사고 같은 좌반구 기능에서 오른손잡이보다 상대적으로 미약한 대신 상상력, 패턴 인식, 창의력 등 전형적인 우반구 기능에서는 상대적으로 기민한 경우가 많다.

나는 이성 대 직관의 힘겨루기, 뇌의 두 반구 사이의 힘겨루기가 오른손과 왼손의 힘겨루기로 표면화된 것이 아닐까 생각한다. 즉 오른손이 원래 왼손보다 더 능숙했기 때문이 아니라 뇌의 좌반구가 인간의 행동을 지배하는 권력을 갖게 되었기 때문에 오른손 선호에 이르렀다는 생각이다.

---

① 기능적으로 왼손이 오른손보다 섬세하기 때문이다.
② 현대사회에 들어서 왼손잡이가 늘어나고 있기 때문이다.
③ 모든 사람들이 오른쪽을 선호하는 것이 아니기 때문이다.
④ 동서양을 막론하고 왼손잡이 사회는 확인된 바 없기 때문이다.
⑤ 양손의 기능을 분담시키지 않는 사람이 존재할 수도 있기 때문이다.

5 정답 및 해설

정답 ④

해설

빈칸 앞 내용은 왼손보다 오른손을 선호하는 이유에 대한 가설을 제시하고, 이러한 가설이 근본적인 설명을 하지 못한다고 말한다. 그러면서 빈칸 뒷부분에서 글쓴이는 왼손이 아닌 '오른손만을 선호'하는 이유에 대한 자신의 생각을 드러내고 있다. 즉, 앞의 가설대로 단순한 기능 분담이라면 먹는 일에 왼손을 사용하는 사회도 존재해야 하는데, 그렇지 않기 때문에 반박하고 있음을 추론해볼 수 있으므로 빈칸에는 사람들이 오른손만 선호하고 왼손을 선호하지 않는다는 주장이 나타나야 한다. 따라서 빈칸에 들어갈 문장으로는 ④가 적절하다.

6 실전 노하우!

❶ 빈칸이 있는 문단을 읽으며 내용을 대략 유추한다.

해당 문단의 핵심 내용은 오른손이 먹는 것에, 왼손이 배변 처리에 사용되었다는 설명이 오른손에 대한 긍정과 왼손에 대한 반감을 설명해줄 수 없다는 것이다.

❷ 빈칸 앞뒤 한두 문장을 통해 빈칸과 어떤 관계로 연결되고 있는지 파악한다.

앞 문장과 뒤 문장의 내용을 고려하면 빈칸에 들어갈 내용은 오른손이 먹는 것에, 왼손이 배변 처리에 사용되었다는 설명이 오른손에 대한 긍정과 왼손에 대한 반감의 충분한 근거가 되지 못하는 이유이다.

❸ 선택지 중 확실한 오답을 제외한 후, 남은 선택지를 넣어보며 앞뒤 내용이 자연스럽게 이어지는 것을 찾는다.

글 전체에서 인류의 오른손에 대한 선호 경향과 기능 분담을 전제하고 있으므로 이에 대한 직접적인 반박이 될 수 없는 ③과 ⑤는 빈칸에 들어갈 문장으로는 어색하다. 또한 빈칸 뒤의 문장에서 '근본적인 설명은 다른 곳에서 찾아야 할 것 같다.'라고 하였으므로 빈칸에 들어갈 내용은 앞에서 언급한 '단순한 기능상의 분리'가 불충분한 설명인 이유이다. 따라서 남은 ①, ②, ④ 중에 가장 적절한 것은 ④임을 알 수 있다.

1 유형특징

개요 / 보고서 내용의 개선 방안 및 타당성을 판단하거나 새롭게 구성 혹은 수정하는 유형이다. 주어진 개요와 글의 흐름을 전체적으로 검토하여 의미 중복, 번역 투 문장, 문법적 오류, 글의 의도에서 벗어난 단어나 문장을 바르게 수정할 수 있는지를 묻는 문제가 주로 출제된다.

2 학습전략

• 일상생활에서 실용문을 포함한 다양한 글을 많이 접한다.
  – 주제의 내용을 일목요연하게 세분화시킬 수 있는 글을 많이 접한다. 보고서, 공고문, 기획안뿐만 아니라 시사·칼럼, 신문기사, 채용 공고문 등도 일상생활의 실용문이 될 수 있다.
• 다양한 글을 읽으며 개요작성을 연습한다.
  – 개요는 글의 토대를 마련하는 중요한 작업이다. 이 과정이 익숙해지면 글을 전체적으로 보는 안목과 핵심을 파악하는 데 많은 도움이 된다. 따라서 평소에 일목요연하게 개요작성을 하는 연습을 하면, 개요작성 유형은 물론 장문독해 유형을 풀 때 도움이 많이 될 것이다.

합격더하기

개요작성 방법
글을 읽은 후 주제 작성, 글의 전개 방식 작성, 항목 세분화, 번호 부여 등의 방법을 활용한다. 무엇보다도 작성한 개요가 주제에서 벗어나지 않아야 한다.

3 실전전략

• 개요를 전체적으로 살펴본 후 글의 주제, 목적을 파악한다.
  – 개요의 전반적인 흐름을 알고 있으면, 수정 유무 및 내용의 적절성, 작성 의도, 글의 목적 등을 보다 더 정확하게 파악할 수 있어, 선택지를 보고 문제를 푸는 것보다 시간을 단축할 수 있다.
• 글의 전반적인 흐름을 인지한 후, 선택지를 읽으면서 조건에 따른 개요의 수정 항목들이 적절한지 대조를 하며 푼다.

4 대표유형

다음은 '수입개방에 대한 우리의 자세'에 대한 글을 쓰기 위해 작성한 개요이다. 다음 개요의 수정·보완 및 자료 제시 방안으로 적절하지 않은 것은?

제목 : 수입개방에 대한 우리의 자세
주제문 : 수입개방이 불가피한 것이라면, 오히려 적극적으로 대응하는 것이 참다운 지혜일 수 있다.
구성
(1) 서론 : 국제화와 수입개방은 피할 수 없는 추세
(2) 본론
　　① 수입개방의 긍정적 측면
　　　　㉠ 소비자의 소비문화 향상
　　　　㉡ 우리 상품의 국제 경쟁력 강화
　　　　㉢ 밀수품 반입의 억제 효과
　　② 수입개방의 부정적 측면
　　　　㉠ 사치 소비 풍조의 조장
　　　　㉡ 국내 산업의 위축
　　　　㉢ 문화적 주체성의 상실
　　　　㉣ 우리 고유 문화의 파괴
(3) 결론 : 주체성을 바탕으로 수입개방의 부작용을 최소화하면서 적극적으로 수용해야 함

---

① 결론의 방향에 맞추어 부정적 측면을 먼저 언급하고 긍정적 측면을 나중에 서술한다.
② 서론에 구한말에 개항을 하지 않아 국제 사회에서 낙오했던 쓰라린 역사적 교훈의 예화를 추가한다.
③ ②-㉣은 상위 항목과 어울리지 않으므로 삭제한다.
④ 수입과 수출의 불균형 상태를 초래한 수입개방의 문제점을 집중적으로 부각해 부정적 측면에 추가한다.
⑤ 수입개방이 밀수품 반입의 억제에 도움을 준 해외 사례를 ①-㉢에 보강한다.

5 정답 및 해설

정답 ④

해설

수입개방의 문제점을 집중적으로 부각시키는 것은 글의 주제와 목적을 흐릴 수 있다. 따라서 ④의 방안은 바람직하지 않다.

오답분석

① 결론이 '수입개방에 대한 적극적 대처'로 유도되기 때문에, 부정적 측면을 전제로 해서 긍정적 측면을 검토하는 것이 바람직하다.

6 실전 노하우!

❶ 개요를 전체적으로 살펴 본 후 글의 주제 및 목적, 구성을 파악한다.
- 주제 및 목적 : 불가피한 수입개방의 적극적 대응 자세 필요
- 구성 : 수입개방의 긍정적인 측면과 부정적인 측면

❷ 선택지를 읽으면서 조건에 따른 개요의 수정 항목들이 적절한지 대조하며 풀어 나간다.
① 결론은 '수입개방의 부작용을 최소화하면서 적극적으로 수용하자.'이므로 부정적 측면을 먼저 제시하고 긍정적 측면을 그 후에 제시하는 것이 적절하다.
② '국제화와 수입개방은 피할 수 없는 추세'에 대한 예로 구한말의 상황은 적절하다.
③ '우리 고유 문화의 파괴'는 상품의 수입개방과는 다소 거리가 있어 어울리지 않으므로 삭제하는 것이 좋다.
④ 수입개방의 문제점을 집중적으로 부각하는 것은 수입개방을 적극적으로 수용하자는 결론의 취지와 부합하지 않는다.
⑤ ①-ⓒ은 수입개방의 장점 중 하나인 밀수품 반입의 억제 효과이므로, 이에 해당하는 해외 사례의 보강은 적절하다.

06 내용수정

1 유형특징

내용 쓰기 혹은 고쳐쓰기 유형으로, 글의 흐름에 어색한 내용, 어휘 및 어법이 잘못된 부분에 대해 적절하게 수정이 되었는지 판단하는 유형이다.

2 학습전략

• 자주 출제되는 어휘 / 어법 오류를 정리한다.
  – 문장 전체의 수정은 글의 전개상 흐름이 적절한지 파악하는 유형이므로, 어휘 / 어법 오류 부분만 자주 출제되는 수정 사항을 정리한다.

3 실전전략

• 수정해야 할 부분의 범위에 따라 전략적으로 문제를 해결한다.
  – 어휘 / 어법 : 어법의 오류나 적절한 어휘 선택을 중점으로 수정사항을 파악한다.
  – 문장 전체 : 문장의 앞뒤를 통해 문장 내용이 글의 흐름에 적절한지 중점적으로 확인한다.

다음 중 ㉠~㉤의 수정 방안으로 가장 적절한 것은?

최근 사물인터넷에 대한 사람들의 관심이 부쩍 늘고 있는 추세이다. 사물인터넷은 '인터넷을 기반으로 모든 사물을 연결하여 사람과 사물, 사물과 사물 간에 정보를 상호 소통하는 지능형 기술 및 서비스'를 말한다.

㉠ 통계에 따르면 사물인터넷은 전 세계적으로 민간 부문 14조 4,000억 달러, 공공 부문 4조 6,000억 달러에 달하는 경제적 가치를 창출할 것으로 ㉡ 예상되며 그 가치는 더욱 커질 것으로 기대된다. 그래서 사물인터넷 사업은 국가 경쟁력을 확보할 수 있는 미래 산업으로서 그 중요성이 강조되고 있으며, 이에 선진국들은 에너지, 교통, 의료, 안전 등 다양한 분야에 걸쳐 투자를 하고 있다. 그러나 우리나라는 정부 차원의 경제적 지원이 부족하여 사물인터넷 산업이 활성화되는 데 어려움이 있다. 또한 국내의 기업들은 사물인터넷 시장의 불확실성 때문에 적극적으로 투자에 나서지 못하고 있으며, 사물인터넷 관련 기술을 확보하지 못하고 있는 실정이다. ㉢ 그 결과 우리나라의 사물인터넷 시장은 선진국에 비해 확대되지 못하고 있다.

그렇다면 국내 사물인터넷 산업을 활성화하기 위한 방안은 무엇일까? 우선 정부에서는 사물인터넷 산업의 기반을 구축하는 데 필요한 정책과 제도를 정비하고, 관련 기업에 경제적 지원책을 마련해야 한다. 또한 수익성이 불투명하다고 느끼는 기업으로 하여금 투자를 하도록 유도하여 사물인터넷 산업이 발전할 수 있도록 해야 한다. 그리고 기업들은 이동 통신 기술 및 차세대 빅데이터 기술 개발에 집중하여 사물인터넷으로 인해 발생하는 대용량의 데이터를 원활하게 수집하고 분석할 수 있는 기술력을 ㉣ 확증해야 할 것이다. ㉤ 사물인터넷은 세상을 연결하여 소통하게 하는 끈이다. 이런 사물인터넷은 우리에게 편리한 삶을 약속할 뿐만 아니라 경제적 가치를 창출할 미래 산업으로 자리매김할 것이다.

① ㉠ : 서로 다른 내용을 다루고 있는 부분이 있으므로 문단을 두 개로 나눈다.

② ㉡ : 불필요한 피동 표현에 해당하므로 '예상하며'로 수정한다.

③ ㉢ : 앞 문장의 결과라기보다는 원인이므로 '그 이유는 우리나라의 사물인터넷 시장은 선진국에 비해 확대되지 못하고 있기 때문이다.'로 수정한다.

④ ㉣ : 문맥상 어울리지 않는 단어이므로 '확인'으로 수정한다.

⑤ ㉤ : 불필요한 내용이므로 삭제한다.

5 정답 및 해설

해설

㉠에서 접속어 '그러나'를 기준으로 앞부분은 사물인터넷 사업의 경제적 가치 및 외국의 사물인터넷 투자 추세, 뒷부분은 우리나라의 사물인터넷 사업 현황에 대하여 설명하고 있다. 따라서 두 문단으로 나누는 것이 적절하다.

오답분석

② 문장 앞부분에서 '통계에 따르면'으로 시작하고 있으므로, 이와 호응되는 서술어를 능동 표현인 '예상하며'로 바꾸는 것은 어색하다.

③ 우리나라의 사물인터넷 시장이 선진국에 비해 확대되지 못하고 있는 것은 사물인터넷 관련 기술을 확보하지 못한 결과이다. 따라서 수정하는 것은 옳지 않다.

④ 문맥상 '기술력을 갖추다.'라는 의미가 되어야 하므로 '확보'로 수정해야 한다.

⑤ 사물인터넷의 의의와 기대효과로 글을 마무리하고 있는 문장이므로 삭제할 필요는 없다.

6 실전 노하우!

❶ 수정해야 할 부분의 범위에 따라 수정 방안이 다르다.
  – 어휘 / 어법 / 문장의 일부 : 어법의 오류
    문단 전체 : 글의 흐름
  ㉠ 두 번째 문단 전체 → 문단, 글의 흐름 파악
  ㉡ 예상되며 → 어법, 어법의 오류 파악
  ㉢ 그 결과 우리나라의 사물인터넷 시장은 선진국에 비해 확대되지 못하고 있다. → 문장, 흐름 파악
  ㉣ 확증 → 어휘, 적절한 어휘 선택
  ㉤ 사물인터넷은 세상을 연결하여 소통하게 하는 끈이다. 이런 사물인터넷은 우리에게 편리한 삶을 약속할 뿐만 아니라 경제적 가치를 창출할 미래 산업으로 자리매김할 것이다. → 문장, 흐름 파악

❷ 자신이 체크한 내용을 토대로, 선택지에서 제시한 수정 부분이 적절한지 확인한다.
  ① 접속어 '그러나'를 기준으로, 앞에서는 사물인터넷에 대한 경제적 가치와 외국에서의 투자를 설명하고, 뒤에서는 우리나라에서의 사물인터넷 산업 활성화의 어려움을 설명하고 있어 내용이 서로 상반되므로, 문단을 둘로 나누는 것은 적절하다.
  ② ㉡이 포함된 문장을 '통계에 따르면'으로 시작하고 있으므로, 호응 관계에 의해 능동 표현인 '예상하며'로 수정하는 것은 적절하지 않다.
  ③ ㉢은 앞 문장의 결과이므로 수정하지 않는 것이 적절하다.
  ④ '기술력을 갖추다.'는 의미가 전달되기 위해서는 '틀림없이 그런지를 인정하거나 알아봄'을 뜻하는 '확인'보다 '확실히 가지고 있거나 보증함'을 뜻하는 '확보'로 수정하는 것이 더 적절하다.
  ⑤ ㉤은 글의 전반적인 내용과 흐름에 적절하므로 삭제할 필요가 없다.

※ 다음 글의 빈칸에 들어갈 내용으로 가장 적절한 것을 고르시오. **[1~3]**

01

> 사람들은 흔히 학문밖에 모르는 상아탑(象牙塔) 속의 연구 생활이 현실에서 도피한 것이라고 비난하기가 일쑤지만, 상아탑의 덕택이 큰 것임을 알아야 한다. 모든 점에서 편리해진 생활을 향락하고 있는 소위 '현대인'이 있기 전에, 향락과는 담을 쌓고 진리 탐구에 몰두한 학자들의 상아탑 속에서의 노고가 앞서 있었던 것이다. 그렇다고 남의 향락을 위하여 스스로는 고난의 길을 일부러 걷는 것이 학자도 아니다. 학자는 그저 진리를 탐구하기 위하여 학문을 하는 것뿐이다. 상아탑이 나쁜 것이 아니라, 진리를 탐구해야 할 상아탑이 제구실을 옳게 다하지 못하는 것이 탈이다. _____ 그 학문은 자유를 잃고 왜곡(歪曲)될 염려조차 있다. 학문을 악용하기 때문에 오히려 좋지 못한 일을 하는 경우가 얼마나 많은가? 진리 이외의 것을 목적으로 할 때, 그 학문은 한때의 신기루와도 같아, 우선은 찬연함을 자랑할 수 있을지 모르나, 과연 학문이라고 할 수 있을까부터 문제다.
>
> 진리의 탐구가 학문의 유일한 목적일 때, 그리고 그 길로 매진(邁進)할 때, 그 무엇에도 속박(束縛)됨이 없는 숭고한 학적인 정신이 만난(萬難)을 극복하는 기백(氣魄)을 길러줄 것이요, 또 그것대로 우리의 인격 완성의 길로 통하게도 되는 것이다.

① 학문에 진리 탐구 이외의 다른 목적이 선불리 앞장설 때

② 학문에 사회적 가치가 개입할 때

③ 학문이 현대 사회에서 요구하는 방향으로 변화될 때

④ 학자가 진리 탐구를 게을리할 때

⑤ 학문이 개인의 인격 완성과 자유를 이끌 때

02

어느 시대든 사람들은 원인이 무엇인지 알고 있다고 믿었다. 사람들은 그런 앎을 어디서 얻는가? 원인을 안다고 믿는 사람들의 믿음은 어디서 생기는 것일까?

새로운 것, 체험되지 않은 것, 낯선 것은 원인이 될 수 없다. 알려지지 않은 것에서는 위험, 불안정, 걱정, 공포감이 뒤따르기 때문이다. 우리 마음의 불안한 상태를 없애고자 한다면, 우리는 알려지지 않은 것을 알려진 것으로 환원해야 한다. 이러한 환원은 우리 마음을 편하게 해주고 안심시키며 만족을 느끼게 한다. 이 때문에 우리는 이미 알려진 것, 체험된 것, 기억에 각인된 것을 원인으로 설정하게 된다. '왜?'라는 물음의 답으로 나온 것은 그것이 진짜 원인이기 때문에 우리에게 떠오른 것이 아니다. 그것이 우리에게 떠오른 것은 그것이 우리를 안정시켜주고 성가신 것을 없애주며 무겁고 불편한 마음을 가볍게 해주기 때문이다. 따라서 원인을 찾으려는 우리의 본능은 위험, 불안정, 걱정, 공포감 등에 의해 촉발되고 자극받는다.

우리는 '설명이 없는 것보다 설명이 있는 것이 언제나 더 낫다.'고 믿는다. 우리는 특별한 유형의 원인만을 써서 설명을 만들어 낸다. ＿＿＿＿＿＿＿＿＿＿＿＿＿＿＿＿＿ 그래서 특정 유형의 설명만이 점점 더 우세해지고, 그러한 설명들이 하나의 체계로 모아져 결국 그런 설명이 우리의 사고방식을 지배하게 된다. 기업인은 즉시 이윤을 생각하고, 기독교인은 즉시 원죄를 생각하며 소녀는 즉시 사랑을 생각한다.

① 이것은 우리의 호기심과 모험심을 자극한다.

② 이것은 인과관계에 대한 우리의 지식을 확장시킨다.

③ 이것은 우리가 왜 불안한 심리 상태에 있는지를 설명해 준다.

④ 이것은 낯설고 체험하지 않았다는 느낌을 가장 빠르고 가장 쉽게 제거해 버린다.

⑤ 이것은 새롭고 낯선 것에서 원인을 발견하려는 우리의 본래 태도를 점차 약화시키고 오히려 그 반대의 태도를 우리의 습관으로 굳어지게 한다.

03

＿＿＿＿＿＿＿＿＿＿＿＿＿＿＿ 최근 몇 년 동안 서울을 비롯한 수도권을 중심으로 자전거 도로가 많이 늘어난 덕분이다. 자전거 도로는 강을 따라 뻗어나갔다. 한강시민공원을 따라 서쪽 행주대교에서, 동쪽 강동구 암사동까지 37km가 이어져 있다. 북쪽은 중랑천변 자전거 도로가 의정부 끝까지 달린다.

① 자동차 시대가 도래한다.

② 자전거 시대가 열리고 있다.

③ 자전거 시대를 열어야 한다.

④ 자전거 도로의 확충이 필요하다.

⑤ 자전거가 자동차보다 효율적이다.

04

(가) 정책 수단 선택의 사례로 환율과 관련된 경제 현상을 살펴보자. 외국 통화에 대한 자국 통화의 교환 비율을 의미하는 환율은 장기적으로 한 국가의 생산성과 물가 등 기초 경제 여건을 반영하는 수준으로 수렴된다.

(나) 이처럼 환율이나 주가 등 경제 변수가 단기에 지나치게 상승 또는 하락하는 현상을 오버슈팅 (Overshooting)이라고 한다.

(다) 이러한 오버슈팅은 물가 경직성 또는 금융 시장 변동에 따른 불안 심리 등에 의해 촉발되는 것으로 알려져 있다. 여기서 물가 경직성은 시장에서 가격이 조정되기 어려운 정도를 의미한다.

(라) 그러나 단기적으로 환율은 이와 괴리되어 움직이는 경우가 있다. 만약 환율이 예상과는 다른 방향으로 움직이거나 또는 비록 예상과 같은 방향으로 움직이더라도 변동 폭이 예상보다 크게 나타나면 경제 주체들은 과도한 위험에 노출될 수 있다.

① (가) – (나) – (다) – (라)
② (가) – (다) – (나) – (라)
③ (가) – (라) – (나) – (다)
④ (나) – (다) – (라) – (가)
⑤ (나) – (라) – (다) – (가)

05

(가) 이번에 개소한 은퇴연구소는 연구조사팀, 퇴직연금팀 등 5개 팀 외에 학계 인사와 전문가로 구성된 10명 내외의 외부 자문위원단도 포함된다.

(나) 은퇴연구소를 일반인들의 안정된 노후준비를 돕는 지식 기반으로서, 은퇴 이후의 건강한 삶에 대한 다양한 정보를 제공하는 쌍방향의 소통채널로 적극 활용할 계획이다.

(다) A회사는 10일, 우리나라의 급격한 고령화 진전상황에 따라 범사회적으로 바람직한 은퇴 준비의 필요성을 부각하고, 선진형 은퇴 설계 모델의 개발과 전파를 위한 국내 최대 규모의 '은퇴연구소'를 개소했다.

(라) 마지막으로 은퇴연구소는 은퇴 이후의 생활에 대한 의식과 준비 수준이 아직 선진국에 비해 크게 취약한 우리의 인식 변화를 위해 사회적 관심과 참여를 유도할 계획이다.

① (나) – (가) – (다) – (라)
② (나) – (가) – (라) – (다)
③ (다) – (가) – (나) – (라)
④ (다) – (나) – (라) – (가)
⑤ (라) – (다) – (가) – (나)

06

(가) 많은 전통적 인식론자는 임의의 명제에 대해 우리가 세 가지 믿음의 태도 중 하나만을 가질 수 있다고 본다.

(나) 반면 베이즈주의자는 믿음은 정도의 문제라고 본다. 가령 각 인식 주체는 '내일 눈이 온다.'가 참이라는 것에 대하여 가장 강한 믿음의 정도에서 가장 약한 믿음의 정도까지 가질 수 있다.

(다) 이처럼 베이즈주의자는 믿음의 정도를 믿음의 태도에 포함함으로써 많은 전통적 인식론자들과 달리 믿음의 태도를 풍부하게 표현한다.

(라) 가령 '내일 눈이 온다.'는 명제를 참이라고 믿거나, 거짓이라고 믿거나, 참이라 믿지도 않고 거짓이라 믿지도 않을 수 있다.

PART 1

① (가) – (나) – (라) – (다) ② (가) – (다) – (나) – (라)

③ (가) – (다) – (라) – (나) ④ (가) – (라) – (나) – (다)

⑤ (나) – (가) – (다) – (라)

07 다음 제시된 문단을 읽고, 이어질 문단을 논리적 순서대로 바르게 나열한 것은?

초콜릿은 많은 사람이 좋아하는 간식이다. 어릴 때 초콜릿을 많이 먹으면 이가 썩는다는 부모님의 잔소리를 안 들어본 사람은 별로 없을 것이다. 그러면 이러한 초콜릿은 어떻게 등장하게 된 것일까?

(가) 한국 또한 초콜릿의 열풍을 피할 수는 없었는데, 한국에 초콜릿이 전파된 것은 개화기 이후 서양 공사들에 의해서였다고 전해진다. 일제강점기 이후 한국의 여러 제과회사는 다양한 변용을 통해 다채로운 초콜릿을 선보이고 있다.

(나) 초콜릿의 원료인 카카오 콩의 원산지는 남미로 전해진다. 대항해시대 이전, 즉 유럽인들이 남미에 진입하기 이전에는 카카오 콩은 예식의 예물로 선물하기도 하고 의약품의 대용으로 사용되는 등 진귀한 대접을 받는 물품이었다.

(다) 유럽인들이 남미로 진입한 이후, 여타 남미산 작물이 그러하였던 것처럼 카카오 콩도 유럽으로 전파되어 선풍적인 인기를 끌게 된다. 다만 남미에서 카카오 콩에 첨가물을 넣지 않았던 것과는 달리 유럽에서는 설탕을 넣어 먹었다고 한다.

(라) 카카오 콩에 설탕을 넣어 먹은 것이 바로 우리가 간식으로 애용하는 초콜릿의 원형이라고 생각된다. 설탕과 카카오 콩의 결합물로서의 초콜릿은 알다시피 이후 세계를 풍미하는 간식의 대표 주자가 된다.

① (나) – (다) – (라) – (가) ② (나) – (라) – (가) – (다)

③ (나) – (라) – (다) – (가) ④ (다) – (가) – (나) – (라)

⑤ (다) – (나) – (라) – (가)

08

(가) 자연계는 무기적인 환경과 생물적인 환경이 상호 연관되어 있으며 그것은 생태계로 불리는 한 시스템을 이루고 있음이 밝혀진 이래, 이 이론은 자연을 이해하기 위한 가장 기본이 되는 것으로 받아들여지고 있다. (나) 그동안 인류는 더 윤택한 삶을 누리기 위하여 산업을 일으키고 도시를 건설하며 문명을 이룩해왔다. (다) 이로써 우리의 삶은 매우 윤택해졌으나 우리의 생활환경은 오히려 훼손되고 있다. (라) 환경오염으로 인한 공해가 누적되고 있고, 우리 생활에서 없어서는 안 될 각종 자원도 바닥이 날 위기에 놓이게 되었다. (마) 따라서 우리는 낭비되는 자원, 그리고 날로 황폐해져 가는 자연에 대하여 우리가 해야 할 시급한 임무가 무엇인지를 깨닫고, 이를 실천하기 위해 우리 모두의 지혜와 노력을 모아야만 한다.

> **보기**
>
> 만약 우리가 이 위기를 슬기롭게 극복해내지 못한다면 인류는 머지않아 파멸에 이르게 될 것이다.

① (가)　　　　　　　　　② (나)
③ (다)　　　　　　　　　④ (라)
⑤ (마)

09

(가) 우리는 보통 공간을 배경으로 사물을 본다. 그리고 시간이나 사유를 비롯한 여러 개념을 공간적 용어로 표현한다. 이처럼 공간에 대한 용어가 중의적으로 쓰이는 과정에서, 일상적으로 쓰는 용법과 달라 혼란을 겪기도 한다. (나) 공간에 대한 용어인 '차원' 역시 다양하게 쓰인다. 차원의 수는 공간 내에 정확하게 점을 찍기 위해서 알아야 하는 수의 개수이다. (다) 특정 차원의 공간은 한 점을 표시하기 위해 특정한 수가 필요한 공간을 의미한다. (라) 따라서 다차원 공간은 집을 살 때 고려해야 하는 사항들의 공간처럼 추상적일 수도 있고, 실제의 물리 공간처럼 구체적일 수도 있다. 이러한 맥락에서 어떤 사람을 1차원적 인간이라고 표현했다면 그것은 그 사람의 관심사가 하나밖에 없다는 것을 의미한다. (마)

> **보기**
>
> 집에 틀어박혀 스포츠만 관람하는 인간은 오로지 스포츠라는 하나의 정보로 기술될 수 있고, 그 정보를 직선 위에 점을 찍은 1차원 그래프로 표시할 수 있는 것이다.

① (가)　　　　　　　　　② (나)
③ (다)　　　　　　　　　④ (라)
⑤ (마)

10

(가) 생물학에서 이기주의와 이타주의에 대한 문제는 학문적으로 흥미로울 뿐 아니라 인간사 일반에서도 중요한 의미를 갖는다. 예를 들어 사랑과 증오, 다툼과 도움, 주는 것과 훔치는 것 그리고 욕심과 자비심 등이 모두 이 문제와 밀접히 연관되어 있다.

(나) 만약 인간 사회를 지배하는 유일한 원리가 인간 유전자의 철저한 이기주의라면 이 세상은 매우 삭막한 곳이 될 것이다. 그럼에도 불구하고 우리가 원한다고 해서 인간 유전자의 철저한 이기성이 사라지는 것도 아니다. 인간이나 원숭이나 모두 자연의 선택 과정을 거쳐 진화해 왔다. 그리고 자연이 제공하는 선택 과정의 살벌함을 이해한다면 그 과정을 통해서 살아남은 모든 개체는 이기적일 수밖에 없음을 알게 될 것이다.

(다) 따라서 만약 우리가 인간, 원숭이 혹은 어떤 살아있는 개체를 자세히 들여다보면 그들의 행동 양식이 매우 이기적일 것이라고 예상할 수 있다. 우리의 이런 예상과 달리, 인간의 행동양식이 진정한 이타주의를 보여준다면 이는 상당히 놀라운 일이며 뭔가 새로운 설명을 필요로 한다.

(라) 이 문제에 대해서는 이미 많은 연구와 저서가 있었다. 그러나 이 연구들은 대부분 진화의 원리를 정확히 이해하지 못해서 잘못된 결론에 도달했다. 즉, 기존의 이기주의 – 이타주의 연구에서는 진화에 있어서 가장 중요한 것이 개체의 살아남음이 아니라 종 전체 혹은 어떤 종에 속하는 한 그룹의 살아남음이라고 가정했다.

(마) 진화론의 관점에서 이기주의 – 이타주의의 문제를 들여다보는 가장 타당한 견해는 자연의 선택이 유전의 가장 기본적인 단위에서 일어난다고 생각하는 것이다. 즉, 나는 자연의 선택이 일어나는 근본 단위 혹은 생물의 이기주의가 작동하는 기본 단위는, 종이나 종에 속하는 한 그룹 혹은 개체가 아니며 바로 유전자라고 주장한다.

보기

나는 성공적인 유전자가 갖는 가장 중요한 특성은 이기주의이며 이러한 유전자의 이기성은 개체의 행동 양식에 철저한 이기주의를 심어주었다고 주장한다. 물론 어떤 특별한 경우에 유전자는 그 이기적 목적을 달성하기 위해서 개체로 하여금 제한된 형태의 이타적 행태를 보이도록 하기도 한다. 그럼에도 불구하고 조건 없는 사랑이나 종 전체의 이익이라는 개념은, 우리에게 그런 개념들이 아무리 좋아 보이더라도, 진화론과는 상충되는 생각들이다.

① (가) 문단의 뒤   ② (나) 문단의 뒤
③ (다) 문단의 뒤   ④ (라) 문단의 뒤
⑤ (마) 문단의 뒤

11 다음 글의 빈칸에 들어갈 문장을 〈보기〉에서 골라 순서대로 바르게 나열한 것은?

전통적으로 화이사상(華夷思想)에 바탕을 둔 중화우월주의 사상을 가지고 있던 중국인들에게 아편 전쟁에서의 패배와 그 이후 서구 열강의 침탈은 너무나 큰 충격이었다. 이런 충격에 휩싸인 당시 개혁주의자들은 서구 문화에 어떻게 대응할지를 심각하게 고민하였다. 이들이 서구 문화를 어떻게 수용했는지를 시기별로 나누어 보면 다음과 같다.

1919년 5 · 4 운동 이전의 개혁주의자들은 중국의 정신을 서구의 물질과 구별되는 특수한 것으로 내세운 _____를 개발하였다. 이러한 논리는 자문화를 중심으로 하되 도구로서 서양 물질문명을 선택적으로 수용하여 자기 문화를 보호 · 유지하려는 의도를 포함하고 있다. 문화 접변의 진행에 한도를 설정하여 서구와 구별을 시도한 것이다.

이후 중국의 개혁주의자들은 거듭되는 근대화의 실패를 경험했고, 5 · 4 운동 즈음해서는 '전통에 대해서 계승을 생각하기 이전에 철저한 부정과 파괴를 선행해야 한다는 논리'를 통해서 전통과의 결별을 꿈꾸게 된다. 구제도의 모순을 타파하지 않은 채 서구 물질만을 섭취할 수 없다는 한계를 인식한 결과이다. 동시에 5 · 4 운동의 정신에 역행해서 서구의 문화를 받아들이는 데는 기본적으로 동의하면서도, 무분별하게 모방하는 것에 대해 반대하는 _____ 역시 강력하게 등장하기 시작하였다. 즉, 자신이 필요로 하는 것은 택하되 '거만하지도 비굴하지도 않은' 선택을 해야 한다며, 덮어놓고 모방하는 것에 대해 반대했다.

1978년 이후 개방의 기치 하에 중국은, 정치 부분에서는 사회주의를 유지한 가운데, 경제부분에서 시장경제를 선별적으로 수용한 _____를 추진하였다. 그 결과 문화 영역에서 서구 자본주의 문화의 침투에 대한 경계심을 유지하면서 이데올로기적으로 덜 위협적이라고 인식되는 문화요소를 여과 과정을 거쳐 수입하려는 노력을 계속하고 있다.

보기

㉠ '외래 문화를 그대로 받아들이지 않고 선별적으로 수용하자는 논리'
㉡ '사회주의를 주체로 하되 자본주의를 적극적으로 이용하자는 논리'
㉢ '중국 유학의 도(道)를 주체로 하고 서양의 기(器)를 이용하자는 논리'

① ㉠, ㉡, ㉢
② ㉠, ㉢, ㉡
③ ㉡, ㉠, ㉢
④ ㉢, ㉠, ㉡
⑤ ㉢, ㉡, ㉠

12 다음 글의 (나) 문단과 (다) 문단 사이에 들어갈 수 있는 문장으로 가장 적절한 것은?

(가) 우리가 누리고 있는 문화는 거의 모두가 서양적인 것이다. 우리가 연구하는 학문 또한 예외가 아니다. 피와 뼈와 살을 조상에게서 물려받았을 뿐, 문화라고 일컬을 수 있는 거의 모든 것이 서양에서 받아들인 것인 듯싶다. 이러한 현실을 앞에 놓고서 민족문화의 전통을 찾고 이를 계승하자고 한다면, 편협한 배타주의(排他主義)나 국수주의(國粹主義)로 오인되기에 알맞은 이야기가 될 것 같다.

(나) 전통은 과거로부터 이어 온 것을 말한다. 이 전통은 대체로 그 사회 및 그 사회의 구성원인 개인의 몸에 배어 있는 것이다. 그러므로 스스로 깨닫지 못하는 사이에 전통은 우리의 현실에 작용하는 경우가 있다.

(다) 이처럼 우리가 계승해야 할 민족문화의 전통으로 여겨지는 것이 과거의 인습(因襲)을 타파(打破)하고 새로운 것을 창조하려는 노력의 결정(結晶)이라는 것은 지극히 중대한 사실이다.

(라) 세종대왕의 훈민정음 창제 과정에서 이 점은 뚜렷이 나타나고 있다. 만일, 세종대왕이 고루(固陋)한 보수주의적 유학자들에게 한글 창제의 뜻을 굽혔던들, 우리 민족문화의 최대 걸작(傑作)이 햇빛을 못 보고 말았을 것이 아니겠는가?

(마) 우리가 계승해야 할 민족문화의 전통은 형상화된 물건에서 받는 것도 있지만, 한편 창조적 정신 그 자체에도 있는 것이다. 이러한 의미에서 민족문화의 전통을 무시한다는 것은 지나친 자기학대(自己虐待)에서 나오는 편견(偏見)에 지나지 않을 것이다.

(바) 민족문화의 전통을 창조적으로 계승하자는 정신은 선진 문화 섭취에 인색하지 않을 것이다. 외래문화도 새로운 문화의 창조에 이바지함으로써 뜻이 있는 것이고, 그러함으로써 비로소 민족문화의 전통을 더욱 빛낼 수 있기 때문이다.

① 그렇다면 전통을 계승하고 창조하는 주체는 우리 자신이다.
② 그러므로 전통이란 조상으로부터 물려받은 고유한 유산만을 의미하지는 않는다.
③ 그러나 계승해야 할 전통은 문화 창조에 이바지하는 것으로 한정되어야 한다.
④ 그리고 자국의 전통과 외래적인 문화는 상보적일 수도 있다.
⑤ 따라서 우리는 전통과 인습을 구별하여야 한다.

13 다음 밑줄 친 내용을 각각 뒷받침하는 사례로 빈칸에 들어갈 내용을 〈보기〉에서 골라 순서대로 바르게 나열한 것은?

아파트 주거환경은 일반적으로 공동체적 연대를 약화하는 것으로 인식됐다. 그러나 오늘날 한국 사회에서 보편화하여 있는 아파트 단지에는 도시화의 진전에 따른 공동체적 연대의 약화를 예방하거나 치유하는 집단적 노력이 존재한다. (A) 물론 아파트의 위치나 평형, 단지의 크기 등에 따라 공동체 형성의 정도가 서로 다른 것은 사실이다. (B)

더 심각한 문제는 사회문화적 동질성에 입각한 아파트 근린관계가 점차 폐쇄적이고 배타적인 공동체로 변하고 있다는 것이다. 이에 대한 대책이 '소셜 믹스(Social mix)'이다. 이는 동일 지역에 다양한 계층이 더불어 살도록 함으로써 계층 간 갈등을 줄이려는 정책이다.

그러나 이 정책의 실제 효과에 대해서는 회의적 시각이 많다. 대형 아파트 주민들도 소형 아파트 주민들과 이웃이 되기를 싫어하지만, 저소득층이 대부분인 소형 아파트 주민들 역시 부자들에게 위화감을 느끼면서 굳이 같은 공간에서 살려고 하지 않기 때문이다. 그럼에도 우리나라에서는 사회 통합적 주거환경을 규범적 가치로 인식하여, 아파트 단지 구성에 있어 대형과 소형, 분양과 임대가 공존하는 수평적 공간 통합을 지향한다. 부자 동네와 가난한 동네가 뚜렷이 구분되지 않는 주거환경을 우리 사회가 규범적으로는 지향한다는 것이다. (C)

아파트를 둘러싼 계층 간의 공간 통합 혹은 공간 분리 문제를 단순히 주거환경의 문제로만 보면 근본적인 해결이 어려울 수도 있다. 지금의 한국인에게 아파트는 주거공간으로서의 의미를 넘어 부의 축적 수단이라는 의미를 담고 있기 때문이다.

보기

㉠ 아파트 부녀회의 자원봉사자들이 단지 내의 경로당과 공부방을 중심으로 다양한 프로그램을 운영하여 주민들 사이의 교류를 활성화한 사례
㉡ 대규모 아파트 단지를 조성할 때 소형 및 임대 아파트를 포함해야 한다는 법령과 정책 사례
㉢ 대형 고급 아파트 단지에서는 이웃에 누가 사는지도 잘 모르지만 중소형 서민 아파트 단지에서는 학부모 모임이 활발한 사례

	(A)	(B)	(C)
①	㉠	㉢	㉡
②	㉡	㉢	㉠
③	㉡	㉠	㉢
④	㉢	㉡	㉠
⑤	㉢	㉠	㉡

14

(가) 이식에는 많은 비용이 소요될 뿐만 아니라 이식이 가능한 동종이식편의 수가 매우 부족하기 때문에 이를 대체하는 방법이 개발되고 있다. 우선 인공심장과 같은 '전자기기 인공장기'를 이용하는 방법이 있다. 하지만 이는 장기의 기능을 일시적으로 대체하는 데 사용되며, 추가 전력 공급 및 정기적 부품 교체 등이 요구되는 단점이 있고, 아직 인간의 장기를 완전히 대체할 만큼 정교한 단계에 이르지는 못했다.

(나) 이종이식의 또 다른 문제는 내인성 레트로바이러스이다. 내인성 레트로바이러스는 생명체 DNA의 일부분으로, 레트로바이러스로부터 유래된 것으로 여겨지는 부위들을 말한다. 이는 바이러스의 활성을 가지지 않으며, 사람을 포함한 모든 포유류에 존재한다. 자신의 유전정보를 RNA에 담고 있는 레트로바이러스는 역전사효소를 갖고 있는 바이러스로서, 특정한 종류의 세포를 감염시킨다.

(다) 다음으로는 사람의 조직 및 장기와 유사한 다른 동물의 이식편을 인간에게 이식하는 '이종이식'이 있다. 그런데 이종이식은 동종이식보다 거부반응이 훨씬 심하게 일어난다. 특히 사람이 가진 자연항체는 다른 종의 세포에서 발현되는 항원에 반응하는데, 이로 인해 이종이식편에 대해서 초급성 거부반응 및 급성 혈관성 거부반응이 일어난다.

(라) 신체의 세포, 조직, 장기가 손상되어 더 이상 제 기능을 하지 못할 때에 이를 대체하기 위해 이식을 실시한다. 이때 이식으로 옮겨 붙이는 세포, 조직, 장기를 이식편이라 한다. 자신이나 일란성 쌍둥이의 이식편을 이용할 수 없다면 다른 사람의 이식편으로 '동종이식'을 실시한다. 그런데 우리의 몸은 자신의 것이 아닌 물질이 체내로 유입될 경우 면역반응을 일으키므로, 유전적으로 동일하지 않은 이식편에 대해 항상 거부반응을 일으킨다.

① (가) ― (다) ┬ (나)
              └ (라)

② (가) ┬ (라) ┐
        └ (다) ┴ (나)

③ (라) ┬ (다)
       ├ (나)
       └ (가)

④ (라) ┬ (가)
       └ (다) ― (나)

⑤ (라) ┬ (가) ― (다)
       └ (나)

15

(가) 칸트의 '무관심성'에 대한 논의에서 이에 대한 단서를 얻을 수 있다. 칸트는 미적 경험의 주체가 '객체가 존재한다.'는 사실성 자체로부터 거리를 둔다고 주장한다. 이에 따르면, 영화관에서 관객은 영상의 존재 자체에 대해 '무관심한' 상태에 있다. 영상의 흐름을 냉정하고 분석적인 태도로 받아들이는 것이 아니라, 자신이 미적 경험의 유희에 초대된 듯이 공감하며 체험하고 있다. 미적 거리 두기와 공감적 참여의 상태를 경험하는 것이다. 주체와 객체가 엄격하게 분리되거나 완전히 겹치는 것으로 이해하는 통상적인 동일시 이론과 달리, 칸트는 미적 지각을 지각 주체와 지각 대상 사이의 분리와 융합의 긴장감 넘치는 '중간 상태'로 본 것이다.

(나) 관객은 영화를 보면서 영상의 흐름을 어떻게 지각하는 것일까? 그토록 빠르게 변화하는 앵글, 인물, 공간, 시간 등을 어떻게 별 어려움 없이 흥미진진하게 따라가는 것일까? 흔히 영화의 수용에 대해 설명할 때 관객의 눈과 카메라의 시선 사이에 일어나는 동일시 과정을 내세운다. 그러나 동일시 이론은 어떠한 조건을 기반으로, 어떠한 과정을 거쳐서 동일시가 일어나는지, 동일시의 고유한 방식이 어떤 것인지에 대해 의미 있는 설명을 제시하지 못하고 있다.

(다) 이렇게 볼 때 영화 관객은 자신의 눈을 단순히 카메라의 시선과 직접적으로 동일시하는 것이 아니다. 관객은 영화를 보면서 영화 속 공간, 운동의 양상 등을 유희적으로 동일시하며, 장소 공간이나 방향 공간 등 다양한 공간의 층들을 동시에 인지할 뿐만 아니라 감정 공간에서 나오는 독특한 분위기의 힘을 감지하고, 이를 통해 영화 속의 공간과 공감하며 소통한다.

(라) 관객이 영상의 흐름을 생동감 있게 체험할 수 있는 이유는, 영화 속의 공간이 단순한 장소로서의 공간이라기보다는 '방향 공간'이기 때문이다. 카메라의 다양한 앵글 선택과 움직임, 자유로운 시점 선택이 방향 공간적 표현을 용이하게 해 준다. 두 사람의 대화 장면을 보여 주는 장면을 생각해 보자. 관객은 단지 대화에 참여한 두 사람의 존재와 위치만 확인하는 것이 아니라, 두 사람의 시선 자체가 지닌 방향성의 암시, 즉 두 사람의 얼굴과 상반신이 서로를 향하고 있는 방향 공간적 상황을 함께 지각하고 있는 것이다.

(마) 영화의 매체적 강점은 방향 공간적 표현이라는 데에만 그치지 않는다. 영상의 흐름에 대한 지각은 언제나 생생한 느낌을 동반한다. 관객은 영화 속 공간과 인물의 독특한 감정에서 비롯된 분위기의 힘을 늘 느끼고 있다. 따라서 영화 속 공간은 근본적으로 이러한 분위기의 힘을 느끼도록 해 주는 '감정 공간'이라 할 수 있다.

① (나) ┬ (가) ─ (마)
　　　 └ (다) ─ (라)

② (나) ┬ (가)
　　　 ├ (라) ─ (다)
　　　 └ (마)

③ (나) ─ (다) ┬ (가)
　　　　　　 ├ (라)
　　　　　　 └ (마)

④ ┬ (가) ─ (다) ─ (마)
　 └ (나) ─ (라)

⑤ (나) ┬ (가)
　　　 ├ (다)
　　　 ├ (라)
　　　 └ (마)

※ 다음 중 ㉠~㉢의 수정 방안으로 적절하지 않은 것을 고르시오. **[16~19]**

16

학생들이 과제물이나 보고서를 작성할 때 무심코 타인의 글을 따오는 경우가 흔하다. '시간이 부족하니까', '남들도 다 하니까', '좋은 점수를 받고 싶어서' 등의 핑계를 대면서 추호의 죄책감도 없이 표절한다. 한층 더 심각한 것은 자신의 행위가 범죄에 해당한다는 사실조차 모른다는 점이다. 한 전문가의 조사에 의하면, 우리나라 학생들의 상당수가 실제로 표절한 경험을 가지고 있다고 한다. 또한 인터넷이 보편화되면서 학습과 관련된 표절이 급증했을 뿐만 아니라, 학생들이 자주 범하는 표절의 유형도 더욱 다양해진 것으로 조사되었다. ㉠ <u>우리나라 학생들의 표절 실태는 매우 심각한 수준이다.</u>

1990년대에 들어서면서부터 선진국에서는 학생들의 표절에 대해 무관용 정책을 펼치고 있다. ㉡ <u>우연한 실수이든 의도적 행위이든</u> 간에 표절 의혹이 제기된 경우에는 학교 차원에서 엄격하게 조사를 실시하고, 만약 표절로 밝혀질 경우에는 반드시 처벌하도록 규정을 ㉢ <u>완화했다.</u> 최근 들어 우리나라의 일부 학교에서도 학생들의 표절을 근절하기 위한 교육을 실시하는 등 표절 방지를 위한 작지만 큰 변화의 움직임이 일어나고 있다.

이러한 시대적 추세에 ㉣ <u>발 맞추어</u> 모든 학교에서 표절 방지 운동을 전개할 필요가 있다. 우리에게 실질적으로 도움이 되고, 우리가 실천할 수 있는 작은 일부터 시작해야 한다. 우선 표절 방지 캠페인을 펼쳐 표절에 대한 우리의 잘못된 인식을 ㉤ <u>바뀌어야</u> 한다. 표절은 범법 행위에 해당한다는 사실을 깨닫고, 표절하지 않겠다는 마음을 갖는 것이 필요하다. 또한 표절 예방 교육을 실시하여 학생들이 자주 범하는 표절의 유형을 알려 주고, 다른 사람의 글을 올바르게 인용하는 방법을 가르쳐 준다면 과제를 작성하면서 표절하지 않도록 스스로 주의하게 될 것이다.

① ㉠ : 문장을 자연스럽게 연결하기 위해 문장 앞에 '이처럼'을 추가한다.
② ㉡ : 맞춤법에 어긋나므로 '우연한 실수이던 의도적 행위이던'으로 수정한다.
③ ㉢ : 문맥의 흐름을 고려하여 '강화'로 고친다.
④ ㉣ : 띄어쓰기가 올바르지 않으므로 '발맞추어'로 수정한다.
⑤ ㉤ : 목적어와 서술어의 호응 관계를 고려하여 '바꾸어야'로 수정한다.

17

반추동물인 무스(Moose)의 경우, 위에서 음식물이 잘 소화되게 하려면 움직여서는 ㉠ 안된다. 무스의 위는 네 개의 방으로 ㉡ 나누어져 있는데, 위에서 나뭇잎, 풀줄기, 잡초 같은 섬유질이 많은 먹이를 소화하려면 꼼짝 않고 ㉢ 한 곳에 가만히 있어야 하는 것이다. 한편, 미국 남서부의 사막 지대에 사는 갈퀴발도마뱀은 모래 위로 눈만 빼꼼 내놓고 몇 ㉣ 시간동안이나 움직이지 않는다. 그렇게 있으면 따뜻한 모래가 도마뱀의 기운을 ㉤ 복돋아 준다. 곤충이 지나가면 도마뱀이 모래에서 나가 잡아먹을 수 있도록 에너지를 충전해 주는 것이다.

① ㉠ : '되다'의 부정 표현이므로 '안 된다'로 수정한다.
② ㉡ : 잘못된 표기이므로 '나뉘어져'로 수정한다.
③ ㉢ : '일정한 곳'을 의미하는 한 단어이므로 '한곳'으로 붙여 쓴다.
④ ㉣ : '동안'은 시간의 길이를 의미하는 명사이므로 '시간 동안이나'로 띄어 쓴다.
⑤ ㉤ : 잘못된 표기이므로 '북돋아'로 수정한다.

18

사회복지와 근로의욕과의 관계에 대한 조사를 보면 '사회복지와 근로의욕이 관계가 있다.'는 응답과 '그렇지 않다.'는 응답의 비율이 비슷하게 나타난다. 하지만 기타 의견에 ㉠ 따라 과도한 사회복지는 근로의욕을 저하시킬 수 있다는 응답이 많았던 것으로 조사되었다. 예를 들어 정부지원금을 받으나 아르바이트를 하나 비슷한 돈이 나온다면 ㉡ 더군다나 일을 하지 않고 정부지원금으로만 먹고사는 사람들이 많이 있다는 것이다. 여기서 주목해야 할 점은 과도한 복지 때문이 아닌 정책상의 문제라는 의견도 있다는 사실이다. 현실적으로 일을 할 수 있는 능력이 있는 사람에게는 ㉢ 최대한의 생계비용 이외의 수입을 인정하고, 빈곤층에서 벗어날 수 있게 지원해주는 것이 개인에게도, 국가에도 바람직한 방식이라는 것이다.

이 설문 조사 결과에서 주목해야 할 또 다른 측면은 사회복지 체제가 잘 되어 있을 수록 근로의욕이 떨어진다고 응답한 사람의 ㉣ 과반수 이상이 중산층 이상의 경제력을 가지고 있었다는 점이다. 재산이 많은 사람에게는 약간의 세금 확대가 ㉤ 영향이 적을 수 있기 때문에 경제발전을 위한 세금 확대는 찬성하더라도 복지정책을 위한 세금 확대는 반대하는 것이다. 이러한 점을 고려해 보면 소득격차 축소를 원하는 국민보다 복지정책을 위한 세금 확대에는 반대하는 국민이 많은 다소 모순된 설문 결과에 대한 설명이 가능하다.

① ㉠ : 호응관계를 고려하여 '따르면'으로 수정한다.
② ㉡ : 앞뒤 내용의 관계를 고려하여 '차라리'로 수정한다.
③ ㉢ : 전반적인 내용의 흐름을 고려하여 '최소한의'로 수정한다.
④ ㉣ : '과반수'의 뜻을 고려하여 '절반 이상이' 또는 '과반수가'로 수정한다.
⑤ ㉤ : 일반적인 사실을 말하는 것이므로 '영향이 적기 때문에'로 수정한다.

19

15세 이상의 인구를 대상으로 설문조사를 한 결과, 직업을 선택할 때 가장 크게 고려하는 사항은 수입과 안정성이라는 것이 밝혀졌다. '청년이 원하는 직장'의 설문결과, ㉠ 국가기관이 가장 선호하고 그 뒤로 공기업, 대기업의 순서로 이어졌다. 조사 대상에 청소년이 포함되어 있다는 것을 생각해보면 직업에 대한 선호도가 ㉡ 완전히 획일화되어 있다는 점을 알 수 있다. 때문에 청소년들이 다양하고 건전한 직업관을 가질 수 있도록 직업교육에 더욱 많은 ㉢ 투자와 관심을 가져야 한다. ㉣ 직업관의 획일화는 사회의 다양성을 해치며 대학의 서열화와 취업경쟁의 심화로 이어진다. 이러한 인식 때문에 수입과 안정성이 부족한 중소기업이나 벤처기업을 선호하는 사람은 매우 적다. 구직자들은 취업난 속에서도 중소기업을 외면하고 이것이 다시 중소기업의 인력난으로 이어져 수익의 저하를 낳게 되는 것이다. 인력난이 재정난으로, 그 재정난이 또다시 인력난으로 이어지는 악순환을 끊는 것은 쉽지 않다. 그렇기 때문에 중소기업을 살리기 위해서는 ㉤ 정부가 주도 하에 기업의 인력난을 해소할 수 있는 제도를 고안해야 한다.

① ㉠ : 주어와 서술어 관계를 고려하여 '국가기관이 가장 선호되고'로 수정한다.

② ㉡ : 청소년이 포함되어 있다고 하더라도 온 국민의 인식이 획일화되었다고 할 수는 없으므로 '대체로'로 수정한다.

③ ㉢ : 서술어가 잘못 생략되었으므로 '투자를 하고 관심을 가져야 한다.'로 수정한다.

④ ㉣ : 전체적인 흐름에 알맞지 않으므로 삭제한다.

⑤ ㉤ : 호응 관계를 고려하여 '정부가 주도하여'로 수정한다.

20 다음은 '1인 방송의 개념과 현황'에 대한 글을 쓰기 위해 작성한 개요이다. 개요의 흐름을 고려할 때, 빈칸에 들어갈 내용으로 가장 적절한 것은?

Ⅰ. 서론 : 1인 방송의 개념과 현황
Ⅱ. 본론
　　1. 1인 방송이 청소년 사이에서 확산되는 이유
　　　　가. 청소년의 관심을 끄는 다양한 콘텐츠 생산
　　　　나. 고성능 카메라와 영상 편집 애플리케이션의 보편화
　　2. 1인 방송이 청소년에게 주는 긍정적 효과
　　　　가. 진로나 취미 생활에 대한 유익한 정보 제공
　　　　나. 여가를 즐김으로써 학업 스트레스 해소
　　3. 1인 방송이 청소년에게 미치는 부정적 영향
　　　　가. 진행자의 막말과 비속어 등이 유행어로 사용됨
　　　　나. 진행자의 잘못된 행동을 모방하는 사례 증가
Ⅲ. 결론 : _____

---

① 청소년들에게 부정적 영향을 미치는 1인 방송에 대한 엄격한 규제가 필요하다.
② 1인 방송 진행자는 청소년들의 흥미를 끌 수 있는 다양한 콘텐츠를 생산해야 한다.
③ 청소년들의 1인 방송 제작을 지원하기 위해 다양한 교육 프로그램을 개발해야 한다.
④ 과도한 1인 방송 시청은 학습을 방해하므로 청소년들의 방송 시청 시간을 줄일 필요가 있다.
⑤ 청소년들에게 1인 방송에 대한 비판적 태도와 콘텐츠를 선별하여 시청하는 태도가 필요하다.

21 다음은 '온라인상에서의 저작권 침해'에 대한 글을 쓰기 위해 작성한 개요이다. 다음 개요의 수정·보완 및 자료 제시 방안으로 적절하지 않은 것은?

> Ⅰ. 서론 : 온라인상에서의 저작권 침해 실태 …… ㉠
> Ⅱ. 본론
>   1. 온라인상에서의 저작권 침해 문제가 발생하는 원인
>   가. 온라인 특성상 정보를 공유해야 한다는 의식 부족 …… ㉡
>   나. 해외 서버의 불법 복제를 단속하기 위한 다른 나라와의 협조 체제 미비
>   다. 확인되지 않은 악성 루머의 유포 …… ㉢
>   2. 온라인상에서의 저작권 침해 문제의 해결 방안
>   가. 온라인상에서의 저작권 보호 의식 제고를 위한 교육 실시
>   나. _____ …… ㉣
> Ⅲ. 결론 : 온라인상에서의 저작권 보호 …… ㉤

① ㉠ : 온라인상에서의 저작권 침해 사례를 보도한 신문 기사를 제시한다.

② ㉡ : 상위 항목을 고려하여 '온라인 특성상 저작권을 보호해야 한다는 의식 부족'으로 수정한다.

③ ㉢ : 글의 주제를 고려하여 삭제한다.

④ ㉣ : 'Ⅱ-1-나'의 내용을 고려하여 '업로드 속도를 향상하기 위한 국내 서버 증설'이라는 내용을 추가한다.

⑤ ㉤ : 내용을 구체화하기 위해 '온라인상에서의 저작권 보호를 위한 개인과 정부의 행동 촉구'로 수정한다.

22 다음은 '수목장'을 소개하는 글을 쓰기 위해 작성한 개요이다. 다음 개요의 수정·보완 및 자료 제시 방안으로 적절하지 않은 것은?

제목 : 내 삶 끝나는 날, 숲으로 돌아가리
Ⅰ. 처음
  1. 묘지의 실태 …… ㉠
  2. 장묘에 대한 인식 전환의 필요성
Ⅱ. 중간
  1. 수목장의 사례
    (1) 외국의 경우 …… ㉡
    (2) 우리나라의 경우
  2. 수목장의 개념 및 역사
    (1) 수목장의 개념
    (2) 수목장의 역사 …… ㉢
  3. 대안으로서의 수목장
    (1) 전통 장묘 문화의 문제점
    (2) 수목장의 의의 …… ㉣
Ⅲ. 끝 : 삶의 의미를 고양시키는 장묘 문화로서의 수목장 강조 …… ㉤

㉠ '묘지로 인한 산림 훼손의 실태'로 구체화한다.
㉡ 수목장림이 운영되고 있는 스위스, 독일, 일본의 상황을 서술한다.
㉢ 수목장을 도입하게 된 배경을 분석한다.
㉣ 전통 장묘 문화의 문제점에 대응하는 수목장의 장점을 부각시킨다.
㉤ 자연과 인간의 상생(相生)을 통한 삶의 의미를 강조한다.

---

① ㉠   ② ㉡
③ ㉢   ④ ㉣
⑤ ㉤

23 다음은 '의료 서비스 수출의 실태와 대처 방안'에 대한 글을 쓰기 위해 작성한 개요이다. 다음 개요의 수정·보완 및 자료 제시 방안으로 적절하지 않은 것은?

Ⅰ. 서론
    1. 한국을 찾는 외국인 환자 증가 …… ㉠
    2. 외국인 환자들이 한국을 찾는 이유 …… ㉡
Ⅱ. 본론
    1. 실태 분석 및 진단
        (1) 지속적인 유치의 어려움
        (2) 의료 수출국으로의 전환 기회
    2. 외국인 환자 유치 장애의 요인
        (1) 관련 정보의 제공 부족
        (2) 환자 유치, 광고 등에 대한 제도적 규제 …… ㉢
        (3) 정부 차원의 지원 부족
    3. 의료 서비스 수출 전략 방안
        (1) 비자 발급 간소화 …… ㉣
        (2) 해외 환자 유치를 위한 광고 규제 완화
        (3) _____ …… ㉤
Ⅲ. 결론 : 의료 수출에 대비하기 위한 적극적인 노력 촉구

---

① ㉠ : 국내 병원에 입원한 외국인 환자의 연도별 현황 자료를 제시한다.

② ㉡ : 진료비 수준에 비해 국내의 높은 의료 수준을 선진국과 대비하여 제시한다.

③ ㉢ : 언어 장벽이나 까다로운 이용 절차로 외국인 환자를 유치하지 못한 사례를 활용한다.

④ ㉣ : 'Ⅱ-2-(1)'를 고려하여 '국내 의료기관 종합 사이트 구축 및 운영'으로 수정한다.

⑤ ㉤ : 글의 완결성을 고려하여 '경쟁력 있는 의료기관 선정, 인증제를 통한 지원'이라는 내용을 추가한다.

24 다음은 '독서심리치료'에 대한 글을 쓰기 위해 작성한 개요이다. 다음 개요의 수정·보완 및 자료 제시 방안으로 적절하지 않은 것은?

주제문 : _____㉠_____

Ⅰ. 처음 : 독서심리치료에 대한 관심의 증대

Ⅱ. 중간
  1. 독서심리치료의 방법
    (1) 독서심리치료의 유래
    (2) 독서심리치료의 개념
  2. 독서심리치료의 이론적 기초
    (1) 정신분석 이론
    (2) 사회학습 이론
  3. 독서심리치료의 과정
    (1) _____㉡_____
    (2) 참여자에게 필요한 정보를 제공
    (3) 참여자의 자발적인 해결을 유도
  4. 독서심리치료의 효과
    (1) 단기적 효과
    (2) 장기적 효과

Ⅲ. 끝 : 독서심리치료의 활성화

---

① ㉠은 '독서심리치료를 바르게 이해하고 활성화하자.'라는 내용으로 작성한다.

② Ⅰ에서 관련 신문 기사를 인용하여 흥미를 불러일으킨다.

③ 'Ⅱ-1'은 '독서심리치료의 정의'로 수정한다.

④ 'Ⅱ-2'의 하위 항목으로 '독서심리치료의 성공 사례'를 추가한다.

⑤ ㉡은 '참여자의 심리 상태를 진단'라는 내용으로 작성한다.

25 다음은 '세계화에 대한 우리의 자세'라는 제목으로 글을 쓰기 위해 작성한 개요이다. 빈칸에 들어갈 내용으로 가장 적절한 것은?

제목 : 세계화에 대한 우리의 자세
Ⅰ. 서론 : 국제 사회의 현실
   1. 세계화는 피할 수 없는 현실이다.
   2. 각국은 화해와 공존의 필요성이 높아졌다.
   3. 가치의 다양성, 보편성의 시대가 도래했다.
Ⅱ. 본론
   1. 국제 사회에 대한 두 가지 태도
     (1) 소극적 태도 : 폐쇄적 세계관과 사대성
     (2) 적극적 태도 : 개방적 세계관과 주체성
   2. 과거 우리의 모습
     (1) 세계사로부터 소외되어 왔다.
     (2) 외래문화를 받아들이는 데 급급했다.
   3. 오늘날 우리의 모습
     (1) 국력의 신장으로 국제적 지위가 높아졌다.
     (2) 국제적 이슈의 방향을 결정하는 데 영향력이 커졌다.
   4. 세계화의 바람직한 방향
     (1) 국제 사회에 대한 책임 의식이 요구된다.
     (2) _____
Ⅲ. 결론 : 세계화에 대한 우리의 자세
   – 세계 시민으로서의 안목을 길러야 한다.

① 외국어 학습을 적극 권장한다.
② 미풍양속을 유지·발전시켜야 한다.
③ 혜택을 받은 만큼 돌려주어야 한다.
④ 우선 개인의 주체성을 확고히 다져야 한다.
⑤ 국가의 이익을 위해 방어적인 태도를 취해야 한다.

CHAPTER 03

독해

유형특징

☐ 글을 읽고 그 내용을 이해하는 능력을 평가하는 유형으로, 다양한 유형의 문제가 출제된다. 전공에 따라 생소할 수 있는 철학, 기술, 과학, 인문학, 역사 등 전문적인 내용이 제시문으로 출제되며, 최근 몇몇 기업에서는 기업 트렌드, 계열사별 뉴스 등을 제시문의 소재로 출제하는 경우도 있다.

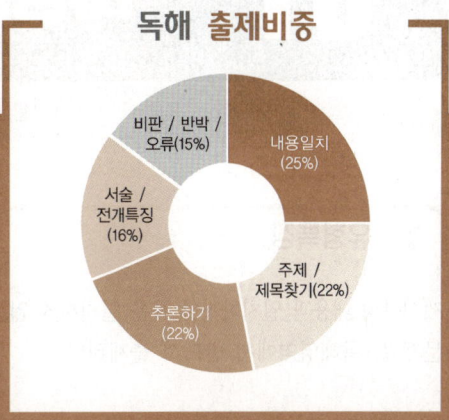

독해 출제비중

- 비판 / 반박 / 오류(15%)
- 내용일치(25%)
- 서술 / 전개특징(16%)
- 주제 / 제목찾기(22%)
- 추론하기(22%)

기업별 출제 세부 유형

구분	내용일치	주제 / 제목찾기	추론하기	비판 / 반박 / 오류	서술 / 전개특징
삼성	○		○	○	
LG	○	○	○	○	
SK	○	○	○	○	
CJ	○	○	○	○	
롯데	○	○	○		
포스코	○	○	○		○
KT	○	○	○		○
이랜드	○	○	○		○
두산	○	○	○		
현대자동차	○	○	○		
삼양					
GS					
오뚜기					
효성	○	○	○	○	○
LX	○	○	○	○	○
KCC	○	○	○	○	
S-OIL	○	○	○		
샘표식품	○	○	○	○	
엔씨소프트			○		
현대백화점	○	○	○	○	○

1 유형특징

제시문의 내용과 일치하거나 혹은 일치하지 않는 내용을 고르는 유형이다. 지원자의 내용 이해력을 요구하는 문제로, 독해영역에서 반드시 출제된다.

2 학습전략

• 글의 전체적인 내용을 이해한 후, 세부적인 내용을 분석하여 읽는 습관을 가진다.
 – 전체적인 글의 흐름 파악하기
  제시문을 대략적으로 살펴보는 방법으로, 주제, 구조, 목적을 파악하고 핵심어는 간단하게 표시한다.
 – 세부적인 내용 파악하기
  내용 일치 유형이기 때문에 제시문에 사실적으로 드러나 있는 요소들을 확인하면서 글의 세부적인 부분을 꼼꼼하고 자세하게 읽는다. 글에 해당하는 자신만의 질문을 만들며 읽는 것도 좋다.

3 실전전략

• 제시문에서 접할 수 있는 핵심어 중심으로 선택지를 체크한다.
• 선택지에 체크한 핵심어와 관련된 내용이 어디에 나오는지 파악하며 글의 내용과 비교한다.

4 대표유형

다음 글의 내용으로 적절한 것은?

인류가 남긴 수많은 미술 작품을 살펴보다 보면 다양한 동물들이 등장하고 있음을 알 수 있다. 미술 작품 속에 등장하는 동물에는 일상에서 흔히 접할 수 있는 개나 고양이, 꾀꼬리 등도 있지만 해태나 봉황 등 인간의 상상에서 나온 동물도 적지 않음을 알 수 있다.

미술 작품에 등장하는 동물은 그 성격에 따라 나누어 보면 종교적·주술적인 동물, 신을 위한 동물, 인간을 위한 동물로 구분할 수 있다. 물론 이 구분은 엄격한 것이 아니므로 서로의 개념을 넘나들기도 하며, 여러 뜻을 동시에 갖기도 한다. 종교적·주술적인 성격의 동물은 가장 오랜 연원을 가진 것으로, 사냥 미술가들의 미술에 등장하거나 신앙을 목적으로 형성된 토템 등에서 확인할 수 있다. 여기에 등장하는 동물들은 대개 초자연적인 강대한 힘을 가지고 인간 세계를 지배하거나 수호하는 신적인 존재이다. 인간의 이지가 발달함에 따라 이들의 신적인 기능은 점차 감소하여, 결국 이들은 인간에게 봉사하는 존재로 전락하고 만다.

동물은 절대적인 힘을 가진 신의 위엄을 뒷받침하고 신을 도와 치세(治世)의 일부를 분담하기 위해 이용되기도 한다. 이 동물들 역시 현실 이상의 힘을 가지며 신성시되는 것이 보통이지만, 이는 어디까지나 신의 권위를 강조하기 위한 것에 지나지 않는다. 이들은 신에게 봉사하기 위해서 많은 동물 중에서 특별히 선택된 것들이다. 그리하여 그 신분에 알맞은 모습으로 조형화되었다.

① 미술 작품 속에는 일상에서 흔히 접할 수 있는 개나 고양이, 꾀꼬리 등이 주로 등장하고, 해태나 봉황 등은 찾아보기 어렵다.

② 미술 작품에 등장하는 동물은 성격에 따라 종교적·주술적인 동물, 신을 위한 동물, 인간을 위한 동물로 엄격하게 구분한다.

③ 종교적·주술적 성격의 동물은 초자연적인 강대한 힘으로 인간 세계를 지배하거나 수호하는 신적인 존재로 나타난다.

④ 인간의 이지가 발달함에 따라 신적인 기능이 감소한 종교적·주술적 동물은 신에게 봉사하는 존재로 전락한다.

⑤ 신의 위엄을 뒷받침하고 신을 도와 치세의 일부를 분담하기 위해 이용되는 동물은 별다른 힘을 지니지 않는다.

5 정답 및 해설

정답 ③

해설

제시문의 두 번째 문단에 따르면, 종교적·주술적 성격의 동물은 대개 초자연적인 강대한 힘을 가지고 인간 세계를 지배하거나 수호하는 신적인 존재이다.

6 실전 노하우!

❶ 제시문에서 접할 수 있는 핵심어 중심으로 선택지를 체크한다.
① 미술 작품 속에는 일상에서 흔히 접할 수 있는 개나 고양이, 꾀꼬리 등이 주로 등장하고, 해태나 봉황 등은 찾아보기 어렵다.
② 미술 작품에 등장하는 동물은 성격에 따라 종교적·주술적인 동물, 신을 위한 동물, 인간을 위한 동물로 엄격하게 구분한다.
③ 종교적·주술적 성격의 동물은 초자연적인 강대한 힘으로 인간 세계를 지배하거나 수호하는 신적인 존재로 나타난다.
④ 인간의 이지가 발달함에 따라 신적인 기능이 감소한 종교적·주술적 동물은 신에게 봉사하는 존재로 전락한다.
⑤ 신의 위엄을 뒷받침하고 신을 도와 치세의 일부를 분담하기 위해 이용되는 동물은 별다른 힘을 지니지 않는다.

❷ 선택지에 체크한 핵심어와 관련된 내용이 어디에 나오는지 파악하며 글의 내용과 비교한다.
• 첫 번째 문단

> … 미술 작품 속에 등장하는 동물에는 일상에서 흔히 접할 수 있는 개나 고양이, 꾀꼬리 등도 있지만 ① 해태나 봉황 등 인간의 상상에서 나온 동물도 적지 않음을 알 수 있다. …

• 두 번째 문단

> … ② 물론 이 구분은 엄격한 것이 아니므로 서로의 개념을 넘나들기도 하며, 여러 뜻을 동시에 갖기도 한다. … 여기에 등장하는 동물들은 ③ 대개 초자연적인 강대한 힘을 가지고 인간 세계를 지배하거나 수호하는 신적인 존재이다. 인간의 이지가 발달함에 따라 이들의 신적인 기능은 점차 감소하여, 결국 이들은 ④ 인간에게 봉사하는 존재로 전락하고 만다.

• 세 번째 문단

> … ⑤ 이 동물들 역시 현실 이상의 힘을 가지며 신성시되는 것이 보통이지만, 이는 어디까지나 신의 권위를 강조하기 위한 것에 지나지 않는다. …

1 유형특징

제시문을 읽고 분석적으로 이해하여 글의 주제 및 핵심 논지를 파악하는 유형으로, 글의 주제 및 제목 찾기, 중심 내용 찾기, 두 글의 공통 주제 찾기, 핵심어 찾기 등이 출제된다.

2 학습전략

• 글을 읽을 때 단락별로 중심 내용을 정리하고, 종합하여 전체 주제를 찾는 연습을 한다. 이때 문제의 핵심에서 벗어나지 않도록 주의해야 한다.
 – 중심 내용 파악 : 글에서 반복된 핵심어를 중심으로 전달하고자 하는 내용을 파악한다.
 – 글의 주제 파악 : 핵심어를 토대로 글을 읽으며, 중심 화제 및 주제를 파악한다.

> **합격더하기**
>
> **중심 화제 파악하는 방법**
> ① 첫 문장을 확인한다.
>   첫 문장에는 중심 화제가 제시되어 있을 뿐만 아니라, 앞으로 전개될 글의 방향을 제시하는 경우가 많다.
> ② 접속어를 확인한다.
>   '그러나, 결국, 따라서, 그러므로' 등과 같은 접속어가 있다면 이어지는 문장이 중심 화제일 가능성이 높다.
> ③ 자문자답(自問自答) 형식은 주의 깊게 본다.
>   스스로 묻고 스스로 대답을 할 때는 뜻을 강조할 목적으로 사용된다.
> ④ 용어의 '정의'가 내려진 경우를 확인한다.
>   용어의 '정의'가 내려진 경우에는 그 '정의'가 중심 화제인 경우가 많다.

3 실전전략

• 글 전체의 자연스러운 흐름을 파악하기보다는, 중심 화제 및 주제를 파악하는 것이 핵심이다. 글 또는 각 문단의 앞과 뒤를 읽고 중심 내용을 파악한다.
• 선택지 중 세부적인 내용을 다루고 있는 것은 정답에서 제외시킨다.
• 실제 시험에서는 정해진 시간 안에 문제를 풀어야 한다. 따라서 글을 빠르게 읽으면서 전체 흐름을 파악하고, 어느 한 부분의 내용이 아닌 전체 글을 아우르는 것으로 답을 선택해야 한다.

다음 글의 제목으로 가장 적절한 것은?

'노블레스 오블리주(Noblesse Oblige)'는 높은 지위에 맞는 도덕적 의무감을 일컫는 말이다. 높든 낮든 사람들은 모두 지위를 가지고 이 사회를 살아가고 있다. 그러나 '노블레스 오블리주'는 '높은 지위'를 강조하고, 그것도 사회를 이끌어 가는 지도층에 속하는 사람들의 지위를 강조한다. 지도층은 '엘리트층'이라고도 하고 '상층'이라고도 한다. 부정적 의미로는 '지배층'이라고도 한다. '노블레스 오블리주'는 지도층의 지위에 맞는 도덕적 양심과 행동을 이르는 말로, 사회의 중요 덕목으로 자주 인용된다.

그렇다면 지도층만 도덕적 의무감이 중요하고 일반 국민의 도덕적 의무감은 중요하지 않다는 말인가? 물론 그럴 리도 없고 그렇지도 않다. 도덕적 의무감은 지위가 높든 낮든 다 중요하다. '사회는 도덕 체계다.'라는 말처럼, 사회가 존속하고 지속되는 것은 기본적으로는 법 때문이 아니라 도덕 때문이다. 한 사회 안에서 수적으로 얼마 안 되는 '지도층'의 도덕성만이 문제 될 수는 없다. 화합하는 사회, 인간이 존중되는 사회는 국민 전체의 도덕성이 더 중요하다.

그런데도 왜 '노블레스 오블리주'인가? 왜 지도층만의 도덕적 의무감을 특히 중요시하는가? 이유는 명백하다. 우리식 표현으로는 윗물이 맑아야 아랫물이 맑기 때문이다. 서구식 주장으로는 지도층이 '도덕적 지표(指標)'가 되기 때문이다. 그런데 우리 식의 표현이든 서구식의 주장이든 이 두 생각이 사회에서 그대로 적용되는 것은 아니다. 사회에서는 위가 맑아도 아래가 부정한 경우가 비일비재(非一非再)하다. 또한 도덕적 실천에서는 지도층이 꼭 절대적 기준이 되는 것도 아니다. 완벽한 기준은 세상 어디에도 존재하지 않는다. 단지 건전한 사회를 만드는 데 어느 방법이 높은 가능성을 지니느냐, 어느 것이 효과적인 방법이냐만이 있을 뿐이다. 우리식 표현이든 서구식 생각이든 두 생각이 공통적으로 갖는 의미는 지도층의 도덕적 의무감이 일반 국민을 도덕 체계 속으로 끌어들이는 데 가장 효과적이며 효율적인 방법이라는 것에 있다. 그래서 '노블레스 오블리주'이다.

① 노블레스 오블리주의 정의
② 노블레스 오블리주의 한계
③ 노블레스 오블리주의 적용 범위
④ 노블레스 오블리주가 필요한 이유
⑤ 노블레스 오블리주의 장점과 단점

5 정답 및 해설   정답 ④

해설

제시문은 노블레스 오블리주의 개념을 정의한 후, 이러한 지도층의 도덕적 의무감을 특히 중요시하는 이유가 지도층이 도덕적 지표가 되어 건전한 사회를 만드는 데 효과적으로 기여하기 때문이라고 설명하고 있다.

❶ 글 또는 각 문단의 앞과 뒤를 읽고 중심 내용을 파악한다.
- 첫 번째 문단 : 노블레스 오블리주는 높은 지위, 즉 지도층의 도덕적 양심과 행동을 의미한다.
- 두 번째 문단 : 지도층뿐이 아닌 국민 전체의 도덕성이 더 중요하다.
- 세 번째 문단 : 노블레스 오블리주가 중요한 이유는 지도층의 도덕적 의무감이 일반 국민을 도덕 체계 속으로 이끄는 데 가장 효과적이기 때문이다.
- 글 전체의 주제 : 노블레스 오블리주는 건전한 사회를 만드는 데 가장 효율적인 방법이다.

❷ 선택지 중 세부적인 내용을 다루고 있는 것은 정답에서 제외한다.
①·③은 부분적인 내용이므로 전체를 포괄하지 못하며, ②·⑤는 글에서 언급하고 있지 않다.

PART 1

1 유형특징

세부적인 내용부터 글의 이해 / 심화, 글쓴이의 주장 / 의도, 이어질 내용 추론하기 등 글에 나온 정보를 바탕으로 조건에 맞게 추론하는 유형이다. 다른 유형에 비해 지원자들이 꽤 까다롭다고 느끼는 유형으로, 최근 출제 빈도가 높아지고 있다.

2 학습전략

• 글 속에 존재하는 의도, 목적, 관점, 태도 등을 확인하며 읽는 연습을 한다. 단, 문제의 핵심에서 벗어나지 않도록 주의하며 읽는다.

합격더하기

해석적 읽기
직접 드러나지 않는 내용을 밝혀내며 읽는 방법으로, 비유와 상징, 암시적으로 표현된 어구의 의미나 내용 추론, 글의 구조와 주제 파악 등을 생각하며 읽는다.
• 문맥적 단서, 배경 지식을 활용하여 추론하며 읽기
• 필자의 의도, 목적, 관점, 태도 등을 생각하며 읽기
• 표현 방식이나 문체를 통한 필자의 태도, 관점 등을 추론하며 읽기
• 글의 전개 흐름에 따라 추론하며 읽기

3 실전전략

• 문제에서 제시하는 추론 유형이 어떤 형태인지 파악한 후 문제를 해결한다.
  – 글쓴이의 주장 / 의도를 추론하는 유형

    글에 나타난 주장, 근거, 논증 방식을 파악하는 유형으로, 주장의 타당성을 평가하여 글쓴이의 관점을 이해하며 읽는다. 글쓴이의 관점을 파악하는 추론적 독해는 글에서 다루고 있는 중심 화제 및 주제를 파악하여 푼다.
  – 세부적인 내용을 추론하는 유형

    주어진 선택지를 먼저 읽고 제시문을 읽으면서 답이 아닌 선택지를 지워나가는 방법이 효율적이며, 선택지의 핵심어를 통해 글의 주제·구조·세부적인 내용을 유추한 후, 글에 제시된 정보·흐름·문단 간의 관계를 고려하며 읽는다.

• 글쓴이의 '주장 / 의도 추론 유형'은 '주제 / 제목 찾기 유형'과, '세부적인 내용 추론 유형'은 '내용일치'의 해결법과 비슷하다. 다만, 추론의 과정에서 자신의 배경지식이 아니라 반드시 제시문의 내용에 근거해야 한다.

4 대표유형

다음 글을 읽고 추론할 수 있는 내용으로 적절하지 않은 것은?

영국의 경제학자 맬서스는 『인구론』에서 인구는 기하급수적으로 증가하지만 식량은 산술급수적으로 증가한다고 주장했다. 먹지 않고 살 수 있는 인간은 없는 만큼, 이것이 사실이라면 어떤 방법으로든 인구 증가는 억제될 수밖에 없다. 그 어떤 방법에 포함되는 가장 유력한 항목이 바로 기근, 전쟁, 전염병이다. 식량이 부족해지면 사람들이 굶어 죽거나, 병들어 죽게 된다는 것이다. 이런 불행을 막으려면 인구 증가를 미리 억제해야 한다. 따라서 맬서스의 이론은 사회적 불평등을 해소하려는 모든 형태의 이상주의 사상과 사회운동에 대한 유죄 선고 판결문이었다. 맬서스가 보기에 인간의 평등과 생존권을 옹호하는 모든 사상과 이론은 '자연법칙에 위배되는 유해한' 것이었다. 사회적 불평등과 불공정을 비판하는 이론은 존재하지 않는 자연법적 권리를 존재한다고 착각하는 데에서 비롯된 망상의 산물일 뿐이었다. 그러나 맬서스의 주장은 빗나간 화살이었다. 맬서스의 주장 이후 유럽 산업국 노동자의 임금은 자꾸 올라가 최저 생존 수준을 현저히 넘어섰지만 인구가 기하급수적으로 증가하지는 않았다. 그리고 '하루 벌어 하루 먹고사는 하류계급'은 성욕을 억제하지 못해서 임신과 출산을 조절할 수 없다고 했지만, 그가 그 이론을 전개한 시점에서 유럽 산업국의 출산율은 이미 감소하고 있었다.

① 맬서스에게 인구 증가는 국가 부흥의 증거이다.
② 맬서스는 인구 증가를 막기 위해 적극적인 억제방식을 주장하였다.
③ 맬서스는 사회구조를 가치 있는 상류계급과 가치 없는 하류계급으로 나눴을 것이다.
④ 맬서스는 대중을 빈곤에서 구해내는 방법을 찾는 데 열중했던 당대 진보 지식인과 사회주의자들에게 지탄받았을 것이다.
⑤ 맬서스의 주장은 비록 빗나가긴 했지만, 인구구조의 변화에 동반되는 사회현상을 관찰하고 그 원리를 논증했다는 점은 학문적으로 평가받을 부분이 있다.

해설

맬서스의 주장에 따르면 인구가 증가하면 식량이 부족해지고, 기근, 전쟁, 전염병으로 인구가 조절된다고 주장했기 때문에 ①의 주장은 맬서스와 반대된다.

오답분석

② 맬서스는 인구 증가에 따른 부작용을 막기 위해 인구 증가를 미리 억제해야 한다고 주장한 점에서 맬서스의 인구 억제방식은 적극적임을 알 수 있다.

③ 맬서스는 '하루 벌어 하루 먹고사는 하류계급'으로 노동자를 언급했으며, 또한 하류계급은 '성욕을 참지 못한다.'고 극단적으로 표현한 점을 봐서 상류계급과 하류계급으로 사회구조를 봤음을 유추할 수 있다.

④ 맬서스는 인간의 평등과 생존권을 옹호하는 모든 사상과 이론은 '자연법칙에 위배되는 유해한' 것이라고 주장했기 때문에 당대 대중의 빈곤을 위해 노력했던 사람들에게 지탄받았을 것임을 유추할 수 있다.

⑤ 맬서스의 주장은 비록 극단적인 편견으로 가득 찬 빗나간 화살이었지만, 인구구조의 변화와 그 사회현상을 새로운 시각으로 접근했다는 점에서 학문적으로 평가받을 수 있다.

6 실전 노하우!

❶ 문제에서 제시하는 추론 유형이 어떤 형태인지 파악한 후 문제를 해결한다.

세부적인 내용을 추론하는 유형이다. 따라서 주어진 선택지의 핵심어를 파악한 후, 글 전체의 내용을 추론해 본다.

① 맬서스에게 인구 증가는 국가 부흥의 증거이다.

② 맬서스는 인구 증가를 막기 위해 적극적인 억제방식을 주장하였다.

③ 맬서스는 사회구조를 가치 있는 상류계급과 가치 없는 하류계급으로 나눴을 것이다.

④ 맬서스는 대중을 빈곤에서 구해내는 방법을 찾는 데 열중했던 당대 진보 지식인과 사회주의자들 사이에서 지탄받았을 것이다.

⑤ 맬서스의 주장은 비록 빗나가긴 했지만, 인구구조의 변화에 동반되는 사회현상을 관찰하고 그 원리를 논증했다는 점은 학문적으로 평가받을 부분이 있다.

❷ 문단을 읽으며 선택지에서 정답을 고른다. 단, 추론의 과정은 자신의 배경지식이 아니라 반드시 제시문의 내용에 근거해야 한다.

> 맬서스는 『인구론』에서 ① 인구는 기하급수적으로 증가하지만 식량은 산술급수적으로 증가한다고 주장했다. 먹지 않고 살 수 있는 인간은 없는 만큼, 이것이 사실이라면 어떤 방법으로든 인구 증가는 억제될 수밖에 없다. 그 어떤 방법에 포함되는 가장 유력한 항목이 바로 기근, 전쟁, 전염병이다. 식량이 부족해지면 사람들이 굶어 죽거나, 병들어 죽게 된다는 것이다. 이런 불행을 막으려면 ② 인구 증가를 미리 억제해야 한다. 따라서 ④ 맬서스의 이론은 사회적 불평등을 해소하려는 모든 형태의 이상주의 사상과 사회운동에 대한 유죄 선고 판결문이었다. 맬서스가 보기에 인간의 평등과 생존권을 옹호하는 모든 사상과 이론은 '자연법칙에 위배되는 유해한' 것이었다. 사회적 불평등과 불공정을 비판하는 이론은 존재하지 않는 자연법적 권리를 존재한다고 착각하는 데에서 비롯된 망상의 산물일 뿐이었다. 그러나 맬서스의 주장은 빗나간 화살이었다. 맬서스의 주장 이후 유럽 산업국 노동자의 임금은 자꾸 올라가 최저 생존 수준을 현저히 넘어섰지만 인구가 기하급수적으로 증가하지는 않았다. 그리고 ③ '하루 벌어 하루 먹고사는 하류계급'은 성욕을 억제하지 못해서 임신과 출산을 조절할 수 없다고 했지만, 그가 그 이론을 전개한 시점에서 유럽 산업국의 출산율은 이미 감소하고 있었다.

⑤ 맬서스의 주장은 비록 극단적인 편견으로 가득하였고, 예측은 빗나갔지만, 인구구조의 변화와 그 사회현상에 대한 새로운 이론을 펼친 것에 대해서는 학문적으로 평가할 수 있음을 추론할 수 있다.

1 유형특징

제시문의 내용이나 글에 제시된 주장을 바탕으로 비판 및 반론을 하거나 논리적 오류를 판단하는 유형으로, 비판하기, 주장에 대한 반박, 제시문에 적용된 오류 찾기, 문제 제기 등이 출제된다.

2 학습전략

• 사설, 칼럼 등 글쓴이의 주장이 뚜렷하게 드러나는 글을 읽으면서 비판적 사고를 기른다. 다양한 관점에 대한 이해를 바탕으로 표현의 정확성, 객관성, 적절성 등을 판단한다.
  – 글을 읽으며 글쓴이의 주장에 논리적인 오류나 반박 가능성이 있는지 본다.
  – 주장에 대한 근거가 올바른지 판단한다.
  – 제시문의 논점을 정확히 파악하고, 글이 서술하고 있는 범위 안에서 주장에 대해 반박한다.
  – 글의 세세한 부분이 아닌, 전체적인 흐름을 반박한다.

3 실전전략

• 주장, 관점, 의도, 근거 등 문제를 풀기 위한 글의 핵심을 파악한다.
• 글의 주장 및 근거의 어색한 부분을 찾아 반박할 주장과 근거를 생각해본 후, 문제의 조건에 맞게 해결한다.

4 대표유형

다음 글의 주장에 대한 비판으로 가장 적절한 것은?

사회 현상을 볼 때는 돋보기로 세밀하게, 그리고 때로는 멀리 떨어져서 전체 속에 어떻게 위치하고 있는가를 동시에 봐야 한다. 숲과 나무는 서로 다르지만 따로 떼어 생각할 수 없기 때문이다. 현대 사회 현상의 최대 쟁점인 과학 기술에 대해 평가할 때도 마찬가지이다. 로봇 탄생의 숲을 보면 그 로봇 개발에 투자한 사람과 로봇을 개발한 사람들의 의도가 드러나고 나무인 로봇을 세밀히 보면 그 로봇이 생산에 이용되는지 아니면 감옥의 죄수들을 감시하기 위한 것인지 그 용도를 알 수가 있다. 이 광범한 기술의 성격을 객관적이고 물질적이어서 가치관이 없다고 쉽게 생각하면 로봇에 당하기 십상이다.

자동화는 자본주의의 실업을 늘려 실업자에 대해 생계의 위협을 가하는 측면뿐 아니라, 기존 근로자에 대한 감시를 더욱 효율적으로 해내는 역할도 수행한다. 자동화를 적용하는 기업 측에서는 자동화가 인간의 삶을 증대시키는 이미지로 일반 사람들에게 인식되기를 바란다. 그래야 자동화 도입에 대한 노동자의 반발을 무마하고 기업가의 구상을 관철할 수 있기 때문이다. 그러나 자동화나 기계화 도입으로 인해 실업을 두려워하고, 업무 내용이 바뀌는 것을 탐탁해하지 않았던 유럽의 노동자들은 자동화 도입에 대해 극렬히 반대했던 경험들을 갖고 있다.

지금도 자동화·기계화는 좋은 것이라는 고정관념을 가진 사람들이 많고, 현실에서 이러한 고정관념이 가져오는 파급 효과는 의외로 크다. 예를 들어 은행에 현금을 자동으로 세는 기계가 등장하면 은행원들이 현금을 세는 작업량은 줄어든다. 손님들도 기계가 현금을 재빨리 세는 것을 보고 감탄하면서 행원이 세는 것보다 더 많은 신뢰를 보낸다. 그러나 현금 세는 기계의 도입에는 이익 추구라는 의도가 숨어 있다. 현금 세는 기계는 행원의 수고를 덜어 준다. 그러나 현금 세는 기계를 들여옴으로써 실업자가 생기고 만다. 사람이 잘만 이용하면 잘 써먹을 수 있을 것만 같은 기계가 엄청나게 혹독한 성품을 지닌 프랑켄슈타인으로 돌변하는 것이다.

자동화와 정보화를 추진하는 핵심 조직이 기업이란 것에서도 알 수 있듯이 기업은 이윤 추구에 도움이 되지 않는 행위는 무가치하다고 판단한다. 그러므로 자동화는 그 계획 단계에서부터 기업의 의도가 스며들어가 탄생한다. 또한 그 의도대로 자동화나 정보화가 진행되면, 다른 한편으로 의도하지 않은 결과를 초래한다. 자동화와 같은 과학 기술이 풍요를 생산하는 수단이라고 생각하는 것은 하나의 고정관념에 불과하다.

채플린이 제작한 영화 『모던 타임즈』에 나타난 것처럼 초기 산업화 시대에는 기계에 종속된 인간의 모습이 가시적으로 드러날 수밖에 없었다. 그래서 이러한 종속에 저항하고자 하는 인간의 노력도 적극적인 모습을 보였다. 그러나 현대의 자동화기기는 그 첨병이 정보 통신기기로 바뀌면서 문제는 질적으로 달라진다. 무인 생산까지 진전된 자동화나 정보 통신화는 인간에게 단순노동을 반복시키는 그런 모습을 보이지 않는다. 그래서인지는 몰라도 정보 통신은 별 무리 없이 어느 나라에서나 급격하게 개발·보급되고 보편화되어 있다. 그런데 문제는 이 자동화기기가 생산에만 이용되는 것이 아니라, 노동자를 감시하거나 관리하는 데도 이용될 수 있다는 것이다. 오히려 정보 통신의 발달로 이전보다 사람들은 더 많은 감시와 통제를 받게 되었다.

① 화제와 관계 없는 주장을 끌어들여 논점을 흐리고 있다.
② 기업의 이윤 추구가 사회 복지 증진과 직결될 수 있음을 간과하고 있다.
③ 기계화·정보화가 인간의 삶의 질 개선에 기여하고 있음을 경시하고 있다.
④ 기계화를 비판하는 주장만 되풀이할 뿐, 구체적인 근거를 제시하지 않고 있다.
⑤ 현대의 기술 문명이 가져다 줄 수 있는 긍정적인 측면을 과장하여 강조하고 있다.

해설

제시문은 기계화·정보화의 긍정적인 측면보다는 부정적인 측면을 부각시키고 있다. 따라서 이 주장에 대한 비판으로 '기계화·정보화가 인간의 삶의 질 개선에 기여하고 있음을 경시하고 있다.'의 내용인 ③이 가장 적절하다.

6 실전 노하우!

❶ 주장, 관점, 의도, 근거 등 문제를 풀기 위한 글의 핵심을 파악한다.

- 주장
  기계화와 정보화의 발달은 인간의 삶의 질을 악화시킨다.
- 근거
  ① 자동화는 자본주의의 실업을 늘려 실업자에 대해 생계의 위협을 가하는 측면뿐 아니라, 기존 근로자에 대한 감시를 더욱 효율적으로 해내는 역할도 수행한다.
  ② 현금 세는 기계를 들여옴으로써 실업자가 생기고 만다. 사람이 잘만 이용하면 잘 써먹을 수 있을 것만 같은 기계가 엄청나게 혹독한 성품을 지닌 프랑켄슈타인으로 돌변하는 것이다.
  ③ 정보 통신의 발달로 이전보다 사람들은 더 많은 감시와 통제를 받게 되었다.

❷ 글의 주장 및 근거의 어색한 부분을 찾아 반박할 주장과 근거를 생각해본 후, 문제의 조건에 맞게 해결한다.

기계화와 정보화의 발달에 따른 삶의 질 향상이나 이득을 고려하지 않은 주장이다.

- 반박 주장
  기계화·정보화가 인간의 삶의 질 개선에 기여하고 있음을 경시하고 있는 주장이다. 생산이 자동화되고 정보화가 이뤄지면서 삶의 상당 부분이 편리해졌다.

1 유형특징

글의 서술 방식 또는 전개 방식에 대해 묻는 유형이다. 제시문의 세부적인 내용보다는 글이 어떤 식으로 전개되는지 파악하는 것이 중요하다. 논지 전개 방식, 서술 특징, 장르의 속성 등이 출제된다.

2 학습전략

• 글의 목적에 따라 서술 및 전개 방식이 다르므로, 글의 성격 및 주제를 토대로 사용된 전개 방식을 파악하며 읽는 연습을 한다.
  – 글 전체의 서술 대상과 문단별 핵심 정보를 파악하여 연결한다. 제시된 정보들을 구조화하여 파악하면 서술 방식이 확인 가능하다.

합격더하기

대표적인 논지 전개 방식
• 다양한 이론을 비교하여 논의를 전개한다.
• 핵심적인 개념을 제시한 후, 개념에 대한 분류를 바탕으로 주장을 전개한다.
• 구체적인 사례를 제시하여 주제에 대한 이해를 돕는다.
• 현실의 상황을 비판하고, 문제점을 지적한다.
• 현상이나 사실을 설명한 뒤, 내용을 용어로 정리하여 이해를 돕는다.
• 대조적인 입장을 모두 비판한 후, 타협점을 모색한다.
• 사건의 시간적 순서, 진행 과정을 나열한다.
• 객관적인 견해를 소개함으로써 자신의 주장을 정당화시킨다.
• 특수한 사례들에서 공통점을 찾은 후, 보편적 이론을 도출한다.

3 실전전략

• 선택지에서 제시한 서술 방식들을 분석하여 파악한다.
• 글의 단락별 핵심 내용 및 주제 등 단락별 특징을 통해 글의 전반적인 흐름, 전개 방식, 서술 방식을 파악하며 문제를 해결한다.

다음 글의 서술상 특징으로 가장 적절한 것은?

> 고객은 제품의 품질에 대해 나름의 욕구를 가지고 있다. 일본의 카노 노리아키 교수는 품질에 대한 고객의 욕구와 만족도를 설명하는 모형을 개발하였다. 카노는 일반적으로 고객이 세 가지 욕구를 가지고 있다고 하였다. 그는 그것을 각각 기본적 욕구, 정상적 욕구, 감동적 욕구라고 지칭했다.
>
> 기본적 욕구는 고객이 가지고 있는 가장 낮은 단계의 욕구로서, 그들이 구매하는 제품이나 서비스에 당연히 포함되어 있을 것으로 기대되는 특성들이다. 만약 이런 특성들이 제품이나 서비스에 결여되어 있다면, 고객은 예외 없이 크게 불만족스러워 한다. 그러나 기본적 욕구가 충족되었다고 해서 고객이 만족감을 느끼는 것은 아니다. 정상적 욕구는 고객이 직접 요구하는 욕구로서, 이 욕구가 충족되지 못하면 고객은 불만족스러워 한다. 그러나 이 욕구가 충족되면 될수록, 고객은 만족을 더 많이 느끼게 된다. 감동적 욕구는 고객이 지니고 있는 가장 높은 단계의 욕구로서, 고객이 기대하지는 않는 욕구이다. 감동적 욕구가 충족되면 고객은 큰 감동을 느끼지만, 충족되지 않아도 상관없다고 생각한다. 카노는 이러한 고객의 욕구를 확인하기 위해 설문지 조사법을 제안하였다.
>
> 세 가지 욕구와 관련하여 고객이 식당에 가는 상황을 생각해 보자. 의자와 식탁이 당연히 깨끗해야 한다고 생각하는 고객은 의자와 식탁이 깨끗하다고 해서 만족감을 느끼지는 않는다. 그러나 그렇지 않으면 그 고객은 크게 불만족스러워 한다. 한편 식탁의 크기가 적당해야 만족감을 느끼는 고객은 식탁이 좁으면 불만족스러워 한다. 그러나 자신의 요구로 식탁의 크기가 적당해지면 고객의 만족도는 높아진다. 여기에 더해 꼭 필요하지는 않지만, 식탁 위에 장미가 놓여 있으면 좋겠다고 생각하는 고객이 실제로 식탁 위에 장미가 놓여 있는 것을 보면, 단순한 만족 이상의 감동을 느낀다. 그러나 이런 것이 없다고 해서 그 고객이 불만족스러워 하지는 않는다.
>
> 제품이나 서비스에 대한 고객의 기대가 항상 고정적이지는 않다. 고객의 기대는 시간이 지남에 따라 바뀐다. 즉, 감동적 욕구를 충족시킨 제품이나 서비스의 특성은 시간이 지나면 정상적 욕구를 충족시키는 특성으로, 시간이 더 지나면 기본적 욕구만을 충족시키는 특성으로 바뀐다. 또한 고객의 욕구는 일정한 단계를 지닌다. 고객의 기본적 욕구를 충족시키지 못하는 제품은 고객의 정상적 욕구를 절대로 충족시킬 수 없다. 마찬가지로 고객의 정상적 욕구를 충족시키지 못하는 제품은 고객의 감동적 욕구를 충족시킬 수 없다.

① 구체적인 사례를 들어 독자의 이해를 돕고 있다.
② 대상의 변화 과정과 그것의 문제점을 언급하고 있다.
③ 개념 사이의 장단점을 비교하여 차이점을 부각하고 있다.
④ 화제와 관련한 질문을 통해 독자의 관심을 환기하고 있다.
⑤ 이론이 등장하게 된 사회적 배경을 구체적으로 소개하고 있다.

5 정답 및 해설

정답 ①

해설
품질에 대한 고객의 세 가지 욕구를 고객이 식당에 가는 상황이라는 구체적 사례를 들어 독자의 이해를 돕고 있다.

6 실전 노하우!

❶ 선택지에서 제시한 서술 방식들을 파악한다.

① 구체적인 사례를 들어 독자의 이해를 돕고 있다.

② 대상의 변화 과정과 그것의 문제점을 언급하고 있다.

③ 개념 사이의 장단점을 비교하여 차이점을 부각하고 있다.

④ 화제와 관련한 질문을 통해 독자의 관심을 환기하고 있다.

⑤ 이론이 등장하게 된 사회적 배경을 구체적으로 소개하고 있다.

❷ 글의 단락별 핵심 내용 및 주제 등 단락별 특징을 통해 글의 전반적인 흐름, 전개 방식, 서술 방식을 파악하며 문제를 해결한다.

• 첫 번째 문단 : 카노가 지칭한 고객의 세 가지 욕구(기본적 욕구, 정상적 욕구, 감동적 욕구) 소개

• 두 번째 문단 ~ 세 번째 문단 : 기본적, 정상적, 감동적 욕구에 대한 설명과 그 예시

• 네 번째 문단 : 고객의 기대의 가변성과 욕구의 단계

01 다음 글의 주제로 가장 적절한 것은?

> 우유니 사막은 세계 최대의 소금사막이자 남아메리카 중앙부 볼리비아의 포토시주(州)에 위치한 소금 호수로, '우유니 소금사막' 혹은 '우유니 염지' 등으로 불린다. 지각변동으로 솟아오른 바다가 빙하기를 거쳐 녹으면서 거대한 호수가 생겨났다. 면적은 1만 2,000km²이며 해발고도 3,680m의 고지대에 위치한다. 배수되지 않는 지형적 특성 때문에 물이 고여 얕은 호수가 되었으며, 소금으로 덮인 수면 위에 푸른 하늘과 흰 구름이 거울처럼 투명하게 반사되어 관광지로도 이름이 높다. 소금층 두께는 얕게는 30cm부터 깊게는 100m 이상이며 호수의 소금 매장량은 약 100억 톤 이상이다. 우기인 12월에서 3월 사이에는 20 ~ 30cm의 물이 고여 얕은 염호를 형성하는 반면, 긴 건기 동안에는 표면뿐만 아니라 사막의 지하까지 증발한다. 특이한 점은 지역에 따라 호수의 색이 흰색, 적색, 녹색 등의 다른 빛깔을 띤다는 점이다. 이는 호수마다 쌓인 침전물의 색깔과 조류의 색깔이 다르기 때문이다. 또한 소금 사막 곳곳에서는 커다란 바위부터 작은 모래까지 한꺼번에 섞인 빙하성 퇴적물과 같은 빙하의 흔적들을 볼 수 있다.

① 우유니 사막의 기후와 식생
② 우유니 사막의 주민 생활
③ 우유니 사막의 자연지리적 특성
④ 우유니 사막 이름의 유래
⑤ 우유니 사막의 관광 상품 종류

02 다음 글의 중심 내용으로 가장 적절한 것은?

쇼펜하우어에 따르면 우리가 살고 있는 세계의 진정한 본질은 의지이며 그 속에 있는 모든 존재는 맹목적인 삶에의 의지에 의해서 지배당하고 있다. 쇼펜하우어는 우리가 일상적으로 또는 학문적으로 접근하는 세계는 단지 표상의 세계일 뿐이라고 주장하는데, 인간의 이성은 단지 이러한 표상의 세계만을 파악할 수 있을 뿐이다. 그에 따르면 존재하는 세계의 모든 사물은 우선적으로 표상으로서 드러나게 된다. 시간과 공간 그리고 인과율에 의해서 파악되는 세계가 나의 표상인데, 이러한 표상의 세계는 오직 나에 의해서, 즉 인식하는 주관에만 의해서 파악되는 세계이다. 쇼펜하우어에 따르면 이러한 주관은 모든 현상의 세계, 즉 표상의 세계에서 주인의 역할을 하는 '나'이다.

이러한 주관을 이성이라고 부를 수도 있는데, 이성은 표상의 세계를 이끌어가는 주인공의 역할을 하는 것이다. 그러나 쇼펜하우어는 여기서 한발 더 나아가 표상의 세계에서 주인의 역할을 하는 주관 또는 이성은 의지의 지배를 받는다고 주장한다. 즉, 쇼펜하우어는 이성에 의해서 파악되는 세계의 뒤편에는 참된 본질적 세계인 의지의 세계가 있으므로 표상의 세계는 제한적이며 표면적인 세계일 뿐 결코 이성에 의해서 또는 주관에 의해서 결코 파악될 수 없다고 주장한다. 오히려 그는 그동안 인간이 진리를 파악하는 데 최고의 도구로 칭송받던 이성이나 주관을 의지에 끌려다니는 피지배자일 뿐이라고 비판한다.

① 세계의 본질로서 의지의 세계
② 표상 세계의 극복과 그 해결 방안
③ 의지의 세계와 표상의 세계 간의 차이
④ 세계의 주인으로서 주관의 표상능력
⑤ 표상 세계 안에서의 이성의 역할과 한계

03 다음 글의 제목으로 가장 적절한 것은?

구비문학에서는 기록문학과 같은 의미의 단일한 작품 또는 원본이라는 개념이 성립하기 어렵다. 윤선도의 '어부사시사'와 채만식의 『태평천하』는 엄밀하게 검증된 텍스트를 놓고 이것이 바로 그 작품이라 할 수 있지만, '오누이 장사 힘내기' 전설이라든가 '진주 낭군' 같은 민요는 서로 조금씩 다른 구연물이 다 그 나름의 개별적 작품이면서 동일 작품의 변이형으로 인정되기도 하는 것이다. 이야기꾼은 그의 개인적 취향이나 형편에 따라 설화의 어떤 내용을 좀 더 실감 나게 손질하여 구연할 수 있으며, 때로는 그 일부를 생략 혹은 변경할 수 있다. 모내기할 때 부르는 '모노래'는 전승적 가사를 많이 이용하지만, 선창자의 재간과 그때그때의 분위기에 따라 새로운 노래 토막을 끼워 넣거나 일부를 즉흥적으로 개작 또는 창작하는 일도 흔하다.

① 구비문학의 현장성　　　　② 구비문학의 유동성
③ 구비문학의 전승성　　　　④ 구비문학의 구연성
⑤ 구비문학의 사실성

04 다음은 슈퍼푸드로 선정된 토마토를 소개하는 글이다. 각 문단의 제목으로 적절하지 않은 것은?

토마토는 우리말로 '일년감'이라 하며, 한자명은 남만시(南蠻柿)라고 한다. 우리나라에서는 토마토를 처음에는 관상용으로 심었으나 차츰 영양가가 밝혀지면서 밭에 재배하기 시작했고 식용으로 대중화되었다. 토마토는 가짓과에 속하는 일년생 반덩굴성 식물열매이며 원산지는 남미 페루이다. 16세기 초 콜럼버스가 신대륙을 발견한 즈음 유럽으로 건너가 스페인과 이탈리아에서 재배되기 시작했다. 우리나라에는 19세기 초 일본을 거쳐서 들어왔다고 추정되고 있다. 한때 미국에서 정부와 업자 사이에 '토마토가 과일이냐 채소냐'의 논란이 있었는데, 이에 대법원에서는 토마토를 채소로 판결했다. 어찌됐든 토마토는 과일과 채소의 두 가지 특성을 갖추고 있으며 비타민과 무기질 공급원으로 아주 우수한 식품이다. 세계적인 장수촌으로 알려진 안데스산맥 기슭의 빌카밤바(Vilcabamba) 사람들은 토마토를 많이 먹은 덕분으로 장수를 누렸다고 전해 오고 있다.

토마토에 함유된 성분에는 구연산, 사과산, 호박산, 아미노산, 루틴, 단백질, 당질, 회분, 칼슘, 철, 인, 비타민 A, 비타민 B1, 비타민 B2, 비타민 C, 식이섬유 등이 있다. 특히 비타민 C의 경우, 토마토 한 개에 하루 섭취 권장량의 절반가량이 들어 있다. 토마토가 빨간색을 띠는 것은 '카로티노이드'라는 식물 색소 때문인데, 특히 빨간 카로티노이드 색소인 라이코펜이 주성분이다. 라이코펜은 베타카로틴 등과 더불어 항산화 작용을 하는 물질이며, 빨간 토마토에는 대략 7 ~ 12mg의 라이코펜이 들어 있다.

파란 토마토보다 빨간 토마토가 건강에 더 유익하므로 완전히 빨갛게 익혀 먹는 것이 좋으며, 라이코펜이 많은 빨간 토마토를 그냥 먹을 경우 체내 흡수율이 떨어지므로 열을 가해 조리해서 먹는 것이 좋다. 열을 가하면 라이코펜이 토마토 세포벽 밖으로 빠져나와 우리 몸에 잘 흡수되기 때문이다. 실제 토마토 소스에 들어 있는 라이코펜의 흡수율은 생토마토의 5배에 달한다고 한다.

토마토의 껍질을 벗길 때는 끓는 물에 잠깐 담갔다가 건진 후 찬물에서 벗기면 손쉽게 벗길 수 있다. 잘 익은 토마토를 껍질을 벗기고 으깨 체에 밭쳐 졸인 것을 '토마토 퓨레(채소나 과일의 농축 진액)'라고 한다. 그리고 토마토 퓨레에 소금과 향신료를 조미한 것이 '토마토 소스'이며, 소스를 보다 강하게 조미하고 단맛을 낸 것이 '토마토 케첩'이다. 토마토의 라이코펜과 지용성 비타민은 기름에 익힐 때 흡수가 잘 되므로 기름에 볶아 푹 익혀서 퓨레 상태로 만들면 편리하다. 마늘과 쇠고기를 다져서 올리브유에 볶다가 적포도주 조금, 그리고 토마토 퓨레를 넣으면 토마토 소스가 된다. 토마토 소스에 파스타나 밥을 볶으면 쉽게 맛을 낼 수 있다.

그런데 토마토와 같이 산(酸)이 많은 식품을 조리할 때는 단시간에 조리하거나 스테인리스 스틸 재질의 조리 기구를 사용해야 한다. 알루미늄제 조리 기구를 사용하게 되면 알루미늄 성분이 녹아 나올 수 있기 때문이다. 세계보건기구(WHO)는 지난 1997년 알루미늄에 대해 신체 과다 노출 시 구토, 설사, 메스꺼움 등을 유발할 수 있다고 경고한 바 있다.

① 첫 번째 문단 : 토마토가 우리에게 오기까지
② 두 번째 문단 : 토마토의 다양한 성분
③ 세 번째 문단 : 토마토를 건강하게 먹는 방법
④ 네 번째 문단 : 토마토가 사랑받는 이유
⑤ 다섯 번째 문단 : 토마토를 조리할 때의 주의사항

※ 다음 글의 내용으로 가장 적절한 것을 고르시오. [5~6]

05

우리는 '재활용'이라고 하면 생활 속에서 자주 접하는 종이, 플라스틱, 유리 등을 다시 활용하는 것만을 생각한다. 하지만, 에너지 또한 재활용할 수 있다고 한다.

에너지는 우리가 인지하지 못하는 일상생활 속 움직임을 통해 매 순간 생겨나고 또 사라진다. 문제는 이렇게 생겨나고 또 사라지는 에너지의 양이 적지 않다는 것이다. 이처럼 버려지는 에너지를 수집해 우리가 사용할 수 있도록 하는 기술이 에너지 하베스팅이다.

에너지 하베스팅은 열, 빛, 운동, 바람, 진동, 전자기 등 주변에서 버려지는 에너지를 모아 전기를 얻는 기술을 의미한다. 이처럼 우리 주변에 존재하는 청정에너지를 반영구적으로 사용하기 때문에 공급의 안정성·보안성·지속 가능성이 높고, 이산화탄소를 배출하는 화석연료를 사용하지 않기 때문에 환경공해를 줄일 수 있어 친환경 에너지 활용 기술로도 각광받고 있다.

이처럼 에너지원의 종류가 많은 만큼, 에너지 하베스팅의 유형도 매우 다양하다. 체온·정전기 등 신체의 움직임을 이용하는 신체에너지 하베스팅, 태양광을 이용하는 광에너지 하베스팅, 진동이나 압력을 가해 이용하는 진동에너지 하베스팅, 산업 현장에서 발생하는 수많은 폐열을 이용하는 열에너지 하베스팅, 방송전파나 휴대전화 전파 등의 전자파에너지를 이용하는 전자파에너지 하베스팅 등이 폭넓게 개발되고 있다.

영국의 어느 에너지기업은 사람의 운동 에너지를 전기에너지로 바꾸는 기술을 개발했다. 사람이 많이 다니는 인도 위에 버튼식 패드를 설치하여 사람이 밟을 때마다 전기가 생산되도록 하는 것이다. 이 장치는 2012년 런던올림픽에서 테스트를 한 이후 현재 영국의 12개 학교 및 미국 뉴욕의 일부학교에서 설치하여 활용 중이다.

이처럼 전 세계적으로 화석연료에서 신재생에너지로 전환하려는 노력이 계속되고 있는 만큼, 에너지 전환 기술인 에너지 하베스팅에 대한 관심은 계속 될 것이며 다양한 분야에 적용될 것으로 예상하고 있다.

① 재활용은 유체물만 가능하다.
② 에너지 하베스팅은 버려진 에너지를 또 다른 에너지로 만든다.
③ 에너지 하베스팅을 통해 열, 빛, 전기 등 여러 에너지를 얻을 수 있다.
④ 태양광과 폐열은 같은 에너지원에 속한다.
⑤ 사람의 운동에너지를 전기에너지로 바꾸는 기술은 사람의 체온을 이용한 신체에너지 하베스팅 기술이다.

식수오염의 방지를 위해서 빠른 시간 내 식수의 분변오염 여부를 밝히고 오염의 정도를 확인하기 위한 목적으로 지표생물의 개념을 도입하였다. 병원성 세균, 바이러스, 원생동물, 기생체 소낭 등과 같은 병원체를 직접 검출하는 것은 비싸고 시간이 오래 걸릴 뿐 아니라 숙달된 기술을 요구하지만, 지표생물을 이용하면 이러한 문제를 많이 해결할 수 있다.

식수가 분변으로 오염되어 있다면 분변에 있는 병원체 수와 비례하여 존재하는 비병원성 세균을 지표생물로 이용한다. 이에 대표적인 것은 대장균이다. 대장균은 그 기원이 전부 동물의 배설물에 의한 것이므로, 시료에서 대장균의 균체 수가 일정 기준보다 많이 검출되면 그 시료에는 인체에 유해할 만큼의 병원체도 존재한다고 추정할 수 있다. 그러나 온혈동물에게서 배설되는 비슷한 종류의 다른 세균들을 배제하고 대장균만을 측정하기는 어렵다. 그렇기 때문에 대장균이 속해 있는 비슷한 세균군을 모두 검사하여 분변오염 여부를 판단하고, 이 세균군을 총대장균군이라고 한다.

총대장균군에 포함된 세균이 모두 온혈동물의 분변에서 기원한 것은 아니지만, 온혈동물의 배설물을 통해서도 많은 수가 방출되고 그 수는 병원체의 수에 비례한다. 염소 소독과 같은 수질 정화과정에서도 병원체와 유사한 저항성을 가지므로 식수, 오락 및 휴양 용수의 수질 결정에 좋은 지표이다. 지표생물로 사용하는 또 다른 것은 분변성 연쇄상구균군이다. 이는 대장균을 포함하지는 않지만, 사람과 온혈동물의 장에 흔히 서식하므로 물의 분변오염 여부를 판정하는 데 이용된다. 이들은 잔류성이 높고 장 밖에서는 증식하지 않기 때문에 시료에서도 그 수가 일정하게 유지되어 좋은 상수소독 처리지표로 활용된다.

① 수질 정화과정에서 총대장균군은 병원체보다 높은 생존율을 보인다.
② 채취된 시료 속의 총대장균군의 세균 수와 병원체 수는 비례하여 존재한다.
③ 지표생물을 검출하는 것은 병원체를 직접 검출하는 것보다 숙달된 기술을 필요로 한다.
④ 분변성 연쇄상구균군은 시료 채취 후 시간이 지남에 따라 시료 안에서 증식하여 정확한 오염지표로 사용하기 어렵다.
⑤ 총대장균군에 포함된 세균은 모두 온혈동물의 분변에서 기원한 것으로 본다.

07 다음 글의 내용으로 적절하지 않은 것은?

옛날 해전은 대개 적함에 나란히 기대어 적함으로 넘어가 칼싸움을 하는 전술로, 로마 해군은 이를 위한 사다리까지 준비하고 다녔다. 이런 전술은 16세기 유럽은 물론 전 세계 어디에서나 가장 흔한 전법이었다. 물론 왜군도 당연히 이런 전법을 썼는데, 『중종실록』에 "왜적이 칼을 빼어 들고 배 안에 뛰어들면 맹사가 아무리 많아도 당해낼 수 없다."고 기록되어 있다. 또한 임진왜란 때 왜의 큰 전함인 대흑주에는 대포가 겨우 소구경 3문이 실린 반면, 일본도가 200자루나 실린 이유는 역시 왜 수군이 접전에 능하기 때문이다.

그러나 우리나라의 해전술은 주로 궁시(弓矢)에 의한 적선의 소각이 첫 번째 전법이었다. 따라서 우리 수군은 많은 함포를 사용했는데, 그 구경도 왜의 것보다 커서 보통 90∼130mm 정도였다. 이 때문에 적이 우리 배에 올라오지 못하게 하는 것이 중요했다. 따라서 고려 말에 뱃전에 칼을 꽂아 만든 검선이라든가 과선(戈船) 등이 나오게 된 것도 검술에 익숙지 못한 우리의 해군을 보호하고 2층의 높은 곳에서 활로 공격하기 위함이다. 따라서 적은 판옥선의 2층 높이에 오르기가 어렵고 반면에 판옥선의 입장에선 적을 내려다보며 공격할 수 있다.

이처럼 적의 장기인 접전을 막고 우리의 장기인 궁시에 의한 공격 효율을 높이기 위해 만들어진 것이 판옥선이다. 전통적인 궁술이 포격으로 발전하여 판옥선의 천자총통은 산탄 100발을 쏠 수도 있었다. 당연히 사정거리도 월등히 길어서 왜군의 조총이 대개 200m 사거리에 유효사거리 50m인 것에 비해 세종 때 기록을 보면 천자포가 1,500보, 지자포가 900보, 현자포가 800보 정도이다. 비교가 안 될 만큼 큰 것이다.

이처럼 판옥선은 우리의 장기인 궁술과 포격전을 유리하게 이끌기 위한 충분한 장소 제공과 적의 단병접전을 방지할 높은 보루의 역할을 할 판옥을 배 위에 만들어 적의 전술을 무용지물로 만들고 아군을 유리한 위치에서 싸울 수 있도록 만들었다.

① 판옥선은 많은 화포로 무장함과 동시에 함포도 월등히 컸으나, 사거리가 짧다는 단점이 있다.
② 우리나라의 해전술 특성상 적이 배에 올라타지 못하도록 하는 것이 중요했다.
③ 판옥선은 2층으로 만들어져 적군을 보다 유리한 위치에서 공격할 수 있었다.
④ 로마 해군과 왜 수군은 전쟁에서 비슷한 전술을 사용하였다.
⑤ 우리나라의 해전술은 궁시에서 포격으로 발전되었다.

08 다음 중 밑줄 친 ㉠과 ㉡에 대한 설명으로 적절하지 않은 것은?

> 지구 궤도를 도는 인공위성은 지구 중력의 변화, 태양으로부터 오는 작은 미립자와의 충돌 등으로 궤도도 변하고 자세도 변한다. 힘이 작용하여 운동 방향과 상태가 변하는 것이다. 뉴턴은 이를 작용 반작용 법칙으로 설명할 것이다.
>
> 한 물체가 다른 물체에 힘을 작용하면 그 힘을 작용한 물체에도 크기가 같고 방향은 반대인 힘이 동시에 작용한다는 것이 작용 반작용 법칙이다. 예를 들어 바퀴가 달린 의자에 앉아 벽을 손으로 밀면 의자가 뒤로 밀리는데, 사람이 벽을 미는 작용과 동시에 벽도 사람을 미는 반작용이 있기 때문이다. 이 법칙은 물체가 정지하고 있을 때나 운동하고 있을 때 모두 성립하며, 두 물체가 접촉하여 힘을 줄 때뿐만 아니라 서로 떨어져 힘이 작용할 때에도 항상 성립한다.
>
> 인공위성의 상태가 변하면 본연의 임무를 달성하기 위해 궤도와 자세를 바로잡아야 한다. 지구 표면을 관측하는 위성은 탐사 장비를 지구 쪽을 향하도록 자세를 고쳐야 하고, 인공위성에 전력을 제공하는 태양 전지를 태양 방향으로 끊임없이 조절해야 한다. 이때 위성의 궤도와 자세를 조절하는 방법도 모두 작용 반작용을 이용한다.
>
> 먼저 가장 간단한 방법은 로켓 엔진과 같은 추력기를 외부에 달아 이용하는 것이다. 추력기는 질량이 있는 물질인 연료를 뿜어내며 발생하는 작용과 반작용을 이용하여 위성을 움직인다. 위성에는 궤도를 수정하기 위한 주추력기 이외에 ㉠ 소형의 추력기가 각기 다른 세 방향(x, y, z축)으로 여러 개가 설치되어 있는데, 이를 이용해 자세를 수정하는 것이다. 문제는 10년이 넘게 사용할 위성에 자세제어용 추력기가 사용할 연료를 충분히 실을 수 없다는 것이다.
>
> 최근에는 ㉡ 반작용 휠을 이용한 방법도 사용되고 있다. 위성에는 추력기처럼 세 방향으로 설치된 3개의 반작용 휠이 있어 회전수를 조절하면 위성의 자세를 원하는 방향으로 맞출 수 있다. 위성 내부에 부착된 반작용 휠은 전기 모터에 휠을 달고, 돌리는 속도를 높여주거나 낮춰주어서 위성을 회전시켜 자세를 바꾼다. 일반적으로 물체가 한 방향으로 돌 때 그 반대 방향으로 똑같은 힘이 발생한다. 반작용 휠이 돌면 위성에는 반대 방향으로 도는 힘이 발생하는데, 이 힘을 이용하는 것이다. 다만 궤도 수정과 같은 위성의 위치 변경은 할 수 없다.
>
> 하지만 반작용 휠은 자세제어용 추력기를 이용하는 것보다 훨씬 유리하다. 추력기를 이용하려면 연료가 있어야 하고, 그만큼 쏘아 올려야 할 위성의 무게도 증가한다. 반작용 휠을 이용하는 경우, 필요한 것은 전기이며 태양 전지를 이용해 얼마든지 얻을 수 있다. 원리는 유사하지만 보다 경제적인 방식이 인공위성에서 사용되고 있다.

① ㉠은 위성의 외부에, ㉡은 내부에 설치된다.

② ㉠과 달리 ㉡은 물체의 회전 운동을 이용하고 있다.

③ ㉡과 달리 ㉠은 x, y, z축의 세 방향으로 설치되어 있다.

④ ㉡과 달리 ㉠을 작동하면 위성 전체의 질량이 변화한다.

⑤ ㉠과 ㉡은 모두 반작용을 이용해 위성의 자세를 제어한다.

09 다음 중 (가)와 (나)의 '이야기'가 가진 의미상의 차이로 가장 적절한 것은?

(가) '이야기하기'란 인간의 근원적인 욕망이라고 할 수 있다. 이야기는 인류의 역사와 함께 시작되었으며, 이야기를 가지지 않은 민족은 세계 어디에도 존재하지 않는다. 가장 오래된 이야기의 형태인 신화에는 고대의 인간이 이해하고 있는 대로의 세계관이 담겨 있다. 우리가 이야기하기를 멈추지 않는 것은 세계와 관계를 이루기 위해, 우리 삶을 현실에 조화시키기 위해서이다. 다시 말해 인간의 짧은 생애에서 이룰 수 있는 경험치는 한정되어 있으므로 우리는 보다 많은 체험을 통해 세상에 대한 이해를 넓히고자 끊임없이 이야기를 만들어내고 받아들이는 것이다. 이러한 맥락에서 오늘날 문화 콘텐츠는 대중들의 이야기에 대한 근원적인 욕망을 담아내는 포괄적인 장이라 할 만하다.

(나) 이야기라는 허구는 가능하면 현실을 닮아가고 실재에 가까워지려는 경향을 띤다는 것은 주지하는 바이지만, 동시에 그 역의 상황도 충분히 가정해 볼 수 있다. 미래학자 롤프 옌센이 주장하는 '드림 소사이어티'에서 사고 팔리는 것은 상품 자체가 아니라 상상력을 자극하는 이야기이다. 세계 대부분에서 삶의 물질적인 측면을 보다 많이 확보하려는 추세가 끝나가면서, 인간의 감성적인 측면에 대한 관심이 증가하고 있다는 것이다. 이인화는 스토리텔링에 대한 사회 각 분야의 광범위한 요구는 삶의 전체적 파악이 불가능해지는 인식론적 위기와 연관되어 있다고 주장했다. 정보의 홍수 앞에서 절망한 사람들은 논리적인 사유의 한계를 절감하고 단순한 정보보다는 사건을 겪은 사람의 경험을 통해 한번 걸러진 스토리를 원하게 된다는 것이다. 이야기가 마치 현실처럼 펼쳐지는 것은 문명의 발달과 첨단 과학 기술의 도움으로 현대에 이르러 더욱 효율적으로 실현되고 있지만, 현실이 점차 이야기화되는 현상도 오늘날 더욱 두드러지고 있다.

① (가)에서는 이야기의 근원적 측면을, (나)에서는 현실적 측면을 지적하고 있다.
② (가)에서는 이야기의 본능적 측면을, (나)에서는 해석적 측면을 강조하고 있다.
③ (가)에서는 이야기의 사실적 측면을, (나)에서는 허구적 측면을 강조하고 있다.
④ (가)에서는 이야기의 해석적 측면을, (나)에서는 감성적 측면을 강조하고 있다.
⑤ (가)에서는 이야기의 문맥적 측면을, (나)에서는 사회적 측면을 강조하고 있다.

10 다음 글에 이어지는 내용으로 가장 적절한 것은?

5세기 장수왕의 남하로 한강 유역을 빼앗긴 백제는 수도를 사비로 옮기고 국호를 남부여로 고친 뒤 고구려로부터 잃어버린 한강 유역을 되찾기 위해 신라와 연합했다. 551년 나제 동맹군은 고구려를 공격해 한강 유역을 차지했다. 그러나 신라의 제24대 임금인 진흥왕은 553년 백제와의 동맹을 일방적으로 파기하고 백제군을 급습해 한강 유역을 차지했다. 한강 유역은 황해를 통해 중국과 직접 교류할 수 있는 교두보이며, 고구려와 백제에 모두 압박을 가할 수 있는 전략적 요충지이다. 이를 시작으로 진흥왕은 건국 이후로 한반도 동쪽에 치우쳐 있던 신라의 영토를 크게 확장하는 데 성공했다.

① 한강 유역의 중요성
② 장수왕의 남하 정책
③ 백제 성왕의 전사
④ 진흥왕의 영토 확장
⑤ 가야 멸망

11 다음 글의 서술상 특징으로 가장 적절한 것은?

제2차 세계대전이 끝나고 나서 미국과 소련 및 그 동맹국들 사이에서 공공연하게 전개된 제한적 대결 상태를 냉전이라고 한다. 냉전의 기원에 대한 논의는 냉전이 시작된 직후부터 최근까지 계속 진행되었다. 이는 단순히 냉전의 발발 시기와 이유에 대한 논의만이 아니라, 그 책임 소재를 묻는 것이기도 하다. 그 연구의 결과를 편의상 세 가지로 나누어 볼 수 있다.

가장 먼저 나타난 전통주의는 냉전을 유발한 근본적 책임이 소련의 팽창주의에 있다고 보았다. 소련은 세계를 공산화하기 위한 계획을 수립했고, 이 계획을 실행하기 위해 특히 동유럽 지역을 시작으로 적극적인 팽창 정책을 수행하였다. 그리고 미국이 자유 민주주의 세계를 지켜야 한다는 도덕적 책임감에 기초하여 그에 대한 봉쇄 정책을 추구하는 와중에 냉전이 발생했다고 본다. 그리고 미국의 봉쇄 정책이 성공적으로 수행된 결과 냉전이 종식되었다는 것이 이들의 입장이다.

여기에 비판을 가한 수정주의는 기본적으로 냉전의 책임이 미국 쪽에 있고, 미국의 정책은 경제적 동기에서 비롯되었다고 주장했다. 즉, 미국은 전후 세계를 자신들이 주도해야 한다고 생각했고, 전쟁 중에 급증한 생산력을 유지할 수 있는 시장을 얻기 위해 세계를 개방 경제 체제로 만들고자 했다. 그러므로 미국 정책 수립의 기저에 깔린 것은 이념이 아니라는 것이다. 무엇보다 소련은 미국에 비해 국력이 미약했으므로 적극적 팽창 정책을 수행할 능력이 없었다는 것이 수정주의의 입장이었다. 오히려 미국이 유럽에서 공격적인 정책을 수행했고, 소련은 이에 대응했다는 것이다.

냉전의 기원에 대한 또 다른 주장인 탈수정주의는 위의 두 가지 주장에 대한 절충적 시도로서 냉전의 책임을 일방적으로 어느 한 쪽에 부과해서는 안 된다고 보았다. 즉, 냉전은 양국이 추진한 정책의 '상호작용'에 의해 발생했다는 것이다. 또 경제를 중심으로만 냉전을 보아서는 안 되며 안보 문제 등도 같이 고려하여 파악해야 한다고 보았다. 소련의 목적은 주로 안보 면에서 제한적으로 추구되었는데, 미국은 소련의 행동에 과잉 반응했고, 이것이 상황을 악화시켰다는 것이다. 이로 인해 냉전 책임론은 크게 후퇴하고 구체적인 정책 형성에 대한 연구가 부각되었다.

① 하나의 현상에 대한 다양한 견해를 제시하고 있다.
② 충분한 사례를 들어 자신의 주장을 뒷받침하고 있다.
③ 여러 가지 의견을 비교하면서 그 우월성을 논하고 있다.
④ 기존의 견해를 비판하면서 새로운 견해를 제시하고 있다.
⑤ 현상의 원인을 분석하여 다양한 해결책을 제시하고 있다.

12 다음 글의 주된 내용 전개 방식으로 적절한 것은?

> 1972년 미국의 화학자 프루시너는 병에 걸린 동물을 연구하다가, 우연히 정상 단백질이 어떤 원인에 의해 비정상적인 구조로 변하면 바이러스처럼 전염되며 신경 세포를 파괴한다는 사실을 밝혀냈다. 프루시너는 이 단백질을 '단백질(Protein)'과 '바이러스 입자(Viroid)'의 합성어인 '프리온(Prion)'이라 명명하고 이를 학계에 보고했다.
>
> 프루시너가 프리온의 존재를 발표하던 당시, 분자 생물학계의 중심 이론은 1957년 크릭에 의해 주창된 '유전 정보 중심설'이었다. 이 이론의 핵심은 유전되는 모든 정보는 DNA 속에 담겨 있다는 것과, 유전 정보는 핵산(DNA, RNA)에서 단백질로만 이동이 가능하다는 것이다. 크릭에 따르면 모든 동식물의 세포에서 DNA의 유전 정보는 DNA로부터 세포핵 안의 또 다른 핵산인 RNA가 전사되는 과정에서 전달되고, 이 RNA가 세포질로 나와 단백질을 합성하는 번역의 과정을 통해 단백질로의 전달이 이루어진다. 따라서 단백질은 핵산이 없으므로 스스로 정보를 저장할 수 없고 자기 복제를 할 수 없다는 것이다.
>
> 그런데 프루시너는, 프리온이라는 단백질은 핵산이 아예 존재하지 않음에도 자기 복제를 한다고 주장하였다. 이 주장은 크릭의 유전 정보 중심설에 기반한 분자 생물학계의 중심 이론을 흔들게 된다. 아직 논란이 끝난 것은 아니지만 '자기 복제하는 단백질'이라는 개념이 분자 생물학자들에게 받아들여지기까지는 매우 험난한 과정이 필요했다. 과학자들은 충분하지 못한 증거를 가진 주장에 대해서는 매우 보수적일 뿐만 아니라, 기존의 이론으로 설명할 수 없는 현상을 대했을 때는 어떻게든 기존의 이론으로 설명해내려 노력하기 때문이다. 프루시너가 프리온을 발견한 공로로 노벨 생리학·의학상을 받은 것은 1997년에 이르러서였다.

① 특정 이론과 그에 대립하는 이론을 함께 설명하고 있다.

② 어떤 현상을 비판하고 그에 대한 반박 가능성을 예측하고 있다.

③ 특정 이론을 실제 사례에 적용하여 실현 가능성을 검토하고 있다.

④ 현상에 대한 여러 관점을 소개한 뒤, 각 관점의 장단점을 평가하고 있다.

⑤ 특정 이론의 관점에서 그 원인을 분석하고 나아가야 할 방향성을 제시하고 있다.

13 다음 글에 나타난 설명 방식으로 가장 적절한 것은?

도로신호는 교차로와 보행통로에서 도로 위를 달리는 자동차와 횡단보도를 건너는 사람의 안전을 위하여 최소한의 신호체계로만 구성되어 있다. 따라서 자동차와의 충돌이 예상될 경우 운전자나 보행자가 스스로 판단하여 멈추어야 한다. 그러나 철도신호의 경우 차량과 차량, 차량과 사람의 안전을 확보하기 위하여 신호설비(신호기, 선로전환기, 연동장치, 궤도회로, 건널목 장치, 안전설비)들이 상호 시스템으로 연결되어 있고, 이 모든 신호설비가 정상적으로 동작했을 때만 열차가 달릴 수 있도록 설계되어 있다. 만약, 여러 가지 신호설비 중에서 단 하나라도 고장이 나면 신호등은 정지신호를 현시하여 열차가 정지하도록 되어 있다.

안전 측면에서도 도로신호와 철도신호는 크게 다르다. 자동차의 경우는 운전자가 마음대로 속도를 높이거나 낮출 수 있기에 앞차와의 거리를 운전자 스스로 유지해야 한다. 만약, 앞차와의 간격을 너무 좁게 하여 운전한다면 앞차가 급제동을 걸었을 경우 추돌을 피할 수 없게 된다. 그러나 철도신호 체계는 기관사가 마음대로 정해진 속도 이상을 달리지 못하도록 되어 있다. 철도신호는 앞에 가는 열차와의 간격에 따라서 제한적인 속도의 신호를 현시하는데, 기관사가 이를 어겨서 과속한다면 자동으로 제동장치가 동작되어 안전을 확보하는 시스템으로 구성되어 있다.

① 비유
② 예시
③ 비교
④ 대조
⑤ 분석

14 다음 글의 전개 구조에 대한 설명으로 가장 적절한 것은?

㉠ 중국에 생원이 있듯이 우리나라에는 양반이 있다. 중국의 고정림(顧亭林)이 온 천하 사람이 생원이 되는 것을 우려하였던바, 나는 온 나라 사람이 양반이 되는 것을 우려한다.

㉡ 그런데 양반의 폐단은 더욱 심한 바가 있다. 생원은 실제로 과거에 응시해서 생원 칭호를 얻는 것이지만, 양반은 문무관(文武官)도 아니면서 허명(虛名)만 무릅쓰는 것이다.

㉢ 생원은 정원(定員)이 있으나 양반은 도대체 한절(限節)이 없으며, 생원은 세월이 지남에 따라 변천이 있으나 양반은 한번 얻으면 백세토록 버리지 않는다.

㉣ 항차 생원의 폐는 양반이 모두 다 겸하여 지녔음에랴.

㉤ 그러하니 내가 바라는 바는, 온 나라 사람이 양반이 되어 온 나라에 양반이 없는 것과 같이 되도록 하는 것이다.

① ㉠·㉡·㉢·㉣은 ㉤의 근거가 된다.
② ㉠은 이 글의 중심 문단이다.
③ ㉡은 ㉠의 상술 문단이다.
④ ㉢은 ㉠의 상술 문단이다.
⑤ ㉣은 ㉠의 부연 문단이다.

15 다음 글의 전개 구조에 대한 설명으로 적절하지 않은 것은?

> ㉠ 점차 우리의 생활에서 집단이 차지하는 비중이 커지고, 사회가 조직화되어 가는 현대 사회에서는 개인의 윤리 못지않게 집단의 윤리, 즉 사회 윤리의 중요성도 커지고 있다.
> ㉡ 그러나 이러한 사회 윤리가 단순히 개개인의 도덕성이나 윤리의식의 강화에 의해서만 이루어지는 것은 아니다.
> ㉢ 그것은 개개인이 도덕적이라는 것과 그들로 이루어진 사회가 도덕적이라는 것은 별개의 문제이기 때문이다.
> ㉣ 물론, 그것은 인격을 지니고 있는 개인과는 달리 전체의 이익을 합리적으로 추구하는 사회의 본질적 특성에서 연유하는 것이기도 하다.
> ㉤ 따라서 우리는 현대 사회의 특성에 맞는 사회 윤리의 정립을 통해 올바른 사회를 지향하는 노력을 계속해야 할 것이다.

① ㉠은 ㉡~㉤의 논의에 대한 전제이다.
② ㉡은 ㉠에 대한 논리적 반론이다.
③ ㉢은 ㉡에 대한 이유 제시이다.
④ ㉣은 ㉢에 대한 보충 설명이다.
⑤ ㉤은 ㉠~㉣의 논리적인 귀결이다.

16 다음 의견에 대한 반대 측의 논거로 가장 적절한 것은?

> 인터넷 신조어를 국어사전에 당연히 올려야 한다고 생각합니다. 사전의 역할은 모르는 말이 나올 때, 그 뜻이 무엇인지 쉽게 찾을 수 있도록 하는 것입니다. '느좋', '감다살' 같은 말은 널리 쓰이고 있음에도 불구하고 국어사전에 없기 때문에 어른들이나 우리말을 배우는 외국인들이 큰 불편을 겪고 있습니다.

① '느좋'이나 '감다살' 같은 신조어는 이미 널리 쓰이고 있다. 급격한 변화를 특징으로 하는 정보화 시대에 많은 사람이 사용하는 말이라면 표준어로 인정해야 한다.
② 영국의 권위 있는 사전인 '옥스퍼드 영어 대사전'은 인터넷 용어로 쓰이던 'OMG(어머나)', 'LOL (크게 웃다)' 등과 같은 말을 정식 단어로 인정하였다.
③ 언어의 창조성 측면에서 우리말이 현재보다 더욱 풍부해질 수 있으므로 가능하면 더 많은 말을 사전에 등재하는 것이 바람직하다.
④ '느좋'이나 '감다살' 같은 말들은 갑자기 생긴 말로 오랜 시간 언중 사이에서 사용되지 않고 한때 유행하다가 사라질 가능성이 있는 말이다.
⑤ 인터넷 신조어의 등장은 시대에 따라 변한 언어의 한 종류로 자연스러운 언어 현상 중 하나이다.

17 다음 글의 주장에 대해 반박하는 내용으로 적절하지 않은 것은?

> 문화재 관리에서 중요한 개념이 복원과 보존이다. 복원은 훼손된 문화재를 원래대로 다시 만드는 것을, 보존은 더 이상 훼손되지 않도록 잘 간수하는 것을 의미한다. 이와 관련하여 훼손된 탑의 관리에 대한 논의가 한창이다.
>
> 나는 복원보다는 보존이 다음과 같은 근거에서 더 적절하다고 생각한다. 우선, 탑을 보존하면 탑에 담긴 역사적 의미를 온전하게 전달할 수 있어 진정한 역사 교육이 가능하다. 탑은 백성들의 평화로운 삶을 기원하기 위해 만들어졌고, 이후 역사의 흐름 속에서 전란을 겪으며 훼손된 흔적들이 더해져 지금 모습으로 남아 있다. 그런데 탑을 복원하면 이런 역사적 의미들이 사라져 그 의미를 온전하게 전달할 수 없다.
>
> 다음으로, 정확한 자료가 없이 탑을 복원하면 이는 결국 탑을 훼손하는 것이 될 수밖에 없다. 따라서 원래의 재료를 활용하지 못하고 과거의 건축 과정에 충실하게 탑을 복원하지 못하면 탑의 옛 모습을 온전하게 되살리는 것은 불가능하므로 탑을 보존하는 것이 더 바람직하다.
>
> 마지막으로, 탑을 보존하면 탑과 주변 공간의 조화가 유지된다. 전문가에 따르면 탑은 주변 산수는 물론 절 내부 건축물들과의 조화를 고려하여 세워졌다고 한다. 이런 점을 무시하고 탑을 복원한다면 탑과 기존 공간의 조화가 사라지기 때문에 보존하는 것이 적절하다.
>
> 따라서 탑은 보존하는 것이 복원하는 것보다 더 적절하다고 생각한다. 건축 문화재의 경우 복원보다는 보존을 중시하는 국제적인 흐름을 고려했을 때도, 탑이 더 훼손되지 않도록 지금의 모습을 유지하고 관리하는 것이 문화재로서의 가치를 지키고 계승할 수 있는 바람직한 방법이라고 생각한다.

① 탑을 복원하더라도 탑에 담긴 역사적 의미는 사라지지 않는다.
② 탑을 복원하면 형태가 훼손된 탑에서는 느낄 수 없었던 탑의 형태적 아름다움을 느낄 수 있다.
③ 탑 복원에 필요한 자료를 충분히 수집하여 탑을 복원하면 탑의 옛 모습을 되살릴 수 있다.
④ 주변 공간과의 조화를 유지하는 방법으로 탑을 복원할 수 있다.
⑤ 탑을 복원하는 비용보다 보존하는 비용이 더 많이 든다.

18 다음 글의 글쓴이의 주장을 비판하기 위한 탐구 활동으로 가장 적절한 것은?

기술은 그 내부적인 발전 경로를 이미 가지고 있으며, 따라서 어떤 특정한 기술(혹은 인공물)이 출현하는 것은 '필연적'인 결과라고 생각하는 사람들이 많다. 이러한 통념을 약간 다르게 표현하자면, 기술의 발전 경로는 이전의 인공물보다 '기술적으로 보다 우수한' 인공물들이 차례차례 등장하는, 인공물들의 연쇄로 파악할 수 있다는 것이다. 그리고 기술의 발전 경로가 '단일한' 것으로 보고, 따라서 어떤 특정한 기능을 갖는 인공물을 만들어 내는 데 있어서 '유일하게 가장 좋은' 설계 방식이나 생산 방식이 있을 수 있다고 가정한다. 이와 같은 생각을 종합하면 기술의 발전은 결코 사회적인 힘이 가로막을 수 없는 것일 뿐 아니라 단일한 경로를 따르는 것이므로 사람들이 할 수 있는 일은 이미 정해져 있는 기술의 발전 경로를 열심히 추적해 가는 것밖에 남지 않게 된다는 결론이 나온다. 그러나 다양한 사례 연구에 의하면 어떤 특정 기술이나 인공물을 만들어 낼 때, 그것이 특정한 형태가 되도록 하는 데 중요한 역할을 하는 것은 그 과정에 참여하고 있는 엔지니어, 자본가, 소비자, 은행, 정부 등의 이해관계나 가치체계임이 밝혀졌다. 이렇게 보면 기술은 사회적으로 형성된 것이며, 이미 그 속에 사회적 가치를 반영하고 있는 셈이 된다. 뿐만 아니라 복수의 기술이 서로 경쟁하여 그중 하나가 사회에서 주도권을 잡는 과정을 분석해 본 결과, 이 과정에서 중요한 역할을 하는 것은 기술적 우수성이나 사회적 유용성이 아닌, 관련된 사회집단들의 정치적·경제적 영향력인 것으로 드러났다고 한다. 결국 현재에 이르는 기술 발전의 궤적은 결코 필연적이고 단일한 것이 아니었으며, '다르게' 될 수도 있었음을 암시하고 있는 것이다.

① 논거가 되는 연구 결과를 반박할 수 있는 다른 연구 자료를 조사한다.

② 사회 변화에 따라 가치 체계의 변동이 일어나게 되는 원인을 분석한다.

③ 기술 개발에 관계자들의 이해관계나 가치가 작용한 실제 사례를 조사한다.

④ 글쓴이가 문제 삼고 있는 통념에 변화가 생기게 된 계기를 분석한다.

⑤ 글쓴이가 통념을 종합하여 이끌어낸 결론의 타당성을 검토한다.

19 다음 중 '브레히트'가 〈보기〉의 입장을 가진 '아리스토텔레스'에게 제기할 만한 의문으로 가장 적절한 것은?

오페라는 이른바 수준 있는 사람들이 즐기는 고상한 예술이라고 생각하는 사람들이 많다. 그런데 오페라 앞에 '거지'라든가 '서 푼짜리'같은 단어를 붙인 '거지 오페라', '서 푼짜리 오페라'라는 것이 있다. 이렇게 어울리지 않는 단어들로 제목을 억지로 조합해 놓은 의도는 무엇일까?

영국 작가 존 게이는 당시 런던 오페라 무대를 점령했던 이탈리아 오페라에 반기를 들고, 1782년 이와는 완전히 대조적인 성격의 거지 오페라를 만들었다. 그는 이탈리아 오페라가 일반인의 삶과 거리가 먼 신화나 왕, 귀족들의 이야기를 소재로 한데다가 영국 관객들이 이해하지 못하는 이탈리아어로 불린다는 점에 불만을 품었다. 그는 등장인물의 신분을 과감히 낮추고 음악 형식도 당시의 민요와 유행가를 곁들여 사회의 부패상을 통렬하게 풍자하였다. 이렇게 만들어진 거지 오페라는 이탈리아 오페라에 대항하는 서민 오페라로 런던에서 선풍적인 인기를 끌었다.

1928년에 독일의 극작가 브레히트는 작곡가 쿠르트 바일과 손잡고 거지 오페라를 번안한 서 푼짜리 오페라를 만들었다. 그는 형식과 내용 면에서 훨씬 적극적이고 노골적으로 당시 사회를 비판한다. 이 극은 밑바닥 사람들의 삶을 통해 위정자들의 부패와 위선을 그려 계급적 갈등과 사회적 모순을 드러내고 있다. 브레히트는 감정이입과 동일시에 근거를 둔 종래의 연극에 반기를 들고 낯선 기법의 서사극을 만들었다. 등장인물이 극에서 빠져나와 갑자기 해설자의 역할을 하게 함으로써 관객들이 극에 몰입하지 않고 지금 연극을 보고 있다는 사실을 자각하도록 한 것이다.

이처럼 존 게이와 브레히트는 종전의 극과는 다른 형식과 내용의 극을 지향했다. 제목을 서로 어울리지 않는 단어들로 조합하고 새로운 형식을 도입한 이유는 기존의 관점을 뒤집어 보게 하려는 의도였다. 그 이면에는 사회의 부조리를 풍자하고자 하는 의도가 깔려 있었다.

보기

아리스토텔레스는 예술을 통한 관객과 극중 인물과의 감정 교류와 공감을 강조했다. 그는 관객들이 연극을 통해 타인의 경험과 감정, 상황을 받아들이고 나아가 극에 이입하고 몰두함으로써 쌓여 있던 감정을 분출하며 느끼는, 이른바 카타르시스를 경험하게 된다고 주장하였다.

---

① 극과 거리를 두고 보아야 오히려 카타르시스를 경험할 수 있지 않나요?
② 관객이 몰입하게 되면 사건을 객관적으로 바라보기 어려운 것 아닌가요?
③ 해설자 역할을 하는 인물이 있어야 관객의 몰입을 유도할 수 있지 않나요?
④ 낯선 기법을 쓰면 관객들이 극중 인물과 더 쉽게 공감할 수 있지 않을까요?
⑤ 동일시를 통해야만 풍자하고 있는 사회의 모습을 더 잘 알 수 있지 않을까요?

20 다음 글을 뒷받침하는 사례로 적절하지 않은 것은?

미장센(Mise en Scène)은 프랑스어로 연극무대에서 쓰이는 '연출'을 의미한다. 연극을 공연할 때, 연출자는 등장인물의 동작이나 무대장치, 조명 등에 대한 지시를 세부적으로 명시하지 않는다. 그리고 연극의 서사를 효과적으로 전달하기 위해 무대 위에 있는 모든 시각 대상을 배열하고 조직한다. 최근에는 미장센이 연극뿐만 아니라 영화 용어로 정착했다. 영화에서 미장센은 '카메라에 찍히는 모든 장면을 사전에 계획하고 밑그림을 그리는 것'이다. 즉 카메라가 특정 장면을 찍기 시작하여 멈추기까지 화면 속에 담기는 이미지를 만들어 내는 작업이다. 감독은 자신의 의도에 따라 프레임 내부에서 배경, 인물, 조명, 의상, 분장 등 영화적 요소를 적재적소에 배치한다. 쉽게 말하면 화면 구성으로, 편집이 아닌 한 화면 속에 담기는 이미지의 모든 구성요소들이 주제를 드러내도록 하는 작업을 가리킨다. 따라서 영화를 볼 때 요소 중에서 하나가 두드러지면 연출자가 신경 써서 의도한 미장센으로 이해하면 된다.

① 영화 「올드보이」에서 주인공 오대수가 15년 동안 갇혀있는 방은 8평이고, 그를 가둔 이우진의 방은 108평으로 설정하여, 관객들이 두 주인공의 대립감을 시각적으로 느끼게 했다.

② 영화 「장화, 홍련」에서 어두운 조명과 음침한 색깔의 가구를 통해 집을 안락한 곳이 아닌 무서운 공간으로 연출하였다.

③ 영화 「고산자」는 주인공 김정호의 사계절 여정 장면을 담기 위해 봄, 여름, 가을, 겨울을 각각 촬영하여 편집한 뒤 한 장면으로 만들었다.

④ 영화 「아가씨」는 박찬욱 감독 특유의 감성, 연출 기법, 조명, 색감, 분위기 등이 돋보이는 영화이다.

⑤ 영화 「이터널 선샤인」에서 감독은 주인공의 잠재의식을 표현하기 위해 현장감 있는 촬영 기법인 '트랩 도어(Trap Door)' 기법과 빠른 의상변화를 사용하였다.

21 다음 글을 토대로 〈보기〉를 바르게 해석한 것은?

음식이 상한 것과 가스가 새는 것을 쉽게 알아차릴 수 있는 것은 우리에게 냄새를 맡을 수 있는 후각이 있기 때문이다. 이처럼 후각은 우리 몸에 해로운 물질을 탐지하는 문지기 역할을 하는 중요한 감각이다. 어떤 냄새를 일으키는 물질을 '취기재(臭氣材)'라 부르는데, 우리가 어떤 냄새가 난다고 탐지할 수 있는 것은 취기재의 분자가 코의 내벽에 있는 후각 수용기를 자극하기 때문이다.

일반적으로 인간은 동물만큼 후각이 예민하지 않다. 물론 인간도 다른 동물과 마찬가지로 취기재의 분자 하나에도 민감하게 반응하는 후각 수용기를 갖고 있다. 하지만 개[犬]가 10억 개에 이르는 후각 수용기를 갖고 있는 것에 비해 인간의 후각 수용기는 1천만 개에 불과하여 인간의 후각이 개의 후각보다 둔한 것이다.

우리가 냄새를 맡으려면 공기 중에 취기재의 분자가 충분히 많아야 한다. 다시 말해, 취기재의 농도가 어느 정도에 이르러야 냄새를 탐지할 수 있다. 이처럼 냄새를 탐지할 수 있는 최저 농도를 '탐지 역치'라 한다. 탐지 역치는 취기재에 따라 차이가 있다. 우리가 메탄올보다 박하 냄새를 더 쉽게 알아챌 수 있는 까닭은 메탄올의 탐지 역치가 박하향에 비해 약 3,500배 가량 높기 때문이다.

취기재의 농도가 탐지 역치 정도의 수준에서는 냄새가 나는지 안 나는지 정도를 탐지할 수는 있지만 그 냄새가 무슨 냄새인지 인식하지 못한다. 즉 냄새의 존재 유무를 탐지할 수는 있어도 냄새를 풍기는 취기재의 정체를 인식하지는 못하는 상태가 된다. 취기재의 정체를 인식하려면 취기재의 농도가 탐지 역치보다 3배 가량은 높아야 한다. 즉 취기재의 농도가 탐지 역치 수준으로 낮은 상태에서는 그 냄새가 꽃향기인지 비린내인지 알 수 없는 것이다. 한편 같은 취기재들 사이에서는 농도가 평균 11% 정도 차이가 나야 냄새의 세기 차이를 구별할 수 있다고 알려져 있다.

연구에 따르면 인간이 구별할 수 있는 냄새의 가짓수는 10만 개가 넘는다. 하지만 그 취기재가 무엇인지 다 인식해 내지는 못한다. 그것은 우리가 모든 냄새에 대응되는 명명 체계를 갖고 있지 못할 뿐만 아니라 특정한 냄새와 그것에 해당하는 이름을 연결하는 능력이 부족하기 때문이다. 즉 인간의 후각은 기억과 밀접한 관련이 있는 것이다. 이에 따르면 어떤 냄새를 맡았을 때 그 냄새와 관련된 과거의 경험이나 감정이 떠오르는 일은 매우 자연스러운 현상이다.

보기

한 실험에서 실험 참여자에게 실험에 쓰일 모든 취기재의 이름을 미리 알려 준 다음, 임의로 선택한 취기재의 냄새를 맡게 하고 그 종류를 맞히게 했다. 이때 실험 참여자가 틀린 답을 하면 그때마다 정정해 주었다. 그 결과 취기재의 이름을 알아맞히는 능력이 거의 두 배로 향상되었다.

① 인간은 동물과 비슷한 수준의 후각 수용기를 가지고 있다.
② 참여자가 취기재를 구별할 수 있는 것은 후각 수용기의 수가 10억 개에 이르기 때문이다.
③ 취기재 구별 능력이 향상된 것은 취기채의 농도가 탐지 역치보다 낮아졌기 때문이다.
④ 참여자의 구별 능력이 점차 나아지는 것은 냄새에 대응되는 이름을 기억했기 때문이다.
⑤ 실험 참여자가 지금보다 냄새를 더 잘 맡기 위해선 취기재의 농도를 탐지 역치보다 3배로 높여야 한다.

22 다음 글을 통해 답을 찾을 수 있는 질문으로 적절하지 않은 것은?

'붕어빵'을 팔던 가게에서 붕어빵과 모양은 비슷하지만 크기가 더 큰 빵을 '잉어빵'이란 이름의 신제품으로 내놓았다고 하자. 이 잉어빵은 어떻게 만들어진 말일까? '붕어 : 붕어빵=잉어 : ☐'와 같은 관계를 통해 잉어빵의 형성을 설명할 수 있다. 이는 붕어와 붕어빵의 관계를 바탕으로 붕어빵보다 크기가 큰 신제품의 이름을 잉어빵으로 지었다는 뜻이다. 붕어빵에서 잉어빵을 만들어 내듯이 기존 단어의 유사한 속성을 바탕으로 새로운 단어를 만들어 내는 것을 유추에 의한 단어 형성이라고 한다.

유추에 의해 단어가 형성되는 과정은 보통 네 가지 단계로 이루어진다. 첫째, 새로운 개념을 나타내는 어떤 단어가 필요한 경우 그것을 만들겠다고 결정한다. 둘째, 머릿속에 들어 있는 수많은 단어 가운데 근거로 이용할 만한 단어들을 찾는다. 셋째, 수집한 단어들과 만들려는 단어의 개념과 형식을 비교하여 공통성을 포착한다. 이 단계에서 근거로 삼을 단어를 확정한다. 넷째, 근거로 삼은 단어의 개념과 형식 관계를 적용해서 단어 형성을 완료한다. 이렇게 형성된 단어는 처음에는 신어(新語)로 다루어지지만 이후에 널리 쓰이게 되면 국어사전에 등재된다.

그러면 이러한 단계에 따라 '종이공'이라는 단어가 형성되는 과정을 살펴보자. 먼저 '종이로 만든 공'이라는 개념의 단어를 만들기로 결정한다. 그 다음에 근거가 되는 단어를 찾는다. 그런데 근거 단어가 될 만한 '○○공'에는 두 가지 종류가 있다. 하나는 축구공, 야구공 유형이고 다른 하나는 고무공, 가죽공 유형이다. 전자의 경우 공 앞에 오는 말이 공의 사용 종목인 반면 후자는 공의 재료라는 차이가 있다. 국어 화자는 종이공을 고무공, 가죽공보다 축구공, 야구공에 가깝다고 생각하지는 않는다. 그러므로 '종이를 할 때 쓰는 공'으로 해석하지 않고 '종이로 만든 공'으로 해석한다. 그 결과 '종이로 만든 공'을 의미하는 종이공이라는 새로운 단어가 형성된다.

유추에 의해 단어가 형성되는 과정을 잘 살펴보면 불필요한 단어를 과도하게 생성하지 않는 장치가 있다는 것을 알 수 있다. 필요에 의해 기존 단어를 본떠서 단어를 형성하므로 불필요한 단어의 생성을 최대한 억제할 수 있는 것이다. 유추에 의해 단어가 형성된다는 이론에서는 이러한 점을 포착할 수 있다는 장점이 있다.

① 유추에 의한 단어 형성이란 무엇인가?
② 유추에 의해 단어가 형성되는 예로는 무엇이 있는가?
③ 유추에 의한 단어 형성 외에 어떤 단어 형성 방식이 있는가?
④ 유추에 의해 단어가 형성된다는 이론의 장점은 무엇인가?
⑤ 유추에 의한 단어 형성은 어떠한 과정으로 이루어지는가?

23 다음 글을 통해 추론할 수 있는 내용으로 적절하지 않은 것은?

최근 온라인에서 '동서양 만화의 차이'라는 제목의 글이 화제가 되었다. 공개된 글에 따르면 동양만화의 대표 격인 일본 만화는 대사보다는 등장인물의 표정, 대인관계 등에 초점을 맞춰 이미지나 분위기 맥락에 의존한다. 또 다채로운 성격의 캐릭터들이 등장하고 사건 사이의 무수한 복선을 통해 스토리가 진행된다.

반면 서양만화를 대표하는 미국 만화는 정교한 그림체와 선악의 확실한 구분, 수많은 말풍선을 사용한 스토리 전개 등이 특징이다. 서양 사람들은 동양 특유의 느긋한 스토리와 말없는 칸을 어색하게 느낀다. 이처럼 동서양 만화에서 차이가 발생하는 이유는 동서양이 고맥락 문화와 저맥락 문화로 구분되기 때문이다. 고맥락 문화는 민족적 동질을 이루며 역사, 습관, 언어 등에서 공유하고 있는 맥락의 비율이 높다. 또한 집단주의와 획일성이 발달했다. 일본, 한국, 중국과 같은 한자문화권에 속한 동아시아 국가가 이러한 고맥락 문화에 속한다.

반면 저맥락 문화는 다인종·다민족으로 구성된 미국, 캐나다 등이 대표적이다. 저맥락 문화의 국가는 멤버 간에 공유하고 있는 맥락의 비율이 낮아 개인주의와 다양성이 발달한 문화를 가진다. 이렇듯 고맥락 문화와 저맥락 문화의 만화는 말풍선 안의 대사의 양으로 큰 차이점을 느낄 수 있다.

① 고맥락 문화의 만화는 등장인물의 표정, 대인관계 등 이미지나 분위기 맥락에 의존하는 경향이 있다.

② 저맥락 문화는 멤버 간에 공유하고 있는 맥락의 비율이 낮아서 다양성이 발달했다.

③ 동서양 만화를 접했을 때 표면적으로 느낄 수 있는 차이점은 대사의 양이다.

④ 일본 만화는 무수한 복선을 통한 스토리 진행이 특징이다.

⑤ 미국은 고맥락 문화의 대표국으로 다양성이 발달하는 문화를 갖기 때문에 다채로운 성격의 캐릭터가 등장한다.

24 다음 오류에 대한 정의와 그 예를 연결한 것으로 가장 적절한 것은?

(가) 논점과 관계없는 것을 제시하여 무관한 결론에 이르게 되는 오류
(나) 의도하지 않은 결과를 의도가 있다고 판단하여 생기는 오류
(다) 어떤 집합의 원소가 단 두 개밖에 없다고 여기고 추론하는 오류
(라) 수긍할 수 없거나 수긍하고 싶지 않은 것을 전제하고 질문함으로써 수긍하게 만드는 오류

① 방학 동안 어떻게 지냈니? 너 근데 살쪘구나? 살 좀 빼! – (라)

② 당신의 아름다움을 잃고 싶지 않다면, 저희 ○○ 성형외과와 함께하셔야 합니다. – (라)

③ 어차피 인생은 성공한 사람과 실패한 사람, 두 부류로 나뉘게 되어 있어. – (가)

④ 너 오늘 지각했는데, 반 아이들이 선생님께 혼나고 있는 것을 알고 피하려고 늦은 거지? – (다)

⑤ 복도에서 시끄럽게 뛰지 말랬지. 어서 들어가서 공부해! – (나)

25 다음 중 논리적 오류를 범한 사람들을 모두 고르면?

> 철이 : 폐암으로 인한 사망자의 90%는 흡연자라는 연구 결과가 나왔어. 너 담배 피우지? 그렇다면 폐암으로 죽을 확률이 90%야.
>
> 영이 : A사 신발의 90%는 말레이시아에 있는 공장에서 생산되고 10%만 국내에서 생산된대. 어제 A사 신발을 샀는데 이거 말레이시아에서 만들었을 확률이 90%네.
>
> 민지 : 어제 병원에 가서 에이즈에 감염되어 있는지 검사해 봤는데, 감염자는 양성으로 나올 확률이 99%인 정확한 검사방법을 사용했거든. 그런데 내가 양성으로 나온 거야. 내가 에이즈에 걸려 있을 확률이 99%라니 믿어지지 않아.
>
> 유진 : 통계 자료에 의하면 기상청에서 비가 내린다고 예보한 다음날 실제로 비가 올 확률이 90%고, 맑을 것이라고 예보한 다음날 실제로 맑을 확률이 90%래. 지난번 소풍 간 날 비가 왔었잖아. 그렇다면 그 전날 비가 내린다고 예보했을 확률이 90%겠네.

① 철이, 영이
② 영이, 민지
③ 철이, 민지
④ 영이, 민지, 유진
⑤ 철이, 민지, 유진

PART 2
수리

20대기업 인적성검사 수리영역 분석

수리영역은 언어영역과 함께 모든 20대기업에서 공통적으로 출제하고 있는 영역이다. 기업체 인적성검사를
보는 수험생이라면 반드시 한 번은 통과해야 하는 관문이기 때문에 꾸준한 학습을 통해 대비할 필요가 있다.
수리는 간단한 수학이론과 계산력을 묻는 응용수리와 도표·그래프와 같이 정리된 형태의 통계자료를 보고
분석하는 자료해석으로 분류할 수 있다.

구분	응용수리	자료해석
삼성	○	○
LG	○	○
SK	○	○
CJ	○	○
롯데	○	○
포스코		○
KT	○	○
이랜드		○
두산	○	○
현대자동차		○
삼양		○
GS		○
오뚜기	○	
효성	○	
LX	○	○
KCC	○	○
S-OIL	○	○
샘표식품	○	
엔씨소프트	○	○
현대백화점	○	

CHAPTER 01

응용수리

유형특징

☐ 수리영역에서 응용수리 유형이 차지하는 비중은 기업마다 다르다. 삼성의 경우에는 전체 20문제 중 2문제가 출제되지만, 효성의 경우 20문제 모두 응용수리가 출제된다.

☐ 최근에는 정해진 공식에 숫자를 대입하여 답을 산출하는 단순한 형식의 문제보다는 주어진 조건을 해석·가공하여 다른 개념과 연계시키는 문제가 많이 출제되고 있다. 또한, 실생활이나 해당 기업체의 특징·이슈와 접목된 문제의 출제 비율 또한 높아지고 있다.

합격 TIP

• **인적성시험의 수리영역은 수리논술이 아니다!**
문제에서 주어진 조건과 이미 알고 있는 개념으로 문제를 푸는 것이 좋지만 정석대로 푸는 것만이 정답에 도달하는 방법은 아니다. 때로는 시간이 너무 오래 걸리고, 복잡한 계산 과정 속에서 의도치 않은 실수가 발생할 수도 있다. 따라서 선택지 중에 근삿값을 식에 대입하거나 일의 자리만 확인하는 등의 방법으로 풀이 시간을 단축하며 정답을 찾는 것도 하나의 방법이다.

응용수리 출제비중

- 기타 (17%)
- 경우의 수 / 확률 (23%)
- 거리 / 속력 / 시간 (20%)
- 농도 (10%)
- 일 / 일률 (10%)
- 금액 (20%)

기업별 출제 세부 유형

구분	경우의 수 / 확률	거리 / 속력 / 시간	농도	일 / 일률	금액	기타
삼성	○		○	○	○	○
LG	○	○	○	○		○
SK	○	○	○	○	○	○
CJ	○	○	○	○	○	○
롯데	○	○	○	○	○	○
포스코						
KT	○	○	○		○	○
이랜드						
두산	○	○	○	○	○	○
현대자동차						
삼양						
GS						
오뚜기	○	○	○	○	○	○
효성	○	○	○	○	○	○
LX	○	○	○	○	○	○
KCC	○	○	○	○		○
S-OIL	○	○			○	
샘표식품	○	○	○	○	○	○
엔씨소프트	○	○	○	○	○	○
현대백화점	○	○	○	○	○	○

1 유형특징

동일한 조건과 환경에서 여러 가지 결과를 관측할 수 있을 때, 그 가짓수 또는 발생 빈도를 계산하는 유형이다.

2 학습전략

• 경우의 수 / 확률은 응용수리 영역에서 출제 비중과 난이도가 가장 크게 증가하고 있는 유형이다. 고려해야 하는 조건이 많고, 함정에 빠지기 쉬우므로 철저한 학습이 필요하다.

• 경우의 수가 제대로 정리되어 있지 않으면 확률 계산이 되지 않으므로 연습을 충분히 해둔다. 또한 '적어도' 라는 표현이 문제에 포함되어 있는 경우 여사건의 확률을 사용하여 시간을 단축한다.

> • **경우의 수** : 어떤 사건이 일어날 수 있는 모든 가짓수
> • 사건 A가 일어나는 경우의 수를 m, 사건 B가 일어나는 경우의 수를 n이라 하면
>   – **합의 법칙** : 사건 A, B가 동시에 일어나지 않을 때, 사건 A 또는 B가 일어나는 경우의 수는 $(m+n)$가 지이다. '또는, ~이거나'라는 말이 나오면 합의 법칙을 사용한다.
>   – **곱의 법칙** : 사건 A와 B가 동시에 일어나는 경우의 수는 $(m \times n)$가지이다. '그리고, 동시에'라는 말이 나오면 곱의 법칙을 사용한다.
> • **순열** : 서로 다른 n개에서 순서를 고려하여 서로 다른 r개를 선택하는 가짓수(단, $0 \le r \le n$)
>   – $_n\mathrm{P}_r = n \times (n-1) \times (n-2) \times \cdots \times (n-r+1) = \dfrac{n!}{(n-r)!}$
>   – $_n\mathrm{P}_n = n! = n \times (n-1) \times (n-2) \times \cdots \times 2 \times 1$
>   – $0! = 1$, $_n\mathrm{P}_0 = 1$
>   – **원순열** : 서로 다른 n개를 원형으로 배열하는 가짓수, $\dfrac{n!}{n} = (n-1)!$
> • **조합** : 서로 다른 n개에서 순서를 고려하지 않고 서로 다른 r개를 선택하는 가짓수(단, $0 \le r \le n$)
>   – $_n\mathrm{C}_r = \dfrac{_n\mathrm{P}_r}{r!} = \dfrac{n!}{r! \times (n-r)!}$
>   – $_n\mathrm{C}_r = {}_n\mathrm{C}_{n-r}$, $_n\mathrm{C}_0 = {}_n\mathrm{C}_n = 1$
> • **확률** : 발생할 수 있는 모든 사건의 가짓수 중 특정 사건이 발생할 수 있는 가짓수의 비율
>   – [사건 A가 발생할 확률(p)] = $\dfrac{(\text{사건 A가 발생하는 경우의 수})}{(\text{모든 사건이 발생하는 경우의 수})}$ (단, $0 \le p \le 1$)
>   – **여사건의 확률** : 사건 A가 일어날 확률이 p일 때, 사건 A가 일어나지 않을 확률은 $(1-p)$이다.

3 실전전략

- 문제에서 요구하는 값이 무엇인지 확인한다.
- 지문에 나타난 조건을 정리한다.
- 알맞은 식을 세우고 답을 찾는다.

4 대표유형

동전을 던져 앞면이 나오면 A가 B에게 1원을 주고, 뒷면이 나오면 B가 A에게 1원을 주는 게임을 하고 있다. 둘 중 한 명이 가진 돈이 0원이 되면 게임이 끝난다고 한다. 현재 A는 2원을, B는 1원을 가지고 있을 때, 동전을 세 번 이하로 던져 게임이 끝날 확률은?

① 0

② $\frac{1}{2}$

③ $\frac{3}{4}$

④ $\frac{7}{8}$

⑤ 1

5 정답 및 해설

정답 ④

해설

동전을 한 번 던져 게임이 끝나려면 B가 A에게 1원을 줘야 하므로 동전의 뒷면이 나와야 한다.

따라서 동전을 한 번 던져 게임이 끝날 확률은 $\frac{1}{2}$이다.

동전을 두 번 던져 게임이 끝날 경우는 모두 동전의 앞면이 나와 A가 B에게 2원을 주는 경우이다.

따라서 동전을 두 번 던져 게임이 끝날 확률은 $\frac{1}{2} \times \frac{1}{2} = \frac{1}{4}$이다.

동전을 세 번 던져 게임이 끝날 경우는 첫 번째에 앞면이 나와 A가 B에게 1원을 주고 두 번째, 세 번째에 뒷면이 나와 B가 A에게 2원을 주는 경우이다.

이때, 동전을 세 번 던져 게임이 끝날 확률은 $\frac{1}{2} \times \frac{1}{2} \times \frac{1}{2} = \frac{1}{8}$이다.

따라서 구하고자 하는 확률은 $\frac{7}{8}$이다.

6 실전 노하우!

❶ 문제에서 요구하는 값이 무엇인지 확인한다.

동전을 던져서 1원씩 주는 게임을 했을 때 게임이 세 번 안에 끝나는 확률을 구해야 한다. 경우의 수 / 확률을 구하는 문제에서 'n 이하' 또는 'n 이상'이라는 조건이 붙었을 때는 주어진 경우의 수를 나누어 따져보아야 하는 경우가 많다.

❷ 지문에 나타난 조건을 정리한다.

A는 2원을, B는 1원을 갖고 있으며 게임이 세 번 이하로 던져서 끝나는 경우는 각각 한 번, 두 번, 세 번 던져서 끝나는 경우로 나눌 수 있다.

❸ 알맞은 식을 세우고 답을 찾는다.

- 동전을 한 번 던져서 끝나는 확률 : $\dfrac{1}{2}$

- 동전을 두 번 던져서 끝나는 확률 : $\dfrac{1}{2} \times \dfrac{1}{2} = \dfrac{1}{4}$

- 동전을 세 번 던져서 끝나는 확률 : $\dfrac{1}{2} \times \dfrac{1}{2} \times \dfrac{1}{2} = \dfrac{1}{8}$

따라서 모든 확률의 합은 $\dfrac{1}{2} + \dfrac{1}{4} + \dfrac{1}{8} = \dfrac{7}{8}$ 이므로 답은 $\dfrac{7}{8}$ 이다.

1 유형특징

거리 / 속력 / 시간 간의 관계를 이용하여 조건에 맞는 답을 계산하는 유형이다.

2 학습전략

- 일반화된 공식이 존재하므로 변환 공식을 모두 암기하여 문제에서 물어보는 변수에 따라 자유자재로 사용할 수 있도록 한다.
- 거리 / 속력 / 시간의 기본 공식을 활용하여 식을 세우고, 아래와 같은 유형은 정리한 내용을 기반으로 식을 세우면 쉽게 문제를 해결할 수 있다.

> - (거리)=(속력)×(시간), (속력)=$\dfrac{(거리)}{(시간)}$, (시간)=$\dfrac{(거리)}{(속력)}$
> - 두 사람이 반대 방향(또는 같은 방향)으로 움직이는 경우
>   - (전체 거리)=[두 사람이 움직인 거리의 합(또는 차)]
>   - 두 사람이 만날 때까지 걸린 시간이 같음
> - 터널을 통과하거나 다리를 지나가는 경우
>   - (기차가 움직인 거리)=(기차의 길이)+[터널(또는 다리)의 길이]
> - 흐르는 물에서 배를 타는 경우
>   - (하류로 내려갈 때의 속력)=(배 자체의 속력)+(물의 속력)
>   - (상류로 올라갈 때의 속력)=(배 자체의 속력)−(물의 속력)
> - 단위 변환에 주의하여 함정에 빠지지 않도록 한다.
>   - 길이 : 1km=1,000m=100,000cm ⇔ 1cm=0.01m=0.00001km
>   - 시간 : 1시간=60분=3,600초 ⇔ 1초=$\dfrac{1}{60}$ 분=$\dfrac{1}{3,600}$ 시간

- 문제에서 요구하는 값이 무엇인지 확인한다.
- 지문에 나타난 조건을 정리한다.
- 알맞은 식을 세우고 답을 찾는다.

4 대표유형

목적지까지 갈 때의 속력은 80km/h, 돌아올 때의 속력은 120km/h이다. 1시간 이내로 출발지에서 목적지까지 갔다가 돌아오려면 출발지와 목적지의 거리는 최대 몇 km인가?

① 44km

② 46km

③ 48km

④ 50km

⑤ 52km

5 정답 및 해설 정답 ③

해설

출발지와 목적지의 거리를 $x$km라고 하자.

- 목적지까지 가는 데 걸리는 시간 : $\dfrac{x}{80}$ 시간

- 목적지에서 돌아오는 데 걸리는 시간 : $\dfrac{x}{120}$ 시간

$\dfrac{x}{80} + \dfrac{x}{120} \le 1$

$\rightarrow 5x \le 240$

$\therefore x \le 48$

따라서 출발지와 목적지의 거리는 최대 48km이다.

6 실전 노하우!

❶ 문제에서 요구하는 값이 무엇인지 확인한다.

출발지에서 목적지까지의 '최대' 거리를 구하라고 하였으므로 출발지에서 목적지까지의 거리를 $x\,\text{km}$로 놓는다. 이때 1시간 이내로 출발지와 목적지를 왕복해야 하고, 갈 때와 돌아올 때의 속력이 각각 다르다는 것을 유의해야 한다.

❷ 지문에 나타난 조건을 정리한다.

왕복에 걸린 시간은 출발지에서 목적지까지 가는 데 걸린 시간과 목적지에서 다시 출발지까지 오는 데 걸린 시간으로 나눌 수 있다. 출발지에서 목적지까지의 거리가 $x\,\text{km}$이고 $(\text{시간})=\dfrac{(\text{거리})}{(\text{속력})}$이므로 가는 데 걸린 시간은 $\dfrac{x}{80}$ 시간, 돌아오는 데 걸린 시간은 $\dfrac{x}{120}$ 시간이다.

❸ 알맞은 식을 세우고 답을 찾는다.

왕복에 걸린 시간은 가는 데 걸린 시간과 돌아오는 데 걸린 시간의 합이고 이는 1시간 이내여야 하므로 다음과 같이 식을 세울 수 있다.

$$\frac{x}{80}+\frac{x}{120}\leq 1$$
$$\rightarrow 5x\leq 240$$
$$\therefore x\leq 48$$

1 유형특징

용액과 용매, 용질 간의 관계를 이용하여 조건에 맞는 답을 계산하는 유형이다.

2 학습전략

- 일반화된 공식이 존재하므로, 다음의 공식을 모두 암기해 두었다가 문제에 따라 자유자재로 변형하여 사용할 수 있도록 한다.

- (용액)=(용매)+(용질)

  예 (소금물)=(물)+(소금)

- $[농도(\%)]=\dfrac{(용질의 양)}{(용액의 양)}\times100=\dfrac{(용질의 양)}{(용질의 양)+(용매의 양)}\times100$

- $a\%$ 소금물에 <u>물을 첨가</u>하여 $b\%$ 소금물을 만드는 경우

  $-\dfrac{a}{100}\times(a\%\ 소금물의 양)=\dfrac{b}{100}\times[(a\%\ 소금물의 양)+(첨가하는 물의 양)]$

- $a\%$ 소금물의 <u>물을 증발</u>시켜 $b\%$ 소금물을 만드는 경우

  $-\dfrac{a}{100}\times(a\%\ 소금물의 양)=\dfrac{b}{100}\times[(a\%\ 소금물의 양)-(증발하는 물의 양)]$

- $a\%$ 소금물에 <u>소금을 첨가</u>하여 $b\%$ 소금물을 만드는 경우

  $-\dfrac{a}{100}\times(a\%\ 소금물의 양)+(첨가하는 소금의 양)=\dfrac{b}{100}\times[(a\%\ 소금물의 양)+(첨가하는 소금의 양)]$

- $a\%$ 소금물과 <u>$b\%$ 소금물을 섞어</u> $c\%$ 소금물을 만드는 경우

  $-\dfrac{a}{100}\times(a\%\ 소금물의 양)+\dfrac{b}{100}\times(b\%\ 소금물의 양)=\dfrac{c}{100}\times[(a\%\ 소금물의 양)+(b\%\ 소금물의 양)]$

---

3 실전전략

• 문제에서 요구하는 값이 무엇인지 확인한다.
• 지문에 나타난 조건을 정리한다.
• 알맞은 식을 세우고 답을 찾는다.

4 대표유형

농도 8%의 소금물 200g에서 소금물을 조금 퍼낸 후, 퍼낸 소금물의 양만큼 물을 부었다. 그리고 소금 50g을 넣어 농도 24%의 소금물 250g을 만들었을 때, 처음 퍼낸 소금물의 양은?

① 75g
② 80g
③ 90g
④ 95g
⑤ 100g

5 정답 및 해설

정답 ①

해설

처음 퍼낸 소금물의 양을 xg이라고 하자.

200g의 소금물에서 xg을 퍼낸 후의 소금의 양은 $\dfrac{8}{100}(200-x)$g이므로 소금의 양에 대한 식은 다음과 같다.

$\dfrac{8}{100}(200-x)+50=\dfrac{24}{100}\times250$

→ $8(200-x)+5,000=6,000$

→ $200-x=125$

∴ $x=75$

따라서 처음 퍼낸 소금물의 양은 75g이다.

6 실전 노하우!

❶ 문제에서 요구하는 값이 무엇인지 확인한다.

처음 퍼낸 소금물의 양 또는 처음 퍼낸 소금물만큼 넣은 물의 양을 구해야 한다. 이는 구하는 값이므로 $x\text{g}$으로 놓는다.

❷ 지문에 나타난 조건을 정리한다.

대부분의 소금물 문제는 소금의 양으로 식을 세워 계산한다. 따라서 한눈에 소금의 양과 농도, 소금물의 양의 변화를 볼 수 있도록 표를 작성한다.

구분	처음	소금물을 퍼낸 후	물을 첨가한 후	소금을 첨가한 후
농도(%)	8	8	−	24
소금물의 양(g)	200	$200-x$	200	250
소금의 양(g)	$\dfrac{8}{100}\times200=16$	$\dfrac{8}{100}(200-x)$	$\dfrac{8}{100}(200-x)$	$\dfrac{24}{100}\times250$

❸ 알맞은 식을 세우고 답을 찾는다.

물을 첨가하는 것은 소금의 양에 영향을 미치지 않고, 물을 첨가하기 전의 소금의 양과 50g의 소금을 첨가한 후의 소금의 양의 차이는 50g인 점을 이용하여 식을 세운다.

$$\frac{8}{100}(200-x)+50=\frac{24}{100}\times250$$

$$\rightarrow 8(200-x)+5{,}000=6{,}000$$

$$\rightarrow 200-x=125$$

$$\therefore x=75$$

04

일 / 일률

1 유형특징

일률과 일의 양, 시간 간의 관계를 이용하여 조건에 맞는 답을 계산하는 유형이다.

2 학습전략

• '일률'이란 단위시간 동안 처리할 수 있는 작업량이다.
• 전체 작업량을 1로 놓고, 분·시간 등의 단위시간 동안 한 일의 양을 기준으로 식을 세운다.
• 두 사람이 동시에 일했을 때의 일률은 각각의 일률의 합과 같다.

> • (일률)$=\dfrac{(작업량)}{(시간)}$
>
> • (시간)$=\dfrac{(작업량)}{(일률)}$
>
> • (작업량)$=$(일률)$\times$(시간)

3 실전전략

• 문제에서 요구하는 값이 무엇인지 확인한다.
• 지문에 나타난 조건을 정리한다.
• 알맞은 식을 세우고 답을 찾는다.

H건설에서 백화점 건물을 짓기 위해 A, B포크레인 두 대로 작업을 하고 있다. A포크레인만 사용하면 건물 하나를 완성하는 데 40일 걸리고, B포크레인만 사용하면 20일 걸린다. 공사 감독의 지시로 A포크레인만으로 작업하다가 나중에는 B포크레인만으로 작업하여 총 21일만에 건물 하나를 완공했다고 할 때, B포크레인만으로 작업한 기간은?

① 1일   ② 2일

③ 19일   ④ 20일

⑤ 25일

---

5 정답 및 해설   정답 ③

해설

전체 일의 양을 1이라고 하면 A의 1일 작업량은 $\frac{1}{40}$, B의 1일 작업량은 $\frac{1}{20}$이다.

A로만 작업한 날을 x일, B로만 작업한 날을 y일이라고 하면 다음과 같은 두 식이 성립한다.

$\frac{1}{40}x + \frac{1}{20}y = 1 \cdots \bigcirc$

$x + y = 21 \cdots \bigcirc\bigcirc$

$\bigcirc$과 $\bigcirc\bigcirc$을 연립하여 풀면 $x=2$, $y=19$

따라서 B포크레인만으로 19일 동안 작업하였다.

6 실전 노하우!

❶ 문제에서 요구하는 값이 무엇인지 확인한다.

건물 하나를 짓기 위해 A포크레인으로 작업을 한 후 나머지를 B포크레인으로 마무리하였을 때 B포크레인으로 작업한 날의 수를 구해야 한다.

A포크레인만으로 작업한 날의 수 또한 주어지지 않았으므로 미지수 2개가 필요하다. 따라서 A포크레인으로만 작업한 날을 x일, B포크레인으로만 작업한 날을 y일로 놓는다.

❷ 지문에 나타난 조건을 정리한다.

며칠 작업을 하였는지 구하려면 하루에 할 수 있는 일의 양을 먼저 알아야 한다. 백화점 건물 하나를 짓는 데 A포크레인으로만 작업을 하면 40일 걸리고, B포크레인만 사용하면 20일 걸린다고 하였으므로 백화점 건물 하나를 짓는 전체 일의 양을 1이라고 가정하면 A포크레인이 하루에 할 수 있는 일의 양은 $\dfrac{1}{40}$, B포크레인이 하루에 할 수 있는 일의 양은 $\dfrac{1}{20}$이다.

❸ 알맞은 식을 세우고 답을 찾는다.

A포크레인은 하루에 $\dfrac{1}{40}$만큼 x일 동안, B포크레인은 하루에 $\dfrac{1}{20}$만큼 y일 동안 작업을 하여 백화점 건물이 하나가 지어졌을 때 두 포크레인이 작업한 날의 수는 21일이고, 전체 일의 양은 1로 가정했으므로 다음과 같이 식을 세울 수 있다.

$\dfrac{1}{40}x + \dfrac{1}{20}y = 1 \cdots ㉠$

$x + y = 21 \cdots ㉡$

㉠과 ㉡을 연립하여 풀면 $x=2$, $y=19$이다.

1 유형특징

원가와 정가, 이익 등 가격 요소와 판매량 간의 관계를 이용하여 조건에 맞는 답을 계산하는 유형이다.

2 학습전략

• 원가, 정가, 판매가 등 용어를 정확하게 파악하는 것이 가장 중요하다. 또한, 할인율과 인상률을 혼동하지 않도록 주의해야 한다.

• 정가가 a원일 때 b원을 할인했을 경우

  – 할인율 : $\dfrac{b}{a} \times 100\%$

  – 판매가 : $a \times \left[1 - \dfrac{(\text{할인율})}{100} \right] = a \times \left(1 - \dfrac{b}{a} \right) = (a-b)$원

• (휴대전화 요금)=(기본요금)+(무료제공 외 사용요금)

  – (무료제공 외 통화 요금)=(무료통화 외 사용시간)×(시간당 사용요금)

  – (무료제공 외 메시지 요금)=(무료제공 외 사용건수)×(건당 사용요금)

---

3 실전전략

• 문제에서 요구하는 값이 무엇인지 확인한다.
• 지문에 나타난 조건을 정리한다.
• 알맞은 식을 세우고 답을 찾는다.

4 대표유형

S공장에서 제조하는 휴대전화 장식품의 원가는 700원이고 정가는 A 원이다. 이 장식품을 L매장에서 14% 할인하여 50개 팔았을 때의 이익과 M매장에서 20% 할인하여 80개 팔았을 때의 이익이 같다고 한다. 이때, A 의 각 자리의 수를 모두 더한 값은?

① 1
② 2
③ 3
④ 4
⑤ 5

5 정답 및 해설

정답 ①

해설

구분	L매장	M매장
판매가	$\left(1-\dfrac{14}{100}\right)A=\dfrac{86}{100}A$	$\left(1-\dfrac{20}{100}\right)A=\dfrac{80}{100}A$
총수입	$\dfrac{86}{100}A\times50=43A$	$\dfrac{80}{100}A\times80=64A$
이익	$43A-50\times700=43A-35,000$	$64A-80\times700=64A-56,000$

이때, 두 매장의 이익이 같다고 하였으므로 다음과 같은 식이 성립한다.

$43A-35,000=64A-56,000$

$\rightarrow 21A=21,000$

$\therefore A=1,000$

따라서 각 자리의 수를 모두 더한 값은 $1+0+0+0=1$이다.

6 실전 노하우!

❶ 문제에서 요구하는 값이 무엇인지 확인한다.

정가가 A 원인 휴대전화 장식품을 두 매장에서 서로 다른 할인율로 판매하여 그에 따른 판매량도 서로 달랐을 때 A 의 값을 구하고 최종적으로는 A 의 각 자리의 수를 모두 더한 값을 구해야 한다.

❷ 지문에 나타난 조건을 정리한다.

판매가는 정가 A 원에서 할인율을 적용한 금액이므로, L매장과 M매장에서 판매하는 S공장 휴대전화 장식품의 가격은 각각 $\frac{86}{100}A$ 원, $\frac{80}{100}A$ 원이다. 총수입은 판매가에 총 판매량을 곱하여 구할 수 있으므로, L매장과 M매장의 S공장 휴대전화 장식품으로 인해 생긴 총수입은 각각 $43A$ 원, $64A$ 원이다. 이익은 총수입에서 총원가를 제외한 값이므로 L매장과 M매장의 S공장 휴대전화 장식품으로 인해 생긴 이익은 각각 $(43A - 35,000)$원, $(64A - 56,000)$원이다.

❸ 알맞은 식을 세우고 답을 찾는다.

두 매장의 이익이 같다고 하였으므로 다음과 같이 식을 세울 수 있다.

$43A - 35,000 = 64A - 56,000$

$\rightarrow 21A = 21,000$

$\therefore A = 1,000$

구하고자 하는 값은 A의 각 자리의 수의 합이므로 $1+0+0+0=1$이다.

1 유형특징

나이, 개수, 비율, 날짜 / 요일, 시계 등 방정식과 부등식의 원리를 이용하여 조건에 맞는 답을 계산하는 유형이다.

2 학습전략

• 나이, 개수 등의 유형은 일차방정식의 해법을 이용하여 문제를 푼다. 가능한 한 개의 문자로 식을 세우는 것이 좋으며, 구하는 값이 현재인지 혹은 미래인지, 남자인지 혹은 여자인지 등을 명확하게 확인하여 함정에 빠지지 않도록 한다.

• **비율**
  - x가 $a\%$ 증가하면, $\left(1+\dfrac{a}{100}\right) \times x$
  - x가 $a\%$ 감소하면, $\left(1-\dfrac{a}{100}\right) \times x$
• **날짜/요일**
  - 1일=24시간=$1,440(=24\times60)$분=$86,400(=1,440\times60)$초
  - 월별 일수 : 1, 3, 5, 7, 8, 10, 12월은 31일, 4, 6, 9, 11월은 30일, 2월은 28일(또는 29일)
  - 윤년(2월이 29일, 1년은 366일)은 4년에 1번 돌아온다.
• **시계**
  - 시침이 1시간 동안 이동하는 각도 : $\dfrac{360°}{12}=30°$
  - 시침이 1분 동안 이동하는 각도 : $\dfrac{30°}{60}=0.5°$
  - 분침이 1분 동안 이동하는 각도 : $\dfrac{360°}{60}=6°$

---

3 실전전략

• 문제에서 요구하는 값이 무엇인지 확인한다.
• 지문에 나타난 조건을 정리한다.
• 알맞은 식을 세우고 답을 찾는다.

S저수지에는 1,200t의 물이 있다. 평상시대로 물이 흘러들어오면 60일간 논에 물을 공급할 수 있다. 그런데 가뭄으로 흘러들어오는 물의 양이 $\frac{1}{5}$로 감소하면 20일밖에 물을 공급하지 못한다. 가뭄일 때, 예정대로 60일간 물을 공급하려면 평상시 공급량을 몇 % 감소시켜야 하는가?(단, 소수점 둘째 자리에서 반올림한다)

① 57.1% ② 57.2%

③ 57.5% ④ 57.6%

⑤ 58.0%

정답 ①

해설

(공급량)＝(저수지의 물의 양)＋(유입량)

1일 유입량을 xt이라 하면 1일 공급량은 다음과 같은 식으로 구할 수 있다.

$$(1일 \ 공급량)=\frac{1,200+60x}{60}=20+x$$

가뭄일 때는 유입량이 $\frac{1}{5}x$t이고, 20일밖에 물을 공급하지 못하므로 다음과 같은 방정식이 성립한다.

$$\frac{1,200+\frac{1}{5}x\times 20}{20+x}=20$$

$$\rightarrow 1,200+4x=400+20x$$

$$\therefore x=50$$

평상시 공급량에 대한 감소 비율을 y%라 하면 다음과 같은 방정식이 성립한다.

$$\frac{1,200+\frac{1}{5}\times 50\times 60}{70\left(1-\frac{y}{100}\right)}=60$$

$$\rightarrow 1,200+600=4,200-42y$$

$$\therefore y=\frac{400}{7}=57.14\cdots \fallingdotseq 57.1$$

따라서 가뭄일 때 예정대로 60일간 물을 공급하려면 평상시 공급량을 약 57.1% 감소시켜야 한다.

❶ 문제에서 요구하는 값이 무엇인지 확인한다.

가뭄으로 흘러들어오는 물의 양이 $\dfrac{1}{5}$로 줄었을 때 60일간 논에 물을 공급하려면 '평상시' 공급량을 몇 %의 비율로 감소시켜야 하는지를 구해야 한다.

이때 '평상시'와 '가뭄일 때'를 잘 구분해서 풀이하여야 한다.

문제에서 요구하는 값을 구하려면 평상시 1일 공급량과 가뭄일 때 하루에 흘러들어오는 물의 양을 알아야 한다. 이는 평상시 1일 유입량을 알면 모두 구할 수 있으므로 1일 유입량을 $x\,t$으로 놓는다.

❷ 지문에 나타난 조건을 정리한다.

정상적으로 60일간 논에 물을 공급하는 양은 저수지 물의 양과 60일간 유입된 물의 양을 합친 양과 같다.

저수지 물의 양과 60일간 유입된 물의 양을 더한 값을 60일로 나누면 1일 공급량은 $\dfrac{1,200+60x}{60}\,t$임을 알 수 있다. 그리고 1일 공급량과 가뭄일 때 20일 동안 물을 공급할 수 있다는 사실을 이용하면 1일 유입량을 알 수 있다. 가뭄일 때 20일 동안 흘러들어오는 물의 양과 저수지의 물의 양을 더한 값을 1일 공급량으로 나눠서 평상시 1일 유입량인 x를 구하면 50g임을 알 수 있다.

❸ 알맞은 식을 세우고 답을 찾는다.

주어진 조건으로 구한 평상시 1일 유입량을 이용하여 가뭄일 때 1일 유입량을 구할 수 있다. 문제에서 가뭄일 때 60일 동안 논에 물을 공급한다고 하였으므로 저수지 물의 양과 60일 동안 유입된 물의 양을 더한 값을 60일로 나누면 다음과 같이 가뭄일 때 1일 공급량을 구할 수 있다.

$$(\text{가뭄일 때 1일 공급량})=\frac{1,200+\dfrac{1}{5}\times 50 \times 60}{60}=30t$$

평상시 1일 공급량은 $20+50=70t$이고 감소율을 y%라고 하면

$$70t\times\left(1-\frac{y}{100}\right)=30t$$이므로 약 57.1%이다.

01 다음 식을 계산한 값은?

$$(4,513+8,779) \div 4 - 523$$

① 2,600
② 2,700
③ 2,800
④ 2,900
⑤ 3,000

02 가로, 세로, 높이가 각각 39cm, 65cm, 91cm인 직육면체 모양의 벽이 있다. 최소한의 정육면체 타일로 이 벽을 채우고자 할 때, 정육면체 타일의 한 변의 길이는?

① 13cm
② 14cm
③ 15cm
④ 16cm
⑤ 17cm

03 어느 반죽 제품의 밀가루와 설탕 비율이 A회사 제품은 5 : 4이고, B회사 제품은 2 : 1이다. 이 두 회사의 제품을 섞었을 때 밀가루와 설탕의 비율은 3 : 2가 된다. 섞은 설탕의 무게가 120kg일 때 A회사 제품의 무게는?

① 160kg
② 165kg
③ 170kg
④ 175kg
⑤ 180kg

04 1g, 2g, 4g, 8g, 16g, …의 추가 있다. 이때, 327g을 재려면 필요한 추의 최소 개수는?

① 4개
② 5개
③ 6개
④ 7개
⑤ 8개

05 A ~ E 5명이 일렬로 설 때, A와 B가 양 끝에 서는 경우의 수는?

① 6가지   ② 12가지

③ 24가지   ④ 32가지

⑤ 36가지

06 집에서 놀이터까지 가는 경우의 수는 4가지, 놀이터에서 학교까지 가는 경우의 수는 5가지이다. 또한, 집에서 놀이터를 거치지 않고 학교까지 가는 경우의 수는 2가지이다. 이때 집에서 학교까지 갈 수 있는 경우의 수는 모두 몇 가지인가?

① 20가지   ② 22가지

③ 26가지   ④ 30가지

⑤ 32가지

07 귤상자 2개에 각각 귤이 들어있다. 한 상자당 귤이 안 익었을 확률은 10%, 썩었을 확률은 15%이고 나머지는 잘 익은 귤이라고 한다. 두 사람이 각각 다른 상자에서 귤을 꺼낼 때 한 사람은 잘 익은 귤을 꺼내고, 다른 한 사람은 썩거나 안 익은 귤을 꺼낼 확률은?

① 31.5%   ② 33.5%

③ 35.5%   ④ 37.5%

⑤ 39.5%

08 내일 비가 올 확률은 $\frac{1}{3}$이다. 비가 온 다음 날 비가 올 확률은 $\frac{1}{4}$, 비가 안 온 다음 날 비가 올 확률은 $\frac{1}{5}$일 때, 모레 비가 올 확률은?

① $\frac{13}{60}$ ② $\frac{9}{20}$

③ $\frac{11}{20}$ ④ $\frac{29}{60}$

⑤ $\frac{31}{60}$

09 농도 7%의 소금물 300g에 녹아 있는 소금의 양은?

① 18g 　　　　　　　　　　　　　　② 19g

③ 20g 　　　　　　　　　　　　　　④ 21g

⑤ 22g

10 9개의 숫자 1 ~ 9 중에서 서로 다른 3개의 숫자를 택하여 세 자리 자연수를 만들 때, 각 자리의 수 중 어떤 두 수의 합도 9가 아닌 수를 만들려고 한다. 예를 들어 217은 조건을 만족시키지 않는다. 조건을 만족시키는 세 자리 자연수의 개수는?

① 144개 　　　　　　　　　　　　　② 168개

③ 250개 　　　　　　　　　　　　　④ 336개

⑤ 420개

11 마트에서 500mL 우유 1팩과 요거트 1개를 묶음 판매하고 있다. 묶음 판매하는 행사가격은 우유와 요거트 정가의 20%를 할인해서 2,000원이다. 요거트 1개의 정가가 800원일 때, 우유 1팩의 정가는?

① 800원 　　　　　　　　　　　　　② 1,200원

③ 1,500원 　　　　　　　　　　　　④ 1,700원

⑤ 1,800원

12 어느 야구팀의 작년 승률은 40%였고, 올해는 총 120경기 중 65승을 하였다. 작년과 올해의 경기를 합하여 구한 승률이 45%일 때, 승리한 횟수는?

① 151회 　　　　　　　　　　　　　② 152회

③ 153회 　　　　　　　　　　　　　④ 154회

⑤ 155회

13 H사원은 물 200g과 녹차가루 50g을 가지고 있다. H사원은 같은 부서 동료인 A사원과 B사원에게 농도가 다른 녹차를 타주려고 한다. A사원의 녹차는 물 65g과 녹차가루 35g으로 만들어 주었고, B사원에게는 남은 물과 녹차가루로 녹차를 타주려고 한다. B사원이 마시는 녹차의 농도는?

① 10%
② 11%
③ 12%
④ 13%
⑤ 14%

14 농도 4%의 소금물 300g에 소금 100g을 추가로 넣었을 때, 소금물의 농도는?

① 24%
② 26%
③ 28%
④ 30%
⑤ 32%

15 어느 공장에서 완성품 1개를 만드는 데 걸리는 시간은 A기계가 20일, B기계가 30일이다. A와 B기계를 함께 사용하면 완성품 1개를 며칠 만에 만들 수 있겠는가?

① 5일
② 9일
③ 12일
④ 15일
⑤ 18일

16 시계 광고에서 시계는 항상 10시 10분을 가리킨다. 그 이유는 이 시각이 회사 로고가 가장 잘 보이며 시계 바늘이 이루는 각도도 가장 안정적이기 때문이다. 시계가 10시 10분을 가리킬 때 시침과 분침이 이루는 작은 쪽의 각도는?

① 115°
② 145°
③ 175°
④ 205°
⑤ 245°

17 다음은 버스 3대의 배차 간격에 대한 정보이다. 오후 4시 50분에 동시에 출발한 이후 A ~ C 버스 3대가 다시 같이 출발하는 시각은?

- A버스는 배차 간격이 8분이다.
- B버스는 배차 간격이 15분이다.
- C버스는 배차 간격이 12분이다.

① 5시 40분
② 5시 55분
③ 6시 30분
④ 6시 50분
⑤ 7시 10분

18 A팀의 팀원들의 나이가 다음과 같을 때, 팀장의 나이는?

- 팀장의 나이는 과장보다 4살이 많다.
- 대리의 나이는 31세이다.
- 사원은 대리보다 6살 어리다.
- 과장과 팀장 나이의 합은 사원과 대리의 나이 합의 2배이다.

① 56세
② 57세
③ 58세
④ 59세
⑤ 60세

19 라임이와 아버지의 나이 차는 28세이다. 아버지의 나이가 라임이의 나이의 3배라면 현재 아버지의 나이는?

① 40세
② 42세
③ 44세
④ 46세
⑤ 48세

20 어느 학교의 모든 학생이 n대의 버스에 나누어 타면 한 대에 45명씩 타야 하고, $(n+2)$대의 버스에 나누어 타면 한 대에 40명씩 타야 한다. 이 학교의 학생은 모두 몇 명인가?(단, 빈자리가 있는 버스는 없다)

① 600명

② 640명

③ 680명

④ 720명

⑤ 760명

21 S씨는 뒷산에 등산하러 갔다. A오르막길은 1.5km/h로 이동하였고, B내리막길은 4km/h로 이동하였다. S씨가 A오르막길로 올라가 정상에서 쉬고, B내리막길로 내려오는 데 총 6시간 30분이 걸렸고, 정상에서 30분 동안 휴식을 하였다. 오르막길과 내리막길이 총 14km일 때, A오르막길의 거리는?

① 2km

② 4km

③ 6km

④ 8km

⑤ 10km

22 어떤 두 소행성 간의 거리는 150km이다. 이 두 소행성이 서로를 향하여 각각 초속 10km와 5km로 접근한다면, 둘은 몇 초 후에 충돌하겠는가?

① 5초

② 10초

③ 15초

④ 20초

⑤ 25초

23 등산을 하는데 올라갈 때 이용하는 길보다 내려갈 때 이용하는 길이 3km 더 길었다. 산에 올라갈 때는 2km/h의 속력으로 걸었고, 내려갈 때는 4km/h의 속력으로 걸어서 총 3시간이 걸렸다. 등산한 총거리는 얼마인가?

① 8km

② 9km

③ 10km

④ 12km

⑤ 15km

24 강을 따라 20km 떨어진 A지점과 B지점을 배로 왕복하였더니 올라가는 데는 4시간, 내려오는 데는 2시간이 걸렸다. 이때, 강물이 흐르는 속력은?

① 2km/h ② 2.5km/h

③ 3km/h ④ 3.5km/h

⑤ 4km/h

25 서로 크기가 모두 다른 5개의 도형 ★, ◎, ◇, □, ▲이 있다. 각 도형의 조건이 아래 4개의 식을 만족할 때, 다음 〈보기〉의 ?에 들어갈 알맞은 숫자는?

$$▲ = 2(★ + ◎)$$
$$◎ = ★ + ◇$$
$$2◎ = ◇ + □$$
$$2◇ = □$$

> **보기**
>
> $$? × ◇ = ★ + ◎ + □ + ▲$$

① 6 ② 7

③ 8 ④ 9

⑤ 10

26 일정한 규칙으로 수를 나열할 때, A−3B의 값은?

9	−11	3	−9.6	(B)	−7.5	−9	(A)	−15

① −2.1 ② −1

③ 4.3 ④ 2.5

⑤ 3

27 프로젝트를 완료하는 데 A사원이 혼자 하면 7일, B사원이 혼자 하면 9일이 걸린다. 3일 동안 두 사원이 함께 프로젝트를 진행하다가 B사원이 병가를 내는 바람에 나머지는 A사원이 혼자 처리해야 한다. A사원이 남은 프로젝트를 완료하는 데에는 며칠이 더 걸리겠는가?

① 1일　　　　　　　　　　　　　② 2일
③ 3일　　　　　　　　　　　　　④ 4일
⑤ 5일

28 수영장에 물을 가득 채울 때 수도관 A로는 6시간, 수도관 B로는 4시간이 걸린다. A, B 두 수도관을 모두 사용하여 수영장에 물을 가득 채우는 데 걸리는 시간은?

① 2시간　　　　　　　　　　　② 2시간 12분
③ 2시간 24분　　　　　　　　　④ 2시간 36분
⑤ 2시간 48분

29 주어진 시간 동안 A가 정리할 수 있는 운동장의 넓이는 B의 1.5배이다. A와 B가 100m² 넓이의 운동장을 5시간 만에 모두 정리하였다면, A가 한 시간 동안 정리할 수 있는 면적은?

① 8m²　　　　　　　　　　　　② 12m²
③ 15m²　　　　　　　　　　　　④ 18m²
⑤ 20m²

30 수영장에 물통이 하나 있다. 이 물통을 가득 채우는 데 A관만 사용하면 a분, B관만 사용하면 b분, C관만 사용하면 c분이 걸린다. A ~ C 세 관을 모두 사용할 때, 이 물통을 가득 채우는 데 걸리는 시간은?

① $\dfrac{2abc}{2ab+bc+ca}$분

② $\dfrac{abc}{ab+2bc+ca}$분

③ $\dfrac{abc}{ab+bc+2ca}$분

④ $\dfrac{abc}{ab+bc+ca}$분

⑤ $\dfrac{2abc}{ab+bc+ca}$분

31 아시안 게임에 참가한 어느 종목의 선수들을 A ~ C 세 등급으로 분류하여 총 4,500만 원의 포상금을 지급하려고 한다. A등급인 선수에게는 B등급보다 2배, B등급에게는 C등급보다 $\dfrac{3}{2}$배의 포상금이 지급된다. A등급은 5명, B등급은 10명, C등급은 15명이라면, A등급을 받은 선수 1명에게 지급될 금액은?

① 300만 원

② 400만 원

③ 450만 원

④ 500만 원

⑤ 550만 원

32 민경이는 등산복과 등산화를 납품받아 판매한다. 등산복 1벌을 판매했을 때 얻는 이익은 2,000원, 등산화 1켤레를 판매했을 때 얻는 이익은 5,000원이다. 민경이는 총 40개의 제품을 판매했으며 판매 수수료는 제품 1개당 1,500원이라고 한다. 판매이익이 11만 원일 때 등산화 판매로 얻은 이익은?

① 3,500원

② 5,000원

③ 25,000원

④ 35,000원

⑤ 50,000원

33 효민이와 준우는 돈을 3회로 나누어 내기로 하고 제습기를 공동으로 구입하였다. 1회에는 둘 중 한 사람이 다른 사람보다 많이 내기로 하고, 2회, 3회에는 1회에 많이 낸 사람이 1회보다 25% 적게 내고, 적게 낸 사람은 1회보다 2,000원 더 많은 금액을 내기로 했더니 효민이와 준우가 각각 부담한 총액이 같았다. 2회에 준우가 지불한 금액이 효민이보다 5,000원 많았을 때, 제습기의 가격은?

① 13만 원   ② 17만 원

③ 19만 원   ④ 22만 원

⑤ 26만 원

34 300원짜리 연필과 500원짜리 색연필을 합하여 10자루를 사고, 3,600원을 지불하였다. 이때 300원짜리 불펜은 몇 자루 샀는가?

① 3자루   ② 4자루

③ 5자루   ④ 6자루

⑤ 7자루

35 톱니 수가 90개인 A톱니바퀴는 B, C톱니바퀴와 서로 맞물려 돌아가고 있다. A톱니바퀴가 8번 도는 동안 B톱니바퀴가 15번, C톱니바퀴가 18번 돌았다면, B톱니바퀴의 톱니 수와 C톱니바퀴의 톱니 수의 합은?

① 76개   ② 80개

③ 84개   ④ 88개

⑤ 92개

CHAPTER 02

자료해석

유형특징

☐ 기업에 따라 응용수리와 자료해석을 함께 출제하기도 하지만, 포스코나 이랜드와 같은 기업에서는 자료해석 유형만 출제된다.

☐ 자료해석은 도표, 그래프 등 실생활에서 접할 수 있는 수치자료를 제시해주고 필요한 정보를 선별적으로 판단·분석하는 능력을 측정한다.

☐ 수리영역에서 자료해석 유형의 비중은 점점 증가하고 있다. 실제 업무에서 표나 그래프 등 통계자료를 해석하고 활용할 줄 아는 능력이 필수적이기 때문이다.

합격 TIP

• 표, 꺾은선 그래프, 막대 그래프, 원 그래프 등 각각의 특성과 장·단점을 파악해두면 어떤 자료가 제시되었을 때, 중점을 두고 파악해야 할 부분이 보다 선명하게 보인다.

• 자료에 나타난 숫자 또는 추이를 보기 전 자료의 출처, 제목, 단위, 가로·세로축 등의 정보를 먼저 읽는 습관을 기른다. 이러한 정보들은 자료의 주변에 위치하고 있지만 자료의 핵심 내용을 요약해서 담고 있으며, 문제를 미리 추론하는 힌트를 제공하기도 한다.

• 자료해석 유형의 문제는 제시되는 정보의 양이 매우 많다. 따라서 많은 정보 중 문제를 푸는 데 필요한 정보만 추출하여 답을 찾는 시간을 단축시키는 요령이 필요하다.

자료해석 출제비중

자료 변환
(16%)

추론 / 분석
(48%)

자료 계산
(36%)

기업별 출제 세부 유형

구분	자료계산	추론 / 분석	자료변환
삼성	O	O	O
LG	O	O	O
SK	O	O	
CJ	O	O	
롯데	O	O	O
포스코	O	O	
KT	O	O	
이랜드	O	O	
두산	O	O	
현대자동차	O	O	O
삼양	O	O	
GS	O	O	O
오뚜기			
효성			
LX	O	O	O
KCC	O	O	O
S-OIL	O	O	
샘표식품	O	O	
엔씨소프트			
현대백화점	O	O	O

1 유형특징

지문에 제시된 값을 구하거나, 자료의 빈칸을 계산으로 유추하는 유형이다.

2 학습전략

- 자료계산의 특수한 유형으로는 현대자동차에서 출제되는 '퍼즐' 유형이 있다. 주어진 자료를 이용하여 가로와 세로의 퀴즈를 해결하면서 빈칸에 숫자를 바르게 채우고 계산하는 문제이다. 하나의 문제 안에 여러 개의 퀴즈가 들어있으므로 하나라도 잘못 계산할 경우 전혀 다른 답이 나올 수 있어 주의가 필요하다.
- 자료와 함께 주어진 공식을 활용하는 유형은 비교적 정확한 계산력을 요구한다. 따라서 주어진 자료와 공식을 정확히 이해하고, 실수 없이 정확히 계산하는 것이 중요하다.
- 계산을 필요로 하는 문제의 수치가 꼭 깔끔하게 맞아 떨어지지는 않음에 유의해야 한다. 또한, 계산이 복잡해 보이지만 계산을 끝까지 하지 않더라도 주어진 선택지를 통해 어림짐작으로 정답을 유추해낼 수 있는 문제도 있다.

3 실전전략

- 문제에서 요구하는 값이 무엇인지 확인한다.
- 비교적 계산이 간단한 선택지부터 확인하면서 오답을 제거한다.

다음은 S국 6개 수종의 기건비중 및 강도에 대한 자료이다. 〈조건〉에 따라 A와 C에 해당하는 수종이 바르게 연결된 것은?

〈6개 수종의 기건비중 및 강도〉

수종	기건비중 (ton/m³)	강도(N/mm²)			
		압축강도	인장강도	휨강도	전단강도
A	0.53	50	52	88	10
B	0.89	60	125	118	12
C	0.61	63	69	82	9
삼나무	0.37	42	45	72	7
D	0.31	24	27	39	6
E	0.43	49	59	80	7

조건

• 전단강도 대비 압축강도 비가 큰 상위 2개 수종은 낙엽송과 전나무이다.
• 휨강도와 압축강도 차가 큰 상위 2개 수종은 소나무와 참나무이다.
• 참나무의 기건비중은 오동나무 기건비중의 2배 이상이다.
• 압축강도와 인장강도의 차가 두 번째로 큰 수종은 전나무이다.

	A	C
①	소나무	낙엽송
②	소나무	전나무
③	오동나무	낙엽송
④	참나무	소나무
⑤	참나무	전나무

해설

- 네 번째 조건을 이용하기 위해 6개 수종의 인장강도와 압축강도의 차를 구하면 다음과 같다.
  - A : $52-50=2N/mm^2$
  - C : $69-63=6N/mm^2$
  - D : $27-24=3N/mm^2$
  - B : $125-60=65N/mm^2$
  - 삼나무 : $45-42=3N/mm^2$
  - E : $59-49=10N/mm^2$

  즉, 인장강도와 압축강도의 차가 두 번째로 큰 수종은 E이므로 E는 전나무이다.

- 첫 번째 조건을 이용하기 위해 6개 수종의 전단강도 대비 압축강도 비를 구하면 다음과 같다.
  - A : $\frac{50}{10}=5$
  - C : $\frac{63}{9}=7$
  - D : $\frac{24}{6}=4$
  - B : $\frac{60}{12}=5$
  - 삼나무 : $\frac{42}{7}=6$
  - E : $\frac{49}{7}=7$

  즉, 전단강도 대비 압축강도 비가 큰 상위 2개 수종은 C와 E이다. E가 전나무이므로 C는 낙엽송이다.

- 두 번째 조건을 이용하기 위해 6개 수종의 휨강도와 압축강도의 차를 구하면 다음과 같다.
  - A : $88-50=38N/mm^2$
  - C : $82-63=19N/mm^2$
  - D : $39-24=15N/mm^2$
  - B : $118-60=58N/mm^2$
  - 삼나무 : $72-42=30N/mm^2$
  - E : $80-49=31N/mm^2$

  즉, 휨강도와 압축강도의 차가 큰 상위 2개 수종은 A와 B이므로 소나무와 참나무는 각각 A와 B 중 하나이다. 따라서 D는 오동나무이다.

- 오동나무 기건비중의 2배는 $0.31\times2=0.62$이다. 세 번째 조건에 의하여 참나무의 기건비중은 오동나무 기건비중의 2배 이상이므로 B는 참나무이고, A는 소나무이다.

따라서 A는 소나무, C는 낙엽송이다.

6 실전 노하우!

❶ 문제에서 요구하는 값이 무엇인지 확인한다.

S국 6개 수종(낙엽송, 전나무, 소나무, 삼나무, 참나무, 오동나무)의 기건비중 및 강도가 제시되어 있으며, 주어진 수치와 조건을 통해 A와 C의 수종을 예측해야 한다.

❷ 비교적 간단한 조건을 먼저 이용해 수종을 특정하고, 다른 조건을 활용한다.

먼저 자료의 압축강도와 인장강도를 보고 네 번째 조건을 통해 E가 전나무임을 특정할 수 있다.

이어서 전나무를 활용할 수 있는 첫 번째 조건을 통해 C가 낙엽송임을 알 수 있다.

다음으로 두 번째 조건을 이용해 A와 B가 소나무 또는 참나무임을 특정할 수 있다. 따라서 D는 남은 한 개의 수종인 오동나무이다.

마지막으로 세 번째 조건을 통해 B가 참나무, A가 소나무임을 특정할 수 있다.

따라서 A는 소나무, C는 낙엽송이다.

1 유형특징

도표, 그래프 등 수치로 나와 있거나 시각화되어 주어진 자료를 보고 세부적인 내용을 분석하는 유형이다.

2 학습전략

- 객관적인 사실만을 풀어서 쓰는 경우도 있지만 자료를 보고 미래의 추세를 예측할 수도 있다. 이때 자료에만 근거하여 답을 고르도록 주의한다. 자신의 배경 지식이나 주관적인 생각이 개입될 경우 함정에 빠질 수 있다.
- 추론 / 분석 유형의 문제는 주어진 자료를 먼저 확인하는 것보다 문제와 선택지를 읽은 후, 검증에 필요한 것을 자료에서 찾는 것이 효율적이다.
- 변화량(증가량·감소량), 변화율(증가율·감소율), 평균, 합계 등 계산을 요하는 선택지도 포함되어 있으므로 '자료 계산 유형'을 포함하여 학습할 필요가 있다.

3 실전전략

- 선택지를 먼저 확인하여 우선순위를 정한다.
- 계산 과정이 필요 없거나 비교적 단순한 선택지부터 차례로 확인한다.
- 분수는 분수로 대소 비교, 계산은 비교만 가능하도록 앞자리까지만 한다.

다음은 은행별 금융민원감축 노력수준 평가에 대한 자료이다. 이에 대한 설명으로 적절하지 않은 것은?

<은행별 금융민원감축 노력수준 평가>

구분	민원 건수(고객 십만 명당 건)		민원 건수(건)	
	2023년	2024년	2023년	2024년
A	5.62	4.64	1,170	1,009
B	5.83	4.46	1,695	1,332
C	4.19	3.92	980	950
D	5.53	3.75	1,530	1,078

① 금융민원 발생 건수는 전반적으로 전년 대비 감축했다고 평가할 수 있다.
② C은행은 금융민원 건수가 가장 적지만, 전년 대비 민원 감축률은 약 3.1%로 가장 미미한 수준이다.
③ 2024년에 가장 많은 고객을 보유하고 있는 은행은 금융민원 건수도 가장 많다.
④ 금융민원 건수 감축률을 기준으로 금융소비자보호 수준을 평가했을 때 D－A－B－C 순서로 우수하다.
⑤ 민원 건수가 2023년에 비해 가장 큰 폭으로 감소한 곳은 D은행이다.

5 정답 및 해설

정답 ④

오답분석

은행별 감축률을 구하면 다음과 같다.

- A은행 : $\dfrac{1,170-1,009}{1,170} \times 100 ≒ 13.8\%$
- B은행 : $\dfrac{1,695-1,332}{1,695} \times 100 ≒ 21.4\%$
- C은행 : $\dfrac{980-950}{980} \times 100 ≒ 3.1\%$
- D은행 : $\dfrac{1,530-1,078}{1,530} \times 100 ≒ 29.5\%$

따라서 D－B－A－C 순서로 우수하다.

오답분석

① 제시된 자료에서 2023년 대비 2024년에 모든 은행의 민원 건수가 감소한 것을 확인할 수 있다.
② C은행의 2024년 금융민원 건수는 950건으로 가장 적지만, 감축률은 3.1%로 다른 은행과 비교해 미미한 수준이다.
③ 각 은행의 고객 수는 '(전체 민원 건수)÷(고객 십만 명당 민원 건수)×100,000'으로 구할 수 있다. 2024년에 B은행이 약 29,865,471명으로 고객 수가 가장 많으며, 금융민원 건수도 1,332건으로 가장 많다.
⑤ D은행은 총 민원 건수가 452건 감소하였으므로 옳은 설명이다.

❶ 선택지를 먼저 확인하여 우선순위를 정한다.

①을 제외한 ②, ③, ④, ⑤ 선택지 모두 계산이 필요하다. 따라서 ① 선택지부터 빠르게 확인하고 넘어간다.

❷ 계산 과정이 필요 없거나 비교적 단순한 선택지부터 차례로 확인한다.

주어진 자료에서 오른쪽에 위치한 민원 건수가 2023년보다 2024년에 감소한 것을 확인할 수 있다.

❸ 분수는 분수로 대소 비교, 계산은 비교만 가능하도록 앞자리까지만 한다.

② 전년 대비 민원 감축률을 구해야 하는데, 이때 은행별로 감축률을 구하고 있으면 시간이 너무 오래 걸리므로 분수로 비교해야 한다.

은행명	전년 대비 민원 감축률
A	$\dfrac{1,170-1,009}{1,170} = \dfrac{161}{1,170}$
B	$\dfrac{1,695-1,332}{1,695} = \dfrac{363}{1,695}$
C	$\dfrac{980-950}{950} = \dfrac{30}{950}$
D	$\dfrac{1,530-1,078}{1,530} = \dfrac{452}{1,530}$

C은행과 나머지 은행의 감축률의 분자는 3배 이상 차이가 나지만 분모는 2배 이하로 차이가 나기 때문에 C은행의 감축률이 다른 은행보다 낮다.

③ 먼저 가장 많은 고객을 보유한 은행을 알아야 하므로 은행별 고객 수를 계산하여야 한다. 민원 건수를 고객 십만 명당 민원 건수로 나눈 후 십만 명을 곱하면 고객 수를 구할 수 있다. 곱하는 값인 십만 명은 동일하므로 민원 건수를 고객 십만 명당 민원 건수로 나눈 값만 비교하여 가장 많은 고객을 보유한 은행을 구하면 시간을 단축할 수 있다.

④ 금융민원 건수 감축률은 ②에서 분수로 구해놓은 값을 이용한다. 단, 이 선택지에서는 모든 은행의 감축률 비교를 요구하고 있으므로 앞자리만 계산하여 대략적인 값을 구하거나 분수의 비율로 비교를 한다. 우선 C은행은 ②에서 감축률이 가장 미비한 것으로 나타났으므로 제외하고 A, B, D은행을 비교하도록 한다. A, B은행의 감축률은 B은행의 분자가 A은행의 분자보다 두 배 이상이지만 분모는 B은행이 A은행의 두 배 미만이므로 B은행의 감축률이 더 큰 값이라는 것을 알 수 있다. 비슷한 논리로 B은행과 D은행을 비교해보면 분자는 D은행이 큰데 분모는 B은행이 크다. 따라서 나눠지는 값이 더 크고 나누는 값이 더 작은 D은행의 감축률이 B은행의 감축률보다 크다. 그러므로 D - A - B - C 순서가 아닌 D - B - A - C 순서로 우수하다.

⑤ ②에서 구해놓은 감축률의 분자가 감소폭이다. 따라서 감소폭이 가장 큰 은행은 D은행이다.

1 유형특징

도표, 그래프 등 수치로 나와 있거나 시각화되어 주어진 자료를 보고 세부적인 내용을 분석하는 유형이다.

2 학습전략

- 수치의 증감을 정확히 판단하여 주어진 자료의 경향을 바르게 나타낸 그래프를 찾는 것이 중요하다.
- 선택지에 제시된 그래프의 종류가 모두 다를 수 있으며, 만약 같은 종류의 그래프로 제시되었다고 해도 가로·세로축이 서로 다를 수 있으므로 면밀하게 검토해야 한다.
- 주어진 자료를 선택지의 그래프와 모두 비교하면 시간이 오래 걸리는 문제이다. 따라서 선택지에 있는 그래프를 먼저 보고 차이가 있는 부분을 주어진 자료와 비교하여, 맞지 않는 것을 하나씩 지워가는 것이 빨리 풀 수 있는 방법이다.

3 실전전략

- 선택지 그래프의 종류와 형태를 파악한다. 모두 다른 종류의 그래프인지, 만약 같은 종류의 그래프라고 하더라도 가로·세로축이 같은지 확인한다.
- 계산 과정이 필요 없거나 비교적 단순한 선택지부터 차례로 확인한다.

다음은 갑국 국회의원의 SNS(소셜네트워크서비스) 이용자 수 현황에 대한 자료이다. 이를 참고하여 작성한 그래프로 적절하지 않은 것은?(단, 소수점 둘째 자리에서 반올림한다)

〈갑국 국회의원의 SNS 이용자 수 현황〉

(단위 : 명)

구분	정당	당선 횟수별				당선 유형별		성별	
		초선	2선	3선	4선 이상	지역구	비례대표	남자	여자
여당	A	82	29	22	12	126	19	123	22
야당	B	29	25	13	6	59	14	59	14
	C	7	3	1	1	7	5	10	2
합계		118	57	36	19	192	38	192	38

① 국회의원의 여야별 SNS 이용자 수

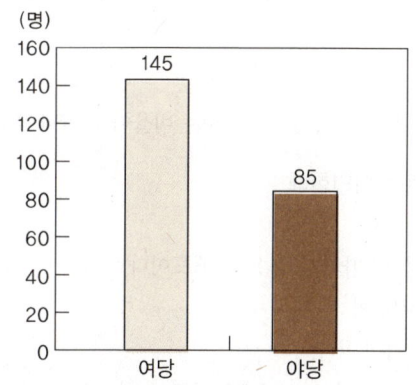

② 남녀 국회의원의 여야별 SNS 이용자 구성비

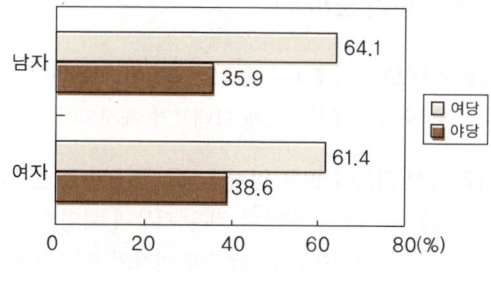

③ 야당 국회의원의 당선 횟수별 SNS 이용자 구성비

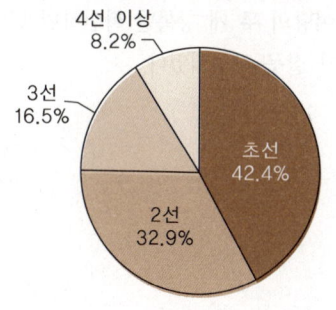

④ 2선 이상 국회의원의 정당별 SNS 이용자 수

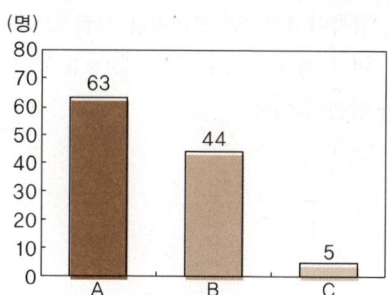

⑤ 여당 국회의원의 당선 유형별 SNS 이용자 구성비

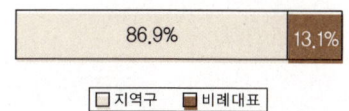

해설

남녀 국회의원의 여야별 SNS 이용자 구성비 중 여자의 경우 여당이 $(22 \div 38) \times 100 \doteqdot 57.9\%$이고, 야당은 $(16 \div 38) \times 100 \doteqdot 42.1\%$이므로 그래프가 잘못 작성되었다.

오답분석

① 국회의원의 여야별 SNS 이용자 수는 각각 145명, 85명이다.

③ 야당 국회의원의 당선 횟수별 SNS 이용자 구성비는 85명 중 초선 36명, 2선 28명, 3선 14명, 4선 이상 7명이므로 각각 계산해보면 42.4%, 32.9%, 16.5%, 8.2%이다.

④ 2선 이상 국회의원의 정당별 SNS 이용자는 A당 63명, B당 44명, C당 5명이다.

⑤ 여당 국회의원의 당선 유형별 SNS 이용자 구성비는 145명 중 지역구가 126명이고, 비례대표가 19명이므로 각각 86.9%와 13.1%이다.

6 실전 노하우!

❶ 선택지의 그래프의 종류와 형태를 파악한다.

모두 다른 종류의 5개 그래프가 제시되어 있다. ①, ④는 이용자 수, ②, ③, ⑤는 비율이 나타나 있다.

❷ 계산 과정이 필요 없거나 비교적 단순한 선택지부터 차례로 확인한다.

 i) ①, ④ 중 항목이 적은 것부터 확인한다.

  ① 이용자 수는 남자와 여자의 인원수를 더하여 구한다. 따라서 옳은 그래프이다.

   여당 : 123+22=145명, 야당 : 59+14+10+2=85명

  ④ 2선 이상 국회의원 수는 다음과 같으므로 옳은 그래프이다.

   A당 : 29+22+12=63명, B당 : 25+13+6=44명, C당 : 3+1+1=5명

 ii) ②, ③, ⑤ 중 항목이 적은 것부터 확인한다.

  ② 항목이 4개처럼 보이지만 실질적으로는 남자 여당, 여자 여당의 두 개 항목만 확인하면 된다.

   여자 여당의 경우 $(22 \div 38) \times 100 \doteqdot 57.9\%$이므로 그래프가 잘못 작성되었다.

따라서 답은 ②이다.

01 S사 본사의 지방이전에 대한 만족도 설문조사를 직원 1,600명에게 실시한 결과 다음과 같은 결과를 얻었다. 이에 대한 설명으로 옳지 않은 것은?(단, 복수응답과 무응답은 없다)

<본사 지방이전 만족도 통계>

(단위 : %)

구분	매우 그렇다	그렇다	보통이다	그렇지 않다	매우 그렇지 않다
1. 지방이전 후 본사 주변 환경에 대해 만족합니까?	15	10	30	25	20
2. 이전한 사무실 시설에 만족합니까?	21	18	35	15	11
3. 지방이전 후 출·퇴근 교통에 만족합니까?	12	7	13	39	29
4. 새로운 환경에서 그 전보다 업무집중이 더 잘 됩니까?	16	17	37	14	16
5. 지방이전 후 새로운 환경에 잘 적응하고 있습니까?	13	23	36	9	19

① 전체 질문 중 '보통이다' 비율이 가장 높은 질문은 '매우 그렇다' 비율도 가장 높다.
② 사무실 시설 만족에 '매우 그렇다'를 선택한 직원은 '보통이다'를 선택한 직원보다 200명 이상 적다.
③ 전체 질문에서 '그렇다'를 선택한 평균 비율보다 '매우 그렇지 않다'를 선택한 평균 비율이 4%p 높다.
④ 다섯 번째 질문에서 '매우 그렇지 않다'를 선택한 직원 수와 '그렇지 않다'를 선택한 직원 수의 차이는 150명 이상이다.
⑤ 본사의 지방이전 후 직원들의 가장 큰 불만은 출·퇴근 교통편이다.

02 S전자회사는 LED를 생산할 수 있는 기계 A, B, C 3대를 가지고 있다. 기계에 따른 불량률이 다음과 같을 때, 3대를 모두 하루 동안 가동할 경우 전체 불량률은?

<기계별 하루 생산량 및 불량률>

구분	하루 생산량	불량률
A기계	500개	5%
B기계	A기계보다 10% 더 생산	2%
C기계	B기계보다 50개 더 생산	5%

① 1%
② 2%
③ 3%
④ 4%
⑤ 5%

03 다음은 연도별 우리나라 국민들의 해외 이주 현황에 대한 자료이다. 이에 대한 설명으로 옳은 것은?

<해외 이주 현황>

(단위 : 명)

구분	2014년	2015년	2016년	2017년	2018년	2019년	2020년	2021년	2022년
합계	23,008	20,946	22,425	21,018	22,628	15,323	8,718	7,367	7,131
미국	14,032	12,829	13,171	12,447	14,004	10,843	3,185	2,487	2,434
캐나다	2,778	2,075	3,483	2,721	2,315	1,375	457	336	225
호주	1,835	1,846	1,749	1,608	1,556	906	199	122	107
뉴질랜드	942	386	645	721	780	570	114	96	96
기타	3,421	3,810	3,377	3,521	3,973	1,629	4,763	4,326	4,269

① 전체 해외 이주민의 수는 해마다 감소하고 있다.

② 2022년의 기타를 제외한 4개국의 해외 이주자의 합은 2019년 대비 약 80% 이상 감소했다.

③ 2022년의 캐나다 해외 이주자는 2014년보다 약 94% 이상 감소하였다.

④ 기타를 제외한 4개국의 2021년 대비 2022년 해외 이주자의 감소율이 가장 큰 나라는 캐나다이다.

⑤ 2015 ~ 2022년 중 호주의 전년 대비 해외 이주자의 감소폭이 가장 큰 해는 2019년이다.

04 다음은 A ~ D 4개의 회사의 남녀 직원 비율에 대한 자료이다. 이에 대한 설명으로 옳지 않은 것은?

<회사별 남녀 직원 비율>

(단위 : %)

구분	A사	B사	C사	D사
남	54	48	42	40
여	46	52	58	60

① A사의 남직원이 B사의 여직원보다 많다.

② B, C, D사의 여직원 수의 합은 남직원 수의 합보다 크다.

③ 여직원 대비 남직원 비율이 가장 높은 회사는 A사이며, 가장 낮은 회사는 D사이다.

④ A, B, C사의 전체 직원 수가 같다면 A, C사 여직원 수의 합은 B사 여직원 수의 2배이다.

⑤ A, B사의 전체 직원 중 남직원이 차지하는 비율이 52%라면 A사의 전체 직원 수는 B사 전체 직원 수의 2배이다.

05 다음은 S기업의 정수기 판매량에 따른 평균 수입과 평균 비용에 대한 자료이다. 현재 정수기 4개를 판매하고 있는 S기업의 이윤을 극대화하기 위한 판단으로 옳은 것은?

〈정수기 판매량에 따른 평균 수입과 평균 비용〉

판매량(개)	1	2	3	4	5	6
평균 수입(만 원)	6	6	6	6	6	6
평균 비용(만 원)	6	4	4	5	6	7

※ (평균 수입)$=\dfrac{(총수입)}{(판매량)}$, (평균 비용)$=\dfrac{(총비용)}{(판매량)}$

① 이윤은 판매량이 1개 또는 5개일 때 극대화된다.
② 평균 수입이 평균 비용보다 높으므로 판매량을 늘려야 한다.
③ 평균 수입이 평균 비용보다 낮으므로 판매량을 줄여야 한다.
④ 판매량을 3개로 줄이면 이윤이 증가하므로 판매량을 줄여야 한다.
⑤ 판매량이 현재와 같이 유지될 때 이윤이 가장 크다.

06 다음은 산업 및 가계별 대기배출량과 기체별 지구온난화 유발 확률에 대한 자료이다. 어느 부문의 대기배출량을 줄이는 것이 지구온난화 예방에 가장 효과적인가?

〈산업 및 가계별 대기배출량〉

(단위 : 천 톤 CO_2eq)

구분		이산화탄소	아산화질소	메탄	수소불화탄소
	소계	45,950	3,723	17,164	0.03
산업 부문	농업, 임업 및 어업	10,400	810	12,000	0
	석유, 화학 및 관련제품	6,350	600	4,800	0.03
	전기, 가스, 증기 및 수도사업	25,700	2,300	340	0
	건설업	3,500	13	24	0
가계 부문		5,400	100	390	0

〈기체별 지구온난화 유발 확률〉

(단위 : %)

구분	이산화탄소	아산화질소	메탄	수소불화탄소
유발 확률	30	20	40	10

① 농업, 임업 및 어업　　　　　② 석유, 화학 및 관련제품
③ 전기, 가스, 증기 및 수도사업　　④ 건설업
⑤ 가계 부문

07 다음은 어느 나라의 2023년과 2024년의 노동가능인구 구성의 변화에 대한 자료이다. 2023년과 비교한 2024년의 상황에 대한 설명으로 옳은 것은?

〈노동가능인구 구성의 변화〉

(단위 : %)

구분	취업자	실업자	비경제활동인구
2023년	55	25	20
2024년	43	27	30

① 이 자료에서 실업자의 수는 알 수 없다.

② 실업자의 비율은 감소하였다.

③ 경제활동인구의 비율은 증가하였다.

④ 취업자 비율의 증감폭이 실업자 비율의 증감폭보다 작다.

⑤ 비경제활동인구의 비율은 감소하였다.

08 다음은 시중 시리얼 제품의 열량과 함량에 대한 자료이다. 이에 대한 설명으로 옳은 것은?

〈시중 시리얼 제품의 열량과 함량 비교(1회 제공량)〉

식품 유형	제품명	열량(Kcal)	탄수화물(g)	당류(g)	단백질(g)
일반 제품	콘프라이트	117	27.2	9.7	1.3
	콘프로스트	115	26.6	9.3	1.6
	콘프레이크	152	35.0	2.3	3.0
당 함량을 낮춘 제품	1/3 라이트	118	27.1	5.9	1.4
	라이트슈거	115	26.5	6.8	1.6
견과류 첨가 제품	프레이크	131	24.2	7.2	1.8
	크런치너트 프레이크	170	31.3	10.9	2.7
	아몬드 프레이크	164	33.2	8.7	2.5
초코맛 제품	오곡 코코볼	122	25.0	8.8	2.0
	첵스 초코	115	25.5	9.1	1.5
	초코볼 시리얼	151	34.3	12.9	2.9
체중조절용 제품	라이트업	155	31.4	6.9	6.7
	스페셜K	153	31.4	7.0	6.5
	바디랩	154	31.2	7.0	6.4
	슬림플러스	153	31.4	7.8	6.4

① 탄수화물 함량이 가장 낮은 시리얼은 당류 함량도 가장 낮은 수치를 보이고 있다.

② 일반 제품의 시리얼 열량은 체중조절용 제품의 시리얼 열량보다 더 높은 수치를 보이고 있다.

③ 견과류 첨가 제품은 당 함량을 낮춘 제품보다 단백질 함량이 높은 편이다.

④ 당류가 가장 많은 시리얼은 견과류 첨가 제품이다.

⑤ 단백질의 경우 체중조절용 제품 시리얼은 일반 제품 시리얼보다 3배 이상 많다.

09 다음은 A제철소가 생산한 철강의 출하량에 대한 자료이다. 2024년에 세 번째로 많은 생산을 했던 분야의 2022년 대비 2023년의 변화율에 대한 설명으로 옳은 것은?

〈A제철소 철강 출하량〉

(단위 : 천 톤)

구분	자동차	선박	토목 / 건설	일반기계	기타
2022년	5,230	3,210	6,720	4,370	3,280
2023년	6,140	2,390	5,370	4,020	4,590
2024년	7,570	2,450	6,350	5,730	4,650

① 약 10% 증가하였다.
② 약 10% 감소하였다.
③ 약 8% 증가하였다.
④ 약 8% 감소하였다.
⑤ 변화하지 않았다.

10 다음은 어느 대학의 모집단위별 지원자 수 및 합격자 수에 대한 자료이다. 이에 대한 설명으로 옳지 않은 것은?

〈모집단위별 지원자 수 및 합격자 수〉

(단위 : 명)

모집단위	남성		여성		합계	
	합격자 수	지원자 수	합격자 수	지원자 수	합격자 수	지원자 수
A	512	825	89	108	601	933
B	353	560	17	25	370	585
C	138	417	131	375	269	792
합계	1,003	1,802	237	508	1,240	2,310

※ (경쟁률) $= \dfrac{(지원자\ 수)}{(모집정원)}$

① 세 개의 모집단위 중 A집단의 총 지원자 수가 가장 많다.
② 세 개의 모집단위 중 C집단의 합격자 수가 가장 적다.
③ 이 대학의 남성 합격자 수는 여성 합격자 수의 5배 이상이다.
④ B집단의 경쟁률은 $\dfrac{117}{74}$ 이다.
⑤ C집단에서는 남성의 경쟁률이 여성의 경쟁률보다 높다.

11 다음은 청소년의 경제의식에 대한 설문조사 결과를 정리한 자료이다. 이에 대한 설명으로 옳은 것은?(단, 복수응답과 무응답은 없다)

〈청소년의 경제의식에 대한 설문조사 결과〉

(단위 : %)

설문내용	구분	전체	성별		학교별	
			남	여	중학교	고등학교
용돈을 받는지 여부	받는다	84.2	82.9	85.4	87.6	80.8
	받지 않는다	15.8	17.1	14.6	12.4	19.2
월간 용돈 금액	5만 원 미만	75.2	73.9	76.5	89.4	60
	5만 원 이상	24.8	26.1	23.5	10.6	40
용돈기입장 기록 여부	기록한다	30	22.8	35.8	31.0	27.5
	기록 안 한다	70	77.2	64.2	69.0	72.5

① 용돈을 받는 남학생의 비율이 용돈을 받는 여학생의 비율보다 높다.

② 용돈기입장은 전체에서 볼 때, 기록하는 비율이 안 하는 비율보다 높다.

③ 월간 용돈을 5만 원 미만으로 받는 비율은 중학생이 고등학생보다 높다.

④ 용돈을 5만 원 이상 받으면서 용돈기입장을 기록하는 학생의 비율은 중학생이 고등학생보다 더 높다.

⑤ 용돈을 받는 고등학생 전체 인원을 100명이라 한다면, 월간 용돈을 5만 원 이상 받는 고등학생은 60명이다.

12 다음은 4개 고등학교의 대학 진학 희망자의 학과별 비율(상단)과 그중 희망대로 진학한 학생의 비율(하단)에 대한 자료이다. 이를 보고 바르게 추론한 사람을 〈보기〉에서 모두 고르면?

〈A ~ D고등학교 진학 통계〉

고등학교	국문학과	경제학과	법학과	기타	진학 희망자 수
A	(60%) 20%	(10%) 10%	(20%) 30%	(10%) 40%	700명
B	(50%) 10%	(20%) 30%	(40%) 30%	(20%) 30%	500명
C	(20%) 35%	(50%) 40%	(40%) 15%	(60%) 10%	300명
D	(5%) 30%	(25%) 25%	(80%) 20%	(30%) 25%	400명

보기

영이 : B고등학교와 D고등학교 중에서 경제학과에 합격한 학생은 D고등학교가 많아.

재인 : A고등학교에서 법학과에 합격한 학생은 40명보다 많고, C고등학교에서 국문학과에 합격한 학생은 20명보다 적어.

준아 : 국문학과에 진학한 학생들이 많은 순서대로 나열하면 A → B → C → D고등학교의 순서가 돼.

① 영이
② 재인
③ 준아
④ 영이, 재인
⑤ 재인, 준아

13 다음은 2018 ~ 2023년 관광통역 안내사 자격증 취득 현황에 대한 자료이다. 이에 대한 〈보기〉의 설명 중 옳지 않은 것을 모두 고르면?

〈관광통역 안내사 자격증 취득 현황〉

(단위 : 명)

취득연도	영어	일본어	중국어	프랑스어	독일어	스페인어	러시아어	베트남어	태국어
2018년	150	353	370	2	2	1	5	2	3
2019년	165	270	698	2	2	2	3	−	12
2020년	235	245	1,160	3	4	3	5	4	8
2021년	380	265	2,469	3	2	4	6	14	35
2022년	345	137	1,963	7	3	4	5	5	17
2023년	460	150	1,350	6	2	3	6	5	15
합계	1,735	1,420	8,010	23	15	17	30	30	90

보기

ㄱ. 영어와 스페인어 관광통역 안내사 자격증 취득자 수는 2019년부터 2023년까지 매년 증가하였다.

ㄴ. 2023년 중국어 관광통역 안내사 자격증 취득자 수는 일본어 관광통역 안내사 자격증 취득자 수의 9배이다.

ㄷ. 2020년과 2021년의 태국어 관광통역 안내사 자격증 취득자 수 대비 베트남어 관광통역 안내사 자격증 취득자 수의 비율 차이는 10%p이다.

ㄹ. 프랑스어 관광통역 안내사 자격증 취득자 수와 독일어 관광통역 안내사 자격증 취득자 수는 2019년부터 2023년까지 전년 대비 증감 추이가 같다.

① ㄱ, ㄴ
② ㄱ, ㄹ
③ ㄴ, ㄹ
④ ㄱ, ㄷ, ㄹ
⑤ ㄴ, ㄷ, ㄹ

14 다음은 인터넷 공유활동 참여 현황을 정리한 자료이다. 이를 바르게 이해하지 못한 사람은?

〈인터넷 공유활동 참여율(복수응답)〉

(단위 : %)

구분		커뮤니티 이용	퍼나르기	블로그 운영	댓글 달기	숏폼 게시
성별	남성	79	64	49	52	46
	여성	76	59	55	38	40
연령	10대	75	63	54	44	51
	20대	88	74	76	47	54
	30대	77	58	46	44	37
	40대	66	48	27	48	29

※ 성별, 연령별 조사인원은 동일함

① A사원 : 자료에 따르면 20대가 다른 연령대에 비해 인터넷 공유활동에 활발히 참여하고 있네요.

② B주임 : 대체로 남성이 여성에 비해 더 활발한 활동을 하고 있는 것 같아요. 그런데 블로그 운영 활동은 여성이 더 많네요.

③ C대리 : 남녀 간의 참여율 격차가 가장 큰 활동은 댓글 달기네요. 반면에 커뮤니티 이용은 남녀 간의 참여율 격차가 가장 작네요.

④ D사원 : 10대와 30대의 공유활동 참여율을 높은 순서대로 나열하면 재미있게도 두 연령대의 활동 순위가 동일하네요.

⑤ E사원 : 40대는 대부분의 공유활동에서 모든 연령대의 참여율보다 낮지만, 댓글 달기에서는 가장 높은 참여율을 보이고 있네요.

15 다음은 S기업의 2024년 하반기 신입사원 채용 현황에 대한 자료이다. 이에 대한 설명으로 옳지 않은 것은?

〈신입사원 채용 현황〉

(단위 : 명)

구분	입사지원자 수	합격자 수
남성	680	120
여성	320	80

① 남성 합격자 수는 여성 합격자 수의 1.5배이다.

② 총 입사지원자 중 합격률은 20%이다.

③ 여성 입사지원자의 합격률은 25%이다.

④ 합격자 중 남성의 비율은 70% 이상이다.

⑤ 총 입사지원자 중 여성 입사지원자의 비율은 30% 이상이다.

다음은 기업별 자기자본과 주식가격 등을 나타낸 자료이다. 이에 대한 〈보기〉의 설명 중 옳은 것을 모두 고르면?

〈기업별 자본변동표〉

(단위 : 천 원)

구분	A기업	B기업	C기업	D기업
자기자본	100,000	500,000	250,000	80,000
액면가	5	5	0.5	1
순이익	10,000	200,000	125,000	60,000
주식가격	10	15	8	12

※ (자기자본 순이익률) $=\dfrac{(순이익)}{(자기자본)}$, (주당 순이익) $=\dfrac{(순이익)}{(발행 주식 수)}$

※ (자기자본)=(발행 주식 수)×(액면가)

보기

ㄱ. 주당 순이익은 A기업이 가장 낮다.
ㄴ. 주당 순이익이 높을수록 주식가격이 높다.
ㄷ. D기업의 발행 주식 수는 A기업의 발행 주식 수의 4배이다.
ㄹ. 1원의 자기자본에 대한 순이익은 C기업이 가장 높고, A기업이 가장 낮다.

① ㄱ
② ㄴ
③ ㄱ, ㄷ
④ ㄴ, ㄷ
⑤ ㄷ, ㄹ

17 다음은 시도별 전입자 수 및 전입률에 대한 자료이다. 이에 대한 설명으로 옳지 않은 것은?

〈시도별 전입자 수〉

(단위 : 명)

지역	전국	서울	부산	대구	인천	광주
전입자 수	650,197	132,012	42,243	28,060	40,391	17,962

〈시도별 전입률〉

(단위 : %)

지역	전국	서울	부산	대구	인천	광주
전입률	1.27	1.34	1.21	1.14	1.39	1.23

① 서울의 총 전입자 수는 전국의 총 전입자 수의 약 20.3%이다.

② 서울, 부산, 대구, 인천, 광주 중 대구의 총 전입률이 가장 낮다.

③ 서울은 총 전입자 수와 총 전입률 모두 다른 지역에 비해 가장 높다.

④ 부산의 총 전입자 수는 광주의 총 전입자 수의 약 2.35배이다.

⑤ 총 전입자 수가 가장 낮은 지역은 광주이다.

18 다음은 세계 주요 터널 화재 사고 A ~ F에 대한 자료이다. 이에 대한 설명으로 옳은 것은?

〈세계 주요 터널 화재 사고 통계〉

사고	터널 길이(km)	화재 규모(MW)	복구 비용(억 원)	복구 기간(개월)	사망자(명)
A	50.5	350	4,200	6	1
B	11.6	40	3,276	36	39
C	6.4	120	72	3	12
D	16.9	150	312	2	11
E	0.2	100	570	10	192
F	1.0	20	18	8	0

※ (사고 비용)=(복구 비용)+[(사망자 수)×5억 원]

① 터널 길이가 길수록 사망자가 많다.

② 화재 규모가 클수록 복구 기간이 길다.

③ 사고 A를 제외하면 복구 기간이 길수록 복구 비용이 크다.

④ 사망자가 30명 이상인 사고를 제외하면 화재 규모가 클수록 복구 비용이 크다.

⑤ 사망자가 가장 많은 사고 E는 사고 비용도 가장 크다.

19 다음은 K마트의 과자 종류에 따른 가격에 대한 표이다. K마트는 A ~ C 세 과자에 기획 상품 할인을 적용하여 팔고 있다. A ~ C과자를 정상가로 각각 2봉지씩 구매할 수 있는 금액을 가지고 각각 2봉지씩 할인된 가격으로 구매 후 A과자를 더 산다고 할 때, A과자를 몇 봉지를 더 살 수 있는가?

〈과자별 가격 및 할인율〉

구분	A	B	C
정상가(원)	1,500	1,200	2,000
할인율(%)	20		40

① 5봉지   ② 4봉지
③ 3봉지   ④ 2봉지
⑤ 1봉지

20 다음은 2015년부터 2024년까지 연도별 청년 고용률 및 실업률에 대한 그래프이다. 다음 중 고용률과 실업률의 차이가 가장 큰 연도로 옳은 것은?

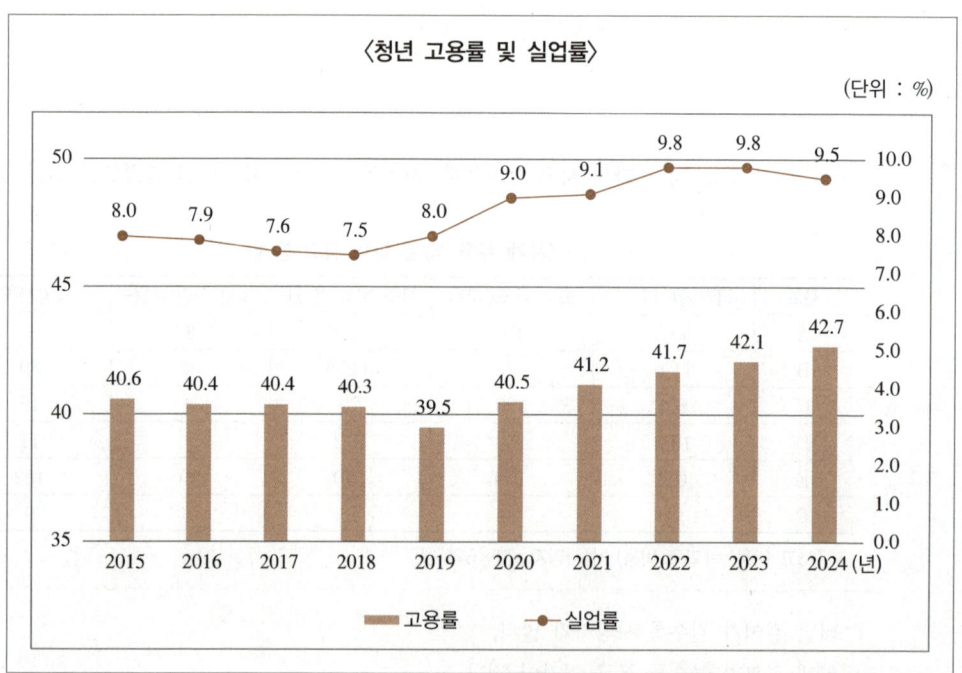

① 2017년   ② 2018년
③ 2021년   ④ 2023년
⑤ 2024년

21 다음은 품목별 수송량 구성비에 대한 그래프이다. 이에 대한 설명으로 적절하지 않은 것은?

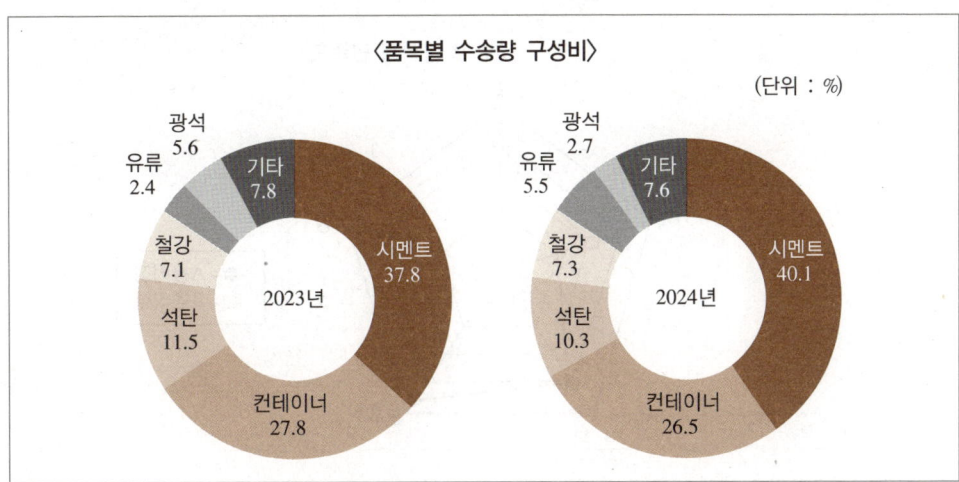

〈품목별 수송량 구성비〉

(단위 : %)

2023년: 광석 5.6, 유류 2.4, 기타 7.8, 시멘트 37.8, 철강 7.1, 석탄 11.5, 컨테이너 27.8

2024년: 광석 2.7, 유류 5.5, 기타 7.6, 시멘트 40.1, 철강 7.3, 석탄 10.3, 컨테이너 26.5

① 2023년 대비 2024년에 구성비가 증가한 품목은 3개이다.
② 컨테이너 수송량은 2023년에 비해 2024년에 감소하였다.
③ 구성비가 가장 크게 변화한 품목은 유류이다.
④ 2023년과 2024년에 가장 큰 비율을 차지하는 품목은 같다.
⑤ 2023년엔 유류가, 2024년엔 광석이 단일 품목 중 가장 작은 비율을 차지한다.

22 다음은 A, B 두 음식점의 만족도에 대한 그래프이다. 이에 대한 설명으로 옳지 않은 것은?

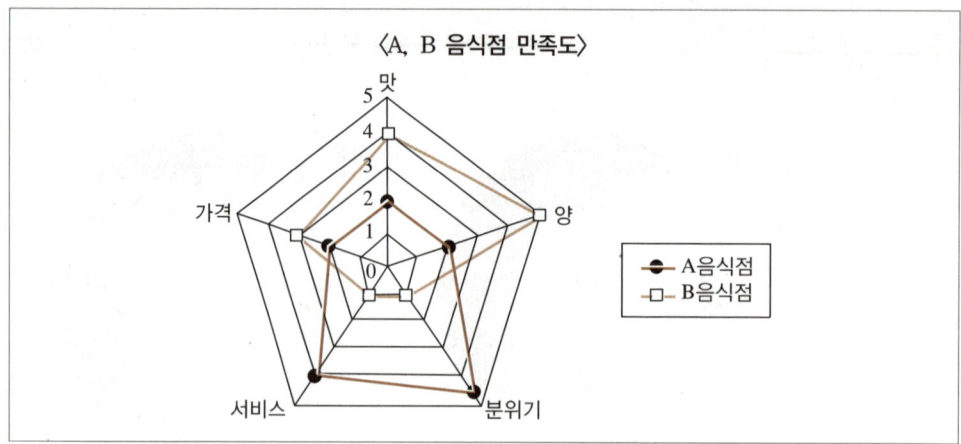

① A음식점은 2개 부문에서 B음식점을 능가한다.
② 맛 부문에서 만족도가 더 높은 음식점은 B음식점이다.
③ A와 B음식점 간 가장 큰 만족도 차이를 보이는 부문은 서비스이다.
④ B음식점은 가격보다 맛과 양 부문에서 상대적 만족도가 더 높다.
⑤ B음식점은 3개 부문에서 A음식점을 능가한다.

23 다음은 2019년부터 2023년까지 시행된 A국가고시 현황에 대한 자료이다. 이를 참고하여 작성한 그래프로 옳지 않은 것은?

〈A국가고시 현황〉

구분	2019년	2020년	2021년	2022년	2023년
접수자(명)	3,540	3,380	3,120	2,810	2,990
응시자(명)	2,810	2,660	2,580	2,110	2,220
응시율(%)	79.40	78.70	82.70	75.10	74.20
합격자(명)	1,310	1,190	1,210	1,010	1,180
합격률(%)	46.60	44.70	46.90	47.90	53.20

※ [응시율(%)] : $\dfrac{(응시자\ 수)}{(접수자\ 수)} \times 100$, [합격률(%)] : $\dfrac{(합격자\ 수)}{(응시자\ 수)} \times 100$

① 연도별 미응시자 수 추이

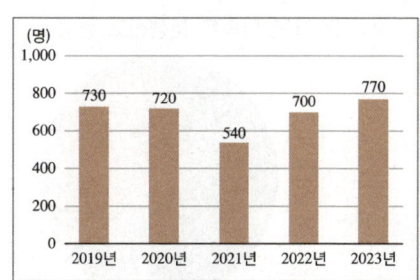

② 연도별 응시자 중 불합격자 수 추이

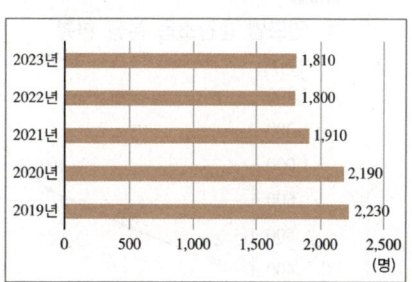

③ 2020 ~ 2023년 전년 대비 접수자 수 변화량

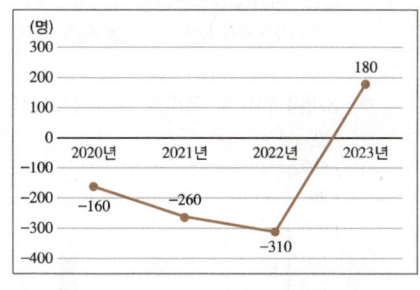

④ 2020 ~ 2023년 전년 대비 합격자 수 변화량

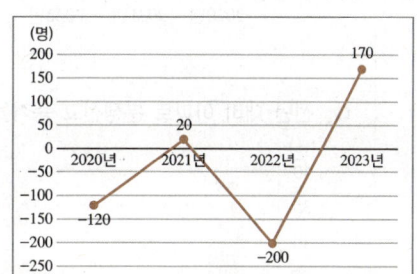

⑤ 2020 ~ 2023년 전년 대비 합격률 증감량

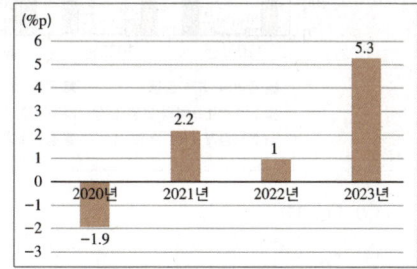

24 다음은 A지역의 연도별 아파트 분쟁 신고현황에 대한 자료이다. 이를 참고하여 작성한 그래프로 옳은 것을 〈보기〉에서 모두 고르면?

〈연도별 아파트 분쟁 신고현황〉

(단위 : 건)

구분	2020년	2021년	2022년	2023년
관리비 회계 분쟁	220	280	340	350
입주자대표회의 운영 분쟁	40	60	100	120
정보공개 관련 분쟁	10	20	10	30
하자처리 분쟁	20	10	10	20
여름철 누수 분쟁	80	110	180	200
층간소음 분쟁	430	520	860	1,280

ㄱ. 연도별 층간소음 분쟁 현황

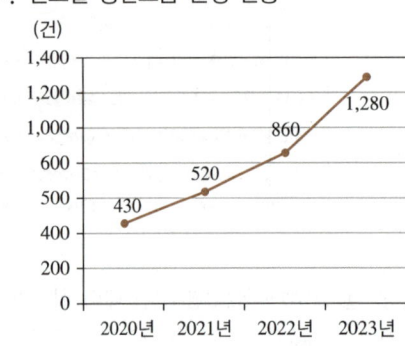

ㄴ. 2021년 아파트 분쟁신고 현황

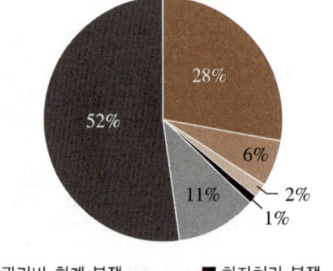

ㄷ. 전년 대비 아파트 분쟁신고 증가율

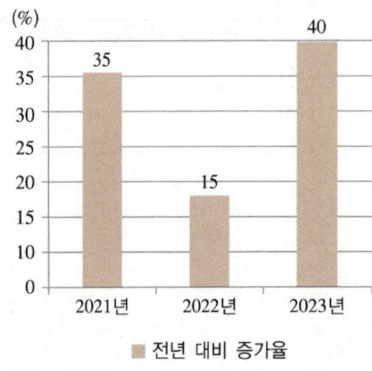

ㄹ. 3개년 연도별 아파트 분쟁 신고현황

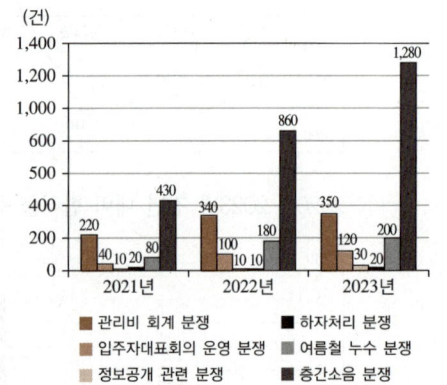

① ㄱ, ㄴ
② ㄱ, ㄷ
③ ㄴ, ㄷ
④ ㄴ, ㄹ
⑤ ㄷ, ㄹ

25 다음은 2024년 서울특별시 구인·구직·취업 통계에 대한 자료이다. 이를 이용하여 빈칸을 완성한 후 빈칸의 숫자를 모두 더한 값을 구하면?

〈2024년 서울특별시 구인·구직·취업 통계〉

(단위 : 명)

직업 중분류	구인	구직	취업
관리직	996	2,951	614
경영, 회계, 사무 관련 전문직	6,283	14,350	3,400
금융보험 관련직	637	607	131
교육 및 자연과학, 사회과학 연구 관련직	177	1,425	127
법률, 경찰, 소방, 교도 관련직	37	226	59
보건, 의료 관련직	688	2,061	497
사회복지 및 종교 관련직	371	1,680	292
문화, 예술, 디자인, 방송 관련직	1,033	3,348	741
운전 및 운송 관련직	793	2,369	634
영업원 및 판매 관련직	2,886	3,083	733
경비 및 청소 관련직	3,574	9,752	1,798
미용, 숙박, 여행, 오락, 스포츠 관련직	259	1,283	289
음식서비스 관련직	1,696	2,936	458
건설 관련직	3,659	4,825	656
기계 관련직	742	1,110	345

〈가로〉

1. 직업 분류 중 취업 인원이 세 번째로 적은 직업의 취업 인원수는?
2. 구인을 네 번째로 많이 한 직업의 구직 인원수와 취업을 두 번째로 많이 한 직업의 취업 인원수의 합은?

〈세로〉

1. 문화, 예술, 디자인, 방송 관련직의 구인 인원수와 취업 인원수의 합은?

① 40
② 39
③ 38
④ 37
⑤ 36

PART 3
추리

20대기업 인적성검사 추리영역 분석

언어와 함께 대부분 기업에서 출제되는 주요 영역 중 하나이다. 숫자, 문자, 그림 등 다양한 활용을 통해 주어진 조건을 논리적으로 해결하는 능력, 제시된 도형이나 도식의 규칙을 추론하는 능력, 수 / 문자의 배열 규칙을 유추하는 능력 등을 평가한다. 문제해결 과정에서 지원자의 논리력, 사고력 등을 평가할 수 있으므로 기업에서 출제 비중이 높아지는 추세이다.

구분	어휘추리	명제추리	논리추리	수 / 문자추리	도식추리	도형추리
삼성		○	○		○	○
LG		○	○	○		
SK		○	○	○		
CJ		○	○	○		
롯데		○	○	○		
포스코	○			○		○
KT		○	○	○	○	
이랜드		○	○			
두산	○	○	○	○		○
현대자동차		○	○		○	○
삼양		○			○	○
GS		○	○			
오뚜기	○	○	○	○	○	○
효성	○	○		○		
LX		○	○	○		
KCC		○	○	○	○	○
S-OIL					○	○
샘표식품						○
엔씨소프트	○	○		○		
현대백화점		○	○	○		

CHAPTER 01

어휘추리

유형특징

❑ 기업에 따라 언어영역에 나오기도 하고 추리영역에 나오기도 한다. 굳이 차이점을 찾자면, 추리에
　 나오는 어휘유추의 범위가 언어보다 더 넓다. 또 언어에서 보통 유의·반의·동의 관계 등이 출제된
　 다면, 추리에서는 포함·상하 관계를 묻는 경우가 더 많다.

❑ 어휘의 의미나 쓰임보다는 어휘들의 관계를 추론하는 유형이다.

❑ 기업별로 유형 명칭, 형태 등이 다소 차이를 보이지만 문제를 푸는 해결 방법에는 크게 차이가 없다.

어휘추리 출제비중

어휘연상 (15%)

관계유추 (30%)

어휘유추 (55%)

기업별 출제 세부 유형

구분	어휘유추	관계유추	어휘연상
삼성			
LG			
SK			
CJ			
롯데			
포스코	○	○	
KT			
이랜드			
두산	○	○	
현대자동차			
삼양			
GS			
오뚜기	○	○	
효성	○	○	
LX			
KCC			
S−OIL			
샘표식품			
엔씨소프트		○	
현대백화점			

1 유형특징

동의·유의·반의·상하 관계 등 기본 관계뿐만 아니라 다양한 어휘 관계가 출제된다. 따라서 기출문제를 포함한 다양한 문제를 풀어보면서 어휘 관계를 유추하는 연습이 필요하다.

2 학습전략

- 어휘의 연결고리를 찾아서 학습한다(예 사랑 – 미움 : 반의 관계, 노력 – 성공 : 인과 관계 등).
- 기출문제를 통해 어떤 관계들이 주로 출제되었는지 파악하여 학습한다(예 유의·반의·동의·상하·포함 관계 등).

> **합격더하기**
>
> 기업은 어휘유추 유형을 통해 지원자의 논리력을 확인하고자 한다. 문장 속 어휘의 쓰임이 아닌 1:1 어휘 관계를 묻는 것이 일반적인 출제유형으로, 많은 문제를 풀어보면서 어휘 관계를 유추하는 연습을 한다.

3 실전전략

- 제시된 어휘 간의 관계를 유추한다. 관계 파악이 어려운 어휘는 기준을 찾은 후 그 관계를 파악한다.

4 대표유형

다음 제시된 단어와 동일한 관계가 되도록 빈칸에 들어갈 어휘로 가장 적절한 것을 고르면?

배제 : 배척=정세 : ( )

① 상황

② 경우

③ 기회

④ 눈치

⑤ 경감

5 정답 및 해설

해설

제시된 단어는 유의 관계이다.
'배제'의 유의어는 '배척'이고, '정세'의 유의어는 '상황'이다.

6 실전 노하우!

제시된 어휘 간의 관계를 유추한다. 관계 파악이 어려운 어휘는 기준을 잡은 후 그 관계를 파악하도록 한다. 배제와 배척은 '유의 관계'이다. 따라서 빈칸에 들어갈 단어는 정세와 유의 관계에 있는 어휘여야 하는데, 선택지 중 관련된 어휘는 '상황'뿐이다.

합격더하기

어휘의 상관 관계
① 동의 관계 : 두 개 이상의 어휘가 소리는 다르나 의미가 같은 경우
② 유의 관계 : 두 개 이상의 어휘가 소리는 다르나 의미가 비슷한 경우
③ 반의 관계 : 두 개 이상의 어휘의 의미가 서로 대립하는 경우
④ 상하 관계 : 어휘의 의미적 계층 구조에서 한쪽이 의미상 다른 쪽을 포함하거나 다른 쪽에 포함되는 의미 관계
⑤ 부분 관계 : 한 어휘가 다른 어휘의 부분이 되는 관계
⑥ 인과 관계 : 원인과 결과의 관계
⑦ 순서 관계 : 위치의 상하 관계, 시간의 흐름 관계

1 유형특징

어휘유추에서 조금 더 응용한 유형이다. 어휘의 관계는 물론, 형식적인 조건을 이용해 푸는 문제도 출제된다. 따라서 어휘의 관계를 유추할 뿐만 아니라, 주어진 어휘들을 기준을 세워 묶을 수 있는 역량도 필요하며 배경지식을 요구하는 문제가 출제되기도 한다.

2 학습전략

• 다양한 기준으로 어휘를 분류하기 때문에 암기 위주의 고정관념에서 벗어나야 한다. 유형완전정복을 통해 많은 문제를 풀어보며, 어휘의 여러 가지 관계와 속성을 익힌다.

3 실전전략

• 기준이 가장 정확한 선택지를 통해 어휘 관계를 파악한다.
  – 유의·반의 관계 등으로만 한정되어 있지 않기 때문에 포함, 시간 순서, 물건과 세는 단위, 도구와 행위, 재료와 결과물 등 관계를 다양하게 파악한다.
• 명확한 어휘 관계를 가진 선택지를 기준으로 다른 선택지들을 확인하며 소거한다.

4 대표유형

다음 짝지어진 단어 사이의 관계가 나머지와 다른 하나는?

① 눈 – 얼굴 – 몸
② 뱀 – 파충류 – 동물
③ 김치 – 반찬 – 음식
④ 조각 – 조소 – 미술
⑤ 형태소 – 낱말 – 단어

5 정답 및 해설

[해설]

'낱말'과 '단어'는 유의 관계이다.

[오답분석]

①·②·③·④ 포함 관계에 해당한다.

6 실전 노하우!

❶ 선택지 중 기준이 가장 명확한 선택지를 통해 어휘 관계를 파악한다. 유의·반의·동의·상하 관계 등의
기본적인 관계 외에도, 포함·시간 순서·물건과 세는 단위·도구와 행위 등의 다양한 관계를 유념하며
파악해야 한다.

①을 통해 눈은 얼굴에, 얼굴은 몸에 포함되는 것을 알 수 있다. 따라서 어휘 관계는 앞의 단어가 뒤의
단어에 포함되는 관계임을 알 수 있다.

❷ 명확한 어휘 관계를 가진 선택지를 기준으로 다른 선택지들을 확인하며 소거해 나간다.

이 기준에 따라 남은 선택지들을 확인해 보면, ②에서 뱀은 파충류에, 파충류는 동물에 포함되고 ③의
김치는 반찬에, 반찬은 음식에 포함되며 ④의 조각은 조소에, 조소는 미술에 포함됨을 알 수 있다. 그러나
⑤의 경우, 낱말은 단어의 유의어이지 단어에 포함되는 것이 아니므로 같은 관계가 아닌 것을 알 수
있다. 따라서 정답은 ⑤이다.

PART 3

1 유형특징

특정 기업에서 출제되는 어휘 추론 유형이다. 기존 어휘 추론에서는 유의·반의·인과·상하 관계 등을 묻는 유형이 출제되었다면, 어휘연상에서는 제시된 어휘의 관계와 속성, 어휘에 내포된 의미 및 상징을 파악해서 적용하는 유형이 출제된다.

2 학습전략

• 어휘연상 유형에는 배경지식이 요구되는 문제도 출제된다. 따라서 어휘들의 개별 의미를 익히는 학습보다는, 여러 기준의 어휘 관계, 일상생활 속 어휘의 쓰임, 일반 상식 등 여러 방면에서 어휘 및 어휘 간의 관계를 학습한다.

3 실전전략

• 주어진 어휘들 중 공통점이 보이는 어휘들을 체크한다.
• 체크한 어휘가 2개 이상인 어휘 위주로 선택지와 비교하여 어휘 관계를 유추한 후, 기준과 문제 조건에 부합하는 어휘를 찾는다.

4 대표유형

다음 제시된 단어 중 3개의 단어와 공통으로 연상되는 어휘는?

경찰	사춘기	경주
상처	벌금	기념품
군인	구두	구두솔

① 구두약
② 딱지
③ 제복
④ 여드름
⑤ 수학여행

해설

경찰, 상처, 벌금을 통해 '딱지'를 연상할 수 있다.

---

6 실전 노하우!

❶ 주어진 어휘들 중 공통점이 보이는 어휘들끼리 체크한다.

경찰	사춘기	경주
상처	벌금	기념품
군인	구두	구두솔

• 경찰 – 군인
• 경주 – 기념품
• 구두 – 구두솔
• 경찰 – 상처 – 벌금

❷ 체크한 어휘가 2개 이상인 어휘들 위주로 선택지와 비교하여 어휘 관계를 유추한 후, 기준과 문제 조건에 알맞은 어휘를 고른다.

선택지와 어휘를 연결하면 '경찰 – 군인 – ③ 제복' / '경주 – 기념품 – ⑤ 수학여행' / '구두 – 구두솔 – ① 구두약' / '경찰 – 상처 – 벌금 – ② 딱지'의 경우를 생각해 볼 수 있다. 이 중 문제의 조건에 따라 제시된 9개의 어휘 중 3개의 어휘와 공통으로 연상되는 것은 ②이다.

PART 3

※ 다음 제시된 단어와 동일한 관계가 되도록 빈칸에 들어갈 어휘로 가장 적절한 것을 고르시오. [1~3]

01

우월 : (A)=(B) : 대항

A ① 열등   ② 항거   ③ 상대   ④ 견제   ⑤ 감금
B ① 반항   ② 굴복   ③ 대립   ④ 상반   ⑤ 결정

02

(A) : 비범하다=모호하다 : (B)

A ① 특별하다   ② 평범하다   ③ 희미하다   ④ 혼돈하다   ⑤ 확연하다
B ① 무상하다   ② 걸출하다   ③ 방임하다   ④ 애매하다   ⑤ 방관하다

03

지청구 : (A)=겸손 : (B)

A ① 부추   ② 타박   ③ 우리   ④ 지부   ⑤ 칭찬
B ① 판결   ② 공정   ③ 보상   ④ 심술   ⑤ 거드름

※ 다음 짝지어진 어휘 사이의 관계가 나머지와 다른 하나를 고르시오. [4~6]

04 ① 30세 – 이립   ② 40세 – 불혹
      ③ 50세 – 지천명   ④ 60세 – 환갑
      ⑤ 70세 – 종심

05 ① 개방 – 폐쇄   ② 환희 – 비애
      ③ 자립 – 의존   ④ 전거 – 이전
      ⑤ 일반 – 특수

06 ① 아들 – 아버지 – 할아버지 　　　　② 주임 – 대리 – 차장
　　　③ 인턴 – 레지던트 – 전문의 　　　　④ 이등병 – 일병 – 상병
　　　⑤ 도 – 레 – 미

※ 다음 제시된 단어에서 공통으로 연상할 수 있는 어휘를 고르시오. **[7~10]**

07

깃털, 네트, 라켓

① 배구　　　　　　　　　　　② 탁구
③ 테니스　　　　　　　　　　④ 배드민턴
⑤ 스쿼시

08

케이크, 면도, 선

① 희다　　　　　　　　　　　② 선물
③ 상쾌하다　　　　　　　　　④ 하늘
⑤ 크림

09

물다, 경제, 물

① 사람　　　　　　　　　　　② 거품
③ 상승　　　　　　　　　　　④ 온도
⑤ 나라

10

키, 체, 부뚜, 풍구(風具)

① 말리기 연장　　　　　　　　② 고르기 연장
③ 나르기 연장　　　　　　　　④ 찧기 연장
⑤ 거두기 연장

PART 3

※ 다음 제시된 단어와 동일한 관계가 되도록 빈칸에 들어갈 어휘로 가장 적절한 것을 고르시오. [11~14]

11

소화불량 : 과식=( ) : 폭우

① 여름   ② 홍수
③ 가뭄   ④ 지진
⑤ 해일

12

중국 : 베이징=호주 : ( )

① 캔버라   ② 브리즈번
③ 시드니   ④ 멜버른
⑤ 웰링턴

13

독점 : 공유=( ) : 창조

① 양심   ② 모방
③ 연상   ④ 발명
⑤ 창의

14

베틀 : 길쌈=홍두깨 : ( )

① 몽둥이   ② 장조림
③ 다듬이질   ④ 한밤중
⑤ 날벼락

※ 다음 제시된 9개의 단어 중 3개의 단어와 공통으로 연상되는 어휘를 고르시오. [15~17]

15

시대	터키	시리아
시행	라이트	백자
그림	청자	스포츠

① 중동
② 형제
③ 경기
④ 고려
⑤ 착오

16

구비	사자	에이
비녀	전래	책
아이	사슴	빗

① 입
② 벌레
③ 동물
④ 동화
⑤ 알파벳

17

필름	우체국	전화
공원	카드	배우
휴양림	원각사	동전

① 편지
② 텔레비전
③ 영화
④ 현금
⑤ 방송국

CHAPTER 02

명제추리

유형특징

❏ 기업에서 출제되는 추리영역 중 기본적인 유형으로, 지원자의 사고력, 논리력 등을 종합적으로 평가한다.

❏ 다른 추리 유형과는 달리, 명제의 원리 및 개념을 익혀야 문제에 더 쉽게 접근할 수 있다.

❏ 명제와 삼단논법을 구분하지 않고 출제하는 경우도 있지만, 삼성·이랜드·SK 등 주요 기업에서 삼단 논법을 구분하여 출제한다.

❏ 참 / 거짓 유형은 기업에 따라 언어영역에 출제되기도 한다.

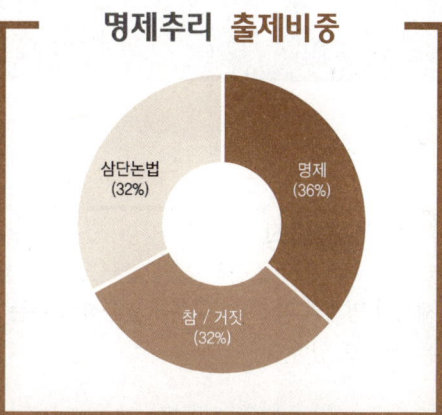

명제추리 출제비중

- 삼단논법 (32%)
- 명제 (36%)
- 참 / 거짓 (32%)

기업별 출제 세부 유형

구분	명제	참 / 거짓	삼단논법
삼성	○	○	○
LG	○	○	
SK	○		○
CJ	○	○	○
롯데	○		
포스코			
KT	○	○	○
이랜드	○		○
두산	○	○	
현대자동차	○	○	
삼양		○	
GS		○	○
오뚜기	○		○
효성		○	
LX	○		○
KCC	○	○	
S-OIL			
샘표식품			
엔씨소프트		○	
현대백화점	○	○	○

유형 01 명제

1 유형특징

제시된 명제의 역·이·대우를 활용하여 푸는 유형이다. 기업에 따라 삼단논법과 구분하지 않고 함께 출제되는 경우도 있다.

2 학습전략

- 조건 명제와 대우 명제를 이용하여 출제되는 경우가 많다. 따라서 명제의 기본 이론을 익힌다.
- 명제를 도식화하는 습관을 갖는다. 도식화를 하면 시간 단축은 물론, 조건들을 한눈에 파악할 수 있어 문제를 좀 더 쉽게 풀 수 있다.

합격더하기

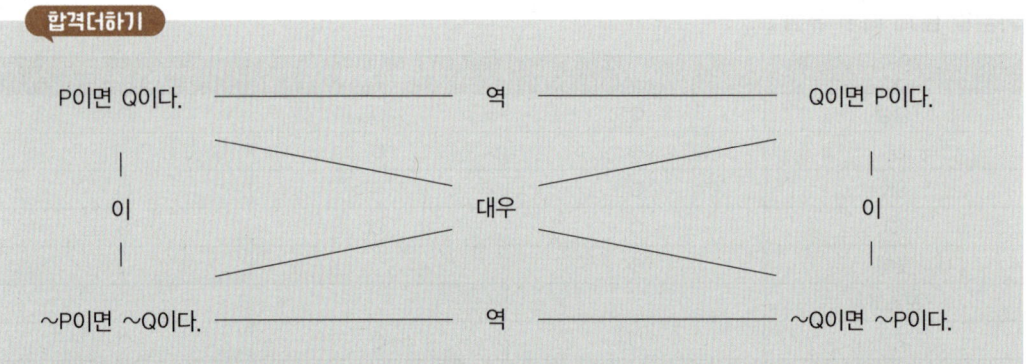

- ~P는 P의 부정 명제이다.
- 명제가 참일 경우 대우 명제도 반드시 참이 된다.
- 명제가 참일 경우 '역'과 '이'는 참일 수도 있고 거짓일 수도 있다.

3 실전전략

- 참인 명제는 대우 명제도 반드시 참이므로, 명제의 대우를 우선적으로 구한다.
  - 쉬운 유형의 문제는 대우 명제가 답인 경우도 있다. 따라서 대우 명제를 통해 확실하게 참인 명제와 그렇지 않은 명제를 구별한다.
- 하나의 명제를 기준으로 잡고 주어진 명제 및 대우 명제들을 연결한다.
  - 'A → B, B → C이면 A → C이다.'와 'A → B가 참이면 ~B → ~A가 참이다.'의 성질을 이용하여 전제와 결론 사이에 연결 고리를 찾는다.

4 대표유형

다음 명제가 모두 참일 때, 반드시 참인 것은?

- A카페에 가면 타르트를 주문한다.
- 빙수를 주문하면 타르트를 주문하지 않는다.
- 타르트를 주문하면 아메리카노를 주문한다.

① 아메리카노를 주문하면 빙수를 주문하지 않는다.
② 빙수를 주문하지 않으면 A카페를 가지 않았다는 것이다.
③ 아메리카노를 주문하지 않으면 A카페를 가지 않았다는 것이다.
④ 타르트를 주문하지 않으면 빙수를 주문한다.
⑤ 빙수를 주문하는 사람은 아메리카노를 싫어한다.

5 정답 및 해설

정답 ③

해설

'A카페에 간다.'를 p, '타르트를 주문한다.'를 q, '빙수를 주문한다.'를 r, '아메리카노를 주문한다.'를 s 라고 하면, $p \to q \to {\sim}r$, $p \to q \to s$ 의 관계가 성립한다. 따라서 'A카페를 가면 아메리카노를 주문한다.'는 참인 명제이므로 이의 대우 명제인 '아메리카노를 주문하지 않으면 A카페를 가지 않았다는 것이다.' 역시 참이다.

❶ 참인 명제의 대우 명제 또한 반드시 참이므로, 명제의 대우를 우선적으로 구한다.

• A카페에 가면 타르트를 주문한다.

↪ 대우 명제 : 타르트를 주문하지 않으면 A카페에 가지 않았다.

• 빙수를 주문하면 타르트를 주문하지 않는다.

↪ 대우 명제 : 타르트를 주문하면 빙수를 주문하지 않았다.

• 타르트를 주문하면 아메리카노를 주문한다.

↪ 대우 명제 : 아메리카노를 주문하지 않으면 타르트를 주문하지 않았다.

❷ 선택지를 통해 기준으로 잡고 주어진 명제 및 대우 명제들을 연결해 본다.

'A카페에 감'을 기준으로 다음과 같이 두 가지 경우로 정리할 수 있다.

ⅰ) A카페에 감 → 타르트를 주문함 → 빙수를 주문하지 않음

↪ 대우 명제 : 빙수를 주문함 → 타르트를 주문하지 않음 → A카페에 가지 않음

ⅱ) A카페에 감 → 타르트를 주문함 → 아메리카노를 주문함

↪ 대우 명제 : 아메리카노를 주문하지 않음 → 타르트를 주문하지 않음 → A카페에 가지 않음

ⅱ)에 의해 'A카페에 감 → 아메리카노를 주문함'이 참이므로, 그 대우 명제인 '아메리카노를 주문하지 않음 → A카페에 가지 않음'도 참이다. 따라서 정답은 ③이 된다.

①·⑤ 아메리카노 주문과 빙수 주문의 관계가 조건화되지 않았으므로 참인지 거짓인지 알 수 없다.

② 빙수를 주문함 → A카페에 가지 않음에 의해 거짓이다.

④ 빙수를 주문함 → 타르트를 주문하지 않음의 역이므로 참인지 거짓인지 알 수 없다.

1 유형특징

[제시문 A]를 토대로 [제시문 B]의 참·거짓·알 수 없음을 고르는 유형이다. SK에서는 비문학 지문을 읽은 후 주어진 보기의 참·거짓·알 수 없음을 고르는 유형을 출제하기도 했는데, 지문을 읽고 결론을 도출하는 유형은 타 기업 언어영역의 독해 문제와 비슷하여 기업에 따라 언어영역의 추론파트에서 출제되는 경우도 있다.

2 학습전략

• 평소에 비판적이고 논리적인 관점으로 문제를 해결하는 연습을 충분히 한다.
 – 제시된 조건의 타당성 여부를 검증한 후 내용을 이끌어 내면 근거가 되는 부분을 보다 빠르게 찾을 수 있다. 따라서 제한시간 안에 정답을 찾아낼 수 있도록, 비판적인 사고를 하는 습관을 가진다. 독해 유형에 대비하기 위해서는 평소에 속독을 통한 훈련을 하는 것도 좋은 방법이다.

3 실전전략

• [제시문 A]의 대우 명제, 연결 고리 등을 찾아서 도출해낼 수 있는 명제들을 정리한다. 비문학 지문이 주어진 경우에는, 제시된 문장을 먼저 훑어보고 나서 지문을 읽는 것이 효율적이다.
• 기존의 배경지식은 배제하고, 언급되어 있는 문장만으로 판단하고 추론한다.

대표유형

[제시문 A]를 읽고, [제시문 B]가 참인지 거짓인지 혹은 알 수 없는지를 고르면?

> [제시문 A]
> • 바실리카는 로마시대 법정과 같이 쓰인 장방형의 3개의 통로가 있는 건물이다.
> • 바실리카의 중앙통로나 회중석은 측랑보다 높고 측랑의 지붕 위에는 창문이 설치된다.
>
> [제시문 B]
> 바실리카의 측랑과 창문은 회중석보다 높은 곳에 설치된다.

① 참   ② 거짓   ③ 알 수 없음

5 정답 및 해설

정답 ②

해설

바실리카의 측랑 지붕 위에 창문이 설치된다고 했고, 회중석은 측랑보다 높은 곳에 위치한다고 했으므로 측랑과 창문이 회중석보다 높은 곳에 설치된다는 것은 거짓이다.

6 실전 노하우!

❶ [제시문 A]의 대우 명제, 연결 고리 등을 찾아서 도출해낼 수 있는 명제의 경우들을 정리한다. 비문학 지문이 주어진 경우에는, 조건을 먼저 훑어보고 나서 지문을 읽는 것이 효율적이다.

[제시문 A]를 통해서 도출해낼 수 있는 것은 '바실리카는 장방형의 3개의 통로가 있는 건물이고, 중앙통로나 회중석은 측랑보다 높고, 측랑의 지붕 위에 창문이 있다.'는 것이다.

❷ 자신이 가진 기본 상식은 배제하고, 제시된 조건만으로 판단하고 추론한다.

[제시문 B]의 '바실리카의 측랑과 창문은 회중석보다 높은 곳에 설치된다.'의 참·거짓을 추론하기 위해서는 제시되어 있는 조건만으로 판단해야 한다. [제시문 A]에서 바실리카의 창문은 측랑 지붕 위에 설치된다고 했으므로 옳으나, 회중석이 측랑보다 높다고 하였으므로 [제시문 B]는 거짓이 된다.

1 유형특징

주어진 전제와 결론을 통해, 필요한 전제를 추가하거나 결론을 도출해내는 유형이다. 삼성, SK, 이랜드 등이 주요 출제 기업이다.

2 학습전략

• 주어진 명제를 도식화하여 학습한다.
  – 도식화의 방법에는 집합 부호 사용, 벤 다이어그램 활용 등 여러 가지 방법이 있으므로 문제를 풀 때 자신에게 맞는 방법을 선택하여 학습하며, 많은 연습을 통해 실전에서는 직관적인 문제해결이 가능하도록 한다.

3 실전전략

• 전제를 추가하는 유형인지 결론을 도출하는 유형인지 먼저 파악한 후, 유형에 따라 접근법을 다르게 한다.
  – 전제를 추가하는 유형일 경우 : 결론과 주어진 전제의 연결고리를 찾는다.
  – 결론을 도출하는 유형일 경우 : 두 가지 전제로 도출할 수 있는 결론들을 정리한다.

4 대표유형

마지막 명제가 참일 때, 빈칸에 들어갈 명제로 가장 적절한 것은?

> • 오존층이 파괴되지 않으면 프레온 가스가 나오지 않는다.
> • _____
> • 지구온난화가 진행되지 않았다면 오존층이 파괴되지 않는다.
> • 지구온난화가 진행되지 않았다면 에어컨을 과도하게 사용하지 않았다.

① 에어컨을 과도하게 사용하지 않으면 프레온 가스가 나오지 않는다.
② 프레온 가스가 나온다고 해도 오존층은 파괴되지 않는다.
③ 오존층을 파괴하면 지구온난화가 진행된다.
④ 에어컨을 과도하게 사용하면 프레온 가스가 나온다.
⑤ 에어컨을 적게 사용해도 지구온난화는 진행된다.

PART 3

해설

• A : 에어컨을 과도하게 사용한다.
• B : 프레온 가스가 나온다.
• C : 오존층이 파괴된다.
• D : 지구온난화가 진행된다.

첫 번째 명제는 ~C → ~B, 세 번째 명제는 ~D → ~C, 네 번째 명제는 ~D → ~A이므로 네 번째 명제가 도출되기 위해서는 빈칸에 ~B → ~A가 필요하다. 따라서 그 명제의 대우인 ④가 빈칸에 들어갈 명제로 적절하다.

6 실전 노하우!

❶ 전제를 추가하는 유형인지, 결론을 도출하는 유형인지 먼저 파악한 후, 유형에 따라 접근법을 다르게 한다.

① 전제를 추가하는 유형일 경우 : 결론과 주어진 전제의 연결고리를 찾음으로써 빈칸의 전제를 유추한다.

② 결론을 도출하는 유형일 경우 : 두 가지 전제로 도출할 수 있는 결론들을 정리한다.

위의 문제는 전제를 추가하는 유형이므로, 결론과 주어진 전제의 연결고리를 찾아 빈칸의 전제를 유추하도록 한다.

> 전제 1. 오존층이 파괴되지 않으면(㉠) 프레온 가스가 나오지 않는다(㉡).
> 전제 2. 지구온난화가 진행되지 않았다면(㉢) 오존층이 파괴되지 않는다(㉠).
> 결론. 지구온난화가 진행되지 않았다면(㉢) 에어컨을 과도하게 사용하지 않았다.

따라서 결론의 '에어컨을 과도하게 사용하지 않는다.'와 전제 ㉡의 연결고리가 필요함을 알 수 있다.

❷ 정리한 조건들을 토대로 선택지를 소거해 나간다.

선택지 중 결론과 전제의 연결고리가 되는 내용을 포함한 ①·④를 확인해 보면, ①은 빈칸에 들어가야 할 명제의 역이므로 적절하지 않다. 따라서 대우 명제를 이용한 ④가 결론으로 연결되므로 정답은 ④가 된다.

※ 제시된 명제가 모두 참일 때, 다음 중 빈칸에 들어갈 명제로 가장 적절한 것을 고르시오. **[1~3]**

01

전제1. 복습을 하지 않으면 배운 내용을 잊게 된다.
전제2. _____
결론.　시험 점수가 높게 나오면 복습을 한 것이다.

① 시험 점수가 높게 나오려면 배운 내용을 잊지 않아야 한다.
② 배운 내용을 잊지 않으면 시험 점수가 높게 나온다.
③ 복습을 하면 배운 내용을 잊지 않는다.
④ 복습을 하지 않으면 시험 점수가 높게 나온다.
⑤ 배운 내용을 잊으면 복습을 하지 않은 것이다.

02

전제1. 아침에 운동을 했다면 건강한 하루를 시작한 것이다.
전제2. _____
결론.　건강한 하루를 시작하지 않으면 일찍 일어나지 않은 것이다.

① 일찍 일어나면 아침에 운동을 한다.
② 아침에 운동을 하면 일찍 일어난 것이다.
③ 일찍 일어나지 않으면 아침에 운동을 하지 않은 것이다.
④ 건강한 하루를 시작하면 일찍 일어난 것이다.
⑤ 일찍 일어나면 건강한 하루를 시작한 것이다.

03

전제1. 무거운 물건을 들기 위해서는 근력이 좋아야 한다.
전제2. _____
결론.　근육을 키우지 않으면 무거운 물건을 들 수 없다.

① 무거운 물건을 들기 위해서는 근육을 키워야 한다.
② 근력이 좋으려면 근육을 키워야 한다.
③ 근육을 키우면 무거운 물건을 들 수 없다.
④ 근육을 키우면 무거운 물건을 들 수 있다.
⑤ 근력이 좋기 위해서는 무거운 물건을 들 수 있어야 한다.

04 S병원에는 현재 5명의 심리상담사 A ~ E가 근무 중이다. 얼마 전 시행한 감사 결과, 이들 중 1명이 근무시간에 자리를 비운 것이 확인되었다. 5명의 심리상담사 중 3명이 진실을 말하고 2명이 거짓을 말한다고 할 때, 거짓을 말하고 있는 심리상담사를 모두 고르면?

- A : B는 진실을 말하고 있어요.
- B : 제가 근무시간에 C를 찾아갔을 때, C는 자리에 없었어요.
- C : 근무시간에 자리를 비운 사람은 A입니다.
- D : 저는 C가 근무시간에 밖으로 나가는 것을 봤어요.
- E : D는 어제도 근무시간에 자리를 비웠어요.

---

① A, B ② A, D
③ B, C ④ B, D
⑤ C, E

05 제시된 명제가 모두 참일 때, 사슴보다 큰 동물은 몇 마리인가?

- 코끼리는 토끼보다 크다.
- 토끼는 악어보다 작다.
- 악어는 코끼리보다 작다.
- 상어는 코끼리보다 크다.
- 악어는 사슴보다 크다.

---

① 1마리 ② 2마리
③ 3마리 ④ 4마리
⑤ 알 수 없음

06 제시된 명제가 모두 참일 때, 금요일에 도서관에 가는 사람은?

- 정우는 금요일에 도서관에 간다.
- 연우는 화요일과 목요일에 도서관에 간다.
- 승우가 도서관에 가지 않으면 민우가 도서관에 간다.
- 민우가 도서관에 가면 견우도 도서관에 간다.
- 연우가 도서관에 가지 않으면 정우는 도서관에 간다.
- 정우가 도서관에 가면 승우는 도서관에 가지 않는다.

---

① 정우, 민우, 견우 ② 정우, 승우, 연우
③ 정우, 승우, 견우 ④ 정우, 민우, 연우
⑤ 정우, 연우, 견우

※ 제시된 명제가 모두 참일 때, 다음 중 반드시 참인 것을 고르시오. [7~9]

07

- A대학교에 다니기 위해서는 B시에 거주해야 한다.
- 빨간 머리인 사람은 B시에 거주하면 안 된다.
- 한나는 A대학교에 다닌다.

① 한나는 B시가 아닌 곳에 거주한다.
② A대학교에 다니는 사람 중에 한나는 없다.
③ B시에 거주하지 않으면 빨간머리가 아니다.
④ 한나는 빨간머리가 아니다.
⑤ B시에 거주하는 사람은 A대학교에 다닌다.

08

- 클래식을 좋아하는 사람은 고전을 좋아한다.
- 사진을 좋아하는 사람은 운동을 좋아한다.
- 고전을 좋아하지 않는 사람은 운동을 좋아하지 않는다.

① 클래식을 좋아하지 않는 사람은 운동을 좋아한다.
② 고전을 좋아하는 사람은 운동을 좋아하지 않는다.
③ 운동을 좋아하는 사람은 클래식을 좋아하지 않는다.
④ 사진을 좋아하는 사람은 고전을 좋아한다.
⑤ 사진을 좋아하는 사람은 클래식을 좋아하지 않는다.

09

- 모든 1과 사원은 가장 실적이 많은 2과 사원보다 실적이 많다.
- 가장 실적이 많은 4과 사원은 모든 3과 사원보다 실적이 적다.
- 3과 사원 중 일부는 가장 실적이 많은 2과 사원보다 실적이 적다.

① 1과 사원 중 가장 적은 실적을 올린 사원과 같은 실적을 올린 사원이 4과에 있다.
② 3과 사원 중 가장 적은 실적을 올린 사원과 같은 실적을 올린 사원이 4과에 있다.
③ 모든 2과 사원은 4과 사원 중 일부보다 실적이 적다.
④ 어떤 1과 사원은 가장 실적이 많은 3과 사원보다 실적이 적다.
⑤ 어떤 3과 사원은 가장 실적이 적은 1과 사원보다 실적이 적다.

※ 제시된 명제를 통해 얻을 수 있는 결론으로 가장 적절한 것을 고르시오. [10~12]

10

> • 모든 생명체는 물이 있어야 살 수 있다.
> • 모든 동물은 생명체이다.
> • 그러므로 _____

① 생명체는 모두 동물이다.
② 물이 있으면 모든 생명체가 살아갈 수 있다.
③ 모든 동물은 물이 있어야 살 수 있다.
④ 생명체가 살아갈 수 없으면 물이 없다.
⑤ 동물이 아닌 것은 생명체가 아니다.

11

> • 어떤 사람은 신의 존재와 운명론을 믿는다.
> • 모든 무신론자가 운명론을 거부하는 것은 아니다.
> • 그러므로 _____

① 어떤 무신론자는 신의 존재와 운명론을 믿는다.
② 운명론을 받아들이는 무신론자가 있을 수 없다.
③ 모든 사람은 신의 존재와 운명론을 믿는다.
④ 무신론자들 중에는 운명론을 믿는 사람이 있다.
⑤ 모든 무신론자가 신의 존재를 거부하는 것은 아니다.

12

> • 어떤 집은 벽지에 낙서가 되어 있다.
> • 벽지에 낙서가 되어 있는 모든 집의 벽지는 분홍색이다.
> • 그러므로 _____

① 모든 집의 벽지는 분홍색이다.
② 분홍색 벽지인 것은 모두 집이다.
③ 어떤 집의 벽지는 분홍색이다.
④ 낙서가 되어 있는 것은 모두 벽지이다.
⑤ 어떤 벽지로 되어 있는 것은 분홍색이 아니다.

13

[제시문 A]
- 수박과 참외는 과즙이 많은 과일이다.
- 과즙이 많은 과일은 섭취하면 갈증해소와 이뇨작용에 좋다.

[제시문 B]
수박과 참외는 갈증해소와 이뇨작용에 좋다.

① 참   ② 거짓   ③ 알 수 없음

14

[제시문 A]
- 황도 12궁은 천구상에서 황도가 통과하는 12개의 별자리이다.
- 황도 전체를 30°씩 12등분하여 각각에 대해 별자리의 이름을 붙였다.

[제시문 B]
황도 12궁의 12개 별자리들은 전체 300°의 공간에 나열되어 있다.

① 참   ② 거짓   ③ 알 수 없음

15 다음 〈보기〉에서 나타난 논리적 오류로 가장 적절한 것은?

> 보기
> - A : 내가 어제 귀신과 싸워서 이겼어.
> - B : 귀신이 있어야 귀신과 싸우지.
> - A : 내가 봤다니까. 귀신 없는 거 증명할 수 있어?

① 성급한 일반화의 오류   ② 무지에 호소하는 오류
③ 거짓 딜레마의 오류   ④ 대중에 호소하는 오류
⑤ 인신공격의 오류

16 다음과 관련된 오류에 대한 설명으로 가장 적절한 것은?

> • 수업을 열심히 들으면 피부가 좋아진다.
> • 그녀는 수업을 열심히 듣지 않았다.
> • 그녀의 피부는 나빠졌다.

① 조건문의 전건을 부정하여 후건의 부정을 결론으로 도출하는 오류이다.
② 조건문의 후건을 긍정하여 전건의 긍정을 결론으로 도출하는 오류이다.
③ 앞뒤의 주장 또는 결론 사이에 모순이 발생하여 일관된 논점을 갖지 못하는 오류이다.
④ 결론에서 주장하고자 하는 바를 전제로 제시하는 오류이다.
⑤ 다른 대안이 있음에도 양자택일을 강요하는 오류이다.

※ 주어진 결론이 참일 때, 다음 중 빈칸에 들어갈 전제로 가장 적절한 것을 고르시오. **[17~18]**

17

> • 인기가 하락했다면 호감을 못 얻은 것이다.
> • _____
> • 그러므로 인기가 하락했다면 타인에게 잘 대하지 않은 것이다.

① 타인에게 잘 대하면 호감을 얻는다.
② 호감을 얻으면 인기가 상승한다.
③ 타인에게 잘 대하면 인기가 하락한다.
④ 호감을 얻으면 타인에게 잘 대한다.
⑤ 타인에게 잘 대하면 인기가 상승한다.

18

> • 너무 많이 먹으면 살이 찐다.
> • _____
> • 그러므로 둔하지 않다면 너무 많이 먹지 않은 것이다.

① 둔하다면 적게 먹은 것이다.
② 너무 많이 먹으면 둔해진다.
③ 살이 찌면 둔해진다.
④ 너무 많이 먹어도 살이 찌지 않는다.
⑤ 적게 먹으면 둔해지지 않는다.

19

'지문인식'이란 이용자가 지문인식 센서를 이용해 지문을 입력하면, 그것을 시스템에 등록되어 있는 지문 영상과 비교하여 본인 여부를 확인하는 기술이다. 이용자가 본인임을 인증받기 위해서는 먼저 자신의 지문을 시스템에 등록해야 한다. '지문 등록'을 위해 이용자가 지문을 센서에 대면 지문의 특징이 추출되어 영상으로 저장된다. 이 영상은 본인 여부를 판정하는 기준이 된다.

등록된 영상으로 본인 여부를 판정하는 과정을 '정합 판정' 과정이라 한다. 정합 판정 과정에서는 이용자가 지문을 센서에 대면 지문의 특징이 추출되어 영상이 만들어지고, 이 영상과 시스템에 등록 되어 있는 영상의 비교가 이루어진다. 그 결과 두 영상의 유사도가 기준치 이상이면 이용자의 지문 을 등록되어 있는 지문과 동일한 것으로 판정한다.

보기

'정합 판정' 과정이 있으려면 '지문 등록' 과정이 선행되어야 한다.

① 참   ② 거짓   ③ 알 수 없음

20

전곡리 선사유적지는 전곡읍 남쪽 한탄강이 둘러싼 현무암 대지 위에 분포한 전기 구석기 시대 유적 이다. 신생대 제4기에 분출된 현무암 지대 위에 깊게는 8m에 이르는 퇴적층이 자리 잡고 있는데, 이 퇴적층에서 구석기 유적이 발견된 것이다. 이 유적지는 1978년 한탄강변을 거닐던 주한미군 병 사 보웬에 의해 우연히 발견되었다. 2001년까지 23년 동안 11차에 걸쳐 이루어진 발굴로 모두 4,600여 점의 어마어마한 양의 유물을 거두었다. 전곡리에서 발견된 유물들은 한반도 구석기 시대 를 20만 년 이상 끌어올렸다. 뿐만 아니라 동아시아에서 최초로 아슐리안형의 석기가 발견되었다. 이는 세계 전기 구석기 문화가 유럽・아프리카의 아슐리안문화전통과 동아시아 지역의 찍개문화전 통으로 나누어진다는 모비우스의 학설을 허무는 계기가 되었다. 이로써 고인류의 문화적인 발전 과 정에 대한 이해에 새로운 면을 제시하였다.

보기

유럽과 아프리카에서는 찍개류 석기가 발견되지 않았다.

① 참   ② 거짓   ③ 알 수 없음

PART 3

CHAPTER 03

논리추리

유형특징

☐ 논리추리는 언어추리 영역 중 가장 많이 출제되는 유형으로, 지원자의 사고력, 논리력, 판단력, 문제 해결력 등을 평가한다.

☐ 3~5개의 조건을 주고 그 조건을 충족할 때를 가정한 다음 문제가 출제되거나, 제시된 조건에 타당한 결론을 유추하는 문제가 출제된다.

☐ 제시된 여러 조건 / 상황 / 규칙들을 정리하여 경우의 수를 구한 후 문제를 해결해야 한다.

논리추리 출제비중

진실게임 (18%)
배열하기 / 묶기 (50%)
연결하기 (32%)

기업별 출제 세부 유형

구분	배열하기 / 묶기	연결하기	진실게임
삼성	O	O	O
LG	O	O	O
SK	O	O	O
CJ	O	O	O
롯데	O	O	O
포스코			
KT	O	O	O
이랜드			O
두산			O
현대자동차	O	O	O
삼양			
GS			O
오뚜기	O	O	O
효성			
LX	O	O	O
KCC	O	O	O
S-OIL			
샘표식품			
엔씨소프트			
현대백화점			O

1 유형특징

논리추리 중 가장 기본적인 유형으로 제시된 조건을 바탕으로 사람이나 사물을 배열하거나 분류하는 문제이다. 많은 기업에서 출제되는데, 배열하기와 묶기는 기업에 따라 구분되어 나오기도 하고 혼재되어 나오기도 한다.

2 학습전략

- 논리추리 중 가장 기본적인 유형인 만큼, 난이도가 낮은 것부터 고난도 유형까지 다양한 난이도의 문제를 차근차근 풀어본다.
- 조건을 서로 연결하여 표, 기호 등으로 도식화하며 문제를 푸는 연습을 한다.

> **합격더하기**
>
> 주어진 조건을 자신만의 방법으로 도식화하여 푸는 것이 좋다. 또한 경우의 수가 여러 개인 조건보다 경우의 수가 하나인 조건을 먼저 도식화하면, 경우의 수가 줄어들어 문제를 더 빨리 풀 수 있다.

3 대표유형

어떤 보안회사에서는 하루에 정확하게 A ~ G 7개의 가게에 보안점검을 실시한다. 다음과 같은 〈조건〉이 주어져 있을 때 E가 3번째로 점검을 받는다면, 7개의 가게 중 반드시 은행인 곳은?

> **조건**
>
> - 보안점검은 한 번에 1개의 가게만 실시하게 되며, 하루에 같은 가게를 중복해서 점검하지는 않는다.
> - 7개의 가게는 은행 아니면 귀금속점이다.
> - 귀금속점은 2회 이상 연속해서 점검하지 않는다.
> - F는 B와 D를 점검하기 전에 점검한다.
> - F를 점검하기 전에 점검하는 가게 가운데 정확히 두 곳은 귀금속점이다.
> - A는 6번째로 점검받는다.
> - G는 C를 점검하기 전에 점검한다.

① A   ② B
③ C   ④ D
⑤ E

4 정답 및 해설

해설

세 번째 조건과 다섯 번째 조건에 의해, F의 점검 순서는 네 번째 이후이다. 또한 네 번째, 여섯 번째 조건에 의해 F가 네 번째로 점검받음을 알 수 있다. 주어진 조건을 이용하여 가능한 경우를 나타내면 다음과 같다.

G − C − E − F − B − A − D

G − C − E − F − D − A − B

따라서 두 번째, 세 번째, 다섯 번째 조건에 의해 G, E는 귀금속점이고, C는 은행이다.

5 실전 노하우!

❶ 문제 혹은 선택지를 먼저 읽은 후 문제에서 요구하는 규칙과 조건을 파악한다.

하루에 한 번씩 점검하는 7개의 가게 A~G는 은행 또는 귀금속점이며, 같은 가게를 중복해서 점검하지는 않는다.

❷ 서로 관련 있는 조건을 연결 지어 나올 수 있는 경우의 수를 정리한다.

  ⅰ) 순서가 확정된 곳은 3번째인 E와 6번째인 A이다.

  ⅱ) 세 번째 조건과 다섯 번째 조건에 따르면, F의 순서는 적어도 4번째 이후이다(F가 점검받기 전에 점검받는 귀금속점 두 곳이 있는 경우는 1번째와 3번째가 은행인 경우뿐이므로). 그런데 네 번째 조건과 여섯 번째 조건을 확인하면, F의 뒤에 A, B, D 세 곳이 있으므로, F의 순서는 4번째임을 알 수 있다.

  ⅲ) 나머지 조건을 조합하면 B와 D는 각각 5번째 또는 7번째이므로, 남은 G가 1번째임을 알 수 있다. 따라서 B가 5번째이고 D가 7번째인 경우는 G − C − E − F − B − A − D이고, D가 5번째이며 B가 7번째인 경우는 G − C − E − F − D − A − B이다.

  ⅳ) ⅱ)와 ⅲ)에 따라 G와 E는 귀금속점이고, C는 은행이다.

1 유형특징

하나의 기준에 두 개 이상의 조건들이 있는 유형으로, 제시된 조건들의 유기적인 관계를 유추하며 해결해야한다. 쉽게 생각하면 배열하기/묶기의 복합형, 응용 유형이다.

2 학습전략

• 연결하기 유형은 문제에 제시된 조건 및 속성이 많다. 따라서 눈으로 흐름을 따라가거나 해설의 풀이과정만 읽고 끝내는 것이 아니라, 손으로 직접 정리를 하면서 문제에 접근해야 한다. 직관적으로 답이 나오는 문제라도 직접 풀어보고, 다양한 난이도의 문제를 통해 스스로의 해법을 만들어 학습해야 한다.

3 대표유형

백혈병에 걸린 아이들을 돕기 위한 자선 축구대회에 한국, 일본, 중국, 미국 대표팀이 초청되었다. 이들이 〈조건〉의 규칙에 따라 월요일부터 금요일까지 서울, 수원, 인천, 대전 경기장에서 연습을 하게 될 때, 다음 중 참이 아닌 것은?

> **조건**
> • 각 경기장에는 한 팀씩 연습하며 연습을 쉬는 팀은 없다.
> • 모든 팀은 모든 구장에서 적어도 한 번 이상 연습을 하여야 한다.
> • 외국에서 온 팀의 첫 훈련은 공항에서 가까운 수도권 지역에 배정한다.
> • 이동거리 최소화를 위해 각 팀은 한 번씩 경기장 한 곳을 두 번 연속해서 사용해야 한다.
> • 미국은 월요일과 화요일에 수원에서 연습을 한다.
> • 목요일에 인천에서 아시아 팀이 연습을 할 수 없다.
> • 금요일에 중국은 서울에서, 미국은 대전에서 연습을 한다.
> • 한국은 인천에서 연속으로 연습을 한다.

① 목요일, 금요일에 연속으로 같은 지역에서 연습하는 팀은 없다.
② 수요일에 대전에서 일본이 연습을 한다.
③ 대전에서 한국, 중국, 일본, 미국의 순서로 연습을 한다.
④ 한국은 화요일, 수요일에 같은 지역에서 연습을 한다.
⑤ 미국과 일본은 한 곳을 연속해서 사용하는 날이 같다.

4 정답 및 해설

해설

제시된 조건을 이용하여 표로 정리하면 다음과 같다.

구분	월	화	수	목	금
서울	일본		미국		중국
수원	미국	미국			
인천	중국			미국	
대전	한국				미국

마지막 조건에 따라 한국은 화, 수요일에는 인천에서 연습을 하므로 목요일에는 서울, 금요일에는 수원에서 연습을 한다. 따라서 첫 번째, 두 번째, 네 번째 조건을 이용하여 표를 완성하면 다음과 같다.

구분	월	화	수	목	금
서울	일본	일본	미국	한국	중국
수원	미국	미국	일본	중국	한국
인천	중국	한국	한국	미국	일본
대전	한국	중국	중국	일본	미국

그러므로 수요일에 대전에서 중국이 연습을 하므로, ②는 참이 아니다.

5 실전 노하우!

❶ 문제에서 요구하거나 제시된 조건이 몇 가지인지 먼저 표시한다.

   ⅰ) 대표팀 : 한국, 일본, 중국, 미국

   ⅱ) 요일 : 월요일 ~ 금요일

   ⅲ) 경기장 : 서울, 수원, 인천, 대전

❷ 제시된 조건 중 고정 조건을 찾아 기준을 세우거나 정리한다.

   ⅰ) 경기장별로 한팀씩 연습, 쉬는 팀 없음

   ⅱ) 모든 팀은 모든 구장에서 한 번 이상 연습

   ⅲ) 외국팀의 첫 훈련은 공항에서 가까운 수도권 지역

   ⅳ) 각 팀은 한번씩 경기장 한 곳을 두 번 연속 사용

   ⅴ) 미국 – 월요일 / 화요일, 수원

   ⅵ) 목요일 인천 – 아시아 × → 미국만 가능

   ⅶ) 금요일 중국은 서울, 미국은 대전

   ⅷ) 한국은 인천에서 연속으로 연습

❸ 고정 조건들을 표나 도식 형태로 정리한 후, 확실한 조건부터 하나씩 채워나가면서 배제할 조건과 관계들을 정리해 나간다.

1) ⅰ) ~ ⅶ) 조건 적용

구분	월	화	수	목	금
서울	일본		미국		중국
수원	미국	미국			
인천	중국			미국	
대전	한국				미국

2) ⅷ)에 따라 한국이 인천에서 연속으로 연습할 수 있는 요일은 화, 수요일뿐이다. 그러면 ⅶ)에 따라 목요일에는 서울, 금요일에는 수원에서 연습을 하게 된다. 나머지는 ⅰ), ⅱ), ⅳ)를 적용하면서 모든 팀은 모든 구장에서 한번씩 연습을 해야하고, 미국은 수원에서 월~화로 연속해서 연습을 하였으므로 일본이 연달아 연습을 하는 것을 알 수 있다. 그러면 연달아 사용할 수 있는 경기장은 대전이 남았고, 남은 팀은 중국으로 화~수에 사용할 수 있다. 이에 따라 표로 정리하면 다음과 같다.

구분	월	화	수	목	금
서울	일본	일본	미국	한국	중국
수원	미국	미국	일본	중국	한국
인천	중국	한국	한국	미국	일본
대전	한국	중국	중국	일본	미국

❹ 정리한 표를 바탕으로 문제를 해결한다.

① 목요일, 금요일에 연속으로 같은 지역에서 연습하는 팀은 없다.
  →목요일과 금요일에 같은 지역 경기장에서 연습을 하는 팀은 없다.
② 수요일에 대전에서는 일본이 연습을 한다.
  →수요일에 대전에서 연습하는 팀은 중국이다.
③ 대전에는 한국, 중국, 일본, 미국의 순서로 연습을 한다.
  →대전에는 한국(월), 중국(화·수), 일본(목), 미국(금) 순서로 연습을 한다.
④ 한국은 화요일, 수요일에 같은 지역에서 연습을 한다.
  →한국은 화요일과 수요일에 인천에서 연습을 한다.
⑤ 미국과 일본은 한곳을 연속해서 사용하는 날이 같다.
  →월요일과 화요일에 미국은 수원에서, 일본은 서울에서 연속하여 연습한다.

1 유형특징

참 / 거짓 진술을 구분하는 유형으로 범인 찾기와 같은 유형이다. 모든 기업에서 출제되지는 않지만 삼성, KT, LG 등의 기업에서는 출제되고 있다.

2 학습전략

• 진술의 참 / 거짓을 일일이 따져보며 경우의 수들을 모두 구해본다.
  - 실전에서는 모순 관계를 먼저 파악하는 것이 시간 단축에 중요하지만, 학습할 때는 유형을 완벽히 익히기 위해 진술을 바탕으로 나올 수 있는 경우의 수들을 정리해가며 풀이하도록 한다.

3 실전전략

• 문제에서 제시하는 규칙을 파악한다.
• 제시된 진술 중 서로 연결된 진술 혹은 모순관계를 파악하여 나올 수 있는 경우의 수를 정리한다.
  - 하나가 참이면 반드시 다른 하나가 거짓인 경우
  - 하나의 진술에 직접 부정하는 것 등
• 제각각 진술을 하는 경우라면, 각각의 진술을 빠르게 검토하여 정리한다.

가영, 나연, 다솜, 라희, 마준 5명 중에서 1명이 선생님의 책상에 있는 화병에 꽃을 꽂아 두었다. 이 가운데 2명의 증언은 모두 거짓이지만 3명의 증언은 모두 참이라고 할 때 선생님 책상에 꽃을 꽂아둔 사람은?

- 가영 : 화병에 꽃을 꽂아두는 것을 나와 마준이만 보았다. 나연이의 말은 모두 맞다.
- 나연 : 화병에 꽃을 꽂아둔 사람은 라희이다. 라희가 그러는 것을 마준이가 보았다.
- 다솜 : 라희는 꽃을 꽂아두지 않았다. 마준이의 말은 모두 맞다.
- 라희 : 화병에 꽃을 꽂아두는 것을 3명이 보았다. 나연이는 꽃을 꽂아두지 않았다.
- 마준 : 나와 가영이는 꽃을 꽂아두지 않았다. 나는 누가 꽃을 꽂는지 보지 못했다.

① 가영   ② 나연
③ 다솜   ④ 라희
⑤ 마준

5 정답 및 해설   정답 ③

해설

가영, 나연, 다솜, 라희, 마준의 증언을 차례대로 검토하면서 모순 여부를 찾아내면 쉽게 문제를 해결할 수 있다.

ⅰ) 가영이의 증언이 참이라면, 나연이의 증언도 참이다. 그런데 나연이의 증언이 참이라면 마준이의 증언은 거짓이 된다.

ⅱ) 마준이의 증언이 거짓이라면, '나와 가영이는 꽃을 꽂아두지 않았다.'는 말 역시 거짓이 되어 가영이와 마준이 중 적어도 1명은 꽃을 꽂아두었다고 봐야 한다. 그런데 나연이의 증언은 라희를 지목하고 있으므로 역시 모순이다. 결국 가영이와 나연이의 증언은 거짓이다.

따라서 다솜, 라희, 마준이의 증언이 참이 되며, 이들이 언급하지 않은 다솜이가 꽃을 꽂아두었다.

6 실전 노하우!

❶ 문제에서 제시하는 규칙을 파악한다.
  ⅰ) 5명 중에서 1명이 선생님의 책상에 있는 화병에 꽃을 꽂아둠
  ⅱ) 2명의 이야기는 모두 거짓 / 3명의 이야기는 모두 참

❷ 제시된 이야기 중 서로 연결된 이야기 혹은 모순관계를 파악하여 나올 수 있는 경우의 수를 정리한다.
  ⅰ) 가영이의 증언이 참일 경우 : 나연이의 말도 참이다. → 나연의 증언이 참이라면 마준이의 증언은 거짓이 된다.
  ⅱ) 마준이의 증언이 거짓일 경우 : 나와 가영이는 꽃을 꽂아두지 않았다. → 나 또는 가영이는 꽃을 꽂아 두었다. (가영이와 마준이 중 적어도 1명은 꽃을 꽂아두었다고 볼 수 있다. 그런데 나연이는 라희를 지목하고 있으므로 모순이 발생한다)

따라서 가영이와 나연이의 증언은 거짓이 된다. 그러면 문제에 제시된 조건에 따라 다솜, 라희, 마준의 증언이 참이 되므로 이들이 언급하지 않은 다솜이가 꽃을 꽂아둔 사람이 된다.

01 수영, 슬기, 경애, 정서, 민경의 머리 길이가 서로 다르다고 할 때, 다음을 읽고 바르게 추론한 것은?

> • 수영이는 단발머리로 슬기와 경애의 머리보다 짧다.
> • 정서의 머리는 수영보다 길지만, 슬기보다는 짧다.
> • 경애의 머리는 정서보다 길지만, 슬기보다는 짧다.
> • 민경의 머리는 경애보다 길지만, 다섯 명 중에 가장 길지는 않다.

① 경애는 단발머리이다.
② 슬기의 머리가 가장 길다.
③ 민경의 머리가 슬기보다 길다.
④ 수영의 머리가 다섯 명 중 가장 짧지는 않다.
⑤ 머리 길이 순서대로 나열하면 '슬기 – 정서 – 민경 – 경애 – 수영'이다.

02 A ~ G 7명은 다음 주 당직근무 순서를 정하기 위해 모였다. 〈조건〉에 따를 때, D가 근무하는 날의 전날과 다음 날에 근무하는 당직근무자는 누구인가?(단, 한 주의 시작은 월요일이고 하루에 1명씩 근무한다)

> **조건**
> • A가 가장 먼저 근무한다.
> • F는 E보다 먼저 근무한다.
> • G는 A와 연이어 근무한다.
> • F가 근무하고 3일 뒤에 C가 근무한다.
> • C가 B보다 먼저 근무한다.
> • E는 목요일에 근무한다.

① A, G
② C, F
③ E, C
④ F, B
⑤ G, C

03 서울에서 열린 H자동차 모터쇼 2층 특별 전시장에는 다섯 종류의 차량이 전시되어 있다. 차종은 제네시스, 소나타, 아반떼, 그랜저, 투싼이며 색상은 흰색, 파란색, 검은색 중 하나이다. 주어진 〈조건〉이 다음과 같을 때, 다음 중 항상 참이 아닌 것은?

> **조건**
> • 양 끝에 있는 차량은 모두 흰색이다.
> • 소나타는 가장 오른쪽에 있다.
> • 그랜저는 제네시스 바로 오른쪽에 있으며, 아반떼보다는 왼쪽에 있다.
> • 제네시스와 투싼의 색상은 동일하고, 그 사이에는 검은색 차량 한 대가 있다.
> • 소나타 바로 왼쪽에 있는 차량은 파란색이다.

① 흰색 차량은 총 3대이다.
② 그랜저는 왼쪽에서 두 번째에 위치한다.
③ 검은색과 파란색 차량은 각각 1대씩 있다.
④ 아반떼와 그랜저의 색상은 주어진 조건만으로는 알 수 없다.
⑤ 그랜저와 같은 색상의 차량은 없다.

04 A~C 3명에게 분홍색 모자 1개와 노란색 모자 1개, 하늘색 모자 2개를 보여주고 이 중 1개씩 각자의 머리에 씌운다고 알려준 후, 눈을 가리고 3명에게 모자를 씌웠다. 3명은 A−B−C 순서로 한 줄로 서서 벽을 바라보고 서 있으며, 앞에 있는 사람의 모자만 볼 수 있다. 3명이 다음과 같이 말했을 때, 항상 참인 것은?(단, 세 사람 모두 다른 사람의 말을 들을 수 있으며, 거짓말은 하지 않았다)

> • A : 내 모자 색깔이 뭔지 모르겠어.
> • B : 음, 나도 내 모자가 무슨 색인지 도무지 모르겠다.
> • C : 아, 난 알겠다! 내 모자 색깔이 뭔지.

① A의 모자는 하늘색이다.
② A는 C의 말만 듣고도 자신의 모자 색깔을 알 수 있다.
③ B의 모자는 하늘색이다.
④ C의 모자는 분홍색이다.
⑤ C의 모자는 하늘색이 아니다.

05 취업을 준비하는 A ~ E 다섯 사람이 지원한 분야는 각각 마케팅, 생산, 출판, 회계, 시설관리 중 한 곳이다. 다섯 사람은 모두 서류를 합격해 필기시험을 보러 가는데 이때 지하철, 버스, 택시 중 한 가지를 타고 가려고 한다. 〈조건〉을 참고할 때, 다음 중 참이 아닌 것은?(단, 한 가지 교통수 단은 최대 두 명까지 이용할 수 있으며, 한 사람도 이용하지 않은 교통수단은 없다)

> **조건**
> • 택시는 생산, 시설관리, 마케팅을 지원한 사람의 회사를 갈 수 있다.
> • A는 출판을 지원했다.
> • E는 어떤 교통수단을 선택해도 지원한 회사에 갈 수 있다.
> • 지하철에는 D를 포함한 두 사람이 타며, 둘 중 한 명은 회계에 지원했다.
> • B가 탈 수 있는 교통수단은 지하철뿐이다.
> • 버스와 택시가 지나가는 회사는 마케팅을 제외하고 중복되지 않는다.

① B와 D는 같이 지하철을 이용한다.
② E는 택시를 이용했다.
③ A는 버스를 이용했다.
④ E는 회계를 지원했다.
⑤ C는 생산 혹은 시설관리에 지원했다.

06 신입사원 A ~ C 세 명은 임의의 순서로 검은색 · 갈색 · 흰색 책상에 이웃하여 앉아 있고, 커피 · 주 스 · 콜라 중 한 가지씩 좋아한다. 또한 기획 · 편집 · 디자인의 서로 다른 업무를 하고 있다. 〈조건〉 을 참고할 때, 반드시 참인 것을 〈보기〉에서 모두 고르면?

> **조건**
> • C는 갈색 책상에 앉아 있다.
> • 검은색 책상에 앉은 사람은 편집 업무를 담당한다.
> • 기획 담당과 디자인 담당은 서로 이웃해 있지 않다.
> • 디자인을 하는 사람은 커피를 좋아한다.
> • A는 편집 담당과 이웃해 있다.
> • A는 주스를 좋아한다.

> **보기**
> ㄱ. C는 커피를 좋아한다.
> ㄴ. B와 C는 이웃해 있다.
> ㄷ. A는 편집을 하지 않고, B는 콜라를 좋아하지 않는다.
> ㄹ. B는 흰색 책상에 앉아 있다.
> ㅁ. A는 기획 담당이다.

① ㄱ, ㄴ   ② ㄴ, ㄷ
③ ㄷ, ㄹ   ④ ㄱ, ㄴ, ㅁ
⑤ ㄱ, ㄷ, ㅁ

07 H기업의 직원 5명 A ~ E가 자신들의 직급에 대하여 이야기하고 있다. 이들은 각각 사원, 대리, 과장, 차장, 부장이다. 이 중 1명의 말만 진실이고 나머지 사람들의 말은 모두 거짓이라고 할 때, 진실을 말한 사람은?(단, 직급은 사원 – 대리 – 과장 – 차장 – 부장 순서이며, 모든 사람은 진실 또는 거짓만 말한다)

- A : 나는 사원이고, D는 사원보다 직급이 높아.
- B : E가 차장이고, 나는 차장보다 낮은 직급이지.
- C : A는 과장이 아니고, 사원이야.
- D : E보다 직급이 높은 사람은 없어.
- E : C는 부장이고, B는 사원이야.

① A   ② B
③ C   ④ D
⑤ E

08 다음은 서로 다른 밝기 등급(1 ~ 5등급)을 가진 A ~ E별의 밝기를 측정한 결과이다. 이에 근거하여 바르게 추론한 것은?(단, 1등급이 가장 밝은 밝기 등급이다)

- A별은 가장 밝지도 않고, 두 번째로 밝지도 않다.
- B별은 C별보다 밝고, E별보다 어둡다.
- C별은 D별보다 밝고, A별보다 어둡다.
- E별은 A별보다 밝다.

① A별의 밝기 등급은 4등급이다.
② A ~ E별 중 B별이 가장 밝다.
③ 어느 별이 가장 어두운지 확인할 수 없다.
④ 어느 별이 가장 밝은지 확인할 수 없다.
⑤ 별의 밝기 등급에 따라 순서대로 나열하면 'E – B – A – C – D'이다.

09 A ~ E 다섯 명이 100m 달리기를 했다. 기록 측정 결과가 나오기 전에 그들끼리의 대화를 통해 순위를 예측해 보려고 한다. 그들의 대화는 다음과 같고 이 중 한 명이 거짓말을 하고 있을 때, A ~ E의 순위를 순서대로 바르게 나열한 것은?

> • A : 나는 1등이 아니고, 3등도 아니야.
> • B : 나는 1등이 아니고, 2등도 아니야.
> • C : 나는 3등이 아니고, 4등도 아니야.
> • D : 나는 A와 B보다 늦게 들어왔어.
> • E : 나는 C보다는 빠르게 들어왔지만, A보다는 늦게 들어왔어.

① E – C – B – A – D   ② E – A – B – C – D

③ C – E – B – A – D   ④ C – A – E – B – D

⑤ A – C – E – B – D

10 A ~ D 네 개의 상자 중 어느 하나에 두 개의 진짜 열쇠가 들어 있고, 다른 어느 한 상자에 두 개의 가짜 열쇠가 들어 있다. 또한 각 상자에는 다음과 같이 두 개의 안내문이 쓰여 있는데, 각 상자의 안내문 중 하나는 참이고 다른 하나는 거짓이라고 할 때, 항상 참인 것은?

> • A상자 – 어떤 진짜 열쇠도 순금으로 되어 있지 않다.
>   – C상자에 진짜 열쇠가 들어 있다.
> • B상자 – 가짜 열쇠는 이 상자에 들어 있지 않다.
>   – A상자에는 진짜 열쇠가 들어 있다.
> • C상자 – 이 상자에 진짜 열쇠가 들어 있다.
>   – 어떤 가짜 열쇠도 구리로 되어 있지 않다.
> • D상자 – 이 상자에 진짜 열쇠가 들어 있다.
>   – 가짜 열쇠 중 어떤 것은 구리로 되어 있다.

① B상자에 가짜 열쇠가 들어 있지 않다.

② C상자에 진짜 열쇠가 들어 있지 않다.

③ D상자의 첫 번째 안내문은 거짓이다.

④ 모든 가짜 열쇠는 구리로 되어 있다.

⑤ 어떤 진짜 열쇠는 순금으로 되어 있다.

11 각각 다른 심폐기능 등급을 받은 A ~ E 5명 중 등급이 가장 낮은 2명의 환자에게 건강관리 안내문을 발송하려 한다. 심폐기능 측정 결과가 다음과 같을 때, 건강관리 안내문 발송 대상자를 모두 고르면?

〈심폐기능 측정 결과〉

• E보다 심폐기능이 좋은 환자는 2명 이상이다.
• E는 C보다 한 등급 높다.
• B는 D보다 한 등급 높다.
• A보다 심폐기능이 나쁜 환자는 2명이다.

---

① B, C   ② B, D
③ B, E   ④ C, D
⑤ C, E

12 학교수업이 끝난 후 수민, 한별, 영수는 각각 극장, 농구장, 수영장 중 서로 다른 곳에 갔다. 이들 3명은 다음과 같이 진술하였는데, 이 중 1명의 진술은 참이고 2명의 진술은 모두 거짓이라고 할 때, 극장, 농구장, 수영장에 간 사람을 차례로 바르게 나타낸 것은?

• 수민 : 나는 농구장에 갔다.
• 한별 : 나는 농구장에 가지 않았다.
• 영수 : 나는 극장에 가지 않았다.

---

① 수민, 한별, 영수
② 수민, 영수, 한별
③ 한별, 수민, 영수
④ 영수, 한별, 수민
⑤ 영수, 수민, 한별

13 A~C 세 사람은 각각 킥보드, 자전거, 오토바이 중에 한 대를 소유하고 있고 이름을 쌩쌩이, 날쌘이, 힘찬이로 지었다. 〈조건〉을 참고할 때, '소유주 – 이름 – 이동수단'을 순서대로 바르게 나열한 것은?

> 조건
> • A가 가진 것은 힘찬이와 부딪힌 적이 있다.
> • B가 가진 자전거는 쌩쌩이와 색깔이 같지 않고, 날쌘이와 색깔이 같다.
> • C의 날쌘이는 오토바이보다 작다.
> • 이동수단의 크기는 자전거 > 오토바이 > 킥보드 순이다.

① A – 날쌘이 – 오토바이
② A – 쌩쌩이 – 킥보드
③ B – 날쌘이 – 자전거
④ C – 힘찬이 – 자전거
⑤ C – 날쌘이 – 킥보드

14 A~C 세 사람이 주사위를 던져 나온 주사위의 눈의 수만큼 점수를 획득하는 게임을 했다. 〈조건〉이 다음과 같을 때, 항상 참이 아닌 것은?

> 조건
> • 세 사람이 주사위를 던진 횟수는 총 10회이다.
> • 세 사람이 획득한 점수는 47점이다.
> • A가 가장 많은 횟수를 던졌다.
> • B가 얻은 점수는 16점이다.
> • C가 가장 많은 점수를 얻었다.

① B는 주사위를 3번 던졌다.
② A는 주사위를 4번 던졌다.
③ C는 6이 나온 적이 있다.
④ B가 주사위를 던져서 얻은 주사위 눈의 수는 모두 짝수이다.
⑤ A가 얻을 수 있는 최소 점수는 13점이다.

15 비상대책위원회 위원장은 여섯 명의 의원 A ~ F 중 제1차 위원회에서 발언할 위원을 결정하려 한다. 다음 〈조건〉에 따라 발언자를 결정한다고 할 때, 항상 참인 것은?

> 조건
> • A위원이 발언하면 B위원이 발언하고, C위원이 발언하면 E위원이 발언한다.
> • A위원 또는 B위원은 발언하지 않는다.
> • D위원이 발언하면 F위원이 발언하고, B위원이 발언하면 C위원이 발언한다.
> • D위원이 발언하고 E위원도 발언한다.

① A위원이 발언한다.
② B위원이 발언한다.
③ C위원이 발언한다.
④ F위원이 발언한다.
⑤ 모든 위원이 발언한다.

16 S사의 배터리개발부, 생산기술부, 전략기획부, 품질보증부는 지원자의 전공에 따라 신입사원을 뽑았다. 다음 〈조건〉을 참고할 때, 항상 참인 것은?

> 조건
> • S사의 배터리개발부, 생산기술부, 전략기획부, 품질보증부에서 순서대로 각각 2명, 1명, 1명, 3명의 신입사원을 뽑았다.
> • 배터리개발부는 재료공학을, 생산기술부는 화학공학, 전략기획부는 경영학, 품질보증부는 정보통신학과 졸업생을 뽑았다.
> • A, B, C, D, E, F, G가 S사 신입사원으로 합격하였으며, A, B, E지원자만 복수전공을 하였고 가능한 부서에 모두 지원하였다.
> • A지원자는 복수전공을 하여 배터리개발부와 생산기술부에 지원하였다.
> • B지원자는 경영학과 정보통신학을 전공하였다.
> • E지원자는 화학공학과 경영학을 전공하였다.
> • C지원자는 품질보증부에 지원하였다.
> • D지원자는 배터리개발부의 신입사원으로 뽑혔다.
> • F와 G지원자는 같은 학과를 졸업하였다.

① A지원자는 배터리개발부의 신입사원으로 뽑히지 않았다.
② B지원자는 품질보증부의 신입사원으로 뽑혔다.
③ E지원자는 생산기술부의 신입사원으로 뽑혔다.
④ F지원자는 품질보증부의 신입사원으로 뽑히지 않았다.
⑤ G지원자는 배터리개발부의 신입사원으로 뽑혔다.

17 A농장에서 토끼, 돼지, 소, 말, 염소, 닭 각각 한 마리를 6칸으로 된 열차로 옮기려고 한다. 다음의 〈조건〉에 따라 동물들을 한 칸씩 일렬로 배치할 때, 순서대로 바르게 나열한 것은?

> **조건**
> • 한 칸에는 한 마리씩 탈 수 있다.
> • 말은 마지막 칸에는 탈 수 없다.
> • 돼지와 닭 사이가 좋지 않아 연달아 타면 안 된다.
> • 염소와 말은 연달아 배치할 수 있다.
> • 소와 닭이 연달아 있다면 닭과 토끼도 연달아 타야 한다.
> • 돼지는 1, 3, 5번째 칸에만 탈 수 있다.

① 말 – 염소 – 닭 – 돼지 – 토끼 – 소
② 돼지 – 토끼 – 염소 – 말 – 소 – 닭
③ 돼지 – 닭 – 소 – 토끼 – 염소 – 말
④ 소 – 말 – 돼지 – 토끼 – 염소 – 닭
⑤ 토끼 – 닭 – 소 – 돼지 – 염소 – 말

18 개발 사업부에는 부장 1명, 과장 1명, 사원 2명, 대리 2명 총 6명이 근무하고 있다. 다음 〈조건〉에 따라 5주 동안 개발 사업부 전원이 여름휴가를 다녀오려고 한다. 휴가를 1번씩 2주 동안 다녀온다고 할 때, 반드시 참이 아닌 것은?(단, 모든 휴가의 시작은 월요일, 끝은 일요일이다)

> **조건**
> • 회사에는 3명 이상 남아있어야 한다.
> • 같은 직급의 직원은 동시에 휴가 중일 수 없다.
> • 과장과 부장은 휴가가 겹칠 수 없다.
> • 1주차에는 과장과 사원만 휴가를 갈 수 있다.

① 1주차에 아무도 휴가를 가지 않을 수 있다.
② 대리는 혼자 휴가 중일 수 있다.
③ 부장은 4주차에 휴가를 출발할 수 있다.
④ 5주차에는 1명만 휴가 중일 수 있다.
⑤ 대리 중 1명은 3주차에 휴가를 출발할 수 있다.

19 은영이는 잊어버린 네 자리 숫자의 비밀번호를 기억해 내려고 한다. 비밀번호에 대해서 가지고 있는 정보가 다음과 같을 때, 항상 참이 아닌 것은?

> • 비밀번호를 구성하고 있는 어떤 숫자도 소수가 아니다.
> • 6과 8 중에 단 하나만 비밀번호에 들어가는 숫자다.
> • 비밀번호는 짝수로 시작한다.
> • 골라 낸 네 개의 숫자를 큰 수부터 차례로 나열해서 비밀번호를 만들었다.
> • 같은 숫자는 두 번 이상 들어가지 않는다.

① 비밀번호는 짝수이다.
② 비밀번호의 앞에서 두 번째 숫자는 4이다.
③ 위의 조건을 모두 만족시키는 번호는 모두 세 개가 있다.
④ 비밀번호는 1을 포함하지만 9는 포함하지 않는다.
⑤ 위의 조건을 모두 만족시키는 번호 중 가장 작은 수는 6410이다.

20 S사에 근무하는 A ~ C 3명은 협력업체를 방문하기 위해 택시를 타고 가고 있다. 다음 〈조건〉을 참고할 때, 항상 옳은 것은?

> **조건**
> • 3명의 직급은 각각 과장, 대리, 사원이다.
> • 3명은 각각 검은색, 회색, 갈색 코트를 입었다.
> • 3명은 각각 기획팀, 연구팀, 디자인팀이다.
> • 택시 조수석에는 회색 코트를 입은 과장이 앉아 있다.
> • 갈색 코트를 입은 연구팀 직원은 택시 뒷좌석에 앉아 있다.
> • 3명 중 가장 낮은 직급의 C는 기획팀이다.

① A – 대리, 갈색 코트, 연구팀
② A – 과장, 회색 코트, 디자인팀
③ B – 대리, 갈색 코트, 연구팀
④ B – 과장, 회색 코트, 디자인팀
⑤ C – 사원, 검은색 코트, 기획팀

CHAPTER 04

수 / 문자추리

유형특징

☐ LG, KT, 두산 등의 기업에서 매 시험마다 출제가 되고 있는 유형이다. 숫자 또는 문자의 배열을 보고 적용된 규칙을 추론해야 하며, 다양한 변형이 가능하다.

☐ 수 / 문자추리 유형의 본질은 수열의 규칙을 찾아내는 것이지만 높은 수준의 수리능력을 요구하지는 않는다. 오히려 문항 수에 비해 시험 시간이 매우 짧기 때문에 빠르고 직관적으로 숫자 사이의 관계를 유추해내는 능력이 중요하다.

합격 TIP

• 수포자도 수추리는 포기할 수 없다!
수열은 인적성검사에서 빼놓을 수 없는 영역이기 때문에 비록 수포자라 할지라도, 수열의 일반항 공식을 모르더라도 포기할 수 없는 문제이다. 난도가 낮은 문제의 경우, 기본 사칙연산만 할 줄 안다면 대부분의 문제를 충분히 풀 수 있으며, 오히려 공식에 갇힌 생각보다 자유로운 사고가 문제 해결에 도움이 된다.

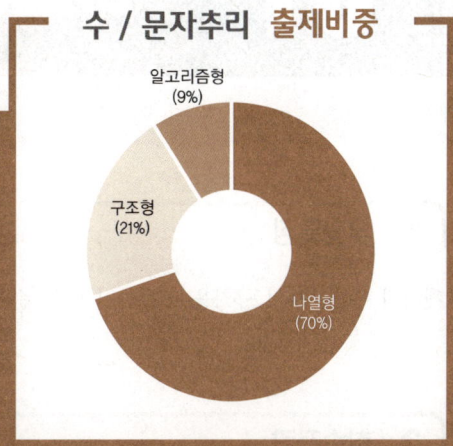

수 / 문자추리 출제비중

- 알고리즘형 (9%)
- 구조형 (21%)
- 나열형 (70%)

기업별 출제 세부 유형

구분	나열형	구조형	알고리즘형
삼성	○		
LG	○		
SK	○		
CJ	○		
롯데	○		
포스코	○		
KT	○		
이랜드			
두산	○		○
현대자동차			
삼양			
GS			
오뚜기	○		
효성	○		
LX	○		
KCC	○	○	
S-OIL			
샘표식품			
엔씨소프트	○		
현대백화점	○		

1 유형특징

제시된 수 / 문자의 규칙을 추론하여 다음 순서에 올 수 / 문자를 유추하는 유형이다.

2 학습전략

- 등차수열, 등비수열, 계차수열, 피보나치수열과 같은 기본적인 수열을 학습한다.

  - 등차수열 : 차이가 일정한 수열 → $a_{n+1} - a_n = d$

    예 1　3　5　7　9　11　13　15
    　　+2　+2　+2　+2　+2　+2　+2

  - 등비수열 : 비율이 일정한 수열 → $\dfrac{a_{n+1}}{a_n} = r$

    예 1　2　4　8　16　32　64　128
    　　×2　×2　×2　×2　×2　×2　×2

  - 계차수열 : 수열의 차가 다시 수열을 이루는 수열 → $a_{n+1} - a_n = b_n$

    예 1　3　7　15　31　63
    　　+2　+4　+8　+16　+32
    　　　×2　×2　×2　×2

  - 피보나치수열 : 앞의 두 항의 합이 그 다음 항의 수가 되는 수열 → $a_{n-1} + a_n = a_{n+1}\ (n \geq 2)$

    예 1　1　2　3　5　8　13　21　34　55
    　　1+1　1+2　2+3　3+5　5+8　8+13　13+21　21+34

- 문자열이 제시되는 경우, 각각의 문자를 대응하는 숫자로 변환 후 수열의 규칙을 추론하면 된다. 이 과정에서 시간이 많이 소요될 수 있기 때문에 시간 단축을 위해 문자 / 숫자의 대응 관계를 미리 시험지 귀퉁이에 써놓고 활용하는 것이 좋다.

  - 알파벳, 자음, 한자, 로마자

1	2	3	4	5	6	7	8	9	10	11	12	13	14	15	16	17	18	19	20	21	22	23	24	25	26
A	B	C	D	E	F	G	H	I	J	K	L	M	N	O	P	Q	R	S	T	U	V	W	X	Y	Z
ㄱ	ㄴ	ㄷ	ㄹ	ㅁ	ㅂ	ㅅ	ㅇ	ㅈ	ㅊ	ㅋ	ㅌ	ㅍ	ㅎ												
一	二	三	四	五	六	七	八	九	十																
i	ii	iii	iv	v	vi	vii	viii	ix	x																

– 일반모음

1	2	3	4	5	6	7	8	9	10
ㅏ	ㅑ	ㅓ	ㅕ	ㅗ	ㅛ	ㅜ	ㅠ	ㅡ	ㅣ

– 일반모음 + 이중모음(사전 등재 순서)

1	2	3	4	5	6	7	8	9	10	11	12	13	14	15	16	17	18	19	20	21
ㅏ	ㅐ	ㅑ	ㅒ	ㅓ	ㅔ	ㅕ	ㅖ	ㅗ	ㅘ	ㅙ	ㅚ	ㅛ	ㅜ	ㅝ	ㅞ	ㅟ	ㅠ	ㅡ	ㅢ	ㅣ

3 실전전략

• 문자열 또는 수 / 문자가 혼합되어 제시된 경우, 문자를 대응하는 숫자로 전환한다.
• 수열에 적용된 규칙을 추론한다. 규칙을 추론할 때에는 자주 출제되는 순서대로 유추하는 것이 좋다.
  – 등비수열, 등차수열
  – 계차수열, 피보나치수열
  – 홀수 항, 짝수 항의 규칙이 상이한 건너뛰기 수열
  – 덧셈・뺄셈과 곱셈・나눗셈이 결합된 복합 연산 규칙
  – 제곱수, 소수 등

4 대표유형

다음과 같이 일정한 규칙으로 수를 나열할 때, 빈칸에 들어갈 수로 알맞은 것은?

10	3	7	−4	11	−15	( )	

① 22   ② 24
③ 26   ④ 28
⑤ 30

5 정답 및 해설

정답 ③

해설

1항−3항=2항, 2항−4항=3항, 3항−5항=4항, …이 반복되는 수열이다.
따라서 ( )=11−(−5)=26이다.

제시된 숫자의 나열을 보고 적용된 규칙을 생각해본다.

ⅰ) 처음 숫자를 기준으로 잡고(10), 다음 항은 감소(−7)하여 3이 되었고, 다음 항은 증가(+4)하여 7, 다음 항은 또다시 감소(−11)하여 −4, 다음 항은 또다시 증가(+15)하여 11, 그리고 다음 항은 감소(−26)하고 있다.

ⅱ) 이를 통해 숫자의 순서대로 진행되는 규칙이 아닌, 간격을 두고 진행되는 규칙임을 알 수 있으므로 홀수 항과 짝수 항을 분리해서 생각해 본다.

ⅲ) 1항의 숫자(10)에서 3항의 숫자(7)만큼 감소되고, 2항의 숫자(3)에서 4항의 숫자(−4)만큼 감소되는 규칙을 발견할 수 있다.

ⅳ) 따라서 1항−3항=2항, 2항−4항=3항, 3항−5항=4항, …이 반복되므로, 빈칸에 들어갈 숫자는 11−(   )=−15, 즉 26이 된다.

1 유형특징

수 / 문자 묶음의 배치·배열 형태를 보고 적용된 규칙을 추론하는 유형이다.

2 학습전략

• 몇 개의 수 / 문자 묶음 또는 수 / 문자 집합에 규칙이 존재하는 유형이다. 무한대로 숫자를 나열할 수 없고 표, 도형, 분수 등 구조화된 형태로 되어있다.
• 복잡한 공식이나 높은 수준의 수학 실력을 요구하지 않는다. 정형화된 틀 안에 갇히지 않고 자유로운 사고 가 가능한 수험자들에게 유리할 수 있다.
• 숫자가 들어가는 위치나 방향에 따라 규칙이 다양하게 적용될 수 있다. 처음 보는 형태의 문제의 경우 익숙 하지 않아 규칙을 추론하기 쉽지 않고, 고려해야 할 요소가 많으므로 여러 가지 형태의 문제를 접해보면서 감각을 익히는 것이 좋다.

3 실전전략

• 문자열 또는 수 / 문자가 혼합되어 제시된 경우, 문자를 대응하는 숫자로 전환한다.
• 숫자가 묶인 형태 또는 수열의 진행 순서에 초점을 맞춘다.
• 적용된 규칙을 추론한다. 규칙에 제한을 두지 않고 다양한 방면으로 생각해본다.

다음은 일정한 규칙에 따라 나열된 수열이다. A+B의 값은?

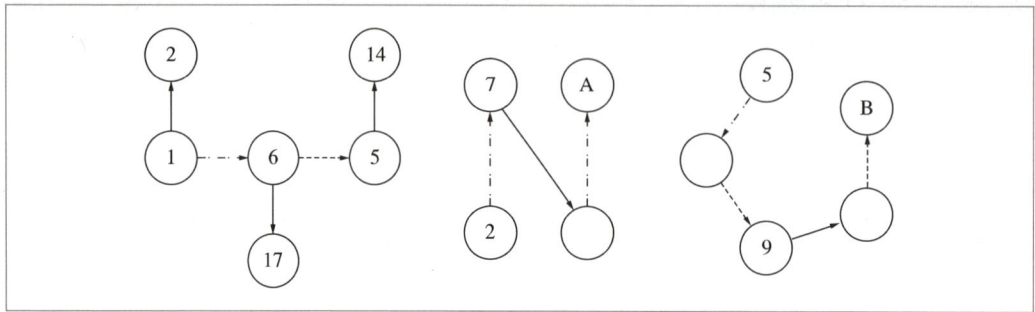

① 50

② 60

③ 70

④ 80

⑤ 90

해설

세 가지 종류의 화살표는 모양에 따라 각각 다른 규칙을 가지며, 그 규칙은 다음과 같다.

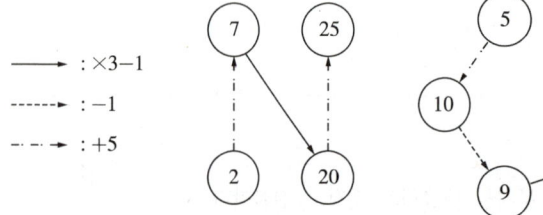

⟶ : ×3−1

┄┄▶ : −1

⎯ ⋅ ⎯ ▶ : +5

∴ A=25, B=25

따라서 A+B=50이다.

❶ 문제의 형태를 파악한다. 특히 숫자가 묶인 형태 또는 수열의 진행 순서에 초점을 맞춘다.

숫자와 숫자가 화살표로 연결되어 있다. 화살표의 모양과 방향이 모두 같지 않고, 구해야 하는 A, B 값 외에도 빈칸이 있으므로 이에 유의하여 문제에 접근해야 한다.

❷ 적용된 규칙을 추론한다.

같은 화살표로 연결된 숫자는 같은 규칙이 적용되었으므로 묶어서 살펴보면 다음과 같다.

X	→	Y
1	→	2
5	→	14
6	→	17

$\longrightarrow$: $\times 3 - 1$

따라서 $7 \longrightarrow 20$, $9 \longrightarrow 26$을 유추할 수 있다.

X	⇢	Y
1	⇢	6
2	⇢	7

$\dashrightarrow$: $+5$

따라서 $20 \dashrightarrow 25$, $5 \dashrightarrow 10$을 유추할 수 있고, A는 25이다.

X	⇢	Y
6	⇢	5
10	⇢	9

$\dashrightarrow$: -1

따라서 $26 \dashrightarrow 25$를 유추할 수 있고, B는 25이다.

$\therefore$ A+B$=25+25=50$

1 유형특징

순서도에 따라 일련의 연산 과정을 거친 후 최종적으로 출력되는 값을 구하는 문제이다.

2 학습전략

- 알고리즘(Algorithm)이란 문제를 해결하기 위한 일련의 절차를 의미하며, 이를 시각화한 것이 순서도 (Flow Chart)이다.
- 순서도를 이해하기 위해서는 순서도를 구성하는 기호와 그 의미를 먼저 학습해야 한다.

기호	의미	기호	의미
	순서도의 시작과 끝 표시		조건에 따라 값을 판단하여 YES / NO 선택
	데이터, 연산 등의 처리		입력된 값을 출력
	기호와 기호를 연결하고, 처리의 흐름을 표시	–	–

3 실전전략

- 초기 데이터 값과 최종적으로 출력되는 값을 확인한다.
- 판단 단계에서 YES가 될 때까지 화살표의 흐름에 따라 연산을 진행한다.

4 대표유형

제시된 순서도에 의해 출력되는 값은?

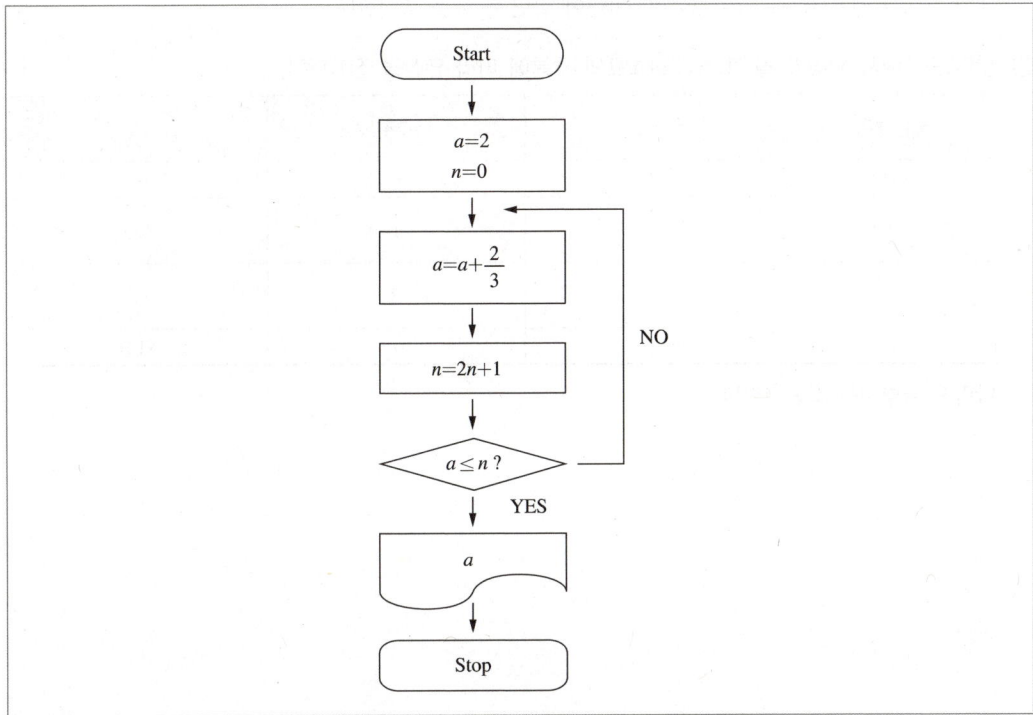

① 6

② $\dfrac{16}{3}$

③ $\dfrac{14}{3}$

④ 4

⑤ $\dfrac{10}{3}$

5 정답 및 해설

정답 ④

해설

초기 데이터 값은 $a=2$, $n=0$이며, 시행을 반복하면 a와 n의 값이 다음과 같이 변화한다.

a	2	$\dfrac{8}{3}$	$\dfrac{10}{3}$	4	⋯
n	0	1	3	7	⋯

따라서 출력되는 값은 4이다.

6 실전 노하우!

❶ 초기 데이터 값과 최종적으로 출력되는 값을 확인한다.

초기 데이터 값은 $n=0$, $a=2$이며, 판단이 끝난 후 a를 출력한다.

❷ 판단 단계에서 YES가 될 때까지 화살표의 흐름에 따라 연산을 진행한다.

시행 횟수	$a=a+\dfrac{2}{3}$	$n=2n+1$	$a \leq n$?
0	2	0	–
1	$\dfrac{8}{3}$	1	NO
2	$\dfrac{10}{3}$	3	NO
3	4	7	YES

따라서 출력되는 값은 4이다.

01 다음 수열의 10번째 항의 값은?

97	38	59	21	38	17	21	...

① 10 ② 13
③ 16 ④ 19
⑤ 22

02 다음 수열의 9번째 항의 값은?

$$\frac{1}{3} \quad \frac{2}{5} \quad \frac{4}{9} \quad \frac{7}{17} \quad \frac{11}{33} \quad \cdots$$

① $\dfrac{29}{513}$ ② $\dfrac{37}{513}$

③ $\dfrac{29}{257}$ ④ $\dfrac{37}{257}$

⑤ $\dfrac{22}{129}$

03 다음은 일정한 규칙에 따라 나열된 수이다. 빈칸에 들어갈 쌍의 개수는?

$(6, 2)=[(1, 5), (2, 4), (3, 3)]$
$(6, 3)=[(1, 1, 4), (1, 2, 3), (2, 2, 2)]$
$(6, 4)=[\qquad\qquad]$

① 1개 ② 2개
③ 3개 ④ 4개
⑤ 5개

04 다음은 일정한 규칙에 따라 나열된 수이다. ?에 들어갈 알맞은 수는?

(15, 4)=[(8, 5), (17, 7), (9, 6]
(12, 5)=[(14, 4), (5, 3), (14 ,6]
(10, ?)=[(4, 6), (18, 7), (9, 5]

① 2   ② 3
③ 4   ④ 5
⑤ 6

※ 다음과 같이 일정한 규칙으로 수 또는 문자를 나열할 때, 빈칸에 들어갈 수 또는 문자로 알맞은 것을 고르시오. [5~7]

05

| 2 8 14 20 ( ) 32 38 |

① 20   ② 22
③ 24   ④ 26
⑤ 28

06

| b g e j ( ) m k p |

① h   ② i
③ l   ④ n
⑤ o

07

| ㅈ ㄷ ㅅ ㅁ ㅁ ( ) |

① ㄷ   ② ㅁ
③ ㅅ   ④ ㅊ
⑤ ㅎ

08 제시된 순서도에 의해 출력되는 값은?

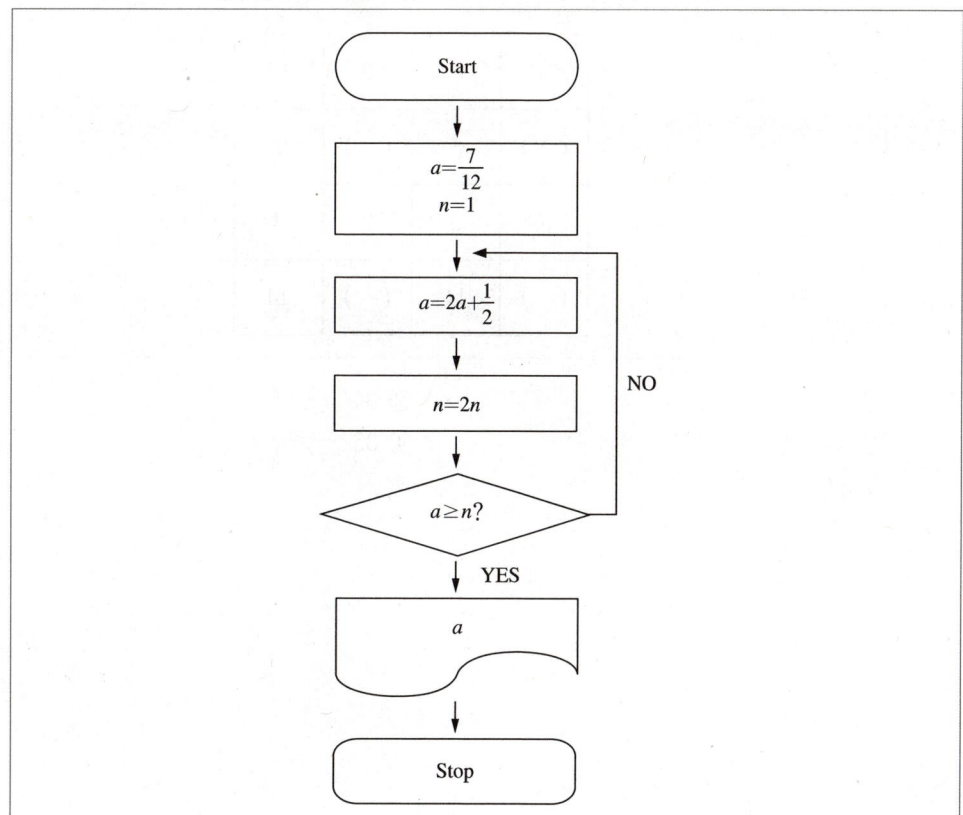

① $\dfrac{13}{6}$

② $\dfrac{25}{6}$

③ $\dfrac{49}{6}$

④ $\dfrac{97}{6}$

⑤ $\dfrac{134}{6}$

09 다음은 4차 마방진이다. 빈칸에 들어갈 수의 합은?

3	10	6	15
( )	8	( )	1
16	5	9	4
( )	11	( )	14

① 33
② 34
③ 35
④ 36
⑤ 37

10 다음은 일정한 규칙에 따라 수를 나열한 것이다. 빈칸에 들어갈 수로 알맞은 것은?

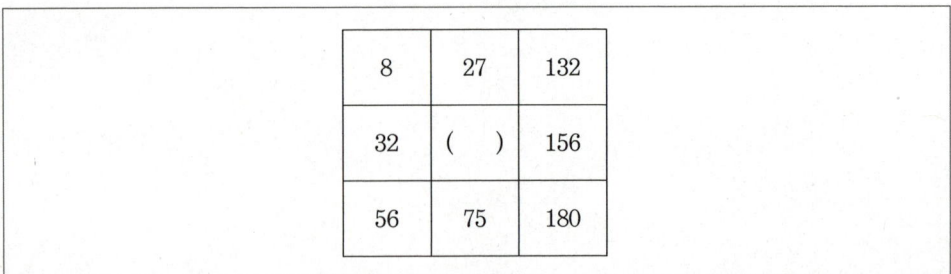

8	27	132
32	( )	156
56	75	180

① 39
② 43
③ 47
④ 49
⑤ 51

11 다음은 일정한 규칙에 따라 나열된 수열이다. A×B의 값은?

7　12　14　6　11　　7　12　　A　B　9

① 31　　　　　　　　　　② 32

③ 33　　　　　　　　　　④ 34

⑤ 35

12 다음은 일정한 규칙으로 나열된 수열이다. 빈칸에 들어갈 수로 알맞은 것은?

9	37
35	8

12	46
38	7

13	55
( )	8

① 47　　　　　　　　　　② 49

③ 51　　　　　　　　　　④ 53

⑤ 55

13 다음 전개도는 일정한 규칙에 따라 나열된 수열이다. 빈칸에 들어갈 수로 알맞은 것은?

```
          4  2              ( ) 1
      5                  4  9
   7                 6  5
```

① 1　　　　　　　　　　② 3

③ 4　　　　　　　　　　④ 6

⑤ 8

CHAPTER 05

도식추리

유형특징

☐ 수 / 문자추리에 비해 출제되는 기업이 많지는 않지만 삼성, KT, KCC 등의 기업에 지원하기 위해서는 반드시 학습해야 한다.

☐ 수 / 문자도식과 그림도식은 수 / 문자 또는 그림을 변수로 하여 주어진 조건을 적용한 후의 모양을 유추하는 문제로, 지원자의 논리적인 사고력과 문제해결력을 평가하기 위한 유형이다.

☐ 정보 전환 및 처리능력, 지각적 추리능력, 논리적 사고능력, 연속적 업무 처리능력, 비언어적 추론 및 개념 형성능력 등을 반영한 문제들이 출제된다.

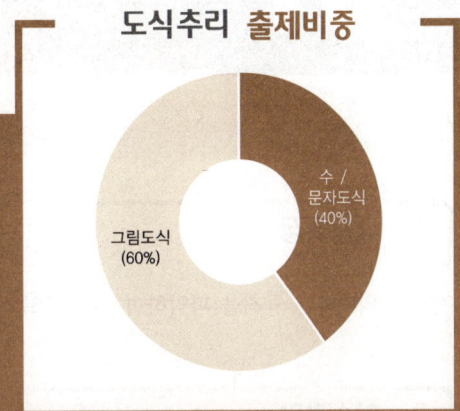

도식추리 출제비중

그림도식
(60%)

수 /
문자도식
(40%)

기업별 출제 세부 유형

구분	수 / 문자도식	그림도식
삼성	○	
LG		
SK		
CJ		
롯데		
포스코		○
KT		○
이랜드		
두산		
현대자동차		○
삼양	○(인문계)	○(이공계)
GS		
오뚜기	○	○
효성		
LX		
KCC	○	
S-OIL		○
샘표식품		
엔씨소프트		
현대백화점		

1 유형특징

기호가 의미하는 규칙을 파악하여, 숫자 또는 문자의 변화 결과를 찾는 형식이다.

2 학습전략

• 유형이 대체로 정해져 있으므로 반복적인 학습을 통해 완벽하게 이해해야 한다.
• 기호가 의미하는 규칙을 추론해야 하는 경우 문자의 배열을 바꾸거나 앞 또는 뒤의 문자로 치환하는 정도의 규칙이 출제되기 때문에 복잡하지 않다. 기본 논리 구조를 이해하고 연습한다면 어렵지 않게 실전에서도 문제를 풀어나갈 수 있다.
• 문제에서 규칙을 제시해 주는 경우 여러 번의 계산 과정을 거치면서 실수를 저지르거나 함정에 빠지지 않고 정확하게 문제를 해결하는 것이 중요하다.

3 대표유형

다음 도식에서 기호들은 일정한 규칙에 따라 문자를 변화시킨다. ?에 들어갈 문자로 알맞은 것은?(단, 규칙은 가로와 세로 중 한 방향으로만 적용되며, 모음은 일반모음 10개를 기준으로 한다)

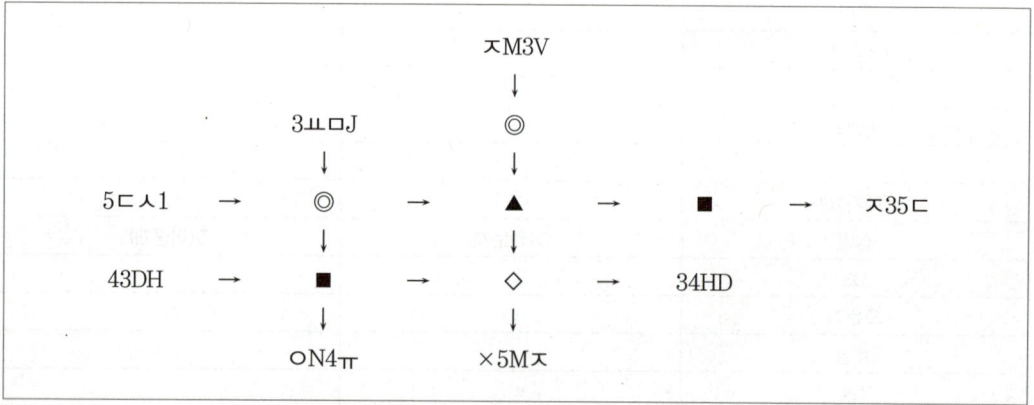

| 2U ㅓㅋ → ◇ → ▲ → ? |

① T1ㅈㅑ   ② ㅈ3Rㅠ   ③ 4ㅍㅗS   ④ ㅊㅏT0   ⑤ ㅋ5Oㅑ

4 정답 및 해설

해설

- ■ : 1234 → 3412
- ◎ : +1, +2, +3, +4
- ▲ : −1, −2, −1, −2
- ◇ : 1234 → 4321

2Uㅓㅋ   →   ㅋㅓU2   →   ㅊㅏT0
        ◇   ▲

5 실전 노하우!

❶ 기호가 의미하는 규칙을 파악한다.

i) 가로 두 번째 줄과 세로 첫 번째 줄을 살펴보면 2개의 기호가 적용되었고 공통적으로 ■거치는데, 가로 두 번째 줄은 순서만 변화하고, 세로 첫 번째 줄은 문자와 순서에 모두 변화가 있다. 따라서 ■는 1234 → 3412인 순서 바꾸기 규칙임을 알 수 있다.

ii) 세로 첫 번째 줄에서 ◎가 3 → 4, ㅛ → ㅠ, ㅁ → ㅇ, J → N으로 바꾸었으므로 ◎는 각 항에 +1, +2, +3, +4를 하는 규칙임을 알 수 있다.

iii) 가로 첫 번째 줄에서 ▲는 각 자릿수에 −1, −2, −1, −2를 하는 규칙임을 알 수 있으며, 마지막으로 세로 두 번째 줄에 대입하면 ◇는 1234 → 4321인 규칙임을 알 수 있다.

❷ 변수에 규칙을 적용하여 문제를 해결한다.

2Uㅓㅋ   →   ㅋㅓU2   →   ㅊㅏT0
        ◇   ▲

1 유형특징

제시된 조건을 적용했을 때 그림 변수의 결과를 추론하는 유형이다.

2 학습전략

• 그림도식 유형의 문제는 주어진 조건을 변수에 적용하면서 충실하게 전개 과정을 따라가는 것이 핵심이다.
• 문제 접근에 앞서 조건을 완벽하게 이해해야 한다. 주어진 조건을 유추해야 하는 경우도 있으므로 꼼꼼하게 확인하도록 한다.
• 조건이 여러 번 적용되기 때문에 그중 한 번이라도 변수의 모양을 잘못 유추한다면 결과물이 전혀 달라질 수 있다. 따라서 정확하게 흐름을 따라가며 사소한 실수를 하지 않도록 주의하자.
• 출제되는 문제의 형태가 매번 달라지고 다음에 출제될 문제의 형태를 예측할 수 없기 때문에, 한 가지 유형을 공략하는 것보다 여러 종류의 유형을 두루두루 풀어보면서 이해도를 높이는 것이 중요하다.

3 대표유형

다음 기호들은 일정한 규칙에 따라 도형을 변화시킨다. 주어진 도형을 도식에 따라 변화시켰을 때 ?에 들어갈 도형으로 알맞은 것은?

조건 1

$\triangle + \triangle = \square$ $\triangle + \square = \pentagon$

$\square + \square = \triangle$ $\triangle + \pentagon = \triangle$

$\pentagon + \pentagon = \pentagon$ $\square + \pentagon = \square$

조건 2

흰색＋흰색＝흰색
흰색＋검은색＝검은색
검은색＋검은색＝흰색

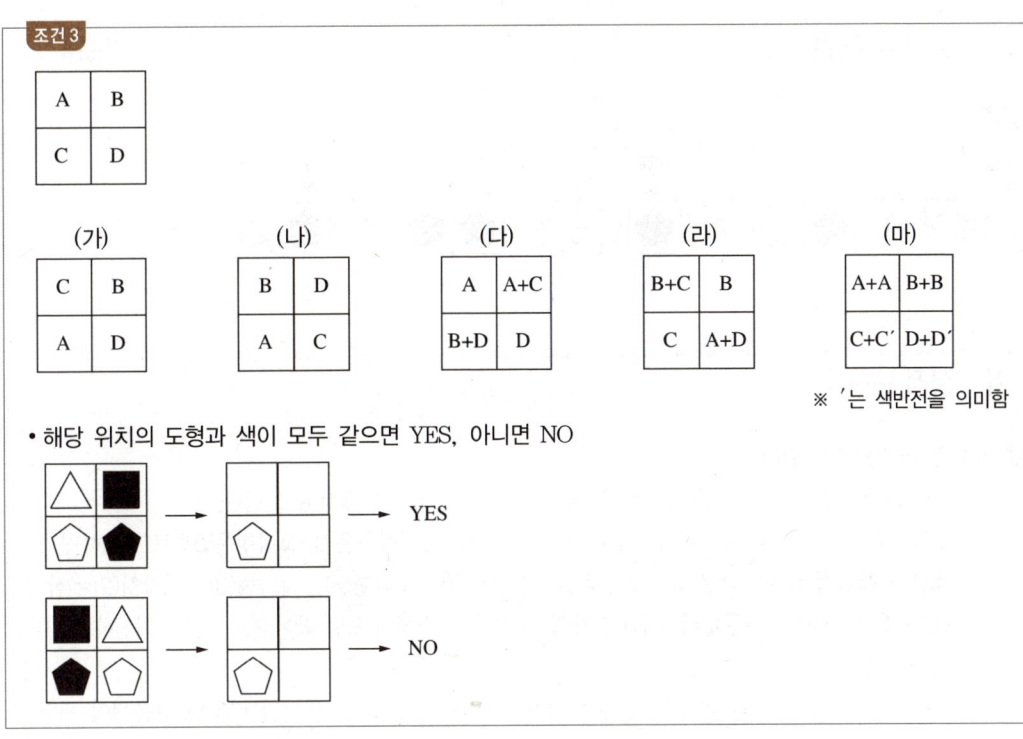

• 해당 위치의 도형과 색이 모두 같으면 YES, 아니면 NO

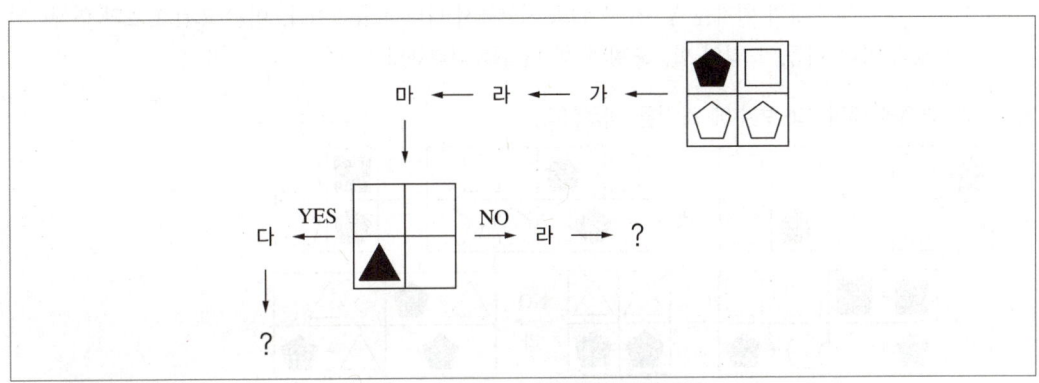

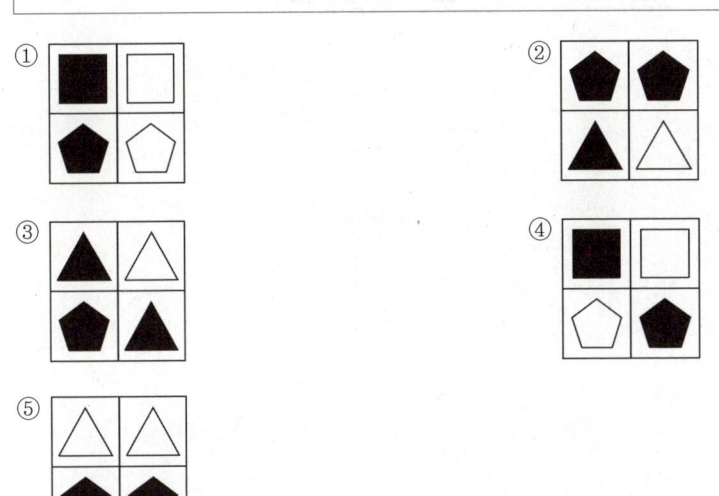

해설

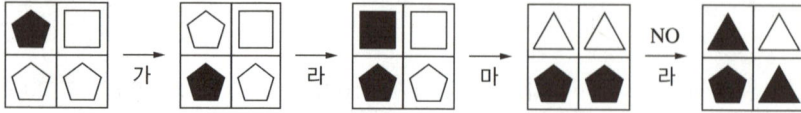

5 실전 노하우!

❶ 주어진 조건을 파악한다.

조건이 기호로 나타나 있으므로 그 안에 담긴 의미를 올바르게 해석해야 한다.

ⅰ) 조건 1의 도형은 덧셈 규칙이다. 이 규칙은 삼각형을 1, 사각형은 2, 오각형은 3으로 치환하면, 삼각형(1)＋삼각형(1)＝사각형(2), 삼각형(1)＋사각형(2)＝오각형(3), 사각형(2)＋사각형(2)＝삼각형(1)과 같다는 것을 알 수 있다. 이는 삼각형, 사각형, 오각형의 치환 값이 3을 주기로 회전하고 있다는 의미이다.

ⅱ) 조건 2는 색의 덧셈 규칙이다. 같은 색끼리 더하면 흰색, 다른 색끼리 더하면 검은색이 된다.

ⅲ) 조건 3은 각 도형의 위치를 A, B, C, D로 치환해서 나타낸 규칙이다. 이는 조건 1, 2와 연계하여 도형의 자리 이동, 도형의 합, 도형의 색 변화를 나타낸다.

❷ 전개 과정을 따라가며 변수에 조건을 적용한다.

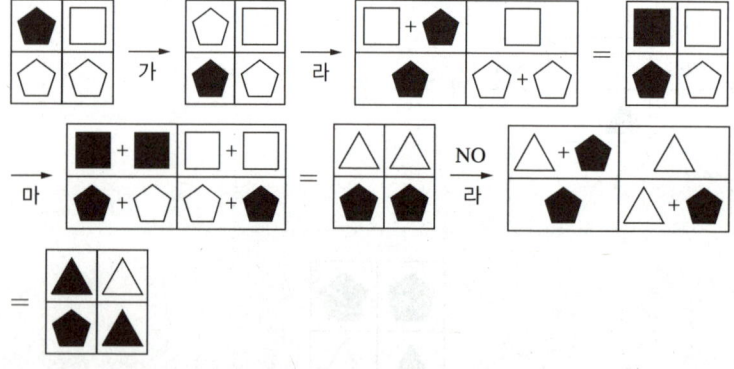

PART 3

※ 다음 도식에서 기호들은 일정한 규칙에 따라 문자를 변화시킨다. ?에 들어갈 문자로 알맞은 것을 고르시오(단, 규칙은 가로와 세로 중 한 방향으로만 적용된다). **[1~2]**

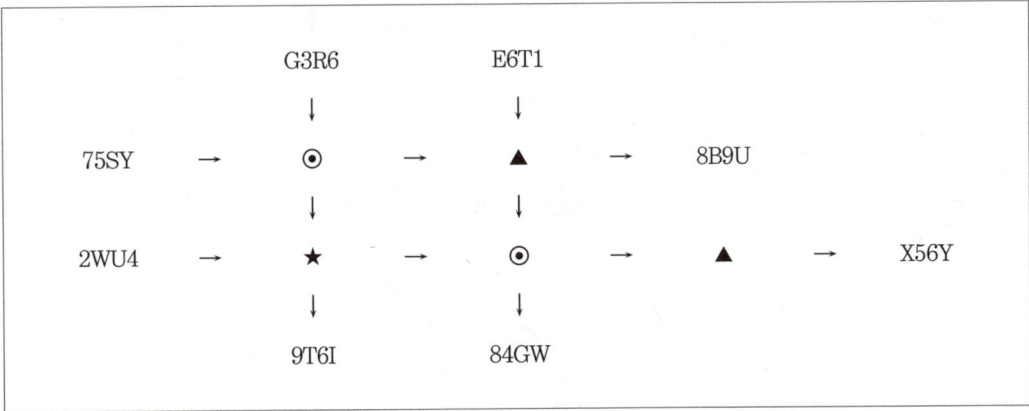

01

$$4HQ1 \rightarrow ⊙ \rightarrow ▲ \rightarrow ?$$

① M54O   ② K46S

③ M35P   ④ K35P

⑤ M55S

02

$$6D3R \rightarrow ★ \rightarrow ⊙ \rightarrow ?$$

① E4P9   ② B3F7

③ R6H8   ④ T6F9

⑤ G4H7

※ 다음 도식에서 기호들은 일정한 규칙에 따라 문자를 변화시킨다. ?에 들어갈 문자로 알맞은 것을 고르시오(단, 규칙은 가로와 세로 중 한 방향으로만 적용된다). **[3~5]**

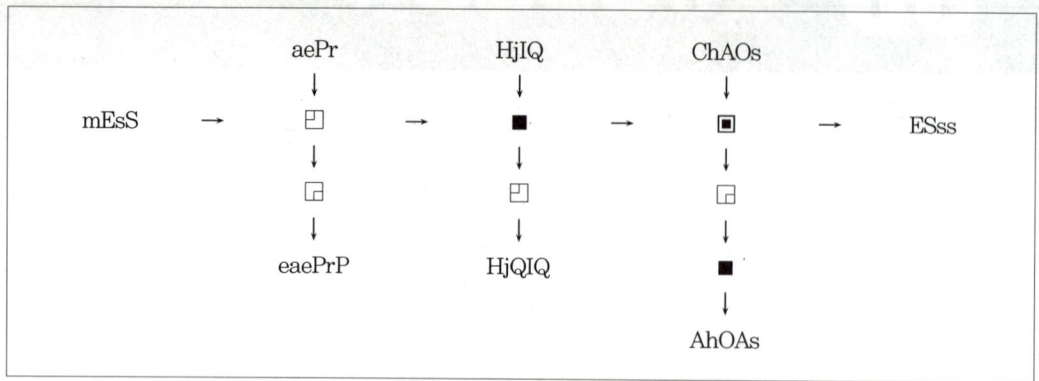

03

ㄷㄱㄹㄷ → ◨ → 凹 → ?

① ㄹㄱㄷㄷ   ② ㄱㄷㄹㄹ

③ ㄷㄱㄹㄹ   ④ ㄱㄹㄷㄷ

⑤ ㄷㄹㄱㄱ

04

ㅅqB → ㄷ → 凹 → ?

① ㅅqqBq   ② ㅅqBqq

③ qㅅqqB   ④ qㅅqBq

⑤ qqㅅBq

05

Muㅈe → ■ → ◨ → ㄷ → ?

① eevㅈ   ② eueㅈ

③ ueeㅈ   ④ uueㅈ

⑤ eveㅈ

※ 다음 규칙을 읽고, 이어지는 질문에 답하시오. **[6~7]**

작동 버튼	기능
◁	'강'의 세기를 '약'으로 낮춘다.
▷	'약'의 세기를 '강'으로 높인다.
◀	'강'은 '중'으로, '중'은 '강'으로 세기를 바꾼다.
▶	'약'은 '중'으로, '중'은 '약'으로 세기를 바꾼다.
※ 기계는 '강 – 중 – 약'의 세기로 작동함

06 〈보기〉의 왼쪽 상태에서 작동 버튼을 두 번 눌렀더니, 오른쪽과 같은 결과가 나타났다. 다음 중 작동 버튼의 순서를 바르게 나열한 것은?

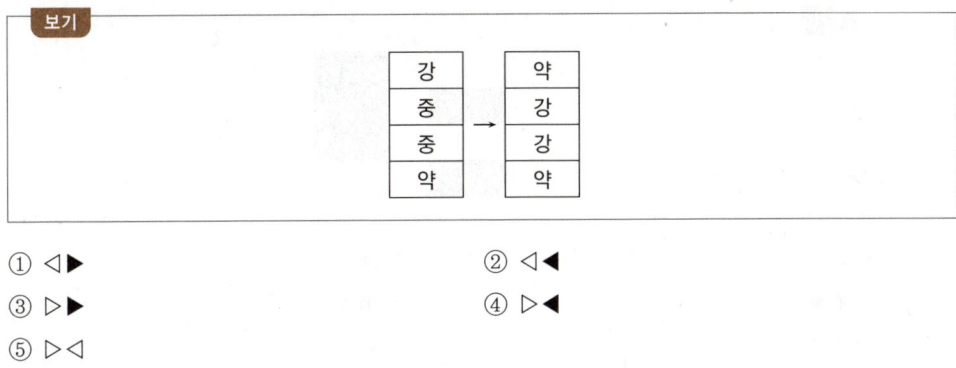

① ◁▶　　　　　　　　　　　② ◁◀

③ ▷▶　　　　　　　　　　　④ ▷◀

⑤ ▷◁

07 〈보기〉의 왼쪽 상태에서 작동 버튼을 두 번 눌렀더니, 오른쪽과 같은 결과가 나타났다. 다음 중 작동 버튼의 순서를 바르게 나열한 것은?

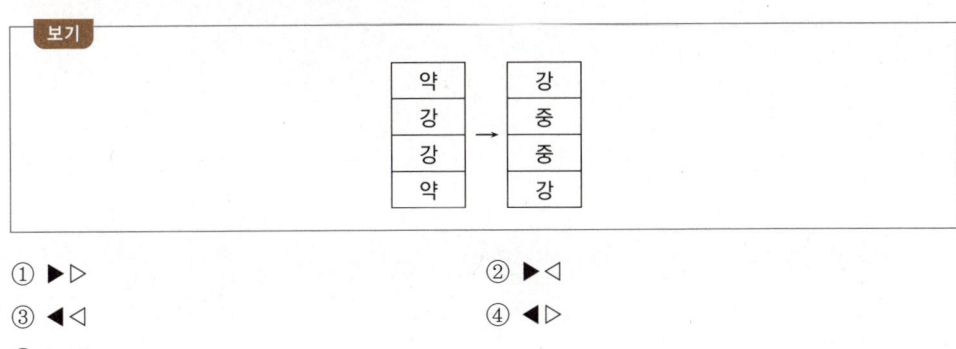

① ▶▷　　　　　　　　　　　② ▶◁

③ ◀◁　　　　　　　　　　　④ ◀▷

⑤ ▷◁

※ 다음 규칙을 읽고, 이어지는 질문에 답하시오. **[8~10]**

작동 버튼	기능
◇	1번과 3번의 전구를 끈다(켜져 있는 전구만 끈다).
◆	2번과 4번의 전구를 켠다(꺼져 있는 전구만 켠다).
□	2번과 3번의 전구를 끈다(켜져 있는 전구만 끈다).
■	3번과 4번의 전구를 켠다(꺼져 있는 전구만 켠다).

※ ■ 소등, □ 점등

08 〈보기〉의 왼쪽 상태에서 작동 버튼을 두 번 눌렀더니, 오른쪽과 같은 결과가 나타났다. 다음 중 작동 버튼의 순서를 바르게 나열한 것은?

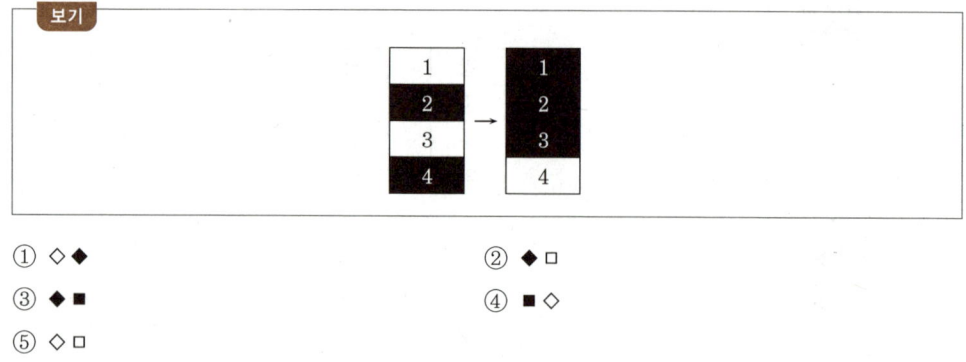

① ◇◆
② ◆□
③ ◆■
④ ■◇
⑤ ◇□

09 〈보기〉의 왼쪽 상태에서 작동 버튼을 두 번 눌렀더니, 오른쪽과 같은 결과가 나타났다. 다음 중 작동 버튼의 순서를 바르게 나열한 것은?

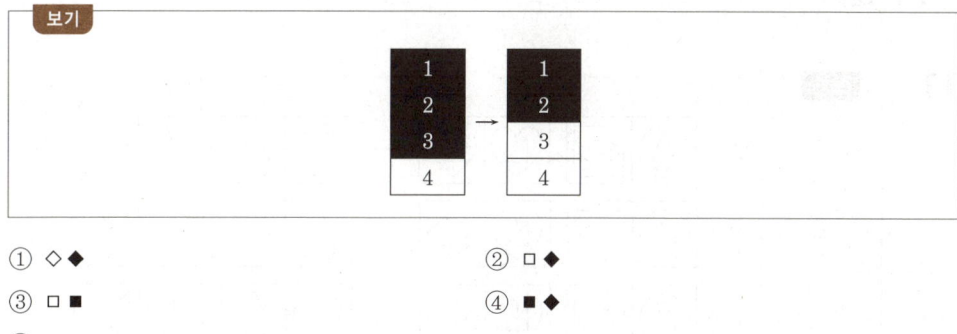

① ◇◆

② □◆

③ □■

④ ■◆

⑤ ◇□

10 〈보기〉의 왼쪽 상태에서 작동 버튼을 세 번 눌렀더니, 오른쪽과 같은 결과가 나타났다. 다음 중 작동 버튼의 순서를 바르게 나열한 것은?

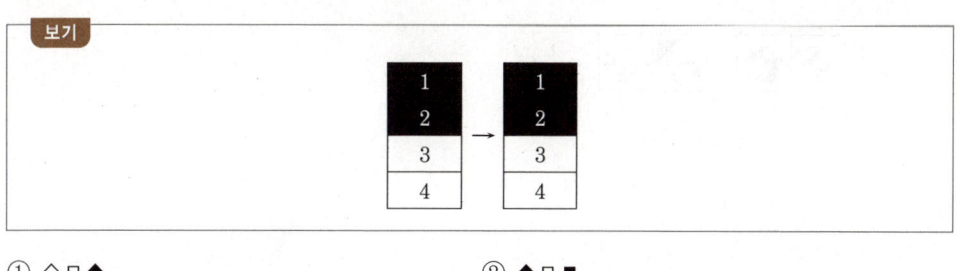

① ◇□◆

② ◆□■

③ □◇◆

④ ■□◇

⑤ ◇□◇

※ 다음 도식의 기호들은 일정한 규칙에 따라 도형을 변화시킨다. 〈보기〉의 규칙을 찾고 ?에 들어갈 도형으로 알맞은 도형을 고르시오(단, 주어진 조건이 두 가지 이상일 때, 모두 일치해야 YES로 이동한다). **[11~12]**

11

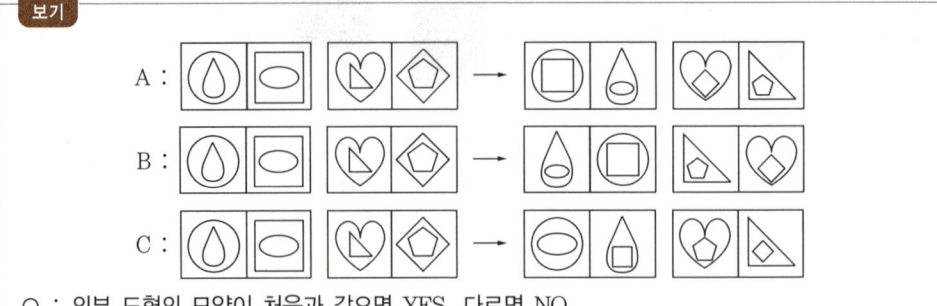

○ : 외부 도형의 모양이 처음과 같으면 YES, 다르면 NO
□ : 내부 도형의 모양이 처음과 같으면 YES, 다르면 NO
△ : 외부·내부 도형의 모양이 처음과 같으면 YES, 다르면 NO

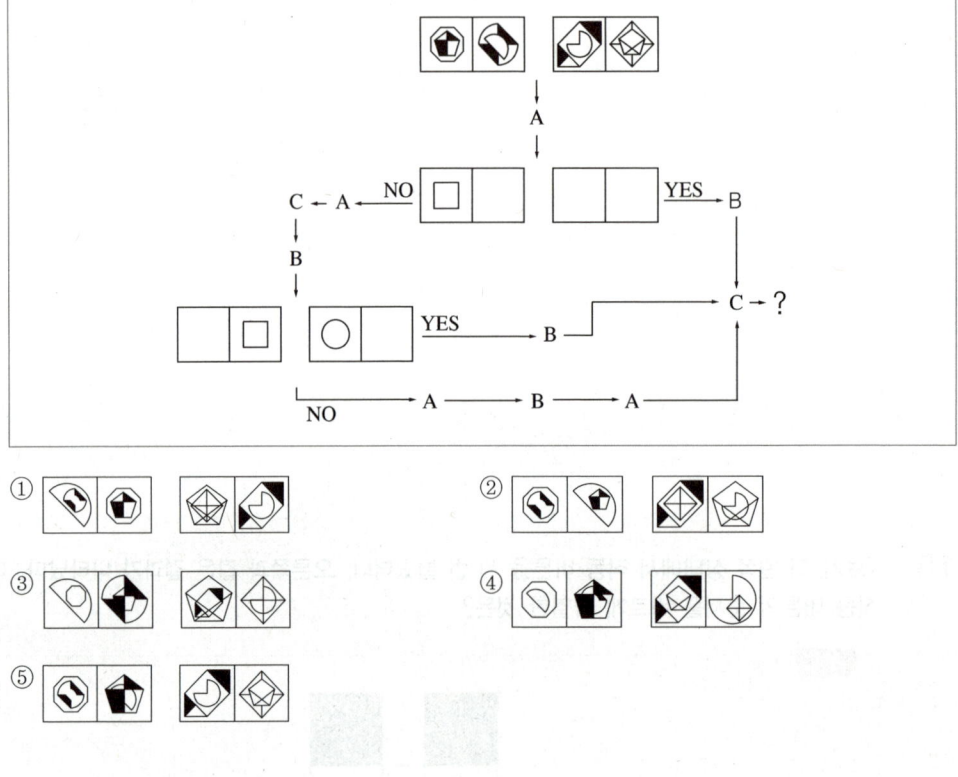

12

보기

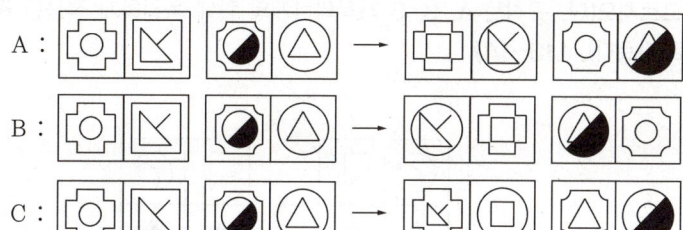

○ : 외부 도형의 모양이 처음과 같으면 YES, 다르면 NO
□ : 내부 도형의 모양이 처음과 같으면 YES, 다르면 NO
△ : 외부·내부 도형의 모양이 처음과 같으면 YES, 다르면 NO

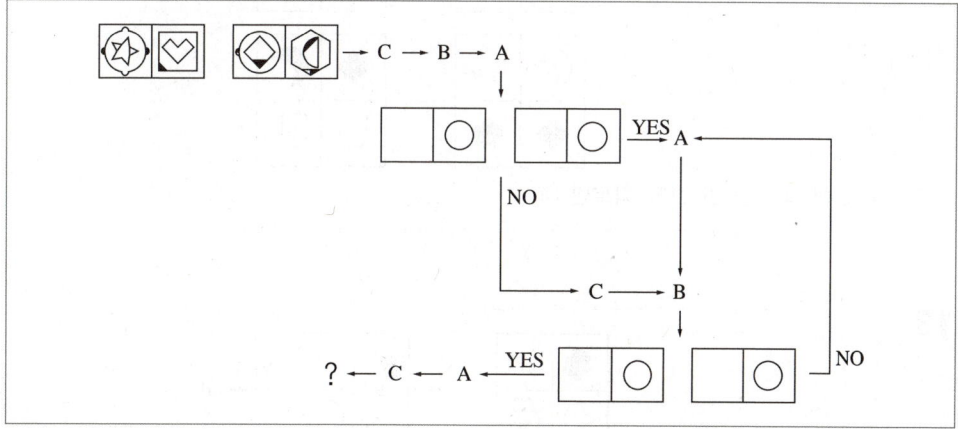

①

②

③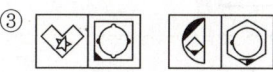

④

⑤

※ 다음 도식의 기호들은 일정한 규칙에 따라 도형을 변화시킨다. 〈보기〉의 규칙을 찾고 ?에 들어갈 알맞은 도형을 고르시오(단, 규칙은 A, B, C 각각의 4개의 칸에 동일하게 적용된 것을 말하며, A, B, C 규칙은 서로 다르다). [13~14]

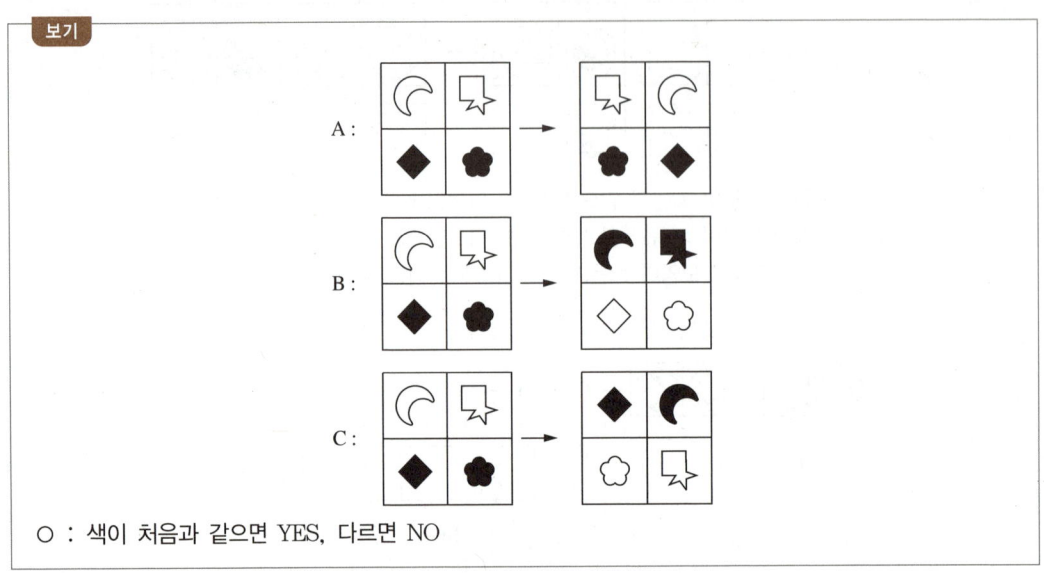

○ : 색이 처음과 같으면 YES, 다르면 NO

13

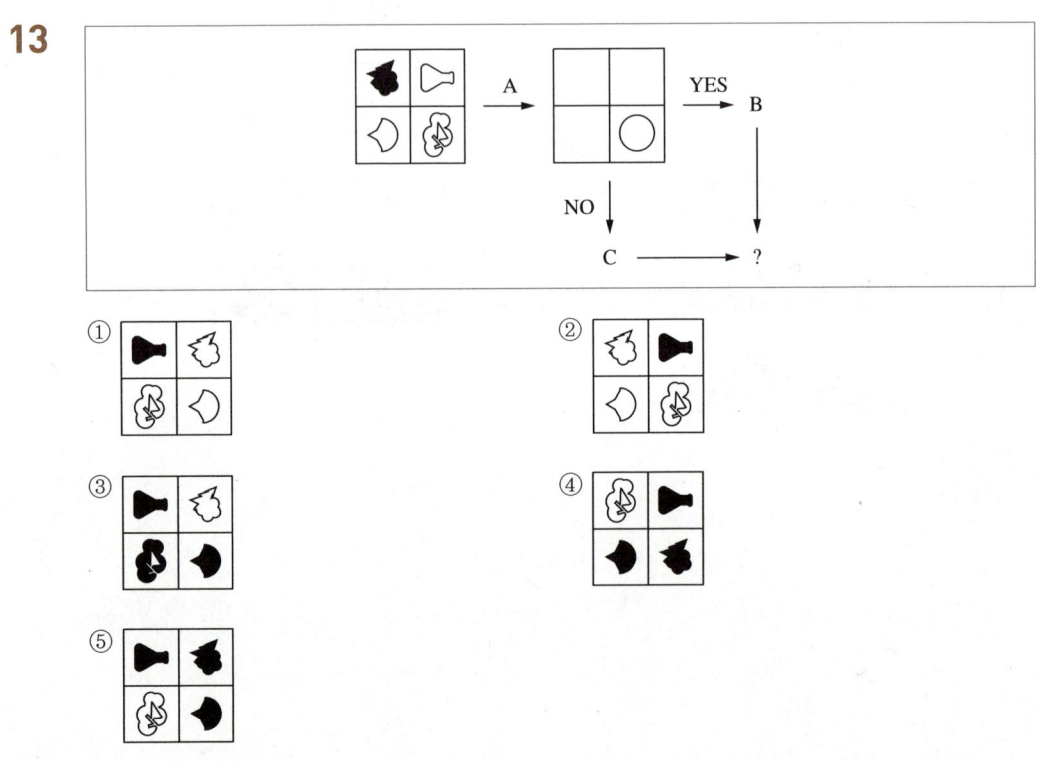

14

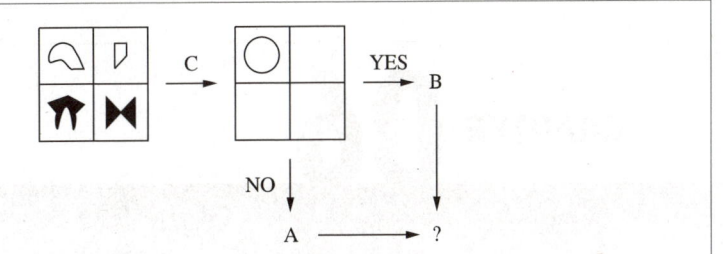

①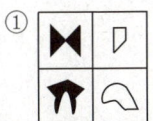

②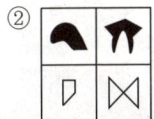

③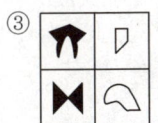

④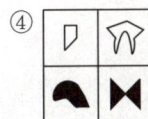

⑤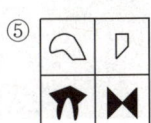

CHAPTER 06

도형추리

유형특징

- 삼성, 포스코, S-OIL 등에서 출제되며, 시험지에 필기구로 표시나 메모하는 것을 금지하고 눈으로만 풀 것을 요구하는 기업도 있다.
- 도식추리와 같은 맥락의 유형이지만 평면도형의 회전, 반전 등 도형의 변화된 모습을 유추할 수 있어야 하므로 난이도가 높은 편이고 수험생들이 어렵게 느끼는 유형이다.

도형추리 출제비중

결과도출
(30%)

규칙 추론
(70%)

기업별 출제 세부 유형

구분	규칙 추론	결과도출
삼성	○	○
LG		
SK		
CJ		
롯데		
포스코	○	○
KT		
이랜드		
두산	○	○
현대자동차	○	○
삼양	○	
GS		
오뚜기	○	○
효성		
LX		
KCC	○	○
S-OIL	○	○
샘표식품	○	
엔씨소프트		
현대백화점		

1 유형특징

도형들 사이의 관계나 변화 과정을 보고 적용된 규칙을 파악하는 유형이다.

2 학습전략

- 도형 사이의 관계를 보고 직접 규칙을 추론하고, 추론한 규칙이 적용된 결과를 골라야 한다. 따라서 자주 출제되는 형태와 변환 규칙을 먼저 익혀두어야 한다.
- x축·y축·원점 대칭, 시계／반시계 방향 회전, 색 반전 등 기본 규칙을 숙지하고, 두 가지 규칙이 동시에 적용되었을 때의 모습도 유추하는 훈련을 한다.
- 가로 열 또는 세로 행을 기준으로 도형의 변화를 살핀 후, 대각선, 시계／반시계 방향, 건너뛰기 등 다양한 가능성을 염두에 두고 규칙을 적용해본다.
- 규칙을 추론하는 법칙은 따로 존재하지 않는다. 때문에 많은 문제를 풀고 접해보면서 감을 익히고 체득하는 것이 가장 좋은 방법이다.

3 대표유형

다음 제시된 도형의 규칙을 보고 ?에 들어갈 도형으로 알맞은 것을 고르면?

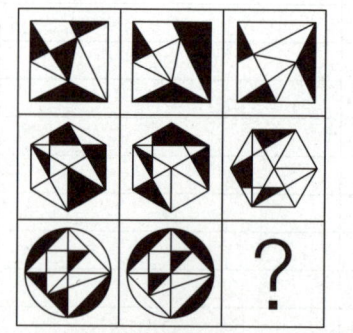

① 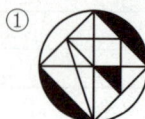 ②  ③  ④  ⑤

4 정답 및 해설

해설

규칙은 가로로 적용된다.

첫 번째 도형과 두 번째 도형의 색칠된 공통 부분만을 색칠한 후에 시계 반대 방향으로 90° 회전한 것이 세 번째 도형이 된다.

5 실전 노하우!

❶ 유사한 도형을 중심으로 변화 방향을 찾는다.

3×3 행렬 안에 8개의 도형이 있는데, 행별로 유사한 도형의 모습을 하고 있다.

❷ 도형의 변화 과정을 보고 적용된 규칙을 추론한다.

ⅰ) 우선 첫 번째 행을 기준으로 잡고 규칙을 찾아보면, (1, 3) 도형은 (1, 1)과 (1, 2) 도형과 모양이 다르므로 도형의 회전이 이루어졌다는 것을 알 수 있으며, 시계 반대 방향으로 90° 회전된 것이라는 것도 알 수 있다.

ⅱ) 또한 각각 색칠된 부분이 다른데, (1, 1) 도형과 (1, 2) 도형에 공통적으로 색이 칠해진 부분만 (1, 3)에 칠해져 있다는 것을 확인할 수 있다.

따라서 첫 번째 도형과 두 번째 도형의 색칠된 공통 부분만 색칠한 도형을 시계 반대 방향으로 90° 회전하는 규칙이다.

❸ 도형 변수에 추론한 규칙을 적용한다.

(3, 1) 도형과 (3, 2) 도형의 공통된 색칠 부분만 칠해진 도형을 시계 반대 방향으로 90° 회전한 도형은 ③이다.

1 유형특징

제시된 조건에 따라 도형을 변화시킨 후, 알맞은 결과를 찾는 유형이다.

2 학습전략

- 문제에서 주어진 규칙을 이해하고 진행 과정을 따라가는 기본 논리는 그림도식과 같다. 하지만 변수가 도형이라는 차이가 있다. 변수가 도형인 만큼 조건을 적용시켜 모양을 변화시킬 때 혼동하지 않도록 조심해야한다. 여러 번의 프로세스를 거쳐 정확한 모양의 답을 도출해야 하기 때문에, 중간 과정에서 실수가 발생하면 전혀 답과 다른 모양이 나올 수 있다.
- 어떤 도형의 경우에는 회전, 반전 등 조건에 대하여 변화가 없을 수 있다. 따라서 비대칭 또는 여러 개의 각이 존재하는 도형을 기준으로 조건을 적용하는 것도 한 가지 방법이다.
- 온라인 인적성검사의 경우 눈으로만 문제를 풀어야 하는 경우도 있다. 따라서 어느 정도 익숙해졌다면 눈으로만 푸는 연습을 하는 것도 좋다.

3 실전전략

- 주어진 조건을 파악한다.
- 전개 과정을 먼저 파악하고 생략하거나 상쇄할 수 있는 과정이 있다면 제거한다.
  - 예 시계 방향 90° 회전＋시계 반대 방향 90° 회전 → 도형 변화 없음
    원은 회전과 반전 규칙이 적용되어도 항상 같은 모양이다.
- 변수에 최종 조건을 적용한다.

4 대표유형

다음 정육면체는 〈조건〉에 따라 도형을 변화시킨다. ?에 들어갈 도형으로 알맞은 것은?

조건

①

②

③

④

⑤

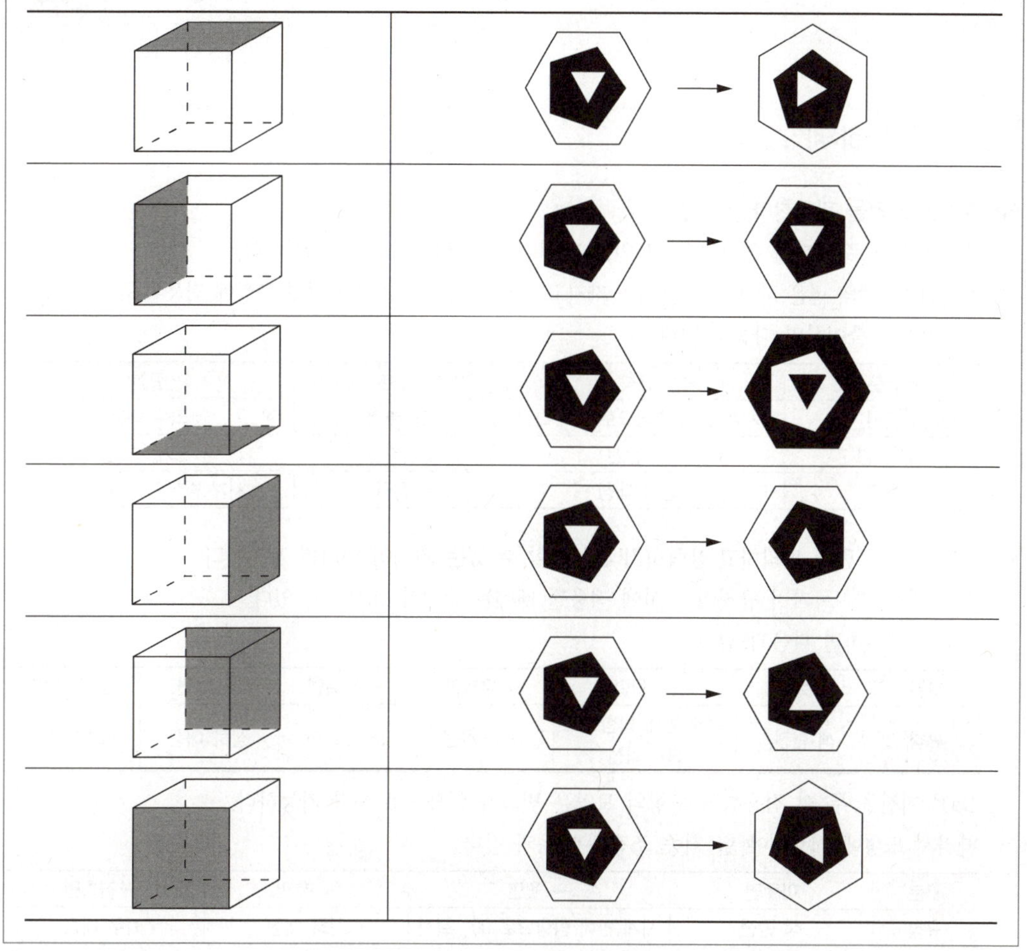

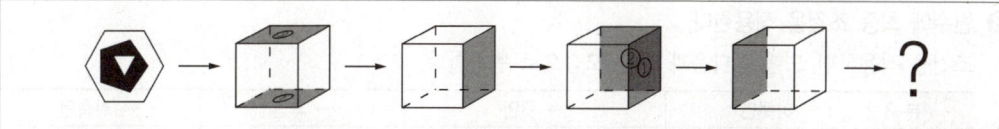

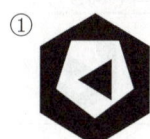

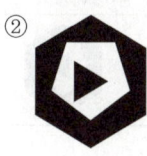

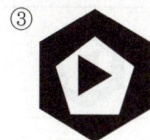

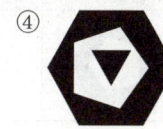

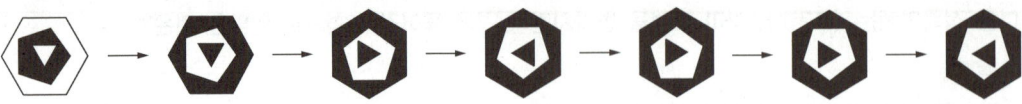

❶ 주어진 조건을 파악한다.

조건이 기호로 나타나 있으므로 그 안에 담긴 의미를 바르게 해석해야 한다.

정육면체 6개의 면은 각기 다른 규칙을 가지고 있으며 음영이 들어간 면이 도형에 적용된 규칙을 의미한다. 기호를 풀이하면 다음과 같다.

구분	규칙	구분	규칙
윗면	시계 반대 방향으로 90° 회전	좌측면	좌우 대칭
아랫면	색 반전	우측면	180° 회전
후면	상하 대칭	정면	시계 방향으로 90° 회전

❷ 전개 과정을 먼저 파악하고 생략하거나 상쇄할 수 있는 과정이 있다면 제거한다.

전개 과정 중 두 가지 규칙이 동시에 적용될 때에는 순서가 표시되어 있다.

규칙을 정리하면 다음과 같다.

구분	아랫면	→ 윗면	→ 우측면	→ 우측면	→ 후면	→ 좌측면
규칙	색 반전	시계 반대 방향으로 90° 회전	180° 회전	180° 회전	상하 대칭	좌우 대칭

180° 회전을 두 번 적용하면 도형의 모양은 변화가 없으므로 생략 가능하다.

따라서 도형에 적용해야 할 최종 조건은 다음과 같다.

구분	아랫면	→ 윗면	→ 후면	→ 좌측면
규칙	색 반전	시계 반대 방향으로 90° 회전	상하 대칭	좌우 대칭

❸ 변수에 최종 조건을 적용한다.

조건을 적용하면 도형은 다음과 같은 모습으로 변화한다.

구분	아랫면	→ 윗면	→ 후면	→ 좌측면
규칙	색 반전	시계 반대 방향으로 90° 회전	상하 대칭	좌우 대칭

따라서 답은 ①이다.

PART 3

※ 다음 제시된 도형의 규칙을 보고 ?에 들어갈 도형으로 알맞은 것을 고르시오. [1~4]

01

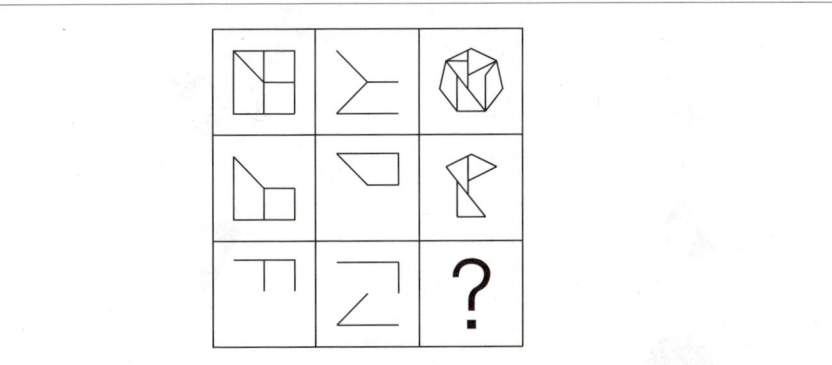

①

②

③

④

⑤

02

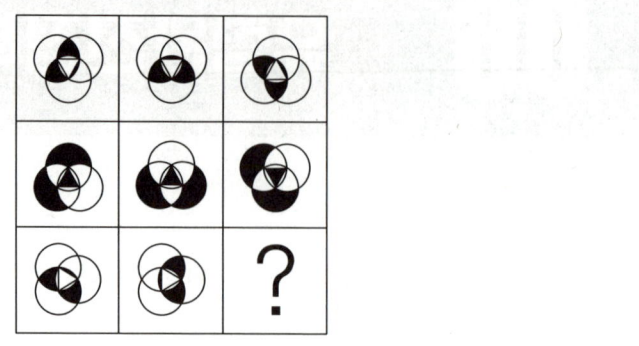

①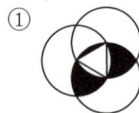

②

③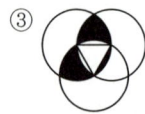

④

⑤

03

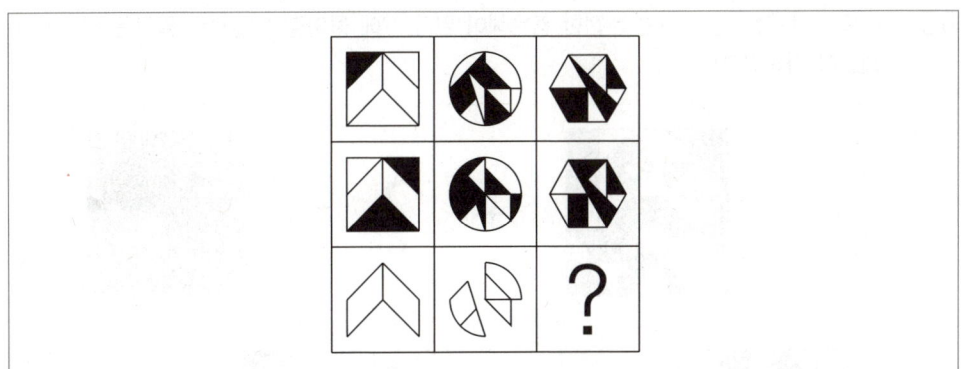

①

②

③

④

⑤

04

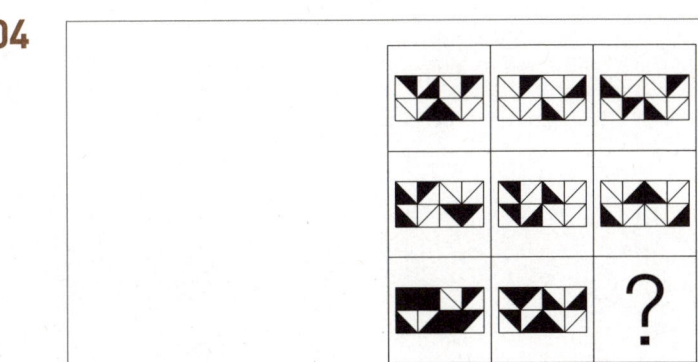

①

②

③

④

⑤

05 다음 두 도형이 겹쳐지면 완전한 검은색이 된다. ?에 들어갈 도형으로 알맞은 것은?(단, 도형은 회전이 가능하다)

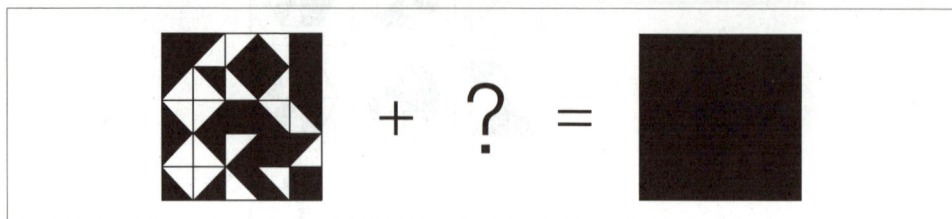

①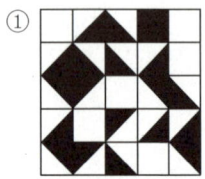

②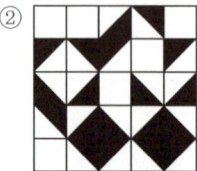

③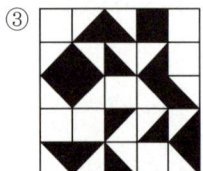

④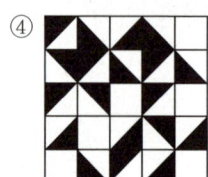

⑤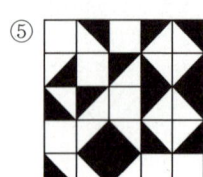

06 다음 도형을 상하 반전한 후, 시계 반대 방향으로 270° 회전했을 때의 모양은?

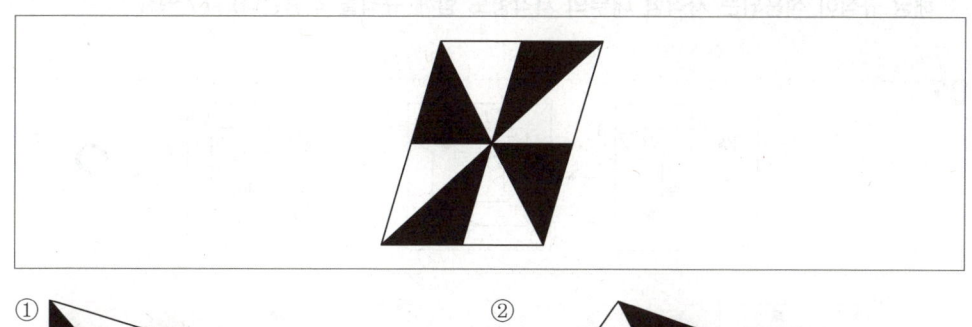

①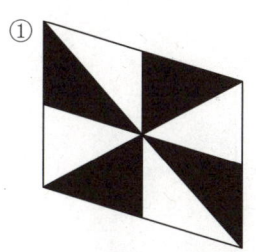

②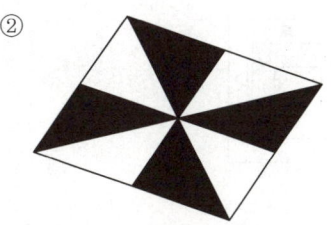

③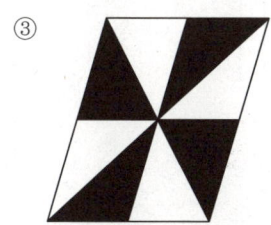

④

⑤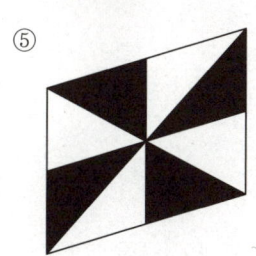

※ 다음 숫자는 일정한 규칙에 따라 도형을 변화시킨다. ?에 들어갈 도형으로 알맞은 것을 고르시오(단, 해당 규칙이 적용되는 사각형 내부의 사각형도 함께 규칙을 적용한다). [7~8]

07

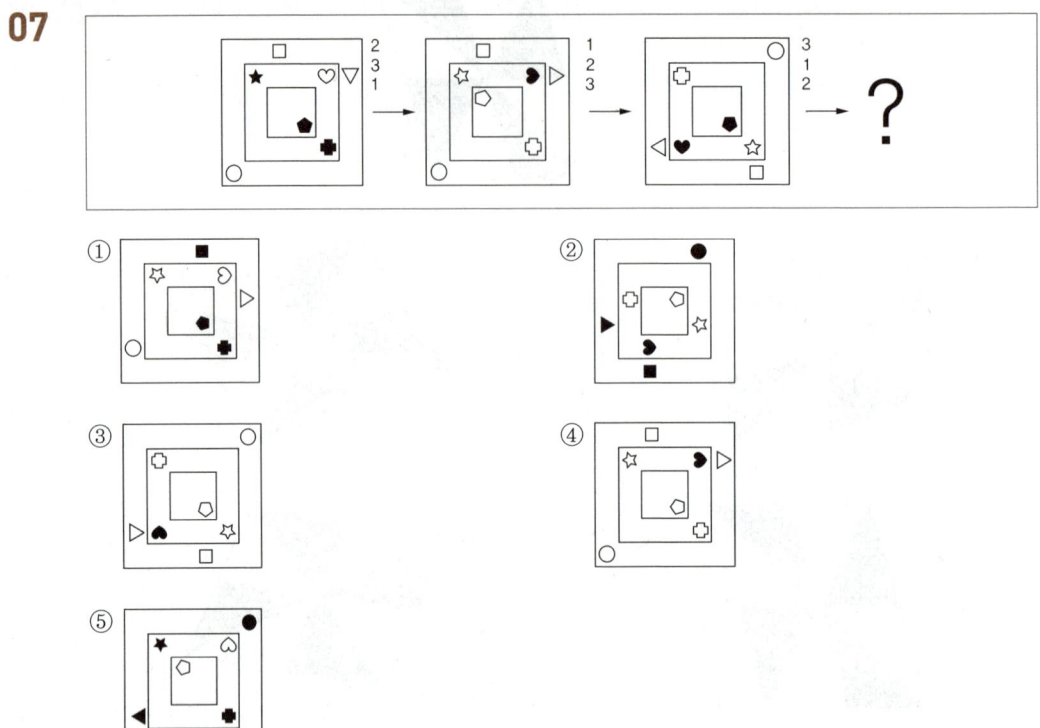

08

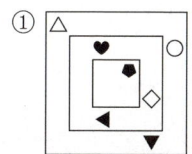

①

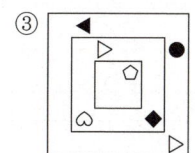

②

③

④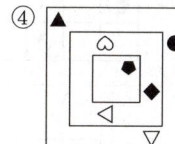

⑤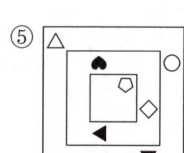

※ 다음 기호들은 일정한 규칙에 따라 도형을 변화시킨다. 기호에 해당하는 규칙을 파악하여 ?에 들어갈 도형으로 알맞은 것을 고르시오. [9~10]

09

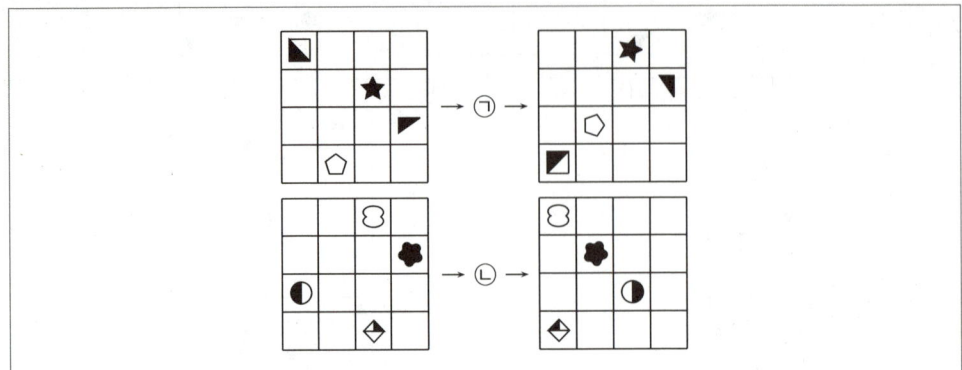

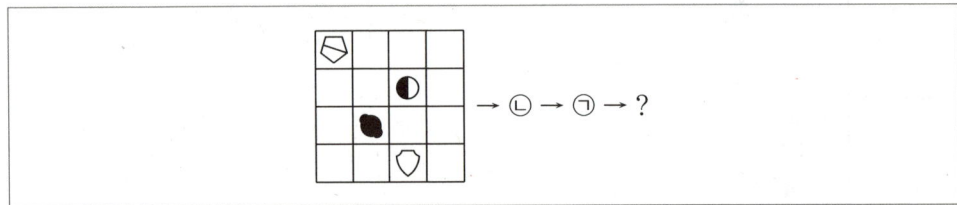

①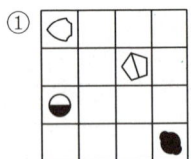

②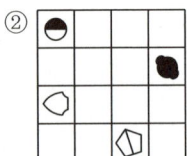

③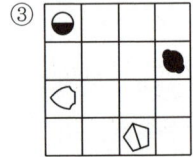

④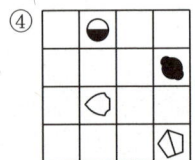

⑤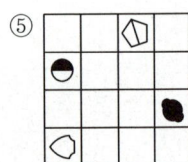

10

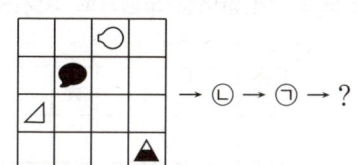

①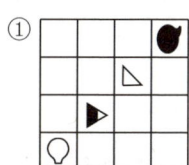

②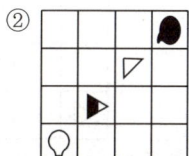

③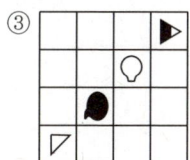

④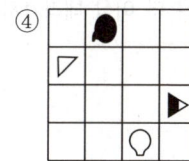

⑤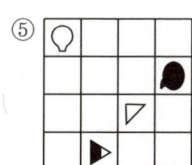

※ 다음 제시된 도형의 규칙을 보고 ?에 들어갈 도형으로 알맞은 것을 고르시오. [11~13]

	◎				★	
			▽			
		♨				
			♡			
					▶	
	◁				♀	

- 규칙 1 : 각 도형은 1초마다 아래로 한 칸씩 이동한다.
- 규칙 2 : 바닥에 닿은 도형은 더 이상 내려가지 않는다.

11

조건

3초 후 → 180° 회전 → 2초 후 → ?

①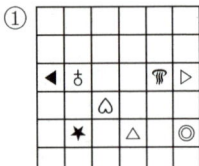

②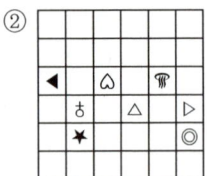

③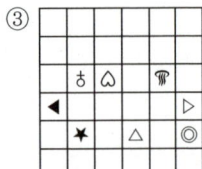

④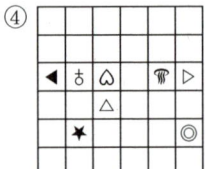

⑤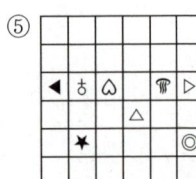

12

1초 후 → 시계 방향 90° 회전 → 1초 후 → ?

①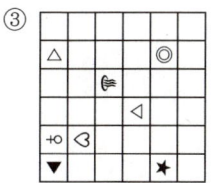

②

③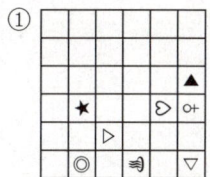

④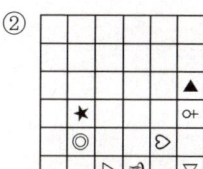

⑤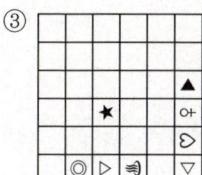

13

1초 후 → 시계 반대 방향 90° 회전 → 2초 후 → ?

①

②

③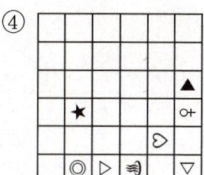

④

⑤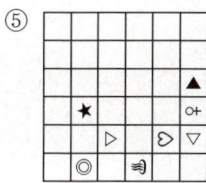

PART 4
공간지각

20대기업 인적성검사 공간지각영역 분석

공간지각능력은 수험생 간의 체감 난이도 차이가 매우 크고 풀기 까다로운 영역 중 하나이다. 그럼에도 불구하고 인적성검사에서 공간지각능력을 평가하는 기업이 꾸준히 존재하는 이유는, 입체적이고 종합적인 사고력을 판단하기 좋은 척도이기 때문이다. 기업별로 고정된 문제 유형이 있는 경우도 있지만 매년 새로운 유형을 출제하는 기업도 있기 때문에 꾸준한 연습을 통해 원리를 터득하는 것이 중요하다.

구분	전개도	종이접기	평면도형	입체도형
삼성				
LG				
SK				
CJ				
롯데				
포스코				
KT				
이랜드				
두산	○			○
현대자동차	○		○	○
삼양				
GS				
오뚜기	○	○	○	○
효성	○			
LX				
KCC	○	○	○	○
S-OIL				
샘표식품				
엔씨소프트	○			
현대백화점				

CHAPTER 01

전개도

유형특징

☐ 공간지각의 가장 기본적이고 대표적인 유형으로, 공간지각을 평가하는 대부분의 기업체 인적성검사에서 출제된다.

☐ 정육면체의 전개도가 출제 비중이 가장 높으며, 복잡한 형태로 된 다면체의 전개도도 출제된다.

☐ 도형의 구성요소인 면, 모서리, 꼭짓점을 이해하고 평면과 입체의 관계를 파악하는 것이 핵심이다.

전개도 출제비중

전개도 활용
(20%)

전개도 비교
(20%)

전개도 완성
(60%)

기업별 출제 세부 유형

구분	전개도 완성	전개도 비교	전개도 활용
삼성			
LG			
SK			
CJ			
롯데			
포스코			
KT			
이랜드			
두산	○	○	○
현대자동차	○	○	○
삼양			
GS			
오뚜기	○	○	○
효성	○		
LX			
KCC	○	○	○
S–OIL			
샘표식품			
엔씨소프트	○		
현대백화점			

1 유형특징

전개도 완성 유형은 두 가지 방식으로 출제된다. ① 제시된 전개도를 이용하여 만들 수 있는 또는 만들 수 없는 입체도형을 찾는 유형과 이와 반대로 ② 제시된 입체도형의 전개도로 알맞은 것을 고르는 유형이다. 출제 비중과 난이도 모두 유형 ①이 높은 편이다.

2 학습전략

• 전개도상에서는 떨어져 있지만 입체도형으로 만들었을 때 서로 연결되는 면을 주의 깊게 살핀다.
• 마주보는 면과 인접하는 면을 구분하며 학습한다.
• 평면의 전개도를 입체의 도형으로 변환하는 과정에서 면의 그림이 어떻게 회전하여 연결되는지 확인한다.
• 하나의 전개도에 같은 무늬의 면이 여러 개 있는 경우에는 헷갈리기 쉬우므로 특히 주의한다.

3 실전전략

• 선택지 ①~⑤ 사이에 중복되는 면이 존재하는지 확인한다.
• 중복되는 면이 존재하는 경우 해당 면을 기준으로 인접하는 면을 비교하며 오답을 제거한다.
• 나머지 선택지의 정면, 측면, 윗면의 그림과 방향을 전개도와 비교한다.

4 대표유형

다음 중 제시된 전개도로 정육면체를 만들 때, 만들어질 수 없는 것은?

① 　　　　②

③ 　　　　④

⑤

5 정답 및 해설

정답 ③

해설

제시된 전개도로 만든 정육면체는 다음과 같다.

6 실전 노하우!

❶ 선택지 ①~⑤ 사이에 중복되는 면이 존재하는지 확인한다.

②, ⑤는 세 면, ③, ④는 두 면, ①, ④도 두 면씩 서로 중복된다.

❷ 중복되는 면이 존재하는 경우 해당 면을 기준으로 인접하는 면을 비교하며 오답을 제거한다.

ⅰ) ②의 윗면을 정면으로 놓으면 ⑤와 같아지므로 ②, ⑤는 답에서 제외한다.

ⅱ) 공통된 두 면을 기준으로 볼 때 ③을 뒤집으면 ④가 되는 것을 알 수 있다. 그런데 ③을 뒤집었을 때 대각선의 방향이 ④와 같지 않으므로 둘 중 하나가 답이 된다.

❸ 나머지 선택지의 정면, 측면, 윗면의 그림과 방향을 전개도와 비교한다.

윗면이 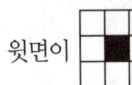, 측면이 일 때, 정면은 이므로 답은 ③이다.

유형 02 전개도 비교

1 유형특징

전개도를 조립하여 도형을 완성하였을 때 나머지와 상이한 입체도형의 전개도를 찾는 유형이다.

2 학습전략

- 연결되는 면을 파악하기 어려운 형태의 전개도를 쉬운 형태로 변형하는 연습을 한다.
- 아래 11가지 종류의 정육면체 전개도를 통해 마주보는 면과 인접하는 면, 만나는 꼭짓점을 학습한다.
  - ①~⑥은 접었을 때 마주보는 면을 의미한다. 즉, 두 수의 합이 7이 되는 면끼리 마주 보는 면이다. 또한 각 전개도에서 ①에 위치하는 면이 같다고 할 때, 전개도마다 면이 어떻게 배열되는지도 나타낸다.
  - 1~8은 접었을 때 만나는 점을 의미한다. 즉, 접었을 때 같은 숫자가 적힌 점끼리 만난다.

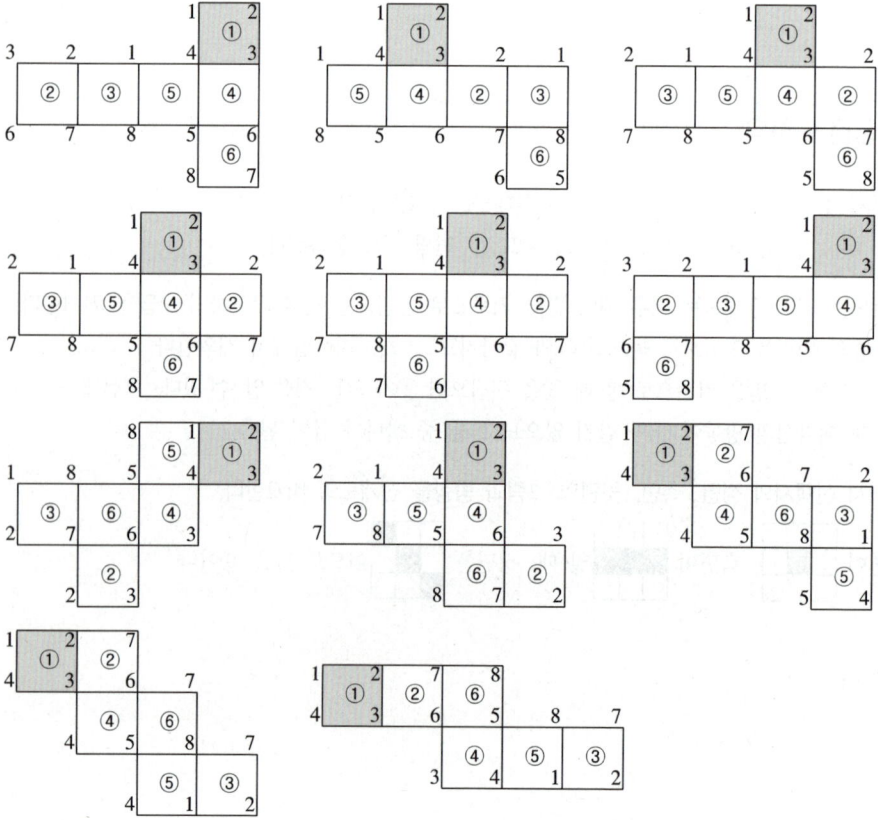

• 기준면을 설정한다. 기준면은 회전했을 때 모양이 달라지는 무늬가 있는 것일수록, 전개도 상에서 맞닿아 있는 면이 많은 것일수록 좋다.
• 기준면을 중심으로 인접하는 면의 위치와 회전 모양을 비교한다.
• 하나의 전개도에 같은 무늬의 면이 여러 개 있는 경우에는 헷갈리기 쉬우므로 주의한다.

4 대표유형

다음 중 입체도형을 만들었을 때, 다른 모양이 나오는 것은?

①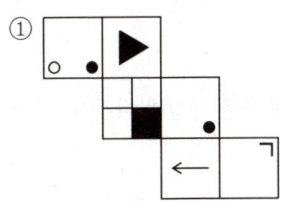

②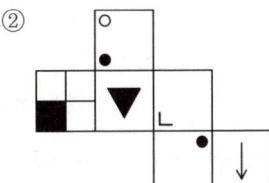

③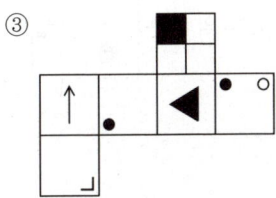

④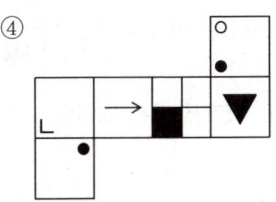

⑤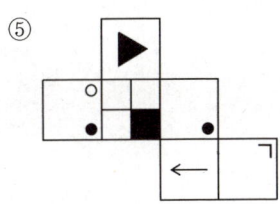

해설

①~④의 입체도형과 같아지기 위해서는 표시된 면의 모양이 다음과 같아야 한다.

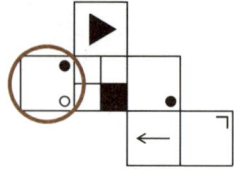

6 실전 노하우!

❶ 기준면을 설정한다.

　선택지 중 다른 면과 맞닿아 있는 면이 많은 ◀을 기준면으로 설정하고 문제를 해결해 나간다.

❷ 기준면을 중심으로 인접하는 면의 위치와 회전 모양을 비교한다.

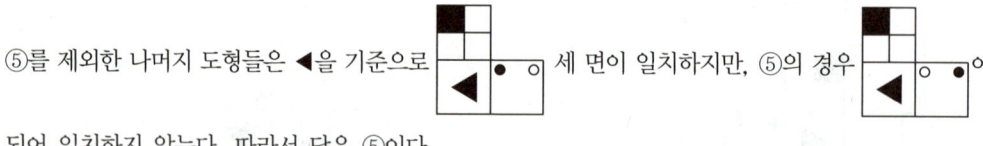

　⑤를 제외한 나머지 도형들은 ◀을 기준으로 [   ] 세 면이 일치하지만, ⑤의 경우 [   ]이

되어 일치하지 않는다. 따라서 답은 ⑤이다.

1 유형특징

전개도 활용은 주어진 정육면체의 전개도에 규칙을 적용하여 추론하는 문제 유형이다. 정육면체를 이동, 회전시키거나 여러 개의 정육면체를 결합한 후 최종적으로 나타나는 모양을 유추한다.

2 학습전략

- 정육면체 전개도를 활용하는 문제는 복잡해 보이지만 회전, 결합 정도로 규칙이 한정되어 있으므로 전개도 완성 유형과 비교 유형을 꼼꼼히 학습하면서 정육면체에 대한 이해도를 높인다.
- 특정 유형에 맞추어 학습하기보다는 다양한 유형을 접하고 조건을 빠르게 파악하는 훈련을 하는 것이 효과적이다.
- 현대자동차, 두산 등의 기출문제 유형을 학습하고 유형완전정복을 풀면서 감각을 익힌다.
- 시험지에 펜이나 연필로 표시하는 것을 금지하는 기업도 있으므로 메모 없이 눈으로만 푸는 훈련을 하는 것도 좋다.

3 실전전략

- 문제에 적용된 조건을 빠르게 파악한다.
- 매 단계마다 정육면체의 모양을 유추하면서 문제를 풀면 시간이 낭비되어 시간 싸움에서 뒤처지게 된다. 기준면을 정하여 규칙을 적용한 후, 마지막 단계에서 어떤 면이 정면에 오는지 확인한다.
- 필요한 경우 전개도를 통해 나머지 면의 모양을 확인한다.

다음 ㉠, ㉡, ㉢의 전개도를 ♁면이 전면에 오도록 접은 후, 주어진 방향으로 회전하여 붙인 그림으로 알맞은 것은?

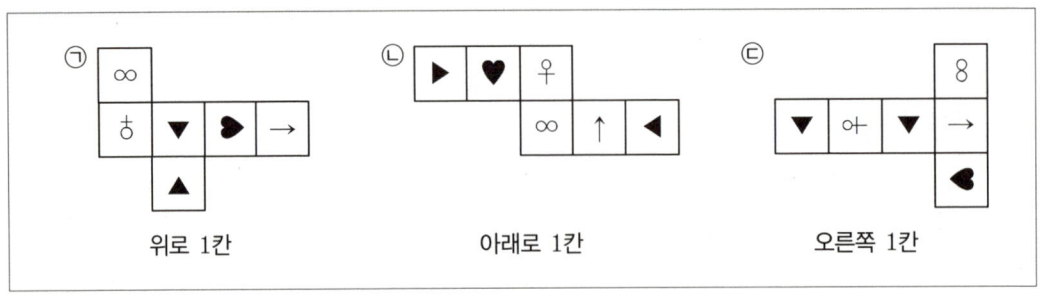

위로 1칸   아래로 1칸   오른쪽 1칸

①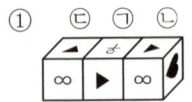

②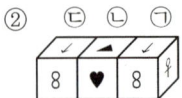

③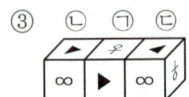

④

⑤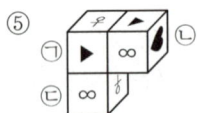

정답 ①

해설

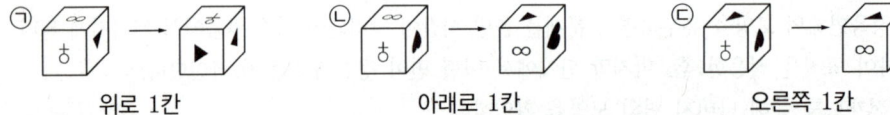

㉠ 위로 1칸   ㉡ 아래로 1칸   ㉢ 오른쪽 1칸

❶ 문제에 적용된 조건을 빠르게 파악한다.

정육면체를 회전시키는 규칙에 따른 최종적인 모습을 찾는 문제이며, 제시된 전개도마다 각각 다른 회전 조건이 적용된다.

❷ 기준면을 정하여 규칙을 적용한 후, 마지막 단계에서 어떤 면이 정면에 오는지 확인한다.

문제에서 제시된 대로 δ 면을 기준면으로 설정한다. 정육면체를 각각의 조건에 따라 회전시킨 후 정면이 되는 면을 확인하면 다음과 같다.

정육면체	정면	회전 조건	정면이 되는 면	최종 정면의 모양
㉠	δ	위로 1칸	아랫면	▶
㉡	δ	아래로 1칸	윗면	∞
㉢	δ	오른쪽 1칸	좌측면	∞

❸ 필요한 경우 전개도를 통해 나머지 면의 모양을 확인한다.

정육면체의 결합 모양과 정면의 모양을 통해 ②, ④는 답에서 제외시키고, ㉠의 윗면은 δ 면이 되어야 하므로 답은 ①이다.

※ 다음 중 제시된 전개도로 정육면체를 만들 때, 만들어질 수 없는 것을 고르시오. [1~3]

01

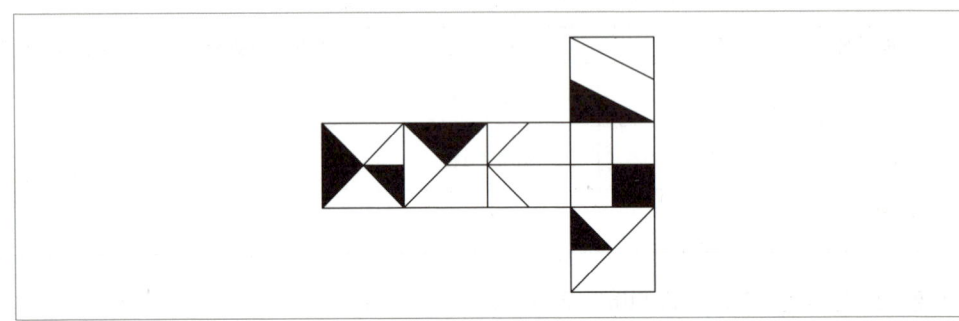

①

②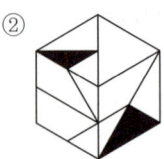

③

④

⑤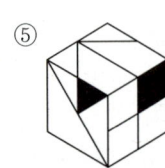

02

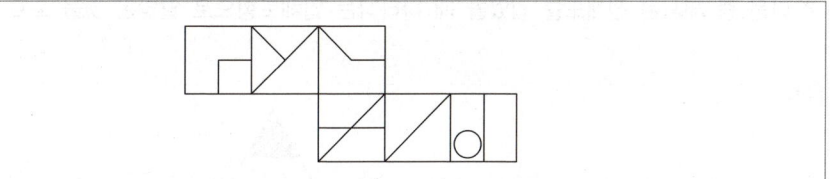

①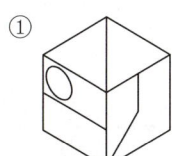

②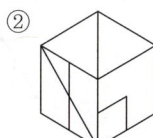

③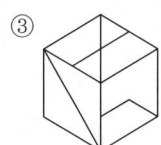

④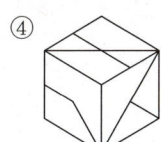

⑤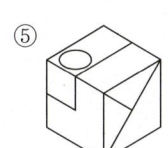

03

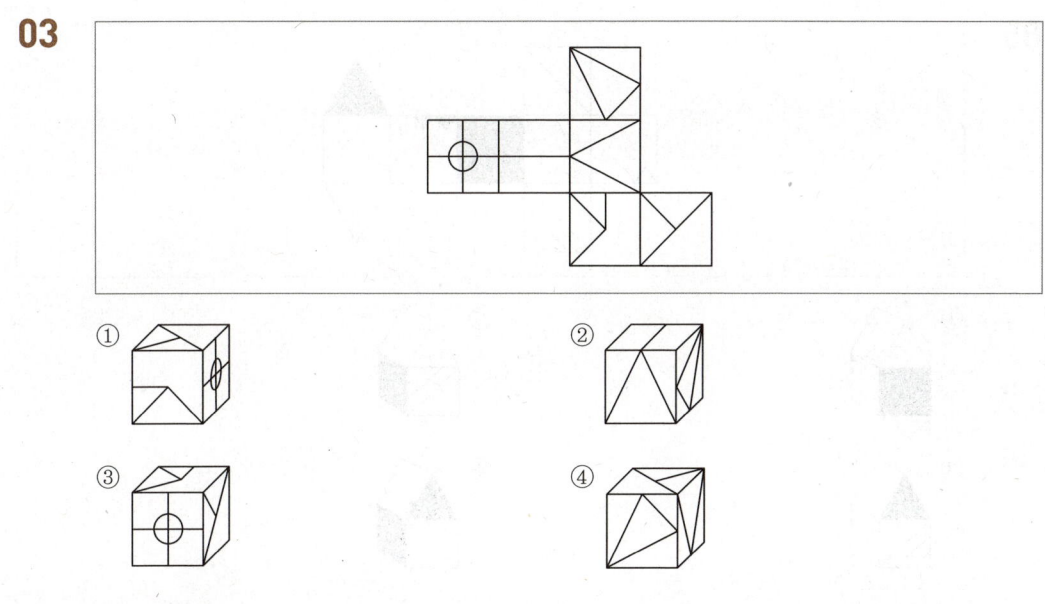

04

①

②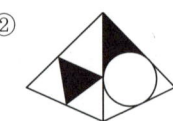

③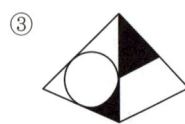

④

⑤

05

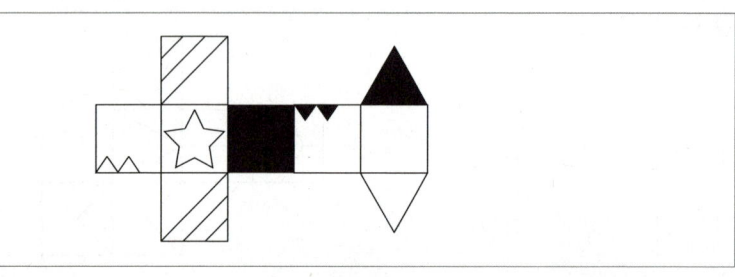

①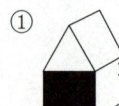

②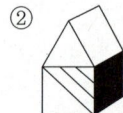

③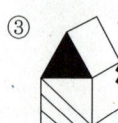

④

⑤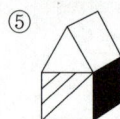

06

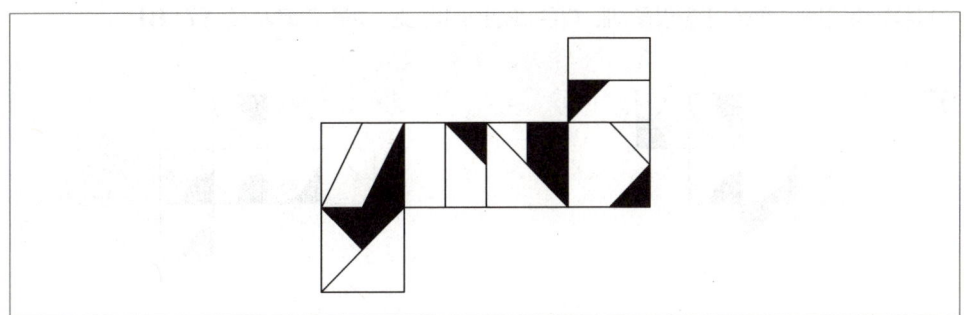

①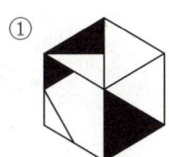

②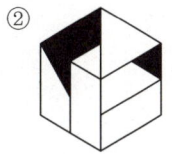

③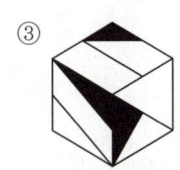

④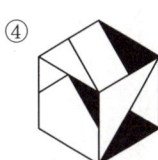

⑤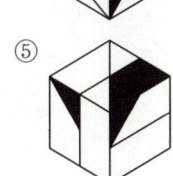

07

①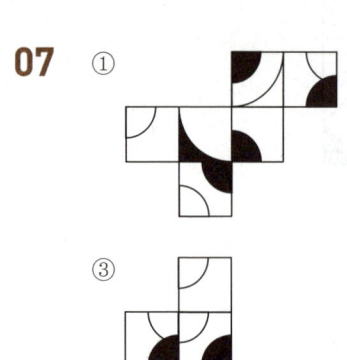

②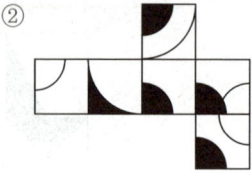

③

④

⑤

08

①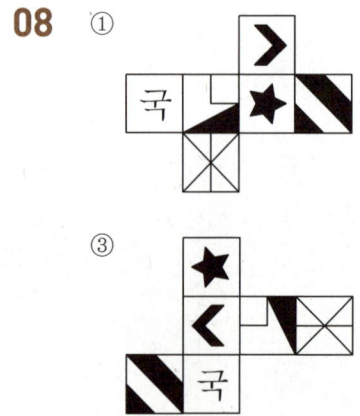

②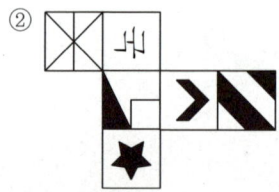

③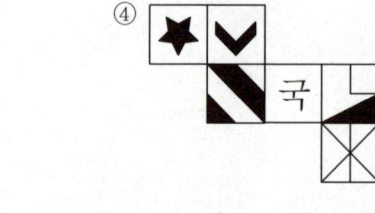

④

⑤

09 다음 정육면체의 전개도를  이 앞면에 오도록 접었을 때 뒷면의 모양으로 옳은 것은?

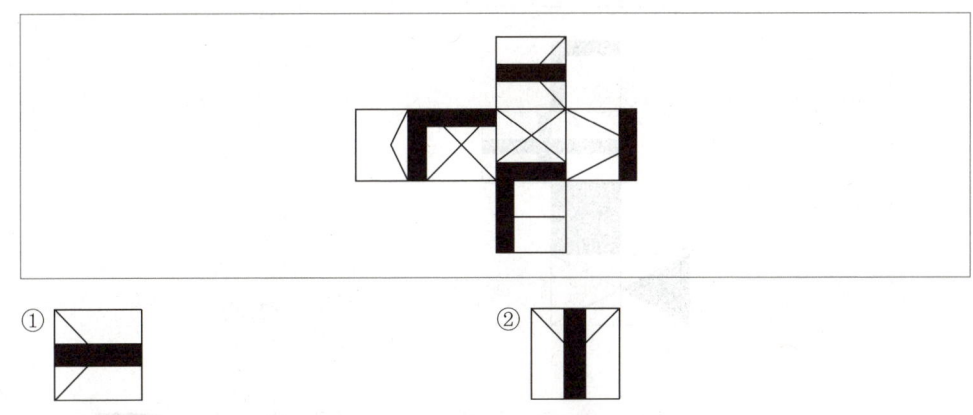

① ② ③ ④ ⑤

10 다음 정육면체의 전개도를 이 앞면에 오도록 접었을 때 뒷면의 모양으로 옳은 것은?

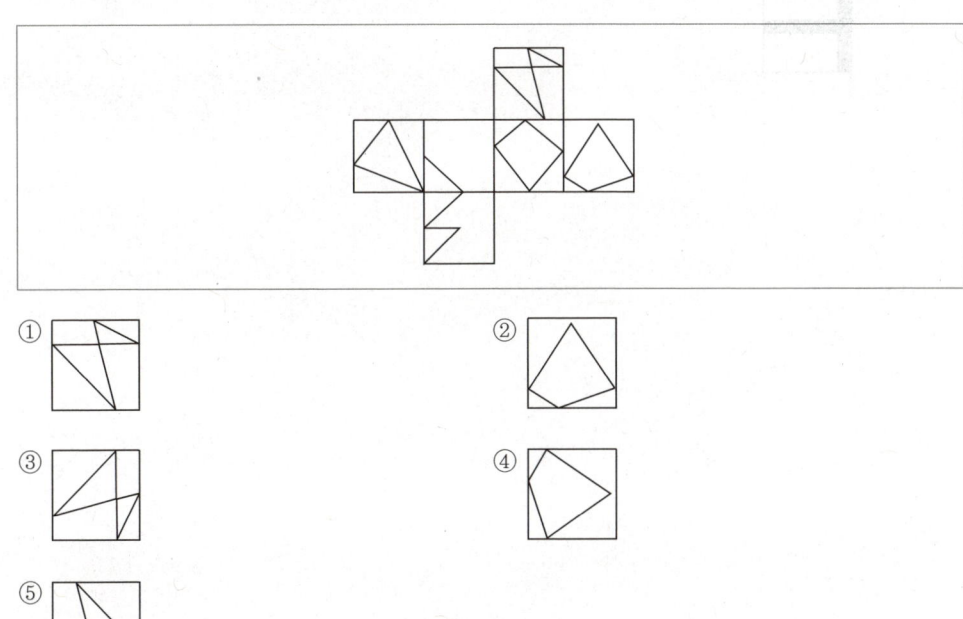

① ② ③ ④ ⑤

11 정면이 다음과 같도록 정육면체의 전개도를 접은 후, 조건에 따라 회전시켰을 때 위에서 바라본 모양으로 알맞은 것은?

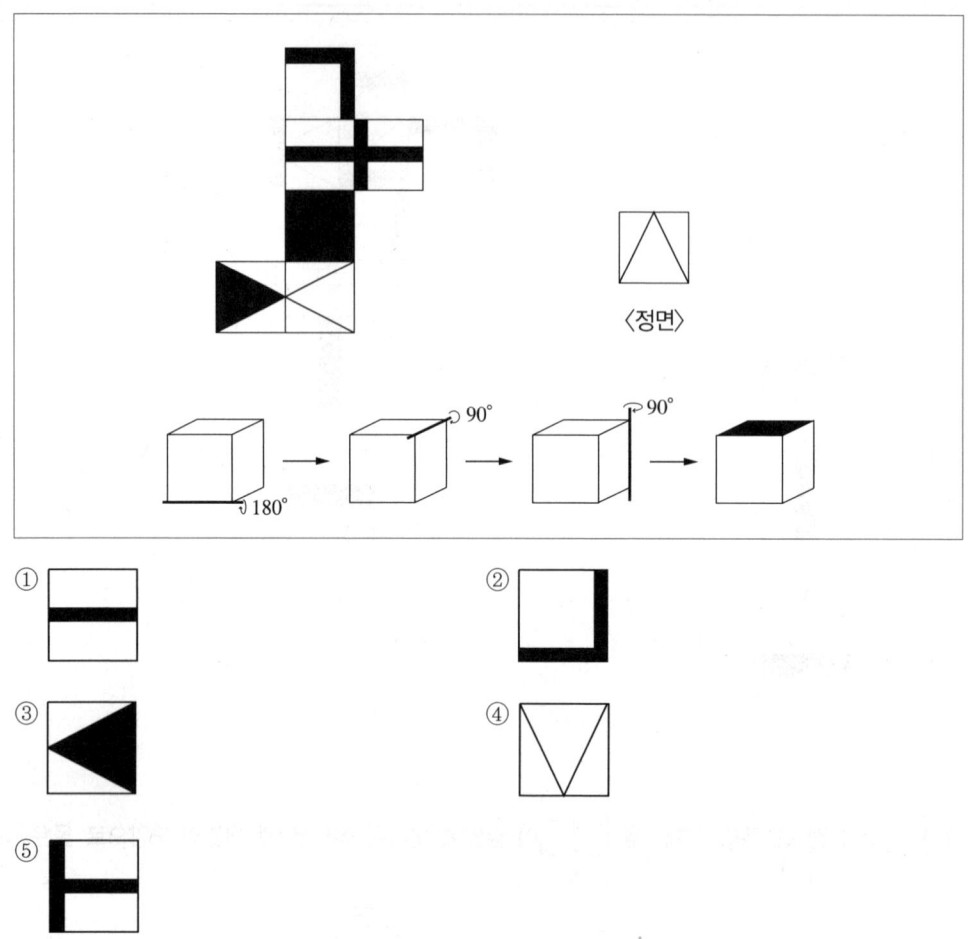

〈정면〉

①

②

③

④

⑤

12 물이 절반 들어 있는 정육면체를 다음과 같이 회전했을 때 전개도에 물이 묻어있는 부분으로 알맞은 것은?

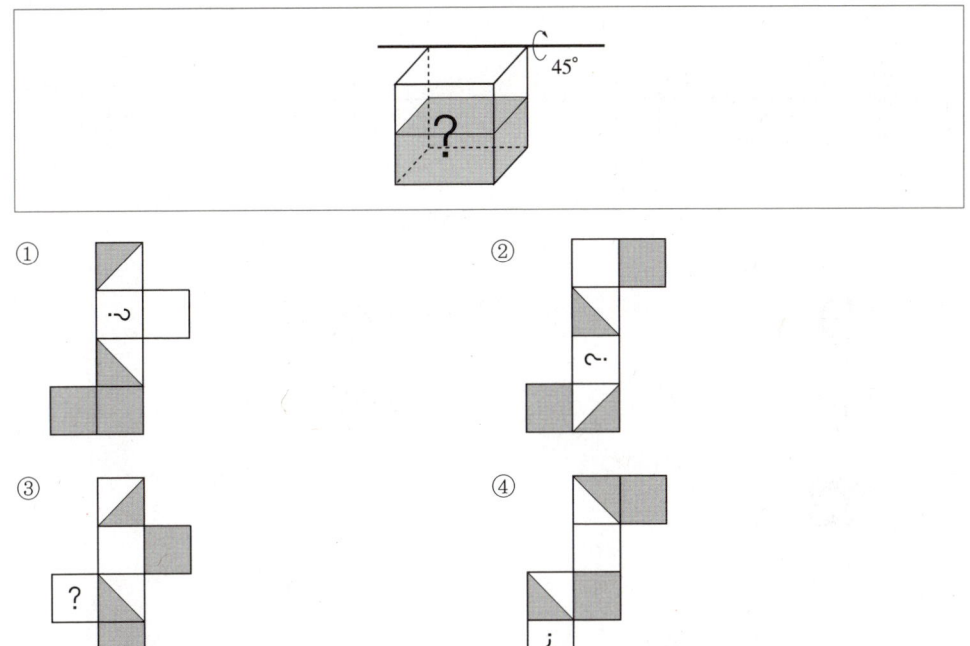

①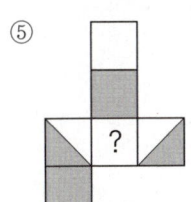

②

③

④

⑤

13 다음 ㉠, ㉡의 전개도를 ▷ 면이 전면에 오도록 접은 후 주어진 방향으로 회전하여 결합시켰을 때, 겹쳐진 면을 위에서 바라보았을 때의 그림으로 알맞은 것은?

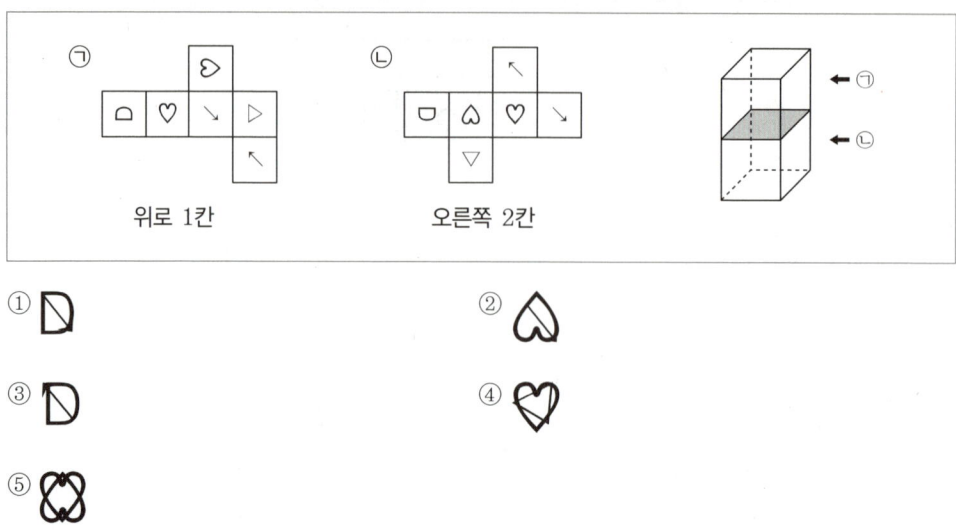

① D

② (하트)

③ D

④ (하트)

⑤ (무늬)

14 다음 ㉠, ㉡의 전개도를 ♤ 면이 전면에 오도록 접은 후 주어진 방향으로 회전하여 결합시켰을 때, 겹쳐진 면을 위에서 바라보았을 때의 그림으로 알맞은 것은?

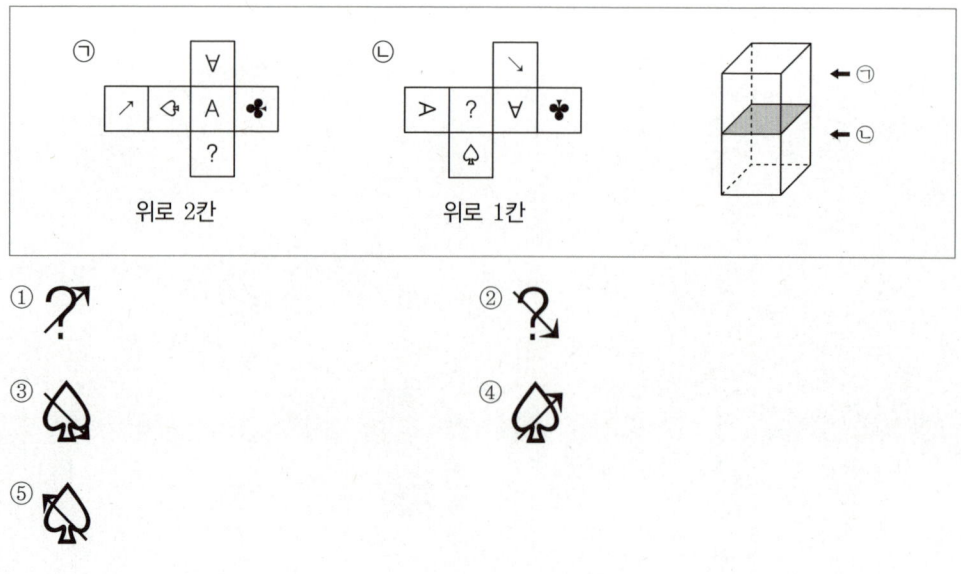

① ?↗

② ?↗

③ ♤

④ ♤

⑤ ♤

15 다음 Ⓐ, Ⓑ, Ⓒ의 전개도를 ⬆ 면이 전면에 오도록 접은 후, 주어진 방향으로 회전하여 아래의 결합 모양과 같이 붙인 그림으로 알맞은 것은?

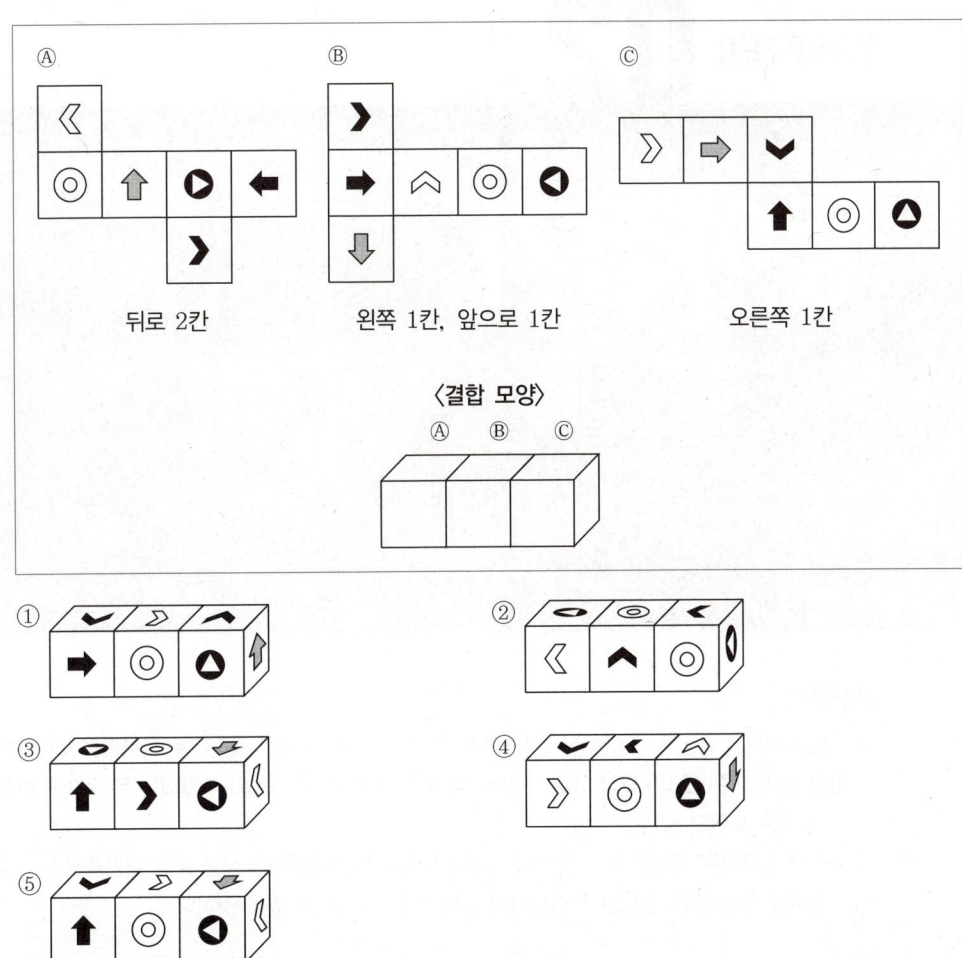

CHAPTER 02

종이접기

유형특징

- 펀칭&자르기 유형은 그동안 정사각형으로 주어지던 기본 종이가 최근에는 직사각형 또는 모서리가 잘린 형태로 주어졌다. 모양 유추 유형은 '앞 또는 뒤로 접기' 규칙이 추가되는 등 문제에 변형을 주는 경향을 보이고 있다.

- 종이접기 유형은 문제를 푸는 방법이 정해져 있으므로, 대표유형분석을 통해 내용을 익히고 유형완전정복을 통해 풀이 방법을 학습한다면 실력을 향상시킬 수 있을 것이다.

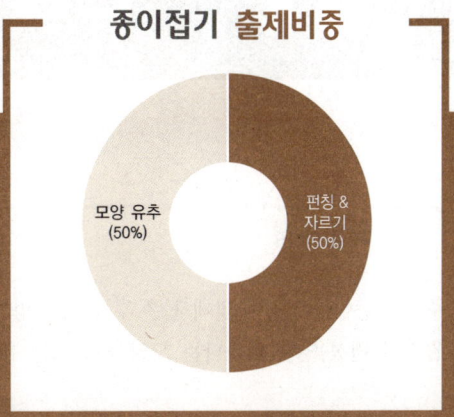

종이접기 출제비중

모양 유추 (50%)　펀칭 & 자르기 (50%)

기업별 출제 세부 유형

구분	펀칭 & 자르기	모양 유추
삼성		
LG		
SK		
CJ		
롯데		
포스코		
KT		
이랜드		
두산		
현대자동차		
삼양		
GS		
오뚜기	○	○
효성		
LX		
KCC	○	○
S-OIL		
샘표식품		
엔씨소프트		
현대백화점		

1 유형특징

주어진 종이를 조건에 맞게 접은 후 면에 구멍을 뚫거나(펀칭) 모서리를 가위로 자르고(자르기), 다시 종이를 완전히 펼쳤을 때 나타나는 모양을 고르는 유형이다.

2 학습전략

- 펀칭 & 자르기 유형은 종이에 구멍을 낸 후 다시 종이를 거꾸로 펼쳐가며 구멍의 위치와 모양을 추적하는 방법으로 해결할 수 있다.
- 종이를 펼쳤을 때 구멍의 모양과 개수, 위치를 판별하는 것이 핵심이다. 이를 위해서는 대칭에 대한 기본적인 이해가 필요하다. 구멍은 종이를 접은 선을 기준으로 대칭으로 나타난다는 것에 유의한다.
  - 모양 : 펀칭의 경우 종이를 펼쳤을 때 뚫린 모양이 원형으로 모두 같다. 하지만 자르기의 경우에는 삼각형, 사각형과 같이 각진 모양으로 구멍이 생기기 때문에 잘린 모양을 대칭 이동시킬 때에 주의해야 한다.
  - 개수 : 면에 구멍을 뚫으면 종이를 펼쳤을 때 구멍이 2개 나타나고, 접은 선 위에 구멍을 뚫으면 종이를 펼쳤을 때 구멍이 1개 나타난다.
  - 위치 : 종이를 접는 방향을 주의 깊게 살펴야 한다. 종이를 왼쪽에서 오른쪽으로 접은 경우, 구멍의 위치는 오른쪽에서 왼쪽으로 표시하며 단계를 거슬러 올라간다.

3 실전전략

- 종이접기 과정을 처음부터 끝까지 빠르게 훑어본다.
- 종이에 구멍을 뚫은 상태에서 거꾸로 펼쳐가며 구멍을 역추적한다.
- 점선에 대하여 대칭으로 구멍의 위치를 표시하며 오답을 제거한다.

4 대표유형

다음 그림과 같이 화살표 방향으로 종이를 접은 후, 펀치로 구멍을 뚫어 다시 펼쳤을 때의 그림으로 옳은 것은?

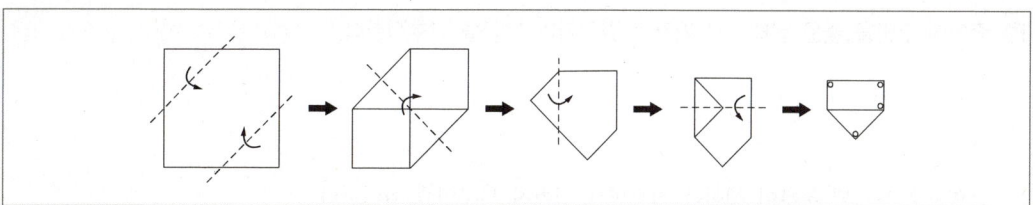

①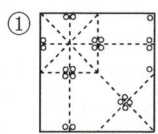

②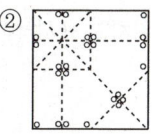

③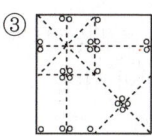

④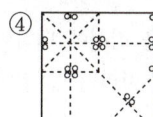

⑤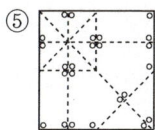

5 정답 및 해설

정답 ②

해설

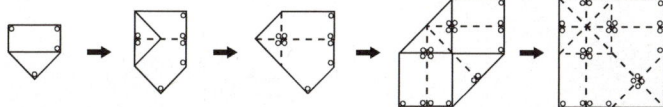

6 실전 노하우!

❶ 종이접기 과정을 처음부터 끝까지 빠르게 훑어본다.
화살표 방향을 주의해서 종이접기 과정을 눈으로 따라간다.

❷ 종이에 구멍을 뚫은 상태에서 거꾸로 펼쳐가며 모양을 역추적한다.

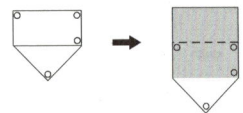

음영으로 표시된 부분이 종이를 접으면서 겹쳐진 부분임을 확인한다.

❸ 점선에 대하여 대칭으로 구멍의 위치를 표시하며 오답을 제거하고 정답을 찾는다.

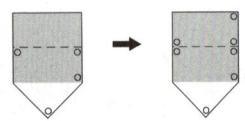

종이가 겹쳐진 부분에 뚫린 구멍을 점선에 대하여 반대편으로 대칭 이동시킨다. 접힌 부분을 펼치고 구멍을 옮기는 과정을 반복하면서 따라가면, 종이를 완전히 펼쳤을 때 ②와 같은 모양이 된다.

1 유형특징

종이접기의 모양 유추 유형은 두 가지 방식으로 출제된다. 첫 번째는 ① 조건에 따라 종이를 접었을 때 마지막 종이의 뒷면으로 알맞은 모양을 고르는 유형이고, 두 번째는 ② 조건에 따라 종이를 접었을 때 나올 수 없는 모양을 고르는 유형이다.

2 학습전략

- 모양 유추 유형은 선택지에서 오답을 제거해나가는 방법으로 문제를 해결할 수 있다.
- ① 종이의 뒷면을 유추하는 문제의 경우, 마지막 종이를 앞으로 접는지 뒤로 접는지에 따라 뒷면의 모양이 달라진다. 앞으로 접으면 마지막 단계의 뒷면, 뒤로 접으면 마지막 단계의 앞면의 일부분이 뒷면에 포함된다.
- ② 종이를 접었을 때 나올 수 없는 모양을 고르는 문제의 경우, '앞 또는 뒤로 접기' 규칙이 포함되어 있다. 따라서 접을 수 있는 모든 경우의 수를 생각해 보아야 한다. 나올 수 있는 모양은 앞으로 접었을 때 앞면과 뒷면, 뒤로 접었을 때 앞면과 뒷면의 4가지이다.
- 앞으로 접었을 때의 앞면과 뒷면, 뒤로 접었을 때의 앞면과 뒷면을 연결하여 학습하는 것이 도움이 된다.
- 마지막으로 접은 종이의 뒷면은 모양이 좌우 반전되어 제시되므로 주의해야 한다.
- 쉽게 이해가 되지 않는 경우에는 실제로 종이를 접어 눈으로 확인하는 것도 한 방법이다. 종이접기 과정마다 뒷면의 모양을 상상하여 그려보고, 실제 종이를 접은 모습과 비교하는 과정을 거치며 이해도를 높일 수 있다.

3 실전전략

- 문제를 읽기 전 선택지의 특징적인 부분을 먼저 체크한다.
- 종이접기 마지막 단계와 선택지를 비교한다. 종이접기 마지막 단계의 일부분이 옳은 모양에 포함되므로 접는 방향과 대칭을 계산하여 답을 구한다.

다음 그림과 같이 접었을 때, 나올 수 있는 모양으로 적절한 것은?

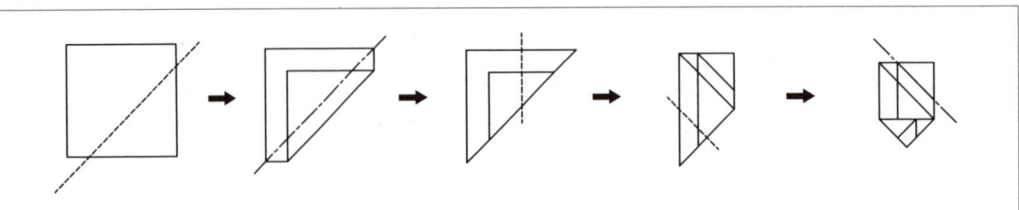

①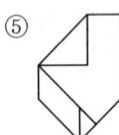

②

③

④

⑤

정답 ④

해설

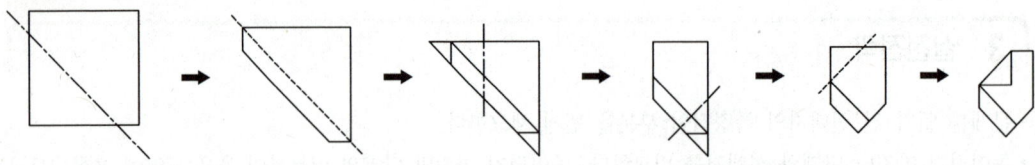

❶ 문제를 읽기 전 선택지의 특징적인 부분을 먼저 체크한다.

보기를 보면 큰 모양은 같고 접힌 선의 위치가 다르거나 없다.

❷ 종이접기 마지막 단계와 선택지를 비교하여 답을 구한다.

접는 과정을 보면 두 번째와 마지막 과정에서만 뒤로 접고 나머지는 모두 앞으로 접는다. 뒤로 접는 부분에서 선이 생길 수 있는 부분은 양 끝 모서리인데 이 모서리는 모두 앞으로 접어진다. 따라서 접힌 선이 없는 ④가 답이 된다.

※ 다음 그림과 같이 접었을 때, 나올 수 있는 뒷면의 모양으로 적절한 것을 고르시오. [1~2]

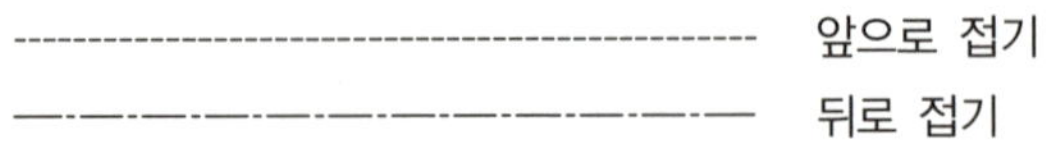

--- 앞으로 접기
—·—·—·—·—·—·—·—·—·— 뒤로 접기

01

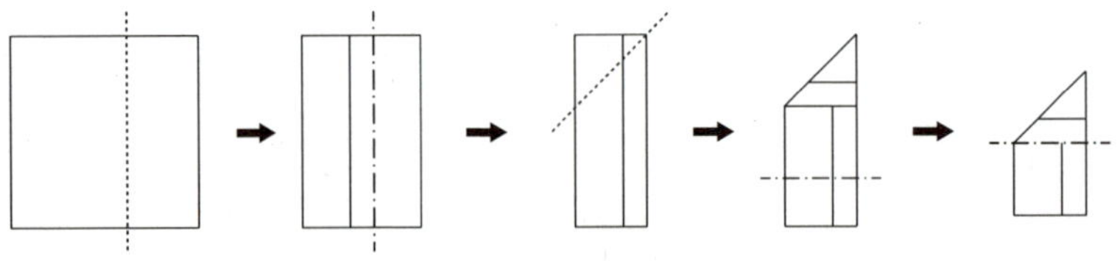

①

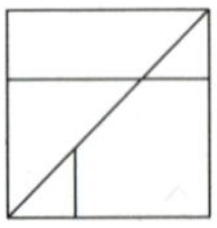

②

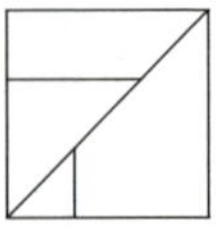

③

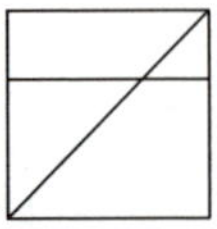

④

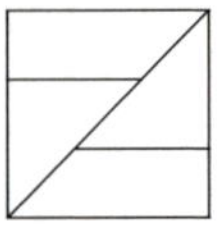

⑤

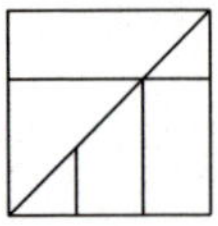

02

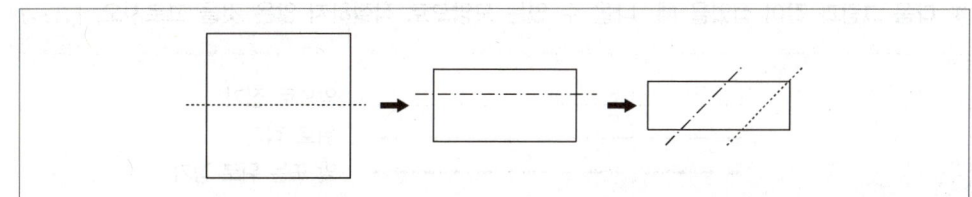

①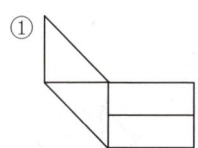

②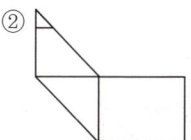

③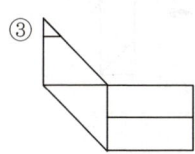

④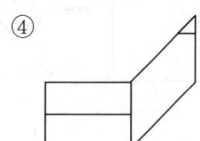

⑤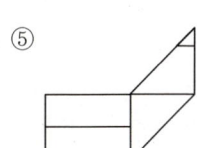

※ 다음 그림과 같이 접었을 때, 나올 수 있는 모양으로 적절하지 않은 것을 고르시오. [3~4]

··	앞으로 접기
—·—·—·—·—·—·—·—	뒤로 접기
■■—■■—■■—■■—■■—■■	앞 또는 뒤로 접기

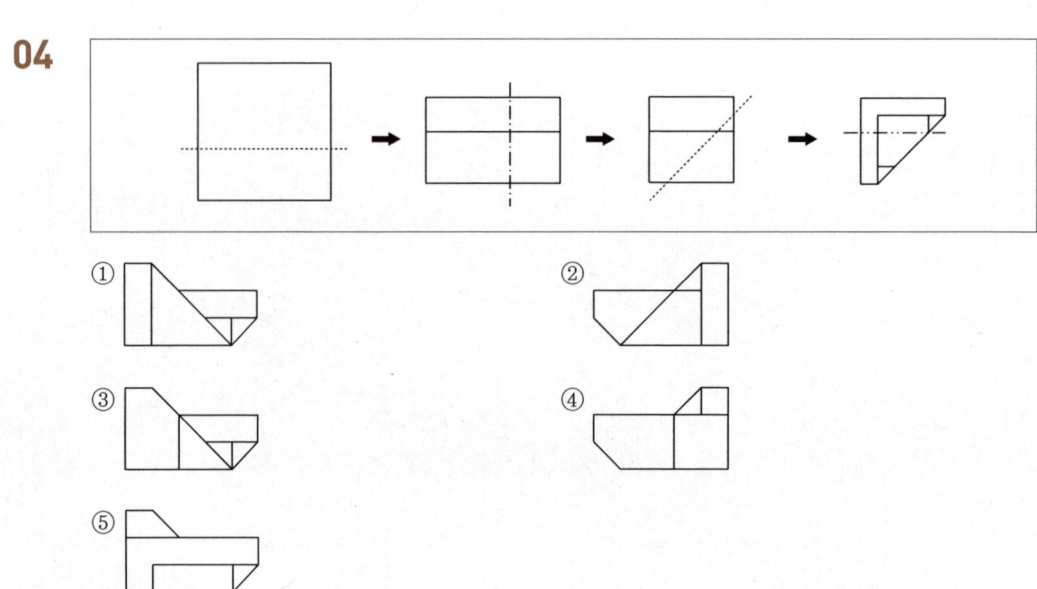

03

① ② ③ ④ ⑤

04

① ② ③ ④ ⑤

※ 다음 그림과 같이 화살표 방향으로 종이를 접은 후, 펀치로 구멍을 뚫어 다시 펼쳤을 때의 그림으로 옳은 것을 고르시오. [5~6]

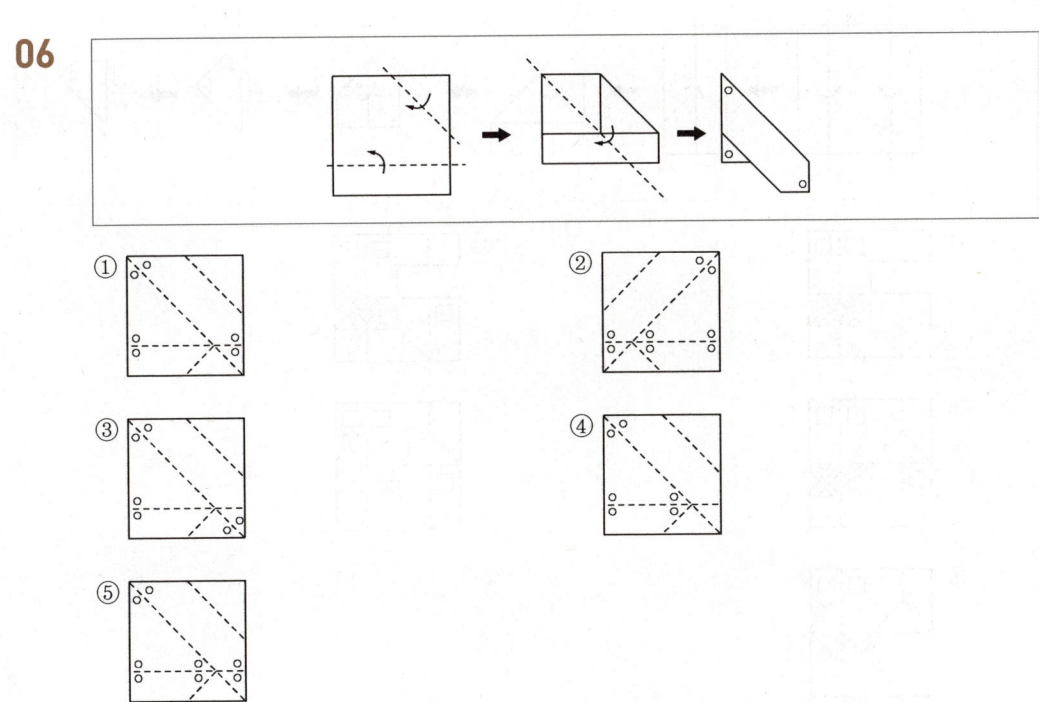

※ 다음 그림과 같이 화살표 방향으로 종이를 접은 후, 일부분을 잘라내어 다시 펼쳤을 때의 그림으로 옳은 것을 고르시오. [7~8]

07

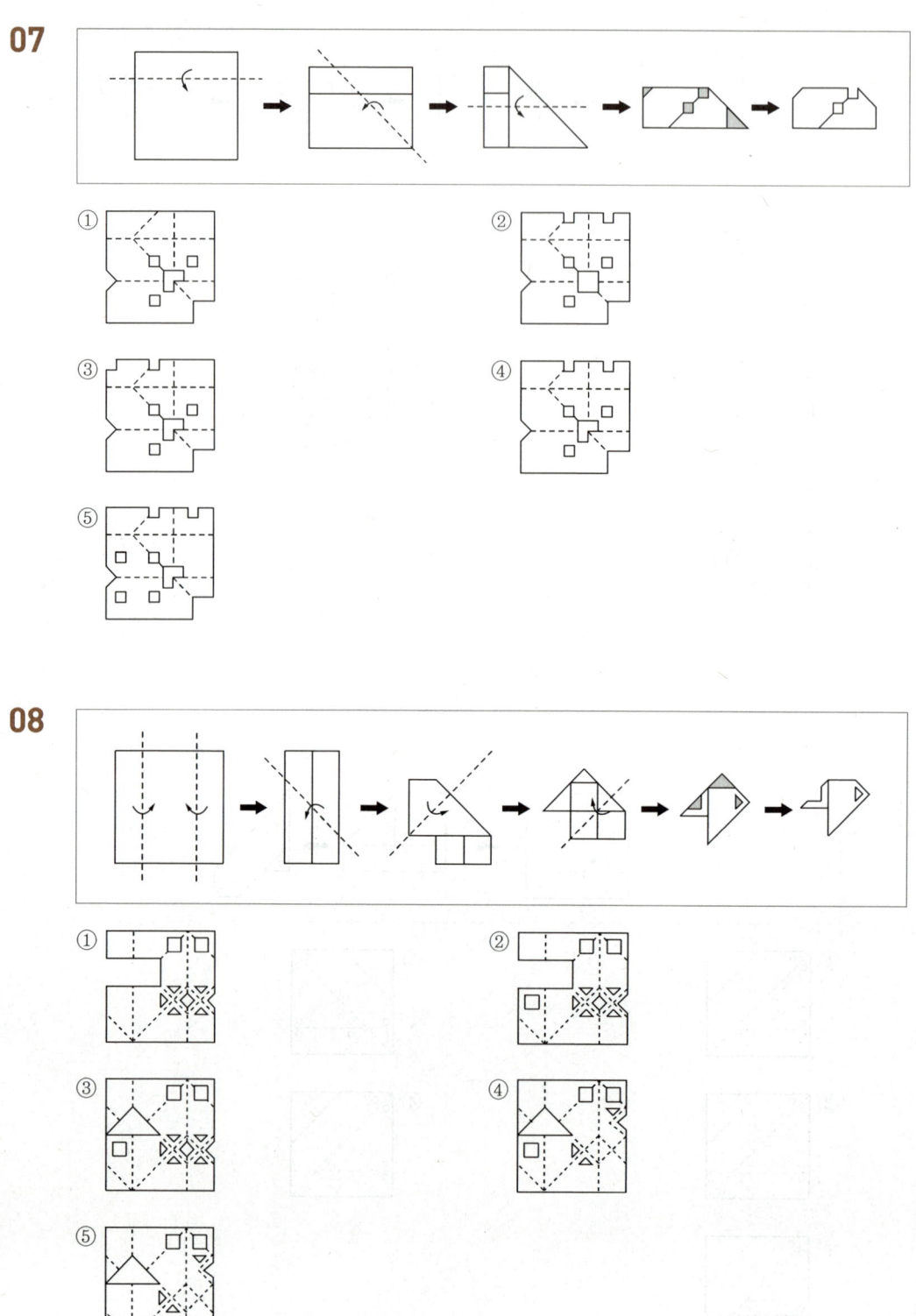

※ 다음과 같은 정사각형의 종이를 화살표 방향으로 접고 〈보기〉의 좌표가 가리키는 위치에 구멍을 뚫었다. 다시 펼쳤을 때 뚫린 구멍의 위치를 좌표로 나타낸 것으로 옳은 것을 고르시오(단, 좌표가 그려진 사각형의 크기와 종이의 크기는 일치하며, 종이가 접힐 때 종이의 위치는 바뀌지 않는다). **[9~10]**

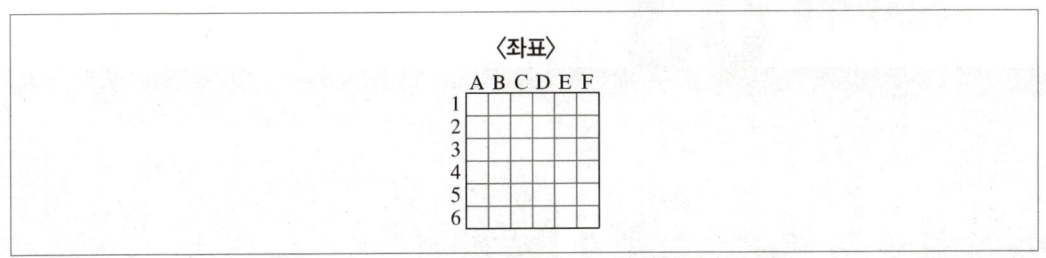

09

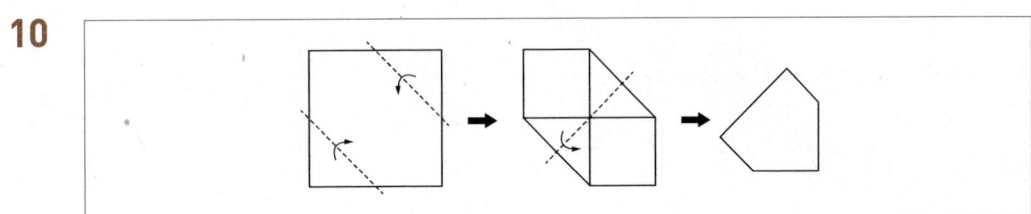

> 보기
>
> A4

① A4, A5, D1, E1 ② A3, A4, D1, E1

③ A2, A3, D1, E1 ④ A4, A5, E1, F1

⑤ A2, A3, D2, E1

10

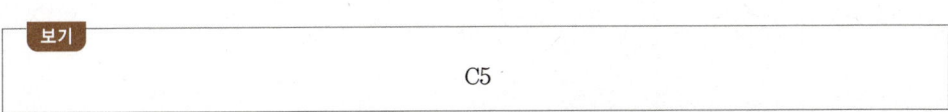

> 보기
>
> C5

① A3, A4, C5, D6 ② A5, B4, B6, C5

③ A5, B6, C5, D2 ④ B4, C5, C6, D2

⑤ B5, C5, C6, D3

CHAPTER 03

평면도형

유형특징

❏ 평면도형의 회전을 활용하여 응용하는 문제가 출제되므로 이에 대한 학습이 필요하다.

❏ 2차원 평면에서만 이루어지는 문제이므로 3차원 공간에 대한 감각이 부족한 수험생들도 훈련을 통해 공략하기 쉬운 유형이다. 대표유형분석으로 내용을 익히고 유형완전정복을 통해 풀이 방법을 연습하도록 한다.

평면도형 출제비중

평면도형 활용 (30%)

조각 찾기 (25%)

도형 완성 (45%)

기업별 출제 세부 유형

구분	조각 찾기	도형 완성	평면도형 활용
삼성			
LG			
SK			
CJ			
롯데			
포스코			
KT			
이랜드			
두산			
현대자동차			○
삼양			
GS			
오뚜기	○	○	○
효성			
LX			
KCC	○	○	○
S-OIL			
샘표식품			
엔씨소프트			
현대백화점			

1 유형특징

여러 개의 직선 또는 곡선으로 분할된 그림 안에서 찾을 수 없는 도형 조각을 고르는 유형이다.

2 학습전략

- 사각형에 여러 개의 선을 무작위로 그어 다양한 크기와 모양의 조각으로 분할시킨 그림이 주로 제시된다. 난도가 높은 문제는 곡선이 포함되어 있기도 하다.
- 선으로 둘러싸인 작은 크기의 개별 조각들뿐만 아니라 몇 개의 조각들을 결합시켜 만든 도형이 선택지에 등장하기도 한다. 따라서 이웃하여 위치한 조각들을 연결시켜 가능한 모양을 따져보아야 한다.
- 선택지의 주어진 도형이 회전된 형태는 아니다.
- 선택지에 나타난 도형의 선분 길이와 기울기, 각도에 주목하여 찾으면 비교적 빠르게 해결할 수 있다.

3 실전전략

- 제시된 그림을 보기 전에 선택지의 특징적인 부분을 먼저 체크한다.
- 선택지의 특징적인 부분과 그림에서 공통된 부분을 찾아 비교한다.

4 대표유형

다음 중 제시된 그림에서 찾을 수 없는 조각은?

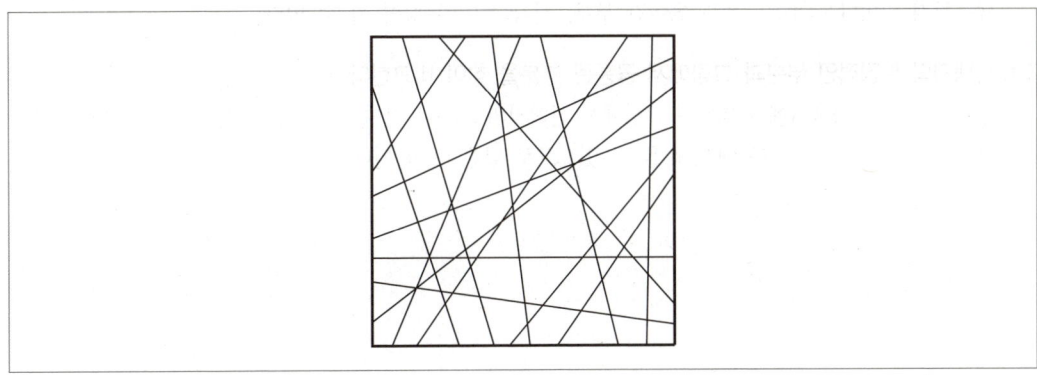

① ▽

② ⬠

③ ⌂

④ ⬠

⑤ ⬠

5 정답 및 해설

정답 ③

해설

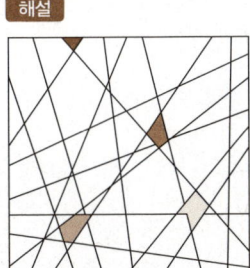

❶ 제시된 그림을 보기 전에 선택지의 특징적인 부분을 먼저 체크한다.
뾰족하게 튀어나온 부분, 움푹 들어간 부분, 직각 등이 특징이 될 수 있다.

❷ 선택지의 특징적인 부분과 그림에서 공통된 부분을 찾아 비교한다.
선분의 길이와 기울기에 유의하여 그림에서 선택지의 도형을 찾아 색칠하면서 선택지를 하나씩 삭제한다. ①, ②, ④, ⑤는 그림에서 찾을 수 있으므로 답은 ③이 된다.

1 유형특징

도형 완성 유형은 두 가지 방식으로 출제된다. 첫 번째는 ① 여러 가지 크기와 모양의 조각을 조합하였을 때 만들 수 없는 도형을 찾는 유형이고, 두 번째는 ② 제시된 도형을 만들기 위해서 필요하지 않은 조각을 고르는 유형이다.

2 학습전략

- 도형 완성 유형은 칠교놀이나 퍼즐을 연상하면 쉽게 이해할 수 있다.
- ① 여러 가지 크기와 모양의 조각을 조합하여 만들 수 없는 도형을 찾는 문제는 선택지 5개의 조각들을 모두 활용하여 만들 수 있는 4개의 도형과 그렇지 않은 1개의 도형으로 구분할 수 있다. 선택지를 하나하나 따지다보면 시간이 많이 소요되기 때문에 빠르게 정답을 골라내는 훈련이 필요하다.
- 가장 큰 조각을 모서리나 각에 맞게 배치시킨 후 나머지 조각들을 크기 순서대로 배치시키면서 만들 수 없는 도형을 찾는다. 조각의 크기가 비슷할 때에는 특징적인 부분이 있는 조각부터 배치한다.
- ② 제시된 도형을 만들기 위해서 필요하지 않은 조각을 고르는 문제는 구조상 완성 도형이 선택지에 있는 4개의 조각으로 조립된다. 따라서 선택지의 도형에서 비슷한 두 개의 도형 중 하나가 답이 될 확률이 높다.
- 개별 조각들은 회전은 가능하지만 뒤집는 것은 불가능하므로 유의하도록 한다.

3 실전전략

- 선택지의 특징적인 부분을 먼저 체크하여 기준이 되는 조각을 설정한다.
- 완성 도형 위에 기준 조각의 위치를 잡고 나머지 조각을 배치한다.

다음 중 주어진 도형을 만들기 위해 필요하지 않은 조각은?

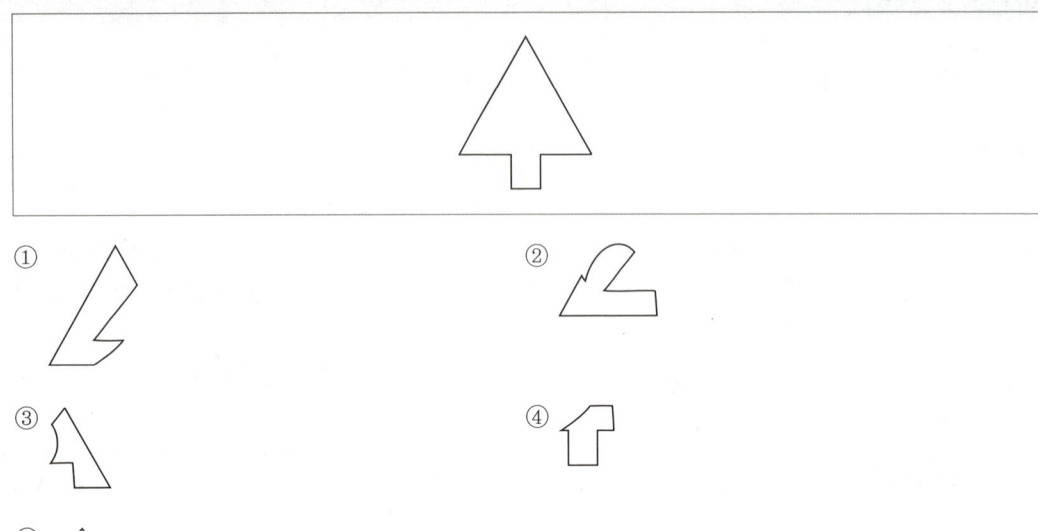

① ② ③ ④ ⑤

5 정답 및 해설

정답 ②

해설

6 실전 노하우!

❶ 선택지의 특징적인 부분을 먼저 체크하여 기준이 되는 조각을 설정한다.
선택지 중 기준이 되는 조각은 크기가 가장 크고 두 개의 직각을 가지고 있는 ②가 가장 적절하다.

❷ 완성 도형 위에 기준 조각의 위치를 잡고 나머지 조각을 배치한다.
①과 삼각형의 위쪽 모서리가 일치하므로 ①을 삼각형 위쪽에 먼저 배치한다. ④는 그림의 아래쪽 모양과 일치하므로 ④를 두 번째로 배치한다. ②를 배치하면 먼저 배치해 둔 ①과 ④가 들어갈 자리가 없으므로 ②가 정답이 된다.

1 유형특징

두 개의 바퀴를 각각 제시된 각도로 회전시킨 후, 왼쪽 또는 오른쪽 방향에서 투영하여 바라보았을 때 겹쳐 보이는 모양을 찾는 유형이다.

2 학습전략

- 접근하기 어려워 보이지만 중심각의 크기와 도형의 좌우 대칭 원리를 파악하면 쉽게 문제를 풀 수 있다.
- 톱니바퀴가 한 바퀴를 돌면 $360°$이므로 n등분된 바퀴 한 칸의 중심각의 크기는 $\dfrac{360°}{n}$이다.

n	1칸	2칸	3칸	4칸	5칸	6칸	···
4	90°	180°	270°	360°	450°	540°	···
5	72°	144°	216°	288°	360°	432°	···
6	60°	120°	180°	240°	300°	360°	···

- 톱니바퀴를 회전시킬 때에는 각각의 톱니를 정면에서 시계 방향 또는 시계 반대 방향으로 회전시킨다. 따라서 바라보는 위치에서 회전시키지 않도록 주의하도록 한다.
- 바라보는 위치에서 앞에 있는 도형은 그대로 보이고, 뒤에 있는 도형은 좌우가 반전된 채로 보인다. 예를 들어 왼쪽에서 바라보면, 왼쪽 톱니의 도형은 정면에서 보게 되지만 오른쪽 톱니의 도형은 후면에서 보게 되기 때문에 좌우가 반전된다.

3 실전전략

- 바퀴 한 칸의 각도를 계산한다 $\left(\dfrac{360°}{n} \right)$.
- 톱니바퀴를 회전시켜 해당하는 번호의 도형을 찾는다.
- 바라보는 위치에서 같은 쪽에 있는 도형은 그대로, 반대쪽 도형은 좌우 반전시켜 겹친 모양을 찾는다.

왼쪽 톱니를 시계 반대 방향으로 144°, 오른쪽 톱니를 시계 반대 방향으로 144° 회전시킨 후, 화살표 방향에서 바라보았을 때 겹쳐진 모양을 고르면?

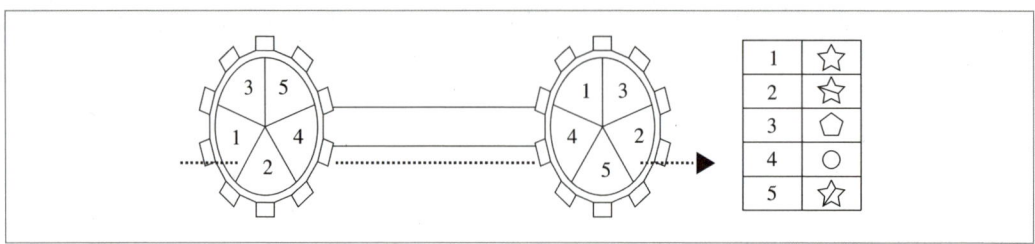

①
②
③
④
⑤

정답 ③

해설

〈왼쪽〉　　　〈오른쪽〉

회전했을 때 숫자에 해당하는 모양은 각각 , ○ 이고, 오른쪽 모양은 투영되어 보이므로 좌우 반전시켜서 겹치면

→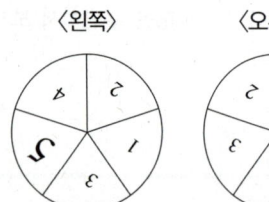

6 실전 노하우!

❶ 바퀴 한 칸의 각도를 계산한다.

톱니바퀴가 5등분되어 있으므로 한 칸의 중심각의 크기는 $\dfrac{360}{5}=72°$이다.

❷ 톱니바퀴를 회전시켜 해당하는 번호의 도형을 찾는다.

왼쪽 톱니는 시계 반대 방향으로 2칸(144°) 회전한다.

이때 해당하는 번호의 도형은 5번 ☆이고, 회전시키면 ☆이 된다.

오른쪽 톱니는 시계 반대 방향으로 2칸(144°) 회전한다.

이때 해당하는 번호의 도형은 4번 ◯이고, 원은 회전시켜도 모양이 변하지 않는다.

❸ 바라보는 위치에서 같은 쪽에 있는 도형은 그대로, 반대쪽에 있는 도형은 좌우 반전시켜 겹친 모양을 찾는다.

바라보는 위치가 왼쪽이므로 왼쪽 도형은 그대로, 오른쪽 도형은 반전시킨다. 원은 반전시켜도 모양이 변하지 않으므로 투영시킨 모양은 다음과 같다. 따라서 답은 ③이다.

→ ☆ + ◯ = ☆

CHAPTER
03   유형완전정복

정답 및 해설 p.056

※ 다음 제시된 도형을 조합하였을 때 만들 수 없는 것을 고르시오(단, 조각은 회전만 가능하다). **[1~2]**

01

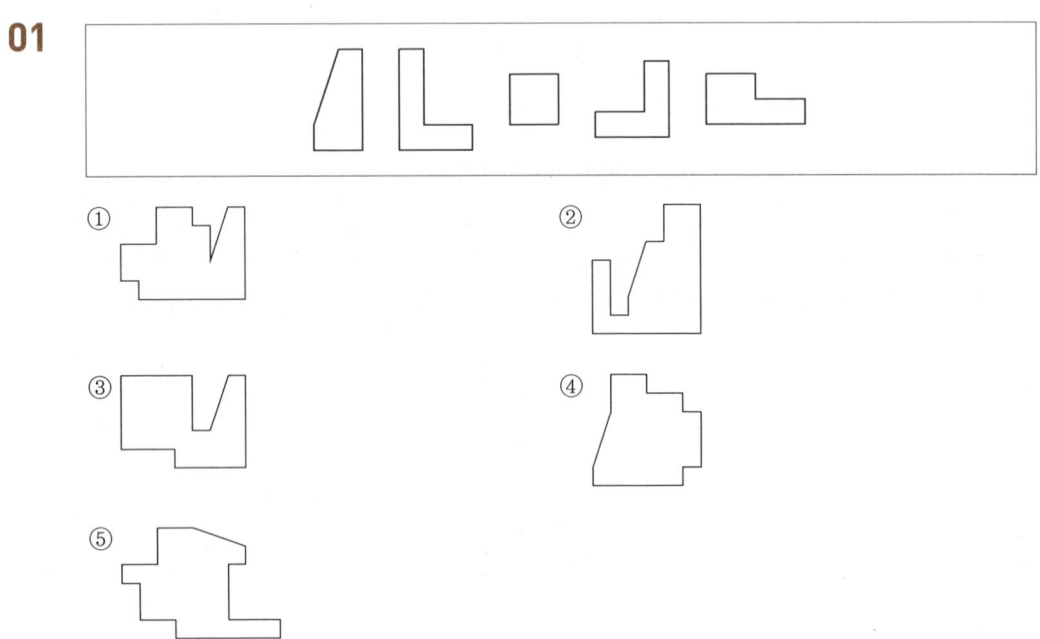

02

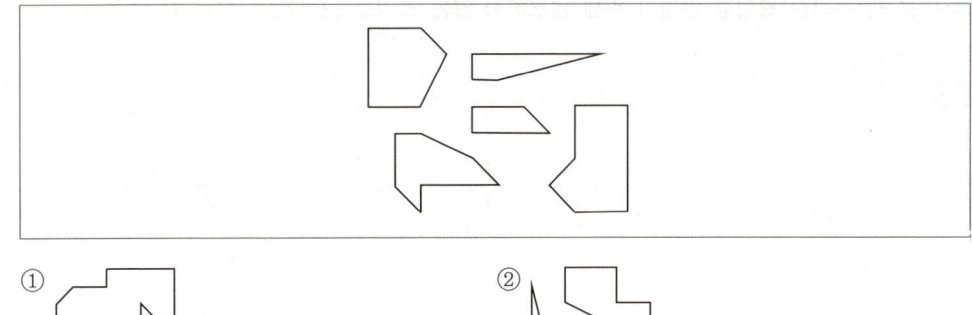

①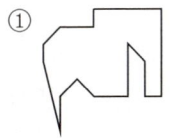

②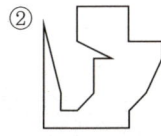

③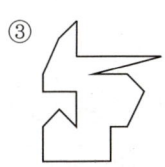

④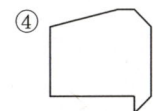

⑤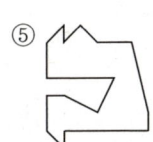

※ 다음 중 주어진 도형을 만들기 위해 필요하지 않은 조각을 고르시오. [3~4]

03

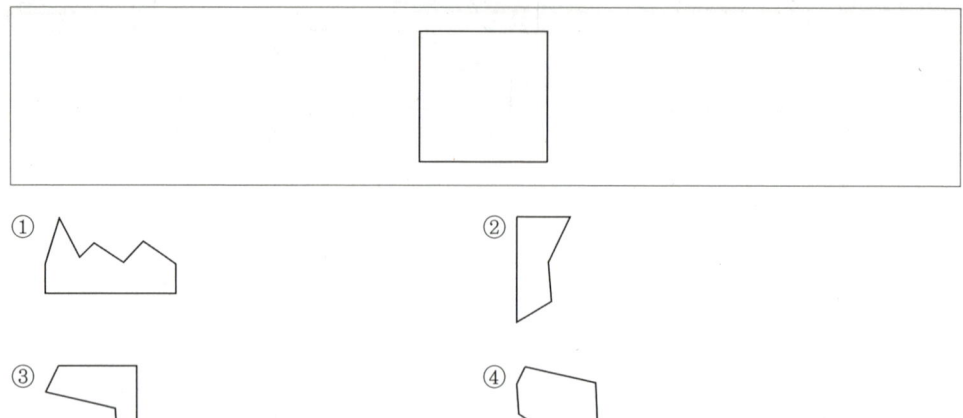

04

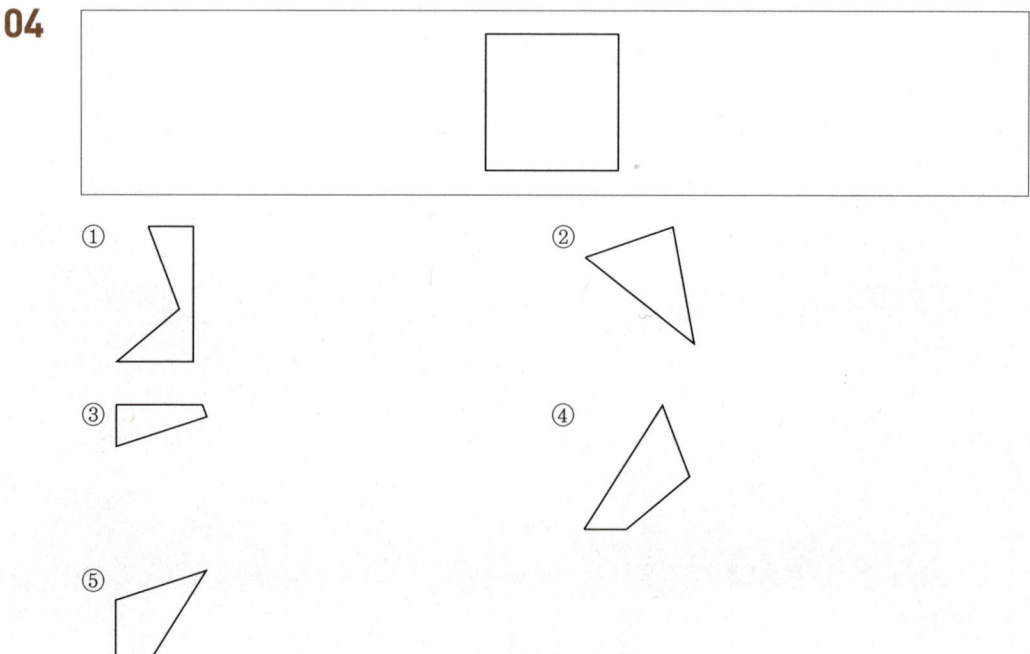

※ 다음 중 제시된 그림에서 찾을 수 없는 조각을 고르시오. [5~6]

05

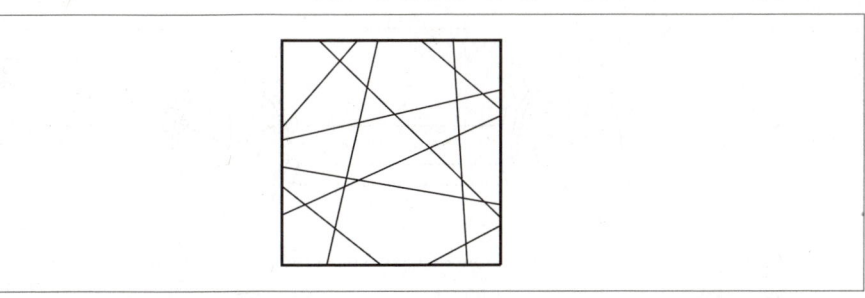

① ② ③ ④ ⑤

06

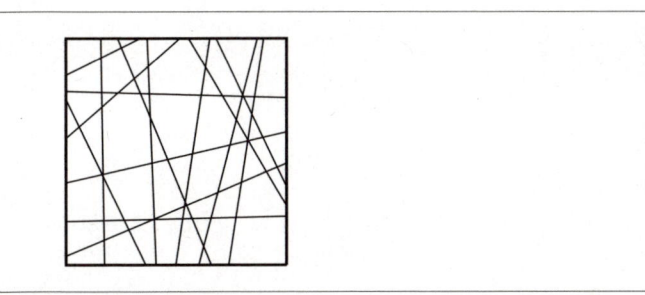

① ② ③ ④ ⑤

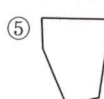

PART 4

07 왼쪽 톱니를 시계 방향으로 216°, 오른쪽 톱니를 시계 반대 방향으로 72° 회전시킨 후, 화살표 방향에서 바라보았을 때 겹쳐진 모양을 고르면?

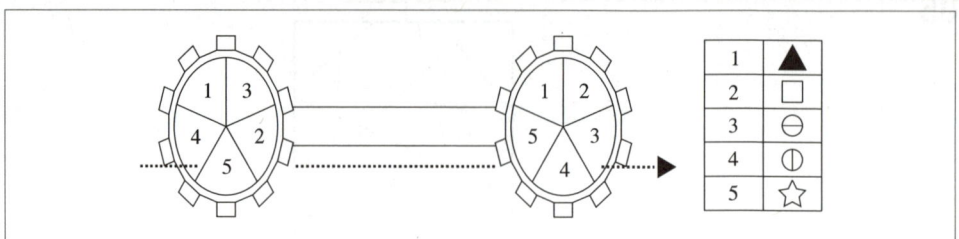

①

②

③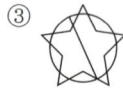

④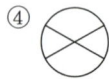

⑤

08 왼쪽 톱니를 시계 방향으로 72°, 오른쪽 톱니를 시계 방향으로 216° 회전시킨 후, 화살표 방향에서 바라보았을 때 겹쳐진 모양은?

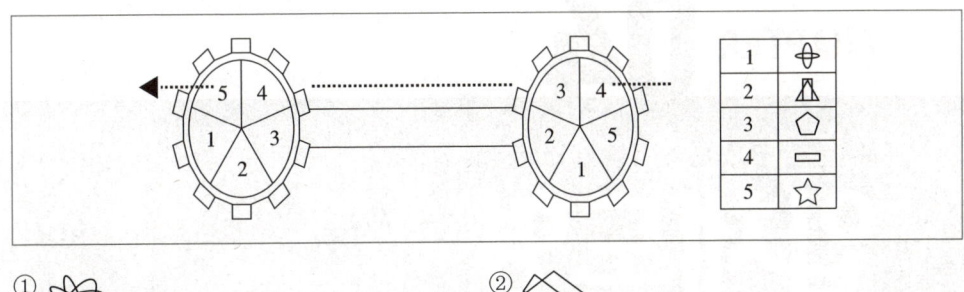

1	⊕
2	△
3	⬠
4	▭
5	☆

①

②

③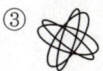

④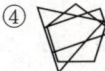

⑤

CHAPTER 04

입체도형

유형특징

☐ 두산, 오뚜기 등에서 매년 꾸준하게 출제되고 있는 유형이다.

☐ 3차원의 입체도형을 회전시켜 다른 시점에서 바라보거나, 여러 개의 입체도형을 결합 또는 분리시킬 수 있는 능력이 필요한 유형이다. 평면도형보다 고려해야 하는 부분이 많으므로 높은 수준의 공간지각능력이 요구된다.

• 약점을 강점으로 전환하자!
입체도형 유형은 수험생에 따라서 느끼는 난이도 차이가 매우 크다. 하지만 입체도형 활용을 제외한 단면도, 입체도형 비교, 블록 결합 유형은 출제 경향에 변화가 많지 않으므로 꾸준히 학습한다면 고득점을 받을 수 있는 영역이다. 철저한 유형분석과 문제 풀이 훈련을 통해 실제 시험에서 자신만의 강점 영역이 될 수 있도록 하자.

입체도형 출제비중

- 블록결합 (40%)
- 단면도 (30%)
- 입체도형 비교 (30%)

기업별 출제 세부 유형

구분	단면도	입체도형 비교	블록 결합
삼성			
LG			
SK			
CJ			
롯데			
포스코			
KT			
이랜드			
두산	○		
현대자동차	○	○	○
삼양			
GS			
오뚜기	○	○	○
효성			
LX			
KCC	○	○	○
S-OIL			
샘표식품			
엔씨소프트			
현대백화점			

1 유형특징

입체도형을 서로 다른 시점에서 바라본 세 개의 단면도를 통해 해당하는 도형을 고르는 유형이다.

2 학습전략

- 제시되는 세 개의 단면도는 서로 다른 시점에서 본 입체도형 테두리의 형태이다. 주로 정면, 측면, 윗면에서 본 모습이 제시되며 각각 어느 시점에서 바라본 단면도인지 정보를 주지 않기 때문에 정확히 파악하는 능력이 필요하다.
- 단면도만으로는 입체도형의 모든 모양을 알 수 없기 때문에, 단면도와 선택지를 비교하며 일치하는 부분과 일치하지 않는 부분을 찾는 것이 핵심이다.
- 문제를 푸는 데 세 개의 도면을 모두 이용할 수도 있고, 그렇지 않을 수도 있다. 하지만 너무 적은 정보에만 의존할 경우, 함정에 빠지기 쉬우므로 최대한 많은 정보를 활용하는 것이 좋다.

3 실전전략

- 제시된 단면도와 선택지를 비교하며 각각의 단면도가 어느 시점에서 바라본 모습인지 파악한다.
- 단면도와 일치하지 않는 도형을 선택지에서 하나씩 삭제하며 해결한다.

4 대표유형

다음 제시된 단면과 일치하는 입체도형은?

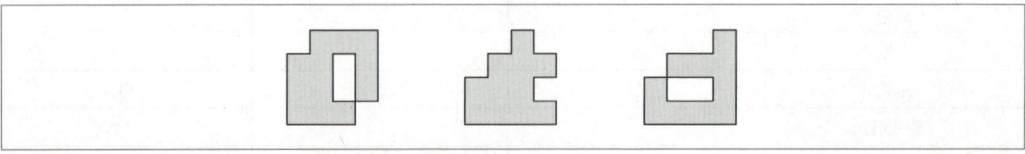

①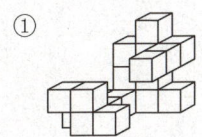

②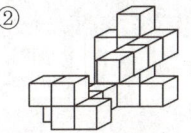

③

④

⑤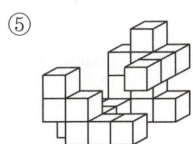

5 정답 및 해설

정답 ①

해설

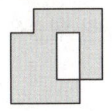 : 평면도　　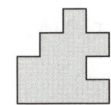 : 정면도　　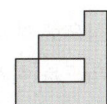 : 우측면도

6 실전 노하우!

❶ 제시된 단면도와 선택지를 비교하며 각각의 단면도가 어느 시점에서 바라본 모습인지 파악한다.
　선택지 도형의 아래에서 네 번째 층의 볼록 튀어나온 블록을 통해 두 번째 그림이 정면도, 세 번째 그림이 우측면도라는 것을 알 수 있다.

❷ 단면도와 일치하지 않는 도형을 선택지에서 하나씩 삭제하며 해결한다.
　각각의 선택지 도형에서 단면도와 일치하지 않는 부분은 다음과 같다. 따라서 답은 ①이다.

② 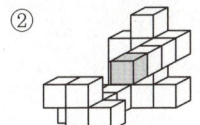　　③ 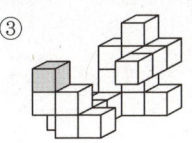　　④ 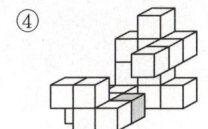　　⑤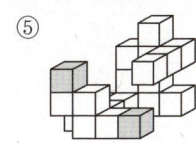

1 유형특징

여러 가지 시점에서 바라본 입체도형 가운데 나머지와 같지 않은 1개의 입체도형을 고르는 유형이다.

2 학습전략

- 선택지 중 하나를 기준 도형으로 설정한다. 이때 기준이 되는 도형은 다른 선택지보다 보이는 부분이 많고 세부적인 부분을 확인하기 쉬운 것을 고르는 것이 좋다.
- 그 도형에서 특징이 되는 부분을 기준으로 다른 선택지와 비교해보며 차이점을 발견한다.
- 도형의 외각이나 특징이 뚜렷한 부분을 중심으로 파악하는 것이 시간 단축에 도움이 된다. 꾸준한 연습을 통해 순간적으로 다른 부분을 파악할 수 있도록 하자.

3 실전전략

- 기준 도형을 설정한다.
- 기준 도형과 나머지 선택지의 도형을 비교하며 차이점을 찾는다.

다음 주어진 블록 중 나머지와 다른 하나는?

①

②

③

④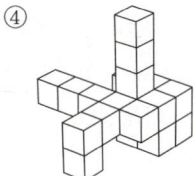

⑤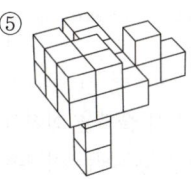

5 정답 및 해설

정답 ④

해설

①, ②, ③, ⑤와 같은 모양이 되기 위해서는 다음과 같아야 한다.

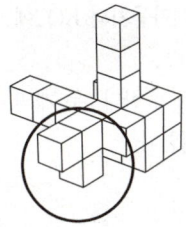

6 실전 노하우!

❶ 기준 도형을 설정한다.

　세부적인 정보를 잘 파악할 수 있는 ③을 기준 도형으로 설정한다.

❷ 기준 도형과 나머지 선택지의 도형을 비교하며 차이점을 찾는다.

　③과 나머지 선택지를 하나씩 비교하며 오답을 제거한다. 튀어나온 부분을 중점으로 비교할 때 다른 모양의 도형은 ④이다.

03 블록 결합

1 유형특징

블록 결합 유형은 두 가지 방식으로 출제된다. 첫 번째는 ① 직육면체 입체도형을 세 개의 블록으로 분리했을 때 제시되지 않은 하나의 블록을 고르는 유형이고, 두 번째는 ② 두 개의 블록을 조합하였을 때 나올 수 있는, 또는 없는 입체도형을 고르는 유형이다.

2 학습전략

- 제시된 블록은 입체도형에 조립된 형태 그대로 제시될 수도 있지만 아닐 수도 있다. 따라서 블록을 회전시켜 다른 시점에서 바라보았을 때의 모양을 유추하는 능력이 필요하다. 공간 감각이 뛰어난 경우에는 머릿속으로 상상하는 것만으로도 문제를 풀 수 있지만, 쉽게 상상이 가지 않는 경우에는 블록을 한 층 한 층 나누어 평면으로 옮기며 차근차근 학습하는 것이 좋다.
- ① 직육면체 입체도형을 세 개의 블록으로 분리했을 때, 제시되지 않은 블록을 고르는 유형은 두산에서 주로 출제된다.
- 제시된 왼쪽 직육면체 모양의 입체도형에서 제시된 두 개의 블록을 직육면체의 겉면에 표시한 후 표시되지 않은 나머지 각 면의 모양에 대응되는 선택지의 입체도형 조각을 찾는다.
- ② 두 개의 블록을 조합하였을 때 나올 수 있는 또는 없는 입체도형을 고르는 유형은 현대자동차와 KCC에서 주로 출제된다.
- 블록은 다양한 방향과 각도로 회전하여 결합할 수 있으므로 여러 가지 경우의 수를 고려해야 한다. 두 개의 블록이 면과 면을 마주하고 결합할 수도 있지만 모서리로만 이어질 수도 있음을 유의한다.

3 실전전략

- 개별 블록과 완성된 입체도형을 비교하여 공통된 부분을 찾는다.
- 완성된 입체도형에서 각각의 블록에 해당되는 부분을 색칠하며 오답을 삭제한다.

4 대표유형

왼쪽의 직육면체 모양의 입체도형은 두 번째, 세 번째 입체도형과 ?를 조합하여 만들 수 있다. ?에 들어갈 도형으로 알맞은 것은?

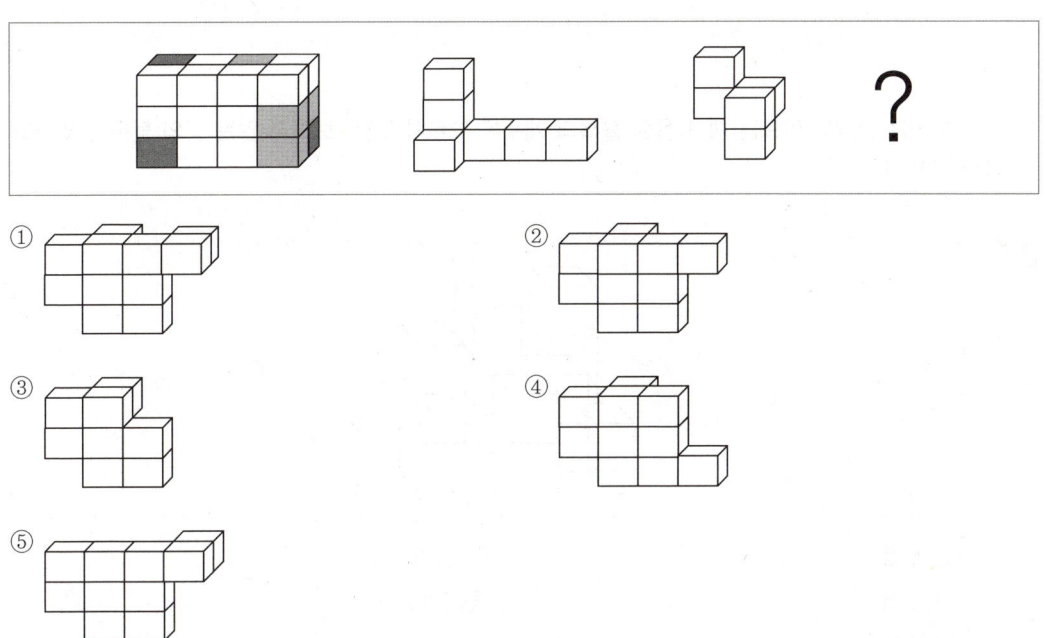

5 정답 및 해설

정답 ①

해설

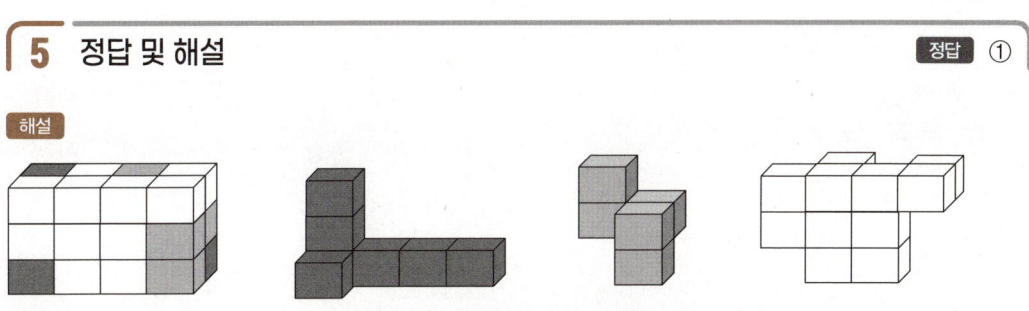

6 실전 노하우!

❶ 개별 블록과 완성된 입체도형을 비교하여 공통된 부분을 찾는다.

움푹 들어간 부분, 또는 튀어나온 부분을 기준으로 각각의 도형의 위치를 가늠해 본다.

❷ 완성된 입체도형에서 각각의 블록에 해당하는 부분을 색칠하여 옳지 않은 선택지를 제거해 나간다.

첫 번째 도형과 두 번째 도형을 제거하여 남는 도형의 맨 윗부분이 일치하는 도형은 ①뿐이다.

※ 다음과 같은 모양을 만드는 데 사용된 블록의 개수를 고르시오(단, 보이지 않는 곳의 블록은 있다고 가정한다). **[1~2]**

01

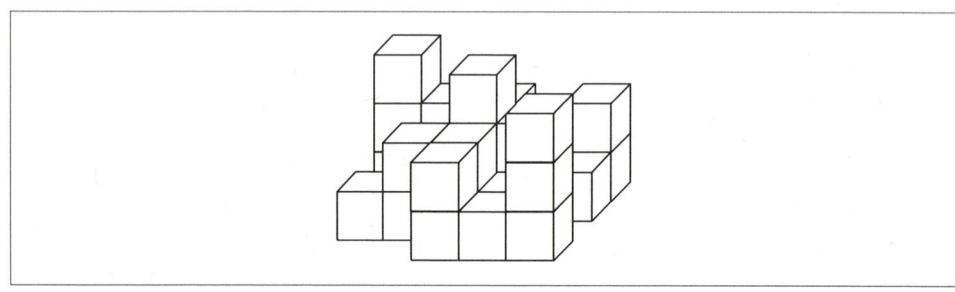

① 29개　　　　　　　　② 30개
③ 31개　　　　　　　　④ 32개
⑤ 33개

02

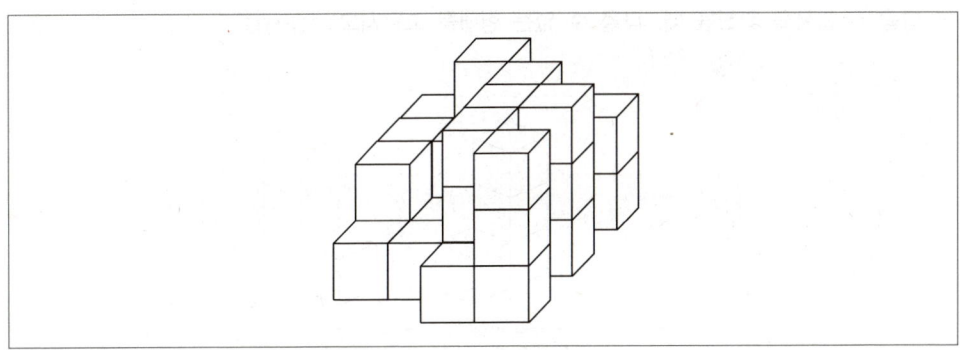

① 34개

② 35개

③ 36개

④ 37개

⑤ 38개

※ 다음 두 블록을 합쳤을 때, 나올 수 없는 형태를 고르시오. [3~4]

03

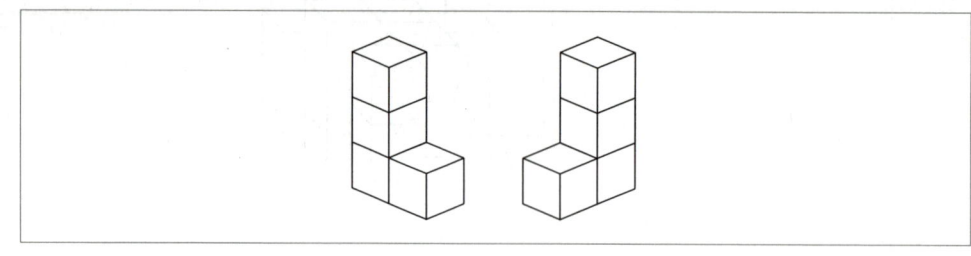

①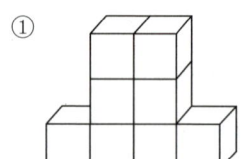

②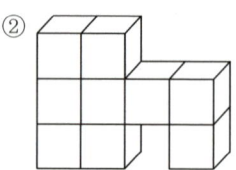

③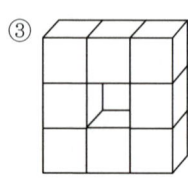

④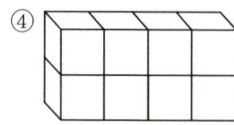

⑤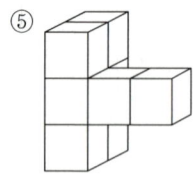

04

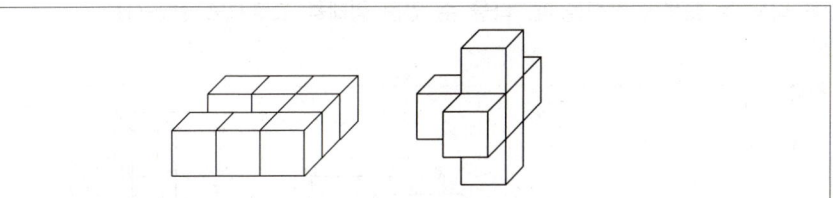

①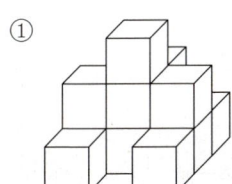

②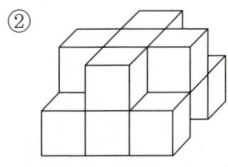

③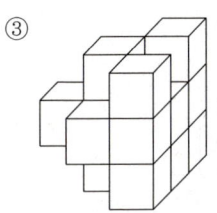

④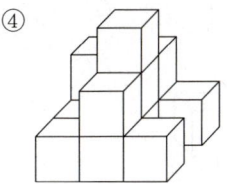

⑤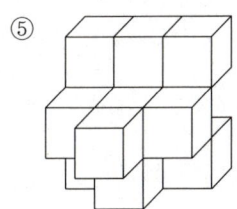

05

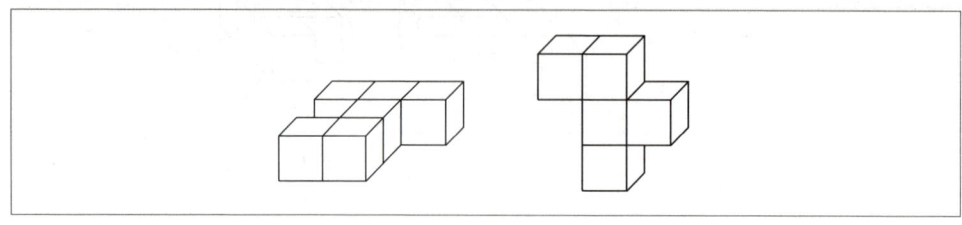

①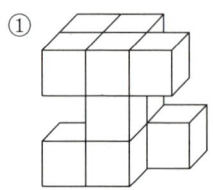

②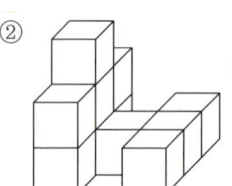

③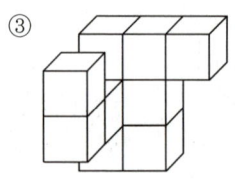

④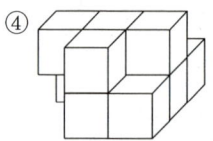

⑤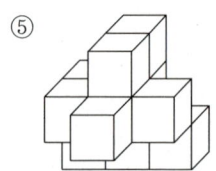

06

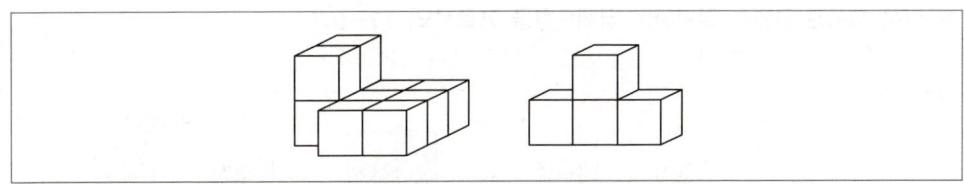

①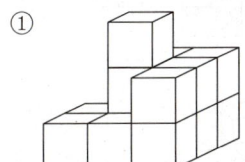

②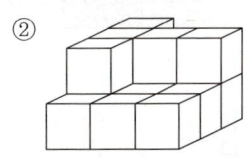

③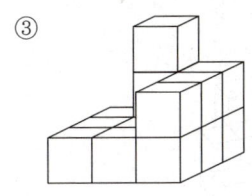

④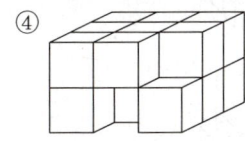

⑤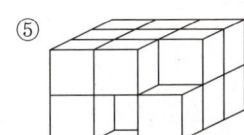

07

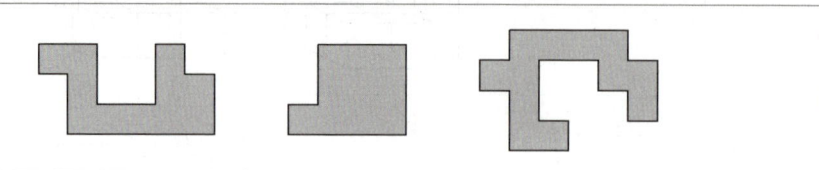

①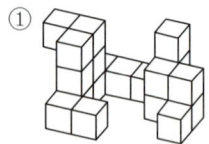

②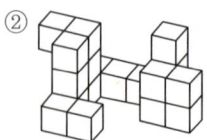

③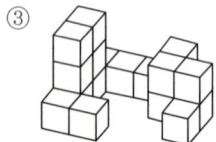

④

⑤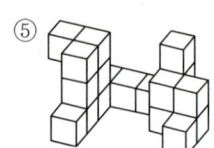

08

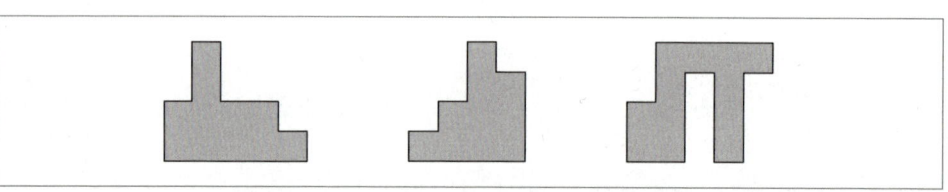

①

②

③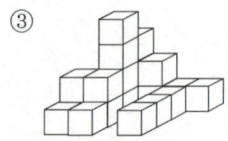

④

⑤

09

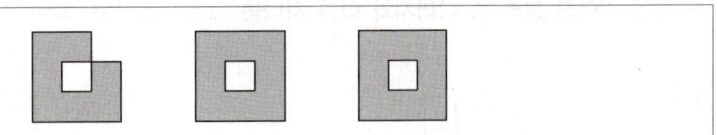

①

②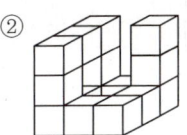

③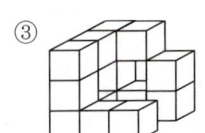

④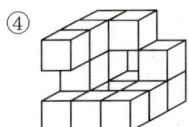

⑤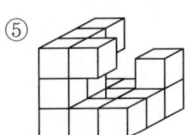

10

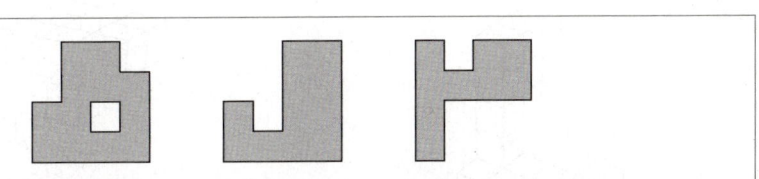

①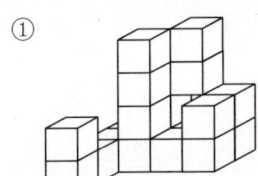

②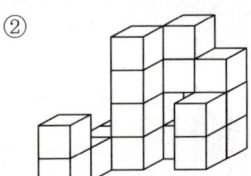

③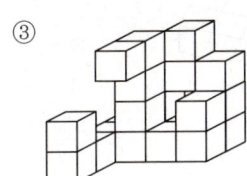

④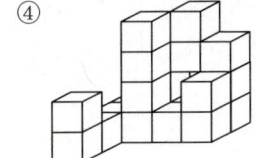

⑤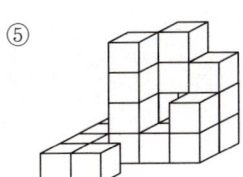

※ 다음 주어진 블록 중 나머지와 다른 하나를 고르시오. [11~14]

11

①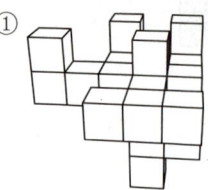

②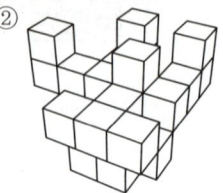

③

④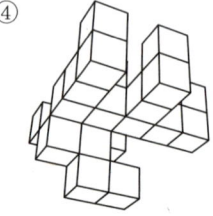

⑤

12

①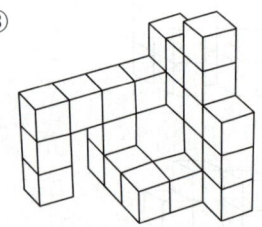

②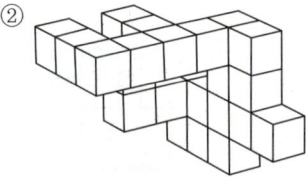

③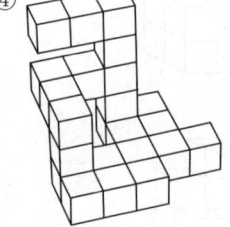

④

⑤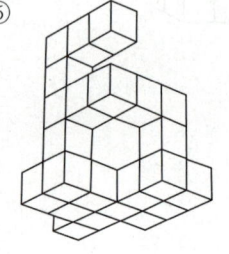

13 ① 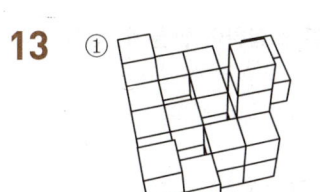   ②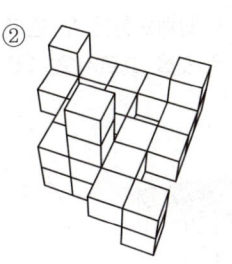

③ 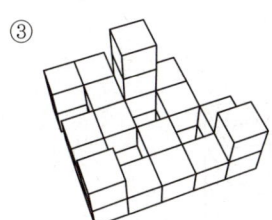   ④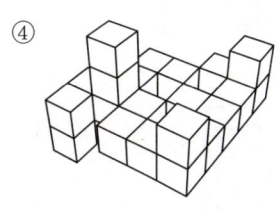

⑤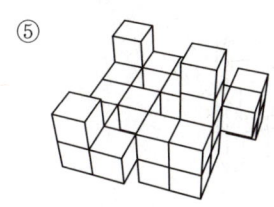

14 ① 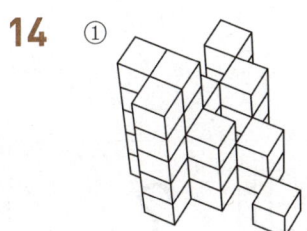   ②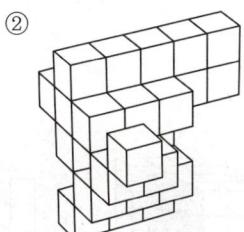

③ 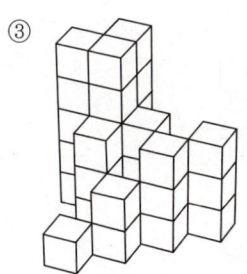   ④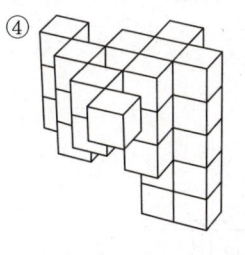

⑤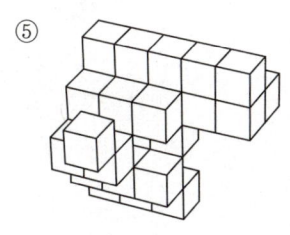

※ 왼쪽의 직육면체 모양의 입체도형은 두 번째, 세 번째 입체도형과 ?를 조합하여 만들 수 있다. ?에 들어갈 도형으로 알맞은 것을 고르시오. [15~16]

15

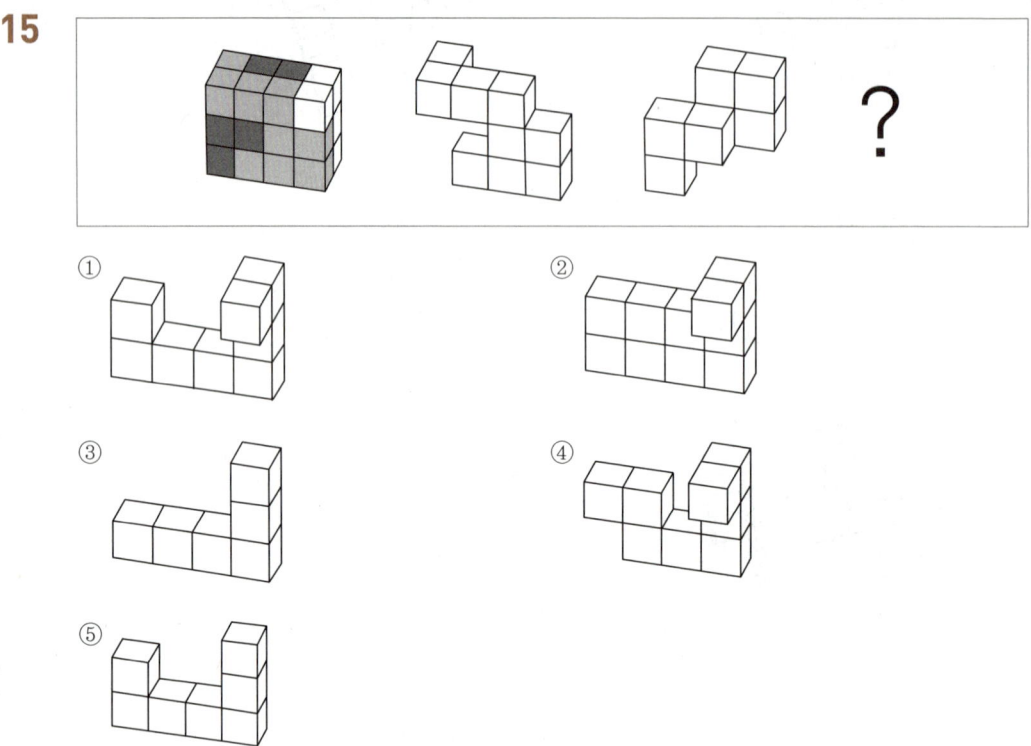

16

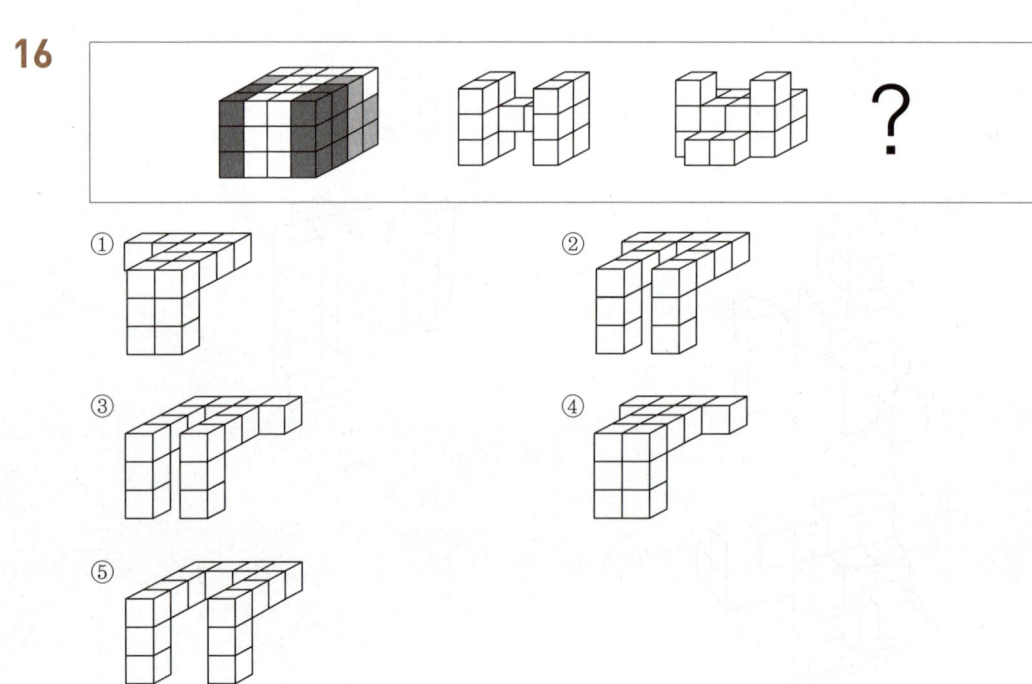

※ 다음 주어진 입체도형 중 나머지와 다른 하나를 고르시오. [17~18]

17
①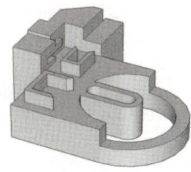
②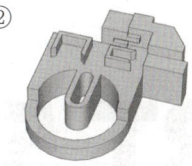
③
④
⑤

18
①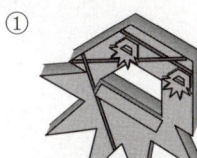
②
③
④
⑤

PART 5
최종점검 모의고사

01	언어

01 다음 단어와 같거나 유사한 의미를 가진 것은?

> 실팍하다

① 충실하다　　　　　　　② 사무리다
③ 암만하다　　　　　　　④ 노회하다
⑤ 빈약하다

02 다음 중 밑줄 친 단어의 의미가 다른 것은?

① 너를 향한 내 마음은 <u>한결같다</u>.
② 아이들이 <u>한결같은</u> 모습으로 꽃을 들고 있다.
③ 예나 지금이나 아저씨의 말투는 <u>한결같으시군요</u>.
④ 우리는 초등학교 내내 10리나 되는 산길을 <u>한결같이</u> 걸어 다녔다.
⑤ 부모님은 <u>한결같이</u> 나를 지지해 주신다.

03 다음 중 제시된 문장에서 사용되지 않는 단어는?

> • 영웅설화는 역사적인 ＿＿＿＿ 사건과는 전혀 다르게 꾸며지는 경우가 허다하다.
> • 함께 가고 있다는 느낌뿐 ＿＿＿＿은/는 느껴지지 않았다.
> • 사회과학은 객관적 ＿＿＿＿(으)로서의 사회적 각종 관계를 연구 대상으로 한다.
> • 그림에는 식물의 ＿＿＿＿적인 모습을 본떠 일정한 형식으로 도안화한 것이 많았다.
> • 겉으로 태연해 보이나 ＿＿＿＿은/는 그렇지 아니하다.

① 실상　　　　　　　　　② 실재
③ 실제　　　　　　　　　④ 실질
⑤ 실체

04 다음 중 밑줄 친 부분의 맞춤법이 잘못된 것은?

① <u>쉬이</u> 넘어갈 문제가 아니다.
② 가정을 <u>소홀히</u> 해서는 안 된다.
③ 소파에 <u>깊숙이</u> 기대어 앉았다.
④ 헛기침이 <u>간간히</u> 섞여 나왔다.
⑤ 일을 하는 <u>틈틈이</u> 공부를 했다.

05 다음 중 단어의 발음이 잘못 표기된 것은?

① 오늘 저녁에는 납량[난량] 특집극을 볼 생각이다.
② 신랑 신부의 상견례[상견녜]가 있었다.
③ 입원료[이뭔뇨]를 지불해야 퇴원할 수 있다.
④ 올해는 작년보다 생산량[생산냥]이 증가했다.
⑤ 할머니는 밭에[바테] 가셔서 집에 계시지 않았다.

06 다음 글의 내용에 가장 적절한 한자성어는?

아무개는 어릴 때부터 능력이 뛰어났다. 학교에 다니며 전교 1등을 놓친 적이 없고, 운동도 잘해서 여러 운동부에서 가입을 권유받기도 하였다. 그런 아무개는 주변 사람들을 무시하면서 살았고, 시간이 지나자 그의 주변에는 아무도 없게 되었다. 후에 아무개는 곤경에 처해 도움을 청해 보려 했지만 연락을 해도 아무도 도와주지 않았다. 아무개는 이 상황에 처해서야 지난날 자신의 삶을 반성하며 돌아보게 되었다. 이후 아무개는 더 이상 주변 사람을 무시하거나 우쭐대지 않고, 자신의 재능을 다른 사람을 위해 사용하기 시작했다.

① 새옹지마(塞翁之馬)　　　　② 개과천선(改過遷善)
③ 전화위복(轉禍爲福)　　　　④ 사필귀정(事必歸正)
⑤ 자과부지(自過不知)

07 다음 글을 읽고 이어질 문단을 논리적 순서대로 바르게 나열한 것은?

휘슬블로어란 호루라기를 뜻하는 휘슬(Whistle)과 부는 사람을 뜻하는 블로어(Blower)가 합쳐진 말이다. 즉, 호루라기를 부는 사람이라는 뜻으로 자신이 속해 있거나 속해 있었던 집단의 부정부패를 고발하는 사람을 뜻하며, 흔히 '내부고발자'라고도 불린다. 부정부패는 고발당해야 마땅한 것인데 이렇게 '휘슬블로어'라는 용어가 따로 있는 것은 그만큼 자신이 속한 집단의 부정부패를 고발하는 것이 쉽지 않다는 뜻일 것이다.

(가) 또한 법의 울타리 밖에서 행해지는 것에 대해서도 휘슬블로어는 보호받지 못한다. 일단 기업이나 조직 속에서 배신자가 되었다는 낙인과 상급자들로부터 괘씸죄로 인해 받게 되는 업무 스트레스, 집단 따돌림 등으로 인해 고립되게 되기 때문이다. 뿐만 아니라 익명성이 철저히 보장되어야 하지만 조직에서는 휘슬블로어를 찾기 위해 혈안이 된 상급자의 집요한 색출로 인해 밝혀지는 경우가 많다. 그렇게 될 경우 휘슬블로어들은 권고사직을 통해 해고를 당하거나 괴롭힘을 당한 채 일할 수밖에 없다.

(나) 실제로 휘슬블로어의 절반은 제보 후 1년간 자살 충동 등 정신 및 신체적 질환으로 고통을 받는다고 한다. 또한 73%에 해당되는 상당수의 휘슬블로어들은 동료로부터 집단적으로 따돌림을 당하거나 가정에서도 불화를 겪는다고 한다. 우리는 이들이 공정한 사회와 개인의 양심에 손을 얹고 중대한 결정을 한 사람이라는 것을 외면할 수 없으며, 이러한 휘슬블로어들을 법적으로 보호할 필요가 있다.

(다) 내부고발이 어려운 큰 이유는 내부고발을 한 후에 맞게 되는 후폭풍 때문이다. 내부고발은 곧 기업의 이미지가 떨어지는 것부터 시작해 영업 정지와 같은 실질적 징벌로 이어지는 경우가 많기 때문에 내부고발자들은 배신자로 취급되는 경우가 많다. 실제 양심에 따라 내부고발을 한 이후 닥쳐오는 후폭풍에 못 이겨 자기 발로 회사를 나오는 경우도 많으며, 기업과 동료로부터 배신자로 취급되거나 보복성 업무·인사이동 등으로 불이익을 받는 경우도 많다.

(라) 현재 이러한 휘슬블로어를 보호하기 위한 법으로는 2011년 9월부터 시행되어 오고 있는 공익신고자 보호법이 있다. 하지만 이러한 법 제도만으로는 휘슬블로어들을 보호하는 데에 무리가 있다. 공익신고자 보호법은 181개 법률 위반행위에 대해서만 공익신고로 보호하고 있는데, 만일 공익신고자 보호법에서 규정하고 있는 법률 위반행위가 아닌 경우에는 보호를 받지 못하고 있는 것이다.

① (다) – (가) – (라) – (나)
② (다) – (나) – (가) – (라)
③ (다) – (나) – (라) – (가)
④ (라) – (가) – (다) – (나)
⑤ (라) – (다) – (가) – (나)

08 다음 문단을 논리적 순서대로 바르게 나열한 것은?

(가) 오히려 클레와 몬드리안의 작품을 우리 조각보의 멋에 비견되는 것으로 보아야 할 것이다. 조각보는 몬드리안이나 클레의 작품보다 100여 년 앞서 제작된 공간 구성미를 가진 작품이며, 시대적으로 앞설 뿐 아니라 평범한 여성들의 일상에서 시작되었다는 점 그리고 정형화되지 않은 색채감과 구성미로 독특한 예술성을 지닌다는 점에서 차별화된 가치를 지닌다.

(나) 조각보는 일상생활에서 쓰다 남은 자투리 천을 이어서 만든 것으로, 옛 서민들의 절약 정신과 소박한 미의식을 보여준다. 조각보의 색채와 공간구성 면은 공간 분할의 추상화가로 유명한 클레와 몬드리안의 작품과 비견되곤 한다. 그만큼 아름답고 훌륭한 조형미를 지녔다는 의미이기도 하지만 일견 돌이켜 보면 이것은 잘못된 비교이다.

(다) 기하학적 추상을 표방했던 몬드리안의 작품보다 세련된 색상 배치로 각 색상이 가진 느낌을 살렸으며, 동양적 정서가 담긴 '오방색'이라는 원색을 통해 강렬한 추상성을 지닌다. 또한 조각보를 만드는 과정과 그 작업의 내면에 가족의 건강과 행복을 기원하는 마음이 담겨 있어 단순한 오브제이기 이전에 기복신앙적인 부분이 있다. 조각보가 아름답게 느껴지는 이유는 이처럼 일상에서 삶과 예술을 함께 담았기 때문일 것이다.

---

① (가) – (나) – (다) 　　　　② (나) – (가) – (다)

③ (나) – (다) – (가) 　　　　④ (다) – (가) – (나)

⑤ (다) – (나) – (가)

09 다음 글에서 〈보기〉의 문장이 들어갈 위치로 가장 적절한 곳은?

(가) 알렉산더 그레이엄 벨은 전화를 처음 발명한 사람으로 알려져 있다. 1876년 2월 14일 벨은 설계도와 설명서를 바탕으로 전화에 대한 특허를 신청했고, 같은 날 그레이도 전화에 대한 특허 신청서를 제출했다. 1876년 3월 7일 미국 특허청은 벨에게 전화에 대한 특허를 부여했다. (나) 하지만 벨이 특허를 받은 이후 누가 먼저 전화를 발명했는지에 대해 치열한 소송전이 이어졌다. 여기에는 그레이를 비롯하여 안토니오 무치 등 많은 사람이 관련돼 있었다. 특히 무치는 1871년 전화에 대한 임시 특허를 신청하였지만, 돈이 없어 정식 특허로 신청하지 못했다. 2002년 미국 하원 의회에서는 무치가 10달러의 돈만 있었다면 벨에게 특허가 부여되지 않았을 것이라며 무치의 업적을 인정하기도 했다. (다) 그레이와 벨의 특허 소송에서도 벨은 모두 무혐의 처분을 받았고, 1887년 재판에서 전화의 최초 발명자는 벨이라는 판결이 났다. 그레이가 전화의 가능성을 처음 인지한 것은 사실이지만, 전화를 완성하기 위한 후속 조치를 취하지 않았다는 것이었다. (라) 사실 19세기 중엽은 전화 발명으로 무르익은 시기였고, 전화 발명에 많은 사람이 도전했다고 볼 수 있다. 한 개인이 전화를 발명했다기보다 여러 사람이 전화 탄생에 기여했다는 이야기로 이어질 수 있다. 하지만 결국 최초의 공식 특허를 받은 사람은 벨이며, 벨이 만들어낸 전화 시스템은 지금도 세계 통신망에 단단히 뿌리를 내리고 있다. (마)

보기

그러나 벨의 특허와 관련된 수많은 소송은 무치의 죽음, 벨의 특허권 만료와 함께 종료되었다.

① (가)
② (나)
③ (다)
④ (라)
⑤ (마)

10 다음 글의 구조를 바르게 분석한 것은?

> (가) 시간과 무관한 망각도 있다. 오히려 시간이 지나면 망각된 기억을 회복하는 경우가 그것이다. 어떤 사람을 지나칠 때 그가 매우 친숙하지만, 누구인지 도무지 생각나지 않다가 영화를 보던 중 문득 기억해 낼 수 있다. 나중에 기억을 회복한 점을 보면, 그를 기억하지 못했던 당시에도 그에 대한 정보가 저장되어 있었다는 것을 알 수 있다. 이는 저장 단계가 아니라 인출 단계에서 비롯된 망각이다. 기억 속에서 항목들은 의미의 맥락에 따라 서로 관련되어 있어 그 맥락을 잡을 수 있는 단서가 있어야 정보를 인출할 수 있는 것이다.
>
> (나) 이처럼 망각은 기억의 세 단계 모두에서 일어나고 각 단계에서 비롯되는 망각은 서로 다르다. 기억은 크게 음운 부호와 의미 부호로 정보를 저장한다. 이 두 부호 중에서 어느 부호로 기억되느냐에 따라 각 단계의 망각 양상은 달라진다. 의미 부호는 음운 부호보다 부호화 단계와 인출 단계에서 망각에 더 약하다. 기억의 단계와 관련하여 망각을 고려하면 기억을 훨씬 높일 수 있다.
>
> (다) 일반적으로 기억은 부호화, 저장, 인출의 세 단계를 거친다. 이는 인간의 기억 체계를 컴퓨터의 정보 처리 과정에 비유한 데서 비롯된 것이다. 정보를 저장하는 단계를 중심으로 기억을 살펴보면, 정보는 저장되기 전에 기억 체계에 맞게 부호화되어야 한다. 저장 이후에는 정보를 인출하는 단계가 있다. 처리된 정보를 저장만 하고 있으면 아무 소용이 없다. 그 정보를 사고 과정이나 다른 인지 활동에 사용하기 위해서는 정보 인출 단계가 필요하다. 그런데 이 세 단계를 거치는 도중에 망각이라는 문제가 생긴다.
>
> (라) 일상에서 어떤 대상을 기억할 때 그 대상 자체의 성질이 기억을 크게 좌우한다. 예를 들면 일상에서 사용하는 어휘 중 어떤 것은 기존 지식과 관련하여 기억에 유리하고 어떤 것은 불리하다. 어떤 실험에서 이를 통제하기 위해 실제 어휘가 아닌 무의미 음절자를 학습시켜 그 기억 정도를 검토하여 망각을 확인하였다. 그 결과 시간이라는 변수가 영향을 미치는 것을 확인하였다. 이러한 망각은 시간에 따른 정보의 상실에서 비롯된다. 이는 기억의 저장 단계에 문제가 있는 망각이다.
>
> (마) 한편 정보가 저장될 때 왜곡되는 망각도 있다. 법정에서 빚어지는 기억에 대한 시비가 그 예이다. 강력 사건의 목격자는 사건 당시의 공포나 그 순간을 회피하려는 동기 등으로 범인의 얼굴을 보긴 했지만 제대로 부호화하여 저장하지 못해 그 기억이 왜곡될 수 있다. 이와 같이 처음의 부호화가 빈약하여 왜곡되는 경우는 부호화 단계에서 비롯되는 망각이다.

① (가) ┬ (다)
　　 ├ (라)
　　 └ (나) ― (마)

② (가) ┬ (라)
　　 ├ (마) ― (나)
　　 └ (다)

③ (다) ┬ (라)
　　 ├ (가) ― (나)
　　 └ (마)

④ (다) ― (라) ┬ (가)
　　　　　　 ├ (마)
　　　　　　 └ (나)

⑤ (라) ┬ (다) ― (가)
　　 └ (마) ― (나)

11 다음 글의 빈칸에 들어갈 내용으로 가장 적절한 것은?

동물들은 홍채에 있는 근육의 수축과 이완을 통해 눈동자를 크게 혹은 작게 만들어 눈으로 들어오는 빛의 양을 조절하므로 눈동자 모양이 원형인 것이 가장 무난하다. 그런데 고양이와 늑대와 같은 육식동물은 세로로, 양이나 염소와 같은 초식동물은 가로로 눈동자 모양이 길쭉하다. 특별한 이유가 있는 것일까?

육상동물 중 모든 육식동물의 눈동자가 세로로 길쭉한 것은 아니다. 주로 매복형 육식동물의 눈동자가 세로로 길쭉하다. 이는 숨어서 기습하는 사냥 방식과 밀접한 관련이 있는데, 세로로 길쭉한 눈동자가 _____

일반적으로 매복형 육식동물은 양쪽 눈으로 초점을 맞춰 대상을 보는 양안시로, 각 눈으로부터 얻는 영상의 차이인 양안시차를 하나의 입체 영상으로 재구성하면서 물체와의 거리를 파악한다. 그런데 이러한 양안시차뿐만 아니라 거리지각에 대한 정보를 주는 요소로 심도 역시 중요하다. 심도란 초점이 맞는 공간의 범위를 말하며, 심도는 눈동자의 크기에 따라 결정된다. 즉 눈동자의 크기가 커져 빛이 많이 들어오게 되면, 커지기 전보다 초점이 맞는 범위가 좁아진다. 이렇게 초점의 범위가 좁아진 경우를 '심도가 얕다.'고 하며, 반대인 경우를 '심도가 깊다.'고 한다.

① 사냥감의 주변 동태를 정확히 파악하는 데 효과적이기 때문이다.

② 사냥감의 움직임을 정확히 파악하는 데 효과적이기 때문이다.

③ 사냥감의 위치를 정확히 파악하는 데 효과적이기 때문이다.

④ 사냥감과의 거리를 정확히 파악하는 데 효과적이기 때문이다.

⑤ 사냥감과의 경로를 정확히 파악하는 데 효과적이기 때문이다.

12 다음 글의 빈칸에 들어갈 문장을 〈보기〉에서 찾아 순서대로 바르게 나열한 것은?

한 조사 기관에 따르면, 해마다 척추 질환으로 병원을 찾는 청소년들이 연평균 5만 명에 이르며 그 수가 지속적으로 증가하고 있다. 청소년의 척추 질환은 성장을 저해하고 학업의 효율성을 저하시킬 수 있다. ＿＿＿(가)＿＿＿ 따라서 청소년 척추 질환의 원인을 알고 예방하기 위한 노력이 필요하다. 전문가들은 앉은 자세에서 척추에 가해지는 하중이 서 있는 자세에 비해 1.4배 정도 크기 때문에 책상 앞에 오래 앉아 있는 청소년들의 경우, 척추 건강에 적신호가 켜질 가능성이 매우 높다고 말한다. 또한 전문가들은 청소년들의 운동 부족도 청소년 척추 질환의 원인이라고 강조한다. 척추 건강을 위해서는 기립근과 장요근 등을 강화하는 근력 운동이 필요하다. 그런데 실제로 질병관리본부의 조사에 따르면, 청소년들 가운데 주 3일 이상 근력 운동을 하고 있다고 응답한 비율은 남성이 약 33%, 여성이 약 9% 정도밖에 되지 않았다.

청소년들이 생활 속에서 비교적 쉽게 척추 질환을 예방할 수 있는 방법은 무엇일까? 첫째, 바른 자세로 책상 앞에 앉아 있는 습관을 들여야 한다. ＿＿＿(나)＿＿＿ 또한 책을 보기 위해 고개를 아래로 많이 숙이는 행동은 목뼈가 받는 부담을 크게 늘려 척추 질환을 유발하므로 책상 높이를 조절하여 목과 허리를 펴고 반듯하게 앉아 책을 보는 것이 좋다. 둘째, 틈틈이 척추 근육을 강화하는 운동을 해 준다. ＿＿＿(다)＿＿＿

그리고 발을 어깨보다 약간 넓게 벌리고 서서 양손을 허리에 대고 상체를 서서히 뒤로 젖혀 준다. 이러한 동작들은 척추를 지지하는 근육과 인대를 강화시켜 척추가 휘어지거나 구부러지는 것을 막아 준다. 따라서 이런 운동은 척추 건강을 위해 꼭 필요하다.

> **보기**
>
> ㉠ 허리를 곧게 펴고 앉아 어깨를 뒤로 젖히고 고개를 들어 하늘을 본다.
> ㉡ 그렇기 때문에 적절한 대응 방안이 마련되지 않으면 문제가 더욱 심각해질 것이다.
> ㉢ 의자에 앉아 있을 때는 엉덩이를 의자 끝까지 밀어 넣고 등받이에 반듯하게 상체를 기대 척추를 꼿꼿하게 유지해야 한다.

	(가)	(나)	(다)
①	㉠	㉡	㉢
②	㉡	㉠	㉢
③	㉡	㉢	㉠
④	㉢	㉠	㉡
⑤	㉢	㉡	㉠

13 A시 주거복지과의 김대리는 '주거지원 정책 방향'에 대한 보고서를 쓰기 위해 개요를 작성하였다가 새로운 자료를 추가로 접하였다. 다음 중 개요를 수정하여 작성한 내용으로 적절하지 않은 것은?

Ⅰ. 서론
   1. 주거지원 정책의 필요성
Ⅱ. 본론
   1. 주거실태 현황 분석
      (1) 주거유형 및 점유형태
      (2) 주거취약계층의 주거비 부담
      (3) 정책 수요
   2. 주거지원 정책 방안
      (1) 정책지원 방향 및 기본원칙
      (2) 정책지원 방식
Ⅲ. 결론
   1. 정책지원에 따른 기대효과
   2. 주거지원 정책의 향후과제

〈새로운 자료〉

통계청에 따르면 1인가구는 혼자서 살림하는 가구로서 1인이 독립적으로 취사, 취침 등 생계를 유지하고 있는 가구를 의미한다.

1인가구 규모는 2015년 518만 가구에서 2045년에는 810만 가구로 증가가 예상되며, 총가구에서 차지하는 비중도 27.2%에서 36.3%로 증가할 것으로 예상된다. 또한 2015년 기준 1인가구의 연령대별 분포는 30대 이하가 191만으로 가장 많고, 2045년에는 177만 가구로 소폭 하락이 예상된다. 한국의 1인가구는 주요 국가와 비교해도 이례적으로 빠른 속도로 증가하고 있다.

① 서론에서 주거지원 정책의 필요성에 1인가구가 빠른 속도로 증가하고 있다는 내용을 추가한다.

② 본론에서 주거유형 및 점유형태에 1인 청년가구의 주거유형의 통계 자료를 추가한다.

③ Ⅱ-1-(2)의 내용을 '1인가구의 급증과 정책적 대응 미흡'으로 수정한다.

④ Ⅱ-2-(2)의 내용을 '1인가구 정책지원 방안 및 기본원칙'으로 수정한다.

⑤ 결론에서 1인가구들이 주택을 계약하는 과정에서 어려움을 겪은 인터뷰 내용을 추가한다.

14 다음 글은 독서반 학생이 독서 일기에 쓴 내용과 친구들이 덧붙인 의견을 옮긴 것이다. 친구들의 의견을 읽고 떠올린 ㉠~㉤의 수정 방안으로 적절하지 않은 것은?

〈㉠ 흥부전〉

_____㉡_____ ㉢ 고전을 읽는 이유는 고전이 시대를 초월하여 우리에게 다양한 의미를 준다. 흥부전은 권선징악(勸善懲惡)의 교훈만 주는 것이 아니라, 흥부와 놀부라는 인물 유형을 통해 바람직한 삶과 행복의 조건에 대해 끊임없이 재해석할 여지를 준다.

시대는 달라졌지만 고전에 나타난 문제의식은 여전히 유효하다. 현대 사회가 안고 있는 정치, 사회, 교육 등 수많은 문제들은 우리 시대만의 문제라기보다는 인류가 오랫동안 고민해 온 문제라고 할 수 있다. _____㉣_____

㉤ 고전은 왜 읽는가? 컴퓨터만 켜면 수많은 정보와 지식을 손쉽게 얻을 수 있는 현실에서, 힘들여 고전을 읽는 일이 과연 왜 필요한가에 대해 의문을 품는 것도 무리는 아니다.

따라서 우리는 인류가 쌓아온 지혜의 보물 창고인 고전에서 현대 사회를 바라보는 안목과 자신의 삶에 대한 새로운 통찰을 얻을 수 있을 것이다.

친구들의 의견	• 영희 : 제목만 보고는 글의 내용을 짐작하기 어려웠어. • 주희 : 옛날 책은 다 고전인 거야? • 민희 : 첫 번째 문장이 어딘지 어색하지 않아? • 재희 : 난 흥부전이 고전으로서 왜 가치가 있는지 좀 더 자세히 알고 싶은데. • 경희 : 세 번째 문단이 다른 문단이랑 잘 연결되지 않는 것 같아.

① '영희'의 의견을 보니, 제목이 주제를 효과적으로 드러내지 못하고 있어. ㉠을 '고전의 가치 – 흥부전을 읽는 이유'로 바꿔야겠어.

② '주희'의 의견을 보니, 고전의 개념을 명확히 밝힐 필요가 있어. ㉡에 '고전은 오랜 세월을 두고 읽을 만한 좋은 책을 뜻한다.'라는 내용을 추가해야겠어.

③ '민희'의 의견을 보니, 문장 성분의 호응이 제대로 이뤄지지 않았어. ㉢을 '고전을 읽는 이유는 고전이 시대를 초월하여 우리에게 다양한 의미를 주기 때문이다.'로 바꿔야겠어.

④ '재희'의 의견을 보니, 내 생각을 뒷받침할 근거가 부족했어. 흥부전에서 현대 사회에 적용할 수 있는 구체적인 내용을 찾아 ㉣에서 제시해야겠어.

⑤ '경희'의 의견을 보니, 세 번째 문단 ㉤의 위치가 적절하지 않아. 글의 흐름이 자연스럽도록 마지막 문단으로 옮겨야겠어.

15 다음 글의 내용으로 가장 적절한 것은?

세계관은 세계의 존재와 본성, 가치 등에 관한 신념들의 체계이다. 세계를 해석하고 평가하는 준거인 세계관은 곧 우리 사고와 행동의 토대가 되므로, 우리는 최대한 정합성과 근거를 갖추도록 노력해야 한다. 모순되거나 일관되지 못한 신념은 우리의 사고와 행동을 교란할 것이므로 세계관에 대한 관심과 검토는 중요하다. 세계관을 이루는 여러 신념 가운데 가장 근본적인 수준의 신념은 '세계는 존재한다.'이다. 이 신념이 성립해야만 세계에 관한 다른 신념, 이를테면 세계가 항상 변화한다든가 불변한다든가 하는 등의 신념이 성립하기 때문이다.

실재론은 이 근본적 신념에 덧붙여 세계가 '우리 정신과 독립적으로' 존재함을 주장한다. 내가 만들어 날린 종이비행기는 멀리 날아가, 볼 수 없게 되었다 해도 여전히 존재한다. 이는 명확해서 논란의 여지가 없어 보이지만, 반실재론자는 이 상식에 도전한다. 유명 반실재론자 버클리는 세계의 독립적 존재를 부정한다. 그는 이를 바탕으로 세계에 관한 주장을 편다. 그에 의하면 '주관적' 성질인 색깔, 소리, 냄새, 맛 등은 물론, '객관적'으로 성립한다고 여겨지는 형태, 공간을 차지함, 딱딱함, 운동 등의 성질도 오로지 우리가 감각할 수 있을 때만 존재하는 주관적 속성이다. 세계 속의 대상과 현상이란 이런 속성으로 구성되므로 세계는 감각으로 인식될 때만 존재한다는 것이다.

버클리의 주장은 우리의 통념과 충돌한다. 당시 어떤 사람이 돌을 차면서 "나는 이렇게 버클리를 반박한다!"라고 외쳤다고 한다. 그는 날아간 돌이 엄연히 존재한다는 점을 근거로 버클리의 주장을 반박하고자 한 것이다. 그러나 버클리를 비롯한 반실재론자들이 부정한 것은 세계가 정신과 독립하여 그 자체로 존재한다는 신념이다. 따라서 돌을 찬 사람은 그들을 제대로 반박하지 못했다고 볼 수 있다.

최근까지도 새로운 형태의 반실재론이 제기되어 활발한 논의가 진행 중이다. 논증의 성패를 떠나 반실재론자는 타성에 젖은 실재론적 세계관의 토대에 대해 성찰할 기회를 제공한다. 또한 세계관에 대한 도전과 응전의 반복은 그 자체로 인간 지성이 상호 소통하면서 발전하는 과정을 보여준다.

① 실재론자에게 있어서 세계는 감각할 수 있는 요소에 한정된다.
② 발로 찼을 때 날아간 돌은 실재론자의 주장이 옳다는 사실을 증명한다.
③ 실재론이나 반실재론 모두 세계는 존재한다는 공통적인 전제를 깔고 있다.
④ 형태나 운동 등이 객관적인 속성을 갖췄다는 사실은 실재론자나 반실재론자 모두 인정하는 부분이다.
⑤ 현대 사회에서는 실재론이 쇠퇴하고 반실재론에 관한 논의가 활발하게 진행되며 거의 정론으로 받아들여지고 있다.

16 다음 글의 내용으로 적절하지 않은 것은?

> 최저임금제도는 정부가 근로자들을 보호하고 일자리의 질을 향상시키기 위해 근로자들이 임금을 일정 수준 이하로 받지 않도록 보장하여 경제적인 안정성을 제공하는 제도이다.
>
> 최저임금제도는 일자리의 안정성과 경제의 포용성을 촉진한다. 일정 수준 이상으로 설정된 최저임금은 근로자들에게 최소한의 생계비를 보장하고 근로 환경에서의 안정성을 확보할 수 있게 한다. 이는 근로자들의 삶의 질과 근로 만족도를 향상시키는 데 기여한다.
>
> 최저임금제도는 불공정한 임금 구조를 해소하고 경제적인 격차를 완화하는 데 도움을 준다. 일부 기업에서는 경쟁력 확보나 이윤 극대화를 위해 근로자들에게 낮은 임금을 지불하는 경우가 있다. 최저임금제도는 이런 부당한 임금 지급을 방지하고 사회적인 형평성을 증진시킨다.
>
> 또한 최저임금제도는 소비 활성화와 경기 부양에도 기여한다. 근로자들이 안정된 임금을 받게 되면 소비력이 강화되고, 소비 지출이 증가한다. 이는 장기적으로 기업의 생산과 판매를 촉진해 경기를 활성화한다.
>
> 그러나 최저임금제도는 일부 기업에 추가적인 경제적 부담으로 다가올 수 있다. 인건비 인상으로 인한 비용 부담 증가는 일자리의 제약이나 물가 상승으로 이어질 수 있다. 그러므로 정부는 적절한 최저임금 수준을 설정하고 기업의 경쟁력을 고려하여 대응 방안을 모색해야 한다.
>
> 이와 같이 최저임금제도는 노동자 보호와 경제적 포용성을 위한 중요한 정책 수단이다. 그러나 최저임금제도만으로는 모든 경제적 문제를 해결할 수 없으며 근로시간, 근로조건 등 다른 노동법과의 조화가 필요하다.

① 최저임금제도는 기업에 아무런 이득이 없다.
② 최저임금제도는 기업의 경제적 부담을 증가시킬 수 있다.
③ 최저임금제도는 근로자의 소비를 증가시킨다.
④ 최저임금제도는 경제적 양극화를 완화하는 데 도움을 준다.
⑤ 최저임금제도를 통해 근로자들은 최소한의 생계비를 보장받을 수 있다.

17 다음 글의 제목으로 가장 적절한 것은?

중소기업은 기발한 아이디어와 차별화된 핵심기술이 없으면 치열한 경쟁에서 뒤처질 수밖에 없다. 그러나 중소기업의 핵심기술은 항상 탈취나 유출의 위험에 노출되어 있다고 해도 과언이 아니다. 목숨과도 같은 기술을 뺏기면 중소기업은 문을 닫아야 할 위기에 봉착하고 만다. 그러니 철저한 기술 보호는 중소기업의 생명과 직결된다고 볼 수 있다.

기업들의 기술 탈취 근절 공감대는 폭넓게 확산되고 있지만, 여전히 갈 길이 멀다. 그렇다 보니 당사자인 중소기업에는 기술 보호를 위한 선제적 노력이 요구된다. 중소기업 기술 보호의 첫걸음은 특허등록이다. 특허등록 시에는 두 가지를 꼭 고려해야 한다. 먼저 '똑똑한 특허'를 출원해야 한다. 비용과 시간이 들더라도 청구 범위가 넓은 특허가 필요하다. 기술개발과 제품 론칭에만 신경 쓰다 보면 출원을 소홀히 해 '부실 특허'를 낳을 수 있다. 출원 비용이 만만찮다 보니 특허출원 수나 기간을 간과하는 경우도 흔한 일이다.

다음은 기술 유출 방지에 최선을 다해야 한다. 기술 유출 방지는 기술개발 못지않게 중요하다. 많은 중소기업은 기술개발이 끝난 뒤 특허등록을 추진하고 있다. 그렇지만 특허출원 이전에 내부 기술이 유출된다면 그동안의 노력은 물거품이 되고 만다. 기술개발 단계부터 특허등록을 염두에 두고 기술 유출 방지에 최선을 다해야 하는 이유다.

특허등록과 더불어 필요한 것은 기술 보호 역량이다. 대부분의 중소기업은 기술력이 있어도 기술 보호 역량이 취약하다. 기술 보호에 대한 경각심도 높지 않은 편이다. 이러한 문제는 기술 및 지식재산권 분야 법률서비스를 제공하고, 관련 제도 정책을 교육하는 '중소기업 기술 보호 법무지원단'과 경쟁사의 기술 도용 등을 막는 강력한 제도인 '기술자료 임치제도' 등의 제도를 활용하면 기술 탈취, 불공정 거래 행위 예방과 기술을 보호받을 수 있다.

① 중소기업 기술 보호의 방안
② 기술분쟁 사례와 선제적 대응 방안
③ 비교·분석을 통한 기술 보호 전략
④ 핵심기술 특허등록의 중요성
⑤ 기업 생존을 위해 불가피한 기술 탈취

18 다음 글을 읽고 추론할 수 있는 내용으로 적절하지 않은 것은?

삼국통일을 이룩한 신라는 경덕왕(742~765)대에 이르러 안정된 왕권과 정치제도를 바탕으로 문화적인 면 역시 황금기를 맞이하게 되었다. 불교문화 역시 융성기를 맞이하여 석굴암, 불국사를 비롯한 많은 건축물과 조형물을 건립함으로써 당시의 문화적 수준과 역량을 지금까지 전하고 있다. 석탑에 있어서도 시원양식과 전형기를 거치면서 성립된 양식이 이때에 이르러 통일된 수법으로 정착되어, 이후 건립되는 모든 석탑의 근원적인 양식이 되고 있다. 건립된 석탑으로는 나원리 오층석탑, 구황동 삼층석탑, 장항리 오층석탑, 불국사 삼층석탑, 갈항사지 삼층석탑, 원원사지 삼층석탑 그리고 경주지방 외에 청도 봉기동 삼층석탑과 창녕 술정리 동삼층석탑 등이 있다. 이들은 대부분 불국사 삼층석탑의 양식을 모형으로 건립되었다. 이러한 석탑이 경주지방에 밀집된 이유는 통일된 석탑양식이 아직은 지방으로까지 파급되지 못하였음을 보여주고 있다.

이 통일된 수법을 가장 대표하는 석탑이 불국사 삼층석탑이다. 부재의 단일화를 통해 규모는 축소되었으나, 목조건축의 양식을 완벽하게 재현하고 있고, 양식적인 면에서도 초기적인 양식을 벗어나 높은 완성도를 보이고 있다.

그 특징은 첫 번째, 이층기단으로 상·하층기단부에 모두 2개의 탱주와 우주를 마련하고 있다. 또한 하층기단갑석의 상면에는 호각형 2단의 상층기단면석 받침이, 상층기단갑석의 상면에는 각형 2단의 1층탑신석 받침이 마련되었고, 하면에는 각형 1단의 부연이 마련되었다. 두 번째로 탑신석과 옥개석은 각각 1석으로 구성되었다. 또한 1층 탑신에 비해 2·3층 탑신이 낮게 만들어져 체감율에 있어 안정감을 주고 있다. 옥개석은 5단의 옥개받침과 각형 2단의 탑신받침을 가지고 있으며, 낙수면의 경사는 완만하고, 처마는 수평을 이루다가 전각에 이르러 날렵한 반전을 보이고 있다. 세 번째로 상륜부는 대부분 결실되어 노반석만 남아있다.

① 경덕왕 때 불교문화가 번창할 수 있었던 것은 안정된 정치 체제가 바탕이 되었기 때문이다.
② 장항리 오층석탑은 불국사 삼층석탑과 동일한 양식으로 지어졌다.
③ 경덕왕 때 통일된 석탑양식은 경주뿐만 아니라 전 지역으로 유행했다.
④ 통일된 석탑 양식 이전에는 시원양식을 사용해 석탑을 만들었다.
⑤ 탑신부에서 안정감이 느껴지는 것은 아래층보다 위층을 낮게 만들었기 때문이다.

19 다음 글의 주장에 대한 반박으로 가장 적절한 것은?

> 우리는 우리가 생각한 것을 말로 나타낸다. 또 다른 사람의 말을 듣고, 그 사람이 무슨 생각을 가지고 있는가를 짐작한다. 그러므로 생각과 말은 서로 떨어질 수 없는 깊은 관계가 있다.
>
> 그러면 말과 생각이 얼마만큼 깊은 관계가 있을까? 이 문제를 놓고 사람들은 오랫동안 여러 가지 생각을 했다. 그 가운데 가장 두드러진 것이 두 가지 있다. 그 하나는 말과 생각이 서로 꼭 달라붙은 쌍둥이인데 한 놈은 생각이 되어 속에 감추어져 있고 다른 한 놈은 말이 되어 사람 귀에 들리는 것이라는 생각이다. 다른 하나는 생각이 큰 그릇이고 말은 생각 속에 들어가는 작은 그릇이어서 생각에는 말 이외에도 다른 것이 더 있다는 생각이다.
>
> 이 두 가지 생각 가운데서 앞의 것은 조금만 깊이 생각해 보면 틀렸다는 것을 즉시 깨달을 수 있다. 우리가 생각한 것은 거의 대부분 말로 나타낼 수 있지만, 누구든지 가슴 속에 응어리진 어떤 생각이 분명히 있기는 한데 그것을 어떻게 말로 표현해야 할지 애태운 경험을 가지고 있을 것이다. 이것 한 가지만 보더라도 말과 생각이 서로 안팎을 이루는 쌍둥이가 아님은 쉽게 판명된다.
>
> 인간의 생각이라는 것은 매우 넓고 큰 것이며, 말이란 결국 생각의 일부분을 주워 담는 작은 그릇에 지나지 않는다. 그러나 아무리 인간의 생각이 말보다 범위가 넓고 큰 것이라고 하여도 그것을 가능한 한 말로 바꾸어 놓지 않으면 그 생각의 위대함이나 오묘함이 다른 사람에게 전달되지 않기 때문에 생각이 형님이요, 말이 동생이라고 할지라도 생각은 동생의 신세를 지지 않을 수가 없게 되어 있다.

① 말은 생각이 바탕이 되어야 생산될 수 있다.
② 생각을 드러내는 가장 직접적인 수단은 말이다.
③ 사회적·문화적 배경이 우리의 생각에 영향을 끼친다.
④ 말이 통하지 않아도 생각은 얼마든지 전달될 수 있다.
⑤ 말과 생각은 서로 영향을 주고받는 긴밀한 관계를 유지한다.

20 다음 글의 서술 방식의 특징으로 가장 적절한 것은?

현대의 도시에서는 정말 다양한 형태를 가진 건축물들을 볼 수 있다. 형태뿐만 아니라 건물 외벽에 주로 사용된 소재 또한 유리나 콘크리트 등 다양하다. 이렇듯 현대에는 몇 가지로 규정하는 것이 아예 불가능할 만큼 다양한 건축양식이 존재한다. 그러나 다양하고 복잡한 현대의 건축양식에 비해 고대의 건축양식은 매우 제한적이었다.

그리스 시기에는 주주식, 주열식, 원형식 신전을 중심으로 몇 가지의 공통된 건축양식을 보인다. 이러한 신전 중심의 그리스 건축양식은 시기가 지나면서 다른 건축물에 영향을 주었다. 신전에만 쓰이던 건축양식이 점차 다른 건물들의 건축에도 사용이 되며 확대되었던 것이다. 대표적으로 그리스 연못은 신전에 쓰이던 기둥의 양식들을 바탕으로 회랑을 구성하기도 하였다.

헬레니즘 시기를 맞이하면서 건축양식을 포함하여 예술 분야가 더욱 발전하며 고대 그리스 시기에 비해 다양한 건축양식이 생겨났다. 뿐만 아니라 건축 기술이 발달하면서 조금 더 다양한 형태의 건축이 가능해졌다. 다층구조나 창문이 있는 벽을 포함한 건축양식 등 필요에 따라서 실용적이고 실측적인 건축양식이 나오기 시작한 것이다. 또한 연극의 유행으로 극장이나 무대 등의 건축양식도 등장하기 시작하였다.

로마 시대에 이르러서는 원형 경기장이나 온천, 목욕탕 등 특수한 목적을 가진 건축물들에도 아름다운 건축양식이 적용되었다. 현재에도 많은 사람들이 관광지로서 찾을 만큼, 로마 시민들의 위락시설들에는 다양하고 아름다운 건축양식들이 적용되었다.

① 역사적 순서대로 주제의 변천에 대해서 서술하고 있다.

② 전문가의 말을 인용하여 신뢰도를 높이고 있다.

③ 비유적인 표현 방법을 사용하여 문학적인 느낌을 주고 있다.

④ 현대에서 찾을 수 있는 건축물의 예시를 들어 독자의 이해를 돕고 있다.

⑤ 시대별 건축양식의 장단점을 분석하고 있다.

01 냉장고 88대와 창고 10개가 있다. 한 창고에 냉장고를 9대까지 보관 가능하다고 할 때, 냉장고를 창고에 보관할 수 있는 경우의 수는?

① 40가지   ② 45가지

③ 50가지   ④ 55가지

⑤ 60가지

02 0 ~ 4가 적힌 카드 5장이 있다. A와 B는 이 중 3장의 카드를 뽑아 큰 숫자부터 나열하여 가장 큰 세 자리 숫자를 만든 사람이 이기는 게임을 하기로 했다. A가 0, 2, 3을 뽑았을 때, B가 이길 확률은?

① 60%   ② 65%

③ 70%   ④ 75%

⑤ 80%

03 B대리는 주말마다 집 앞 산책로에서 운동한다. 10km인 산책로를 3km/h의 속력으로 걷다가 중간에 6km/h로 뛰어 2시간 만에 완주할 때, B대리가 6km/h로 뛰어간 거리는?

① 4km   ② 6km

③ 8km   ④ 10km

⑤ 12km

04 일정한 속력으로 달리는 기차가 길이 480m인 터널을 완전히 통과하는 데 걸리는 시간이 36초이고 같은 속력으로 길이 600m인 철교를 완전히 통과하는 데 걸리는 시간이 44초일 때, 기차의 속력은?

① 15m/s ② 18m/s

③ 20m/s ④ 24m/s

⑤ 25m/s

05 정혁이가 집에서 역까지 갈 때는 50m/min, 돌아올 때는 60m/min의 속력으로 걸어서 총 22분이 걸렸다. 이때 역에서 집까지 돌아올 때 걸린 시간은?

① 7분 ② 8분

③ 9분 ④ 10분

⑤ 11분

06 농도 6%의 소금물 200g에서 소금물을 조금 덜어낸 후, 덜어낸 양의 절반만큼 물을 넣고 농도 2%의 소금물을 더 넣었더니 농도 3%의 소금물 300g이 되었다. 더 넣은 농도 2% 소금물의 양은?

① 90g ② 105g

③ 120g ④ 135g

⑤ 150g

07 농도 6%의 소금물과 농도 8%의 소금물을 섞은 소금물에 물을 더 넣어 농도 4%의 소금물 500g을 만들었다. 더 넣은 물의 양과 농도 6% 소금물의 양이 같을 때, 더 넣은 물의 양과 농도 8% 소금물의 양의 합은?

① 195g ② 300g

③ 405g ④ 510g

⑤ 615g

08 지름이 15cm인 톱니바퀴와 지름이 27cm인 톱니바퀴가 서로 맞물려 돌아가고 있다. 큰 톱니바퀴가 분당 10바퀴를 돌았다면, 작은 톱니바퀴의 분당 회전수는?

① 16바퀴   ② 17바퀴

③ 18바퀴   ④ 19바퀴

⑤ 20바퀴

09 수돗가에 서로 각기 다른 물의 양이 나오는 세 개의 수도꼭지 A ~ C가 있다. 비어있는 양동이에 물을 완전히 채우기 위해 A ~ C수도꼭지 모두 틀었더니 10분이 걸렸고, B수도꼭지와 C수도꼭지만 틀면 30분이 걸렸다. A수도꼭지에서 1분당 물이 나오는 양은 B수도꼭지의 8배였다. 이때, C수도꼭지만으로 양동이를 가득 채우는데 걸리는 시간은?

① 20분   ② 25분

③ 30분   ④ 40분

⑤ 55분

10 세희네 가족의 올해 여름휴가 비용은 작년 대비 교통비는 15%, 숙박비는 24% 증가하여 전체 휴가비용이 20% 증가하였다. 작년 전체 휴가비용이 36만 원일 때, 올해 숙박비는?(전체 휴가비는 교통비와 숙박비의 합이다)

① 160,000원   ② 184,000원

③ 200,000원   ④ 248,000원

⑤ 268,000원

11 A자원센터는 봄을 맞이하여 동네 주민들에게 사과, 배, 딸기의 세 과일을 한 상자씩 선물하려고 한다. 사과 한 상자 가격은 1만 원이고, 배 한 상자는 딸기 한 상자의 가격의 2배이며 딸기 한 상자와 사과 한 상자의 가격의 합은 배 한 상자의 가격보다 2만 원 더 싸다. 10명의 동네 주민들에게 선물을 준다고 하였을 때 A자원센터가 내야 하는 총비용은?

① 400,000원   ② 600,000원

③ 800,000원   ④ 1,000,000원

⑤ 1,200,000원

12 현재 어머니의 나이는 미정이의 나이보다 32세 더 많다. 8년 후 어머니의 나이는 미정이의 나이의 2배보다 14세 더 많아진다고 한다면, 어머니의 나이가 미정이의 나이의 2배보다 적어지는 것은 현재로부터 몇 년 후인가?

① 21년 후   ② 22년 후

③ 23년 후   ④ 24년 후

⑤ 25년 후

13 학생 5명과 어른 6명이 놀이공원에 가는 데 어른의 입장료는 학생의 입장료보다 2배 더 비싸다고 한다. 11명의 입장료를 합하여 51,000원을 냈다면 어른 한 명의 입장료는?

① 2,000원   ② 3,000원

③ 4,000원   ④ 5,000원

⑤ 6,000원

14 수학시험에서 민준이는 101점, 예준이는 105점, 서연이는 108점을 받았다. 지우의 점수까지 합친 평균이 105점일 때 지우의 점수는?

① 105점　　　　　　　　　　② 106점
③ 107점　　　　　　　　　　④ 108점
⑤ 109점

15 다음은 동북아시아 3개국 수도의 30년간 인구 변화를 나타낸 자료이다. 이에 대한 설명으로 옳지 않은 것은?

〈동북아시아 3개국 수도 인구수〉

(단위 : 십만 명)

구분	1994년	2004년	2014년	2024년
서울	80	120	145	180
베이징	50	80	158	205
도쿄	300	330	356	360

① 세 도시 중 해당 기간 동안 인구가 감소한 도시가 있다.
② 1994년 대비 2004년의 서울의 인구 증가율은 50%이다.
③ 2014년을 기점으로 인구수가 2번째로 많은 도시가 바뀐다.
④ 2004년 대비 2014년의 인구 증가폭은 베이징이 가장 높다.
⑤ 2024년 인구가 최대인 도시의 인구수는 인구가 최소인 도시 인구수의 2배이다.

16 다음은 A ~ C 세 팀의 팀별 · 팀 연합별 인원수 및 평균점수에 대한 자료이다. (가)와 (나)에 들어갈 값을 바르게 연결한 것은?

〈팀별 인원수 및 평균점수〉

(단위 : 명, 점)

구분	A	B	C
인원수	( )	( )	( )
평균점수	40.0	60.0	90.0

※ 각 참가자는 A, B, C팀 중 하나의 팀에만 속하고, 개인별로 점수를 획득함

※ (팀 평균점수) = $\dfrac{(\text{해당 팀 참가자 개인별 점수의 합})}{(\text{해당 팀 참가자 인원수})}$

〈팀 연합 인원수 및 평균점수〉

(단위 : 명, 점)

구분	A+B	B+C	C+A
인원수	80	120	(가)
평균점수	52.5	77.5	(나)

※ A+B는 A팀과 B팀, B+C는 B팀과 C팀, C+A는 C팀과 A팀의 인원을 합친 팀 연합임

※ (팀 연합 평균점수) = $\dfrac{(\text{해당 팀 연합 참가자 개인별 점수의 합})}{(\text{해당 팀 연합 참가자 인원수})}$

	(가)	(나)
①	90	72.5
②	90	75.0
③	100	72.5
④	100	75.0
⑤	120	72.5

17 다음은 2024년 A ~ E 5개 테니스 팀의 선수 인원수 및 총연봉과 각각의 전년 대비 증가율에 대한 자료이다. 이에 대한 설명으로 옳지 않은 것은?

〈2024년 테니스 팀 A ~ E의 선수 인원수 및 총연봉〉

(단위 : 명, 억 원)

구분	선수 인원수	총연봉
A	5	15
B	10	25
C	10	24
D	6	30
E	6	24

※ (팀 선수 평균 연봉)= $\dfrac{(총연봉)}{(선수\ 인원수)}$

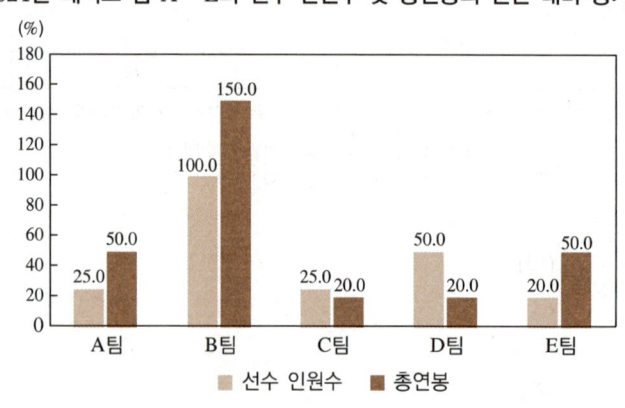

〈2024년 테니스 팀 A ~ E의 선수 인원수 및 총연봉의 전년 대비 증가율〉

① 2024년 테니스 팀 선수당 평균 연봉은 D팀이 가장 많다.

② 2024년 전년 대비 증가한 선수 인원수는 C팀과 D팀이 동일하다.

③ 2024년 A팀의 선수 평균 연봉은 전년 대비 증가하였다.

④ 2024년 선수 인원수가 전년 대비 가장 많이 증가한 팀은 총연봉도 가장 많이 증가하였다.

⑤ 2023년 총연봉은 A팀이 E팀보다 많다.

18 다음은 A공장에서 근무하는 근로자들의 임금 수준 분포를 나타낸 자료이다. 근로자 전체에게 지급된 임금(월 급여)의 총액이 2억 원일 때, 이에 대한 설명으로 옳은 것을 〈보기〉에서 모두 고르면?

〈공장 근로자의 임금 수준 분포〉

임금 수준(만 원)	근로자 수(명)
월 300 이상	4
월 270 이상 300 미만	8
월 240 이상 270 미만	22
월 210 이상 240 미만	26
월 180 이상 210 미만	30
월 150 이상 180 미만	6
월 150 미만	4
합계	100

보기

ㄱ. 근로자 1명당 평균 월 급여액은 200만 원이다.
ㄴ. 절반 이상의 근로자들이 월 210만 원 이상의 급여를 받고 있다.
ㄷ. 전체 근로자 중 월 180만 원 미만의 급여를 받는 근로자가 차지하는 비율은 10% 미만이다.

① ㄱ
② ㄷ
③ ㄱ, ㄴ
④ ㄴ, ㄷ
⑤ ㄱ, ㄴ, ㄷ

19 다음은 2014년부터 2024년까지 연도별 자동차 등록 추이에 대한 표이다. 이를 참고하여 작성한 그래프로 옳지 않은 것은?

〈연도별 자동차 등록 추이〉

(단위 : 만 대)

연도	2014년	2015년	2016년	2017년	2018년	2019년	2020년	2021년	2022년	2023년	2024년
대수	1,794	1,844	1,887	1,940	2,012	2,099	2,180	2,253	2,320	2,368	2,437

※ (당해 증가율)=[(당해연도 수)−(전년도 수)]÷(전년도 수)×100

① 2015 ~ 2019년 증가대수

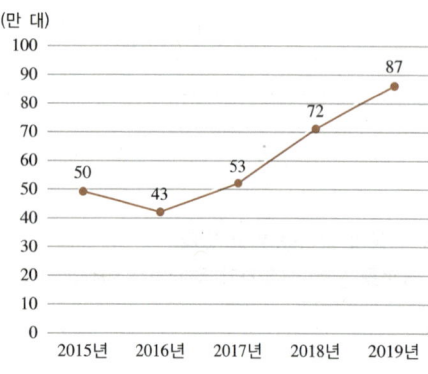

② 2020 ~ 2024년 증가대수

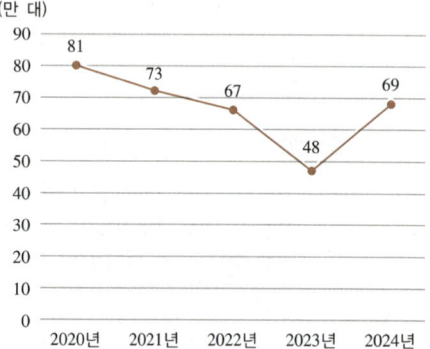

③ 2015 ~ 2019년 증가율

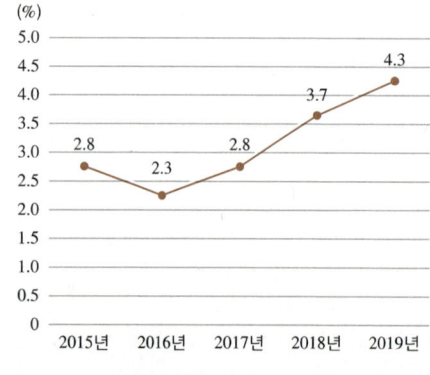

④ 2020 ~ 2024년 증가율

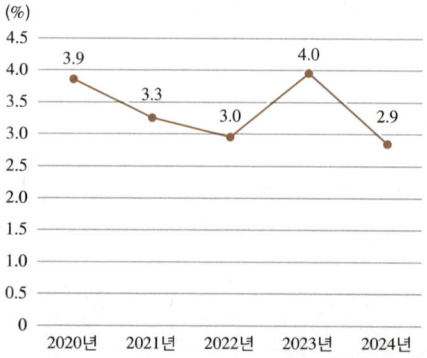

⑤ 2014 ~ 2022년 누적 등록 대수

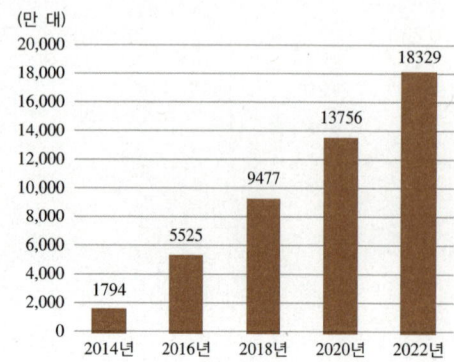

20 다음은 A병원 사망자 1,500명을 대상으로 사망원인을 조사한 자료이다. 이에 대한 설명으로 옳은 것은?

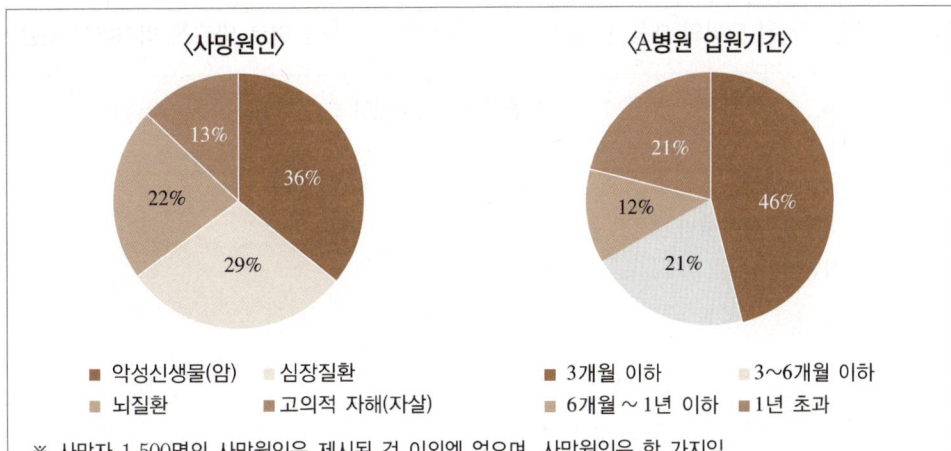

〈사망원인〉

- 악성신생물(암)
- 심장질환
- 뇌질환
- 고의적 자해(자살)

〈A병원 입원기간〉

- 3개월 이하
- 3~6개월 이하
- 6개월 ~ 1년 이하
- 1년 초과

※ 사망자 1,500명의 사망원인은 제시된 것 이외엔 없으며, 사망원인은 한 가지임
※ 입원기간은 A병원 입원일부터 사망일까지 이르는 기간을 나타냄
※ 입원기간 그래프는 A병원 사망자 1,500명의 수치를 나타냄

〈사망자 연령〉

(단위 : %)

구분	10대	20대	30대	40대	50대 이상
비율	8			17	51

※ 사망자 연령 비율의 합은 100%임

① 20대 사망자의 비율이 30대 사망자의 비율의 2배라고 할 때, 20대 사망자의 수는 40대 사망자의 수보다 많다.

② 자살로 인한 사망자 모두 입원기간이 3개월 이하라면, 이는 전체 3개월 이하 사망자 수의 30% 이상이다.

③ 입원기간이 1년 초과인 사망자 모두 암으로 인해 사망했다면, 그 사망자 수는 전체 암으로 인한 사망자 수의 55% 이상을 차지한다.

④ 10대와 20대 사망원인이 모두 자살이라고 할 때, 20대의 사망자의 수는 80명 이상이어야 한다.

⑤ 20대의 사망자 비율이 50대 이상의 사망자 비율의 $\frac{1}{3}$ 이라면, 30대 사망자 수는 100명 미만이다.

01   다음 제시된 단어의 대응 관계로 볼 때, 빈칸에 들어갈 단어로 바르게 짝지어진 것은?

자립 : (   )=심야 : (   )

① 독립, 광명
② 의존, 백주
③ 의타심, 꼭두새벽
④ 의지, 한밤
⑤ 식민지, 암흑

02   다음 중 짝지어진 단어 사이의 관계가 나머지와 다른 하나는?

① 대장장이 – 망치 – 목수
② 작곡자 – 악보 – 연주자
③ 레스토랑 – 음식 – 고객
④ 기술자 – 트랙터 – 농부
⑤ 디자이너 – 의상 – 모델

03   다음 제시된 단어에서 공통으로 연상할 수 있는 단어는?

목련, 민들레, 튤립

① 봄
② 여름
③ 옷
④ 국화
⑤ 노랑

※ 다음 중 제시된 명제가 모두 참일 때, 반드시 참인 명제를 고르시오. **[4~5]**

04

> • 속도에 관심 없는 사람은 디자인에도 관심이 없다.
> • 연비를 중시하는 사람은 내구성도 따진다.
> • 내구성을 따지지 않는 사람은 속도에도 관심이 없다.

① 디자인에 관심 없는 사람도 내구성은 따진다.
② 연비를 중시하지 않는 사람도 내구성은 따진다.
③ 연비를 중시하는 사람은 디자인에는 관심이 없다.
④ 속도에 관심이 있는 사람은 연비를 중시하지 않는다.
⑤ 내구성을 따지지 않는 사람은 디자인에도 관심이 없다.

05

> • 달리기를 잘하는 모든 사람은 영어를 잘한다.
> • 영어를 잘하는 모든 사람은 부자이다.
> • 나는 달리기를 잘한다.

① 부자는 반드시 영어를 잘한다.
② 부자는 반드시 달리기를 잘한다.
③ 나는 부자이다.
④ 영어를 잘하는 사람은 반드시 달리기를 잘한다.
⑤ 나는 영어를 잘하지 않는다.

06 제시문 A를 읽고, 제시문 B가 참인지 거짓인지 혹은 알 수 없는지 고르면?

> [제시문 A]
> • 단거리 경주에 출전한 사람은 장거리 경주에 출전한다.
> • 장거리 경주에 출전한 사람은 농구 경기에 출전하지 않는다.
> • 농구 경기에 출전한 사람은 배구 경기에 출전한다.
>
> [제시문 B]
> 농구 경기에 출전한 사람은 단거리 경주에 출전하지 않는다.

① 참　　　　　　　　② 거짓　　　　　　　　③ 알 수 없음

07

전제1. 약속을 지키지 않으면 다른 사람에게 신뢰감을 줄 수 없다.
전제2. 메모하는 습관이 없다면 약속을 지킬 수 없다.
결론. _____

① 다른 사람에게 신뢰감을 줄 수 없으면 약속을 지키지 않는다.
② 메모하는 습관이 없으면 다른 사람에게 신뢰감을 줄 수 있다.
③ 약속을 지키지 않으면 메모하는 습관이 없다.
④ 메모하는 습관이 있으면 다른 사람에게 신뢰감을 줄 수 있다.
⑤ 다른 사람에게 신뢰감을 주려면 메모하는 습관이 있어야 한다.

08

전제1. 운동을 하면 기초대사량이 증가한다.
전제2. _____
결론.　운동을 하면 체력이 좋아진다.

① 체력이 좋아지면 기초대사량이 줄어든다.
② 체력이 좋아지면 운동을 하지 않는다.
③ 기초대사량이 증가하면 체력이 좋아진다.
④ 기초대사량이 줄어들면 체력이 좋아진다.
⑤ 기초대사량이 줄어들면 체력이 나빠진다.

09　A ~ F 6명은 피자 3판을 모두 같은 양만큼 나누어 먹기로 하였다. 피자 3판은 각각 동일한 크기로 8조각으로 나누어져 있다. 다음 〈조건〉을 고려하여 앞으로 2조각을 더 먹어야 하는 사람을 고르면?

조건

• 현재 총 6조각이 남아있다.
• A, B, E는 같은 양을 먹었고, 나머지는 모두 먹은 양이 달랐다.
• F는 D보다 적게 먹었으며, C보다는 많이 먹었다.

① A, B, E   ② C
③ D   ④ F
⑤ 없음

10 S사의 A ~ F 6개 팀은 월요일부터 토요일까지 하루에 2팀씩 함께 회의를 진행한다. 다음 〈조건〉을 참고할 때, 반드시 참인 것은?(단, 월요일부터 토요일까지 각 팀의 회의 진행 횟수는 서로 같다)

> **조건**
> • 오늘은 목요일이고 A팀과 F팀이 함께 회의를 진행했다.
> • B팀은 A팀과 연이은 요일에 회의를 진행하지 않는다.
> • B팀은 오늘을 포함하여 이번 주에는 더 이상 회의를 진행하지 않는다.
> • C팀은 월요일에 회의를 진행했다.
> • D팀과 C팀은 이번 주에 B팀과 한 번씩 회의를 진행한다.
> • A팀과 F팀은 이번 주에 이틀을 연이어 함께 회의를 진행한다.

① E팀은 수요일과 토요일 하루 중에만 회의를 진행한다.
② 화요일에 회의를 진행한 팀은 B팀과 E팀이다.
③ C팀과 E팀은 함께 회의를 진행하지 않는다.
④ F팀은 목요일과 금요일에 회의를 진행한다.
⑤ C팀은 월요일과 수요일에 회의를 진행했다.

11 어느 날 밤, 도둑이 금은방에 침입하여 보석을 훔쳐 달아났다. 용의자는 A ~ E 5명으로 조사 결과 이들은 서로 친구임이 밝혀졌다. 이들 중 2명은 거짓말을 하고 있으며, 그중 한 명이 보석을 훔친 범인이라고 할 때, 범인은 누구인가?(단, 거짓말을 한 사람이 여러 진술을 하였다면 그 진술은 모두 거짓이다)

> • A : B는 그 시간에 C와 함께 동네 PC방에 있었습니다.
> • B : 그날 밤 저는 A, C와 함께 있었습니다.
> • C : 저는 사건이 일어났을 때 혼자 집에 있었습니다.
> • D : B의 진술은 참이며, 저는 금은방에 있지 않았습니다.
> • E : 저는 그날 밤 A와 함께 집에 있었고, 금은방에 있지 않았습니다.

① A   ② B
③ C   ④ D
⑤ E

※ 일정한 규칙으로 수 또는 문자를 나열할 때, 빈칸에 들어갈 알맞은 수 또는 문자를 고르시오(단, 한글모음은 일반모음 10개를 기준으로 한다). **[12~13]**

12

| Z Y W T P K ( ) |

① E   ② G

③ H   ④ L

⑤ M

13

| ㄹ 5 六 8 ( ) 11 ㅊ N |

① ㅠ   ② P

③ ㅎ   ④ 九

⑤ 7

14 다음은 일정한 규칙에 따라 수를 배치한 것이다. 빈칸에 들어갈 알맞은 수는?

1	3	4	6	7
2	−1	−2	3	1
5	10	20	( )	50

① 18   ② 24

③ 30   ④ 45

⑤ 55

15 제시된 순서도에 의해 출력되는 값은?

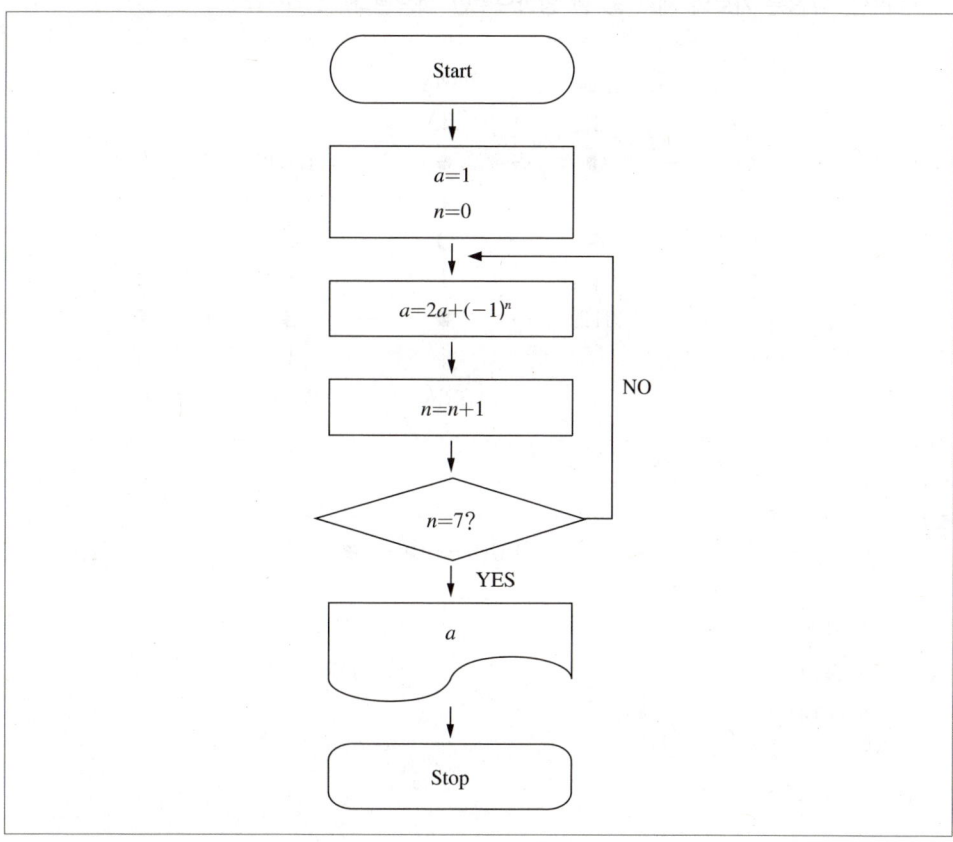

① 170

② 171

③ 172

④ 173

⑤ 174

※ 다음 도식에서 기호들은 일정한 규칙에 따라 문자를 변화시킨다. ?에 들어갈 문자로 알맞은 것을 고르
시오(단, 규칙은 가로와 세로 중 한 방향으로만 적용된다). **[16~17]**

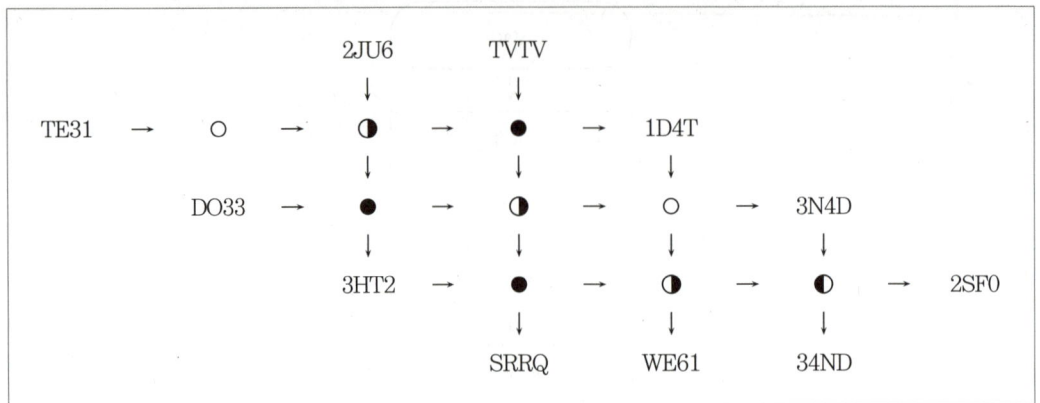

16

BE13 → ◑ → ● → ?

① 1BF3
② 3F1B
③ 0BF0
④ 0F0B
⑤ 0C0B

17

RABI → ◑ → ○ → ?

① RBAI
② RBIA
③ RLCC
④ RCCL
⑤ RCLC

18 다음 도식의 기호들은 일정한 규칙에 따라 도형을 변화시킨다. 〈보기〉의 규칙을 찾고 ?에 들어갈 도형으로 알맞은 것을 고르면?(단, 주어진 조건이 두 가지 이상일 때, 모두 일치해야 YES로 이동한다)

보기

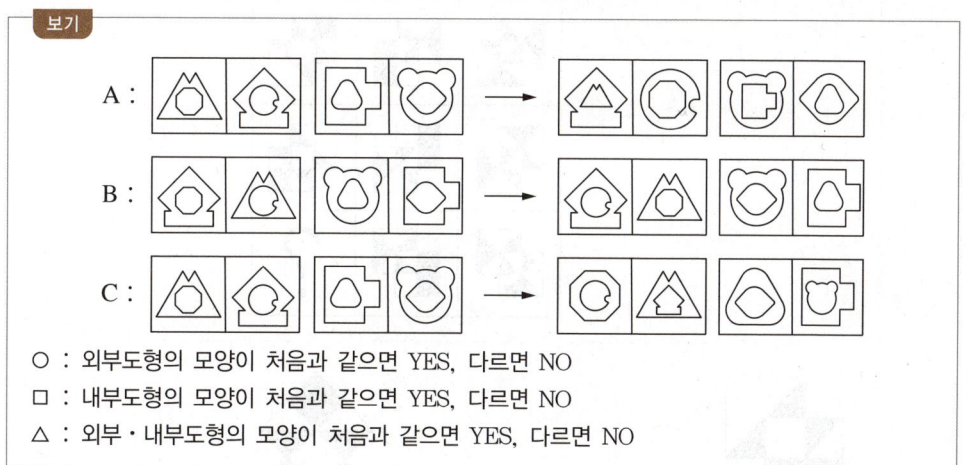

○ : 외부도형의 모양이 처음과 같으면 YES, 다르면 NO

□ : 내부도형의 모양이 처음과 같으면 YES, 다르면 NO

△ : 외부 · 내부도형의 모양이 처음과 같으면 YES, 다르면 NO

①

②

③

④

⑤

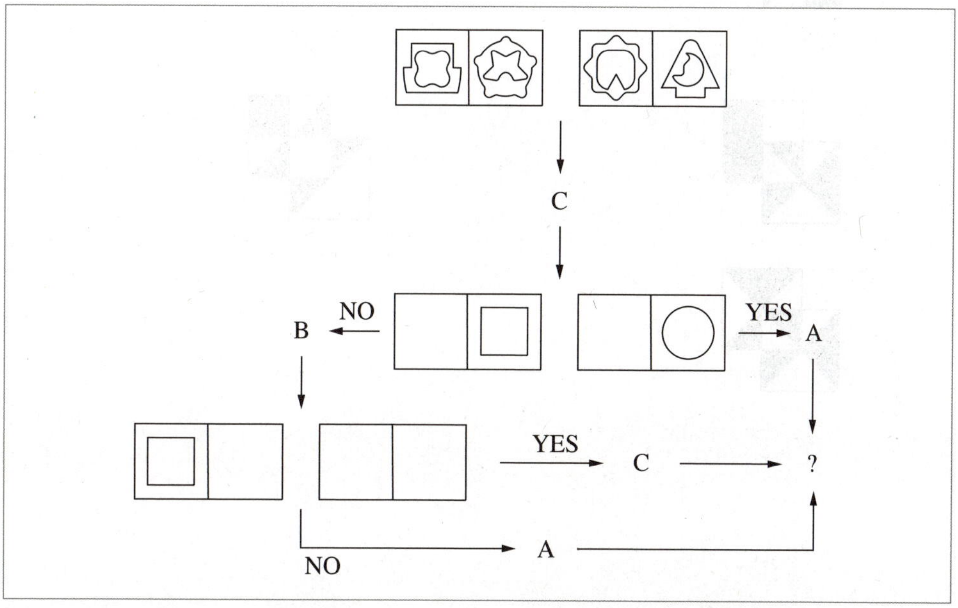

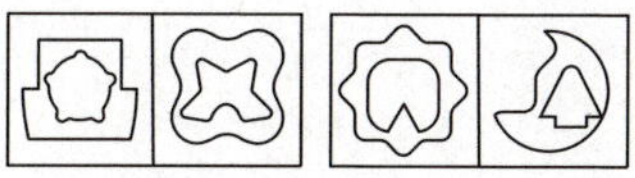

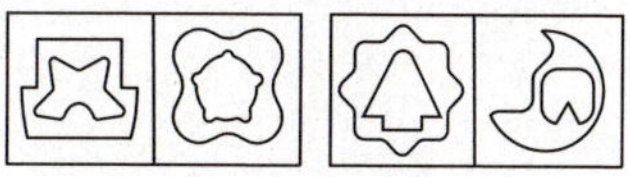

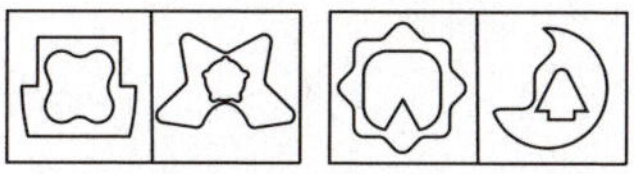

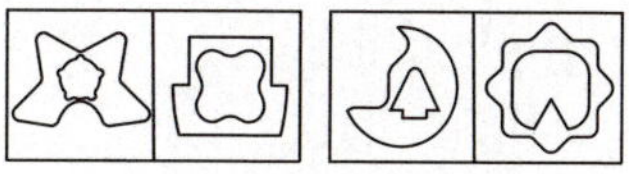

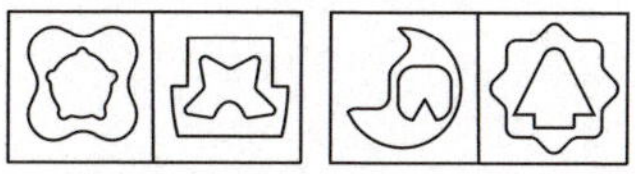

19 다음 도형의 규칙을 보고 ?에 들어갈 도형으로 알맞은 것을 고르면?

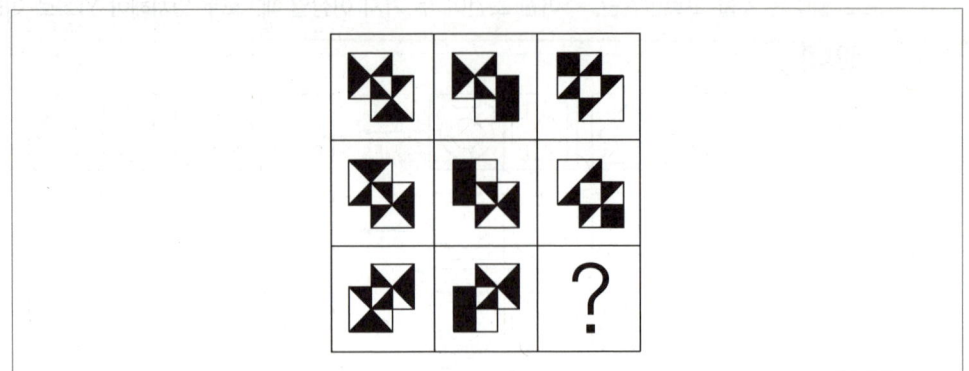

①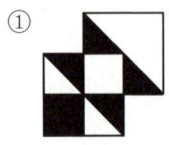

②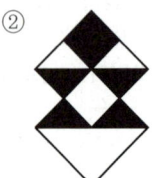

③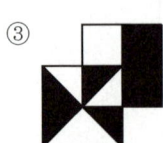

④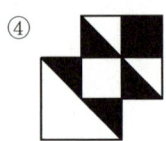

⑤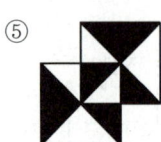

20 다음은 두 도형을 완전히 겹쳐지게 하여 새로운 도형을 만드는 과정을 나타낸 것이다. ?에 들어갈
도형으로 알맞은 것을 고르면?(단, 도형은 회전이 가능하다)

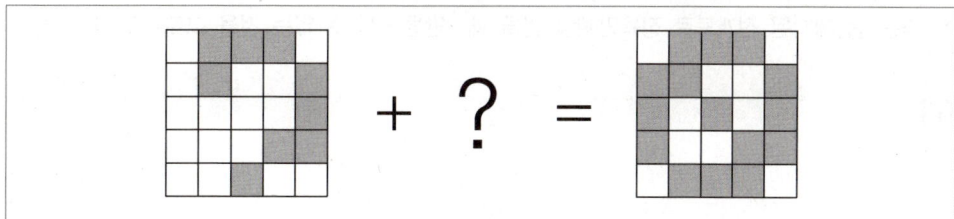

①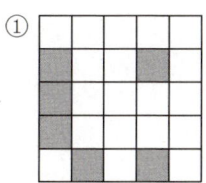

②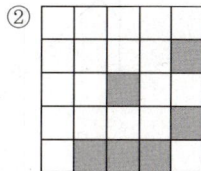

③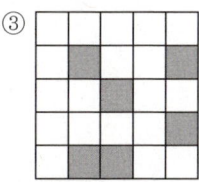

④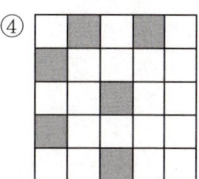

⑤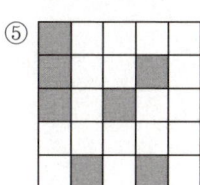

※ 다음 중 제시된 전개도로 정육면체를 만들 때, 만들어질 수 없는 것을 고르시오. [1~2]

01

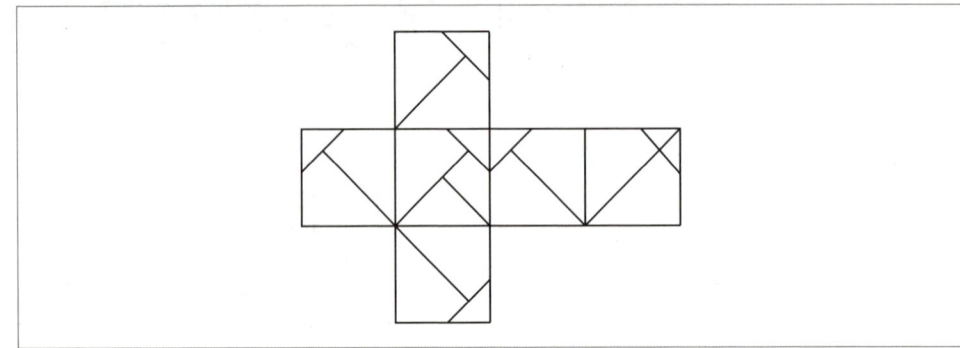

①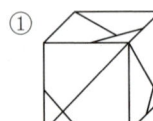

②

③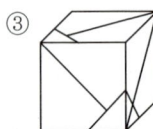

④

⑤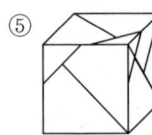

02

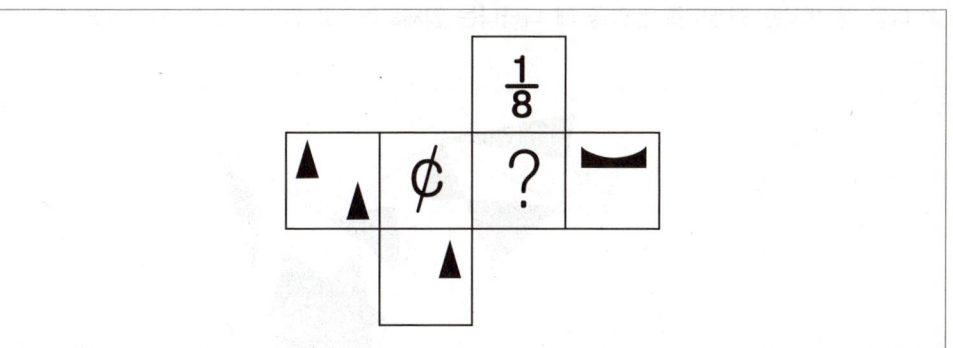

①

②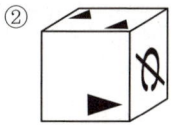

③

④

⑤

03

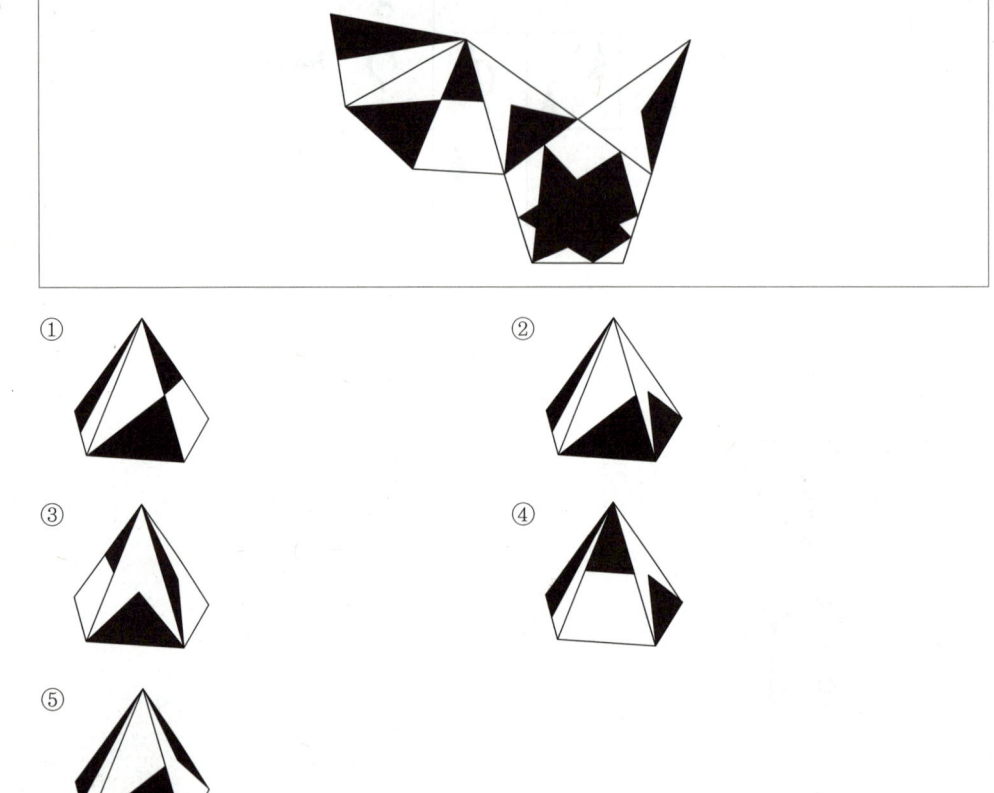

① ②

③ ④

⑤

04

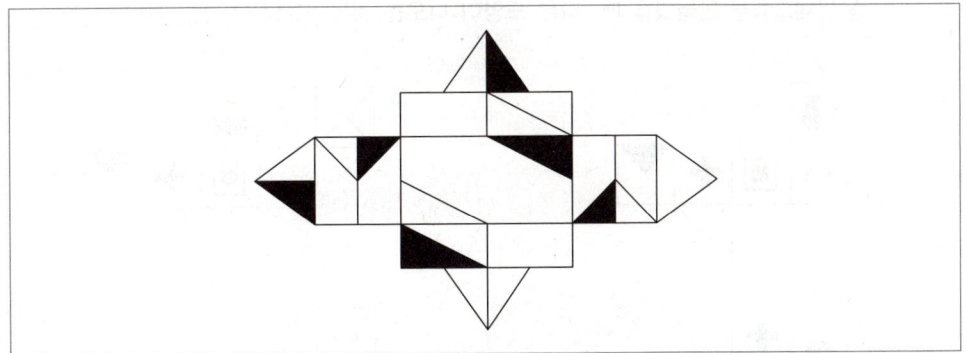

①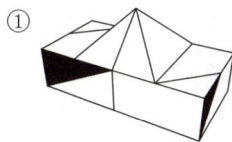

②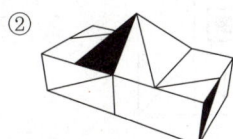

③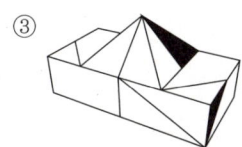

④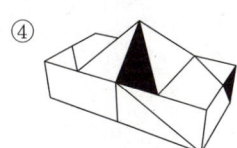

⑤

※ 다음 중 입체도형을 만들었을 때, 다른 모양이 나오는 것을 고르시오. [5~6]

05

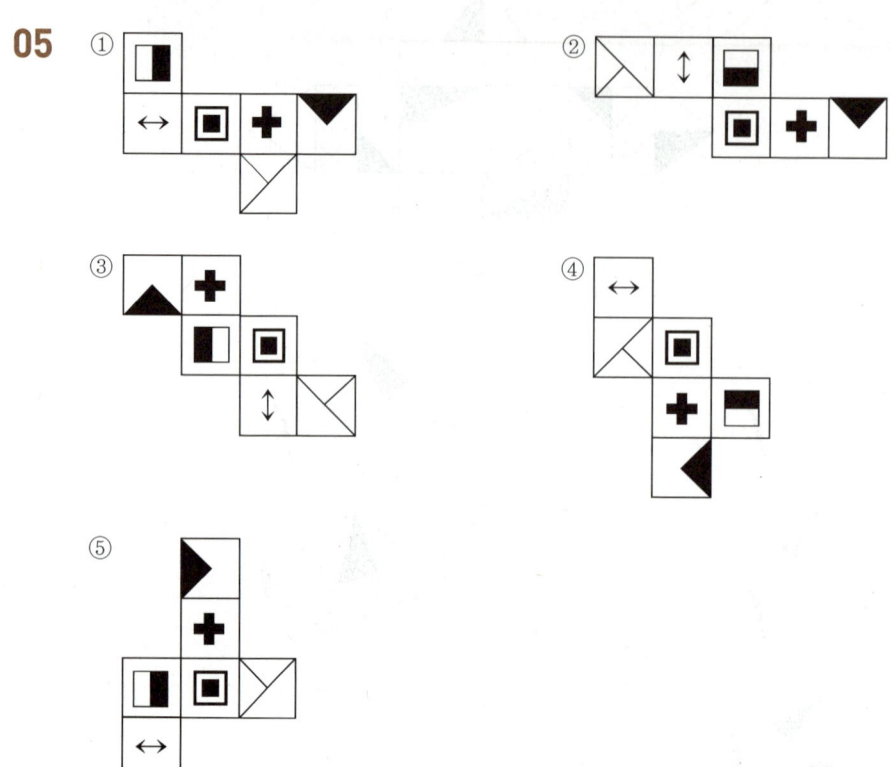

06

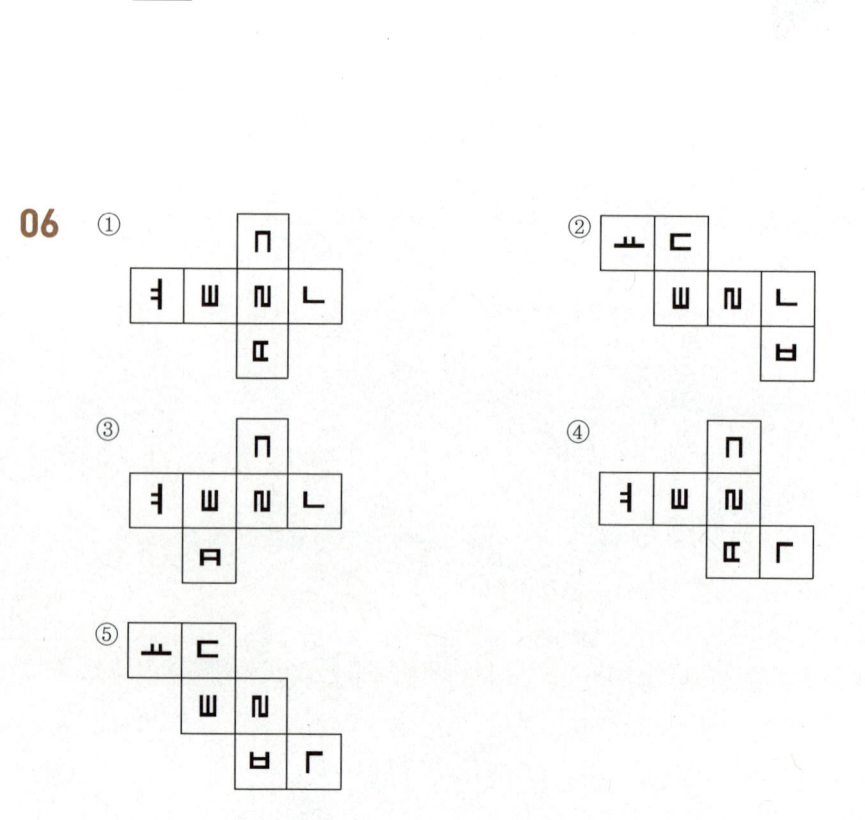

07 다음 그림과 같이 접었을 때, 나올 수 있는 뒷면의 모양으로 적절하지 않은 것은?

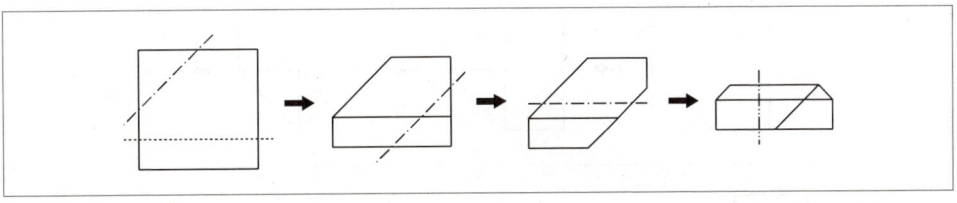

①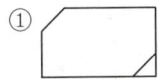

②

③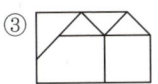

④

⑤

08 다음 그림과 같이 접었을 때, 나올 수 있는 뒷면의 모양으로 적절한 것은?

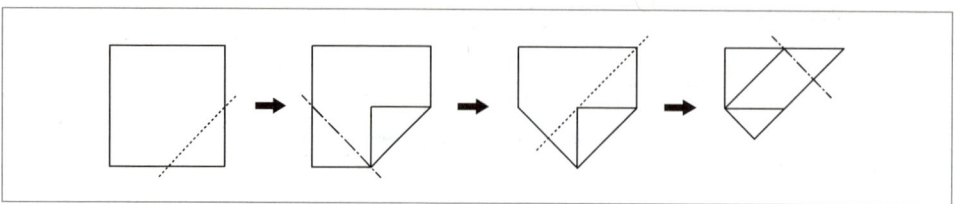

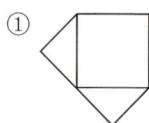

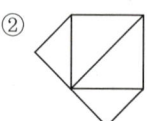

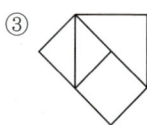

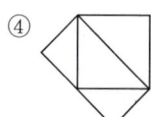

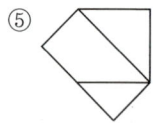

※ 다음 그림과 같이 화살표 방향으로 종이를 접은 후, 펀치로 구멍을 뚫거나 일부분을 잘라내어 다시 펼쳤을 때의 그림으로 적절한 것을 고르시오. [9~10]

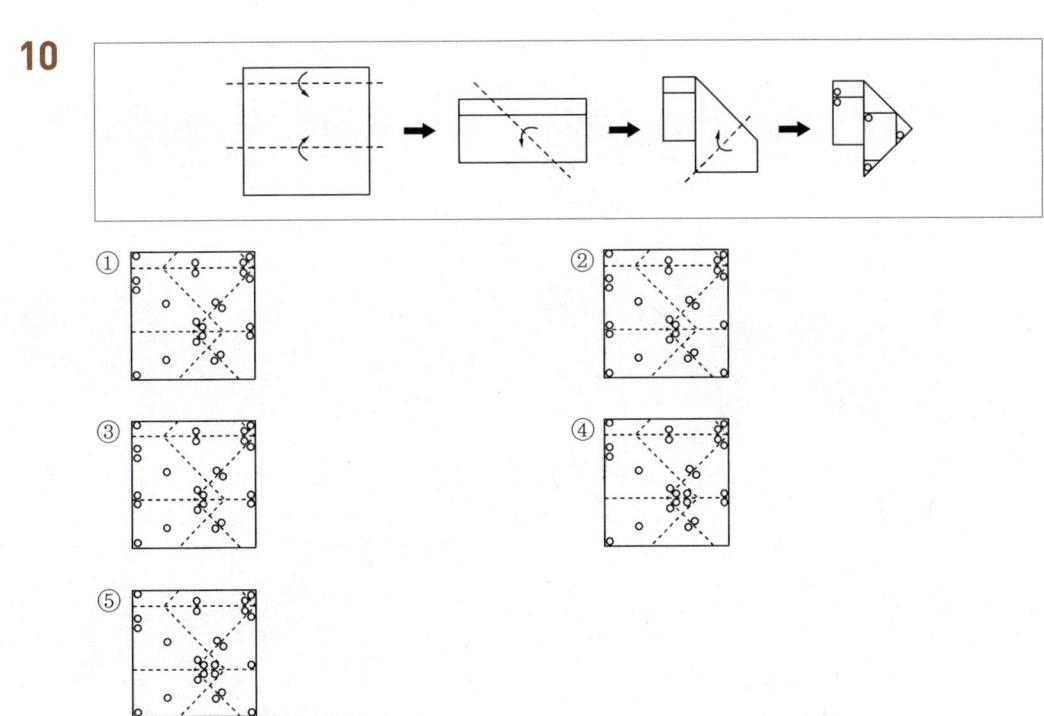

11

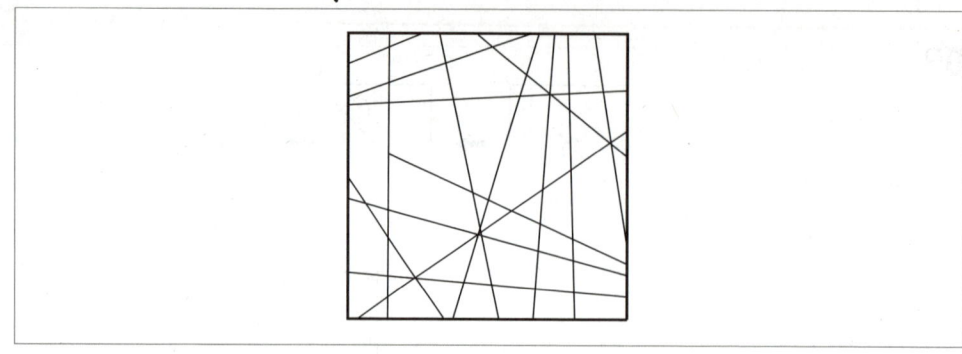

①

②

③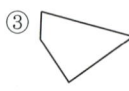

④

⑤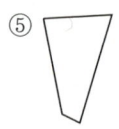

12

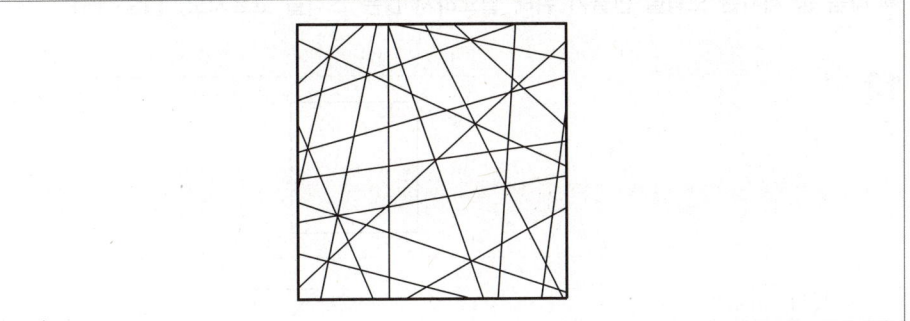

①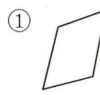

②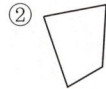

③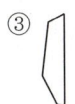

④

⑤

※ 다음 중 제시된 도형을 만들기 위해 필요하지 않은 조각을 고르시오. [13~15]

13

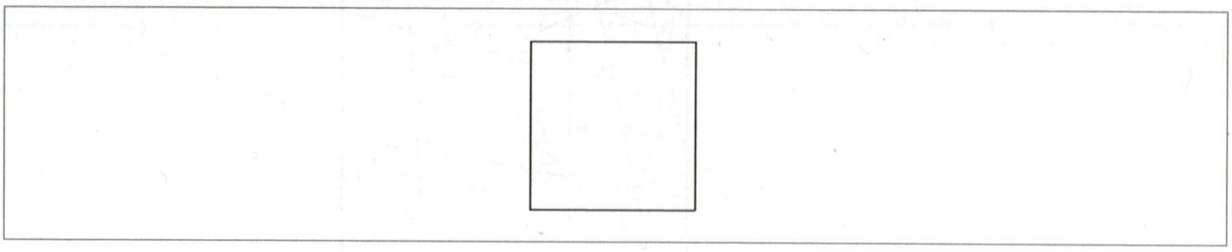

①  　②

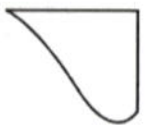

③  　④

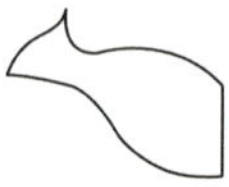

⑤

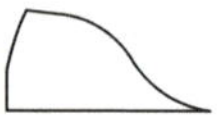

14

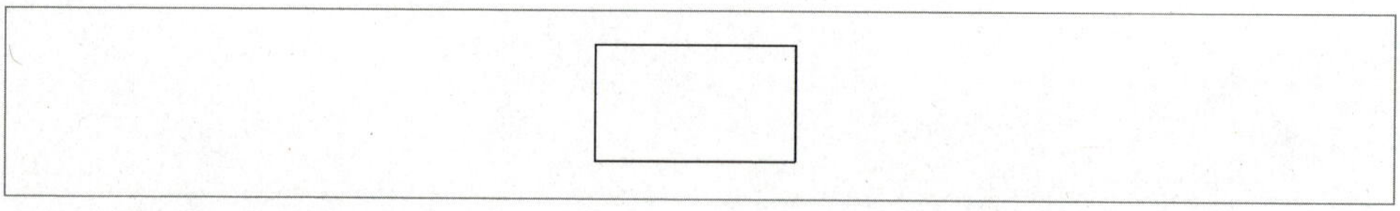

① 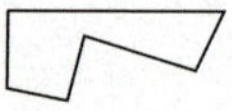 　②

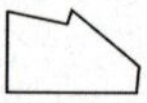

③ 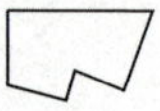 　④

⑤

15

①

②

③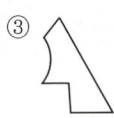

④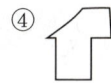

⑤

16

①

②

③

④

⑤

17

①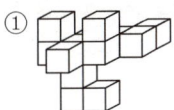

②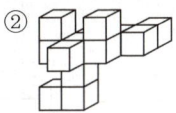

③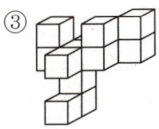

④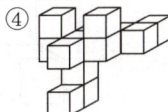

⑤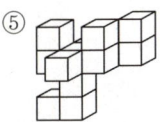

※ 다음과 같은 모양을 만드는 데 사용된 블록의 개수를 고르시오(단, 보이지 않는 곳의 블록은 있다고 가정한다). [18~20]

18

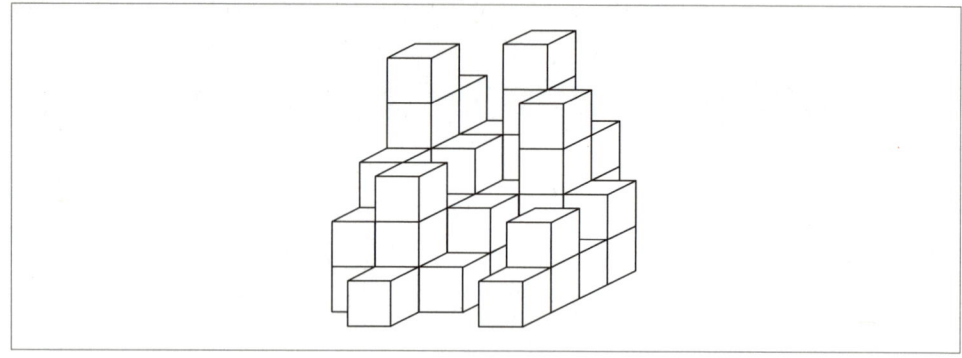

① 49개 ② 51개
③ 52개 ④ 53개
⑤ 55개

19

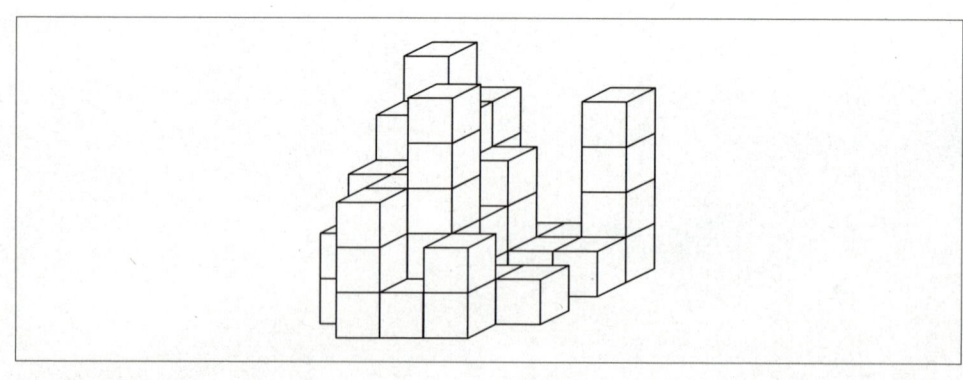

① 52개 ② 53개
③ 54개 ④ 55개
⑤ 56개

20

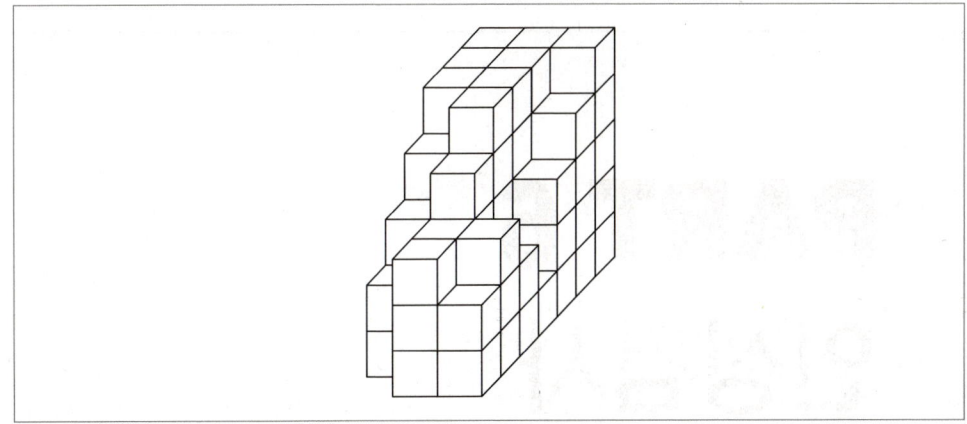

① 72개

② 74개

③ 76개

④ 80개

⑤ 82개

PART 6
인성검사

구분	예 · 아니요	5지 / 6지	4문 5답 / 3문 6답	가까운 것 · 먼 것
삼성			○	
LG			○	
SK		○	○	
CJ		○		○
롯데			○	
포스코	○			
KT	○		○	
이랜드		○	○	
두산			○	
현대자동차		○	○	
삼양			○	
GS			○	○
오뚜기			○	
효성	○			
LX			○	○
KCC			○	○
S-OIL			○	
샘표식품		○		
엔씨소프트	○			
현대백화점	○			

※ 인성검사 유형은 수험생들의 후기를 통해 시대에듀에서 개발한 문제로 실제 시험과 다소 상이할 수 있습니다.

1 인성검사란?

인성검사는 심리·정신적으로 건강한 상태를 지니고 조직 속에서 타인들과 원만한 인간관계를 유지하며 사물을 건전하게 바라보는 긍정적인 시각, 갈등에 대한 적절한 대처능력 등과 관련하여 요구되는 개인적인 성향과 특성을 측정하는 검사이다.

2 인성검사 시 유의사항

- 솔직하고 일관성 있게 답변한다.
  - 인성검사의 수많은 질문 중에는 비슷한 뜻의 질문이 여러 개 숨어 있는 경우가 많다. 그 질문들은 피검사자의 솔직한 답변과 심리적인 상태를 알아보기 위해 내포되어 있는 문항이므로, 솔직하지 않고 일관성이 없다면 검사 자체가 무효되는 불이익을 받을 수도 있다.

- 검사문항에 대해 지나치게 생각하거나 불필요한 생각은 하지 않는다.
  - 각 문항에 대한 지나친 생각은 자신을 잘못 표현하기 쉽고, 불필요한 생각은 검사의 타당도·신뢰도 등에 좋지 않은 영향을 미칠 수 있다.

- 마지막 문항까지 최선을 다한다.
  - 모든 문항은 평가결과와 밀접한 관련이 있기 때문에 응답하지 않은 문항이 있으면 검사 자체가 무효되거나 불리한 평가를 받을 수도 있다.

- 수험 전날이나 수험기간 동안에는 음주나 지나친 운동을 삼간다.
  - 심신이 지쳐 있으면 나약한 생각을 갖기 쉽다. 신체적·정신적으로 충분한 휴식을 취하고 심리적으로 안정된 상태에서 검사에 임해야 자신을 정확히 나타낼 수 있다.

- **정신건강이 중요하다.**
  인성검사의 결과 중에서 정신건강(정서안정성, 감정통제력, 신경질경향)에 대한 측면은 매우 중요하다. 서류전형이나 필기시험에서 좋은 결과를 얻은 지원자라도 정신건강에 대한 결과가 바람직하지 못하면 탈락될 가능성이 높다.

- **사전검사를 받아보는 것도 좋다.**
  검사 대행업체 또는 인터넷 등을 이용하여 사전에 검사를 받아보는 것도 좋다. 검사의 유형을 사전에 확인함으로써 자신감을 줄 뿐만 아니라 성격상 바람직하지 않은 결과를 얻는 요인을 개선할 수 있기 때문이다.

3 인성검사 유형

유형 I | '예 / 아니요'

※ 다음 질문내용을 읽고 '예', '아니요' 중 본인에 해당하는 곳에 ○표 하시오. [1~22]

번호	문항	응답	
01	필요 이상으로 걱정할 때가 종종 있다.	예	아니요
02	가능한 한 다수의 사람들에게 영향을 끼치는 일을 하고 싶다.	예	아니요
03	항상 새로운 흥미를 추구하며 개성적이고 싶다.	예	아니요
04	다른 사람으로부터 지적받는 것이 몹시 싫다.	예	아니요
05	일을 실제로 수행하기 전에 거듭해서 확인하는 편이다.	예	아니요
06	천재지변을 당하지 않을까 항상 걱정하고 있다.	예	아니요
07	친구들과 수다 떠는 것을 좋아한다.	예	아니요
08	활자가 많은 기사나 도서를 집중해서 읽는 편이다.	예	아니요
09	단체 관광할 기회가 생긴다면 기쁘게 참여하겠다.	예	아니요
10	나는 자신을 신뢰하고 있다.	예	아니요
11	모든 일에 여유롭고 침착하게 대처하려고 노력한다.	예	아니요
12	대중에게 신상품을 홍보하는 일에 활력과 열정을 느낀다.	예	아니요
13	감각이 민감하고 감성은 날카로운 편이다.	예	아니요
14	다른 사람에게 친절한 편이다.	예	아니요
15	정돈을 잘해 물건을 잃어버린 적이 거의 없다.	예	아니요
16	어려운 상황에서도 평정심을 지키며 직접 맞서는 편이다.	예	아니요
17	조직 내에서 다른 사람의 주도에 따라 행동할 때가 많다.	예	아니요
18	밤하늘을 보면서 공상에 잠길 때가 종종 있다.	예	아니요
19	누구와도 편하게 이야기할 수 있다.	예	아니요
20	일단 시작한 일은 끝까지 해내려고 애쓰는 편이다.	예	아니요
21	노심초사하거나 애태우는 일이 별로 없다.	예	아니요
22	지도자로서 긍정적인 평가를 받고 싶다.	예	아니요

5지

※ 다음 질문내용을 읽고 ① ~ ⑤ 중 본인에 해당하는 것을 고르시오(① 전혀 그렇지 않다, ② 약간 그렇지 않다, ③ 보통이다, ④ 약간 그렇다, ⑤ 매우 그렇다). **[1~20]**

번호	문항	응답				
01	사소한 일에도 긴장해 위축되곤 한다.	①	②	③	④	⑤
02	모임에서 말을 많이 하고 적극적으로 행동한다.	①	②	③	④	⑤
03	익숙한 일·놀이에 진부함을 잘 느끼고, 새로운 놀이·활동에 흥미를 크게 느낀다.	①	②	③	④	⑤
04	모임이 있을 때 주로 남들에게 맞춰주는 편이다.	①	②	③	④	⑤
05	시험 전에도 노는 계획을 세우곤 한다.	①	②	③	④	⑤
06	걱정거리가 머릿속에서 쉽사리 잊히지 않는 편이다.	①	②	③	④	⑤
07	언제나 생기가 있고 열정적이다.	①	②	③	④	⑤
08	익숙한 것만을 선호하다가 변화에 적응하지 못할 때가 많다.	①	②	③	④	⑤
09	자신을 과시하다가 으스댄다는 핀잔을 듣곤 한다.	①	②	③	④	⑤
10	경솔한 언행으로 분란을 일으킬 때가 종종 있다.	①	②	③	④	⑤
11	긴박한 상황에 맞닥뜨리면 자신감을 잃을 때가 많다.	①	②	③	④	⑤
12	자신이 기력이 넘치며 사교적이라고 생각한다.	①	②	③	④	⑤
13	급진적인 변화를 선호한다.	①	②	③	④	⑤
14	남의 말을 들을 때 진위를 의심하곤 한다.	①	②	③	④	⑤
15	의지와 끈기가 강한 편이다.	①	②	③	④	⑤
16	비난을 받으면 몹시 신경이 쓰이고 자신감을 잃는다.	①	②	③	④	⑤
17	쾌활하고 자신감이 강하며 남과의 교제에 적극적이다.	①	②	③	④	⑤
18	상상보다는 사실에 무게를 두는 편이다.	①	②	③	④	⑤
19	자기 것을 덜 주장하고, 덜 고집하는 편이다.	①	②	③	④	⑤
20	시험을 보기 전에 먼저 꼼꼼하게 공부 계획표를 짠다.	①	②	③	④	⑤

※ 다음 질문내용을 읽고 ① ~ ⑥ 중 본인에 해당하는 것을 고르시오(① 전혀 그렇지 않다, ② 그렇지 않다, ③ 약간 그렇지 않다, ④ 약간 그렇다, ⑤ 그렇다, ⑥ 매우 그렇다). [1~20]

번호	문항	응답
01	좋은 일이든 나쁜 일이든 포커페이스를 유지할 수 있다.	① ② ③ ④ ⑤ ⑥
02	타인과 사적(私的)인 교제보다는 공적(公的)인 거리를 유지하는 것을 선호한다.	① ② ③ ④ ⑤ ⑥
03	전자책, SNS 등 새로운 정보 획득 수단을 적극 활용한다.	① ② ③ ④ ⑤ ⑥
04	반드시 남을 앞질러 이기려고 몹시 경쟁적일 때가 있다.	① ② ③ ④ ⑤ ⑥
05	개인적인 목표를 거의 매번 성취하는 편이다.	① ② ③ ④ ⑤ ⑥
06	삶은 원래 허무한 것이라는 생각 때문에 세상이 괴롭고 귀찮게 느껴지곤 한다.	① ② ③ ④ ⑤ ⑥
07	리더로서 주도하기보다는 리더를 보좌하는 일에 능숙하다.	① ② ③ ④ ⑤ ⑥
08	사안을 평가할 때 보편성보다는 독특성을 중시하는 편이다.	① ② ③ ④ ⑤ ⑥
09	사람은 누구나 실패할 수 있으므로 서로 도와야 한다고 생각한다.	① ② ③ ④ ⑤ ⑥
10	타인과 대화할 때 내 생각을 잘 정리해 조리 있게 말하려고 하는 편이다.	① ② ③ ④ ⑤ ⑥
11	긴장감 때문에 말을 더듬거나 머릿속이 하얘질 때가 있다.	① ② ③ ④ ⑤ ⑥
12	운동보다는 독서를 즐기는 편이다.	① ② ③ ④ ⑤ ⑥
13	아이디어 회의 중 모든 의견은 반드시 존중되어야 한다.	① ② ③ ④ ⑤ ⑥
14	사람은 자신의 이익을 기대할 수 있을 때만 타인에게 친절하다고 생각한다.	① ② ③ ④ ⑤ ⑥
15	수행 목표를 이루기 위해 스스로 관리하는 기본 규칙을 설정한다.	① ② ③ ④ ⑤ ⑥
16	다소 다혈질적인 성격 때문에 화를 내는 일이 잦다.	① ② ③ ④ ⑤ ⑥
17	교제 범위가 넓은 편이라 사람을 만나는 데 많은 시간을 들인다.	① ② ③ ④ ⑤ ⑥
18	사회적 현상의 이면에 숨은 의미를 통찰하는 데 관심이 있다.	① ② ③ ④ ⑤ ⑥
19	지나친 호승심 때문에 고집을 부릴 때가 있다.	① ② ③ ④ ⑤ ⑥
20	물건들이 제자리에 정리정돈이 잘 되어 있어야 마음이 홀가분하다.	① ② ③ ④ ⑤ ⑥

4문 5답

※ 각 문항을 읽고 ①~⑤ 중 본인에 해당하는 것을 고르시오(① 전혀 그렇지 않다, ② 그렇지 않다,
③ 보통이다, ④ 그렇다, ⑤ 매우 그렇다). 그리고 4문항 중 자신의 성향과 가장 먼 것(멀다)과 가까운
것(가깝다)을 하나씩 선택하시오. **[1~5]**

01

문항	답안 1					답안 2	
	①	②	③	④	⑤	멀다	가깝다
A. 자신에 대해 종종 창피하다고 생각한다.	□	□	□	□	□	□	□
B. 과거로 돌아가고 싶다는 생각이 강하다.	□	□	□	□	□	□	□
C. 신경이 곤두서면 감정을 터뜨려 발산한다.	□	□	□	□	□	□	□
D. 다소 비관적인 처지에서도 평온함을 잃지 않는다.	□	□	□	□	□	□	□

02

문항	답안 1					답안 2	
	①	②	③	④	⑤	멀다	가깝다
A. 모임에서 리더가 아니면 편치 않다.	□	□	□	□	□	□	□
B. 집단에서 힘 있는 사람을 금방 파악한다.	□	□	□	□	□	□	□
C. 조용한 장소에서 사색이나 독서를 즐긴다.	□	□	□	□	□	□	□
D. 많은 사람들 앞에서 발표하는 업무는 피하고 싶다.	□	□	□	□	□	□	□

03

문항	답안 1					답안 2	
	①	②	③	④	⑤	멀다	가깝다
A. 빠른 변화는 별로 달갑지 않다.	□	□	□	□	□	□	□
B. 기지가 넘치는 글을 쓸 수 있다.	□	□	□	□	□	□	□
C. 변화 수용에 적극적인 상사와 일하고 싶다.	□	□	□	□	□	□	□
D. 지적 도전을 즐기지 않으며 사실지향적인 사고를 선호한다.	□	□	□	□	□	□	□

04

문항	답안 1					답안 2	
	①	②	③	④	⑤	멀다	가깝다
A. 친절하다는 평가를 받곤 한다.	□	□	□	□	□	□	□
B. 약삭빠르다는 핀잔을 듣곤 한다.	□	□	□	□	□	□	□
C. 타인의 충고나 의견을 호의적으로 듣는다.	□	□	□	□	□	□	□
D. 곤경에 처한 사람을 도와주는 일에 인색한 편이다.	□	□	□	□	□	□	□

05

문항	답안 1					답안 2	
	①	②	③	④	⑤	멀다	가깝다
A. 곤경에도 주저앉지 않고 노력을 다한다.	☐	☐	☐	☐	☐	☐	☐
B. 어려운 일을 만나면 느긋이 돌아가곤 한다.	☐	☐	☐	☐	☐	☐	☐
C. 알기 쉽게 요점을 정리해 설명하는 편이다.	☐	☐	☐	☐	☐	☐	☐
D. 어떤 사물의 중요하지 않은 정보는 대부분 금방 잊는 편이다.	☐	☐	☐	☐	☐	☐	☐

3문 6답

※ 각 문항을 읽고 ① ~ ⑥ 중 자신의 성향과 가까운 정도에 따라 ① 전혀 그렇지 않다, ② 그렇지 않다, ③ 조금 그렇지 않다, ④ 조금 그렇다, ⑤ 그렇다, ⑥ 매우 그렇다 중 하나를 선택하시오. 그리고 3문항 중 자신의 성향과 가장 먼 것(멀다)과 가까운 것(가깝다)을 하나씩 선택하시오. **[1~5]**

01

문항	답안 1						답안 2	
	①	②	③	④	⑤	⑥	멀다	가깝다
A. 정서적으로 다소 불안정한 편이다.	☐	☐	☐	☐	☐	☐	☐	☐
B. 나약하고 조급하다는 평가를 받곤 한다.	☐	☐	☐	☐	☐	☐	☐	☐
C. 소신이 있기 때문에 주변의 평가에 쉽게 휘둘리지 않는다.	☐	☐	☐	☐	☐	☐	☐	☐

02

문항	답안 1						답안 2	
	①	②	③	④	⑤	⑥	멀다	가깝다
A. 인간관계에 별로 관심이 없다.	☐	☐	☐	☐	☐	☐	☐	☐
B. 모험 정신과 활동성은 나의 큰 장점이다.	☐	☐	☐	☐	☐	☐	☐	☐
C. 윗사람에게 야단을 맞을 때 더 혼날까봐 변명을 하지 못한다.	☐	☐	☐	☐	☐	☐	☐	☐

03

문항	답안 1						답안 2	
	①	②	③	④	⑤	⑥	멀다	가깝다
A. 참신한 아이디어를 내는 일에 자신이 없다.	☐	☐	☐	☐	☐	☐	☐	☐
B. 생각이 많고 관습에 구애받지 않는 편이다.	☐	☐	☐	☐	☐	☐	☐	☐
C. 어떤 문제에 대한 다양한 접근은 불필요하다고 생각한다.	☐	☐	☐	☐	☐	☐	☐	☐

04

문항	답안 1						답안 2	
	①	②	③	④	⑤	⑥	멀다	가깝다
A. 사람들을 잘 믿지 못해 경계하곤 한다.	☐	☐	☐	☐	☐	☐	☐	☐
B. 자신의 속내를 속일 필요가 있다 여긴다.	☐	☐	☐	☐	☐	☐	☐	☐
C. 금전적 이익보다는 인간관계가 항상 먼저라 생각한다.	☐	☐	☐	☐	☐	☐	☐	☐

05

문항	답안 1						답안 2	
	①	②	③	④	⑤	⑥	멀다	가깝다
A. 규범적·도덕적이며 성실한 편이다.	☐	☐	☐	☐	☐	☐	☐	☐
B. 나의 무능함과 주의력 부족을 느끼곤 한다.	☐	☐	☐	☐	☐	☐	☐	☐
C. 융통성과 유연한 사고는 나의 가장 큰 장점이다.	☐	☐	☐	☐	☐	☐	☐	☐

| 유형 Ⅳ | 가까운 것·먼 것

※ 다음 질문내용을 읽고 보기에서 본인의 성향과 가장 가까운 것(㉠)과 가장 먼 것(㉡)을 선택하시오.
　[1~5]

01

① 불만 때문에 쉽게 투덜대지 않는다.
② 마인드 컨트롤로써 스트레스를 관리하는 데 능숙하다.
③ 곤란한 환경에 처하면 남의 탓을 하며 불만을 드러내곤 한다.
④ 자신이 놓인 환경과 자신의 감정은 일하는 효율에 큰 영향을 끼친다.

㉠ ①　　　　　② 　　　　　③　　　　　④
㉡ ①　　　　　② 　　　　　③　　　　　④

02

① 리더십이 있다는 소리를 들은 적이 거의 없다.
② 남들에게 내가 어떤 이미지로 보일지 크게 신경 쓰는 편이다.
③ 리더의 판단을 믿고 따르지만 스스로 의견을 말하는 경우가 드물다.
④ 단체의 행동을 효과적으로 통제하는 능력이 있다는 평가를 받는 편이다.

㉠ ①　　　　　② 　　　　　③　　　　　④
㉡ ①　　　　　② 　　　　　③　　　　　④

03

① 어떤 일을 할 때 익숙함보다는 흥미를 중시한다.
② 업계의 관행은 혁파할 필요가 없다고 생각한다.
③ 대개의 경우 의견의 불일치는 긍정적일 수 있다고 생각한다.
④ 자유롭게 새로운 요소들을 변용해 조합하는 사고에 전혀 익숙하지 않다.

㉠ ①　　　　　　② 　　　　　　③　　　　　　④
㉡ ①　　　　　　② 　　　　　　③　　　　　　④

04

① 남과 자신 사이에서 잘잘못을 따지는 일에 밝은 편이다.
② 나보다 아랫사람에게도 공손한 언행에 신경을 쓴다.
③ 인간관계는 결코 상품처럼 돈으로 환산해 가치를 매길 수 없다고 생각한다.
④ 자신의 이익이 가장 큰 관심사이므로 이재(理財)와 치부술(致富術)에 밝은 편이다.

㉠ ①　　　　　　② 　　　　　　③　　　　　　④
㉡ ①　　　　　　② 　　　　　　③　　　　　　④

05

① 자아실현을 위해 자발적·능동적으로 임하는 편이다.
② 내 방은 옷가지들이 이리저리 널려 있어서 무척 어수선한 편이다.
③ 신중함이 부족해 섣불리 대응하다가 기대에 어긋날 때가 자주 있다.
④ 책임감은 삶에 대한 나의 자기 통제력을 크게 높일 수 있을 것이다.

㉠ ①　　　　　　② 　　　　　　③　　　　　　④
㉡ ①　　　　　　② 　　　　　　③　　　　　　④

4 인성검사 모의연습

※ 인성검사는 정답이 따로 없는 유형이므로 결과지를 제공하지 않습니다.

| 유형Ⅰ |

※ 다음 질문내용을 읽고 '예', '아니요' 중 본인에 해당하는 곳에 ○표 하시오. [1~210]

번호	질문	응답	
1	조심스러운 성격이라고 생각한다.	예	아니요
2	사물을 신중하게 생각하는 편이라고 생각한다.	예	아니요
3	동작이 기민한 편이다.	예	아니요
4	포기하지 않고 노력하는 것이 중요하다.	예	아니요
5	일주일의 예정을 만드는 것을 좋아한다.	예	아니요
6	노력의 여하보다 결과가 중요하다.	예	아니요
7	자기주장이 강하다.	예	아니요
8	장래의 일을 생각하면 불안해질 때가 있다.	예	아니요
9	소외감을 느낄 때가 있다.	예	아니요
10	훌쩍 여행을 떠나고 싶을 때가 자주 있다.	예	아니요
11	대인관계가 귀찮다고 느낄 때가 있다.	예	아니요
12	자신의 권리를 주장하는 편이다.	예	아니요
13	낙천가라고 생각한다.	예	아니요
14	싸움을 한 적이 없다.	예	아니요
15	자신의 의견을 상대에게 잘 주장하지 못한다.	예	아니요
16	좀처럼 결단하지 못하는 경우가 있다.	예	아니요
17	하나의 취미를 꾸준히 지속하는 편이다.	예	아니요
18	한 번 시작한 일은 끝을 맺는다.	예	아니요
19	행동으로 옮기기까지 시간이 걸린다.	예	아니요
20	다른 사람들이 하지 못하는 일을 하고 싶다.	예	아니요
21	해야 할 일은 신속하게 처리한다.	예	아니요
22	병이 아닌지 걱정이 들 때가 있다.	예	아니요
23	다른 사람의 충고를 기분 좋게 듣는 편이다.	예	아니요
24	다른 사람에게 의존적일 때가 많다.	예	아니요
25	타인에게 간섭받는 것은 싫다.	예	아니요
26	의식 과잉이라는 생각이 들 때가 있다.	예	아니요
27	수다를 좋아한다.	예	아니요
28	잘못된 일을 한 적이 한 번도 없다.	예	아니요
29	모르는 사람과 이야기하는 것은 용기가 필요하다.	예	아니요
30	끙끙거리며 생각할 때가 있다.	예	아니요

번호	질문	응답	
31	다른 사람에게 항상 움직이고 있다는 말을 듣는다.	예	아니요
32	매사에 얽매인다.	예	아니요
33	잘하지 못하는 게임은 하지 않으려고 한다.	예	아니요
34	어떠한 일이 있어도 출세하고 싶다.	예	아니요
35	막무가내라는 말을 들을 때가 많다.	예	아니요
36	신경이 예민한 편이라고 생각한다.	예	아니요
37	쉽게 침울해한다.	예	아니요
38	쉽게 싫증을 내는 편이다.	예	아니요
39	옆에 사람이 있으면 싫다.	예	아니요
40	토론에서 이길 자신이 있다.	예	아니요
41	친구들과 남의 이야기를 하는 것을 좋아한다.	예	아니요
42	푸념을 한 적이 없다.	예	아니요
43	남과 친해지려면 용기가 필요하다.	예	아니요
44	통찰력이 있다고 생각한다.	예	아니요
45	집에서 가만히 있으면 기분이 우울해진다.	예	아니요
46	매사에 느긋하고 차분하게 매달린다.	예	아니요
47	좋은 생각이 떠올라도 실행하기 전에 여러모로 검토한다.	예	아니요
48	누구나 권력자를 동경하고 있다고 생각한다.	예	아니요
49	몸으로 부딪혀 도전하는 편이다.	예	아니요
50	당황하면 갑자기 땀이 나서 신경 쓰일 때가 있다.	예	아니요
51	친구들이 진지한 사람으로 생각하고 있다.	예	아니요
52	감정적일 때가 많다.	예	아니요
53	다른 사람의 일에 관심이 없다.	예	아니요
54	다른 사람으로부터 지적받는 것은 싫다.	예	아니요
55	지루하면 마구 떠들고 싶어진다.	예	아니요
56	부모에게 불평한 적이 한 번도 없다.	예	아니요
57	내성적이라고 생각한다.	예	아니요
58	돌다리도 두들기고 건너는 타입이라고 생각한다.	예	아니요
59	굳이 말하자면 시원시원하다.	예	아니요
60	나는 끈기가 강하다.	예	아니요
61	전망을 세우고 행동할 때가 많다.	예	아니요
62	일에는 결과가 중요하다고 생각한다.	예	아니요
63	활력이 있다.	예	아니요
64	항상 천재지변을 당하지는 않을까 걱정하고 있다.	예	아니요
65	때로는 후회할 때도 있다.	예	아니요
66	다른 사람에게 위해를 가할 것 같은 기분이 든 때가 있다.	예	아니요
67	진정으로 마음을 허락할 수 있는 사람은 없다.	예	아니요

번호	질문	응답	
68	기다리는 것에 짜증내는 편이다.	예	아니요
69	친구들로부터 줏대 없는 사람이라는 말을 듣는다.	예	아니요
70	사물을 과장해서 말한 적은 없다.	예	아니요
71	인간관계가 폐쇄적이라는 말을 듣는다.	예	아니요
72	매사에 신중한 편이라고 생각한다.	예	아니요
73	눈을 뜨면 바로 일어난다.	예	아니요
74	난관에 봉착해도 포기하지 않고 열심히 해본다.	예	아니요
75	실행하기 전에 재확인할 때가 많다.	예	아니요
76	리더로서 인정을 받고 싶다.	예	아니요
77	어떤 일이 있어도 의욕을 가지고 열심히 하는 편이다.	예	아니요
78	다른 사람의 감정에 민감하다.	예	아니요
79	다른 사람들이 남을 배려하는 마음씨가 있다고 말한다.	예	아니요
80	사소한 일로 우는 일이 많다.	예	아니요
81	반대에 부딪혀도 자신의 의견을 바꾸는 일은 없다.	예	아니요
82	누구와도 편하게 이야기할 수 있다.	예	아니요
83	가만히 있지 못할 정도로 침착하지 못할 때가 있다.	예	아니요
84	다른 사람을 싫어한 적은 한 번도 없다.	예	아니요
85	그룹 내 누군가의 주도하에 따라가는 경우가 많다.	예	아니요
86	차분하다는 말을 듣는다.	예	아니요
87	스포츠 선수가 되고 싶다고 생각한 적이 있다.	예	아니요
88	모두가 싫증을 내는 일도 혼자 열심히 한다.	예	아니요
89	휴일은 세부적인 예정을 세우고 보낸다.	예	아니요
90	완성된 것보다 미완성인 것에 흥미가 있다.	예	아니요
91	잘하지 못하는 것이라도 자진해서 한다.	예	아니요
92	가만히 있지 못할 정도로 불안해질 때가 많다.	예	아니요
93	자주 깊은 생각에 잠긴다.	예	아니요
94	이유도 없이 다른 사람과 부딪힐 때가 있다.	예	아니요
95	타인의 일에는 별로 관여하고 싶지 않다고 생각한다.	예	아니요
96	무슨 일이든 자신을 가지고 행동한다.	예	아니요
97	유명인과 서로 아는 사람이 되고 싶다.	예	아니요
98	지금까지 후회한 적이 없다.	예	아니요
99	의견이 다른 사람과는 어울리지 않는다.	예	아니요
100	무슨 일이든 생각해 보지 않으면 만족하지 못한다.	예	아니요
101	다소 무리를 하더라도 피로해지지 않는다.	예	아니요
102	굳이 말하자면 장거리 주자에 어울린다고 생각한다.	예	아니요
103	여행을 가기 전에는 세세한 계획을 세운다.	예	아니요
104	능력을 살릴 수 있는 일을 하고 싶다.	예	아니요

번호	질문	응답	
105	성격이 시원시원하다고 생각한다.	예	아니요
106	굳이 말하자면 자의식과잉이다.	예	아니요
107	자신을 쓸모없는 인간이라고 생각할 때가 있다.	예	아니요
108	주위의 영향을 받기 쉽다.	예	아니요
109	지인을 발견해도 만나고 싶지 않을 때가 많다.	예	아니요
110	다수의 반대가 있더라도 자기 생각대로 행동한다.	예	아니요
111	번화한 곳에 외출하는 것을 좋아한다.	예	아니요
112	지금까지 다른 사람의 마음에 상처준 일이 없다.	예	아니요
113	다른 사람에게 자신이 소개되는 것을 좋아한다.	예	아니요
114	실행하기 전에 재고하는 경우가 많다.	예	아니요
115	몸을 움직이는 것을 좋아한다.	예	아니요
116	나는 완고한 편이라고 생각한다.	예	아니요
117	신중하게 생각하는 편이다.	예	아니요
118	커다란 일을 해보고 싶다.	예	아니요
119	계획을 생각하기보다 빨리 실행하고 싶다.	예	아니요
120	작은 소리도 신경 쓰인다.	예	아니요
121	나는 자질구레한 걱정이 많다.	예	아니요
122	이유도 없이 화가 치밀 때가 있다.	예	아니요
123	융통성이 없는 편이다.	예	아니요
124	나는 다른 사람보다 기가 세다.	예	아니요
125	다른 사람보다 쉽게 우쭐해진다.	예	아니요
126	다른 사람을 의심한 적이 한 번도 없다.	예	아니요
127	어색해지면 입을 다무는 경우가 많다.	예	아니요
128	하루의 행동을 반성하는 경우가 많다.	예	아니요
129	격렬한 운동도 그다지 힘들어하지 않는다.	예	아니요
130	새로운 일에 처음 한 발을 좀처럼 떼지 못한다.	예	아니요
131	앞으로의 일을 생각하지 않으면 진정이 되지 않는다.	예	아니요
132	인생에서 중요한 것은 높은 목표를 갖는 것이다.	예	아니요
133	무슨 일이든 선수를 쳐야 이긴다고 생각한다.	예	아니요
134	다른 사람이 나를 어떻게 생각하는지 궁금할 때가 많다.	예	아니요
135	침울해지면서 아무것도 손에 잡히지 않을 때가 있다.	예	아니요
136	어린 시절로 돌아가고 싶을 때가 있다.	예	아니요
137	아는 사람을 발견해도 피해버릴 때가 있다.	예	아니요
138	굳이 말하자면 기가 센 편이다.	예	아니요
139	성격이 밝다는 말을 듣는다.	예	아니요
140	다른 사람이 부럽다고 생각한 적이 한 번도 없다.	예	아니요
141	결점을 지적받아도 아무렇지 않다.	예	아니요

번호	질문	응답	
142	피곤하더라도 밝게 행동한다.	예	아니요
143	실패했던 경험을 생각하면서 고민하는 편이다.	예	아니요
144	언제나 생기가 있다.	예	아니요
145	선배의 지적을 순수하게 받아들일 수 있다.	예	아니요
146	매일 목표가 있는 생활을 하고 있다.	예	아니요
147	열등감으로 자주 고민한다.	예	아니요
148	남에게 무시당하면 화가 난다.	예	아니요
149	무엇이든지 하면 된다고 생각하는 편이다.	예	아니요
150	자신의 존재를 과시하고 싶다.	예	아니요
151	사람을 많이 만나는 것을 좋아한다.	예	아니요
152	사람들이 당신에게 말수가 적다고 하는 편이다.	예	아니요
153	특정한 사람과 교제하는 타입이다.	예	아니요
154	친구에게 먼저 말을 하는 편이다.	예	아니요
155	친구만 있으면 된다고 생각한다.	예	아니요
156	많은 사람 앞에서 말하는 것이 서툴다.	예	아니요
157	새로운 환경으로 이동하는 것을 싫어한다.	예	아니요
158	송년회 등에서 자주 책임을 맡는다.	예	아니요
159	새 팀의 분위기에 쉽게 적응하지 못하는 편이다.	예	아니요
160	누구하고나 친하게 교제한다.	예	아니요
161	충동구매는 절대 하지 않는다.	예	아니요
162	컨디션에 따라 기분이 잘 변한다.	예	아니요
163	옷 입는 취향이 오랫동안 바뀌지 않고 그대로이다.	예	아니요
164	남의 물건이 좋아 보인다.	예	아니요
165	광고를 보면 그 물건을 사고 싶다.	예	아니요
166	자신이 낙천주의자라고 생각한다.	예	아니요
167	에스컬레이터에서도 걷지 않는다.	예	아니요
168	꾸물대는 것을 싫어한다.	예	아니요
169	고민이 생겨도 심각하게 생각하지 않는다.	예	아니요
170	반성하는 일이 거의 없다.	예	아니요
171	남의 말을 호의적으로 받아들인다.	예	아니요
172	혼자 있을 때가 편안하다.	예	아니요
173	친구에게 불만이 있다.	예	아니요
174	남의 말을 좋은 쪽으로 해석한다.	예	아니요
175	남의 의견을 절대 참고하지 않는다.	예	아니요
176	문화재 위원과 체육대회 위원 중 체육대회 위원을 하고 싶다.	예	아니요
177	보고 들은 것을 문장으로 옮기기를 좋아한다.	예	아니요
178	남에게 뭔가 가르쳐주는 일이 좋다.	예	아니요

번호	질문	응답	
179	많은 사람과 장시간 함께 있으면 피곤하다.	예	아니요
180	엉뚱한 일을 하기 좋아하고 발상도 개성적이다.	예	아니요
181	전표 계산 또는 장부 기입 같은 일을 싫증내지 않고 할 수 있다.	예	아니요
182	책이나 신문을 열심히 읽는 편이다.	예	아니요
183	신경이 예민한 편이며, 감수성도 예민하다.	예	아니요
184	연회석에서 망설임 없이 노래를 부르거나 장기를 보이는 편이다.	예	아니요
185	즐거운 캠프를 위해 계획 세우는 것을 좋아한다.	예	아니요
186	데이터를 분류하거나 통계 내는 일을 싫어하지는 않는다.	예	아니요
187	드라마나 소설 속 등장인물의 생활과 사고방식에 흥미가 있다.	예	아니요
188	자신의 미적 표현력을 살리면 상당히 좋은 작품이 나올 것 같다.	예	아니요
189	화려한 것을 좋아하며 주위의 평판에 신경을 쓰는 편이다.	예	아니요
190	여럿이서 여행할 기회가 있다면 즐겁게 참가한다.	예	아니요
191	여행 소감문을 쓰는 것을 좋아한다.	예	아니요
192	상품 전시회에서 상품설명을 한다면 잘할 수 있을 것 같다.	예	아니요
193	변화가 적고 손이 많이 가는 일도 꾸준히 하는 편이다.	예	아니요
194	신제품 홍보에 흥미가 있다.	예	아니요
195	열차 시간표 한 페이지 정도라면 정확하게 옮겨 쓸 자신이 있다.	예	아니요
196	자신의 장래에 대해 자주 생각해본다.	예	아니요
197	혼자 있는 것에 익숙하다.	예	아니요
198	별 근심이 없다.	예	아니요
199	나의 환경에 아주 만족한다.	예	아니요
200	상품을 고를 때 디자인과 색에 신경을 많이 쓴다.	예	아니요
201	극단이나 연기학원에서 공부해보고 싶다는 생각을 한 적 있다.	예	아니요
202	외출할 때 날씨가 좋지 않아도 그다지 신경을 쓰지 않는다.	예	아니요
203	손님을 불러들이는 호객행위도 마음만 먹으면 할 수 있을 것 같다.	예	아니요
204	신중하고 주의 깊은 편이다.	예	아니요
205	하루 종일 책상 앞에 앉아 있어도 지루해하지 않는 편이다.	예	아니요
206	알기 쉽게 요점을 정리한 다음 남에게 잘 설명하는 편이다.	예	아니요
207	생물 시간보다는 미술 시간에 흥미가 있다.	예	아니요
208	남이 자신에게 상담을 해오는 경우가 많다.	예	아니요
209	친목회나 송년회 등의 총무 역할을 좋아하는 편이다.	예	아니요
210	실패하든 성공하든 그 원인은 꼭 분석한다.	예	아니요

※ 각 문항을 읽고 ①~⑤ 중 자신의 성향과 가까운 정도에 따라 ① 전혀 그렇지 않다, ② 그렇지 않다, ③ 보통이다, ④ 그렇다, ⑤ 매우 그렇다 중 하나를 선택하시오. 그리고 4문항 중 자신의 성향과 가장 먼 것(멀다)과 가장 가까운 것(가깝다)을 하나씩 선택하시오. **[1~85]**

01

질문	답안 1					답안 2	
	①	②	③	④	⑤	멀다	가깝다
A. 사물을 신중하게 생각하는 편이라고 생각한다.	☐	☐	☐	☐	☐	☐	☐
B. 포기하지 않고 노력하는 것이 중요하다.	☐	☐	☐	☐	☐	☐	☐
C. 자신의 권리를 주장하는 편이다.	☐	☐	☐	☐	☐	☐	☐
D. 컨디션에 따라 기분이 잘 변한다.	☐	☐	☐	☐	☐	☐	☐

02

질문	답안 1					답안 2	
	①	②	③	④	⑤	멀다	가깝다
A. 노력의 여하보다 결과가 중요하다.	☐	☐	☐	☐	☐	☐	☐
B. 자기주장이 강하다.	☐	☐	☐	☐	☐	☐	☐
C. 무슨 일이 있어도 출세하고 싶다.	☐	☐	☐	☐	☐	☐	☐
D. 반성하는 일이 거의 없다.	☐	☐	☐	☐	☐	☐	☐

03

질문	답안 1					답안 2	
	①	②	③	④	⑤	멀다	가깝다
A. 다른 사람의 일에 관심이 없다.	☐	☐	☐	☐	☐	☐	☐
B. 때로는 후회할 때도 있다.	☐	☐	☐	☐	☐	☐	☐
C. 진정으로 마음을 허락할 수 있는 사람은 없다.	☐	☐	☐	☐	☐	☐	☐
D. 고민이 생겨도 심각하게 생각하지 않는다.	☐	☐	☐	☐	☐	☐	☐

04

질문	답안 1					답안 2	
	①	②	③	④	⑤	멀다	가깝다
A. 한번 시작한 일은 반드시 끝을 맺는다.	☐	☐	☐	☐	☐	☐	☐
B. 다른 사람들이 하지 못하는 일을 하고 싶다.	☐	☐	☐	☐	☐	☐	☐
C. 좋은 생각이 떠올라도 실행 전에 여러모로 검토한다.	☐	☐	☐	☐	☐	☐	☐
D. 슬럼프에 빠지면 좀처럼 헤어나지 못한다.	☐	☐	☐	☐	☐	☐	☐

05

질문	답안 1					답안 2	
	①	②	③	④	⑤	멀다	가깝다
A. 다른 사람에게 항상 움직이고 있다는 말을 듣는다.	☐	☐	☐	☐	☐	☐	☐
B. 옆에 사람이 있으면 싫다.	☐	☐	☐	☐	☐	☐	☐
C. 친구들과 남의 이야기를 하는 것을 좋아한다.	☐	☐	☐	☐	☐	☐	☐
D. 자신의 소문에 관심을 기울인다.	☐	☐	☐	☐	☐	☐	☐

06

질문	답안 1					답안 2	
	①	②	③	④	⑤	멀다	가깝다
A. 모두가 싫증을 내는 일도 혼자 열심히 한다.	☐	☐	☐	☐	☐	☐	☐
B. 완성된 것보다 미완성인 것에 흥미가 있다.	☐	☐	☐	☐	☐	☐	☐
C. 능력을 살릴 수 있는 일을 하고 싶다.	☐	☐	☐	☐	☐	☐	☐
D. 항상 무슨 일을 해야만 한다.	☐	☐	☐	☐	☐	☐	☐

07

질문	답안 1					답안 2	
	①	②	③	④	⑤	멀다	가깝다
A. 번화한 곳에 외출하는 것을 좋아한다.	☐	☐	☐	☐	☐	☐	☐
B. 다른 사람에게 자신이 소개되는 것을 좋아한다.	☐	☐	☐	☐	☐	☐	☐
C. 다른 사람보다 쉽게 우쭐해진다.	☐	☐	☐	☐	☐	☐	☐
D. 여간해서 흥분하지 않는 편이다.	☐	☐	☐	☐	☐	☐	☐

08

질문	답안 1					답안 2	
	①	②	③	④	⑤	멀다	가깝다
A. 다른 사람의 감정에 민감하다.	☐	☐	☐	☐	☐	☐	☐
B. 남을 배려하는 마음씨가 있다는 말을 자주 듣는다.	☐	☐	☐	☐	☐	☐	☐
C. 사소한 일로 우는 일이 많다.	☐	☐	☐	☐	☐	☐	☐
D. 매일 힘든 일이 너무 많다.	☐	☐	☐	☐	☐	☐	☐

09

질문	답안 1					답안 2	
	①	②	③	④	⑤	멀다	가깝다
A. 통찰력이 있다고 생각한다.	☐	☐	☐	☐	☐	☐	☐
B. 몸으로 부딪혀 도전하는 편이다.	☐	☐	☐	☐	☐	☐	☐
C. 감정적일 때가 많다.	☐	☐	☐	☐	☐	☐	☐
D. 걱정거리가 생기면 머릿속에서 떠나지 않는 편이다.	☐	☐	☐	☐	☐	☐	☐

10

질문	답안 1					답안 2	
	①	②	③	④	⑤	멀다	가깝다
A. 타인에게 간섭받는 것을 싫어한다.	☐	☐	☐	☐	☐	☐	☐
B. 신경이 예민한 편이라고 생각한다.	☐	☐	☐	☐	☐	☐	☐
C. 난관에 봉착해도 포기하지 않고 열심히 한다.	☐	☐	☐	☐	☐	☐	☐
D. 휴식시간에도 일하고 싶다.	☐	☐	☐	☐	☐	☐	☐

11

질문	답안 1					답안 2	
	①	②	③	④	⑤	멀다	가깝다
A. 해야 할 일은 신속하게 처리한다.	☐	☐	☐	☐	☐	☐	☐
B. 매사에 느긋하고 차분하다.	☐	☐	☐	☐	☐	☐	☐
C. 끙끙거리며 생각할 때가 있다.	☐	☐	☐	☐	☐	☐	☐
D. 사는 것이 힘들다고 느낀 적은 없다.	☐	☐	☐	☐	☐	☐	☐

12

질문	답안 1					답안 2	
	①	②	③	④	⑤	멀다	가깝다
A. 하나의 취미를 오래 지속하는 편이다.	☐	☐	☐	☐	☐	☐	☐
B. 낙천가라고 생각한다.	☐	☐	☐	☐	☐	☐	☐
C. 일주일의 예정을 만드는 것을 좋아한다.	☐	☐	☐	☐	☐	☐	☐
D. 시험 전에도 노는 계획이 세워진다.	☐	☐	☐	☐	☐	☐	☐

13

질문	답안 1					답안 2	
	①	②	③	④	⑤	멀다	가깝다
A. 자신의 의견을 상대에게 잘 주장하지 못한다.	☐	☐	☐	☐	☐	☐	☐
B. 좀처럼 결단하지 못하는 경우가 있다.	☐	☐	☐	☐	☐	☐	☐
C. 행동으로 옮기기까지 시간이 걸린다.	☐	☐	☐	☐	☐	☐	☐
D. 실패해도 또 다시 도전한다.	☐	☐	☐	☐	☐	☐	☐

14

질문	답안 1					답안 2	
	①	②	③	④	⑤	멀다	가깝다
A. 돌다리도 두드리며 건너는 타입이라고 생각한다.	☐	☐	☐	☐	☐	☐	☐
B. 굳이 말하자면 시원시원하다.	☐	☐	☐	☐	☐	☐	☐
C. 토론에서 이길 자신이 있다.	☐	☐	☐	☐	☐	☐	☐
D. 남보다 쉽게 우위에 서는 편이다.	☐	☐	☐	☐	☐	☐	☐

15

질문	답안 1					답안 2	
	①	②	③	④	⑤	멀다	가깝다
A. 쉽게 침울해진다.	☐	☐	☐	☐	☐	☐	☐
B. 쉽게 싫증내는 편이다.	☐	☐	☐	☐	☐	☐	☐
C. 도덕 / 윤리를 중시한다.	☐	☐	☐	☐	☐	☐	☐
D. 자신의 입장을 잊어버릴 때가 있다.	☐	☐	☐	☐	☐	☐	☐

16

질문	답안 1					답안 2	
	①	②	③	④	⑤	멀다	가깝다
A. 매사에 신중한 편이라고 생각한다.	☐	☐	☐	☐	☐	☐	☐
B. 실행하기 전에 재확인할 때가 많다.	☐	☐	☐	☐	☐	☐	☐
C. 반대에 부딪혀도 자신의 의견을 바꾸는 일은 없다.	☐	☐	☐	☐	☐	☐	☐
D. 일을 하는데도 자신이 없다.	☐	☐	☐	☐	☐	☐	☐

17

질문	답안 1					답안 2	
	①	②	③	④	⑤	멀다	가깝다
A. 전망을 세우고 행동할 때가 많다.	☐	☐	☐	☐	☐	☐	☐
B. 일에는 결과가 중요하다고 생각한다.	☐	☐	☐	☐	☐	☐	☐
C. 다른 사람으로부터 지적받는 것은 싫다.	☐	☐	☐	☐	☐	☐	☐
D. 목적이 없으면 마음이 불안하다.	☐	☐	☐	☐	☐	☐	☐

18

질문	답안 1					답안 2	
	①	②	③	④	⑤	멀다	가깝다
A. 타인에게 위해를 가할 것 같은 기분이 들 때가 있다.	☐	☐	☐	☐	☐	☐	☐
B. 인간관계가 폐쇄적이라는 말을 듣는다.	☐	☐	☐	☐	☐	☐	☐
C. 친구들로부터 줏대 없는 사람이라는 말을 듣는다.	☐	☐	☐	☐	☐	☐	☐
D. 다투어서 친구를 잃은 경우가 있다.	☐	☐	☐	☐	☐	☐	☐

19

질문	답안 1					답안 2	
	①	②	③	④	⑤	멀다	가깝다
A. 누구와도 편하게 이야기할 수 있다.	☐	☐	☐	☐	☐	☐	☐
B. 다른 사람을 싫어한 적은 한 번도 없다.	☐	☐	☐	☐	☐	☐	☐
C. 리더로서 인정을 받고 싶다.	☐	☐	☐	☐	☐	☐	☐
D. 친구 말을 듣는 편이다.	☐	☐	☐	☐	☐	☐	☐

20

질문	답안 1					답안 2	
	①	②	③	④	⑤	멀다	가깝다
A. 기다리는 것에 짜증내는 편이다.	☐	☐	☐	☐	☐	☐	☐
B. 지루하면 마구 떠들고 싶어진다.	☐	☐	☐	☐	☐	☐	☐
C. 남과 친해지려면 용기가 필요하다.	☐	☐	☐	☐	☐	☐	☐
D. 신호대기 중에도 조바심이 난다.	☐	☐	☐	☐	☐	☐	☐

21

질문	답안 1					답안 2	
	①	②	③	④	⑤	멀다	가깝다
A. 사물을 과장해서 말한 적은 없다.	☐	☐	☐	☐	☐	☐	☐
B. 항상 천재지변을 당하지는 않을까 걱정하고 있다.	☐	☐	☐	☐	☐	☐	☐
C. 어떤 일이든 의욕을 가지고 열심히 하는 편이다.	☐	☐	☐	☐	☐	☐	☐
D. 아는 사람이 많아지는 것이 즐겁다.	☐	☐	☐	☐	☐	☐	☐

22

질문	답안 1					답안 2	
	①	②	③	④	⑤	멀다	가깝다
A. 그룹 내 누군가의 주도하에 따라가는 경우가 많다.	☐	☐	☐	☐	☐	☐	☐
B. 내성적이라고 생각한다.	☐	☐	☐	☐	☐	☐	☐
C. 모르는 사람과 이야기하는 것은 용기가 필요하다.	☐	☐	☐	☐	☐	☐	☐
D. 모르는 사람과 말하는 것은 귀찮다.	☐	☐	☐	☐	☐	☐	☐

23

질문	답안 1					답안 2	
	①	②	③	④	⑤	멀다	가깝다
A. 집에서 가만히 있으면 기분이 우울해진다.	☐	☐	☐	☐	☐	☐	☐
B. 당황하면 갑자기 땀이 나서 신경 쓰일 때가 있다.	☐	☐	☐	☐	☐	☐	☐
C. 차분하다는 말을 듣는다.	☐	☐	☐	☐	☐	☐	☐
D. 매사에 심각하게 생각하는 것을 싫어한다.	☐	☐	☐	☐	☐	☐	☐

24

질문	답안 1					답안 2	
	①	②	③	④	⑤	멀다	가깝다
A. 어색해지면 입을 다무는 경우가 많다.	☐	☐	☐	☐	☐	☐	☐
B. 융통성이 없는 편이다.	☐	☐	☐	☐	☐	☐	☐
C. 이유도 없이 화가 치밀 때가 있다.	☐	☐	☐	☐	☐	☐	☐
D. 자신이 경솔하다고 자주 느낀다.	☐	☐	☐	☐	☐	☐	☐

25

질문	답안 1					답안 2	
	①	②	③	④	⑤	멀다	가깝다
A. 자질구레한 걱정이 많다.	☐	☐	☐	☐	☐	☐	☐
B. 다른 사람을 의심한 적이 한 번도 없다.	☐	☐	☐	☐	☐	☐	☐
C. 지금까지 후회한 적이 없다.	☐	☐	☐	☐	☐	☐	☐
D. 충동적으로 행동하지 않는 편이다.	☐	☐	☐	☐	☐	☐	☐

26

질문	답안 1					답안 2	
	①	②	③	④	⑤	멀다	가깝다
A. 무슨 일이든 자신을 가지고 행동한다.	☐	☐	☐	☐	☐	☐	☐
B. 자주 깊은 생각에 잠긴다.	☐	☐	☐	☐	☐	☐	☐
C. 가만히 있지 못할 정도로 불안해질 때가 많다.	☐	☐	☐	☐	☐	☐	☐
D. 어떤 상황에서나 만족할 수 있다.	☐	☐	☐	☐	☐	☐	☐

27

질문	답안 1					답안 2	
	①	②	③	④	⑤	멀다	가깝다
A. 스포츠 선수가 되고 싶다고 생각한 적이 있다.	☐	☐	☐	☐	☐	☐	☐
B. 유명인과 서로 아는 사람이 되고 싶다.	☐	☐	☐	☐	☐	☐	☐
C. 연예인을 동경한 적이 없다.	☐	☐	☐	☐	☐	☐	☐
D. 싫은 사람과도 협력할 수 있다.	☐	☐	☐	☐	☐	☐	☐

28

질문	답안 1					답안 2	
	①	②	③	④	⑤	멀다	가깝다
A. 휴일은 세부적인 예정을 세우고 보낸다.	☐	☐	☐	☐	☐	☐	☐
B. 잘하지 못하는 것이라도 자진해서 한다.	☐	☐	☐	☐	☐	☐	☐
C. 이유없이 다른 사람과 부딪힐 때가 있다.	☐	☐	☐	☐	☐	☐	☐
D. 주체할 수 없을 만큼 여유가 많은 것을 싫어한다.	☐	☐	☐	☐	☐	☐	☐

29

질문	답안 1					답안 2	
	①	②	③	④	⑤	멀다	가깝다
A. 타인의 일에 별로 관여하고 싶지 않다고 생각한다.	☐	☐	☐	☐	☐	☐	☐
B. 의견이 다른 사람과 어울리지 않는다.	☐	☐	☐	☐	☐	☐	☐
C. 주위의 영향을 받기 쉽다.	☐	☐	☐	☐	☐	☐	☐
D. 즐거운 일보다 괴로운 일이 많다.	☐	☐	☐	☐	☐	☐	☐

30

질문	답안 1					답안 2	
	①	②	③	④	⑤	멀다	가깝다
A. 지인을 발견해도 만나고 싶지 않을 때가 많다.	☐	☐	☐	☐	☐	☐	☐
B. 굳이 말하자면 자의식과잉이다.	☐	☐	☐	☐	☐	☐	☐
C. 몸을 움직이는 것을 좋아한다.	☐	☐	☐	☐	☐	☐	☐
D. 사소한 일에도 신경을 많이 쓰는 편이다.	☐	☐	☐	☐	☐	☐	☐

31

질문	답안 1					답안 2	
	①	②	③	④	⑤	멀다	가깝다
A. 무슨 일이든 생각해보지 않으면 만족하지 못한다.	☐	☐	☐	☐	☐	☐	☐
B. 다수의 반대가 있더라도 자신의 생각대로 행동한다.	☐	☐	☐	☐	☐	☐	☐
C. 지금까지 다른 사람의 마음에 상처준 일이 없다.	☐	☐	☐	☐	☐	☐	☐
D. 어떤 일을 실패하면 두고두고 생각한다.	☐	☐	☐	☐	☐	☐	☐

32

질문	답안 1					답안 2	
	①	②	③	④	⑤	멀다	가깝다
A. 실행하기 전에 재고하는 경우가 많다.	☐	☐	☐	☐	☐	☐	☐
B. 완고한 편이라고 생각한다.	☐	☐	☐	☐	☐	☐	☐
C. 작은 소리도 신경 쓰인다.	☐	☐	☐	☐	☐	☐	☐
D. 비교적 말이 없는 편이다.	☐	☐	☐	☐	☐	☐	☐

33

질문	답안 1					답안 2	
	①	②	③	④	⑤	멀다	가깝다
A. 다소 무리를 하더라도 피로해지지 않는다.	☐	☐	☐	☐	☐	☐	☐
B. 다른 사람보다 고집이 세다.	☐	☐	☐	☐	☐	☐	☐
C. 성격이 밝다는 말을 듣는다.	☐	☐	☐	☐	☐	☐	☐
D. 일을 꼼꼼하게 하는 편이다.	☐	☐	☐	☐	☐	☐	☐

34

질문	답안 1					답안 2	
	①	②	③	④	⑤	멀다	가깝다
A. 다른 사람이 부럽다고 생각한 적이 한 번도 없다.	☐	☐	☐	☐	☐	☐	☐
B. 자신의 페이스를 잃지 않는다.	☐	☐	☐	☐	☐	☐	☐
C. 굳이 말하자면 이상주의자다.	☐	☐	☐	☐	☐	☐	☐
D. 나를 기분 나쁘게 한 사람을 쉽게 잊지 못하는 편이다.	☐	☐	☐	☐	☐	☐	☐

35

질문	답안 1					답안 2	
	①	②	③	④	⑤	멀다	가깝다
A. 가능성에 눈을 돌린다.	☐	☐	☐	☐	☐	☐	☐
B. 튀는 것을 싫어한다.	☐	☐	☐	☐	☐	☐	☐
C. 방법이 정해진 일은 안심할 수 있다.	☐	☐	☐	☐	☐	☐	☐
D. 혼자 지내는 시간이 즐겁다.	☐	☐	☐	☐	☐	☐	☐

36

질문	답안 1					답안 2	
	①	②	③	④	⑤	멀다	가깝다
A. 매사에 감정적으로 생각한다.	☐	☐	☐	☐	☐	☐	☐
B. 스케줄을 짜고 행동하는 편이다.	☐	☐	☐	☐	☐	☐	☐
C. 지나치게 합리적으로 결론짓는 것은 좋지 않다.	☐	☐	☐	☐	☐	☐	☐
D. 낯선 사람과 만나는 것을 꺼리는 편이다.	☐	☐	☐	☐	☐	☐	☐

37

질문	답안 1					답안 2	
	①	②	③	④	⑤	멀다	가깝다
A. 다른 사람의 의견에 귀를 기울인다.	☐	☐	☐	☐	☐	☐	☐
B. 사람들 앞에 잘 나서지 못한다.	☐	☐	☐	☐	☐	☐	☐
C. 임기응변에 능하다.	☐	☐	☐	☐	☐	☐	☐
D. 나는 연예인이 되고 싶은 마음이 조금도 없다.	☐	☐	☐	☐	☐	☐	☐

38

질문	답안 1					답안 2	
	①	②	③	④	⑤	멀다	가깝다
A. 꿈을 가진 사람에게 끌린다.	☐	☐	☐	☐	☐	☐	☐
B. 직감적으로 판단한다.	☐	☐	☐	☐	☐	☐	☐
C. 틀에 박힌 일은 싫다.	☐	☐	☐	☐	☐	☐	☐
D. 꾸준하고 참을성이 있다는 말을 자주 듣는다.	☐	☐	☐	☐	☐	☐	☐

39

질문	답안 1					답안 2	
	①	②	③	④	⑤	멀다	가깝다
A. 친구가 돈을 빌려달라고 하면 거절하지 못한다.	☐	☐	☐	☐	☐	☐	☐
B. 어려움에 처한 사람을 보면 원인을 생각한다.	☐	☐	☐	☐	☐	☐	☐
C. 매사에 이론적으로 생각한다.	☐	☐	☐	☐	☐	☐	☐
D. 공부할 때 세부적인 내용을 암기할 수 있다.	☐	☐	☐	☐	☐	☐	☐

40

질문	답안 1					답안 2	
	①	②	③	④	⑤	멀다	가깝다
A. 혼자 꾸준히 하는 것을 좋아한다.	☐	☐	☐	☐	☐	☐	☐
B. 튀는 것을 좋아한다.	☐	☐	☐	☐	☐	☐	☐
C. 굳이 말하자면 보수적이라 생각한다.	☐	☐	☐	☐	☐	☐	☐
D. 상상만으로 이야기를 잘 만들어 내는 편이다.	☐	☐	☐	☐	☐	☐	☐

41

질문	답안 1					답안 2	
	①	②	③	④	⑤	멀다	가깝다
A. 다른 사람과 만났을 때 화제에 부족함이 없다.	☐	☐	☐	☐	☐	☐	☐
B. 그때그때의 기분에 따라 행동하는 경우가 많다.	☐	☐	☐	☐	☐	☐	☐
C. 현실적인 사람에게 끌린다.	☐	☐	☐	☐	☐	☐	☐
D. '왜'라는 질문을 자주한다.	☐	☐	☐	☐	☐	☐	☐

42

질문	답안 1					답안 2	
	①	②	③	④	⑤	멀다	가깝다
A. 병이 아닌지 걱정이 들 때가 있다.	☐	☐	☐	☐	☐	☐	☐
B. 자의식과잉이라는 생각이 들 때가 있다.	☐	☐	☐	☐	☐	☐	☐
C. 막무가내라는 말을 들을 때가 많다.	☐	☐	☐	☐	☐	☐	☐
D. 의지와 끈기가 강한 편이다.	☐	☐	☐	☐	☐	☐	☐

43

질문	답안 1					답안 2	
	①	②	③	④	⑤	멀다	가깝다
A. 푸념을 한 적이 없다.	☐	☐	☐	☐	☐	☐	☐
B. 수다를 좋아한다.	☐	☐	☐	☐	☐	☐	☐
C. 부모에게 불평한 적이 한 번도 없다.	☐	☐	☐	☐	☐	☐	☐
D. 참을성이 있다는 말을 자주 듣는다.	☐	☐	☐	☐	☐	☐	☐

44

질문	답안 1					답안 2	
	①	②	③	④	⑤	멀다	가깝다
A. 친구들이 나를 진지한 사람으로 생각하고 있다.	☐	☐	☐	☐	☐	☐	☐
B. 엉뚱한 생각을 잘한다.	☐	☐	☐	☐	☐	☐	☐
C. 이성적인 사람이라는 말을 듣고 싶다.	☐	☐	☐	☐	☐	☐	☐
D. 양보를 쉽게 하는 편이다.	☐	☐	☐	☐	☐	☐	☐

45

질문	답안 1					답안 2	
	①	②	③	④	⑤	멀다	가깝다
A. 예정에 얽매이는 것을 싫어한다.	☐	☐	☐	☐	☐	☐	☐
B. 굳이 말하자면 장거리주자에 어울린다고 생각한다.	☐	☐	☐	☐	☐	☐	☐
C. 여행을 가기 전에는 세세한 계획을 세운다.	☐	☐	☐	☐	☐	☐	☐
D. 음식을 선택할 때 쉽게 결정을 못 내릴 때가 많다.	☐	☐	☐	☐	☐	☐	☐

46

질문	답안 1					답안 2	
	①	②	③	④	⑤	멀다	가깝다
A. 굳이 말하자면 기가 센 편이다.	☐	☐	☐	☐	☐	☐	☐
B. 신중하게 생각하는 편이다.	☐	☐	☐	☐	☐	☐	☐
C. 계획을 생각하기보다는 빨리 실행하고 싶다.	☐	☐	☐	☐	☐	☐	☐
D. 대개 먼저 할 일을 해 놓고 나서 노는 편이다.	☐	☐	☐	☐	☐	☐	☐

47

질문	답안 1					답안 2	
	①	②	③	④	⑤	멀다	가깝다
A. 자신을 쓸모없는 인간이라고 생각할 때가 있다.	☐	☐	☐	☐	☐	☐	☐
B. 아는 사람을 발견해도 피해버릴 때가 있다.	☐	☐	☐	☐	☐	☐	☐
C. 앞으로의 일을 생각하지 않으면 진정이 되지 않는다.	☐	☐	☐	☐	☐	☐	☐
D. 싹싹하다는 소리를 자주 듣는다.	☐	☐	☐	☐	☐	☐	☐

48

질문	답안 1					답안 2	
	①	②	③	④	⑤	멀다	가깝다
A. 격렬한 운동도 그다지 힘들어하지 않는다.	☐	☐	☐	☐	☐	☐	☐
B. 무슨 일이든 먼저 해야 이긴다고 생각한다.	☐	☐	☐	☐	☐	☐	☐
C. 예정이 없는 상태를 싫어한다.	☐	☐	☐	☐	☐	☐	☐
D. 계획에 따라 규칙적으로 생활하는 편이다.	☐	☐	☐	☐	☐	☐	☐

49

질문	답안 1					답안 2	
	①	②	③	④	⑤	멀다	가깝다
A. 잘하지 못하는 게임은 하지 않으려고 한다.	☐	☐	☐	☐	☐	☐	☐
B. 다른 사람에게 의존적일 때가 많다.	☐	☐	☐	☐	☐	☐	☐
C. 대인관계가 귀찮다고 느낄 때가 있다.	☐	☐	☐	☐	☐	☐	☐
D. 자신의 소지품을 덜 챙기는 편이다.	☐	☐	☐	☐	☐	☐	☐

50

질문	답안 1					답안 2	
	①	②	③	④	⑤	멀다	가깝다
A. 장래의 일을 생각하면 불안해질 때가 있다.	☐	☐	☐	☐	☐	☐	☐
B. 가만히 있지 못할 정도로 침착하지 못할 때가 있다.	☐	☐	☐	☐	☐	☐	☐
C. 침울해지면 아무것도 손에 잡히지 않는다.	☐	☐	☐	☐	☐	☐	☐
D. 몇 번이고 생각하고 검토한다.	☐	☐	☐	☐	☐	☐	☐

51

질문	답안 1					답안 2	
	①	②	③	④	⑤	멀다	가깝다
A. 새로운 일에 처음 한 발을 좀처럼 떼지 못한다.	☐	☐	☐	☐	☐	☐	☐
B. 다른 사람이 나를 어떻게 생각하는지 궁금할 때가 많다.	☐	☐	☐	☐	☐	☐	☐
C. 미리 행동을 정해두는 경우가 많다.	☐	☐	☐	☐	☐	☐	☐
D. 여러 번 생각한 끝에 결정을 내린다.	☐	☐	☐	☐	☐	☐	☐

52

질문	답안 1					답안 2	
	①	②	③	④	⑤	멀다	가깝다
A. 혼자 생각하는 것을 좋아한다.	☐	☐	☐	☐	☐	☐	☐
B. 다른 사람과 대화하는 것을 좋아한다.	☐	☐	☐	☐	☐	☐	☐
C. 하루의 행동을 반성하는 경우가 많다.	☐	☐	☐	☐	☐	☐	☐
D. 앞에 나서기를 꺼려한다.	☐	☐	☐	☐	☐	☐	☐

53

질문	답안 1					답안 2	
	①	②	③	④	⑤	멀다	가깝다
A. 어린 시절로 돌아가고 싶을 때가 있다.	☐	☐	☐	☐	☐	☐	☐
B. 인생에서 중요한 것은 높은 목표를 갖는 것이다.	☐	☐	☐	☐	☐	☐	☐
C. 거창한 일을 해보고 싶다.	☐	☐	☐	☐	☐	☐	☐
D. 급진적인 변화를 좋아한다.	☐	☐	☐	☐	☐	☐	☐

54

질문	답안 1					답안 2	
	①	②	③	④	⑤	멀다	가깝다
A. 작은 일에 신경 쓰지 않는다.	☐	☐	☐	☐	☐	☐	☐
B. 동작이 기민한 편이다.	☐	☐	☐	☐	☐	☐	☐
C. 소외감을 느낄 때가 있다.	☐	☐	☐	☐	☐	☐	☐
D. 규칙을 반드시 지킬 필요는 없다.	☐	☐	☐	☐	☐	☐	☐

55

질문	답안 1					답안 2	
	①	②	③	④	⑤	멀다	가깝다
A. 혼자 여행을 떠나고 싶을 때가 자주 있다.	☐	☐	☐	☐	☐	☐	☐
B. 눈을 뜨면 바로 일어난다.	☐	☐	☐	☐	☐	☐	☐
C. 항상 활력이 있다.	☐	☐	☐	☐	☐	☐	☐
D. 혼자 일하는 것을 좋아한다.	☐	☐	☐	☐	☐	☐	☐

56

질문	답안 1					답안 2	
	①	②	③	④	⑤	멀다	가깝다
A. 싸움을 한 적이 없다.	☐	☐	☐	☐	☐	☐	☐
B. 끈기가 강하다.	☐	☐	☐	☐	☐	☐	☐
C. 변화를 즐긴다.	☐	☐	☐	☐	☐	☐	☐
D. 미래에 대해 별로 염려하지 않는다.	☐	☐	☐	☐	☐	☐	☐

57

질문	답안 1					답안 2	
	①	②	③	④	⑤	멀다	가깝다
A. 굳이 말하자면 혁신적이라고 생각한다.	☐	☐	☐	☐	☐	☐	☐
B. 사람들 앞에 나서는 데 어려움이 없다.	☐	☐	☐	☐	☐	☐	☐
C. 스케줄을 짜지 않고 행동하는 편이다.	☐	☐	☐	☐	☐	☐	☐
D. 새로운 변화를 싫어한다.	☐	☐	☐	☐	☐	☐	☐

58

질문	답안 1					답안 2	
	①	②	③	④	⑤	멀다	가깝다
A. 학구적이라는 인상을 주고 싶다.	☐	☐	☐	☐	☐	☐	☐
B. 조직 내에서 우등생 타입이라고 생각한다.	☐	☐	☐	☐	☐	☐	☐
C. 이성적인 사람 밑에서 일하고 싶다.	☐	☐	☐	☐	☐	☐	☐
D. 조용한 분위기를 좋아한다.	☐	☐	☐	☐	☐	☐	☐

59

질문	답안 1					답안 2	
	①	②	③	④	⑤	멀다	가깝다
A. 정해진 절차에 따르는 것을 싫어한다.	☐	☐	☐	☐	☐	☐	☐
B. 경험으로 판단한다.	☐	☐	☐	☐	☐	☐	☐
C. 틀에 박힌 일을 싫어한다.	☐	☐	☐	☐	☐	☐	☐
D. 도전적인 직업보다는 안정된 직업이 좋다.	☐	☐	☐	☐	☐	☐	☐

60

질문	답안 1					답안 2	
	①	②	③	④	⑤	멀다	가깝다
A. 그때그때의 기분에 따라 행동하는 경우가 많다.	☐	☐	☐	☐	☐	☐	☐
B. 시간을 정확히 지키는 편이다.	☐	☐	☐	☐	☐	☐	☐
C. 융통성이 있다.	☐	☐	☐	☐	☐	☐	☐
D. 남의 명령을 듣기 싫어한다.	☐	☐	☐	☐	☐	☐	☐

61

질문	답안 1					답안 2	
	①	②	③	④	⑤	멀다	가깝다
A. 이야기하는 것을 좋아한다.	☐	☐	☐	☐	☐	☐	☐
B. 회합에서는 소개를 받는 편이다.	☐	☐	☐	☐	☐	☐	☐
C. 자신의 의견을 밀어붙인다.	☐	☐	☐	☐	☐	☐	☐
D. 모든 일에 앞장서는 편이다.	☐	☐	☐	☐	☐	☐	☐

62

질문	답안 1					답안 2	
	①	②	③	④	⑤	멀다	가깝다
A. 현실적이라는 이야기를 듣는다.	☐	☐	☐	☐	☐	☐	☐
B. 계획적인 행동을 중요하게 여긴다.	☐	☐	☐	☐	☐	☐	☐
C. 창의적인 일을 좋아한다.	☐	☐	☐	☐	☐	☐	☐
D. 나쁜 일을 오래 생각하지 않는다.	☐	☐	☐	☐	☐	☐	☐

63

질문	답안 1					답안 2	
	①	②	③	④	⑤	멀다	가깝다
A. 회합에서는 소개를 하는 편이다.	☐	☐	☐	☐	☐	☐	☐
B. 조직 내에서 독자적으로 움직이는 편이다.	☐	☐	☐	☐	☐	☐	☐
C. 정해진 절차가 바뀌는 것을 싫어한다.	☐	☐	☐	☐	☐	☐	☐
D. 사람들의 이름을 잘 기억하는 편이다.	☐	☐	☐	☐	☐	☐	☐

64

질문	답안 1					답안 2	
	①	②	③	④	⑤	멀다	가깝다
A. 일을 선택할 때는 인간관계를 중시한다.	☐	☐	☐	☐	☐	☐	☐
B. 굳이 말하자면 현실주의자이다.	☐	☐	☐	☐	☐	☐	☐
C. 지나치게 온정을 표시하는 것은 좋지 않다고 생각한다.	☐	☐	☐	☐	☐	☐	☐
D. 대인관계에서 상황을 빨리 파악하는 편이다.	☐	☐	☐	☐	☐	☐	☐

65

질문	답안 1					답안 2	
	①	②	③	④	⑤	멀다	가깝다
A. 상상력이 있다는 말을 듣는다.	☐	☐	☐	☐	☐	☐	☐
B. 틀에 박힌 일은 너무 딱딱해서 싫다.	☐	☐	☐	☐	☐	☐	☐
C. 다른 사람이 나를 어떻게 생각하는지 신경 쓰인다.	☐	☐	☐	☐	☐	☐	☐
D. 친구들과 노는 것보다 혼자 노는 것이 편하다.	☐	☐	☐	☐	☐	☐	☐

66

질문	답안 1					답안 2	
	①	②	③	④	⑤	멀다	가깝다
A. 사람들 앞에서 잘 이야기하지 못한다.	☐	☐	☐	☐	☐	☐	☐
B. 친절한 사람이라는 말을 듣고 싶다.	☐	☐	☐	☐	☐	☐	☐
C. 일을 선택할 때는 일의 보람을 중시한다.	☐	☐	☐	☐	☐	☐	☐
D. 새로운 아이디어를 생각해내는 일이 좋다.	☐	☐	☐	☐	☐	☐	☐

67

질문	답안 1					답안 2	
	①	②	③	④	⑤	멀다	가깝다
A. 뉴스보다 신문을 많이 본다.	☐	☐	☐	☐	☐	☐	☐
B. 시간을 분단위로 나눠 쓴다.	☐	☐	☐	☐	☐	☐	☐
C. 아이디어 회의 중 모든 의견은 존중되어야 한다.	☐	☐	☐	☐	☐	☐	☐
D. 선배의 지적을 순수하게 받아들일 수 있다.	☐	☐	☐	☐	☐	☐	☐

68

질문	답안 1					답안 2	
	①	②	③	④	⑤	멀다	가깝다
A. 주위 사람에게 인사하는 것이 귀찮다.	☐	☐	☐	☐	☐	☐	☐
B. 남의 의견을 절대 참고하지 않는다.	☐	☐	☐	☐	☐	☐	☐
C. 남의 말을 호의적으로 받아들인다.	☐	☐	☐	☐	☐	☐	☐
D. 꾸물대는 것을 싫어한다.	☐	☐	☐	☐	☐	☐	☐

69

질문	답안 1					답안 2	
	①	②	③	④	⑤	멀다	가깝다
A. 광고를 보면 그 물건을 사고 싶다.	☐	☐	☐	☐	☐	☐	☐
B. 컨디션에 따라 기분이 잘 변한다.	☐	☐	☐	☐	☐	☐	☐
C. 많은 사람 앞에서 말하는 것이 서툴다.	☐	☐	☐	☐	☐	☐	☐
D. 자신의 존재를 과시하고 싶다.	☐	☐	☐	☐	☐	☐	☐

70

질문	답안 1					답안 2	
	①	②	③	④	⑤	멀다	가깝다
A. 열등감으로 자주 고민한다.	☐	☐	☐	☐	☐	☐	☐
B. 부모님에게 불만을 느낀다.	☐	☐	☐	☐	☐	☐	☐
C. 칭찬도 나쁘게 받아들이는 편이다.	☐	☐	☐	☐	☐	☐	☐
D. 매사를 심각하게 생각하는 것을 싫어한다.	☐	☐	☐	☐	☐	☐	☐

71

질문	답안 1					답안 2	
	①	②	③	④	⑤	멀다	가깝다
A. 친구 말을 듣는 편이다.	☐	☐	☐	☐	☐	☐	☐
B. 자신의 입장을 잊어버릴 때가 있다.	☐	☐	☐	☐	☐	☐	☐
C. 실패해도 또다시 도전한다.	☐	☐	☐	☐	☐	☐	☐
D. 슬픈 일만 머릿속에 남는다.	☐	☐	☐	☐	☐	☐	☐

72

질문	답안 1					답안 2	
	①	②	③	④	⑤	멀다	가깝다
A. 휴식시간에도 일하고 싶다.	☐	☐	☐	☐	☐	☐	☐
B. 여간해서 흥분하지 않는 편이다.	☐	☐	☐	☐	☐	☐	☐
C. 혼자 지내는 시간이 즐겁다.	☐	☐	☐	☐	☐	☐	☐
D. 싫은 사람이라도 인사를 한다.	☐	☐	☐	☐	☐	☐	☐

73

질문	답안 1					답안 2	
	①	②	③	④	⑤	멀다	가깝다
A. 손재주는 비교적 있는 편이다.	☐	☐	☐	☐	☐	☐	☐
B. 계산에 밝은 사람은 꺼려진다.	☐	☐	☐	☐	☐	☐	☐
C. 공상이나 상상을 많이 하는 편이다.	☐	☐	☐	☐	☐	☐	☐
D. 예절 같은 것은 별로 신경 쓰지 않는다.	☐	☐	☐	☐	☐	☐	☐

74

질문	답안 1					답안 2	
	①	②	③	④	⑤	멀다	가깝다
A. 창조적인 일을 하고 싶다.	☐	☐	☐	☐	☐	☐	☐
B. 규칙적인 것이 싫다.	☐	☐	☐	☐	☐	☐	☐
C. 남을 지배하는 사람이 되고 싶다.	☐	☐	☐	☐	☐	☐	☐
D. 모든 일에 앞장서는 편이다.	☐	☐	☐	☐	☐	☐	☐

75

질문	답안 1					답안 2	
	①	②	③	④	⑤	멀다	가깝다
A. 새로운 변화를 싫어한다.	☐	☐	☐	☐	☐	☐	☐
B. 급진적인 변화를 좋아한다.	☐	☐	☐	☐	☐	☐	☐
C. 규칙을 잘 지킨다.	☐	☐	☐	☐	☐	☐	☐
D. 어떤 일이든 따지려 든다.	☐	☐	☐	☐	☐	☐	☐

76

질문	답안 1					답안 2	
	①	②	③	④	⑤	멀다	가깝다
A. 스트레스 관리를 잘한다.	☐	☐	☐	☐	☐	☐	☐
B. 스트레스를 받아도 화를 잘 참는다.	☐	☐	☐	☐	☐	☐	☐
C. 틀리다고 생각하면 필사적으로 부정한다.	☐	☐	☐	☐	☐	☐	☐
D. 화가 나면 물건을 집어던진다.	☐	☐	☐	☐	☐	☐	☐

77

질문	답안 1					답안 2	
	①	②	③	④	⑤	멀다	가깝다
A. 스트레스를 받을 때 타인에게 화를 내지 않는다.	☐	☐	☐	☐	☐	☐	☐
B. 자신을 비난하는 사람은 피하는 편이다.	☐	☐	☐	☐	☐	☐	☐
C. 잘못된 부분을 보면 그냥 지나치지 못한다.	☐	☐	☐	☐	☐	☐	☐
D. 사놓고 쓰지 않는 물건이 많이 있다.	☐	☐	☐	☐	☐	☐	☐

78

질문	답안 1					답안 2	
	①	②	③	④	⑤	멀다	가깝다
A. 귀찮은 일은 남에게 부탁하는 편이다.	☐	☐	☐	☐	☐	☐	☐
B. 어머니의 친구분을 대접하는 것이 귀찮다.	☐	☐	☐	☐	☐	☐	☐
C. 마음에 걸리는 일은 머릿속에서 떠나지 않는다.	☐	☐	☐	☐	☐	☐	☐
D. 마음에 들지 않는 사람은 안 만나려고 노력한다.	☐	☐	☐	☐	☐	☐	☐

79

질문	답안 1					답안 2	
	①	②	③	④	⑤	멀다	가깝다
A. 휴일에는 아무것도 하고 싶지 않다.	☐	☐	☐	☐	☐	☐	☐
B. 과거로 돌아가고 싶다는 생각이 강하다.	☐	☐	☐	☐	☐	☐	☐
C. 남들과 타협하기를 싫어하는 편이다.	☐	☐	☐	☐	☐	☐	☐
D. 약속시간에 상대가 늦으면 안달한다.	☐	☐	☐	☐	☐	☐	☐

80

질문	답안 1					답안 2	
	①	②	③	④	⑤	멀다	가깝다
A. 친구와 싸우면 서먹해진다.	☐	☐	☐	☐	☐	☐	☐
B. 아무것도 하지 않고 가만히 있을 수 있다.	☐	☐	☐	☐	☐	☐	☐
C. 내가 말한 것이 틀리면 정정할 수 있다.	☐	☐	☐	☐	☐	☐	☐
D. 가끔 이유 없이 기분이 좋아질 때가 있다.	☐	☐	☐	☐	☐	☐	☐

81

질문	답안 1					답안 2	
	①	②	③	④	⑤	멀다	가깝다
A. 남들이 나를 추켜올려 주면 기분이 좋다.	☐	☐	☐	☐	☐	☐	☐
B. 다른 사람들의 주목을 받는 게 좋다.	☐	☐	☐	☐	☐	☐	☐
C. 기분이 잘 바뀌는 편에 속한다.	☐	☐	☐	☐	☐	☐	☐
D. 다소 낭비가 심한 편이다.	☐	☐	☐	☐	☐	☐	☐

82

질문	답안 1					답안 2	
	①	②	③	④	⑤	멀다	가깝다
A. 공상 속의 친구가 있기도 한다.	☐	☐	☐	☐	☐	☐	☐
B. 주변 사람들이 칭찬해 주면 어색해 한다.	☐	☐	☐	☐	☐	☐	☐
C. 타인의 비난을 받으면 눈물을 잘 보인다.	☐	☐	☐	☐	☐	☐	☐
D. 급하게 계획을 바꿔야 하면 짜증을 낸다.	☐	☐	☐	☐	☐	☐	☐

83

질문	답안 1					답안 2	
	①	②	③	④	⑤	멀다	가깝다
A. 한 번 시작한 일은 마무리를 꼭 한다.	☐	☐	☐	☐	☐	☐	☐
B. 아무도 찬성해 주지 않아도 내 의견을 말한다.	☐	☐	☐	☐	☐	☐	☐
C. 자신의 방법으로 혼자서 일을 하는 것을 좋아한다.	☐	☐	☐	☐	☐	☐	☐
D. 친구와 싸워도 금방 화해를 할 수 있다.	☐	☐	☐	☐	☐	☐	☐

84

질문	답안 1					답안 2	
	①	②	③	④	⑤	멀다	가깝다
A. 중요한 순간에 실패할까 봐 불안하다.	☐	☐	☐	☐	☐	☐	☐
B. 가능하다면 내 자신을 많이 뜯어고치고 싶다.	☐	☐	☐	☐	☐	☐	☐
C. 운동을 하고 있을 때는 생기가 넘친다.	☐	☐	☐	☐	☐	☐	☐
D. 타인의 충고를 기꺼이 받아들인다.	☐	☐	☐	☐	☐	☐	☐

85

질문	답안 1					답안 2	
	①	②	③	④	⑤	멀다	가깝다
A. 오랫동안 가만히 앉아 있는 것은 싫다.	☐	☐	☐	☐	☐	☐	☐
B. 신문을 읽을 때 슬픈 기사에만 눈길이 간다.	☐	☐	☐	☐	☐	☐	☐
C. 내 생각과 다른 사람이 있으면 불안하다.	☐	☐	☐	☐	☐	☐	☐
D. 학창 시절에는 조용한 학생이었다.	☐	☐	☐	☐	☐	☐	☐

앞선 정보 제공! 도서 업데이트

언제, 왜 업데이트될까?

도서의 학습 효율을 높이기 위해 자료를 추가로 제공할 때!
공기업·대기업 필기시험에 변동사항 발생 시 정보 공유를 위해!
공기업·대기업 채용 및 시험 관련 중요 이슈가 생겼을 때!

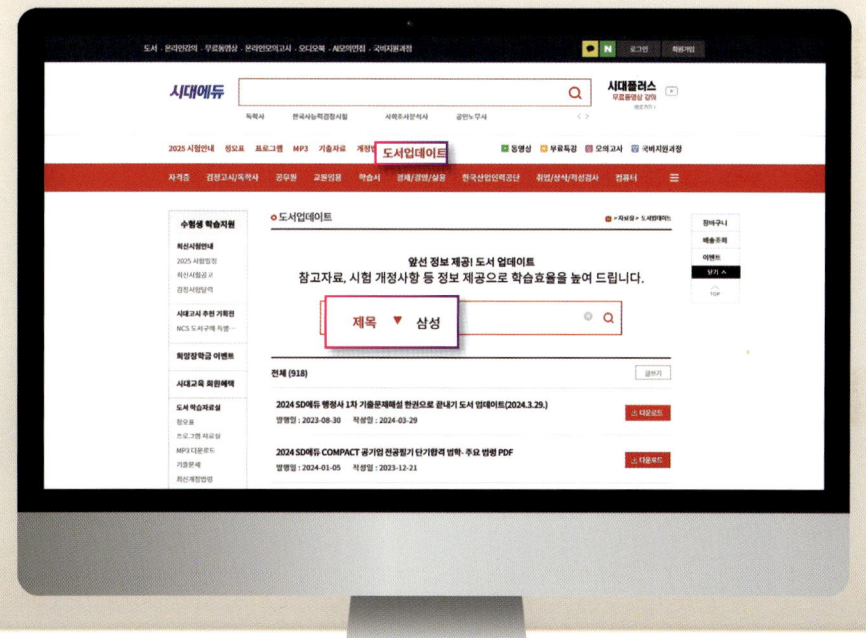

01 시대에듀 도서
www.sdedu.co.kr/book
홈페이지 접속

02 상단 카테고리
「도서업데이트」
클릭

03 해당
기업명으로
검색

참고자료, 시험 개정사항 등 정보 제공으로 학습효율을 높여 드립니다.

합격의 길,
열쇠를 제시하다!

Formula Of Pass

대기업
인적성검사
시리즈

알차다!
꼭 알아야 할 내용을
담고 있으니까

친절하다!
핵심 내용을
쉽게 설명하고 있으니까

명쾌하다!
상세한 풀이로
완벽하게 익힐 수 있으니까

핵심을 뚫는다!
시험 유형과 흡사한
문제를 다루니까

신뢰와 책임의 마음으로
수험생 여러분에게 다가갑니다.
시대에듀

20대기업 인적성검사

핵심통합서

삼성 · LG · SK · CJ · 롯데 · 포스코 · KT · 이랜드 · 두산 · 현대자동차 · 삼양 · GS ·
오뚜기그룹 · 효성 · LX · KCC · S-OIL · 샘표식품 · 엔씨소프트 · 현대백화점

20대기업 가이드 및 2025년 주요 기업

기출복원문제 수록!

정답 및 해설

시대에듀

PART 1
언어

01	02	03	04	05	06	07	08	09	10
④	②	②	②	④	④	③	①	④	③
11	12	13	14	15	16	17	18	19	20
②	③	④	③	⑤	③	⑤	①	②	②
21	22	23	24	25					
②	③	③	④	⑤					

01 정답 ④

오답분석
① 유혹을 이기지(억누르지) 못하다.
② 우리나라는 축구 결승전에서 중국에 이기고(승리하고) 우승을 차지했다.
③ 흙을 물과 잘 이겨서(반죽해서) 벽에 발랐다.
⑤ 그는 온갖 역경을 이기고(극복하고) 마침내 성공했다.

02 정답 ②

②의 '짜다'는 '사개를 맞추어 가구나 상자 따위를 만들다.'의 의미로 쓰였다.

오답분석
①·③·④·⑤ 계획이나 일정 따위를 세우다.

03 정답 ②

• 총체 : 있는 것들을 모두 하나로 합친 전부 또는 전체
• 개체 : 전체나 집단에 상대하여 하나하나의 낱개를 이르는 말

오답분석
① 전체 : 개개 또는 부분의 집합으로 구성된 것을 몰아서 하나의 대상으로 삼는 경우에 바로 그 대상
③ 별개 : 관련성이 없이 서로 다름
④ 유별 : 다름이 있음
⑤ 일반 : 특별하지 않은 평범한 수준이나 그러한 사람들

04 정답 ②

'간극'과 '극간'은 '사물 사이의 틈'을 뜻한다.

오답분석
① 간헐 : 얼마 동안의 시간 간격을 두고 되풀이하여 일어났다 쉬었다 함
③ 간조 : 간단하고 조잡함
④ 간섭 : 직접 관계가 없는 남의 일에 부당하게 참견함
⑤ 간과 : 큰 관심 없이 대강 보아 넘김

05 정답 ④

• 취약하다 : 무르고 약하다
• 강인하다 : 억세고 질기다

오답분석
① 유약하다 : 부드럽고 약하다
② 유연하다 : 부드럽고 연하다
③ 취합하다 : 모아서 합치다
⑤ 촉진하다 : 다그쳐 빨리 나아가게 하다

06 정답 ④

'한둔'이란 '한데에서 밤을 지새움'을 뜻한다.

오답분석
① 하숙 : 일정한 방세와 식비를 내고 남의 집에 머물면서 숙식함
② 숙박 : 여관이나 호텔 따위에서 잠을 자고 머무름
③ 투숙 : 여관, 호텔 따위의 숙박 시설에 들어서 묵음
⑤ 야영 : 훈련이나 휴양을 목적으로 야외에 천막을 쳐 놓고 생활함

07
정답 ③

무엇을 매개로 하거나 중개하다.

오답분석

① 말이나 문장 따위의 논리가 이상하지 아니하고 의미의 흐름이 적절하게 이어져 나가다.
② 막힘이 없이 흐르다.
④ · ⑤ 마음 또는 의사나 말 따위가 다른 사람과 소통되다.

08
정답 ①

• 어떻게 : '어떠하다'가 줄어든 '어떻다'에 어미 '−게'의 결합
• 어떡해 : '어떻게 해'가 줄어든 말

오답분석

② · ④ · ⑤ 어떡해 → 어떻게
  '의견, 성질, 형편, 상태가 어찌 되어 있다.'라는 의미로,
  '어떻게'가 옳다.
③ 어떻게 → 어떡해

09
정답 ④

• 뿐 : '그것만이고 더는 없음'을 의미하는 보조사로 붙여 쓴다.
• 바 : '방법, 일'의 뜻을 의미하는 의존명사로 띄어 쓴다.

오답분석

① 만난지도 → 만난 지도 / 3년 째다 → 3년째다
  • '지' : '어떤 일이 있었던 때로부터 지금까지의 동안'을 의미하는 의존명사로 띄어 쓴다.
  • '째' : '계속된 그동안'을 의미하는 접미사로 붙여 쓴다.
② 공부 밖에 → 공부밖에 / 한 번 → 한번
  • '밖' : '그것 말고는'을 의미하는 조사로 붙여 쓴다.
  • '한번' : '기회 있는 어떤 때'를 의미하는 명사로 붙여 쓴다.
③ 나타 난 → 나타난 / 안된다는 → 안 된다는
  • '나다' : 명사나 명사 성 어근 뒤에 붙어 그런 성질이 있음을 더하고 형용사를 만드는 접미사처럼 사용될 때는 붙여 쓴다.
  • '안' : 부정의 뜻인 '아니 되다'로 쓸 경우에는 띄어 쓴다.
⑤ 있는만큼만 → 있는 만큼만 / 고객님 께는 → 고객님께는
  • '만큼' : '정도'를 의미하는 의존명사로 띄어 쓴다.
  • '께' : '에게'의 높임말을 의미하는 조사로 붙여 쓴다.

10
정답 ③

ㄴ. 미쁘다 : 믿음성이 있다.
ㄷ. 믿음직하다 : 매우 믿을 만하다.
ㅁ. 실답다 : 꾸밈이나 거짓 없이 믿을 만한 데가 있다.

오답분석

ㄱ. 예쁘다 : 1. 생긴 모양이 아름다워 눈으로 보기에 좋다.
              2. 행동이나 동작이 보기에 사랑스럽거나 귀엽다.
ㄹ. 굳세다 : 1. 힘차고 튼튼하다.
              2. 뜻한 바를 굽히지 않고 밀고 나아가는 힘이 있다.
ㅂ. 미약하다 : 미미하고 약하다.

11
정답 ②

• 그녀의 발상은 언제나 기발하고 참신했다.
• 조직 개편안은 구상 단계일 뿐 그 실현 여부는 아직 불투명하다.
• 항상 대책을 고안하는 덕분에 문제가 발생해도 막힘없이 해결해 왔다.
• 컴퓨터는 계산기의 필요성에 대한 착상에서 발전되었다.

• 입안(立案) : 어떤 안(案)을 세움. 또는 그 안건

오답분석

① 착상(着想) : 어떤 일이나 창작의 실마리가 되는 생각이나 구상 따위를 잡음. 또는 그 생각이나 구상
③ 고안(考案) : 연구하여 새로운 안을 생각해 냄. 또는 그 안
④ 구상(構想) : 앞으로 이루려는 일에 대하여 그 일의 내용이나 규모, 실현 방법 따위를 어떻게 정할 것인지 이리저리 생각함. 또는 그 생각
⑤ 발상(發想) : 어떤 생각을 해냄. 또는 그 생각

12
정답 ③

앞에 오는 말과 공통적으로 어울리는 것은 '치다'이다.
• 돼지를 치다 : 가축을 기르다.
• 도랑을 치다 : 물길을 내다.
• 사군자를 치다 : 그림을 그리다.
• 술을 치다 : 술을 부어 잔을 채우다.

13
정답 ④

앞뒤 문장의 호응을 고려할 때 ㉠에는 '발달'이 맞고, ㉡은 뒤의 자연에 대한 치밀한 탐구라는 말과 호응해야 하므로 '치열'이 맞다. 또한 ㉢은 앞의 맥락이 긍정적이므로 '긍정적인'이라는 말이 맞으며, ㉣은 첫 문장의 '급부상'이라는 단어로부터 '갑자기'를 추론할 수 있다.

14 정답 ③

(가) ㉠ 감별(鑑別) : 보고 식별함
(나) ㉣ 유발(誘發) : 어떤 것이 다른 일을 일어나게 함
(다) ㉤ 소위(所謂) : 세상에서 말하는 바(＝이른바)
(라) ㉣ 증상(症狀) : 병을 앓을 때 나타나는 여러 가지 상태나 모양(＝증세)

오답분석
㉡ 변별(辨別) : 사물의 옳고 그름이나 좋고 나쁨을 가림
㉢ 유추(類推) : 같은 종류의 것 또는 비슷한 것에 기초하여 다른 사물을 미루어 추측하는 일
㉥ 특(特)히 : 보통과 다르게
㉦ 상징(象徵) : 추상적인 개념이나 사물을 구체적인 사물로 나타냄. 또는 그렇게 나타낸 표지·기호·물건 따위

15 정답 ⑤

'윗도리'가 맞는 표현으로, '위, 아래'의 대립이 있는 단어는 '윗'으로 발음되는 형태를 표준어로 삼는다.

16 정답 ③

건강은 자음동화 현상에 해당하지 않으므로 [건강]으로 발음된다.

17 정답 ⑤

제시문은 부채위기를 해결하려는 유럽 국가들이 당장 눈앞에 닥친 위기만을 극복하기 위해 임시방편으로 대책을 세운다는 내용을 비판하는 글이다. 따라서 제시문과 가장 관련이 있는 한자성어는 '아랫돌 빼서 윗돌 괴고, 윗돌 빼서 아랫돌 괴기'라는 뜻인 '임기응변'과 유사한 '어려운 일을 처리하는 것'을 의미하는 '하석상대(下石上臺)'이다.

오답분석
① 피발영관(被髮纓冠) : '머리를 흐트러뜨린 채 관을 쓴다.'라는 뜻으로 머리를 손질할 틈이 없을 만큼 바쁨을 이르는 말
② 탄주지어(呑舟之魚) : '배를 삼킬만한 큰 고기'라는 뜻으로 큰 인물을 말함
③ 양상군자(梁上君子) : '대들보 위의 군자'라는 뜻으로, 도둑을 점잖게 이르는 말
④ 배반낭자(杯盤狼藉) : '술잔과 접시가 이리에게 깔렸던 풀처럼 흩어져 있다'는 뜻으로, 술을 마시고 한참 신명나게 노는 모습을 가리키는 뜻

18 정답 ①

오답분석
②·⑤ : 표준발음법 제20항의 예외사항에 해당한다. [이뤈뇨], [이ː원논]이 적절한 표준발음이다.
③·④ : 표준발음법 제20항의 해당사항이다. [물랄리], [광ː할루]가 적절한 표준발음이다.

19 정답 ②

• 알음알음 : 서로 아는 관계

오답분석
① 겅둥겅둥 : 침착하지 못하고 채신없이 가볍게 행동하는 모양
③ 너붓너붓 : 엷은 천이나 종이 따위가 나부끼어 자꾸 흔들리는 모양
④ 옴니암니 : 아주 자질구레한 것이나 그런 일까지 좀스럽게 셈하거나 따지는 모양
⑤ 고깃고깃 : 고김살이 생기게 자꾸 함부로 고기는 모양

20 정답 ②

• 제정 : 제도나 법률 따위를 만들어서 정함

오답분석
① 제시(提示) : 어떠한 의사를 말이나 글로 나타내어 보임
③ 재직(在職) : 어떤 직장에 소속되어 근무하고 있음
④ 재고(再考) : 어떤 일이나 문제 따위에 대하여 다시 생각함
⑤ 제청(提請) : 어떤 안건에 대해 결정해 달라고 청구함

21 정답 ②

㉠ '딴생각'은 '주의를 기울이지 않고 다른 데로 쓰는 생각'을 의미하는 하나의 단어이므로 붙여 쓴다.
㉡ '사사(師事)'는 '스승으로 섬김. 또는 스승으로 삼고 가르침을 받음'의 의미를 지닌 단어로, 이미 '받다'라는 의미를 자체적으로 지니고 있기 때문에 '사사받다'가 아닌 '사사하다'가 적절한 표기이다.
㉢ '파토'는 '일이 잘못되어 흐지부지됨을 비유적으로 이르는 말'인 '파투'의 잘못된 표현이므로 '파투'가 적절한 표기이다.

22

• 간헐적(間歇的) : 얼마 동안의 시간 간격을 두고 되풀이하여 일어나는
• 이따금 : 얼마쯤씩 있다가 가끔

오답분석
① 근근이 : 어렵사리 겨우
② 자못 : 생각보다 매우
④ 빈번히 : 번거로울 정도로 도수(度數)가 잦게
⑤ 흔히 : 보통보다 더 자주 있거나 일어나서 쉽게 접할 수 있게

23

정답 ③

제시문과 ③에 쓰인 '맞다'는 '시간이 흐름에 따라 오는 어떤 때를 대하다.'라는 의미로 쓰였다.

오답분석
① 오는 사람이나 물건을 예의로 받아들이다.
② 적이나 어떤 세력에 대항하다.
④ 점수를 받다.
⑤ 자연 현상에 따라 내리는 눈, 비 따위의 닿음을 받다.

24

정답 ④

문맥상 밑줄 친 부분은 김대리가 자신의 어린 시절에 대해 '이야기를 했다.'라는 의미로 쓰였다.

25

정답 ⑤

각축(角逐)하다는 '서로 이기려고 다투며 덤벼들다.'는 의미의 한자어이다.

오답분석
① 얽히다
② 대들다
③ 붐비다
④ 베풀다

PART 1

01	02	03	04	05	06	07	08	09	10
①	④	②	③	③	④	①	⑤	⑤	④
11	12	13	14	15	16	17	18	19	20
④	③	①	④	②	②	②	⑤	①	⑤
21	22	23	24	25					
④	③	③	④	④					

01   정답 ①

제시문의 중심 내용은 '학문을 함에 있어 진리의 탐구만이 그 목적이 되어야 한다.'는 것이다. 따라서 빈칸에 들어갈 말로 가장 적절한 것은 ①이다.

02   정답 ④

제시문에 따르면 알려지지 않은 것에서는 불안정, 걱정, 공포감이 뒤따라 나오기 때문에 우리 마음의 불안한 상태를 없애고자 한다면, 알려지지 않은 것을 알려진 것으로 바꿔야 한다. 이러한 환원은 우리의 마음을 편하게 해주고 만족하게 한다. 이 때문에 우리는 이미 알려진 것, 체험한 것, 기억에 각인된 것을 원인으로 설정하게 되고, 낯설고 체험하지 않았다는 느낌을 빠르게 제거해 버려, 특정 유형의 설명만이 남아 우리의 사고방식을 지배하게 만든다. 따라서 빈칸에 들어갈 내용으로는 '낯설고 체험하지 않았다는 느낌을 제거해 버린다.'인 ④가 가장 적절하다.

03   정답 ②

제시문은 자전거 도로가 확충됨으로써 자전거의 시대가 열리고 있음을 시사하고 있다. 따라서 빈칸에 들어갈 내용으로는 '자전거 시대가 열리고 있다.'인 ②가 가장 적절하다.

04   정답 ③

제시문은 환율과 관련된 경제 현상을 설명한 것으로, 환율은 기초 경제 여건을 반영하여 수렴된다는 (가) 문단이 먼저 오는 것이 적절하며, '그러나' 환율이 예상과 다르게 움직이는 경우가 있다는 (라) 문단이 그 뒤에 오는 것이 적절하다. 다음으로 이러한 경우를 오버슈팅으로 정의하는 (나) 문단이, 그 뒤를 이어 오버슈팅이 발생하는 원인인 (다) 문단이 오는 것이 적절하다.

05   정답 ③

제시문은 A회사가 국내 최대 규모의 은퇴연구소를 개소했고, 은퇴 이후 안정된 노후준비를 돕고 다양한 정보를 제공하는 소통의 채널로 이용하며 은퇴 이후의 생활이 취약한 우리의 인식 변화를 위해 노력할 것이라는 내용의 글이다. 따라서 (다) A회사가 국내 최대 규모의 은퇴연구소를 개소 – (가) 은퇴연구소는 체계화된 팀을 구성 – (나) 일반인들의 안정된 노후준비를 돕고, 다양한 정보를 제공할 것 – (라) 선진국에 비해 취약한 우리의 인식을 변화하기 위한 노력 순서로 연결되어야 한다.

06   정답 ④

(나) 문단은 '반면', (다) 문단은 '이처럼', (라) 문단은 '가령'으로 시작하므로 첫 번째 문장으로 적합하지 않다. 따라서 (가) 문단이 첫 번째 문단으로 적절하다. 다음으로 전통적 인식론자의 의견을 예시로 보여준 (라) 문단이 오는 것이 적절하며, 이어서 그와 반대되는 베이즈주의자의 의견이 제시되는 (나) 문단이 오는 것이 적절하다. 마지막으로 (나) 문단의 내용을 결론짓는 (다) 문단이 오는 것이 가장 적절하다.

07   정답 ①

제시된 문단의 마지막 문장을 통해, 이어질 내용이 초콜릿의 기원임을 유추할 수 있다. 따라서 역사적 순서에 따라 나열하면 (나) – (다) – (라)가 되고, 그러한 초콜릿의 역사가 한국에서 나타났다는 내용으로 연결되므로 (가) 문단은 마지막에 위치한다.

08

정답 ⑤

(마)의 앞부분에서는 위기 상황을 제시하고, 뒷부분에서는 인류의 각성을 촉구하는 내용을 다루고 있다. 각성의 당위성을 이끌어내는 내용인 보기가 (마)에 들어가면 앞뒤의 내용을 논리적으로 연결할 수 있다.

09

정답 ⑤

보기는 관심사가 하나뿐인 사람을 1차원 그래프로 표시할 수 있다는 내용이다. 이는 제시문의 1차원적 인간에 대한 구체적인 예시에 해당하므로 (마)에 들어가는 것이 가장 적절하다.

10

정답 ④

보기는 논점에 대한 글쓴이의 주장을 다룬다. 글쓴이는 개체별 이기적 유전자가 자연선택의 중요한 특징이며, 종 전체의 이익이라는 개념은 부가적일 뿐, 주된 동기는 되지 못한다고 주장한다. 따라서 보기 앞에는 개체가 아닌 종적 단위의 이타심, 종의 번성을 위한 이기심과 같은 다른 사람들의 주장이 드러나야 한다. 또한 (라) 문단에서는 개체의 살아남음이 아닌 종의 전체 혹은 어떤 종에 속하는 한 그룹의 살아남음이 기존의 이기주의 – 이타주의 연구에서 주장하는 진화라고 한다. 그러므로 보기는 (라) 문단의 뒤가 적절하다.

11

정답 ④

- 첫 번째 빈칸 : 뒤에 이어지는 문장에서 '자문화를 중심으로 하되 도구로서 서양 물질문명을 선택적으로 수용'한다고 하였으므로, ⓒ이 적절하다.
- 두 번째 빈칸 : 개혁주의자들은 서구의 문화를 받아들이는 데는 동의하면서도, 무분별하게 모방하는 것에 대해 반대하는 입장이므로 ㉠이 적절하다.
- 세 번째 빈칸 : 정치 부분에서는 사회주의를 유지한 가운데, 경제 부분에서 시장경제를 선별적으로 수용하자는 입장이다. 즉, 기본 골격은 사회주의를 유지하면서 시장경제(자본주의)를 이용하는 것이므로 ⓒ이 적절하다.

12

정답 ③

(다) 문단의 '이처럼 우리가 계승할 민족문화의 전통으로 여겨지는 것이 ~'로 볼 때, ③이 (다) 문단 앞에 오는 것이 가장 적절하다.

13

정답 ①

- (A) : '공동체적 연대를 위해 집단적 노력이 존재한다.'라는 진술로 볼 때 ㉠이 적절하다.
- (B) : '아파트의 위치나 평형, 단지의 크기 등에 따라 공동체 형성의 정도가 서로 다르다.'라는 진술로 볼 때 같은 의미의 내용이 들어간 사례로 ⓒ이 적절하다.
- (C) : '부자 동네와 가난한 동네가 뚜렷이 구분되지 않는 주거 환경'과 '규범'이라는 구절을 볼 때 ⓒ이 적절하다.

14

정답 ④

(라)는 동종이식에 대해 설명하며, 동종이식의 문제점을 이야기한다. (가)는 이러한 동종이식을 대체할 수 있는 방법 중 하나인 전자기기 인공장기를 설명하면서 아직은 부족한 한계에 대해 이야기한다. (다)는 또 다른 대체 방법인 이종이식을 언급하며 이종이식의 문제점인 거부반응에 대해 이야기하고, (나)는 이종이식의 또 다른 문제점인 내인성 레트로바이러스에 대해 설명한다. 따라서 글의 순서는 (라) – (가) – (다) – (나)이며, 글의 구조로는 ④가 적절하다.

15

정답 ②

제시문은 관객이 영화를 수용할 때 자주 쓰이는 동일시 이론에 대해 문제를 제기하며 칸트의 '무관심성' 그리고 '방향 공간'과 '감정 공간'으로 관객이 영화를 지각할 수 있는 원리를 설명할 수 있음을 주장하고 있다. 따라서 (나) 영화를 보면서 흐름을 지각하는 것을 제대로 설명하지 못하는 '동일시 이론' – (가) 영화 흐름의 지각에 대해 설명할 수 있는 칸트의 '무관심성' – (라) 영화의 생동감을 체험할 수 있게 하는 '방향 공간' – (마) 영화의 생동감을 체험할 수 있게 하는 또 다른 이유인 '감정 공간' – (다) 관객이 영화를 지각하는 과정에 대한 정리의 순으로 나열하는 것이 적절하다. 따라서 글의 순서는 (나) – (가) – (라) – (마) – (다)이며, 글의 구조로는 ②가 가장 적절하다.

16

정답 ②

한글 맞춤법에 따르면 지난 일을 나타내는 어미는 '-던'으로 적고, 물건이나 일의 내용을 가리지 아니하는 뜻을 나타내는 어미는 '-든'으로 적는다. ⓒ의 경우 과거의 경험이 아닌 선택의 의미로 사용되었으므로 '-든'이 올바른 표기이다.

17

정답 ②

'나누다'에 피동 표현 '-어지다'가 붙은 '나누어지다'는 올바른 표기이다. 또한 '나뉘다'는 '나누다'의 피동사 '나누이다'의 준말이므로 이미 피동사인 '나뉘다'에 피동 표현인 '-어지다'를 붙이면 이중 피동 표현이 된다. 따라서 ⓒ은 '나누어져'로 쓰는 것이 적절하다.

18

정답 ⑤

재산이 많은 사람은 약간의 세율 변동에도 큰 영향을 받는다. 따라서 ⓜ은 '영향이 크기 때문에'로 수정해야 한다.

19

정답 ①

주어와 서술어의 관계를 고려하여 고친 것이지만, 피동형인 '선호되고'보다는 '(많은 사람이) 국가기관을 가장 선호하고'로 수정하는 것이 우리말 표현에서는 더 자연스럽다.

20

정답 ⑤

서론에서는 1인 방송의 개념과 현황을 제시하고, 본론에서는 이러한 1인 방송이 청소년 사이에서 확산되는 이유와 청소년에게 주는 긍정적 · 부정적 효과를 함께 제시하고 있다. 따라서 결론에는 청소년들이 이러한 1인 방송에 대해 비판적 태도를 지니고, 무분별하게 방송을 시청하기보다는 긍정적인 영향을 줄 수 있는 콘텐츠를 선별하여 시청해야 한다는 내용의 ⑤가 들어가는 것이 가장 적절하다.

21

정답 ④

'Ⅱ-1-나'에 따르면 온라인상에서 저작권 침해 문제가 발생하는 원인으로 주로 해외 서버를 통해 이루어지는 불법 복제를 단속하기 위해 필요한 다른 나라와의 협조 체제가 부족함을 제시하고 있다. 따라서 ④의 '업로드 속도를 향상하기 위한 국내 서버 증설'은 이러한 내용과 어긋날 뿐만 아니라 불법 복제를 단속하기 위한 방안으로 보기 어렵다.

22

정답 ③

ⓒ은 수목장의 개념 및 역사에 대한 하위 항목이다. 따라서 수목장의 도입 배경을 분석하는 것은 '수목장의 역사'라는 항목에 어울리지 않는다.

23

정답 ③

외국인 환자를 유치하는 데 장애가 되는 제도적 요인의 근거로 언어 장벽이나 까다로운 이용 절차로 외국인 환자를 유치하지 못한 사례를 활용하는 것은 적절하지 않다.

24

정답 ④

독서심리치료의 성공 사례는 이론적 기초에 해당하지 않는다.

25

정답 ④

'세계화의 바람직한 방향'이라는 문단에서는 '세계 시민으로서 책무를 다루어야 하겠지만, 세계화가 곧 주체성 상실로 나아가서는 안 된다.'는 경계의 내용도 포함하여 담고 있는 것이 좋다.

CHAPTER 03 독해

01	02	03	04	05	06	07	08	09	10
③	⑤	②	④	②	②	①	③	④	④
11	12	13	14	15	16	17	18	19	20
①	①	④	①	②	⑤	①	②	③
21	22	23	24	25					
④	③	⑤	②	⑤					

01

정답 ③

제시문은 우유니 사막의 위치와 형성, 특징 등 우유니 사막의 자연지리적 특성을 서술하고 있다. 따라서 주제로 가장 적절한 것은 ③이다.

02

정답 ⑤

제시문에서 쇼펜하우어는 표상의 세계 안에서의 이성의 역할, 즉 시간과 공간, 인과율을 통해서 세계를 파악하는 주인의 역할을 함에도 불구하고 이 이성이 다시 의지에 종속됨으로써 제한적이며 표면적일 수밖에 없다는 한계를 지적하고 있다.

오답분석
① 세계의 본질이 의지의 세계라는 내용은 쇼펜하우어 주장의 핵심 내용이기는 하지만, 제시문의 주요 내용은 주관 또는 이성 인식으로 만들어내는 표상의 세계는 결국 한계를 가질 수밖에 없다는 것이다.
② 제시문에서는 표상 세계의 한계를 지적했을 뿐, 표상 세계의 극복과 그 해결 방안에 대한 내용은 없다.
③ 쇼펜하우어가 주관 또는 이성을 표상의 세계를 이끌어 가는 능력으로 주장하고 있다는 점에서 타당하나 글의 중심 내용은 아니다.
④ 제시문에서 의지의 세계와 표상 세계는 의지가 표상을 지배하는 종속관계라는 차이를 파악할 수는 있으나, 중심 내용으로는 적절하지 않다.

03

정답 ②

구비문학에서는 단일한 작품, 원본이라는 개념이 성립하기 어렵다. 따라서 선창자의 재간과 그때그때의 분위기에 따라 새롭게 변형되거나 창작되는 일이 흔하다. 다시 말해 정해진 틀이 있다기보다는 상황이나 분위기에 따라 바뀌는 것이 가능하다. 유동성이란, 형편이나 때에 따라 변화될 수 있음을 뜻하는 말이다. 따라서 제시문의 제목으로는 '구비문학의 유동성'이 가장 적절하다.

04

정답 ④

네 번째 문단에서는 토마토 퓨레, 토마토 소스, 토마토 케첩을 소개하며, 토마토에 대한 조리방법을 소개하고 있다. 따라서 각 문단의 제목으로 적절하지 않은 것은 ④이다.

05

정답 ②

'에너지 하베스팅은 열, 빛, 운동, 바람, 진동, 전자기 등 주변에서 버려지는 에너지를 모아 전기를 얻는 기술을 의미한다.'라는 내용을 통해서 버려진 에너지를 전기라는 에너지로 다시 만든다는 것을 알 수 있다.

오답분석
① 무체물인 에너지도 재활용이 가능하다고 했으므로 적절하지 않은 내용이다.
③ '에너지 하베스팅은 열, 빛, 운동, 바람, 진동, 전자기 등 주변에서 버려지는 에너지를 모아 전기를 얻는 기술을 의미한다.'라는 내용에서 다른 에너지에 대한 언급은 없이 '전기를 얻는 기술'이라고 언급했으므로 적절하지 않은 내용이다.
④ 태양광을 이용하는 광에너지 하베스팅, 폐열을 이용하는 열에너지 하베스팅이라고 구분하여 언급한 것을 통해 다른 에너지원에 속한다는 것을 알 수 있다.
⑤ '사람이 많이 다니는 인도 위에 버튼식 패드를 설치하여 사람이 밟을 때마다 전기가 생산되도록 하는 것이다.'라고 했으므로 사람의 체온을 이용한 신체에너지 하베스팅 기술이라기보다는 진동이나 압력을 가해 이용하는 진동에너지 하베스팅이다.

06

정답 ②

세 번째 문단의 '총대장균군에 포함된 세균은 온혈동물의 배설물을 통해서도 많은 수가 방출되고 그 수는 병원체의 수에 비례한다.'라는 내용에서 확인할 수 있다.

오답분석

① 세 번째 문단에서 총대장균군은 수질 정화과정에서 병원체와 유사한 저항성을 가진다고 하였다. 즉, 수질 정화과정에서 총대장균군과 병원체의 생존율은 비슷하다고 할 수 있다.

③ 첫 번째 문단에서 병원체를 직접 검출하는 것은 비싸고, 시간이 오래 걸리고, 숙달된 기술을 요구하지만 지표생물을 이용하면 이러한 문제점을 해결할 수 있다고 제시되어 있다.

④ 마지막 문장에서 분변성 연쇄상구균군은 시료에서도 그 수가 일정하게 유지되어 좋은 상수소독 처리지표로 활용된다고 제시되어 있다.

⑤ 세 번째 문단의 첫 문장에서 총대장균군에 포함된 세균이 모두 온혈동물의 분변에서 기원한 것은 아니라고 나와 있다.

07

정답 ①

세 번째 문단에서 전통적인 궁술이 포격으로 발전하였을 뿐만 아니라 사거리도 월등히 길다고 하였으므로 제시문의 내용으로 적절하지 않다.

08

정답 ③

세 번째 ～ 네 번째 문단에서 인공위성의 자세제어용 추력기(소형의 추력기)와 반작용 휠은 모두 세 방향으로 설치되어 있음을 확인할 수 있다.

09

정답 ④

(가)에서는 '이야기하기'를 인간의 근원적인 욕망이라고 하며 우리가 왜 이야기하기를 멈추지 않는지에 대해 자세히 풀어서 분석적으로 서술하고 있고, (나)에서는 사람들이 단순한 정보보다는 스토리를 원하고, 또 상품 자체보다는 상상력을 자극하는 이야기가 더 많이 사고 팔리며, 삶의 물질적인 측면보다는 인간의 감성적인 측면에 대한 관심이 증가하고 있다고 서술하고 있다.

10

정답 ④

제시문은 진흥왕이 나제 동맹의 활용과 파기를 통해 한강 유역을 차지하고 영토 확장을 시작했다는 내용이다. 이 뒤에 이어질 내용으로는 진흥왕의 영토 확장이 어떻게 이루어졌는지가 적절하다.

11

정답 ①

제시문에서는 냉전의 기원을 서로 다른 관점에서 바라보고 있는 전통주의, 수정주의, 탈수정주의에 대해 각각 설명하고 있다.

오답분석

③ 여러 가지 의견을 제시할 뿐, 어느 의견에 대한 우월성을 논하고 있지는 않다.

12

정답 ①

제시문은 프리온 단백질을 발견한 프루시너에 대한 글로, 프루시너가 프리온의 존재를 발표하기 전 분자 생물학계의 중심 이론을 설명하고, 그에 대해 반대의 주장을 펼친 프루시너의 이론과 그가 공로를 인정받게 된 과정에 대해 설명하고 있다.

13

정답 ④

제시문은 도로신호와 철도신호의 차이점을 드러내고 있으므로 둘 이상의 대상에서 차이점을 중심으로 설명하는 대조의 설명 방식이 가장 적절하다.

14

정답 ①

㉠은 양반의 수 증가, ㉡은 실제가 없는 허명, ㉢은 양반의 신분이 세습됨, ㉣은 생원의 폐단을 겸하고 있음을 말한다. 그리고 ㉤에서 이 네 가지 폐단이 있으니, 모든 사람을 양반을 만들어 양반이 없는 것과 마찬가지인 효과를 내자는 역설적 주장으로 글을 마무리하고 있다.

15

정답 ②

㉠은 대전제, ㉡은 소전제, ㉤은 결론의 구조를 취하고 있다. 그리고 ㉢은 ㉡에 대한 이유 제시, ㉣은 ㉢에 대한 보충 설명에 해당한다.

16

정답 ④

'느좋, 감다살'과 같은 인터넷 신조어는 갑자기 생겨난 말이며 금방 사라질 수도 있는 말이기에 국어사전에 넣기에는 적절하지 않다는 내용으로 제시문에 대한 반대 논거를 펼치고 있다.

17
정답 ⑤

제시문에서는 탑을 복원할 경우 탑에 담긴 역사적 의미와 함께 탑과 주변 공간의 조화가 사라지고, 정확한 자료 없이 탑을 복원한다면 탑을 온전하게 되살릴 수 없다는 점을 들어 탑을 복원하기보다는 보존해야 한다고 주장한다. 따라서 이러한 근거들과 관련이 없는 ⑤는 주장에 대한 반박으로 적절하지 않다.

18
정답 ①

제시문은 기술이 내적인 발전 경로를 가지고 있다는 통념을 비판하기 위해 다양한 사례 연구를 논거로 인용하고 있다. 따라서 인용하고 있는 연구 결과를 반박할 수 있는 자료가 있다면 글쓴이의 주장은 설득력을 잃게 된다.

19
정답 ②

아리스토텔레스는 관객과 극중 인물의 감정 교류를 강조하지만, 브레히트는 관객이 거리를 두고 극을 보는 것을 강조하고 있다. 브레히트는 관객이 극에 지나치게 몰입하게 되면, 극과의 거리두기는 어려워져 사건을 객관적으로 바라볼 수 없게 된다고 보았다. 따라서 이러한 입장의 의문으로 ②가 가장 적절하다.

20
정답 ③

미장센은 편집을 통해 연출하는 기법이 아니라, 한 화면 속에 담기는 이미지의 모든 구성요소를 통해 주제가 나타나도록 하는 감독의 작업이다.
감독이 사계절의 모습을 담기 위해 봄, 여름, 가을, 겨울을 각각 촬영한 후 결합하여 하나의 장면으로 편집하는 연출방법은 몽타주 기법이다.

21
정답 ④

인간의 후각은 기억과 밀접한 관련이 있다. 따라서 실험이 진행될수록 높은 정답률을 보여준다.

오답분석

① 인간 역시 동물과 마찬가지로 취기재 분자 하나에도 민감하게 반응하나, 동물만큼 예민하지는 않다.
② 인간의 후각 수용기는 1천만 개에 불과하다.
③ 냄새를 탐지할 수 있는 최저 농도를 '탐지 역치'라 한다. 이보다 낮은 농도의 냄새는 탐지가 어렵다.
⑤ 취기재의 정체를 인식하려면 취기재의 농도가 탐지 역치보다 3배가량은 높아야 하므로 이미 취기재의 농도는 탐지 역치보다 3배 높은 상태이다.

22
정답 ③

제시문은 유추에 의한 단어 형성에 대해서만 설명을 하는 글이다.

오답분석

① 첫 번째 문단, ② 세 번째 문단, ④ 마지막 문단, ⑤ 두 번째 문단에서 확인할 수 있다.

23
정답 ⑤

저맥락 문화는 멤버 간에 공유하고 있는 맥락의 비율이 낮고 개인주의와 다양성이 발달했다. 미국은 이러한 저맥락 문화의 대표국가로 선악의 확실한 구분, 수많은 말풍선을 사용한 스토리 전개 등이 특징이다. 다채로운 성격의 캐릭터가 등장하는 것은 일본 만화의 특징이다.

24
정답 ②

(가)는 논점 일탈의 오류, (나)는 의도 확대의 오류, (다)는 흑백논리의 오류, (라)는 복합 질문의 오류에 해당한다. 따라서 ②는 수긍하고 싶지 않은 것을 전제로 하고 질문하는 오류를 범하고 있으므로 (라)와의 연결은 옳다.

오답분석

① 논점과 관계없는 결론으로 이끄는 오류인 (가)에 해당한다.
③ 흑백논리의 오류인 (다)에 해당한다.
④ 의도를 확대한 (나)에 해당한다.
⑤ 논점과 무관한 결론에 이르게 하는 (가)에 해당한다.

25
정답 ⑤

• 철이 : 일명 후건 긍정의 오류를 범하고 있다. 철이가 오류를 범하지 않으려면 다음과 같이 이야기해야 한다. "흡연자의 90%는 폐암으로 사망한다. 너는 흡연자다. 따라서 너는 폐암으로 사망할 확률이 90%다."
• 민지·유진 : 인과 관계를 거꾸로 생각하고 있다. 민지의 경우, 감염자가 양성 판정을 받을 확률이 99%인 것이지, 양성 판정을 받은 사람이 감염자일 확률이 99%인 것은 아니다. 양성 판정을 받은 사람 중에는 실제 비감염자가 양성 판정을 받을 확률도 있을 것이고 주어진 조건으로 이 확률을 알 수는 없다.

오답분석

• 영이 : 통계적 귀납추론을 하고 있다.

MEMO

PART 2
수리

01	02	03	04	05	06	07	08	09	10	11	12	13	14	15	16	17	18	19	20
③	①	⑤	②	②	②	④	①	④	④	④	③	①	③	③	①	④	③	②	④
21	22	23	24	25	26	27	28	29	30	31	32	33	34	35					
③	②	②	②	③	③	②	③	②	④	①	⑤	⑤	⑤	④					

01
정답 ③

$(4,513+8,779) \div 4 - 523 = 13,292 \div 4 - 523$
$= 3,323 - 523 = 2,800$

02
정답 ①

39, 65, 91의 최대공약수는 13이므로 한 변이 13cm의 정육면체 타일로 채우면 된다.

03
정답 ⑤

A회사의 밀가루 무게를 $5x$kg이라고 하면 설탕의 무게는 $4x$kg이다.
B회사의 밀가루 무게를 $2y$kg이라고 하면 설탕의 무게는 $y$kg이다. 두 제품을 섞었을 때 비율이 $3 : 2$이므로 $3(4x+y)=2(5x+2y)$이고, 설탕의 무게가 120kg이므로 $4x+y=1200$이므로 이 두 식을 연립하면 $x=20$, $y=40$이다.
따라서 A회사 제품의 무게는 $5 \times 20 + 4 \times 20 = 180$kg이다.

04
정답 ②

327보다 작으면서 가장 큰 2^ng의 추는 $2^8=256$g이다. 그다음에 남는 무게는 71g인데 이 역시 앞의 과정과 마찬가지로 하면 필요한 추는 $2^6=64$g, 그다음에 남는 무게인 7g에는 2^2g, 2^1g, 1g의 추가 필요하다.
따라서 최소로 필요한 추의 개수는 5개이다.

05
정답 ②

ⅰ) AOOOB인 경우
   A와 B는 자리가 정해져 있으므로 C, D, E만 일렬로 세우면 된다.
   → $3 \times 2 \times 1 = 6$가지
ⅱ) BOOOA인 경우
   마찬가지로 C, D, E만 일렬로 세우면 된다.
   → $3 \times 2 \times 1 = 6$가지
∴ $6+6=12$가지
따라서 A와 B가 양 끝에 서는 경우의 수는 총 12가지이다.

06

정답 ②

- 집 → 놀이터 → 학교 : $4 \times 5 = 20$가지
- 집 → 학교 : 2가지

$\therefore 20 + 2 = 22$가지

따라서 집에서 학교까지 갈 수 있는 경우의 수는 모두 22가지이다.

07

정답 ④

- 잘 익은 귤을 꺼낼 확률 : $1 - \left(\dfrac{10}{100} + \dfrac{15}{100} \right) = \dfrac{75}{100}$
- 썩거나 안 익은 귤을 꺼낼 확률 : $\dfrac{10}{100} + \dfrac{15}{100} = \dfrac{25}{100}$

따라서 한 사람은 잘 익은 귤, 다른 한 사람은 그렇지 않은 귤을 꺼낼 확률은 $2 \times \dfrac{75}{100} \times \dfrac{25}{100} \times 100 = 37.5\%$이다.

08

정답 ①

- 내일 비가 오고, 모레 비가 올 확률 : $\dfrac{1}{3} \times \dfrac{1}{4} = \dfrac{1}{12}$
- 내일 비가 안 오고, 모레 비가 올 확률 : $\left(1 - \dfrac{1}{3} \right) \times \dfrac{1}{5} = \dfrac{2}{3} \times \dfrac{1}{5} = \dfrac{2}{15}$

따라서 구하고자 하는 확률은 $\dfrac{1}{12} + \dfrac{2}{15} = \dfrac{13}{60}$이다.

09

정답 ④

소금의 양은 (소금물의 양) $\times \dfrac{(\text{소금물의 농도})}{100}$로 구한다.

따라서 농도 7%의 소금물 300g에 녹아 있는 소금의 양은 $300 \times \dfrac{7}{100} = 21$g이다.

10

정답 ④

1부터 9까지 자연수 중 합이 9가 되는 두 수의 쌍은 $(1, 8), (2, 7), (3, 6), (4, 5)$이다.
이 4개의 쌍 중 하나를 택하고 9개의 숫자 중 이미 택한 2개의 숫자를 제외한 7개의 숫자 중 하나를 택하여 3개의 숫자를 얻는다.
이렇게 얻은 3개의 숫자를 일렬로 배열하는 경우의 수는 $4 \times 7 \times (3 \times 2 \times 1) = 168$이다.
한편, 1부터 9까지 자연수 중 3개의 숫자를 택하여 나열하는 경우의 수는 $9 \times 8 \times 7 = 504$이다.
따라서 구하는 세 자리 자연수의 개수는 $504 - 168 = 336$개이다.

11

정답 ④

우유 1팩의 정가를 x원이라 하자.

$0.8(x + 800) = 2,000$

$\rightarrow 0.8x = 1,360$

$\therefore x = 1,700$

따라서 우유 1팩의 정가는 1,700원이다.

12

정답 ③

작년 경기 횟수를 x회로 놓으면, 작년의 승리 횟수는 $0.4x$회이다.

작년과 올해를 합산한 승률이 45%이므로 $\dfrac{0.4x+65}{x+120}=0.45$가 된다.

이 식을 정리하면 $5x=1,100$이므로 $x=220$이다.

작년의 총경기 횟수는 220회이고, 승률은 40%이므로 승리 횟수는 88회이다.

따라서 작년과 올해의 승리 횟수는 $88+65=153$회이다.

13

정답 ①

B사원이 마시는 녹차의 농도를 구하는 식은 $\dfrac{(용질)}{(용액)}=\dfrac{(녹차가루의 양)}{(녹차가루+물)}$이다.

$\dfrac{(50-35)}{(200-65)+(50-35)}\times 100=\dfrac{15}{135+15}\times 100=10\%$

따라서 B사원이 마시는 녹차의 농도는 10%이다.

14

정답 ③

농도 4%의 소금물 300g에 들어있는 소금의 양은 $300\times\dfrac{4}{100}=12$g이므로 소금 100g을 추가로 넣었을 때 소금물의 농도는

$\dfrac{12+100}{300+100}\times 100=28\%$이다.

15

정답 ③

완성품 1개를 만드는 데 필요한 일의 양을 1이라 하고, A와 B기계가 x일 만에 완성품을 1개 만들었다고 하면 다음과 같다.

• A기계가 하루에 하는 일의 양 : $\dfrac{1}{20}$

• B기계가 하루에 하는 일의 양 : $\dfrac{1}{30}$

$\left(\dfrac{1}{20}+\dfrac{1}{30}\right)\times x=1 \rightarrow \dfrac{5}{60}\times x=1 \rightarrow \dfrac{1}{12}\times x=1$

$\therefore x=12$

따라서 A와 B기계를 함께 사용하면 완성품 1개를 만드는 데 12일이 걸린다.

16

정답 ①

• 시침이 1시간 동안 움직이는 각도 : $\dfrac{360}{12}=30°$

• 시침이 1분 동안 움직이는 각도 : $\dfrac{360}{12\times 60}=0.5°$

• 분침이 1분 동안 움직이는 각도 : $\dfrac{360}{60}=6°$

• 10시 10분일 때 시침의 각도 : $30\times 10+0.5\times 10=305°$

• 10시 10분일 때 분침의 각도 : $6\times 10=60°$

따라서 시침과 분침이 이루는 작은 쪽의 각도는 $55+60=115°$이다.

17

정답 ④

A, B, C버스의 배차 간격 8분, 15분, 12분의 최소공배수는 $4 \times 3 \times 2 \times 5 = 120$분이므로 오후 4시 50분에서 2시간 후인 오후 6시 50분에 같이 출발한다.

18

정답 ③

팀장의 나이를 x세라고 했을 때, 과장의 나이는 $(x-4)$세, 대리는 31세, 사원은 25세이다.
과장과 팀장의 나이 합이 사원과 대리의 나이 합의 2배라고 하였으므로 다음과 같은 식이 성립한다.
$x + (x-4) = 2 \times (31+25)$
$\rightarrow 2x - 4 = 112$
$\therefore x = 58$
따라서 팀장의 나이는 58세이다.

19

정답 ②

라임이의 나이를 x세라 하면, 아버지의 나이는 $(x+28)$세이다.
$x + 28 = 3x$
$\rightarrow 2x = 28$
$\therefore x = 14$
따라서 아버지의 나이는 $3 \times 14 = 42$세이다.

20

정답 ④

빈자리가 있는 버스는 없으므로 한 대에 45명씩 n대 버스에 나누어 탈 때와 한 대에 40명씩 $(n+2)$대 버스에 나누어 탈 때의 전체 학생 수는 같아야 한다.
즉, $45n = 40(n+2) \rightarrow 5n = 80$
$\therefore n = 16$
따라서 이 학교의 학생 수는 $16 \times 45 = 720$명이다.

21

정답 ③

총 6시간 30분 중 30분은 정상에서 휴식을 취했으므로, 오르막길과 내리막길의 실제 이동시간은 6시간이다.
총 14km의 거리 중 a는 오르막길에서 걸린 시간, b는 내리막길에서 걸린 시간이라 하면 다음과 같은 두 식이 성립한다.
a+b=6 … ㉠
1.5a+4b=14 … ㉡
㉠과 ㉡을 연립하면 a=4, b=2이다.
따라서 오르막길 A의 거리는 $1.5 \times 4 = 6$km이다.

22

정답 ②

두 소행성이 충돌할 때까지 걸리는 시간을 x초라 하면 다음과 같다.
(속력)×(시간)=(거리) $\rightarrow 10x + 5x = 150$
$\therefore x = 10$
따라서 두 소행성은 10초 후에 충돌한다.

23

올라갈 때의 거리를 $x$km라고 하면, 내려갈 때의 거리는 $(x+3)$km이므로 다음 식이 성립한다.

$\dfrac{x}{2}+\dfrac{x+3}{4}=3$

$\rightarrow 2x+x+3=12$

$\rightarrow 3x=9$

$\therefore x=3$

따라서 등산한 총거리는 $2x+3=6+3=9$km이다.

24

배의 속력을 $x$km/h, 강물의 속력을 $y$km/h라 하면 다음과 같은 두 식이 성립한다.

$4\times(x-y)=20 \rightarrow x-y=5 \cdots \text{㉠}$

$2\times(x+y)=20 \rightarrow x+y=10 \cdots \text{㉡}$

㉠에서 ㉡을 빼면 $-2y=-5$이므로 $y=2.5$이다.

따라서 강물이 흐르는 속력은 2.5km/h이다.

25

★, ◎, ◇, □, ▲를 각각 A, B, C, D, E라고 하자.

$E=2(A+B) \cdots ①$

$B=A+C \cdots ②$

$2B=C+D \cdots ③$

$2C=D \cdots ④$

우선 ④를 ③에 대입하면

$2B=3C \cdots \text{㉠}$

이를 ②에 대입하면

$\dfrac{3}{2}C=A+C \rightarrow A=\dfrac{1}{2}C \cdots \text{㉡}$

㉠과 ㉡을 ①에 대입하면

$E=2A+2B=C+3C=4C$

즉, $A=\dfrac{1}{2}C$, $B=\dfrac{3}{2}C$, $D=2C$, $E=4C$이다.

$?\times◇=★+◎+□+▲=?\times C=\dfrac{1}{2}C+\dfrac{3}{2}C+2C+4C=8C$

따라서 ?$=8$이다.

26

짝수 항은 $+1.4$, $+2.1$, $+2.8$, …, 홀수 항은 -6인 수열이다.

$9 \rightarrow -11 \rightarrow 3 \rightarrow -9.6 \rightarrow (-3) \rightarrow -7.5 \rightarrow -9 \rightarrow (-4.7)$

따라서 A$=-4.7$, B$=-3$이므로 A-3B$=4.3$이다.

27

정답 ②

프로젝트를 완료하는 데 필요한 일의 양을 1이라 하면, A사원은 하루에 $\frac{1}{7}$, B사원은 하루에 $\frac{1}{9}$만큼의 일을 할 수 있다.

3일 동안 같이 한 일의 양은 $\left(\frac{1}{7}+\frac{1}{9}\right)\times 3=\frac{16}{21}$이므로,

A사원이 혼자 해야 할 일의 양은 $\frac{5}{21}$이 된다.

이때 프로젝트를 완료하는 데 걸리는 시간을 x일이라 하면, $\frac{1}{7}\times x=\frac{5}{21}$이므로, $x=\frac{5}{3}$일이다.

따라서 A사원 혼자 남은 프로젝트를 완료하는 데에는 2일이 더 걸린다.

28

정답 ③

수영장에 물이 가득 찼을 때의 양을 1이라 하면, 수도관 A로는 1시간에 $\frac{1}{6}$, B로는 $\frac{1}{4}$을 채울 수 있다.

A, B 두 수도관을 모두 사용하여 수영장에 물을 가득 채우는 데 걸리는 시간을 x시간이라 하면 다음과 같은 식이 성립한다.

$\left(\frac{1}{6}+\frac{1}{4}\right)\times x=1$

$\rightarrow \frac{5}{12}x=1$

$\therefore x=\frac{12}{5}=2\frac{2}{5}$

따라서 물을 가득 채우는 데 2시간 24분이 걸린다.

29

정답 ②

A가 한 시간 동안 정리할 수 있는 면적을 $x\,\text{m}^2$라 하면, B가 정리할 수 있는 면적은 $\frac{2}{3}x\,\text{m}^2$이다.

$\left(x+\frac{2}{3}x\right)\times 5=100$

$\rightarrow \frac{5}{3}x=20$

$\therefore x=12$

따라서 A가 한 시간 동안 정리할 수 있는 면적은 12m^2이다.

30

정답 ④

물통의 양을 1이라 하면 1분에 A관은 $\frac{1}{a}$, B관은 $\frac{1}{b}$, C관은 $\frac{1}{c}$을 채운다.

A, B, C관을 모두 사용하여 물통을 채우는 데 걸리는 시간을 x분이라 하면 다음과 같은 식이 성립한다.

$\left(\frac{1}{a}+\frac{1}{b}+\frac{1}{c}\right)\times x=1$

$\rightarrow \frac{ab+bc+ca}{abc}x=1$

$\therefore x=\frac{abc}{ab+bc+ca}$

따라서 물통을 채우는 데 걸리는 시간은 $\frac{abc}{ab+bc+ca}$분이다.

31

A등급 선수 1명에게 지급될 금액을 x원이라고 하자.

이때, B등급 선수 1명에게 지급될 금액은 $\frac{1}{2}x$원, C등급 선수 1명에게 지급될 금액은 $\frac{1}{2}x \times \frac{2}{3} = \frac{1}{3}x$원이다.

포상금의 전체 금액은 4,500만 원이라고 하였으므로 다음과 같은 식이 성립한다.

$5x + 10 \times \frac{1}{2}x + 15 \times \frac{1}{3}x = 45,000,000$

$\rightarrow 15x = 45,000,000$

$\therefore x = 3,000,000$

따라서 A등급 선수 1명에게 지급될 금액은 300만 원이다.

32

정답 ⑤

등산복 판매량을 x개, 등산화 판매량을 y켤레라고 하면 다음과 같은 식이 성립한다.

$x + y = 40 \rightarrow x = 40 - y \cdots \bigcirc$

$2,000x + 5,000y = 110,000 \cdots \bigcirc\!\!\!\!\bigcirc$

$\bigcirc$을 $\bigcirc\!\!\!\!\bigcirc$에 대입하고 양변을 1,000으로 약분하면 다음과 같은 식이 성립한다.

$2(40 - y) + 5y = 110$

$\rightarrow 80 + 3y = 110$

$\rightarrow 3y = 30$

$\therefore y = 10$

따라서 등산화는 10켤레를 팔았으며, 등산화 판매로 얻은 이익은 50,000원이다.

제품 1개당 이익이 이미 문제에 제시되어 있으므로 판매수수료를 제한 금액을 따로 계산할 필요가 없다.

33

정답 ⑤

2회에 지불한 금액은 효민이보다 준우가 5,000원 많았으므로 1회에 효민이가 준우보다 많이 낸 것을 알 수 있다.

1회에 효민이가 낸 금액을 x원, 준우가 낸 금액을 y원이라 하면,

2, 3회에 효민이가 낸 금액은 $0.75x$원, 준우가 낸 금액은 $(y+2,000)$원이다.

효민이와 준우가 각각 부담한 총액이 같다고 했으므로 다음과 같은 식이 성립한다.

$x + 0.75x \times 2 = y + (y + 2,000) \times 2 \rightarrow 2.5x - 3y = 4,000 \cdots \bigcirc$

2회에 준우가 지불한 금액이 효민이보다 5,000원 많다고 했으므로 다음과 같은 식이 성립한다.

$0.75x = (y + 2,000) - 5,000 \rightarrow 0.75x - y = -3,000 \cdots \bigcirc\!\!\!\!\bigcirc$

$\bigcirc - 3 \times \bigcirc\!\!\!\!\bigcirc$을 하면, $0.25x = 13,000$이므로 $x = 52,000$이다.

따라서 제습기의 가격은 $(x + 0.75x \times 2) \times 2 = 260,000$원이다.

34

정답 ⑤

300원짜리 볼펜을 x자루, 500원짜리 볼펜을 y자루 샀다고 하면 다음과 같은 식이 성립한다.

$x + y = 10 \cdots \bigcirc$

$300x + 500y = 3,600 \cdots \bigcirc\!\!\!\!\bigcirc$

$500 \times \bigcirc - \bigcirc\!\!\!\!\bigcirc$으로 연립하면 다음과 같다.

$\therefore x = 7, \ y = 3$

따라서 300원짜리 볼펜은 7자루 샀다.

35

B톱니바퀴와 C톱니바퀴의 톱니 수를 각각 b개, c개라 하자.

A톱니바퀴는 B, C톱니바퀴와 서로 맞물려 돌아가므로 A, B, C톱니바퀴의 (톱니 수)×(회전수)의 값은 같다.

즉, $90 \times 8 = 15b = 18c$이므로 b와 c의 값은 다음과 같다.

$15b = 720 \rightarrow b = 48$

$18c = 720 \rightarrow c = 40$

$\therefore b + c = 88$

따라서 B톱니바퀴의 톱니 수와 C톱니바퀴의 톱니 수의 합은 88개이다.

01	02	03	04	05	06	07	08	09	10	11	12	13	14	15	16	17	18	19	20
①	④	④	①	④	③	①	③	④	③	③	③	②	④	④	④	③	④	④	⑤

21	22	23	24	25
②	③	②	①	①

01

정답 ①

전체 질문 중 '보통이다' 비율이 가장 높은 질문은 37%인 네 번째 질문이며, '매우 그렇다' 비율이 가장 높은 질문은 21%인 두 번째 질문이다.

오답분석

② 두 번째 질문에 '매우 그렇다'를 선택한 직원 수는 $1,600 \times 0.21 = 336$명이고, '보통이다'를 선택한 직원 수는 $1,600 \times 0.35 = 560$명이다. 따라서 '매우 그렇다'를 선택한 직원 수는 '보통이다'를 선택한 직원 수보다 $560 - 336 = 224$명 적다.

③ 전체 질문에서 '그렇다'를 선택한 평균 비율은 $\frac{75}{5} = 15\%$이고, '매우 그렇지 않다'를 선택한 평균 비율은 $\frac{95}{5} = 19\%$이므로 '매우 그렇지 않다'를 선택한 평균 비율이 $19\% - 15\% = 4\%$p 높다.

④ 다섯 번째 질문에서 '매우 그렇지 않다'를 선택한 직원 수는 $1,600 \times 0.19 = 304$명이고, '그렇지 않다'를 선택한 직원 수는 $1,600 \times 0.09 = 144$명이다. 따라서 직원 수의 차이는 $304 - 144 = 160$명으로 150명 이상이다.

⑤ 전체 질문 중 세 번째 '지방이전 후 출·퇴근 교통에 만족합니까?' 질문에 '그렇지 않다'와 '매우 그렇지 않다'의 비율 합이 가장 높다.

02

정답 ④

A, B, C기계를 모두 하루 동안 가동시켰을 때 전체 불량률은 $\frac{(전체\ 불량품\ 수)}{(전체\ 생산량)} \times 100$이다.

기계에 따른 하루 생산량과 불량품 수를 구하면 다음과 같다.

(단위 : 개)

구분	하루 생산량	불량품 수
A기계	500	$500 \times 0.05 = 25$
B기계	$500 \times 1.1 = 550$	$550 \times 0.02 = 11$
C기계	$550 + 50 = 600$	$600 \times 0.05 = 30$
합계	1,650	66

따라서 전체 불량률은 $\frac{66}{1,650} \times 100 = 4\%$이다.

03

기타를 제외한 4개국의 2021년 대비 2022년의 해외 이주자 수의 감소율을 구하면 다음과 같다.

- 미국 : $\dfrac{2,434-2,487}{2,487}\times100 ≒ -2.13\%$
- 캐나다 : $\dfrac{225-336}{336}\times100 ≒ -33.04\%$
- 호주 : $\dfrac{107-122}{122}\times100 ≒ -12.30\%$
- 뉴질랜드 : $\dfrac{96-96}{96}\times100 ≒ 0\%$

따라서 2021년 대비 2022년의 해외 이주자 수의 감소율이 가장 큰 나라는 캐나다이다.

오답분석

① 제시된 자료를 보면 전체 해외 이주민의 수는 2016년, 2018년에 증가했으므로 옳지 않다.
② • 2019년 기타를 제외한 4개국의 해외 이주자 수 : $10,843+1,375+906+570=13,694$명
　 • 2022년 기타를 제외한 4개국의 해외 이주자 수 : $2,434+225+107+96=2,862$명
　 • 2019년 대비 2022년 4개국 해외 이주자 수의 증감률 : $\dfrac{2,862-13,694}{13,694}\times100 ≒ -79.1\%$

　 따라서 2019년 대비 2022년 기타를 제외한 4개국 해외 이주자 수의 감소율은 80% 미만이다.

③ 2014년 대비 2022년의 캐나다 해외 이주자 수의 증감률은 $\dfrac{225-2,778}{2,778}\times100 ≒ -91.9\%$이다.

　 따라서 2014년 대비 2022년의 캐나다 해외 이주자 수의 감소율은 94% 미만이다.

⑤ 감소폭에 대한 문제이므로, 감소한 연도의 감소폭만 구하면 다음과 같다.
- 2015년 : $1,846-1,835=11$
- 2016년 : $1,749-1,846=-97$
- 2017년 : $1,608-1,749=-141$
- 2018년 : $1,556-1,608=-52$
- 2019년 : $906-1,556=-650$
- 2020년 : $199-906=-707$
- 2021년 : $122-199=-77$
- 2022년 : $107-122=-15$

따라서 호주의 전년 대비 해외 이주자 수의 감소폭이 가장 큰 해는 2020년이다.

04

정답 ①

A사와 B사 전체 직원 수를 알 수 없으므로 비율만으로는 판단할 수 없다.

오답분석

② B, C, D사 각각 남직원보다 여직원의 비율이 높다. 즉, 각 회사의 실제 직원 수에 관계없이 B, C, D사 모두에서 남직원 수보다 여직원 수가 많다. 따라서 B, C, D사의 직원 수를 다 합했을 때도 남직원 수는 여직원 수보다 적다.
③ 여직원 대비 남직원 비율은 여직원 비율이 높을수록, 남직원 비율이 낮을수록 값이 작아진다. 따라서 여직원 비율이 가장 높으면서 남직원 비율이 가장 낮은 D사가 비율이 최저이고, 남직원 비율이 여직원 비율보다 높은 A사의 비율이 가장 높다.
④ A, B, C사의 각각 전체 직원 수를 x명이라 하면, 여직원의 수는 각각 $0.46x$명, $0.52x$명, $0.58x$명이다.
　 따라서 $0.46x+0.58x=2\times0.52x$이므로 옳은 설명이다.
⑤ A사의 전체 직원 수를 a명, B사의 전체 직원 수를 b명이라 하면, A사의 남직원 수는 $0.54a$명, B사의 남직원 수는 $0.48b$명이다.
$$\dfrac{0.54a+0.48b}{a+b}\times100=52 \rightarrow 54a+48b=52(a+b)$$
$$\therefore a=2b$$
따라서 A사의 전체 직원 수는 B사의 2배이다.

CHAPTER 02 자료해석 • **23**

05

정답 ④

제시된 자료를 보면 판매량이 4개일 경우 평균 비용은 5만 원, 평균 수입은 6만 원이다. 따라서 총비용은 20만 원, 총수입은 24만 원으로 이윤은 4만 원이다. 판매량을 3개로 줄일 경우 평균 비용은 4만 원, 평균 수입은 6만 원이다. 그러므로 총비용은 12만 원, 총수입은 18만 원으로 6만 원의 이윤이 발생한다. 따라서 이윤을 증가시키기 위해서는 판매량을 3개로 줄이는 것이 합리적이다.

오답분석

① 판매량이 1개일 때와 5개일 때는 이윤은 0원이다.
② 판매 개수를 늘리면 평균 수입은 변화가 없지만 평균 비용이 높아지므로 이윤이 감소한다.
③ 현재 평균 수입은 평균 비용보다 높다.
⑤ 판매량이 4개일 경우의 이윤은 $6 \times 4 - 5 \times 4 = 4$만 원이고, 판매량이 3개일 경우의 이윤은 $3 \times 6 - 3 \times 4 = 6$만 원이다. 따라서 판매량을 줄여야 이윤이 극대화된다.

06

정답 ③

산업 및 가계별로 대기배출량을 구하면 다음과 같다.
• 농업, 임업 및 어업

$$\left(10,400 \times \frac{30}{100}\right) + \left(810 \times \frac{20}{100}\right) + \left(12,000 \times \frac{40}{100}\right) + \left(0 \times \frac{10}{100}\right) = 8,082\text{천 톤 } CO_2eq$$

• 석유, 화학 및 관련제품

$$\left(6,350 \times \frac{30}{100}\right) + \left(600 \times \frac{20}{100}\right) + \left(4,800 \times \frac{40}{100}\right) + \left(0.03 \times \frac{10}{100}\right) = 3,945.003\text{천 톤 } CO_2eq$$

• 전기, 가스, 증기 및 수도사업

$$\left(25,700 \times \frac{30}{100}\right) + \left(2,300 \times \frac{20}{100}\right) + \left(340 \times \frac{40}{100}\right) + \left(0 \times \frac{10}{100}\right) = 8,306\text{천 톤 } CO_2eq$$

• 건설업

$$\left(3,500 \times \frac{30}{100}\right) + \left(13 \times \frac{20}{100}\right) + \left(24 \times \frac{40}{100}\right) + \left(0 \times \frac{10}{100}\right) = 1,062.2\text{천 톤 } CO_2eq$$

• 가계 부문

$$\left(5,400 \times \frac{30}{100}\right) + \left(100 \times \frac{20}{100}\right) + \left(390 \times \frac{40}{100}\right) + \left(0 \times \frac{10}{100}\right) = 1,796\text{천 톤 } CO_2eq$$

대기배출량이 많은 부문의 대기배출량을 줄여야 지구온난화 예방에 효과적이므로 전기, 가스, 증기 및 수도사업 부문의 대기배출량을 줄여야 한다.

07

정답 ①

제시된 자료는 비율을 나타내기 때문에 실업자의 수는 알 수 없다.

오답분석

② 실업자 비율은 2%p 증가하였다.
③ 경제활동인구 비율은 80%에서 70%로 감소하였다.
④ 취업자 비율은 12%p 감소했지만 실업자 비율은 2%p 증가하였기 때문에 취업자 비율의 증감폭이 더 크다.
⑤ 비경제활동인구의 비율은 20%에서 30%로 증가하였다.

08

정답 ③

견과류 첨가 제품의 시리얼은 단백질 함량이 1.8g, 2.7g, 2.5g이며, 당 함량을 낮춘 제품의 시리얼은 단백질 함량이 1.4g, 1.6g으로 적절한 설명이다.

오답분석

① 탄수화물 함량이 가장 낮은 시리얼은 프레이크이며, 당류 함량이 가장 낮은 시리얼은 콘프레이크이다.
② 일반 제품의 시리얼 열량은 체중조절용 제품의 시리얼 열량보다 더 낮은 수치를 보이고 있다.
④ 당류가 가장 많은 시리얼은 초코볼 시리얼(12.9g)이며, 초코맛 제품이다.
⑤ 콘프레이크의 단백질 함량은 3g이므로 3배 이하이다.

09

정답 ④

2024년에 세 번째로 많은 생산을 했던 분야는 일반기계 분야이고, 2022년 대비 2023년 변화율은 $\dfrac{4,020-4,370}{4,370} \times 100 ≒ -8\%$이므로 약 8% 감소하였다.

10

정답 ③

남성 합격자 수는 1,003명, 여성 합격자 수는 237명이고, 1,003÷237≒4.2⋯이므로, 남성 합격자 수는 여성 합격자 수의 5배를 넘을 수 없다.

11

정답 ③

오답분석

① 용돈을 받는 남학생과 여학생의 비율은 각각 82.9%, 85.4%이다. 따라서 여학생이 더 높다.
② 전체에서 금전출납부의 기록, 미기록 비율은 각각 30%, 70%이다. 따라서 기록하는 비율이 더 낮다.
④ 중학생의 비율은 0.106×0.31=0.03286, 고등학생의 비율은 0.40×0.275=0.11로 고등학생이 더 높다.
⑤ 용돈을 받는 고등학생 전체 인원을 100명이라 한다면, 월간 용돈을 5만 원 이상 받는 고등학생의 비율은 40%이므로 $\dfrac{40}{100} \times 100$=40명이다.

12

정답 ③

(합격자 수)=(진학 희망자 수)×(학과별 비율)×(합격한 비율)
• 준아 : 국문학과 합격자 수를 학교별로 구해보면 A고등학교는 700×0.6×0.2=84명, B고등학교는 500×0.5×0.1=25명, C고등학교는 300×0.2×0.35=21명, D고등학교는 400×0.05×0.3=6명이다.
  따라서 합격자 수가 많은 순서로 나열하면 A → B → C → D고등학교이다.

오답분석

• 영이 : B고등학교의 경제학과 합격자 수는 500×0.2×0.3=30명, D고등학교의 경제학과 합격자 수는 400×0.25×0.25=25명이다. 따라서 B고등학교가 더 많다.
• 재인 : A고등학교의 법학과 합격자는 700×0.2×0.3=42명으로 40명보다 많고, C고등학교의 국문학과 합격자는 300×0.2×0.35=21명으로 20명보다 많다.

13

정답 ②

ㄱ. 영어 관광통역 안내사 자격증 취득자 수는 2022년에 345명으로 전년 대비 감소하였으며, 스페인어 관광통역 안내사 자격증 취득자 수는 2022년에 전년 대비 동일하였고, 2023년에 3명으로 전년 대비 감소하였다.

ㄹ. 2021년에 프랑스어 관광통역 안내사 자격증 취득자 수는 전년 대비 동일한 반면, 독일어 관광통역 안내사 자격증 취득자 수는 전년 대비 감소하였다.

오답분석

ㄴ. 2023년 중국어 관광통역 안내사 자격증 취득자 수는 일본어 관광통역 안내사 자격증 취득자 수의 $\frac{1,350}{150}=9$배이다.

ㄷ. 2020년과 2021년의 태국어 관광통역 안내사 자격증 취득자 수 대비 베트남어 관광통역 안내사 자격증 취득자 수의 비율은 다음과 같다.

- 2020년 : $\frac{4}{8} \times 100 = 50\%$

- 2021년 : $\frac{14}{35} \times 100 = 40\%$

따라서 2020년과 2021년의 차이는 $50\% - 40\% = 10\%p$이다.

14

정답 ④

10대의 인터넷 공유활동을 참여율이 높은 순서대로 나열하면 '커뮤니티 이용 → 퍼나르기 → 블로그 운영 → 숏품 게시 → 댓글 달기'이다. 반면 30대는 '커뮤니티 이용 → 퍼나르기 → 블로그 운영 → 댓글 달기 → 숏품 게시'이다.
따라서 활동 순위가 서로 같지 않다.

오답분석

① 20대가 다른 연령대에 비해 참여율이 비교적 높은 편임을 표에서 쉽게 확인할 수 있다.
② 남성이 여성보다 참여율이 대부분의 활동에서 높지만, 블로그 운영에서는 여성의 참여율이 더 높다.
③ 남녀 간의 참여율 격차가 가장 큰 활동은 14%p로 댓글 달기이며, 격차가 가장 작은 활동은 3%p로 커뮤니티 이용이다.
⑤ 40대는 다른 영역과 달리 댓글 달기 활동에서는 다른 연령대보다 높은 참여율을 보이고 있다.

15

정답 ④

합격자 중 남성의 비율은 $\frac{120}{120+80} \times 100 = \frac{120}{200} \times 100 = 60\%$이므로 옳지 않은 설명이다.

오답분석

① 남성 합격자 수는 여성 합격자 수의 $\frac{120}{80} = 1.5$배이다.

② 총 입사지원자 중 합격률은 $\frac{120+80}{680+320} \times 100 = \frac{200}{1,000} \times 100 = 20\%$이다.

③ 여성 입사지원자의 합격률은 $\frac{80}{320} \times 100 = 25\%$이다.

⑤ 총 입사지원자 중 여성 입사지원자의 비율은 $\frac{320}{680+320} \times 100 = \frac{320}{1,000} \times 100 = 32\%$이므로 30% 이상이다.

16

정답 ④

ㄴ. 주당 순이익은 B-D-A-C기업 순서로 높다. 이는 주식가격이 높은 순서와 일치한다.

ㄷ. (자기자본)=(발행 주식 수)×(액면가) → (발행 주식 수)=$\frac{(자기자본)}{(액면가)}$

- A : $\frac{100,000}{5} = 20,000$
- B : $\frac{500,000}{5} = 100,000$
- C : $\frac{250,000}{0.5} = 500,000$
- D : $80,000$

ㄱ. • A : $\dfrac{10,000}{20,000}=0.5$　　　　　　• B : $\dfrac{200,000}{100,000}=2$

　　• C : $\dfrac{125,000}{500,000}=0.25$　　　　　• D : $\dfrac{60,000}{80,000}=0.75$

　　따라서 C기업이 가장 낮다.

ㄹ. 1원의 자기자본에 대한 순이익은 자기자본 순이익률이다.

　　• A : $\dfrac{10,000}{100,000}=0.1$　　　　　　• B : $\dfrac{200,000}{500,000}=0.4$

　　• C : $\dfrac{125,000}{250,000}=0.5$　　　　　• D : $\dfrac{60,000}{80,000}=0.75$

　　따라서 D－C－B－A기업 순서로 높다.

17　　　　　　　　　　　　　　　　　　　　정답 ③

총 전입자 수는 서울이 가장 높지만, 총 전입률은 인천이 가장 높다.

18　　　　　　　　　　　　　　　　　　　　정답 ④

사망자가 30명 이상인 사고를 제외한 나머지 사고는 A, C, D, F이다. 사고 A, C, D, F를 화재 규모와 복구 비용이 큰 순서로 각각 나열하면 다음과 같다.
• 화재 규모 : A－D－C－F
• 복구 비용 : A－D－C－F
따라서 옳은 설명이다.

① 터널 길이가 긴 순서로, 사망자가 많은 순서로 사고를 각각 나열하면 다음과 같다.
　• 터널 길이 : A－D－B－C－F－E
　• 사망자 수 : E－B－C－D－A－F
　따라서 터널 길이와 사망자 수는 관계가 없다.

② 화재 규모가 큰 순서로, 복구 기간이 긴 순서로 사고를 각각 나열하면 다음과 같다.
　• 화재 규모 : A－D－C－E－B－F
　• 복구 기간 : B－E－F－A－C－D
　따라서 화재 규모와 복구 기간의 길이는 관계가 없다.

③ 사고 A를 제외하고 복구 기간이 긴 순서로, 복구 비용이 큰 순서로 사고를 각각 나열하면 다음과 같다.
　• 복구 기간 : B－E－F－C－D
　• 복구 비용 : B－E－D－C－F
　따라서 옳지 않은 설명이다.

⑤ 사고 A~E의 사고 비용을 구하면 다음과 같다.
　• 사고 A : $4,200+1\times5=4,205$억 원
　• 사고 B : $3,276+39\times5=3,471$억 원
　• 사고 C : $72+12\times5=132$억 원
　• 사고 D : $312+11\times5=367$억 원
　• 사고 E : $570+192\times5=1,530$억 원
　• 사고 F : $18+0\times5=18$억 원
　따라서 사고 A의 사고 비용이 가장 크다.

19

정답 ④

정상가로 A, B, C과자를 2봉지씩 구매할 수 있는 금액은 $(1,500+1,200+2,000)\times2=4,700\times2=9,400$원이다. 이 금액으로 A, B, C과자를 할인된 가격으로 2봉지씩 구매하고 남은 금액은 $9,400-\{(1,500+1,200)\times0.8+2,000\times0.6\}\times2=9,400-3,360\times2=9,400-6,720=2,680$원이다.

따라서 남은 금액으로 A과자를 $\frac{2,680}{1,500\times0.8}\fallingdotseq2.23$, 즉 2봉지 더 구매할 수 있다.

20

정답 ⑤

선택지에 해당되는 연도의 고용률과 실업률의 차이는 다음과 같다.
• 2017년 : $40.4-7.6=32.8$%p
• 2018년 : $40.3-7.5=32.8$%p
• 2021년 : $41.2-9.1=32.1$%p
• 2023년 : $42.1-9.8=32.3$%p
• 2024년 : $42.7-9.5=33.2$%p
따라서 2024년 고용률과 실업률의 차이가 가장 크다.

21

정답 ②

제시된 그래프는 구성비에 해당하므로 2024년에 전체 수송량이 증가하였다면 2024년 구성비가 감소하였어도 수송량은 증가했을 수 있다. 따라서 컨테이너 수송량의 증감은 파악할 수 없다.

22

정답 ③

A와 B음식점 간 가장 큰 만족도 차이를 보이는 부문은 분위기이다(A음식점 : 약 4.5, B음식점 : 1).

23

정답 ②

응시자 중 불합격자 수는 응시자에서 합격자 수를 제외한 값이다.
• 2019년 : $2,810-1,310=1,500$명
• 2020년 : $2,660-1,190=1,470$명
• 2021년 : $2,580-1,210=1,370$명
• 2022년 : $2,110-1,010=1,100$명
• 2023년 : $2,220-1,180=1,040$명

오답분석
① 미응시자 수는 접수자 수에서 응시자 수를 제외한 값이다.
 • 2019년 : $3,540-2,810=730$명
 • 2020년 : $3,380-2,660=720$명
 • 2021년 : $3,120-2,580=540$명
 • 2022년 : $2,810-2,110=700$명
 • 2023년 : $2,990-2,220=770$명

24

ㄱ. 연도별 층간소음 분쟁은 2020년 430건, 2021년 520건, 2022년 860건, 2023년 1,280건이다.

ㄴ. 2021년 전체 분쟁신고에서 각 항목이 차지하는 비중을 구하면 다음과 같다.

- 2021년 전체 분쟁신고 건수 : 280+60+20+10+110+520=1,000건

- 관리비 회계 분쟁 : $\dfrac{280}{1,000} \times 100 = 28\%$

- 입주자대표회의 운영 분쟁 : $\dfrac{60}{1,000} \times 100 = 6\%$

- 정보공개 관련 분쟁 : $\dfrac{20}{1,000} \times 100 = 2\%$

- 하자처리 분쟁 : $\dfrac{10}{1,000} \times 100 = 1\%$

- 여름철 누수 분쟁 : $\dfrac{110}{1,000} \times 100 = 11\%$

- 층간소음 분쟁 : $\dfrac{520}{1,000} \times 100 = 52\%$

오답분석

ㄷ. 연도별 전체 분쟁 건수를 구하면 다음과 같다.
- 2020년 : 220+40+10+20+80+430=800건
- 2021년 : 280+60+20+10+110+520=1,000건
- 2022년 : 340+100+10+10+180+860=1,500건
- 2023년 : 350+120+30+20+200+1,280=2,000건

전년 대비 아파트 분쟁신고 증가율을 구하면 다음과 같다.
- 2021년 : $\dfrac{1,000-800}{800} \times 100 = 25\%$
- 2022년 : $\dfrac{1,500-1,000}{1,000} \times 100 = 50\%$
- 2023년 : $\dfrac{2,000-1,500}{1,500} \times 100 ≒ 33\%$

ㄹ. 2021년 값이 2020년 값으로 잘못 입력되어 있다.

25

〈가로〉
1. 취업 인원이 세 번째로 적은 직업은 금융보험 관련직이며, 이 직업의 취업 인원수는 131명이다.
2. 구인을 네 번째로 많이 한 직업은 영업원 및 판매 관련직이며, 이 직업의 구직 인원수는 3,083 명이다. 취업을 두 번째로 많이 한 직업은 경비 및 청소 관련직이며, 이 직업의 취업 인원수는 1,798명이다. 따라서 두 인원수의 합은 3,083+1,798=4,881명이다.

〈세로〉
1. 문화, 예술, 디자인, 방송 관련직의 구인 인원수(1,033명)와 취업 인원수(741명)의 합은 1,033+741=1,774명이다.

따라서 1+3+1+7+7+4+8+8+1=40이다.

1	3	1	
7			
7			
4	8	8	1

MEMO

PART 3
추리

CHAPTER 01 어휘추리

01	02	03	04	05
①, ②	①, ④	⑤, ⑤	④	④
06	07	08	09	10
⑤	④	⑤	②	②
11	12	13	14	15
②	①	②	③	②
16	17			
④	③			

01　정답 ①, ②

제시된 단어는 반의 관계이다.
'우월'의 반의어는 '열등'이고, '굴복'의 반의어는 '대항'이다.

02　정답 ①, ④

제시된 단어는 유의 관계이다.
'비범하다'의 유의어는 '특별하다'이고, '모호하다'의 유의어는 '애매하다'이다.

03　정답 ⑤, ⑤

제시된 단어는 반의 관계이다.
아랫사람의 잘못을 꾸짖는 말을 의미하는 '지청구'의 반의어는 '칭찬'이고, 남을 존중하고 자기를 내세우지 않는 태도가 있음을 의미하는 '겸손'의 반의어는 '거드름'이다.

04　정답 ④

'환갑(還甲)'은 '61세'를 의미한다. 따라서 '60세'는 '이순(耳順)'에 해당한다.

오답분석
①·②·③·⑤ 각각 연결된 나이에 해당한다.

05　정답 ④

'전거(轉居)'는 '살던 곳에서 옮김'이라는 뜻으로 '이전'과 유의 관계이다.

오답분석
①·②·③·⑤ 반의 관계이다.

06　정답 ⑤

하(下)에서 상(上)의 단계로 이루어지는 관계이다.

오답분석
①·②·③·④ 사람의 서열 순서로 이루어진 단어들이다.

07　정답 ④

배드민턴은 '라켓'으로 셔틀콕('깃털'공)을 쳐서 '네트'를 넘기는 경기이므로 '배드민턴'을 연상할 수 있다.

08　정답 ⑤

생크림 케이크, 면도 크림, 선크림을 통해 '크림'을 연상할 수 있다.

09　정답 ②

거품을 물다, 거품경제, 물거품을 통해 '거품'을 연상할 수 있다.

10　정답 ②

제시된 단어는 모두 '곡물을 고르는 연장'이다.
• 키 : 곡식 따위를 까불러 쭉정이나 티끌을 골라내는 기구
• 체 : 가루를 곱게 치거나 액체를 밭거나 거르는 데 쓰는 기구
• 부뚜 : 곡물에 섞여 있는 검불이나 협잡물을 날려 보내기 위해 바람을 일으키는 연장
• 풍구(風具) : 곡물에 섞인 쭉정이, 겨, 먼지 따위를 날려서 제거하는 농기구

11

정답 ②

제시된 단어는 인과 관계이다.
'과식'으로 인해 '소화불량'이 발생하고, '폭우'로 인해 '홍수'가 발생한다.

12

정답 ①

제시된 단어는 국가와 수도의 관계이다.
'중국'의 수도는 '베이징'이고, '호주'의 수도는 '캔버라'이다.

13

정답 ②

제시된 단어는 반의 관계이다.
'독점'의 반의어는 '공유'이고, '창조'의 반의어는 '모방'이다.

14

정답 ③

제시된 단어는 도구와 행위의 관계이다.
'베틀'로 '길쌈'을 하고, '홍두깨'로 '다듬이질'을 한다.

15

정답 ②

터키, 라이트, 그림을 통해 '형제'를 연상할 수 있다.
• 터키 : 터키는 형제의 나라로 알려져 있다.
• 라이트 : 라이트 형제는 미국의 비행기 제작자이자 항공계의 개척자 형제이다.
• 그림 : 그림 형제는 독일의 형제 작가이다.

16

정답 ④

전래, 책, 아이를 통해 '동화'를 연상할 수 있다.
• 전래동화 : 어린이를 위하여 동심을 바탕으로 예로부터 전해 내려오는 이야기를 말한다.
• 동화책 : 어린이를 위하여 동심을 바탕으로 만든 책이다.
• 동화 : 어린이를 위한 책으로 주 독자는 아이이다.

17

정답 ③

필름, 배우, 원각사를 통해 '영화'를 연상할 수 있다.
• 원각사 : 한국 최초의 서양식 사설극장

01	02	03	04	05	06	07	08	09	10
①	①	②	⑤	⑤	①	④	④	⑤	③
11	12	13	14	15	16	17	18	19	20
④	③	①	②	②	①	①	③	①	③

01

정답 ①

'복습을 하다.'를 A, '배운 내용을 잊는다.'를 B, '시험 점수가 높게 나오다.'를 C라고 하면, 전제1은 ~A → B, 결론은 C → A이다. 전제1의 대우는 ~B → A이므로 C → ~B → A가 성립하기 위한 전제2는 C → ~B이다. 따라서 '시험 점수가 높게 나오려면 배운 내용을 잊지 않아야 한다.'가 적절하다.

02

정답 ①

'아침에 운동을 한다.'를 A, '건강한 하루를 시작한 것'을 B, '일찍 일어났다.'를 C라고 하면, 전제1은 A → B, 결론은 ~B → ~C이다. 전제1의 대우가 ~B → ~A이므로 ~B → ~A → ~C가 성립하기 위한 전제2는 ~A → ~C나 C → A이다. 따라서 빈칸에 들어갈 내용으로 적절한 것은 '일찍 일어나면 아침에 운동을 한다.'이다.

03

정답 ②

'무거운 물건을 들 수 있다.'를 A, '근력이 좋다.'를 B, '근육을 키운다.'를 C라고 하면, 전제1은 A → B, 결론은 ~C → ~A이다. 결론의 대우가 A → C이므로 A → B → C가 성립하기 위해서 필요한 전제2는 B → C이다. 따라서 '근력이 좋으려면 근육을 키워야 한다.'가 적절하다.

04

정답 ⑤

A~E의 진술에 따르면 B와 D의 진술은 반드시 동시에 참이나 거짓이 되어야 하며, A와 B의 진술 역시 동시에 참이나 거짓이 되어야 한다. 이때 B의 진술이 거짓일 경우, A와 D의 진술 모두 거짓이 되므로 2명이 거짓을 말한다는 조건에 어긋난다.

따라서 진실을 말하고 있는 심리상담사는 A, B, D이며, 거짓을 말하고 있는 심리상담사는 C와 E가 된다. 이때, 진실을 말하고 있는 B와 D의 진술에 따라 근무시간에 자리를 비운 사람은 C가 된다.

05

정답 ⑤

명제들이 모두 참이라면 '상어>코끼리>악어>사슴, 토끼'가 성립한다. 사슴과 토끼 중 어느 동물이 더 큰지 알 수 없기 때문에 사슴보다 큰 동물이 몇 마리인지 알 수 없다.

06

정답 ①

'승우가 도서관에 간다.'를 A, '민우가 도서관에 간다.'를 B, '견우가 도서관에 간다.'를 C, '연우가 도서관에 간다.'를 D, '정우가 도서관에 간다.'를 E라고 하면 '~D → E → ~A → B → C'이므로 정우가 금요일에 도서관에 가면 민우와 견우도 도서관에 간다.

07

정답 ④

'p : A대학교에 다닌다, q : B시에 거주한다, r : 빨간 머리, s : 한나'라 하자.
제시된 명제를 정리하면
• 첫 번째 명제 : $p \rightarrow q$
• 두 번째 명제 : $r \rightarrow \sim q$
• 세 번째 명제 : $s \rightarrow p$
어떤 명제가 참일 때 그 대우 명제도 참이다. 즉 두 번째 명제의 대우명제인 $q \rightarrow \sim r$도 참이다.
$s \rightarrow p \rightarrow q \rightarrow \sim r$이 성립하므로 $s \rightarrow \sim r$은 참인 명제이다. 따라서 '한나는 빨간머리가 아니다'는 참인 명제이다.

08

정답 ④

세 번째 명제의 대우는 '운동을 좋아하는 사람은 고전을 좋아한다.'이다. 따라서 두 번째 명제와 연결하면 '사진을 좋아하는 사람은 고전을 좋아한다.'는 명제를 얻을 수 있다.

09 정답 ⑤

모든 1과 사원은 가장 실적이 많은 2과 사원보다 실적이 많고, 3과 사원 중 일부는 가장 실적이 많은 2과 사원보다 실적이 적다. 따라서 3과 사원 중 일부는 모든 1과 사원보다 실적이 적다.

10 정답 ③

'생명체'를 A, '물이 있어야 살 수 있음'을 B, '동물'을 C라 하고 조건식으로 나타내면 다음과 같다.
• A → B
• C → A
그러므로 C → A → B의 조건식이 성립한다.
따라서 빈칸에 들어갈 결론은 삼단논법에 의해 C → B, "모든 동물은 물이 있어야 살 수 있다."이다.

오답분석
① A → C는 C → A의 역이므로 반드시 참이 되지 않는다.
② B → A는 A → B의 역이므로 반드시 참이 되지 않는다.
④ ~A → ~B는 A → B의 이이므로 반드시 참이 되지 않는다.
⑤ ~C → ~A는 C → A의 이이므로 반드시 참이 되지 않는다.

11 정답 ④

'모든 무신론자가 운명론을 거부하는 것은 아니다.'를 바꿔서 표현하면 '무신론자들 중에는 운명론을 믿는 사람이 있다.'이다.

12 정답 ③

어떤 집은 벽지에 낙서가 되어 있고, 벽지에 낙서가 되어 있는 모든 집의 벽지는 분홍색이다. 따라서 어떤 집의 벽지는 분홍색이다.

13 정답 ①

수박과 참외는 과즙이 많고, 과즙이 많은 과일은 갈증해소와 이뇨작용에 좋다고 했으므로 참이다.

14 정답 ②

황도 12궁은 태양의 겉보기 운동경로인 황도가 통과하는 12개 별자리이며, 황도 전체를 30°씩 12등분하였다고 했으므로 300°의 공간이 아닌 360°의 공간에 위치한다고 설명하는 것이 옳다.

15 정답 ②

무지에 호소하는 오류는 어떤 주장에 대해 증명할 수 없거나 결코 알 수 없음을 들어 거짓이라고 반박하는 오류이다. 따라서 귀신이 없다는 것을 증명할 수 없으니 귀신이 있다는 주장은 무지에 호소하는 오류이다.

오답분석
① 성급한 일반화의 오류 : 제한된 정보, 부적합한 증거, 대표성을 결여한 사례를 근거로 일반화하는 오류
③ 거짓 딜레마의 오류 : 어떠한 문제 상황에서 제3의 선택지가 있음에도 두 가지 선택지가 있는 것처럼 상대에게 둘 중 하나를 강요하는 오류
④ 대중에 호소하는 오류 : 많은 사람이 그렇게 행동하거나 생각한다는 것을 내세워 군중심리를 자극하는 오류
⑤ 인신공격의 오류 : 주장을 제시한 자의 비일관성이나 도덕성의 문제를 이유로 제시된 주장을 잘못이라고 판단하는 오류

16 정답 ①

제시문은 전건 부정의 오류이다.

오답분석
② 후건 긍정의 오류이다.
③ 자가당착의 오류이다.
④ 순환 논증의 오류이다.
⑤ 거짓 딜레마의 오류이다.

17 정답 ①

삼단논법이 성립하려면 '호감을 못 얻으면 타인에게 잘 대하지 않은 것이다.'라는 명제가 필요한데 이 명제의 대우 명제는 ①이다.

18 정답 ③

세 번째 명제의 대우 명제는 '너무 많이 먹으면 둔해진다.'이므로 삼단논법이 성립하려면 ③의 명제가 필요하다.

19 정답 ①

'정합 판정' 과정은 시스템에 등록되어 있는 영상과 새로운 영상을 비교한다. 따라서 시스템에 영상을 등록하는 '지문 등록' 과정이 선행되어야 한다.

20 정답 ③

찍개류 석기는 아프리카로부터 유라시아 대륙에 이르기까지 전기 구석기 시대의 가장 대표적인 도구이다. 그러나 제시문에서는 이런 내용을 알 수 없다.

01	02	03	04	05	06	07	08	09	10
②	③	④	①	④	④	④	⑤	③	①
11	12	13	14	15	16	17	18	19	20
⑤	①	⑤	④	④	③	④	⑤	③	⑤

③ 그랜저는 검은색, 아반떼는 파란색으로, 검은색과 파란색 차량은 각각 1대씩 있다.
⑤ 그랜저는 검은색 차량으로, 검은색 차량은 1대이다.

01 　　　정답 ②

주어진 조건에 따라 머리 길이 순서대로 나열하면 '슬기 – 민경 – 경애 – 정서 – 수영'이 된다. 따라서 슬기의 머리가 가장 긴 것을 알 수 있다.
또한 경애가 단발머리인지는 주어진 조건만으로 알 수 없다.

02 　　　정답 ③

주어진 조건을 정리하면 다음과 같다.

월	화	수	목	금	토	일
A	G	F	E	D	C	B

우선 E는 목요일에 근무한다. F가 E보다 먼저 근무하므로 F는 화, 수 중에 근무한다. 그런데 A는 월요일에 근무하고 G는 A와 연이어 근무하므로 월, 화, 수, 목은 A, G, F, E가 근무한다. 다음으로 F가 근무하고 3일 뒤에 C가 근무하므로 C는 토요일에 근무한다. C가 B보다 먼저 근무하므로 B는 일요일에 근무한다. 따라서 남은 금요일에 D가 근무하므로 금요일의 전날인 목요일과 다음날인 토요일의 당직근무자는 E와 C이다.

03 　　　정답 ④

주어진 조건을 정리하면 다음과 같다.

제네시스	그랜저	투싼	아반떼	소나타
흰색	검은색	흰색	파란색	흰색

따라서 주어진 조건을 통해 아반떼는 파란색, 그랜저는 검은색임을 알 수 있다.

오답분석
① 흰색 차량은 제네시스, 투싼, 소나타 총 3대이다.
② 그랜저는 제네시스의 바로 오른쪽으로, 왼쪽에서 두 번째에 있다.

04 　　　정답 ①

3명의 판단 및 진술은 눈에 보이는 것은 물론 다른 사람의 대답을 모두 기반으로 한다는 것을 고려해야 한다.
ⅰ) C는 A와 B의 모자 색깔을 볼 수 있다. 만약 A와 B의 모자가 분홍색 – 노란색 또는 노란색 – 분홍색이었다면 C는 자신의 모자가 하늘색이라는 것을 알 수 있었을 것이다. 그러나 그렇지 않기 때문에 C는 자신의 모자 색깔을 알 수 없다고 답한 것이다. 따라서 A와 B의 모자 중에 하늘색 모자가 적어도 1개 이상 있다.
ⅱ) B는 A의 모자 색깔을 볼 수 있고, 머릿속에서 ⅰ)의 사고과정을 거친다. 따라서 만약 A의 모자가 노란색이나 분홍색이라면 자신의 모자 색깔이 하늘색이라는 것을 알 수 있다. 그러나 A의 모자가 노란색이나 분홍색이 아니기 때문에 자신의 모자 색깔을 모른다고 대답했음을 추론할 수 있다.
ⅲ) A는 눈앞에 바로 벽이 있으므로, C와 B의 말만 듣고 자신의 모자 색깔을 추측할 수밖에 없다. ⅱ)의 사고과정을 거치며 자신의 모자가 노란색이나 분홍색이 아니라는 것을 알 수 있고, 따라서 자신의 모자 색깔이 하늘색임을 알 수 있다.

05 　　　정답 ④

지하철에는 D를 포함한 두 사람이 탄다는 것을 알 수 있는데, B가 탈 수 있는 교통수단은 지하철뿐이므로 지하철에는 D와 B가 타고, B 또는 D가 회계에 지원했다는 것을 알 수 있다. 그리고 버스와 택시가 지나가는 회사는 마케팅만 중복하고, 택시가 가지 않는 곳은 출판을 지원한 회사뿐이므로 A는 버스를 탄다는 것을 추론할 수 있다. 따라서 이를 토대로 모든 교통수단을 선택할 수 있는 E는 마케팅을 지원한 것을 알 수 있고, C는 생산 혹은 시설관리를 지원했다는 것을 알 수 있다.

06

정답 ④

A는 주스를 좋아하므로 디자인 담당이 아니다. 또한 편집 담당과 이웃해 있으므로 기획 담당이다. 편집 담당은 콜라를 좋아하고, 검은색 책상에 앉아 있다. 그런데 C는 갈색 책상에 앉아 있으므로 디자인 담당이며, B는 편집 담당이고, 검은색 책상에 앉아 있다. 주어진 조건을 정리하면 다음과 같다.

A	B	C
흰색 책상	검은색 책상	갈색 책상
기획	편집	디자인
주스	콜라	커피

따라서 A는 흰색 책상에 앉아 있다.

오답분석

ㄷ. A가 편집을 하지 않는 것은 맞지만, B는 콜라를 좋아한다.

ㄹ. B는 편집 담당이므로 검은색 책상에 앉아 있다.

07

정답 ④

만약 A의 진술이 진실이라면 동일하게 A가 사원이라고 말한 C의 진술도 진실이 되어 진실을 말한 사람이 2명이 되므로, A와 C의 진술 모두 거짓이다. 또한, E의 진술이 진실이라면 B가 사원이므로 A의 'D는 사원보다 직급이 높아.'도 진실이 되어 역시 진실을 말한 사람이 2명이 되기 때문에 E의 진술도 거짓이다. 따라서 B와 D의 진술 중 한 명이 진실이고, 다른 한 명은 거짓이다.

ⅰ) B의 진술이 진실인 경우

E는 차장이고, B는 차장보다 낮은 3개 직급 중 하나인데, C가 거짓이므로 A가 과장이고, E가 거짓이기 때문에 B는 사원이 아니므로 B는 대리가 되고, A가 거짓이므로 D는 사원이다. 그러면 남은 부장 자리가 C여야 하는데, E의 진술이 거짓이므로 C는 부장이 될 수 없어 모순이 된다. 따라서 B의 진술은 거짓이고, D의 진술이 진실이 된다.

ⅱ) D의 진술이 진실인 경우

E는 부장이고, A는 과장이며, A는 거짓이므로 D는 사원이다. B의 진술이 거짓이므로 B는 차장보다 낮은 직급이 아니므로 차장, C는 대리가 된다. 따라서 진실을 말한 사람은 D이다.

08

정답 ⑤

측정 결과를 토대로 정리하면 A별의 밝기 등급은 3등급 이하이며, C별의 경우 A, B, E별보다 어둡고 D별보다는 밝으므로 C별의 밝기 등급은 4등급이다. 따라서 A별의 밝기 등급은 3등급이며, D별은 5등급, 나머지 E별과 B별은 각각 1등급, 2등급이 된다. 별의 밝기 등급에 따라 순서대로 나열하면 'E − B − A − C − D'이다.

09

정답 ③

한 명만 거짓말을 하고 있기 때문에 모두의 말을 참이라고 가정하고, 모순이 어디서 발생하는지 생각해 본다. 다섯 명의 말에 따르면, 1등을 할 수 있는 사람은 C밖에 없는데, E의 진술과 모순이 생기는 것을 알 수 있다. 따라서 E의 진술의 부정을 참이라고 가정하면 달리기 순위는 C − E − B − A − D임을 알 수 있다.

10

정답 ①

ⅰ) A상자 첫 번째 안내문이 참, 두 번째 안내문이 거짓인 경우

B, D상자 첫 번째 안내문, C상자 두 번째 안내문이 참이다. 따라서 ①·②가 참, ③·④·⑤가 거짓이다.

ⅱ) A상자 첫 번째 안내문이 거짓, 두 번째 안내문이 참인 경우

B, C상자 첫 번째 안내문, D상자 두 번째 안내문이 참이다. 따라서 ①·③·⑤가 참, ②가 거짓, ④는 참인지 거짓인지 알 수 없다.

따라서 항상 옳은 것은 ①이다.

11

정답 ⑤

가장 높은 등급을 1등급, 가장 낮은 등급을 5등급이라 하면, 네 번째 조건에 의해 A는 3등급을 받는다. 또한 첫 번째 조건에 의해 E는 4등급 또는 5등급이다. 이때, 두 번째 조건에 의해 C가 5등급, E가 4등급을 받고, 세 번째 조건에 의해 B는 1등급, D는 2등급을 받는다. 측정 결과를 표로 정리하면 다음과 같다.

등급	1등급	2등급	3등급	4등급	5등급
환자	B	D	A	E	C

따라서 발송 대상자는 C와 E이다.

12

정답 ①

ⅰ) 수민이의 말이 참인 경우

수민이와 한별이는 농구장, 영수는 극장에 갔다. 수영장에 간 사람이 없으므로 모순이다.

ⅱ) 한별이의 말이 참인 경우

수민이와 한별이는 수영장 또는 극장에 갈 수 있고, 영수는 극장에 갔다. 농구장에 간 사람이 없으므로 모순이다.

ⅲ) 영수의 말이 참인 경우

수민이는 수영장 또는 극장, 영수는 수영장 또는 농구장에 갈 수 있고, 한별이는 농구장에 갔다.

따라서 수민이는 극장, 영수는 수영장, 한별이는 농구장에 갔다.

13

정답 ⑤

다음의 논리 순서를 따라 주어진 조건을 정리하면 쉽게 접근할 수 있다.

- 두 번째 조건 : B는 이동수단으로 자전거를 소유하고 있고, 이름은 힘찬이다.
- 세 번째 조건 : C는 이동수단으로 킥보드를 소유하고 있고, 이름은 날쌘이다. 또한, A는 이동수단으로 오토바이를 소유하고 있고, 이름은 쌩쌩이다.

이 사실을 종합하여 주어진 조건을 표로 정리하면 다음과 같다.

구분	킥보드	자전거	오토바이
A			쌩쌩이
B		힘찬이	
C	날쌘이		

따라서 소유주와 이름, 이동수단을 순서대로 바르게 나열한 것은 ⑤이다.

14

정답 ④

B가 (5점, 5점, 6점), (4점, 6점, 6점)을 획득할 수도 있다. 따라서 항상 참이 아닌 것은 ④이다.

오답분석

①·② B가 주사위를 2번 던지면 16점을 얻을 수 없다. 따라서 B는 최소 3번 주사위를 던졌다. 이때, A가 가장 많은 횟수를 던졌는데 3번 던졌다고 가정하면 첫 번째 조건에 의해, B와 C 중 한 명이 4번을 던졌다는 뜻이 된다. 이는 모순이므로 A가 4번을 던져야 한다.

③ C는 최소 17점을 얻어야 하는데, 6이 한 번도 나오지 않는다면 최대 15점을 얻을 수 있다. 따라서 적어도 1번은 6이 나와야 한다.

⑤ C가 최대로 얻을 수 있는 점수는 6×3=18점이다. 이때, A가 얻을 수 있는 최소가 되고, 점수는 47-18-16=13점이다.

15

정답 ④

첫 번째 조건에 따라 A위원이 발언하면 B위원도 발언하므로 A위원 또는 B위원은 발언하지 않는다는 두 번째 조건이 성립하지 않는다. 따라서 A위원은 발언자에서 제외되는 것을 알 수 있다. 두 번째 조건에 따라 B위원이 발언하는 경우와 발언하지 않는 경우를 나누어 볼 수 있다.

i) B위원이 발언하는 경우

세 번째 조건에 따라 C위원이 발언하며, 네 번째 조건에 따라 D위원과 E위원이 발언한다. D위원이 발언하면 세 번째 조건에 따라 F위원도 발언한다. 결국 A위원을 제외한 나머지 위원 모두가 발언하는 것을 알 수 있다.

ii) B위원이 발언하지 않는 경우

네 번째 조건에 따라 D위원과 E위원이 발언하고, 세 번째 조건에 따라 F위원도 발언한다. 그러나 주어진 조건만으로는 C위원의 발언 여부를 알 수 없다.

따라서 항상 참이 되는 것은 ④이다.

오답분석

①·⑤ A위원은 항상 발언하지 않는다.
② B위원은 발언하거나 발언하지 않는다.
③ C위원은 ⅰ)의 경우 발언하지만, ⅱ)의 경우 발언 여부를 알 수 없다.

16

정답 ③

F와 G지원자는 같은 학과를 졸업하였으므로 2명 이상의 신입사원을 뽑은 배터리개발부나 품질보증부에 지원하였다. 그런데 D지원자가 배터리개발부의 신입사원으로 뽑혔다고 했으므로 F와 G지원자는 품질보증부에 신입사원으로 뽑혔다. 또한 C지원자는 품질보증부에 지원하였다고 하였고 복수전공을 하지 않았으므로 C, F, G지원자가 품질보증부의 신입사원임을 알 수 있다.

B지원자는 경영학과 정보통신학을 전공하였으므로 전략기획부와 품질보증부에서 뽑을 수 있다. 하지만 품질보증부는 이미 3명의 신입사원이 뽑혔으므로 B지원자는 전략기획부이다. E지원자는 화학공학과 경영학을 전공하였으므로 생산기술부와 전략기획부에서 뽑을 수 있다. 하지만 전략기획부는 1명의 신입사원을 뽑는다고 하였으므로 E지원자는 생산기술부의 신입사원으로 뽑혔음을 알 수 있다.

A지원자는 배터리개발부와 생산기술부에 지원하였지만 생산기술부는 1명의 신입사원을 뽑으므로 배터리개발부에 뽑혔음을 알 수 있다. 주어진 조건을 정리하면 다음과 같다.

구분	배터리 개발부	생산 기술부	전략 기획부	품질 보증부
A지원자	O	O		
B지원자			O	O
C지원자				O
D지원자	O			
E지원자		O	O	
F지원자				O
G지원자				O

따라서 항상 참이 되는 것은 ③이다.

오답분석

① A지원자는 배터리개발부의 신입사원으로 뽑혔다.
② B지원자는 전략기획부의 신입사원으로 뽑혔다.
④ F지원자는 품질보증부의 신입사원으로 뽑혔다.
⑤ G지원자는 품질보증부의 신입사원으로 뽑혔다.

17

정답 ④

선택지를 보고 조건에 틀린 선지가 있는지 확인하여 푸는 것이 빠르게 문제를 푸는 방법이다. ④만 모든 조건에 부합한다.

오답분석
① 돼지와 닭이 연달아 탔기 때문에 오답이다.
② 소와 닭이 연달아 있지만 토끼와 닭이 연달아 배치되지 않았기 때문에 오답이다.
③ 돼지와 닭이 연달아 있고, 말이 마지막 칸에 있기 때문에 오답이다.
⑤ 말이 마지막 칸에 있기 때문에 오답이다.

18

정답 ⑤

마지막 조건에 의해 대리는 1주차에 휴가를 갈 수 없다. 따라서 2~5주차, 즉 4주 동안 대리 2명이 휴가를 다녀와야 한다. 두 번째 조건에 의해 한 명은 2~3주차, 다른 한 명은 4~5주차에 휴가를 간다. 그러므로 대리는 3주차에 휴가를 출발할 수 없다.

오답분석
①·③

	1주차	2주차	3주차	4주차	5주차
		사원 1	사원 1	사원 2	사원 2
		대리 1	대리 1	대리 2	대리 2
		과장	과장	부장	부장

②	1주차	2주차	3주차	4주차	5주차
	사원 1	사원 1		사원 2	사원 2
		대리 1	대리 1	대리 2	대리 2
	과장	과장		부장	부장

④	1주차	2주차	3주차	4주차	5주차
	사원 1	사원 1	사원 2	사원 2	
		대리 1	대리 1	대리 2	대리 2
	과장	과장	부장	부장	

19

정답 ③

첫 번째 정보에 의해, 비밀번호는 0, 1, 4, 6, 8, 9 중 네 개의 조합이며, 두 번째~다섯 번째 정보에 의해 8410, 6410 두 개가 비밀번호로 가능하다.

20

정답 ⑤

주어진 조건에 따르면 과장은 회색 코트를 입고, 연구팀 직원은 갈색 코트를 입었으므로 가장 낮은 직급인 기획팀의 C사원은 검은색 코트를 입었음을 알 수 있다. 이때, 과장이 속한 팀은 디자인팀이며, 연구팀 직원의 직급은 대리임을 알 수 있지만, 각각 디자인팀의 과장과 연구팀의 대리가 A, B 중 누구인지는 알 수 없다. 이것을 정리하면 다음과 같다.

구분	A 또는 B	A 또는 B	C
직급	과장	대리	사원
코트	회색	갈색	검은색
팀	디자인팀	연구팀	기획팀

따라서 항상 옳은 것은 ⑤이다.

01	02	03	04	05	06	07	08	09	10
②	②	②	⑤	④	①	③	③	②	⑤

11	12	13							
③	②	⑤							

01

정답 ②

제시된 수열은 (앞의 항의 수)−(뒤의 항의 수)의 절댓값이 다음 항의 수인 수열이다.

따라서 여덟 번째 항은 17−21의 절댓값인 4, 아홉 번째 항은 21−4=17, 10번째 항은 4−17의 절댓값인 13이다.

02

정답 ②

제시된 수열은 분자에 +1, +2, +3, +4, … 씩 더하고, 분모에 +2, +4, +8, +16, … 씩 더하는 수열이므로 $a_6=$ $\frac{11+5}{33+32}=\frac{16}{65}$, $a_7=\frac{16+6}{65+64}=\frac{22}{129}$, $a_8=\frac{22+7}{129+128}=$ $\frac{29}{257}$, $a_9=\frac{29+8}{257+256}=\frac{37}{513}$ 이다. 따라서 9번째 항의 값은 $\frac{37}{513}$ 이다.

03

정답 ②

$(A,\ B)=[B$개의 자연수를 합해서 A를 만들 수 있는 수의 집합]

6을 4개의 자연수의 합으로 나타낼 수 있는 경우의 수는 (1, 1, 1, 3), (1, 1, 2, 2)이다. 따라서 빈칸에 들어갈 쌍은 2개이다.

04

정답 ⑤

$(A,\ B)=[A$를 B로 나눈 뒤 남은 나머지가 같은 집합]

예를 들어 (15, 4)에서 15를 4로 나눈 뒤 남는 나머지는 3이고, 대괄호([ ]) 안에 있는 쌍들도 마찬가지로 나머지가 3이다. 따라서 (4, 6), (18, 7), (9, 5) 모두 나머지가 4이므로, 선택지에서 10을 나눠서 나머지가 4인 것을 찾으면 ?=6이다.

05

정답 ④

제시된 수열은 6씩 증가하고 있다.
따라서 20+6=26이다.

06

정답 ①

알파벳 순서에 따라 숫자로 변환하면 다음과 같다.

a	b	c	d	e	f	g
1	2	3	4	5	6	7
h	i	j	k	l	m	n
8	9	10	11	12	13	14
o	p	q	r	s	t	u
15	16	17	18	19	20	21
v	w	x	y	z		
22	23	24	25	26		

알파벳 수열을 숫자로 변환하면 각각 '2, 7, 5, 10, ( ), 13, 11, 16'인 수열로 +5, −2가 번갈아 적용된다.
따라서 ( )=10−2=8, 즉 'h'이다.

07

정답 ③

홀수 항은 −2, 짝수 항은 +2의 규칙을 갖는 문자열이다.

ㅈ	ㄷ	ㅅ	ㅁ	ㅁ	(ㅅ)
9	3	7	5	5	(7)

08

정답 ③

a	$\frac{7}{12}$	$\frac{5}{3}$	$\frac{23}{6}$	$\frac{49}{6}$
n	1	2	4	8

09

정답 ②

3	10	6	15
(a)	8	(b)	1
16	5	9	4
(c)	11	(d)	14

4차 마방진은 가로, 세로, 대각선 등의 합이 34가 된다. 각각의 빈칸을 a, b, c, d라 하면 $a+8+b+1=34$, $c+11+d+14=34$이다. 이를 정리하면 $a+b=25$, $c+d=9$이다. 따라서 $a+b+c+d=25+9=34$이다.

10

정답 ⑤

세로 열에 대하여 한 칸씩 내려가면서 $+24$의 규칙을 갖는다. 따라서 ( )$=27+24=51$이다.

11

정답 ③

⟶ : ×2
-----▶ : +3
-·-·▶ : −5

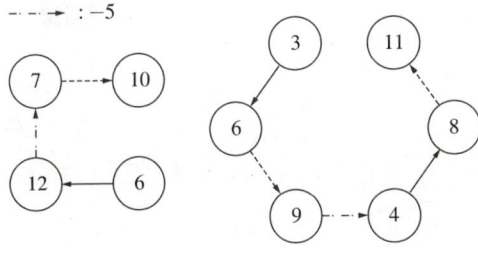

∴ A=3, B=11
따라서 A×B=3×11=33이다.

12

정답 ②

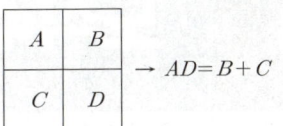

AD	$B+C$
$9×8=72$	$37+35=72$
$12×7=84$	$46+38=84$
$13×8=104$	$55+(49)=104$

따라서 ( )$=104-55=49$이다.

13

정답 ⑤

전개도를 접어 입체도형을 만들었을 때 마주보는 면에 적혀 있는 수의 차가 일정한 규칙이다. 따라서 왼쪽과 오른쪽 전개도 모두 3이므로 빈칸에 들어갈 숫자는 2 또는 8이다.

01	02	03	04	05	06	07	08	09	10	11	12	13	14						
②	④	④	④	②	②	④	④	③	②	②	③	③	②						

[1~2]

- ★ : 1234 → 4321
- ▲ : 1234 → 2413
- ⊙ : 각 자릿수 +2, +3, +2, +3

01   정답 ②

4HQ1   →   6KS4   →   K46S
         ⊙   ▲

02   정답 ④

6D3R   →   R3D6   →   T6F9
         ★   ⊙

[3~5]

- ■ : 세 번째와 네 번째 문자 자리 바꾸기
- ㄲ : 세 번째 문자를 맨 뒤에 추가
- ㄺ : 두 번째 문자를 맨 앞에 추가
- ▣ : 맨 앞 문자 삭제

03   정답 ④

ㄷㄱㄹㄷ   →   ㄱㄹㄷ   →   ㄱㄹㄷㄷ
            ▣   ㄲ

04   정답 ④

ㅅqB   →   qㅅqB   →   qㅅqBq
       ㄺ   ㄲ

05
정답 ②

Muㅈe → Mueㅈ → ueㅈ → eueㅈ
　　　■　　　　　▣　　　　⌐|

06
정답 ②

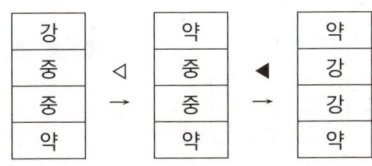

| 강 |
| 중 |
| 중 |
| 약 |

◁ →

| 약 |
| 중 |
| 중 |
| 약 |

◀ →

| 약 |
| 강 |
| 강 |
| 약 |

07
정답 ④

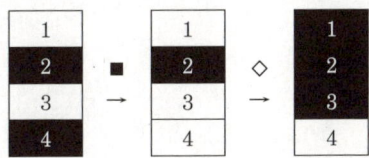

| 약 |
| 강 |
| 강 |
| 약 |

◀ →

| 약 |
| 중 |
| 중 |
| 약 |

▷ →

| 강 |
| 중 |
| 중 |
| 강 |

08
정답 ④

| 1 |
| 2 |
| 3 |
| 4 |

■ →

| 1 |
| 2 |
| 3 |
| 4 |

◇ →

| 1 |
| 2 |
| 3 |
| 4 |

09
정답 ③

| 1 |
| 2 |
| 3 |
| 4 |

□ →

| 1 |
| 2 |
| 3 |
| 4 |

■ →

| 1 |
| 2 |
| 3 |
| 4 |

정답 ②

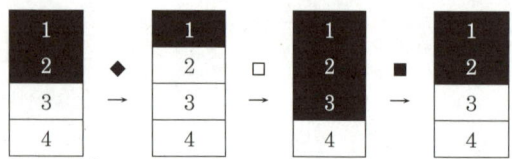

11

정답 ②

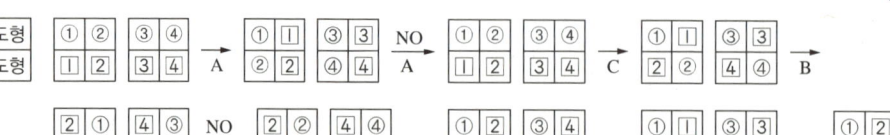

12

정답 ③

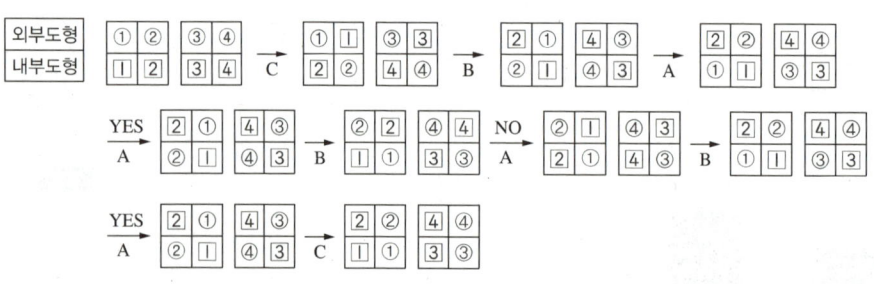

[13~14]

- A : 도형 및 색상 좌우 위치 변경
- B : 색 반전
- C : 시계 방향으로 도형만 한 칸 이동 및 색상만 상하 위치 변경

13

정답 ③

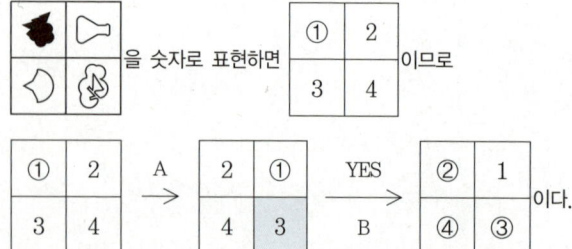

⌒	𝇋
⬠	⋈

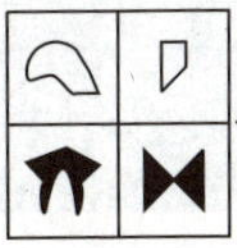

을 숫자로 표현하면

1	2
③	④

이므로

1	2
③	④

$\xrightarrow{\text{C}}$

③	①
4	2

$\xrightarrow[\text{A}]{\text{NO}}$

①	③
2	4

이다.

01	02	03	04	05	06	07	08	09	10	11	12	13					
②	①	④	④	②	⑤	⑤	④	②	②	⑤	③	④					

01

정답 ②

규칙은 세로로 적용된다.
첫 번째 도형과 두 번째 도형을 합쳤을 때, 겹치는 부분을 제외한 도형이 세 번째 도형이다.

02

정답 ①

규칙은 가로로 적용된다.
첫 번째 도형을 시계 반대 방향으로 120° 회전시킨 것이 두 번째 도형, 이를 시계 방향으로 60° 회전시킨 것이 세 번째 도형이다.

03

정답 ④

규칙은 세로로 적용된다.
첫 번째 도형과 두 번째 도형을 합쳤을 때, 색이 같은 부분만을 남긴 것이 세 번째 도형이다.

04

정답 ④

규칙은 세로로 적용된다.
첫 번째 도형과 두 번째 도형의 색칠된 부분을 합친 것이 세 번째 도형이다.

05

정답 ②

②번 도형 을 시계 방향으로 90° 회전시키면 형태가 되어 두 도형을 합치게 되면 도형은 완전한 검은색이 된다.

06

정답 ⑤

제시된 도형을 상하 반전하면 , 이를 시계 반대 방향으로 270° 회전하면 이다.

07

1 : 원점 대칭 / 2 : 내부 도형 시계 반대 방향으로 90° 회전 / 3 : 내부 도형 색 반전

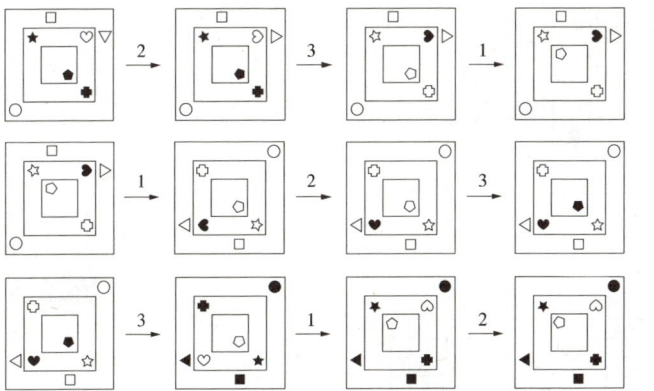

08

1 : 원점 대칭 / 2 : 내부 도형 색 반전 / 3 : 내부 도형 시계 방향으로 2칸 자리 이동

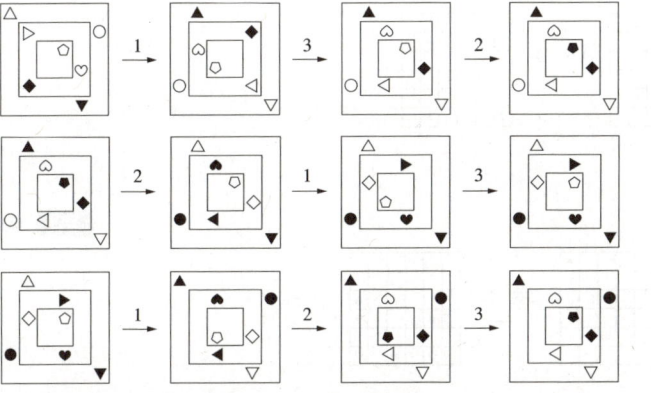

09

• ㉠ : 모든 도형을 시계 방향으로 90° 회전 후, 위쪽으로 1칸씩 이동
• ㉡ : 모든 도형을 좌우 대칭한 후 왼쪽으로 2칸씩 이동

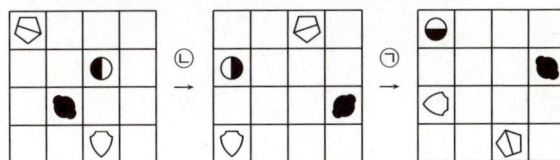

10

정답 ②

- ⓐ : 모든 도형을 시계 방향으로 90° 회전 후, 위쪽으로 1칸씩 이동
- ⓑ : 모든 도형을 좌우 대칭한 후 왼쪽으로 2칸씩 이동

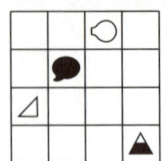 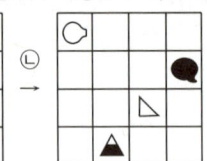 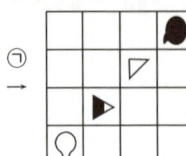

11

정답 ⑤

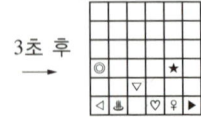 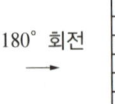  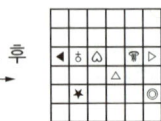

12

정답 ③

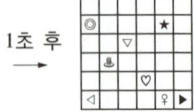 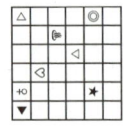 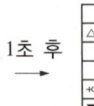 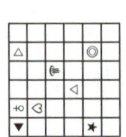

13

정답 ④

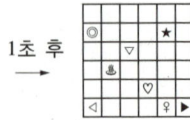 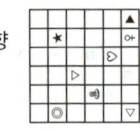 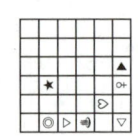

PART 4
공간지각

01	02	03	04	05	06	07	08	09	10	11	12	13	14	15					
⑤	⑤	③	③	④	③	④	②	④	⑤	②	①	⑤	④	①					

01

정답 ⑤

02

정답 ⑤

03

정답 ③

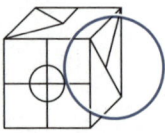

04

정답 ③

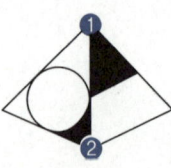

정답 ④

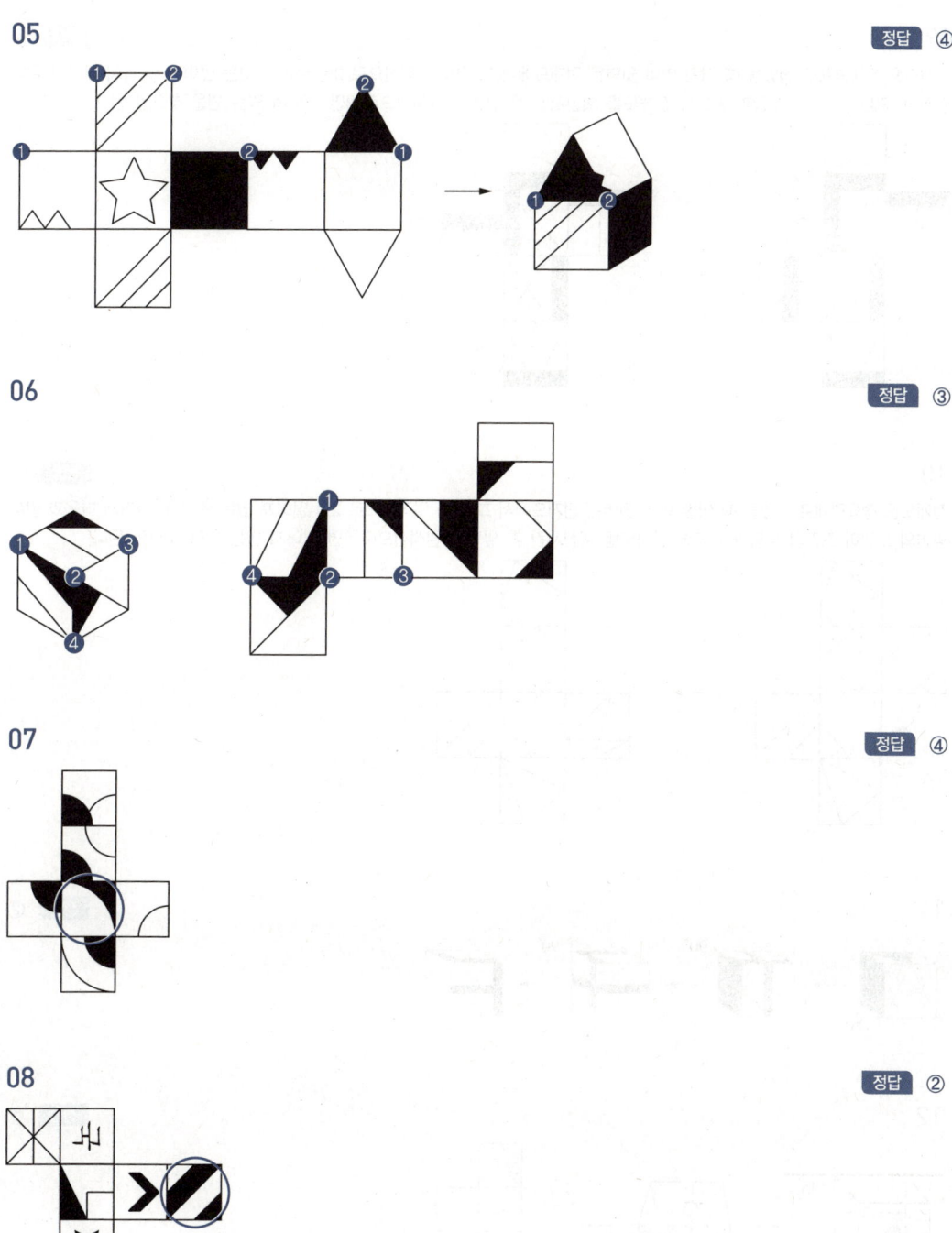

06

정답 ③

07

정답 ④

08

정답 ②

09

전개도를 정육면체로 접었을 때 어떤 면의 뒷면은 전개도에서 그 면의 일직선으로 2면 떨어져 있는 면이다. 따라서 다음과 같이 앞면의 모양이 조건의 모양과 같도록 전개도를 회전시킨 후 앞면과 일직선으로 2면 떨어져 있는 면을 찾으면 된다.

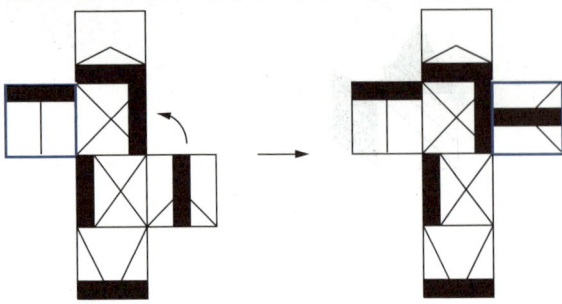

10

전개도를 정육면체로 접었을 때 어떤 면의 뒷면은 전개도에서 그 면의 일직선으로 2면 떨어져 있는 면이다. 따라서 다음과 같이 앞면의 모양이 조건의 모양과 같도록 전개도를 회전시킨 후 앞면과 일직선으로 2면 떨어져 있는 면을 찾으면 된다.

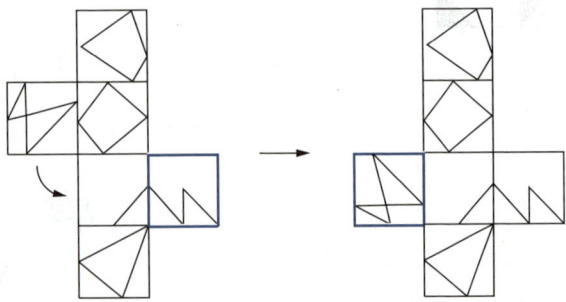

11

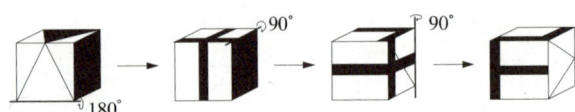

12

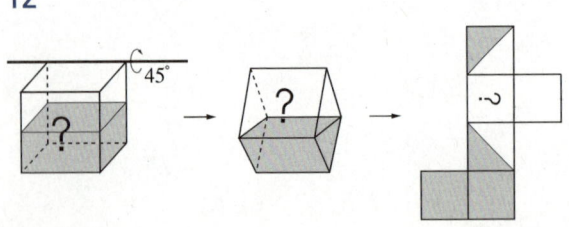

13

정답 ⑤

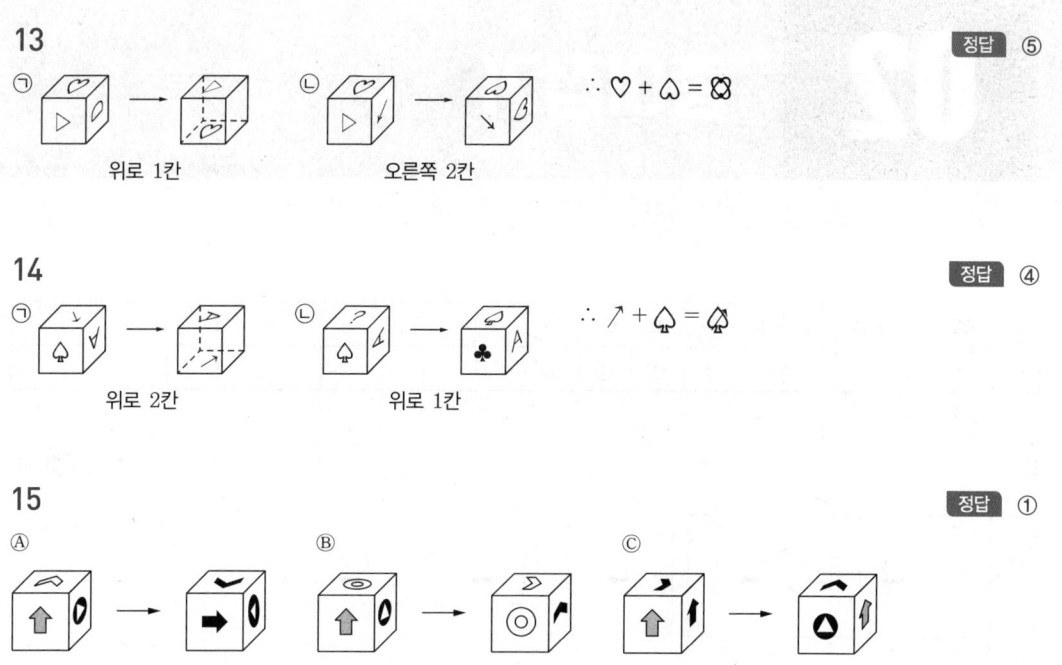

ⓐ 위로 1칸 오른쪽 2칸 ∴ ♡ + ♤ = ⊗

14

정답 ④

ⓐ 위로 2칸 위로 1칸 ∴ ↗ + ♠ = ♠

15

정답 ①

Ⓐ 뒤로 2칸 Ⓑ 왼쪽 1칸, 앞으로 1칸 Ⓒ 오른쪽 1칸

PART 4

01	02	03	04	05	06	07	08	09	10									
①	③	③	③	⑤	①	④	①	①	②									

01

정답 ①

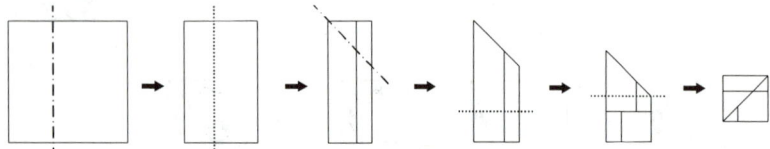

02

정답 ③

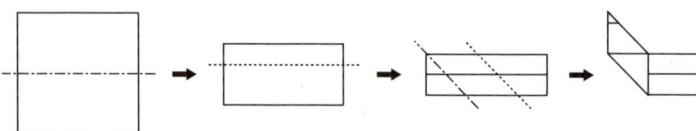

03

정답 ③

오답분석

① 뒤로 접었을 때 앞면
② 앞으로 접었을 때 앞면
④ 뒤로 접었을 때 뒷면
⑤ 앞으로 접었을 때 뒷면

04

정답 ③

오답분석

① 뒤로 접었을 때 앞면
② 앞으로 접었을 때 앞면
④ 뒤로 접었을 때 뒷면
⑤ 앞으로 접었을 때 뒷면

05

정답 ⑤

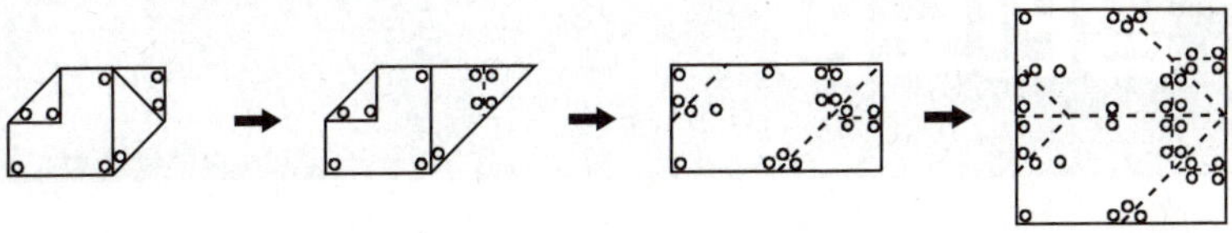

06

정답 ①

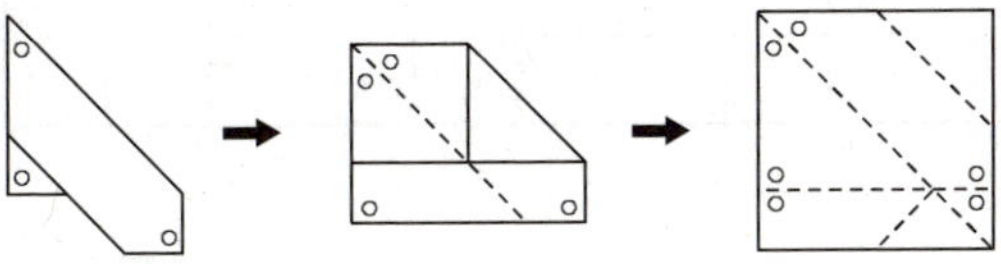

07

정답 ④

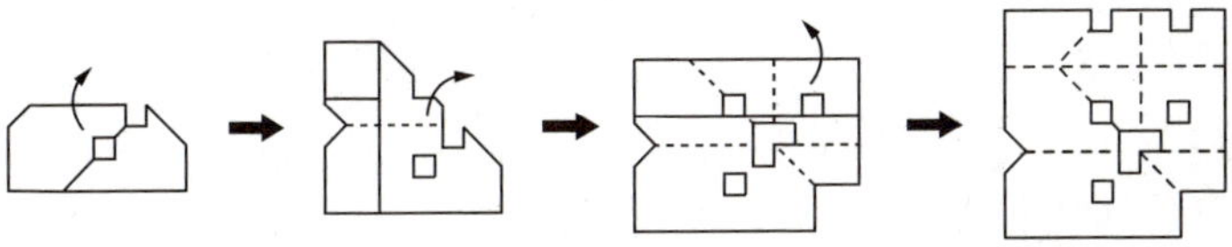

08

정답 ①

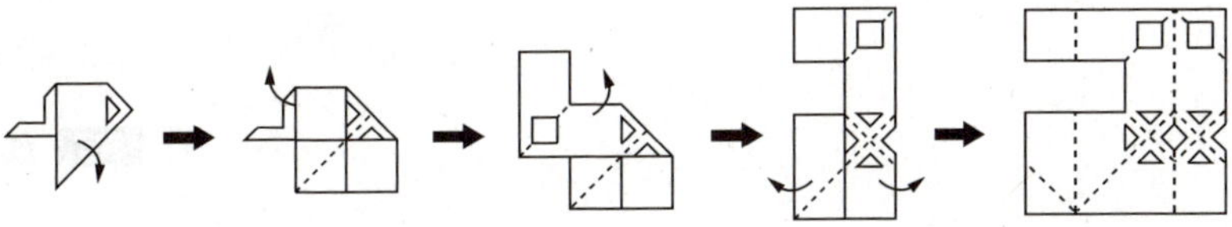

09

정답 ①

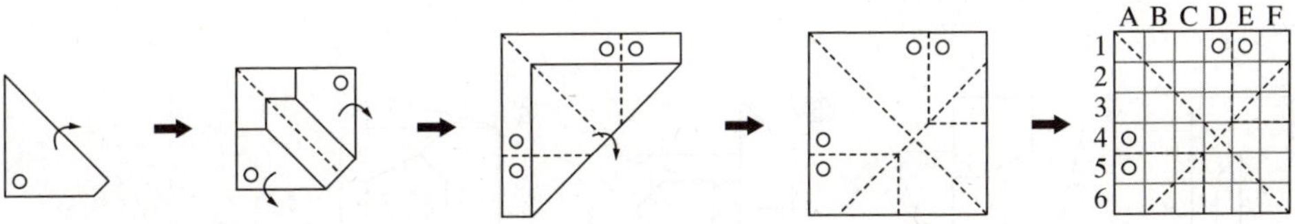

10

정답 ②

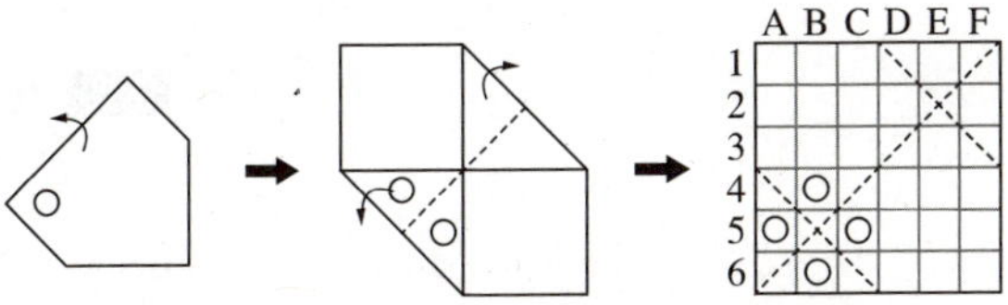

01	02	03	04	05	06	07	08												
⑤	⑤	①	②	④	①	④	③												

01

정답 ⑤

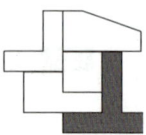

오답분석

① 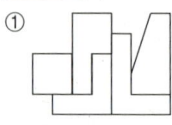　② 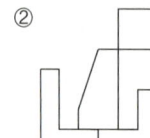　③ 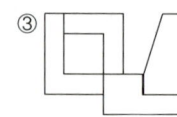　④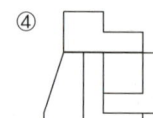

02

정답 ⑤

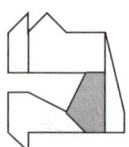

오답분석

① 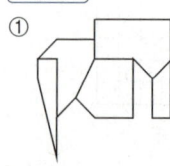　② 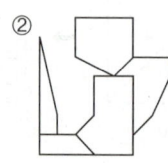　③ 　④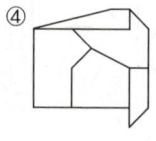

03

정답 ①

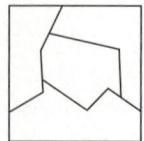

04

정답 ②

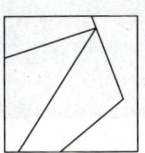

05

정답 ④

06

정답 ①

PART 4

07

정답 ④

〈왼쪽〉　　〈오른쪽〉

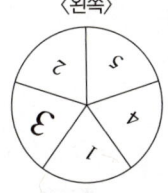 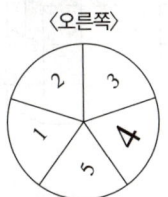

회전했을 때 숫자에 해당하는 모양은 각각 ◯, ◯이고,

오른쪽 모양은 투영되어 보이므로 좌우 반전시켜서 겹치면,

→

08

정답 ③

〈왼쪽〉　　〈오른쪽〉

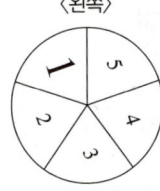 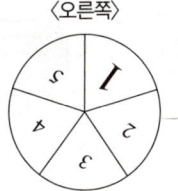

회전했을 때 숫자에 해당하는 모양은 각각 ✕, ✕이고,

왼쪽 모양은 투영되어 보이므로 좌우 반전시켜서 겹치면

→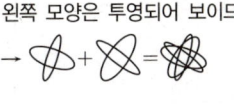

CHAPTER 04 입체도형

01	02	03	04	05	06	07	08	09	10	11	12	13	14	15	16	17	18		
①	①	②	④	②	②	①	④	①	④	①	①	④	⑤	①	④	⑤	④		

01

정답 ①

• 1층 : 5×4−4=16개
• 2층 : 20−10=10개
• 3층 : 20−17=3개
∴ 16+10+3=29개

02

정답 ①

• 1층 : 5×4−4=16개
• 2층 : 20−8=12개
• 3층 : 20−14=6개
∴ 16+12+6=34개

03

정답 ②

오답분석

① 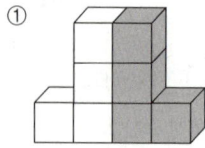 ③ 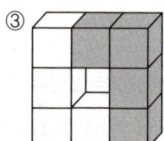 ④ 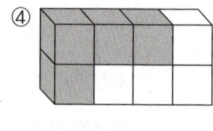 ⑤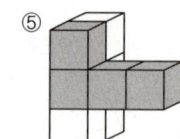

04

정답 ④

오답분석

① 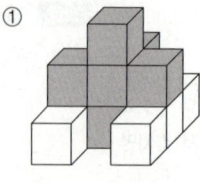 ② 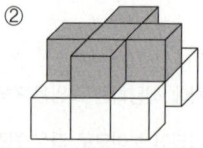 ③ 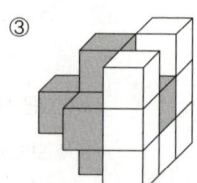 ⑤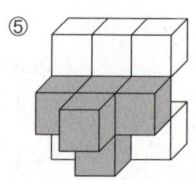

05

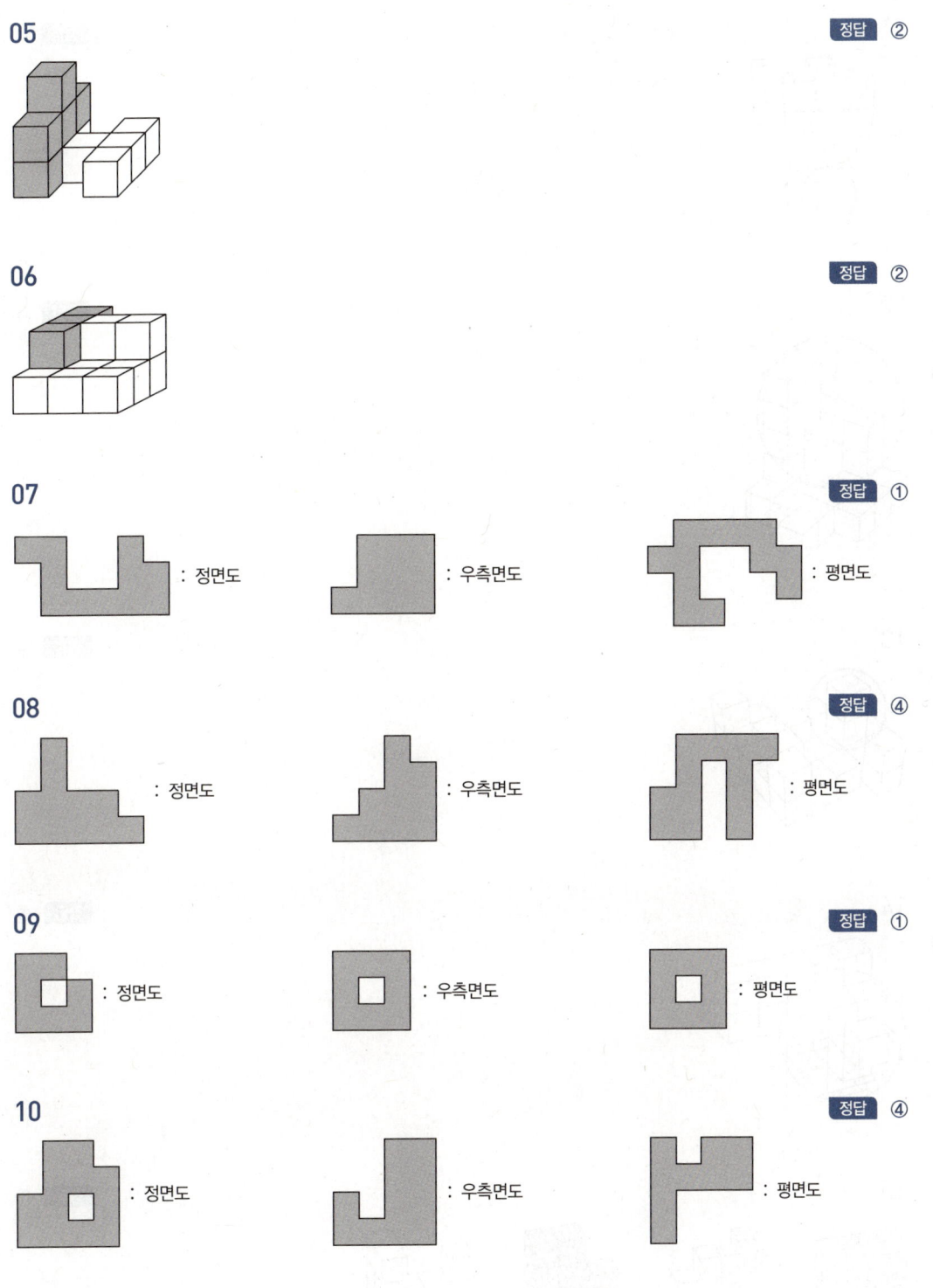

06

07

: 정면도   : 우측면도   : 평면도

08

: 정면도   : 우측면도   : 평면도

09

: 정면도   : 우측면도   : 평면도

10

: 정면도   : 우측면도   : 평면도

11

정답 ①

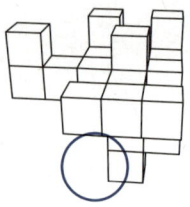

12

정답 ①

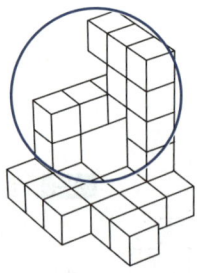

13

정답 ④

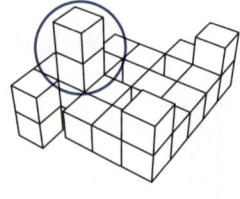

14

정답 ⑤

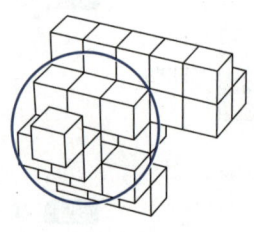

15

정답 ①

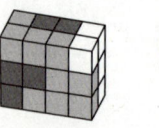   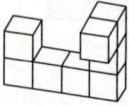

16

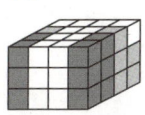  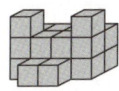 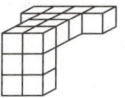

17

18

MEMO

PART 5
최종점검 모의고사

최종점검 모의고사

01 언어

01	02	03	04	05	06	07	08	09	10
①	②	④	④	①	②	③	②	③	③
11	12	13	14	15	16	17	18	19	20
④	③	⑤	⑤	③	①	①	③	④	①

01
정답 ①

• 실팍하다 : 사람이나 물건 따위가 보기에 매우 실하다
    (≒ 충실하다, 튼튼하다, 실하다, 크다)
• 충실하다 : 내용이 알차고 단단하다

오답분석
② 사무리다 : 햇빛 따위에 눈이 부셔 눈을 찌푸리고 가늘게 뜨다
③ 암만하다 : 이러저러하게 애를 쓰거나 노력을 들이다. 또는 이리저리 생각하여 보다
④ 노회(老獪)하다 : 경험이 많고 교활하다
⑤ 빈약(貧弱)하다 : 내용이 충실하지 못하여 보잘것없다

02
정답 ②

'모두 하나와 같이'라는 의미로 쓰였다.
• 한결같다 : 1. 처음부터 끝까지 변함없이 같다.
        2. 여럿이 모두 꼭 같이 하나와 같다.

오답분석
① · ③ · ④ · ⑤ '변함없이'와 같은 의미로 쓰였다.

03
정답 ④

• 영웅설화는 역사적인 실제 사건과는 전혀 다르게 꾸며지는 경우가 허다하다.
• 함께 가고 있다는 느낌뿐 실체는 느껴지지 않았다.
• 사회과학은 객관적 실재로서의 사회적 각종 관계를 연구 대상으로 한다.
• 그림에는 식물의 실재적인 모습을 본떠 일정한 형식으로 도안화한 것이 많았다.
• 겉으로 태연해 보이나 실상은 그렇지 아니하다.

• 실질(實質) : 실제로 있는 본바탕

오답분석
① 실상(實相) : 실제 모양이나 상태
② 실재(實在) : 실제로 존재함
③ 실제(實際) : 사실의 경우나 형편
⑤ 실체(實體) : 실제의 물체. 또는 외형에 대한 실상(實相)

04
정답 ④

'시간적인 사이를 두고서 가끔씩'이라는 의미의 부사는 '간간이'이다.
• 간간히 : 1. 간질간질하고 재미있는 마음으로
        2. 입맛 당기게 약간 짠 듯이
        3. 꼿꼿하고 굳센 성품으로
        4. 기쁘고 즐거운 마음으로
        5. 매우 간절하게

오답분석
① 쉬이 : 어렵거나 힘들지 아니하게
② 소홀히 : 대수롭지 아니하고 예사롭게. 또는 탐탁하지 아니하고 데면데면하게
③ 깊숙이 : 위에서 밑바닥까지 또는 겉에서 속까지의 거리가 멀고 으슥하게
⑤ 틈틈이 : 겨를이 있을 때마다

05 정답 ①

'납량'은 [남냥]으로 발음함이 표준이다. 한자로는 '納凉'으로 쓰는데, 이때 '凉'은 '량'이지, '양'이 아니므로 [남냥]으로 읽는다.

06 정답 ②

개과천선(改過遷善)은 '지난날의 잘못을 고쳐 착하게 된다는 의미'이다.

오답분석

① 새옹지마(塞翁之馬) : 세상의 좋고 나쁨은 예측할 수 없다
③ 전화위복(轉禍爲福) : 안 좋은 일이 좋은 일로 바뀜
④ 사필귀정(事必歸正) : 처음에는 그릇되더라도 모든 일은 결국에 가서는 반드시 바른길로 돌아감
⑤ 자과부지(自過不知) : 자신의 잘못을 알지 못함

07 정답 ③

제시문에서는 휘슬블로어를 소개하며, 휘슬블로어가 집단의 부정부패를 고발하는 것이 쉽지 않다는 점을 언급하고 있으므로, 뒤이어 내부고발이 어려운 이유를 설명하는 문단이 와야 한다. 따라서 (다) 내부고발이 어려운 이유와 휘슬블로어가 겪는 여러 사례 – (나) 휘슬블로어의 실태와 법적인 보호의 필요성 제기 – (라) 휘슬블로어를 보호하기 위한 법의 실태 설명 – (가) 법 밖에서도 보호받지 못하는 휘슬블로어의 순으로 나열하는 것이 가장 적절하다.

08 정답 ②

(나) 조각보의 정의, 클레와 몬드리안의 작품과의 비교가 잘못된 이유 – (가) 조각보는 클레와 몬드리안보다 100여 년 앞서 제작된 작품이며 독특한 예술성을 지니고 있음 – (다) 조각보가 아름답게 느껴지는 이유는 일상에서 삶과 예술을 함께 담았기 때문이다. 따라서 (나) – (가) – (다) 순이 적절하다.

09 정답 ③

보기의 '벨의 특허와 관련된 수많은 소송'은 (나) 바로 뒤의 문장에서 언급하는 '누가 먼저 전화를 발명했는지'에 대한 소송을 의미한다. (다)의 앞부분에서는 이러한 소송이 치열하게 이어졌음을 이야기하지만, (다)의 뒷부분에서는 벨이 무혐의 처분과 함께 최초 발명자라는 판결을 받았음을 이야기한다. 따라서 소송이 종료되었다는 보기의 문장은 (다)에 들어가는 것이 가장 적절하다.

10 정답 ③

(다)는 기억의 세 단계를 언급하며, 이 과정에서 망각이 발생한다고 이야기한다. (라)와 (가), (마)는 세 단계에서 비롯된 망각에 대한 설명으로, (라)는 시간의 영향에 따른 기억의 저장 단계에서 발생하는 망각을, (가)는 시간과 무관한 인출 단계에서 비롯된 망각을, (마)는 부호화 단계에서 비롯되는 망각을 각각 설명한다. 마지막으로 (나)는 이 세 단계에서 비롯된 망각이 서로 다름을 설명하며, 기억을 높이기 위해서는 기억의 단계와 관련한 망각을 고려해야 한다고 이야기한다. 따라서 글의 순서는 (다) – (라) – (가) – (마) – (나)이며, 글의 구조로는 ③이 적절하다.

11 정답 ④

빈칸 뒤에 나오는 내용을 살펴보면, 양안시에 대해 설명하면서 양안시차를 통해 물체와의 거리를 파악한다고 하였으므로 빈칸에 거리와 관련된 내용이 나왔음을 짐작해 볼 수 있다. 따라서 빈칸에 들어갈 내용은 ④이다.

12 정답 ③

(가) : 청소년의 척추 질환을 예방하는 대응 방안과 관련된 ⓒ이 적절하다.
(나) : 책상 앞에 앉아 있는 바른 자세와 관련된 ⓒ이 적절하다.
(다) : 틈틈이 척추 근육을 강화하는 운동을 해 주는 것과 관련된 자세인 ㉠이 적절하다.

13 정답 ⑤

1인가구들이 주택을 계약하는 과정에서 어려움을 겪은 인터뷰 내용은 결론보다 서론의 주거지원 정책의 필요성에 추가하는 것이 적절하다.

14 정답 ⑤

세 번째 문단 ⑩은 '고전은 왜 읽는가'라며 문제를 제기하고, 첫 번째 문단은 '고전을 읽는 이유'를 설명한다. 따라서 문제를 제기하고 대답하는 순서에 따라 ⑩은 첫 번째 문단보다 앞에 있어야 한다. ⑩을 마지막 문단으로 배치하면 오히려 문제 제기와 대답의 순서가 도치된다.

오답분석

① ㉠에서 '흥부전'은 고전의 사례일 뿐이며, 제시문의 주제는 '고전의 가치'이므로 제목이 주제를 잘 드러내도록 고친다.
② '고전'이라는 핵심 소재를 소개하는 도입부에서 개념의 정의 없이 바로 논지를 펼치고 있으므로 이어지는 내용의 이해를 돕기 위해 ⓒ에 고전의 개념을 정의하는 것이 적절하다.

③ ⓒ은 '이유는 …… 의미를 준다.'는 식으로 기술되어 의미상 주어와 서술어의 호응이 부적절하다. 따라서 '이유는 …… 의미를 주기 때문이다.'로 고친다.

④ ⓔ을 포함하는 문단에서 '고전에 나타난 문제의식은 여전히 유효하다.'고만 언급하고 있으므로 구체적으로 어떤 문제가 여전히 현대에서도 유효한지 구체적인 제시가 필요하다.

15 　　정답 ③

실재론은 세계가 정신과 독립적으로 존재함을, 반실재론은 세계가 감각적으로 인식될 때만 존재함을 주장하므로 두 이론 모두 세계는 존재한다는 전제를 깔고 있다.

[오답분석]

① 세계가 감각으로 인식될 때만 존재한다는 것은 반실재론자의 입장이다.

② 세 번째 문단에서 어떤 사람이 버클리의 주장을 반박하기 위해 돌을 발로 차서 날아간 돌이 존재한다는 사실을 증명하려고 하였으나, 반실재론을 제대로 반박한 것은 아니라고 하였다. 따라서 실재론자의 주장이 옳다는 사실을 증명하는 것은 아니다.

④ 버클리는 객관적 성질이라고 여겨지는 것들도 우리가 감각할 수 있을 때만 존재하는 주관적 속성이라고 하였다.

⑤ 새로운 형태의 반실재론이 제기되어 활발한 논의가 진행 중이라고 하였을 뿐, 반실재론이 정론으로 받아들여지고 있다는 언급은 없다.

16 　　정답 ①

최저임금제도로 인건비가 높아지면 기업에 경제적 부담으로 다가올 수 있다. 그러나 근로자의 소비 지출 증가로 기업의 생산과 판매를 촉진시키므로 최저임금제도가 기업에 아무런 이득이 없는 것은 아니다.

[오답분석]

② 인건비 인상으로 인한 기업의 비용 부담 증가는 일자리의 제약이나 물가 상승으로 이어질 수 있다.

③ 근로자들이 안정된 임금을 받게 되면 소비력이 강화되고 소비 지출이 증가한다.

④ 최저임금제도는 불공정한 임금 구조를 해소하고 경제적인 격차를 완화하는 데 도움을 준다.

⑤ 일정 수준 이상으로 설정된 최저임금은 근로자들의 생계비를 보장하고 근로 환경에서의 안정성을 확보할 수 있게 한다.

17 　　정답 ①

제시문에서는 중소기업의 기술 보호를 위한 선제적 노력의 방법으로 특허등록과 기술 유출 방지, 기술 보호 역량에 대해 설명하고 있으므로 글의 제목으로는 ①이 적절하다.

[오답분석]

② 기술분쟁 사례는 언급하고 있지 않다.

③ 비교분석에 관한 내용은 찾아 볼 수 없다.

④ 핵심기술에 대한 특허등록은 기술 보호를 위한 방법 중 하나이므로 글 전체 내용을 나타내는 제목으로 적절하지 않다.

⑤ 제시문에서 기술 탈취에 대해 부정적으로 서술하고 있으므로 제목으로 적절하지 않다.

18 　　정답 ③

경덕왕 시기에는 지방으로까지 파급되지는 못하고 경주에 밀집된 모습을 보였다.

[오답분석]

① 문화가 부흥할 수 있었던 배경에는 안정된 왕권과 정치제도가 깔려 있다.

② 장항리 오층석탑 역시 통일 신라 경덕왕 시기 유행했던 통일된 석탑양식으로 조주되었다.

④ 통일된 양식 이전에는 시원양식과 전형기가 유행했다.

⑤ 1층의 탑신에 비해 2층과 3층은 낮게 만들어 체감율에 있어 안정감을 추구한다.

19 　　정답 ④

제시문에서는 인간의 생각과 말은 깊은 관계를 가지고 있으며, 생각이 말보다 범위가 넓고 큰 것은 맞지만 그것을 말로 표현하지 않으면 그 생각이 다른 사람에게 전달되지 않는다고 주장한다. 즉, 생각은 말을 통해서만 다른 사람에게 전달될 수 있다는 것이다. 따라서 이러한 주장에 대한 반박으로 ④가 가장 적절하다.

20 　　정답 ①

고대 그리스, 헬레니즘, 로마 시대를 순서대로 나열하여 설명하므로, 역사적 순서대로 주제의 변천에 대해 서술하고 있다. 따라서 ①이 가장 적절하다.

01	02	03	04	05	06	07	08	09	10	11	12	13	14	15	16	17	18	19	20
④	③	③	①	④	⑤	②	③	④	④	④	③	⑤	②	①	④	⑤	③	④	③

01

정답 ④

ⅰ) (창고 9개에 냉장고 9대씩 보관하고, 창고 1개에 냉장고 7대를 보관하는 경우)=(창고 10개 중에서 1개를 선택하는 경우)
: $_{10}C_1=10$가지

ⅱ) (창고 8개에 냉장고 9대씩 보관하고, 창고 2개에 냉장고 8대씩 보관하는 경우)=(창고 10개 중에서 2개를 선택하는 경우)
: $_{10}C_2=45$가지

따라서 냉장고를 창고에 보관할 수 있는 경우의 수는 10+45=55가지이다.

02

정답 ③

A는 0, 2, 3을 뽑았으므로 만들 수 있는 가장 큰 세 자리 숫자는 320이다.

이처럼 5장 중 3장의 카드를 뽑을 때 카드의 순서를 고려하지 않고 뽑는 전체 경우의 수는 $_5C_3=10$가지이다.

B가 이기려면 4가 적힌 카드를 뽑거나 1, 2, 3이 적힌 카드를 뽑아야 한다.

4가 적힌 카드를 뽑는 경우의 수는 4를 제외하고 나머지 2장의 카드를 뽑아야 하므로 $_4C_2=6$가지이고, 1, 2, 3이 적힌 카드를 뽑는 경우는 1가지이다.

따라서 B가 이길 확률은 $\dfrac{6+1}{10}\times100=70\%$이다.

03

정답 ③

6km/h로 뛰어간 거리를 $x$km, 3km/h로 걸어간 거리는 $(10-x)$km라 하면 다음과 같은 식이 성립한다.

$\dfrac{x}{6}+\dfrac{10-x}{3}=2$

→ $x+2\times(10-x)=6\times2$

→ $-x=12-20$

∴ $x=8$

따라서 6km/h로 뛰어간 거리는 8km이다.

04

정답 ①

기차의 길이를 xm라 하면 기차의 속력에 대해 다음과 같은 식이 성립한다.

$\dfrac{480+x}{36}=\dfrac{600+x}{44}$

→ $11\times(480+x)=9\times(600+x)$

→ $2x=120$

∴ $x=60$

따라서 기차의 길이는 60m이므로 기차의 속력은 $\dfrac{480+60}{36}=15$m/s이다.

PART 5

기차의 길이는 변하지 않는다. 따라서 같은 속력으로 $600-480=120$m 더 가는데 $44-36=8$초 더 걸리므로 속력은 $\dfrac{120}{8}=$ 15m/s임을 알 수 있다.

05

집에서 역까지의 거리를 xm라고 하자.

$\dfrac{x}{50}+\dfrac{x}{60}=22 \rightarrow 11x=6,600 \rightarrow x=600$

따라서 역에서 집까지 돌아올 때 걸린 시간은 $\dfrac{600}{60}=10$분이다.

06

덜어낸 소금물의 양을 xg, 더 넣은 농도 2% 소금물의 양을 yg이라고 하면 다음과 같은 관계가 성립한다.

$200-x+\dfrac{x}{2}+y=300 \cdots \bigcirc$

$\dfrac{6}{100}\times(200-x)+\dfrac{2}{100}\times y=\dfrac{3}{100}\times300 \cdots \bigcirc\!\!\!\bigcirc$

이를 정리하면

$-x+2y=200 \cdots \bigcirc'$

$-6x+2y=-300 \cdots \bigcirc\!\!\!\bigcirc'$

$\bigcirc'$과 $\bigcirc\!\!\!\bigcirc'$을 연립하면 $x=100$, $y=150$이다.

따라서 농도 2% 소금물의 양은 150g이다.

07

더 넣은 물의 양을 xg, 농도 8% 소금물의 양을 yg이라 하자.

$2x+y=500 \cdots \bigcirc$

$\dfrac{6}{100}x+\dfrac{8}{100}y=\dfrac{4}{100}\times500 \cdots \bigcirc\!\!\!\bigcirc$

$3x+4y=1,000 \cdots \bigcirc\!\!\!\bigcirc'$

$\bigcirc$과 $\bigcirc\!\!\!\bigcirc'$을 연립하면 $x=200$, $y=100$이다.

따라서 더 넣은 물의 양과 농도 8% 소금물의 양의 합은 $200+100=300$g이다.

08

작은 톱니바퀴가 x바퀴 돌았다고 하면 큰 톱니바퀴와 작은 톱니바퀴가 돈 길이는 같으므로 다음과 같은 식이 성립한다.

$27\pi\times10=15\pi\times x$

$\rightarrow 270=15x$

$\therefore x=18$

따라서 작은 톱니바퀴는 분당 18바퀴를 돈다.

09

전체 양동이의 물의 양을 1이라 하고, A, B, C수도꼭지에서 1분당 나오는 물의 양을 각각 a, b, cL라고 하자.

$a+b+c=\dfrac{1}{10}$ … ㉠

$b+c=\dfrac{1}{30}$ … ㉡

$8b=a$ … ㉢

㉢과 ㉠을 연립하면 $9b+c=\dfrac{1}{10}$ 이고, 이를 ㉡과 연립하여 c를 구하면 다음과 같다.

$9\left(\dfrac{1}{30}-c\right)+c=\dfrac{1}{10}$

$\rightarrow 8c=\dfrac{2}{10}$

$\therefore c=\dfrac{1}{40}$

따라서 C수도꼭지는 1분당 $\dfrac{1}{40}$ L만큼의 물이 나오고, C수도꼭지로만 양동이를 가득 채우는 데 걸리는 시간은 총 40분이다.

10

작년 교통비를 x원, 숙박비를 y원이라 하자.

$1.15x+1.24y=1.2(x+y)$ … ㉠

$x+y=36$ … ㉡

㉠과 ㉡을 연립하면 $x=16$, $y=20$이다.

따라서 올해 숙박비는 $20\times1.24=24.8$만 원이다.

11

과일 한 상자의 가격을 사과 x원, 배 y원, 딸기 z원이라 하면 다음과 같은 방정식이 성립한다.

$x=10,000$ … ㉠

$y=2z$ … ㉡

$x+z=y-20,000$ … ㉢

㉠, ㉡, ㉢을 연립하면 $10,000+z=2z-20,000$이므로 $z=30,000$이다.

$\therefore x+y+z=x+3z=10,000+90,000=100,000$

따라서 10명의 동네 주민들에게 선물을 준다고 하였으므로 내야 하는 총금액은 $100,000\times10=1,000,000$원이다.

12

현재 어머니의 나이를 x세, 미정이의 나이를 y세라 하면 다음과 같은 방정식이 성립한다.

$x=y+32$ … ㉠

$x+8=2(y+8)+14$ … ㉡

㉡에 ㉠을 대입하면

$y+32+8=2y+16+14$

$\therefore y=10$, $x=42$

그러므로 현재 어머니의 나이는 42세, 미정이의 나이는 10세이다.

t년 후 어머니의 나이가 미정이의 나이의 2배보다 적어진다고 하면 다음과 같은 부등식이 성립한다.

$42+t<2(10+t)$

$\therefore t>22$

따라서 23년 후부터 어머니의 나이가 미정이의 나이의 2배보다 적어진다.

13

정답 ⑤

학생, 어른의 입장료를 각각 x원, $2x$원이라고 하면 다음과 같은 식이 성립한다.

$5x+6\times2x=51,000$

$\therefore x=3,000$

따라서 어른 한 명의 입장료는 $2x=6,000$원이다.

14

정답 ②

지우의 수학 점수를 x점이라고 하자.

네 사람의 평균이 105점이므로 $\dfrac{101+105+108+x}{4}=105 \rightarrow x+314=420$

$\therefore x=106$점

따라서 지우의 수학 점수는 106점이다.

15

정답 ①

서울, 베이징, 도쿄 모두 해당 기간 동안 지속적으로 인구가 증가하고 있다.

오답분석

② 1994년 대비 2004년의 서울의 인구 증가율은 $\dfrac{120-80}{80}\times100=50\%$이다.

③ 2014년을 기점으로 서울과 베이징의 인구 순위가 뒤바뀐다.

④ 2004년 대비 2014년의 인구 증가폭은 서울이 25십만 명, 베이징이 78십만 명, 도쿄가 26십만 명으로 베이징이 가장 높다.

⑤ 2024년 인구가 최대인 도시는 도쿄로 360십만 명이다. 이는 인구가 최소인 도시 서울의 $\dfrac{360}{180}=2$배이다.

16

정답 ④

A, B, C팀의 인원수를 각각 a, b, c명이라고 하면

A, B팀의 인원수 합은 $a+b=80\cdots\boldsymbol{\bigcirc}$

A팀의 총점은 $40a$점이고, B팀의 총점은 $60b$점이므로

$40a+60b=80\times52.5=4,200 \rightarrow 2a+3b=210\cdots\boldsymbol{\bigcirc}$

㉠과 ㉡을 연립하면 $a=30$, $b=50$, $b+c=120$, $c=70$이므로 (가)에 들어갈 값은 100이다.

C+A의 총점은 $30\times40+70\times90=7,500$점이고, $c+a=100$이므로 (나)에 들어갈 값은 $\dfrac{7,500}{100}=75.0$이다.

17

정답 ⑤

2023년 총연봉은 2024년 총연봉의 전년 대비 증가율 그래프의 수치로 구할 수 있다.

• A팀 : $\dfrac{15}{1+0.5}=10$억 원

• E팀 : $\dfrac{24}{1+0.5}=16$억 원

따라서 E팀의 2023년 총연봉이 더 많다.

주어진 자료를 토대로 2023~2024년 팀별 선수 인원수와 총연봉, 2024년 선수 한 명당 평균 연봉을 구하면 다음과 같다.

(단위 : 명, 억 원)

구분	선수 인원수		총연봉		2024년 선수 한 명당 평균 연봉
	2023년	2024년	2023년	2024년	
A	$\frac{5}{1+0.25}=4$	5	$\frac{15}{1+0.5}=10$	15	$\frac{15}{5}=3$
B	$\frac{10}{1+1}=5$	10	$\frac{25}{1+1.5}=10$	25	$\frac{25}{10}=2.5$
C	$\frac{10}{1+0.25}=8$	10	$\frac{24}{1+0.2}=20$	24	$\frac{24}{10}=2.4$
D	$\frac{6}{1+0.5}=4$	6	$\frac{30}{1+0.2}=25$	30	$\frac{30}{6}=5$
E	$\frac{6}{1+0.2}=5$	6	$\frac{24}{1+0.5}=16$	24	$\frac{24}{6}=4$

① 2024년 테니스 팀 선수당 평균 연봉은 D팀이 5억 원으로 가장 많다.
② 2024년 전년 대비 증가한 선수 인원수는 2명으로 C팀과 D팀이 동일하다.
③ 2024년 A팀의 선수 평균 연봉은 2023년 2.5억 원에서 3억 원으로 증가하였다.
④ 2024년 선수 인원수가 전년 대비 가장 많이 증가한 B팀은 총연봉도 가장 많이 증가하였다.

18

정답 ③

ㄱ. 근로자가 총 100명이고 전체에게 지급된 임금의 총액이 2억 원이므로 근로자 1명당 평균 월 급여액은 $\frac{2억\ 원}{100명}=200$만 원이다.

ㄴ. 월 210만 원 이상 급여를 받는 근로자 수는 26+22+8+4=60명이다. 따라서 총 100명의 절반인 50명보다 많으므로 옳다.

ㄷ. 월 180만 원 미만의 급여를 받는 근로자 수는 6+4=10명이다. 따라서 전체 근로자 중 $\frac{10}{100}\times100=10\%$의 비율을 차지하고 있으므로 옳지 않다.

19

정답 ④

전년 대비 증가율을 계산하면 다음과 같다.

연도	2014년	2015년	2016년	2017년	2018년	2019년	2020년	2021년	2022년	2023년	2024년
대수 (만 대)	1,794	1,844	1,887	1,940	2,012	2,099	2,180	2,253	2,320	2,368	2,437
증가 (만 대)	–	50	43	53	72	87	81	73	67	48	69
증가율 (%)	–	2.8	2.3	2.8	3.7	4.3	3.9	3.3	3.0	2.1	2.9

2023년 증가율은 2022년보다 낮지만 그래프에는 더 높게 나타나 있다.

20

입원기간이 1년 초과인 사망자는 $1,500 \times 0.21 = 315$명, 암으로 인한 사망자 수는 $1,500 \times 0.36 = 540$명으로 $\frac{315}{540} \times 100 ≒ 58\%$이다. 따라서 55% 이상을 차지한다.

[오답분석]

① 20대와 30대 사망자의 비율은 24%로 20대 사망자의 비율이 30대 사망자의 비율의 2배라고 한다면, 20대 사망자의 비율은 16%이다. 이는 40대 사망자의 비율보다 낮으므로, 사망자 수 또한 적을 것이다.

② 자살로 인한 사망자 수는 $1,500 \times 0.13 = 195$명, 입원기간이 3개월 이하인 사망자 수는 $1,500 \times 0.46 = 690$명으로 $\frac{195}{690} \times 100 ≒ 28\%$이므로 30% 미만이다.

④ 자살로 인한 사망자 수는 $1,500 \times 0.13 = 195$명, 10대 사망자 수는 $1,500 \times 0.08 = 120$명으로, 10대와 20대 사망자 모두 자살이라고 할 때, 20대 사망자 수는 75명 이하여야 한다.

⑤ 50대 이상의 사망자 비율은 51%이므로, 20대 사망자의 비율이 50대 이상 사망자 비율의 $\frac{1}{3}$이라면, 20대의 사망자 비율은 17%이고, 30대 사망자 수의 비율은 7%가 될 것이다. 따라서 30대 사망자 수는 $1,500 \times 0.07 = 105$명이므로 100명 이상이다.

01	02	03	04	05	06	07	08	09	10	11	12	13	14	15	16	17	18	19	20
②	③	①	⑤	③	①	⑤	③	④	④	⑤	①	①	④	②	⑤	④	③	④	②

01
정답 ②

제시된 단어는 반의 관계이다.
'자립'은 '남에게 예속되거나 의지하지 아니하고 스스로 섬'을 뜻하고, '심야'는 '깊은 밤'을 뜻한다. 따라서 '자립'과 반의 관계인 단어는 '다른 것에 의지하여 존재함'의 뜻인 '의존'이고, '심야'와 반의 관계인 단어는 '환히 밝은 낮'이라는 뜻인 '백주'이다.

오답분석
① • 독립 : 다른 것에 예속하거나 의존하지 아니하는 상태를 이르는 말
  • 광명 : 밝고 환함. 또는 밝은 미래나 희망을 상징하는 밝고 환한 빛
③ • 의타심 : 남에게 의지하려는 마음
  • 꼭두새벽 : 아주 이른 새벽
④ • 의지 : 다른 것에 몸을 기댐. 또는 그렇게 하는 대상
  • 한밤 : 깊은 밤
⑤ • 식민지 : 정치적 · 경제적으로 다른 나라에 예속되어 국가로서의 주권을 상실한 나라를 이르는 말
  • 암흑 : 어둡고 캄캄함

02
정답 ③

①·②·④·⑤는 제작자 – 제품 – 사용자 관계이고, ③은 생산자 – 서비스 – 소비자의 관계이다. 따라서 관계가 나머지와 다른 하나는 ③이다.

03
정답 ①

'목련', '민들레', '튤립'은 봄에 피는 꽃이다. 따라서 '봄'을 연상할 수 있다.

04
정답 ⑤

• 내구성을 따지지 않는 사람 → 속도에 관심 없는 사람 → 디자인에 관심 없는 사람
• 연비를 중시하는 사람 → 내구성을 따지는 사람
따라서 '내구성을 따지지 않는 사람은 디자인에도 관심이 없다.'는 반드시 참이다.

05
정답 ③

달리기를 잘한다. → 영어를 잘한다. → 부자이다.
따라서 달리기를 잘하는 '나'는 부자이다.

06
정답 ①

'단거리 경주'를 p, '장거리 경주'를 q, '농구 경기'를 r, '배구 경기'를 s라 하면, 순서대로 $p \rightarrow q$, $q \rightarrow \sim r$, $r \rightarrow s$이다. 두 번째 명제의 대우와 첫 번째 명제의 대우를 연결하면 $r \rightarrow \sim q \rightarrow \sim p$이므로, $r \rightarrow \sim p$가 성립한다. 따라서 제시문 B는 참이다.

07

'약속을 지킨다.'를 A, '다른 사람에게 신뢰감을 준다.'를 B, '메모하는 습관'을 C라고 하면, 전제1은 ~A → ~B 전제2는 ~C → ~A이므로 ~C → ~A → ~B가 성립한다. ~C → ~B의 대우인 B → C 또한 참이므로 결론으로 '다른 사람에게 신뢰감을 주려면 메모하는 습관이 있어야 한다.'가 적절하다.

08

'운동을 한다.'를 A, '기초대사량이 증가한다.'를 B, '체력이 좋아진다.'를 C라고 하자.

구분	명제	대우
전제1	A → B	~B → ~A
결론	A → C	~C → ~A

전제1이 결론으로 연결되려면, 전제2는 'B → C'가 되어야 한다. 따라서 전제2는 '기초대사량이 증가하면 체력이 좋아진다.'인 ③이다.

09

8조각으로 나누어져 있는 피자 3판을 6명이 같은 양만큼 나누어 먹으려면 한 사람당 $8 \times 3 \div 6 = 4$조각씩 먹어야 한다.
A, B, E는 같은 양을 먹었으므로 A, B, E가 1조각, 2조각, 3조각, 4조각을 먹었을 때로 나누어볼 수 있다.
• A, B, E가 1조각을 먹었을 때
  A, B, E를 제외한 나머지는 모두 먹은 양이 달랐으므로 C, D, F는 각각 4, 3, 2조각을 먹었을 것이다. 하지만 6조각이 남았다고 했으므로 $24 - 6 = 18$조각을 먹었어야 하는데 총 $1 + 1 + 1 + 4 + 3 + 2 = 12$조각이므로 옳지 않다.
• A, B, E가 2조각을 먹었을 때
  $2 + 2 + 2 + 4 + 3 + 1 = 14$조각이므로 옳지 않다.
• A, B, E가 3조각을 먹었을 때
  $3 + 3 + 3 + 4 + 2 + 1 = 16$조각이므로 옳지 않다.
• A, B, E가 4조각을 먹었을 때
  $4 + 4 + 4 + 3 + 2 + 1 = 18$조각이므로 A, B, E는 4조각씩 먹었음을 알 수 있다.
F는 D보다 적게 먹었으며, C보다는 많이 먹었다고 하였으므로 C가 1조각, F가 2조각, D가 3조각을 먹었다. 따라서 2조각을 더 먹어야 하는 사람은 현재 2조각을 먹은 F이다.

10

월요일부터 토요일까지 각 팀의 회의 진행 횟수가 같으므로 6일 동안 6개 팀은 각각 두 번씩 회의를 진행해야 한다.
주어진 조건에 따라 A ~ F팀의 회의 진행 요일을 정리하면 다음과 같다.

월	화	수	목	금	토
C, B	D, B	C, E	A, F	A, F	D, E
		D, E			C, E

[오답분석]
① E팀은 수요일과 토요일에 모두 회의를 진행한다.
② 화요일에 회의를 진행한 팀은 B팀과 D팀이다.
③ C팀과 E팀은 수요일과 토요일 중 하루는 함께 회의를 진행한다.
⑤ C팀은 월요일에 한 번 회의를 진행하였고, 수요일 또는 토요일 중 하루만 회의를 진행한다.

11

정답 ⑤

D의 진술에 따라 B와 D의 진술은 동시에 참이 되거나 거짓이 된다.
ⅰ) B와 D의 진술이 모두 거짓인 경우
　B는 C와 함께 동네 PC방에 있었다는 A의 진술과 자신은 집에 있었다는 C의 진술이 서로 모순되므로 성립하지 않는다.
ⅱ) B와 D의 진술이 모두 참인 경우
　A, C와 함께 있었다는 B의 진술이 참이므로 A와 둘이 집에 있었다는 E의 진술과 자신은 집에 혼자 있었다는 C의 진술은
　거짓이 되고, 거짓인 E의 진술에 따라 범인은 E가 된다.
따라서 C와 E의 진술이 거짓이며, 범인은 E이다.

12

정답 ①

알파벳을 숫자로 변환하면 26, 25, 23, 20, 16, 11, (　)이다. 이는 앞의 항에 -1, -2, -3, … 씩 빼는 수열이므로 빈칸에
들어갈 수는 $11-6=5$이다.

Z	Y	W	T	P	K	(E)
26	25	23	20	16	11	5

제시된 규칙은 알파벳으로만 표기되어 있으므로 빈칸에 들어갈 문자는 E이다.

13

정답 ①

홀수 항은 2를 더하고, 짝수 항은 3을 더하는 수열이다.

ㄹ	5	六	8	(ㅠ)	11	ㅊ	N
4	5	6	8	8	11	10	14

14

정답 ④

각 열마다 다음과 같은 규칙이 성립한다.
(첫 번째 항)^2+(두 번째 항)^2=(세 번째 항)
따라서 (　)=$6^2+3^2=45$이다.

15

정답 ②

a	n
1	0
$2\times1+(-1)^0=3$	1
$2\times3+(-1)^1=5$	2
$2\times5+(-1)^2=11$	3
$2\times11+(-1)^3=21$	4
$2\times21+(-1)^4=43$	5
$2\times43+(-1)^5=85$	6
$2\times85+(-1)^6=171$	7

[16~17]

- ○ : +0, +1, +2, +3
- ◑ : 1234 → 4231
- ◐ : 1234 → 1324
- ● : −3, −2, −1, −0

16

정답 ⑤

BE13 → 3E1B → 0C0B
     ◑   ●

17

정답 ④

RABI → RBAI → RĊCL
     ◑   ○

18

정답 ③

A : 시계 반대 방향으로 한 칸 이동

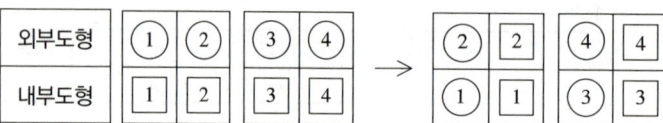

B : 오른쪽 내부도형과 왼쪽 내부도형 위치 변경

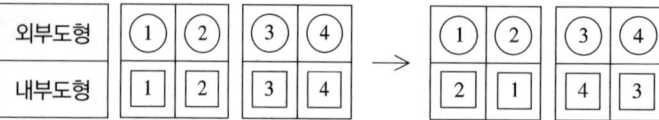

C : 시계 방향으로 한 칸 이동

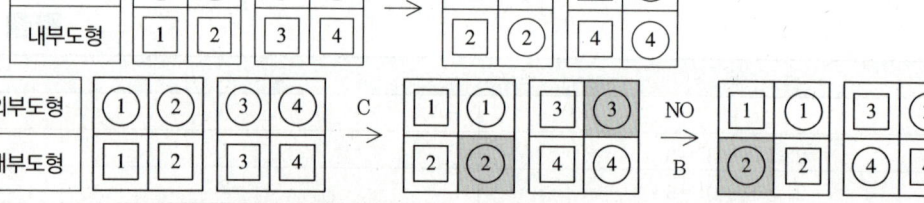

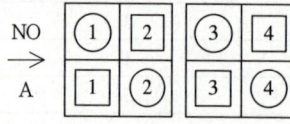

19

정답 ④

규칙은 세로로 적용된다.

첫 번째 도형을 180° 회전한 것이 두 번째 도형, 이를 상하 반전시킨 것이 세 번째 도형이다.

20

정답 ②

왼쪽 도형에 ?를 겹쳤을 때 오른쪽 도형이 되려면 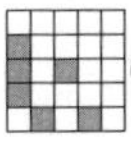 이 필요하다.

도형은 회전이 가능하므로 이를 시계 반대 방향으로 90° 회전시킨 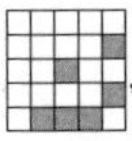 , 즉 ②가 답이 된다.

01	02	03	04	05	06	07	08	09	10	11	12	13	14	15	16	17	18	19	20
③	①	①	④	③	⑤	④	①	④	①	④	⑤	②	③	②	②	④	①	③	②

01
정답 ③

02
정답 ①

03
정답 ①

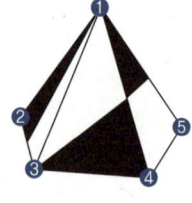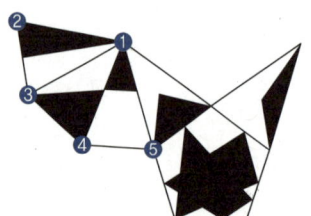

04
정답 ④

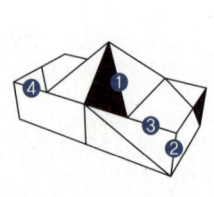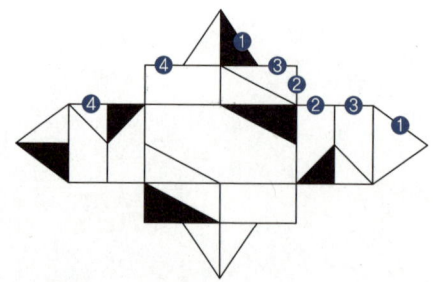

05

정답 ③

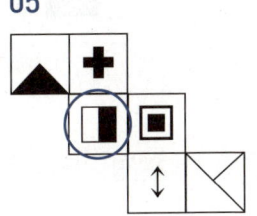

06

정답 ⑤

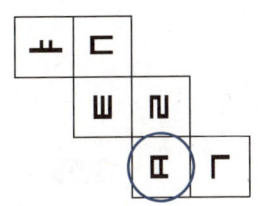

07

정답 ④

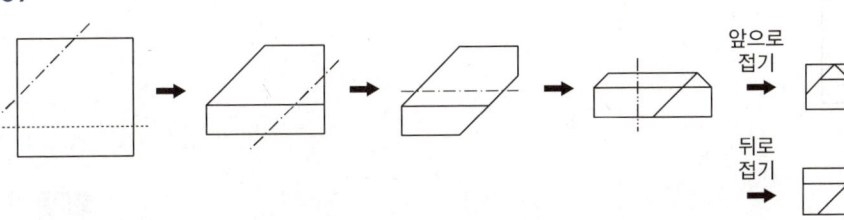

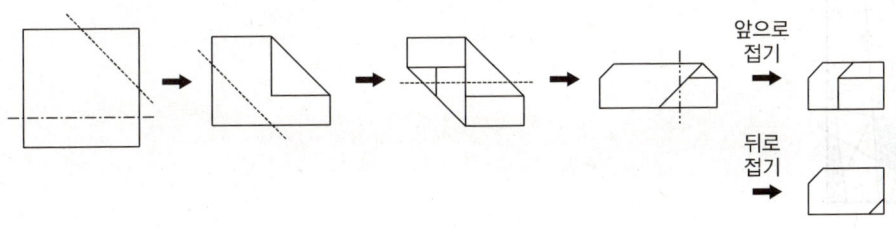

08

정답 ①

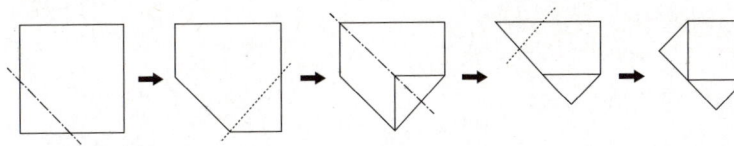

09

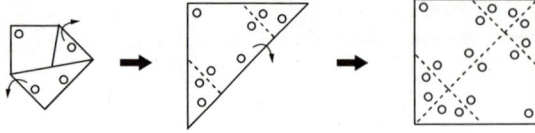

10

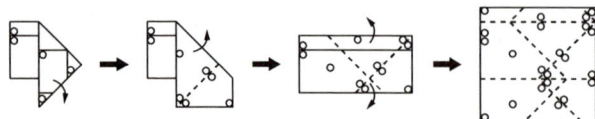

11

12

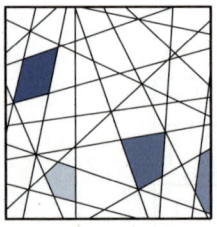

13

14

15

정답 ②

16

: 평면도

: 우측면도

: 정면도

정답 ②

17

: 우측면도

: 평면도

: 정면도

정답 ④

18

정답 ①

- 1층 : 4+5+4+2+4=19개
- 2층 : 4+4+3+2+2=15개
- 3층 : 3+3+1+2+0=9개
- 4층 : 2+0+1+1+0=4개
- 5층 : 1+0+1+0+0=2개
∴ 19+15+9+4+2=49개

19

정답 ③

- 1층 : 4+5+5+4+3=21개
- 2층 : 4+5+3+1+1=14개
- 3층 : 3+5+2+0+1=11개
- 4층 : 2+2+1+0+1=6개
- 5층 : 1+0+1+0+0=2개
∴ 21+14+11+6+2=54개

20

정답 ②

- 1층 : 6+7+7=20개
- 2층 : 6+7+6=19개
- 3층 : 5+7+4=16개
- 4층 : 4+5+2=11개
- 5층 : 3+4+1=8개
∴ 20+19+16+11+8=74개

2026 최신판 시대에듀 20대기업 인적성검사 핵심통합서

개정8판1쇄 발행	2025년 10월 20일 (인쇄 2025년 09월 24일)
초 판 발 행	2018년 03월 20일 (인쇄 2018년 01월 31일)
발 행 인	박영일
책 임 편 집	이해욱
편 저	SDC(Sidae Data Center)
편 집 진 행	안희선 · 조승흠
표지디자인	김지수
편집디자인	김경원 · 장성복
발 행 처	(주)시대고시기획
출 판 등 록	제10-1521호
주 소	서울시 마포구 큰우물로 75 [도화동 538 성지 B/D] 9F
전 화	1600-3600
팩 스	02-701-8823
홈 페 이 지	www.sdedu.co.kr

I S B N	979-11-434-0006-2 (13320)
정 가	26,000원

20대기업
인적성검사
핵심통합서

정답 및 해설

인적성검사 합격을 위한
완/성 시/리/즈

인적성검사 영역별 집중공략으로 합격을 완성하다!

「인적성검사 추리·도형 완성」　　　「인적성검사 언어 완성」　　　「인적성검사 수리 완성」

- **필수 이론과 공식** 꼭 필요한 필수 이론 / 공식 수록
- **대표유형 분석·풀이** 대표유형에 대한 분석과 자세한 풀이 방법 수록
- **유형별 연습 문제** 다양한 유형의 연습 문제 수록
- **영역별 실전 문제** 영역별 출제 가능한 실전 문제 수록
- **실전모의고사** 연습을 실전처럼! 실제 시험과 같은 실전모의고사 수록

※ 도서 이미지는 변경될 수 있습니다. 자세한 사항은 시대에듀 홈페이지(http://www.sdedu.co.kr)에서 확인하기 바랍니다.

NEXT STEP

시대에듀가 합격을 준비하는
당신에게 제안합니다.

성공의 기회
시대에듀를 잡으십시오.

시대에듀

기회란 포착되어 활용되기 전에는 기회인지조차 알 수 없는 것이다.
- 마크 트웨인 -